政治通鉴 第五卷

The Peking University
Critical Dictionary of Politics

俞可平　主编

中国大百科全书出版社

图书在版编目（CIP）数据

政治通鉴 . 第五卷 / 俞可平主编 . —北京：中国
大百科全书出版社，2024.1
ISBN 978-7-5202-1434-6

Ⅰ . ①政… Ⅱ . ①俞… Ⅲ . ①政治学 Ⅳ . ①D0

中国国家版本馆CIP数据核字（2023）第185238号

出 版 人	刘祚臣	
策 划 人	曾　辉	
责任编辑	易希瑶　王　廓	
特约编辑	周五一	
责任印制	魏　婷	
封面设计	黄　琛	
出版发行	中国大百科全书出版社	
社　　址	北京阜成门北大街 17 号	
邮政编码	100037	
电　　话	010-88390969	
网　　址	http://www.ecph.com.cn	
印　　刷	中煤（北京）印务有限公司	
开　　本	710 毫米 × 1000 毫米　1/16	
印　　张	32.25	
字　　数	460 千字	
印　　次	2024 年 1 月第 1 版　2024 年 1 月第 1 次印刷	
书　　号	ISBN 978-7-5202-1434-6	
定　　价	128.00 元	

总序

/ 俞可平 /

在人类文明史上，亚里士多德是举世公认的绝世奇才。这位出生于公元前 380 多年的古希腊天才创立了多门基础自然科学和社会科学，许多重要学说至今仍是这些学科史上的丰碑。在他涉及的所有学科中，政治学一直被他断定为最重要的学科。他认为，人类作为最高级的"政治动物"，其终极目的，就是追求幸福生活。让所有公民都过上幸福生活，则应是城邦国家的最高目的。政治学之所以是"主导学科"，就是因为在众多学科中，唯有政治学着重关注"城邦最高的善"，即城邦国家的公共利益。如何才能最大限度增进城邦的公共利益，让全体公民过上幸福生活？为什么同一群人在同一地域中，有时富裕，有时贫困？有时野蛮，有时文明？有时内战，有时和谐？有时堕落，有时进取？有时贪婪，有时慷慨？（我把这些问题概括为"亚里士多德之问"）亚里士多德毕生致力于思考这些问题，他的政治学就是对这些问题的思考和解答。他对上述"亚里士多德之问"的终极答案便是：政治制度是决定城邦命运和公民幸福的关键所在。他说："只有具备了最优良的政体的城邦，才能有最优良的治理；而治理最为优良的城邦，才有获致幸福的最大希望"。因此，亚里士多德极其重视政治与政治学。为了寻求最理想的政治制度，他曾经带领成百上千的学生，对古希腊的158个城邦国家的政体逐一进行考察和比较。从某种意义上说，亚里士多德的政治学，便是他对古希腊城邦国家政治制度考察与分析的最终成果。

中国古代的先贤大儒也特别重视政治，把王权和王道看作社会稳定和国家兴旺的决定性因素。中国文化中一直有"以史为鉴"的悠久传统。这里的"史"主要就是历代的政权兴衰史，这里的"鉴"则主要是针对国家统治者而言的政治得失。从文献记载看，早在西周时期，王朝就设有史官，开始官修历史。中国历史上第一部《史记》并非后人熟知的司马迁所著，据《逸周书》所载，周朝在位时间最长（公元前976年—前922年）的周穆王，就命令左史戎夫作《史记》，主要内容便是记载28个古代国家的亡国教训。司马迁的划时代巨著《史记》，实际上主要也是一部中国古代政治的兴亡史。《史记》的"本纪""世家""列传"，以及"书""表"的基本内容，无非就是历代帝王、诸侯、大臣的政治传记，以及历朝重要政治制度的记录。司马迁欲通过编纂《史记》，达到"究天人之际，通古今之变"。这里的"变"，主要也是历代的王朝政治之变。至于后来司马光的《资治通鉴》，书名就开宗明义：总结历代政治得失，为君王统治提供借鉴。用司马光自己的话来说，《资治通鉴》的宗旨，就是"专取关国家盛衰，系生民休戚，善可为法，恶可为戒者"。可见，"讲政治"实在是中国传统文化的显著特色。

传统中国有重政治的传统，却无政治学的历史。政治学泛指关于人类社会政治现象和政治发展规律的知识体系，它是人类最古老和最重要的学问之一，也是社会科学的基础学科之一。政治学拥有自己独特的研究对象、问题、概念、方法和公理，是其他任何社会科学都无法取代的基础学科，对人类的政治进步和知识进步发挥着重大作用。首先，政治学有助于确立人类社会的基本政治价值。人类的政治进步需要有明确的政治目标和政治方向。为人类社会的政治进步设定目标，奠定人类的基本政治价值，是政治学的首要功用。其次，政治学有助于探索人类社会政治发展的规律。人类的政治发展是有规律可循的，从现实政治生活中发现规律性的政治现象，是政治学的重要任务。其三，政治学有助于确立政治评价标准，推进人类政治进步。政治进步、政治评价必须有客观和科学的标准。政治学的一个重要任务，就是努力提供政治评价的标准，使得政治进步有一个相对客观的衡量尺度。其四，政治学有助于解释社会政治现象，揭示社会现象背后的政治本质。纷繁复杂的政治生活背后，往往隐藏着深刻的政治动机和政治利益，政治学知识帮助人们认清政治生活的实质。最后，政治学有助于总结人类政治的游戏规则，影响人类的政治制度设计。

作为一门独立学科的政治学，在中国是近代的产物。一般认为，1899年北京大学的前身京师大学堂首次开设专门的"政治讲堂"，是作为一门独立学科的政治学在中国的发端，至今已有120年的历史。在过去的120年中，由于战争和政治的原因，中国政治学时断时续，在十分曲折中发展。1949年中华人民共和国成立后，我们开始照搬苏联的模式，错误地将政治学当作"伪科学"，政治学作为一门独立的社会科学在我国日渐式微。1952年，高等院校进行院系调整，大学的政治学系被正式取消。从20世纪50年代初直到70年代末这一漫长的时期中，虽在少数大学里短暂有过"政治学系"或"国际政治系"的设置，但作为一门独立学科的政治科学在我国不复存在，它在我国学术领域中消失了近30年。改革开放后的1979年，在邓小平关于政治学等要尽快恢复的直接指示下，作为独立学科的政治学才得以在中国走上正常的发展轨道。

重政治而轻政治学的历史传统导致的直接结果便是，在中国的知识体系中，传统的政治经典文献浩如烟海，而现代的政治学经典则寥若晨星。以工具书为例，《史记》《资治通鉴》，乃至整个《二十四史》，以及各种《大典》《全书》，均可算作传统的政治经典文献资料，而现代的工具性政治学基础文献，则十分稀少。改革开放后编纂的《中国大百科全书·政治学》卷，从某种意义上说可能是目前我国最重要的现代政治学工具性文献。传统政治经典的工具性文献与现代政治学工具性文献有三个重大区别。一是研究对象不同，传统文献的主要研究对象是历代王朝政权的制度和政权更替，现代政治学工具文献的主要对象则是政治发展的一般规律和政治生活的基本知识；二是阅读对象不同，传统文献的主要阅读对象是统治阶层，特别是作为最高统治者的帝王，现代文献的主要对象则是广大民众。三是研究范围不同，传统文献局限于中国的政治制度和政治变迁，而现代的政治学工具性文献则不限于某个国家，而是放眼整个世界。毫无疑问，对于现实的政治进步和政治教育来说，现代的政治学工具性文献更有直接的意义和价值。

正是为了填补政治学基础性工具文献的不足，北京大学中国政治学研究中心早在 2017 年就决定开展"政治通鉴"的研究和《政治通鉴》的编撰工作，这一研究工程得到了北京大学的全力支持，被列入"双一流"专项资助计划。"政治通鉴"研究项目的最终成果不是编撰一般意义上的政治学工具书，甚至也不是编纂政治学百科全书。实际上，这是一项重大的基础性研究工程，本项研究将努力解决以下几个关键问题：第一，迄今为止，世界各国的主要政治经典有哪些；第二，迄今为止，人类创造的基本政治制度有哪些，哪些是中国特有的政治制度；第三，人类政治发展的普遍规律是什么；第四，政治制度与政治文化究竟有什么关系，它们之间如何相互影响和转化；第五，人类有哪些重要的政治理想，未来人类的理想政治应当是什么。

显而易见，这样一项大型基础研究工程，仅有北京大学中国政治学研究中心的参与是远远不够的。我们决定依托北京大学中国政治学研究中心，动员全国相关科研院校的专家学者，用 10 年左右的时间来完成各项任务。按照我们的设想，最终成果将是多卷本的《政治通鉴》，既包括政治学经典文献，又包括政治学研究的前沿成果，并且充分体现中国政治学者的独立观点。该项研究不仅将总结和分析中国政治发展的经验教训和一般规律，也将分析和探讨世界主要国家政治发展的经验教训和普遍规律。此外，"政治通鉴"研究工程的实施过程，也将是基础研究与人才培养相结合的过程，是"政治通鉴学派"学术共同体的建构过程。

目前呈现在读者面前的《政治通鉴》，就是"政治通鉴"研究项目的系列成果之一。每一卷《政治通鉴》均包括五个部分的主体内容：（一）古今中外的重要政治学经典；（二）改变政治历史进程的重大政治事件；（三）影响各国政治发展的重要政治人物；（四）对人类政治生活具有广泛影响的政治理论；（五）人类有史以来的基本政治制度。这五个部分其实也是"政治通鉴"研究工程的五个子课题，其中"政治经典文献选编与研究"由北京大学俞可平教授负责，"政治事件"由中国人民大学王续添教授负责，"政治人物"由中央党校王长江教授负责，"政治思潮"由清华大学杨雪冬教授和北京大学段德敏教授负责，"政治制度"由北京大学何增科教授负责。

我们计划陆续编撰出版的《政治通鉴》既不同于传统的《资治通鉴》等经典政治文献，它不是简单的政治实录，其目的不在"成一家之言"，更不是为君王提供统治的镜鉴。《政治通鉴》也不是一般意义的政治学百科全书，它收录的重点是政治经典、政治事件、政治人物、政治理论和政治制度，而不是政治学的基本概念。在"政治通鉴"的研究和《政治通鉴》的撰写过程中，我们努力要求作者做到以下三点：第一，将叙述和分析相结合，每个部分都将包括经典文献和历史事实的客观叙述，以及作者的主观分析和评论。第二，将纵向和横向的比较研究相结合。对所论及的政治制度、人物、事件，不仅要做纵向的比较历史分析，还要做横向的比较研究。第三，将经典文献研究与理论前沿论述相结合，《政治通鉴》的内容既包括整理和汇编历史上曾经产生过重大影响的政治学经典文献和政治思潮，同时也包括各国政治学研究最具有代表性的前沿研究成果。

"政治通鉴"的研究与《政治通鉴》的撰写，是一项庞大的系统工程，需要多方的通力协作与支持。最终成果的陆续出版，首先要归功于北京大学和北京大学中国政治学研究中心的坚强支持。北京大学当初决定建立中国政治学研究中心这一新实体机构的重要目的之一，就是加强政治学基础研究，包括编撰出版《政治通鉴》。没有北京大学中国政治学研究中心这一实体机构的支撑，"政治通鉴"的研究和《政治通鉴》的编撰是不可想象的。其次要感谢全体作者的贡献。《政治通鉴》的作者，只有一小部分是中国政治学研究中心的老师和博士生，更多的是中心之外的相关领域专家。由于《政治通鉴》选录的条目，大都是政治学和其他社会科学的重要内容，通常都会有专门的研究者及其代表性成果。当编委会邀请这些专家学者为《政治通鉴》贡献其最新成果时，绝大多数专家学者都给予了积极的响应。最后，特别要感谢中国大百科全书出版社的大力支持，为了保证《政治通鉴》的顺利出版，大百科全书出版社领导还延请了当年负责《中国大百科全书·政治学》卷的资深编辑参与审稿。由于需要致谢的人数众多，恕我在这里不一一列出名单，哪怕是贡献重大的领导和学者。

按照"政治通鉴"的研究与《政治通鉴》的编撰计划，我们在多卷本的《政治通鉴》全部出齐后，还将按照五个主题的内容进行重新编排，分门别类再出一个版本。在这一过程中，我们特别欢迎各位读者和专家提出批评和建议，以便我们及时修订和完善各个条目的内容。

俞可平

2020 年 1 月 30 日于北京大学中国政治学研究中心

目　录

第一部分

政治经典

一、生平与著述

《韩非子》《俞可平 *》

《韩非子》是中国传统法家思想的代表性著作，其作者韩非（一说公元前281年—公元前233年）是法家思想的集大成者。关于韩非的生平，主要来源于《史记》的记载。从《史记》的记载看，韩非是战国时韩国人，出身韩国贵族家庭，是王朝的宗室成员。韩非的生卒年月并不清楚，但经后人的考证，其死亡日期相对明确。秦王攻灭韩国的时间为韩王安五年，即公元前234年，这一年韩非被迫入秦，第二年即公元前233年他即在狱中被李斯毒杀。对其出生年月，则有多种说法，从最早的公元前298年，到较晚的公元前280年。钱穆认为韩非与李斯同是荀子门生，其年龄应不相上下。"其使秦在韩王安五年。翌年见杀，时斯在秦已十五年。若韩、李年略相当，则非寿在四十至五十之间"。照此推算，韩非的寿命还不到50

* 俞可平，北京大学政治学讲席教授，中国政治学研究中心主任。

岁[1]。若按照公元前298年来计算，则韩非活了60多岁。任继愈即持此说，认为韩非大约活了60岁，"假定他的年龄和李斯不相上下，他大约活了六十岁左右"[2]。

虽然韩非毕生从事刑名法术的研究，但早先却深受黄老之学的影响，并且与李斯一起曾是儒家重要代表人物荀子的学生。据司马迁记载，"韩非者，韩之诸公子也。喜刑名法术之学，而其归本于黄老。非为人口吃，不能道说，而善著书。与李斯俱事荀卿，斯自以为不如非"[3]。同学李斯是秦国的重臣，曾出任秦朝丞相，为秦国的崛起和秦始皇统一中国立下了汗马功劳。但李斯却自认为其才华和学识不及韩非，从而直接导致了韩非死于非命。《史记》记载，当秦王读到韩非的《孤愤》《五蠹》之书后，感叹道："嗟乎，寡人得见此人与之游，死不恨矣！"于是便发兵攻打韩国索要韩非，韩王不得已只好遣韩非入秦为使。不幸的是，韩非入秦后旋即遭到其同学李斯的排挤和陷害。李斯伙同秦的另一位权臣姚贾，"毁之曰：'韩非，韩之诸公子也。今王欲并诸侯，非终为韩不为秦，此人之情也。今王不用，久留而归之，此自遗患也，不如以过法诛之。'秦王以为然，下吏治非。李斯使人遗非药，使自杀。韩非欲自陈，不得见。秦王后悔之，使人赦之，非已死矣。"[4]李斯对秦王谗言道，韩非是韩国宗室之人，他的计谋献策必定是为韩国的利益着想的，这是人之常情。因此，对韩非不但不能信用，而且留着他还是个祸患。秦王听信了李斯之言，将韩非投入监狱。李斯乘机将毒药送进监狱，让韩非饮服。当秦王忽然反悔，欲释放并启用韩非时，一代思想领袖已命丧黄泉。

与春秋战国时期诸子百家的绝大多数政治思想家一样，韩非也希望成为一名帝王师，通过自己对君主的建言献策，来达到富国强兵的目的。他首先试图说服韩国的君主，能够听从他的建议，从而振兴韩国。然而韩王并没有

1　钱穆：《先秦诸子系年》卷四·一五六"李斯韩非考"，中华书局2015年，第551–552页。

2　任继愈：《韩非》，上海人民出版社1964年，第7页。

3　（西汉）司马迁：《史记·老子韩非列传》，中华书局1959年，第2146页。

4　同上书，第2155页。

重视他的意见，也没有给韩非任何重要的职务，使其能够辅佐王朝的政务。晚年他的学说虽然打动了秦王，并被秦王收罗，但最终秦王也未听信他的建言，他反而遭人陷害死于非命。虽然韩非一生没有感受到君王的知遇之恩，还屡遭人主的轻视和同事的谗言，但这不仅没有磨损韩非努力探寻王国统治之道的毅力，反而促使他更加发愤于王道霸业的思考。司马迁评论说，"非见韩之削弱，数以书谏韩王，韩王不能用。于是韩非疾治国不务修明其法制，执势以御其臣下，富国强兵而以求人任贤，反举浮淫之蠹而加之于功实之上。以为儒者用文乱法，而侠者以武犯禁。宽则宠名誉之人，急则用介胄之士。今者所养非所用，所用非所养。悲廉直不容于邪枉之臣，观往者得失之变，故作孤愤、五蠹、内外储、说林、说难十余万言"。[1]在春秋战国时期的所有古典思想家中，韩非的著述不仅文字篇幅最为丰富，而且对劝说和辅佐君王之难的体会也最为深切。

韩非的所有著述被汇编成《韩非子》一书。一般认为，《韩非子》成书于汉代，最初收录于班固的《汉书·艺文志》"诸子略·法家"著作目录名下，初以"《韩子》五十五篇"见称。《隋书·经籍志》《旧唐书·经籍志》《新唐书·艺文志》《宋史·艺文志》均以"《韩子》二十卷"收录，其内文五十五篇的目录与今本相同。唐时因尊称韩愈为"韩子"，便将《韩子》书名改为《韩非子》。现在流传的《韩非子》版本，最早均源于南宋乾道元年（1165年）的刻本。宋刻本原版已佚失，但有明清时期的复刻本和影钞本传世。尤其值得指出的是，清光绪年间的王先慎在乾道本的基础上，参考其他版本，编纂成《韩非子集解》一书，成为近代以来流行最广泛的版本之一。民国时期的大型国学丛书《万有文库》和《诸子集成》均选用此版本，20世纪50年代香港的《国学丛刊》和台北的《世界文库·四部丛刊》亦选用此书。中华书局在改革开放后编印的《新编诸子集成》同样也选用此书[2]。

1　（西汉）司马迁：《史记·老子韩非列传》，中华书局1959年，第2147页。

2　参阅赵晓耕：《中国古典法治的表达—再说韩非子》，第五章"韩非与《韩非子》一书的是非"，商务印书馆2021年，第74-76页。

在春秋战国诸子百家的著作中，《韩非子》一书相对说来传承比较完整，脉络非常清晰。在先秦诸子的文献中，《韩非子》一书无论是篇目的名称，还是篇目的数量，都是保存最为完整的典籍之一。自《汉书·艺文志》辑录《韩子》一书篇目始，《韩非子》的内容均为传世的五十五篇，洋洋十余万言。然而，由于司马迁在《史记》中列举的韩非著作仅为《孤愤》《五蠹》《内外储》《说林》和《说难》等数篇，这些内容无可争议为韩非所作之外，其他的一些篇目也一直遭人怀疑为后人所编。例如，今人比较一致的意见是，"《初见秦》是上秦王书，但并不是韩非所作；第二篇《存韩》前面是韩非的上秦王书，后面则是李斯的驳议及李斯的上韩王书。其余《问田》中称韩非为'韩子'，应是韩非后学所记；《饬令》属节录《商君书·靳令》而成，说明该篇的思想虽为韩非所认可，但文字也不是韩非的原创"[1]。

对于《韩非子》一书各篇的真伪，容肇祖、陈千钧、陈启天、胡适、郭沫若、蔡尚思等近代学者有过多角度的辨析，提出了各种质疑。特别是容肇祖的《韩非的著作考》（此书收录于罗根泽编《古史辨》第四册），对《韩非子》进行了10个方面的系统辨伪：1）确为韩非所作；2）从学说上推证为韩非所作；3）黄老或道家言混入于韩非子书中；4）纵横或游说家言混入于韩非子书中；5）他家言法可确定为不是韩非所作；6）与韩非有关系的记载因而混入韩非子书中；7）司马迁指为韩非所作而未可遽信；8）文著（韩）非名似尚有可疑；9）似是韩非所作而后段掺杂他人之文；10）是否韩非之文疑未能定而又无充分证据。综合容肇祖及其他学者的考证辨析，《韩非子》中大体有四类篇章受到较为集中的质疑。第一类是观点明显与韩非主张相反，甚至是韩非所批判否定的。这一类包括《初见秦》《存韩》《难言》《爱臣》等，它们疑为战国的纵横家和游说人士所作。第二类是后来的法家所作，被编入韩非的著作之中，包括《忠孝》《人主》《饬令》《心度》《制分》等。第三类是宣扬消极无为的黄老思想，与积极进取的韩非观点格格不入，包括《解

---

1 参阅高华平等译注：《韩非子》"前言"，中华书局2021年，第9页。

老》《喻老》《主道》《扬权》等。最后一类是与历史事实明显不符合的，如《有度》篇中有"庄王之氓社稷也，而荆以亡"，"桓公之氓社稷也，而齐以亡"，"昭王之氓社稷也，而燕以亡"等，这里提及的楚、齐、燕诸国，都是在韩非去世后才灭亡的，明显与史实不符，应属伪作。[1]

对于容肇祖等人考辨的上述疑似伪作，除了《初见秦》《存韩》《问田》和《饬令》极少数几篇共识较多外，其他的疑似伪作在学界远未达成一致意见[2]。但撇开这些争议不论，可以肯定的是，《韩非子》五十五篇文献内容，绝大多数都为韩非本人所作。在先秦诸子的经典中，《韩非子》一书篇幅最长，远超过其他诸子的代表作品，称得上是真正的鸿篇巨制。《墨子》在先秦诸子的经典中也以篇幅浩繁见称，共计53篇7万多字，亦明显少于《韩非子》的10余万字。《论语》全书共计16 000多字，《孙子兵法》6 000字左右，《道德经》才5 000字左右，其篇幅更是与《韩非子》不可比拟。《韩非子》不仅卷帙浩繁，而且体系庞大，内容极为丰富。既有韩非自己的思想观点，如《五蠹》《六反》《八说》《诡使》《八经》《二柄》《十过》《奸劫弑臣》《亡征》《三守》《备内》《南面》等，也有作者收录的历史典故，如《说林上》《说林下》《内储说上》《内储说下》《外储说左下》《外储说右下》等；既有对法家思想的阐述和辩护，如《显学》《定法》《用人》《功名》《难势》《安危》等，也有对道家、儒家和墨家思想的解说、批驳和非议，如《忠孝》《扬权》《解老》《喻老》《大体》《观行》《主道》等；既有阐述作者理论主张和政治观点的，也有抒发作者内心感慨和切身体会的，如《孤愤》《说难》《难言》《和氏》《问田》等。

《韩非子》不仅是中国政治思想史的鸿篇巨制，也是中国语言文学史的不朽名著。《韩非子》书中所使用的典故、寓言和成语，在时隔2000多年后仍

---

[1]　参阅容肇祖：《韩非的著作考》等，见罗根泽编《古史辨》第四册，上海古籍出版社1982年，第654–690页。

[2]　因本文主要阐释《韩非子》一书的思想，一般情况下，在引证时不强调是否为托韩非之名的伪作。

脍炙人口，为汉语成语典故最为丰富的先秦典籍。在今天使用频率最高的那些汉语成语典故中，有不少源自《韩非子》。例如，"自相矛盾"（《难一》）、"道不拾遗"（《外储说左上》）、"手足胼胝"（《外储说左上》、"良药苦口"（《外储说左上》）、"买椟还珠"（《外储说左上》）、"郑人买履"（《外储说左上》）、"食不重味"（《外储说左下》）、"视死如归"（《外储说左下》）、"中饱私囊"（《外储说右下》）、"轻举妄动"（《解老》）、"根深蒂固"（《解老》）、"故弄玄虚"（《解老》）、"优柔寡断"（《亡征》）、"佩韦佩弦"（《观行》）、"唇亡齿寒"（《十过》）、"靡靡之音"（《十过》）、"兵不厌诈"（《难一》）、"生杀予夺"（《三守》）、"循名责实"（《定法》）、"事以密成"（《说难》）、"孤掌难鸣"（《功名》）、"唯唯诺诺"（《八奸》）、"法不阿贵"（《有度》）、"负薪救火"（《有度》）、"汗马功劳"（《五蠹》）、"吹毛求疵"（《大体》）、"一鸣惊人"（《喻老》）、"病入骨髓"（《喻老》）、"千秋万岁"（《显学》）、"守株待兔"（《五蠹》）、"长袖善舞"（《五蠹》）、"见微知著"（《说林上》）、"老马识途"（《说林上》）、"论功行赏"（《八说》）、"滥竽充数"（《内储说上》）、"知子莫若父"（《十过》）、"远水不解近渴"（《说林上》）、"千里之堤，溃于蚁穴"（《喻老》）、"上不着天，下不着地"（《解老》）等。由于《韩非子》在中国政治法律思想史上的影响太大了，以至其文学影响被人们严重忽视了。

《韩非子》一书的主要内容，是韩非本人的政治思想。韩非所处的战国时期，是中华文明发展史上一个伟大的转折时期。社会的政治、经济和文化处于急剧的变动之中，王朝的更替、国家的兴亡、政治的分合，构成了波澜壮阔的现实政治图景；统一的周王朝经过春秋时期的裂变，到了战国时期演变为群雄割据的政治格局。不仅如此，随着文明的进步和社会的转型，华夏民族的思想文化经过春秋时期的演进，在战国时期达到了前所未有的高度，开创了中华文明发展史上"百家争鸣"的崭新局面。这是一个需要思想巨人，也必然会产生思想巨人的时代。在群星璀璨的诸子百家思想巨人队伍中，韩非无疑是其中独具特色的一位。他不仅传承了早期法家思想的精髓，而且广泛地受到了儒、道、墨诸家思想的熏陶，无论是就其政治思想的广度还是深度来说，韩非都达到了他那个时代所能达到的最高限度。

二、《韩非子》的哲学基础：道、德、理

对于古人来说，天是至高无上的存在，是不可企及的境界，是一切生命和世间万物的最终来源。上天的命令和法则，是最高的命令和法则，天命不可违，天理不可逆。在上天面前，人类的个体和集体都是微不足道的，即使是握有最高权力的君王，他可以是地上之人的主人，可称"人主"，却也是天的儿子，只能称"天子"。韩非秉承了古人关于天的这一基本思想，并作为其政治思想的逻辑起点。

韩非在《大体》篇中阐述了他心目中的理想社会和理想政治。这种理想政治状态是一种"至安之世"："法如朝露，纯朴不散，心无结怨，口无烦言。故车马不疲弊于远路，旌旗不乱乎大泽，万民不失命于寇戎，雄骏不创寿于旗幢……。故曰：利莫长乎简，福莫久于安"（《大体》），法律就像朝露一样沁人心脾，为民众自觉服从，大家心无结怨，和睦相处。百姓没有长途跋涉的劳累，士兵无须在战争中丧命。人们从清明简约的政治中获取利益，从国家的长治久安中享受幸福。在这样一种理想政治中，"君子乐而大奸止"。社会没有严重的犯罪，正人君子则能享受生活的快乐。统治者与被统治者之间、上级和下级之间都没有利益冲突，"上无忿怒之毒，下无伏怨之患，上下交顺"（《大体》），全社会形成了政通人和的局面。这样，"大人寄形于天地而万物备，历心于山海而国家富"（《大体》）。统治者便可以全身心地致力于国家的建设大业，国家就会变得富裕强大。这样的理想状态，才是国家治理的最高境界，韩非称之为"治之至也"（《大体》）。

要达到这样一种"治之至"的理想政治状态，首先就要认识社会发展和国家治理的整体趋势和一般规律，韩非称之为"全大体"。要做到"全大体"，就要敬畏上天，顺应天命，服从天理。即所谓"因天命，持大体"。他进一步说：要把握社会国家的大局，首先要有像天一样的胸怀，遵循天地的运行法则，不得悖逆天理。"古之全大体者：望天地，观江海，因山谷，日月所照，四时所行，云布风动"。"不逆天理，不伤情性"（《大体》）。没有天一样的广

阔胸怀，就无法承担起"全大体"的宏大责任，也就无法达到治理国家的最理想境界。

上天运行的普遍法则便是道，后天的法只是道的展开。遵循天道与遵守国法，是内在一致的。故而，"全大体者"既要顺应天道，亦要完善法律。只有"因道全法"（《大体》），方可"君子乐而大奸止"。正如司马迁所说，韩非"归本于黄老"，根本的一点，就在于他把道视为万物的本源。与黄老之学一脉相承，韩非这里所说的道，即是天地万物生成的最终来源，是天地万物演化的普遍法则，也是国家分合治乱的纲纪所在。"道者，万物之始，是非之纪也。是以明君守始以知万物之源，治纪以知善败之端"（《主道》）。道也是世间万物的本性所在，是万物之所以成为万物的根本原因。"道者，万物之所然也"，"道者，万物之所以成也。"（《解老》）

道是独一无二的，是万宗归一。道生万物又不同于万物，道是万物之本，是多样性的统一。"道不同于万物，……道无双，故曰一"（《扬权》）。道是世间万物的母体，道衍生出夺取和维护国家政权的各种方法技术。有了道才有国家，从这个意义上说，道也是国之母。"母者，道也；道也者，生于所以有国之术；所以有国之术，故谓之'有国之母'"（《解老》）。道就像树木的根柢，认识并把握了道，就是培植和强固了树木之根柢，树木就会生长得快，其生命就会长久。"体其道者，其生日长，故曰：'固其柢'。柢固，则生长；根深，则视久，故曰：'深其根，固其柢，长生久视之道也'"（《解老》）。统治者若用道来处理世间事务，则其生命和事业就会长久，国家也能长治久安。"夫道以与世周旋者，其建生也长，持禄也久。故曰：'有国之母，可以长久。'"（《解老》）

掌握了道，大可保全国家，小可保全生命。道无论对君主还是对民众，都至关重要。因为一旦认识并掌握了事物的规律和法则，说明他的智慧和见识高深莫测，就能够深谋远虑，在思想和行动上远远超越了其他人。掌握了道的人，就能看到常人所看不到的远景，做常人无法预测的事情，从而保全自己的生命和国家。"夫能有其国、保其身者，必且体道。体道，则其智深；

其智深，则其会远；其会远，众人莫能见其所极。唯夫能令人不见其事极，不见其事极者为保其身、有其国。故曰：'莫知其极。莫知其极，则可以有国'。"(《解老》)

一旦把握了道并且按照道的要求去行事，到了一定程度就能产生功效。这种由道的积聚而发生的功效，便是德。在韩非看来，德只是道的效用，没有道就没有德。有了德之后，才会进而有仁、义、礼，后三者又是德的功效。因而，道、德、仁、义、礼是一个有机的整体，具有内在的一致性。道是德之本，而德则是仁、义、礼之本。"道有积而积有功；德者，道之功。功有实而实有光；仁者，德之光。光有泽而泽有事；义者，仁之事也。事有礼而礼有文；礼者，义之文也。故曰：'失道而后失德，失德而后失仁，失仁而后失义，失义而后失礼'。"(《解老》)

德不仅是道的功效，也是道在世间万物的体现。道宏大而无形，德则是世间万物普遍之理。道和德相结合，便产生世间万物和天地阴阳。"道者，弘大而无形；德者，核理而普至。至于群生，斟酌用之，万物皆盛，而不与其宁"(《扬权》)。"道不同万物，德不同于阴阳"，但世间万物和天地阴阳却离不开道与德。

德虽是道的功效，但却是人内在的本质，而不是外在的东西。最高的德，就是人的内在精神，而不是游离于身外之物。能够恪守内在的精神，就能保持自身的完整。换言之，自身的完整便是德，有德的人才能有自身的完整。"德者，内也。得者，外也。'上德不德'，言其神不淫于外也。神不淫于外，则身全。身全之谓德。德者，得身也"(《解老》)。要拥有德，对身外之物就不能有很强的欲望和积极的作为，否则，反而会失去德的功效。"凡德者，以无为集，以无欲成"。刻意去追求德，反而得不到最高的德。"德则无德，不德则有德。故曰：'上德不德，是以有德'。"(《解老》)

德不仅能够修身，而且能够齐家治国平天下。如果说自身以积聚内在的精神为德，那么家庭则以积聚资财为德，乡里、国家和天下则以民众为德。"身以积精为德，家以资财为德，乡国天下皆以民为德。"修身不为外欲所乱，方能有真德；治家不为无用之物所乱，方能有积余；治理地方、国家和天下也能这样，那么富余的家庭和道德的民众就会更多，天下之人便都能广泛受其德惠。"今治身而外物不能乱其精神，故曰：'修之身，其德乃真'。真者，慎之固也。治家者，无用之物不能动其计，则资有余，故曰：'修之家，其德有余'。治乡者行此节，则家之有余者益众，故曰：'修之乡，其德乃长'。治邦者行此节，则乡之有德者益众，故曰：'修之邦，其德乃丰'。莅天下者行此节，则民之生莫不受其泽，故曰：'修之天下，其德乃普'。"（《解老》）

重视积德的人，就能克服各种艰难险阻，无往而不胜。因为重视积德的人，内心必定清静专一，就可以想出万全之策应对现实中的各种挑战，从而在理论上使众人心服，在战场上容易制服敌人，拥有天下社稷，使万民服从。"积德而后神静，神静而后和多，和多而后计得，计得而后能御万物，能御万物则战易胜敌，战易胜敌而论必盖世，论必盖世，故曰'无不克'。无不克本于重积德，故曰'重积德，则无不克'。战易胜敌，则兼有天下；论必盖世，则民人从。"（《解老》）

国家的统治者若能既有道又有德，道德兼备，那就抓住了国家治理的根本。圣人治国的关键，就在顺应道德。"圣人为法国者，必逆于世，而顺于道德"（《奸劫弑臣》）。顺应道德，国家之间就不会发生战争，奢侈之风就不会兴盛，民众就会专心于农耕，天下就会太平无事，连马甲都可弃之不用了。"有道之君，外无怨仇于邻敌，而内有德泽于人民。夫外无怨仇于邻敌者，其遇诸侯也外有礼义。内有德泽于人民者，其治人事也务本。遇诸侯有礼义，则役希起；治民事务本，则淫奢止。凡马之所以大用者，外供甲兵而内给淫奢也。今有道之君，外希用甲兵，而内禁淫奢。上不事马于战斗逐北，而民不以马远通淫物，所积力唯田畴。积力于田畴，必且粪灌。故曰：'天下有道，却走马以粪也'。"（《解老》）

既然德如此重要，而且是道的功效，与仁、义、礼有着内在的一致性，那么，德治应当是理想的政治状态，以德治理国家应当是理所当然的结论。然而，这恰恰不是韩非的结论，崇尚德治是儒家的主张，韩非明确反对儒家的德治理想，而主张"圣人治国，务法不务德"（《显学》）。

韩非认为，德治是一种理想政治，但这种理想政治是远古时代的政治，已经一去不复返了。他说，"上古竞于道德，中世逐于智谋，当今争于气力"（《五蠹》）。古代的人践行德治，大家竞相追逐德行；到了中世德治就让位于智治了，大家竞相追逐智谋；而现在则是实力政治的时代，大家竞相角逐力量。古代之所以能够践行德治，是因为那时的器物简陋，政治事务非常简单，所以大家可以相互揖让。现在的政治事务已经变得非常复杂，是一个各种力量的竞争较量的时代。在这样的时代再用德治就不是理想的"圣人之治"了。"古人亟于德，中世逐于智，当今争于力。古者寡事而备简，朴陋而不尽，故有珧铫而推车者。古者人寡而相亲，物多而轻利易让，故有揖让而传天下者。然则行揖让，高慈惠，而道仁厚，皆推政也。处多事之时，用寡事之器，非智者之备也；当大争之世，而循揖让之轨，非圣人之治也。故智者不乘推车，圣人不行推政也。"（《八说》）[1]

道在人身上的展开和体现是德，德为道的功效；道在物体上的展开和体现便是理，理为道的属性。将道与德合二为一，韩非更多的是传承老庄的思想；而将道与理有机地结合，则更多的是韩非的独创。在韩非看来，道是万物的根本性质和普遍规律，而理则是万物的表现形式和具体规制。"道者，万物之所然也，万理之所稽也。理者，成物之文也；道者，万物之所以成也。故曰：'道，理之者也'。物有理，不可以相薄；物有理不可以相薄，故理之为物之制。万物各异理，万物各异理而道尽"（《解老》）。道与理的结合，使得世间万物既形态多样，变幻莫测，又万变不离其宗，遵循着无形的共同规律。"凡道之情，不制不形，柔弱随时，与理相应。万物得之以死，得之以生；万事得之以败，得之以成。"（《解老》）

1　韩非一方面从道衍生出德，认为德是道的功效，对德给予高度赞赏；另一方面却明确排斥德治，认为德治的时代过去，现在倡导德治已非"圣人之治"。韩非这种自相矛盾的德治观，在后人中引发了极大的争议。一种观点认为，倡导德行的《解老》等篇章，是后人的伪作；另一种观点则认为，倡导德行是韩非一贯的观点，他反对的是儒家的德治观。

理是事物的具体规定，它体现为形形色色的世间万物。道是看不见摸不着的，而理则是看得见摸得着的，它表现为事物的方圆长短，使世间万物展现出丰富多彩的多样性。因为世间万物皆有其理，所以我们才能区分出事物的颜色、大小、轻重、方圆、长短、粗细、坚脆等等。"凡物之有形者易裁也，易割也。何以论之？有形，则有短长；有短长，则有小大；有小大，则有方圆；有方圆，则有坚脆；有坚脆，则有轻重；有轻重，则有白黑。短长、大小、方圆、坚脆、轻重、白黑之谓理。理定而物易割也"（《解老》）。理是我们区分和认识万物的关键所在，而不同事物之理的背后，都存在着普遍的道。只有认识了事物之理，才能最终把握万物的根本之道："凡理者，方圆、短长、粗靡、坚脆之分也，故理定而后可得道也。"（《解老》）

不同的事物有不同的理，同一事物在其不同的阶段也有不同的理。因此，理变动不居，天地万物处于变化发展之中；理有兴衰存亡，天地万物便有生长死亡。"故定理有存亡，有死生，有盛衰。夫物之一存一亡，乍死乍死，初盛而后衰者，不可谓常"（《解老》）。天地万物的变化发展和兴衰存亡，是普遍的和永恒的，从这个意义上说，事物的"无定理"恰恰又是一种常态。对这种天地万物"无定理"的常态，实在难以形容，只能勉强称为"道"："唯夫与天地之剖判也俱生，至天地之消散也不死不衰者谓'常'。而常者，无攸易，无定理。无定理，非在于常所，是以不可道也。圣人观其玄虚，用其周行，强字之曰'道'。"（《解老》）

韩非关于道、德、理的观点，是其全部政治思想的哲学基础，由此发展出了他关于君臣之道和治国之理的整个政治理论。从某种意义上说，道、德、理，以及作为整体的道德与道理，既是韩非所揭示的治国安邦的内在逻辑，也是其评判邦国之兴衰和君臣之好坏的基本标准。在他看来，无论是君主还是臣民，唯有恪守各自之道和万物之道理，才能安身立命，兴旺发达；反之，则会国破家亡。"夫缘道理以从事者，无不能成。无不能成者，大能成天子之势尊，而小易得卿相将军之赏禄。夫弃道理而妄举动者，虽上有天子诸侯之势尊，而下有猗顿、陶朱、卜祝之富，犹失其民人而亡其财资也。"（《解老》）

三、《韩非子》的政治思想：君、臣、民

道无形却无处不在，世间万物莫不体现着某种无形之道。道不仅是万物之源，也是是非之纪。君主只有掌握了道，才能认识国家治理的兴衰之理；只有按照道的要求去治理国家，天下才能太平。"道者，万物之始，是非之纪也。是以明君守始以知万物之源，治纪以知善败之端"（《主道》）。韩非认为，君有君道，道是君主立身处事的根本法则，有道之君才称得上"明君"和"圣人"。臣有臣道，依臣道行事，才能尽人臣之责。韩非不仅把君主和大臣的根本行事规则称之为道，而且把君臣的区别也提升到道的高度，认为君臣不同道；进而认为道归一，君主之道独一无二。恪守君臣之道，以正君臣之名，才能上下和睦。这样，韩非便通过把君主独揽大权和臣民对君主的俯首听命视为"天道"，从而为君主的绝对专制奠定了根本的哲学基础。

君臣不同道，君主之道，为君主所独有。即君主成其为君主的那些根本法则，是上天专门为君主而设立的，具有排他性，不为臣民所分享。这就是韩非所谓的"明君独道"思想。韩非认为，道是无形的，它产生万物而又隐藏于万物之中。道不但决定着事物的不同性质，而且支配着事物的生长死亡。君不同于臣，也是道生万物的一种形式。"夫道者，弘大而无形"，"道者，下周于事，因稽而命，与时生死。参名异事，通一同情。故曰：道不同于万物，德不同于阴阳，衡不同于轻重，绳不同于出入，和不同于燥湿，君不同于群臣。——凡此六者，道之出也。道无双，故曰一。是故明君贵独道之容。君臣不同道，下以名祷。君操其名，臣效其形，形名参同，上下和调也。"（《扬权》）

明君独道的政治要求和现实体现，便是君主掌握至高无上的统治权力。君主执掌国家的最高权柄，主宰着臣民的生杀予夺。"君执柄以处势，故令行禁止。柄者，杀生之制也"（《八经》）。君主的这种至高无上的生杀大权是绝对的和唯一的，不与任何其他人分享，其他所有人都服从并服务于君主的绝对权力。君主身份最尊贵、权势最强大，没有任何人可与君主相提并论。"万

物莫如身之至贵也，位之至尊也，主威之重，主势之隆也"（《爱臣》）。这既是天之"大命"，也是人之"大命"："天有大命，人有大命。……权不欲见，素无为也。事在四方，要在中央。圣人执要，四方来效"（《扬权》）。君主唯有牢牢掌握至高无上的绝对权力，依据这个唯一的根本法则去正名分定规则，那么一切就会名正言顺，事物便会井然有序。"用一之道，以名为首，名正物定，名倚物徙。故圣人执一以静，使名自命，令事自定"（《扬权》）。如此，君主便能顺从天命，不失其要，成为圣人，使"万民一从"。"谨修所事，待命于天，毋失其要，乃为圣人。"（《扬权》）

既然君主"执要"方为"圣人"，独揽大权，方可"四方来效""万民一从"，那么必然的结论便是：只有绝对遵从君主，既给君主以最大的权力，也给君主以最高的尊严，天下才能太平。这就是韩非的"尊主安国"理论。在韩非看来，只有绝对遵从君主的权威，国家才能安定；反之，要使国家安定，就必须绝对服从君主。君主要恪守君道，把握国家治理的根本方向和原则，掌握国家的根本决策大权，其他的事就让大臣们去做，实行最大程度的无为而治，那么国家就能长治久安，而这样的有道之君便是真正的"人主""贤主""明君"和"圣人"。"明君无为于上，君臣竦惧乎下。明君之道，使智者尽其虑，而君因以断事，故君不穷于智；贤者敕其材，君因而任之，故君不穷于能；有功则君有其贤，有过则臣任其罪，故君不穷于名。是故不贤而为贤者师，不智而为智者正。臣有其劳，君有其成功，此之谓贤主之经也。"（《主道》）

君有君道，臣有臣道，有道之臣才是贤臣、哲臣、良臣或忠臣。韩非认为，所有臣道中最重要的莫过于对君主的忠心不二。一心一意事君，对君主保持绝对的忠诚，在任何情况下都没有任何异心，这是臣道之根本。韩非说，"贤者之为人臣，北面委质，无有二心"（《有度》）。韩非认为，对于大臣来说，比起其"仁义礼智信"等儒家倡导的贤德，最重要的就是对君主的忠贞不贰。臣子一旦没有忠诚之心，那么即使拥有其他贤德，对国家来说也是危害无穷。正像贤子必忠于其父一样，贤臣必忠于其君，否则便贻害无穷。"父之所以欲有贤子者，家贫则富之，父苦则乐之；君之所以欲有贤臣者，国乱则治之，主卑则尊之。今有贤子而不为父，则父之处家也苦；有贤臣而不为君，则君之处位也危。然则父有贤子，君有贤臣，适足以为害耳，岂得利焉哉？所谓忠臣，不危其君；孝子，不非其亲"（《忠孝》）。从臣必须忠于君这一根本性的君臣之道出发，韩非甚至对尧舜禅让和武王伐纣等传统的政治美谈也持根本的否定态度："非其亲者知谓不孝，而非其君者天下此贤之，此所以乱也。故人臣毋称尧舜之贤，毋誉汤、武之伐，毋言烈士之高，尽力守法，专心于事主者为忠臣。"（《忠孝》）

对君主的绝对忠诚，势必要求对君主的绝对服从。贤臣仅有对君主的忠心不二是不够的，还必须无条件地顺从君主的命令。"朝廷不敢辞贱，军旅不敢辞难；顺上之为，从主之法，虚心以待令，而无是非也"（《有度》）。这也正是韩非心目中的臣道：臣子必须对君主言听计从，急君主之所急，图君主之所图，竭尽自己的所能，献身于国君。因此，韩非所推崇的后稷、皋陶、伊尹、周公旦、太公望、管仲、隰朋、百里奚、蹇叔、舅犯、赵襄、范蠡、大夫种、逢同、华登 15 位理想大臣，"皆夙兴夜寐，单身贱体，竦心白意；明刑辟、治官职以事其君，进善言、通道法而不敢矜其善，有成功立事而不敢伐其劳；不难破家以便国，杀身以安主，以其主为高天泰山之尊，而以其身为壑谷洰之卑；主有明名广誉于国，而身不难受壑谷洰之卑。"（《说疑》）

良臣不得以权谋私，而须秉公办事。韩非是中国历史上最早明确区分公与私，并将公与私视作评价君主和群臣品行优劣的思想家，这一点堪与古希腊伟大思想家亚里士多德媲美。他说："公私不可不明"，"明主之道，必明于公私之分，明法制，去私恩"（《饰邪》）。君臣如果齐心协力为国家公共利益奋斗，国家就能长治久安；如果追逐私人利益，国家就将动乱不安。因此，君主须明于公私之分，崇尚公义。人臣同样如此，必须居官无私。人臣如果致力于谋取一己之私，则既害己又乱国。"私义行则乱，公义行则治，故公私有分。人臣有私心，有公义。修身洁白而行公行正，居官无私，人臣之公义也；污行从欲，安身利家，人臣之私心也。明主在上，则人臣去私心行公义；

乱主在上，则人臣去公义行私心"（《饰邪》）。在这一点上，韩非甚至有点极端，认为良臣的家不能太富太贵，否则就会失去臣道，即所谓"有道之臣，不贵其家"（《扬权》）。

作为一名绝对专制主义的政治思想家，韩非对普通民众持极端鄙视的态度。他认为民的本性是恶的，他们好逸恶劳，贪图享受，除了追逐私欲外，没有其他任何高尚的需求。"夫民之性，恶劳而乐佚"（《心度》）。趋利避害，是每个人的本来面目。"民之政计，皆就安利如辟危穷"（《五蠹》）。例如，民众为了一己私利而逃避兵役，宁可贿赂权贵豪门，也不愿无私为国家奉献。"穷危之所在也，民安得勿避？故事私门而完解舍，解舍完则远战，远战则安。行货赂而袭当涂者则求得，求得则私安，私安则利之所在，安得勿就？是以公民少而私人众矣"（《五蠹》）。不仅如此，在韩非看来，民众为了自己的私利甚至常常六亲不认。他曾经不止一次举过一个品性极端自私恶劣的例子，来说明人性之败坏堕落。齐桓公有一位年轻侍仆叫竖刁，得知桓公喜女色而妒忌男性，便将自己阉割了后去管理后宫。然而正是这位竖刁，在取得齐桓公信任并授以权柄执政三年后，公然发动政变将桓公囚在守卫室中，活活使其饥渴而死，死后三个月无人收尸。（《十过》）

在韩非眼中，民众不仅天性自私，而且愚昧无知，完全不可救药。民众生性懒惰，目光短浅，只见到眼前的小利，而看不到长远利益。"是以愚戆窳堕之民，苦小费而忘大利也"（《南面》）。民众不仅鼠目寸光，看不到真正的利害关系；而且常常不知好歹，即使贤君的惠民利民举措，也总是得不到民众的认可。韩非举例说："今上急耕田垦草以厚民产也，而以上为酷；修刑重罚以为禁邪也，而以上为严；征赋钱粟以实仓库，且以救饥馑、备军旅也，而以上为贪；境内必知介而无私解，并力疾斗，所以禽虏也，而以上为暴。此四者，所以治安也，而民不知悦也"（《显学》）。韩非据此得出结论说，"民智之不可用，犹婴儿之心也"。民心根本就不重要，因为民众的智商就像婴儿一样低下，不值得君主的重视。一味强调顺应民心，只会导致天下大乱。"夫民智之不足用亦明矣。故举士而求贤智，为政而期适民，皆乱之端，未可与

为治也。"(《显学》)

民众愚昧自私，也完全不值得信任。韩非认为，民众除了追逐自己眼前的个人私利之外，毫无诚信可言。韩非认为，追逐个人的私利是人类的本性，大夫为人看病，车夫给人赶车，木匠打造棺材，不要以为他们是为了给别人做好事，其实纯粹是为了个人的私利。"医善吮人之伤，含人之血，非骨肉之亲也，利所加也。故与人成舆，则欲人之富贵；匠人成棺，则欲人之夭死也。非舆人仁而匠人贼也，人不贵，则舆不售；人不死，则棺不买。情非憎人也，利在人之死也"(《备内》)。即使是最亲近的夫妻之间和父子之间，一旦事关个人的切身利益，相互之间也常常会钩心斗角，甚至到了你死我活的地步。因此，一般的人都是不可信任的。他还以赵武灵王被其儿子赵惠文王饿死沙丘宫以及晋献公受其宠妾丽姬怂恿杀死亲生儿子为例，来证明人性可恶，即使夫妻父子也不可信任。"夫以妻之近与子之亲而犹不可信，则其余无可信者矣。"(《备内》)

君主的天职就是治民，圣人或明主治民的要害，在于抓住民众的本性，用刑罚去遏制民众的欲望，这才是真正的爱民。"圣人之治民，度于本，不从其欲，期于利民而已。故其与之刑，非所以恶民，爱之本也。""故治民无常，唯治为法"(《心度》)。韩非认为，圣人治民所要达到的理想目标，就是避免六种"奸伪无益之民"，而塑造六种"耕战有益之民"。韩非眼中的六种"无益之民"是：畏死避难的"降北之民"、信奉方术的"离法之民"、悠闲享乐的"牟食之民"、巧言令色的"伪诈之民"、行剑攻杀的"暴憿之民"、包藏奸贼的"当死之民"。他所倡导的六种"有益之民"是：殉身赴难的"死节之民"、寡闻从令的"全法之民"、勤劳耕作的"生利之民"、敦厚淳朴的"整谷之民"、遵命畏事的"尊上之民"、勇斗奸贼的"明上之民。"(《六反》)

韩非政治思想的实质，就是维护专制君主的统治。因此，他关于君、臣、民思想的根本目标，就是君主如何依靠人臣去治理民众，实现国家的所谓长治久安，即维护君主至高无上的人主地位。为了实现这一目标，君主既要治民，但更要治臣。如何治臣和治民？这就涉及韩非政治思想的另一方面重要内容：法、术、势。

四、《韩非子》的统治之道：法、术、势

作为法家思想的集大成者，韩非政治思想的核心内容是其法、术、势理论，特别是其法治理论。在韩非之前，管子、商鞅、慎到、申不害都以重法而著称，因此，韩非并不是法家理论的创立者，但却是公认的主要代表人物。他对法治的意义、性质、特征、作用、后果、方式等做了最为系统而深刻的论述，从而达到了中国传统法治思想的顶峰。

奉法者强，法治是实现国家强盛繁荣和长治久安的根本途径，这是韩非的核心政治主张。他首先从国家兴衰的历史经验来证明"国无常强，无常弱。奉法者强，则国强；奉法者弱，则国弱"（《有度》）。韩非分别以楚国、齐国、燕国、韩国、魏国等国的兴盛衰落为生动鲜活的实例，来说明国家的强盛并非一成不变，世上不存在久盛不衰的国家，但所有国家兴衰的背后却存在着一个普遍的规律，这就是："故当今之时，能去私曲就公法者，民安而国治；能去私行行公法者，则兵强而敌弱"（《有度》）。凡依法治国者，国家就会兴盛；反之，国家则会衰弱，直至灭亡。"荆庄王并国二十六，开地三千里；庄王之泯社稷也，而荆以亡。齐桓公并国三十，启地三千里；桓公之泯社稷也，而齐以亡。燕襄王以河为境，以蓟为国，袭涿、方城，残齐，平中山，有燕者重，无燕者轻；襄王之泯社稷也，而燕以亡。魏安釐王攻燕救赵，取地河东；攻尽陶、魏之地；加兵于齐，私平陆之都；攻韩拔管，胜于淇下；睢阳之事，荆军老而走；蔡、召陵之事，荆军破；兵四布于天下，威行于冠带之国；安釐王死而魏以亡。故有荆庄、齐桓公，则荆、齐可以霸；有燕襄、魏安釐，则燕、魏可以强。今皆亡国者，其群臣官吏皆务所以乱而不务所以治也。其国乱弱矣，又皆释国法而私其外，则是负薪而救火也，乱弱甚矣！"（《有度》）

接着，韩非从多个方面对"奉法者强"的结论进行理论上的系统论证。在韩非看来，法律是社会公共秩序的核心，以法律为准绳就可以明辨是非，区分善恶好坏，从而对国家进行的效治理。"法分明则贤不得夺不肖，强不得侵弱，众不得暴寡"（《守道》）。只要有了法律的准绳，君主用法律去约束臣民，那么奸诈偷盗之人就会因惧怕受到惩罚而变得规矩，民众就能恪守本分，社会就能井然有序。"明主之守禁也，贲、育见侵于其所不能胜，盗跖见害于其所不能取，故能禁贲、育之所不能犯，守盗跖之所不能取，则暴者守愿，邪者反正。大勇愿，巨盗贞，则天下公平，而齐民之情正矣"（《守道》）。韩非进而认为，君主乾纲独断，掌握着治理国家的根本大权，但君主不可能通晓一切，事事亲为，他必须依靠大臣去治理国家。君主要管理众多的臣僚，舍法律则无其他有效的手段。"夫为人主而身察百官，则日不足，力不给。且上用目，则下饰观；上用耳，则下饰声；上用虑，则下繁辞。先王以三者为不足，故舍己能而因法数，审赏罚。先王之所守要，故法省而不侵。"（《有度》）

韩非认为，赏罚是君主有效治理国家的两种基本手段，他称为国之"二柄"。"明主之所导制其臣者，二柄而已矣。二柄者，刑德也。何谓刑德？曰：杀戮之谓刑，庆赏之谓德。为人臣者畏诛罚而利庆赏，故人主自用其刑德，则群臣畏其威而归其利矣"（《二柄》）。君主善于运用"二柄"的关键，在于依法治国。赏罚适当，则君安国强；若赏罚不当，则君危国弱。君主要做到赏罚适当，就必须奉法为大，把法律视为赏罚的基本标准。韩非以魏、赵、燕三国为例说，当它们以法律作为赏罚的主要标准，做到有功者赏有罪者罚，那么国家就会兴盛；反之，当法律不受重视，赏罚失准时，国家就迅速衰落："当魏之方明《立辟》、从宪令行之时，有功者必赏，有罪者必诛，强匡天下，威行四邻；及法慢，妄予，而国日削矣。当赵之方明《国律》、从大军之时，人众兵强，辟地齐、燕；及《国律》满，用者弱，而国日削矣。当燕之方明《奉法》、审官断之时，东县齐国，南尽中山之地；及《奉法》已亡，官断不用，左右交争，论从其下，则兵弱而地削，国制于邻敌矣。故曰：明法者强，慢法者弱。"（《饰邪》）

　　既然依法治国是国家兴盛的关键所在，那么君主治理国家就要以法为本。按照韩非的逻辑，道和法是内在一致的，道是天地万物的根本法则，法则是世间治理的根本之道。道和法是万全的，智和能是靠不住的。"而道法万全，智能多失。夫悬衡而知平，设规而知圆，万全之道也"（《饰邪》）。法制严明，君主就能受到尊重，否则，国家就会动乱，君主的名位也无法维持。"故先王以道为常，以法为本。本治者名尊，本乱者名绝"（《饰邪》）。以法为本，就要任法而行，既不能"任贤"，也不能"任智"。韩非认为，儒家墨家等竭力倡导的贤能政治，实际上是天下动乱的根源。他以齐国和宋国的政治动乱为例，力图证明尚贤任智是逆道而非治道："今夫上贤任智无常，逆道也，而天下常以为治。是故田氏夺吕氏于齐，戴氏夺子氏于宋。此皆贤且智也，岂愚且不肖乎？是废常上贤则乱，舍法任智则危。故曰：上法而不上贤"（《忠孝》）。韩非甚至认为"任贤"和"任智"是君主治理国家的祸患，"人主有二患：任贤，则臣将乘于贤以劫其君；妄举，则事沮不胜"（《二柄》）。"事智者众，则法败；用力者寡，则国贫：此世之所以乱也"（《五蠹》）。他引用老子的话说："以智治国，国之贼也"（《难三》）。因此，君主应当尽量远离仁义和智能，故"故明主之道，一法而不求智"（《五蠹》），"有道之主，远仁义，去智能，服之以法。"（《说疑》）

　　韩非将法提升到治国之道的高度，把法看作是强国的关键，那么，他心目中的法究竟是什么呢？韩非关于法治的作用有过大量的论述，但对于法本身究竟是什么，反而没有集中而系统的论述。但从其相关论述中，我们仍可以大体概括出韩非关于法的概念和定义。首先，韩非认为，法就是由官府公开发布并使民众周知的成文条例。"法者，编著之图籍，设之于官府，而布之于百姓者也"（《难三》）。其次，法虽然是官府制定颁行的，但却是君王用来赏罚臣民、维持安定的基本工具。"法者，宪令著于官府，刑罚必于民心，赏存乎慎法，而罚加乎奸令者也。此臣之所师也。君无术则弊于上，臣无法则乱于下，此不可一无，皆帝王之具也"（《定法》）。其三，法令是言和行唯一的最高准则，其中令是最高的指示，法是最合适的规则。凡不符合法令的言行，均必须加以禁止。"明主之国，令者，言最贵者也；法者，事最适者也。言无二贵，法不两适，故言行而不轨于法令者必禁"（《问辩》）。其四，韩非还认为，法令要公开普及，须让广大民众广泛知晓，"法莫如显"（《难三》）；要让臣民严格守法，就要努力创造条件，让臣民及时学法知法。"法也者，官之所以师也。然使郎中日闻道于郎门之外，以至于境内日见法，又非其难者也。"（《说疑》）

韩非法治思想一个重要的特点是，强调法是变与不变的辩证统一。韩非与其同时代的思想家一样，也崇尚"先王"的政治制度和政治价值，并以此作为其政治主张的合法性来源。但与其他思想家不同的是，韩非特别强调政治法律制度具有时代性，时代条件改变了，政治制度和统治方式必须随之改变。他说："故治民无常，唯治为法。法与时转则治，法与世宜则有功。故民朴而禁之以名则治，世知维之以刑则从。时移而治不易者乱，能治众而禁不变者削。故圣人之治民也，法与时移而禁与能变"（《心度》）；例如，他认为仁义之治适合于上古时代，智慧之治适合于中世，而在他所处的大变动时代，国家之间的竞争完全取决于实力，则只有法治方可救国，韩非称此为"事异则备变"（《五蠹》）。不懂得国家治理的人，才会僵硬地死守成法；政治法律制度若不随时代的实际条件而变革，国家就不会兴盛，不变法汤武就不能称王。"不知治者，必曰：'无变古，毋易常。'变与不变，圣人不听，正治而已。则古之无变，常之毋易，在常古之可与不可。伊尹毋变殷，太公毋变周，则汤、武不王矣"（《南面》）。然而，另一方面，韩非又十分清楚法律具有相对的稳定性。韩非倡导变法，认为时代不同法律制度也应随之变革，是从长远的角度来说的。从短期来说，韩非认为"法莫如一而固"（《五蠹》），法律应当具有某种稳定性。他阐释老子的观点说："治大国而数变法，则民苦之。是以有道之君贵静，不重变法。故曰：'治大国者若烹小鲜'"（《解老》）。在这一点上，他还批评申不害变法过于频繁，导致奸贼众多。"晋之故法未息，而韩之新法又生；先君之令未收，而后君之令又下。申不害不擅其法，不一其宪令，则奸多。"（《定法》）

从本质上说，韩非所说的法是君主的权力意志。韩非认为，君主必须拥有至高无上的绝对权力，君主的这种权力在现实政治中就体现为法和令。他说，"夫国之所以强者，政也；主之所以尊者，权也。故明君有权有政，乱君亦有权有政，积而不同，其所以立异也。故明君操权而上重，一政而国治。故法者，王之本也；刑者，爱之自也"（《心度》）。君主要掌握国家统治的最高权力，就必须牢牢掌握国家的立法大权。国家的立法权为君主所独掌，不得与其他任何人分享。明主的立法，必须具有最高的约束力和最大的权威，得到不折不扣的贯彻执行。"圣王之立法也，其赏足以劝善，其威足以胜暴，其备足以必完"（《守道》）。一旦君主的法令不能得以完全的贯彻落实，而在执行过程中因顾及民意而发生偏差，那么国家就将进入动乱。"乱世则不然：主有令，而民以文学非之；官府有法，民以私行矫之。人主顾渐其法令而尊学者之智行，此世之所以多文学也。"（《问辩》）

在韩非那里，法与术常常是并用的，"人主之大物，非法则术也"（《难三》）。韩非认为，术与法一样，也是君主统治国家的基本工具："君无术则弊于上，臣无法则乱于下，此不可一无，皆帝王之具也"（《定法》）。《韩非子》一书有许多篇幅专门用来谈术，如《南面》《用人》《和氏》《爱臣》《主道》《八奸》《有度》《心度》《奸劫弑臣》《六反》《八说》《内储说上七术》等。有人统计，仅从篇幅上看，《韩非子》一书论"术"的内容甚至超过论"法"的内容[1]。

韩非所说的术，主要是君主控制臣下的手段，是君主的统治权谋或权术。"人主者不操术，则威势轻而臣擅名"（《外储说右下》）。韩非说得很明白，术就是君主用来控制和驾驭群臣的权柄，"术者，因任而授官，循名而责实，操杀生之柄，课群臣之能者也。此人主之所执也"（《定法》）。韩非认为，法与术是相辅相成的，两者缺一不可。仅讲法而不讲术，或仅重术而重法，都不能使国家富强。他举例说，申不害治韩，只重术不重法，韩国长期不能强盛。

1　施觉怀：《韩非评传》，南京大学出版社 2002 年，第 310 页。

"故托万乘之劲韩，七十年而不至于霸王者，虽用术于上，法不勤饰于官之患也"（《定法》）。反之，商鞅治秦，重法而不重术，虽使秦强盛却久不能助秦称帝："商君虽十饰其法，人臣反用其资。故乘强秦之资数十年而不至于帝王者，法不勤饰于官，主无术于上之患也"（《定法》）。术与法都是君主统治手段，但术与法所不同的是，法是可见的，它以文字的形式编著于书籍之中，而术则是不可见的，它是隐藏在君主心中的控制臣民的办法。法越显越好，而术则是越隐越好："术者，藏之于胸中，以偶众端而潜御群臣者也。故法莫如显，而术不欲见"。（《难三》）

韩非认为，君主首先要掌握识人之术，善于识别那些真正的治国之才。对于君主来说，最有用的治国之才就是术士。"主有术士，则大臣不得制断，近习不敢卖重；大臣、左右权势息，则人主之道明矣"（《主道》）。韩非把治国之才喻作和氏之璧，君主要像识碧玉那样善于辨识人才。韩非以自己的切身体会不无感慨地说，这些法术之士尤其不容易为君主所器重。法术之士因为所献之策有利于君主和国家，就常常会损害大臣和民众的利益，所以，不免遭到大臣的忌恨和民众的讥讽。君主不能听从这些流行的偏见，否则，到死也得不到治国之术士。"主用术，则大臣不得擅断，近习不敢卖重；官行法，则浮萌趋于耕农，而游士危于战陈；则法术者乃群臣士民之所祸也。人主非能倍大臣之议，越民萌之诽，独周乎道言也，则法术之士虽至死亡，道必不论矣"（《和氏》）。韩非告诫君主说，要特别警惕那些夸夸其谈，听起来学富五车的儒墨之士，在治国理政方面，这些儒墨之徒与法术之士相比，有天地之别。"俱与有术之士，有谈说之名，而实相去千万也。此夫名同而实有异者也。夫世愚学之人比有术之士也，犹蚁垤之比大陵也，其相去远矣"（《奸劫弑臣》）。然而，君主很容易被这些人欺骗，奖励并重用他们。器重这些夸夸其谈的人治国，就会造成国家的动乱。"藏书策，习谈论，聚徒役，服文学而议说，世主必从而礼之，曰：'敬贤士，先王之道也'。……夫斩首之劳不赏，而家斗之勇尊显，而索民之疾战距敌而无私斗，不可得也。国平则养儒侠，难至则用介士。所养者非所用，所用者非所养，此所以乱也。""故举士而求

贤智，为政而期适民，皆乱之端，未可与为治也。"(《难三》)

识人是为了用人，如何用人是君主最重要的统治术，直接关系到政权的成败，是国家兴亡盛衰的关键所在。"任人以事，存亡治乱之机也，无术以任人，无所任而不败"(《八说》)。既然只有懂得法术之人才是治国之才，韩非认为君主用人术的要害在于任用有术之人。君主若能识得并重用这些有术之士，自己就能尊贵无比，而国家则安宁稳定。"夫有术者之为人臣也，得效度数之言，上明主法，下困奸臣，以尊主安国者也"(《奸劫弑臣》)。君主要是在用人上不讲究术数，任用一些不懂得"智辩之士"或"清洁之吏"，那就会给国家带来灾难性的后果。因为"智士者未必信也，为多其智，因惑其信也。以智士之计，处乘势之资而为其私急，则君必欺焉。为智者之不可信也，故任修士者，使断事也。修士者未必智，为洁其身、因惑其智。以愚人之所惽，处治事之官而为所然，则事必乱矣。故无术以用人，任智则君欺，任修则君事乱，此无术之患也"(《八说》)。韩非认为，有道的君主重视的不是任用廉洁之士，而是善于觉察臣下奸邪腐败的方法，从而使得官吏不敢贪赃枉法。"明主之国，官不敢枉法，吏不敢为私利，货赂不行，是境内之事尽如衡石也。此其臣有奸者必知，知者必诛。是以有道之主，不求清洁之吏，而务必知之术也。"(《八说》)

韩非认为，君主治国并非直接治民，而是通过臣僚去治理国家的，君主治国的重点是治臣。"故吏者，民之本、纲者也，故圣人治吏不治民"(《外储说右下》)。与此相一致，治臣之术便是君主统治术的重中之重。为了使君主能够轻松驾驭人臣，韩非可谓竭尽智谋，他向君主提出了众多的御臣之术，择其要者，主要有以下几点。

韩非认为，过于信任和倚重臣僚，是君主的通病。"万乘之患，大臣太重；千乘之患，左右太信；此人主之所公患也"(《孤愤》)。因此他告诫君主，要始终与臣下保持相当的距离，不能与臣僚亲近，不能使臣下的地位太显贵，也不能使大臣们很富有。与臣僚太亲近，君主就容易受到伤害；臣下位高权重，则容易使臣下篡夺君位；人臣的权势过大，君主就很危险。"爱臣太亲，必危其身；人臣太贵，必易主位；……臣闻千乘之君无备，必有百乘之臣在其侧，以徙其民而倾其国；万乘之君无备，必有千乘之家在其侧，以徙其威而倾其国。是以奸臣蕃息，主道衰亡。是故诸侯之博大，天子之害也；群臣之太富，君主之败也"（《爱臣》）。君主必须依法治臣，无论臣属的智慧有多高功劳有多大，都要受到法律的约束，否则贻害无穷。"人主使人臣虽有智能，不得背法而专制；虽有贤行，不得逾功而先劳，虽有忠信，不得释法而不禁"（《南面》）。人主必须使臣下诚实守信，奖励守信者，惩罚失信者，即使对那些办事有功的大臣，只要发现有不诚实守信的言行，也必须严厉惩罚。"不信者有罪，事有功者必赏，则群臣莫敢饰言以愍主。主道者，使人臣前言不复于后，复言不复于前，事虽有功，必伏其罪，谓之任下"（《南面》）。君主不能轻信臣僚，即使对近臣也要严格保守政治机密，否则会国破身亡。"主有三守。三守完，则国安身荣；三守不完，则国危身殆。何谓三守？人臣有议当途之失，用事之过，举臣之情，人主不心藏而漏之近习能人"（《三守》）。君主要使臣僚专心致志做事，不能让人臣身兼数职。"明君的治国原则：一人不兼任他职，一职不兼管他事"（《难一》）。因为，人臣若身兼多职，就容易分心并引发各种纷争。"明君使事不相干，故莫讼；使士不兼官，故技长；使人不同功，故莫争"（《用人》）。韩非还别出心裁地给君主支招说，君主要把声誉和功劳归于自己，而将恶名和责任推诿给臣僚，并称此为"贤主之经"："有功则君有其贤，有过则臣任其罪，故君不躬于名。是故不贤而为贤者师，不智而为智者正。臣有其劳，君有其成功，此之谓贤主之经也"（《主道》）。

除了治臣之术外，韩非所强调的另一种统治术便是刑赏之术。韩非看到，其实每一个国家都有其法律，那么为什么它们之间有兴衰存亡，这是因为除了法之外，有些君主不懂得刑赏之术。"故治乱之理，宜务分刑赏为急。治国者莫不有法，然而有存有亡；亡者，其制刑赏不分也"（《制分》）。他从人的本性好利畏死出发，认为赏罚是治理人臣最有效的手段。"凡治天下，必因人情。人情者，有好恶，故赏罚可用；赏罚可用，则禁令可立而治道具矣"（《八经》）。君主治国如能善用刑赏之术，则如行路有舟车之便，可轻易达到目的。

"治国之有法术赏罚,犹若陆行之有犀车良马也,水行之有轻舟便楫也,乘之者遂得其成"(《奸劫弑臣》)。反之,君主如果不能掌握刑赏之术,赏罚不当,就不能称为明主。"凡治之大者,非谓其赏罚之当也。赏无功之人,罚不辜之民,非谓明也"(《说疑》)。运用赏罚手段是驾驭人臣最有效的手段,因此,君主必须牢牢将刑赏之权掌握在自己的手中,绝不能使其旁落于大臣之手,若刑赏出于多人,则君主就十分危险。"利出一空者,其国无敌;利出二空者,其兵半用;利出十空者,民不守"(《饬令》)。如何掌握好赏罚尺度,对于君主来说也十分重要,"以刑治,以赏战、厚禄,以用术"(《饬令》)。韩非明确主张重刑轻赏,他劝导君主说,重罚轻赏反而更能体现其爱民之情,也更能激发臣民的奉献精神。"重刑少赏,上爱民,民死赏;多赏轻刑,上不爱民,民不死赏"(《饬令》)。总之,在韩非看来,只有高超地掌握刑赏之术的君主,才称上是"圣人"和"明主":"故善为主者,明赏设利以劝之,使民以功赏而不以仁义赐;严刑重罚以禁之,使民以罪诛而不以爱惠免。是以无功者不望,而有罪者不幸矣"(《奸劫弑臣》)。

韩非把法和术视为君主统治臣民和治理国家的两种相辅相成的基本工具,只要君主能依靠法和术,而不是仁和智来治理臣民,那么国家就能长治久安。君主正确运用法和术的工具,必然会产生一种客观的后果,就是给君主带来"势"。所在,韩非和其他法家的思想体系中,法、术、势是三位一体的关系。

法家所说的势其实是权力的一种功能,也是君主运用法和术两种统治工具的结果。只要君主拥有至高无上的权力,他就必然拥有一种压倒众人之势。"君执柄以处势,故令行禁止。柄者,杀生之制也;势者,胜众之资也"(《八经》)。君主之势并非先天的自然产物,而是后天人为造就的。"夫势者,名一而变无数者也。势必于自然,则无为言于势矣。吾所为言势者,言人之所设也"(《难势》)。进而言之,君主之势,从某种意义上说,就是其权位的一种属性,没有权柄势也就无从谈起。韩非在论及势时,总是将"势"和"位"连在一起,并称"势位"。"万乘之主、千乘之君所以制天下而征诸侯者,以其威势也。威势者,人主之筋力也"(《人主》)。君主拥有至高无上的绝对权力，正是这种权位使得君主拥有居高临下的"制人之势"："今人主处制人之势，有一国之厚，重赏严诛，得操其柄，以修明术之所烛。"（《五蠹》）

与上述观点相一致，韩非认为君主的势源自其权位，而与贤和智均无关。"贤智未足以服众，而势位足以屈贤者也"（《难势》）。他举例说，暴君桀乏贤可陈，却因身为天子大权在握，则可作乱天下；而尧是贤者，却因无权而不能治三人。可见，势来自于权而非与贤德无关。"尧为匹夫，不能治三人；而桀为天子，能乱天下：吾以此知势位之足恃而贤智之不足慕也"（《难势》）。他还举例说，集仁义和智慧于一身的孔子是公认的圣人，但跟随他的不过70名弟子；而智慧与道德低下的鲁哀公，却能使全体国民都服从他，孔子自己也是他的臣民。要是仁义和智慧带来势，则鲁哀公应当服从孔子才对，可见君权才是势的来源。"仲尼，天下圣人也，……以天下之大，而为服役者七十人，而仁义者一人。鲁哀公，下主也，南面君国，境内之民莫敢不臣。民者固服于势，诚易以服人，故仲尼反为臣而哀公顾为君。仲尼非怀其义，服其势也。"（《五蠹》）

既然法和术与君主自身的安危与国家的兴亡紧密相关，那么作为法术之功能的势当然也直接关系到国家的安危了。用韩非自己的话来说就是，"抱法处势则治，背法去势则乱"（《难势》）。韩非认为，势位是君主功成名就的基本要素之一："明君之所以立功成名者四：一曰天时，二曰人心，三口技能，四曰势位"（《功名》）。君主位高权重的势位，方能享有莫大的尊贵和安全。"千钧得船则浮，锱铢失船则沉，非千钧轻锱铢重也，有势之与无势也。故短之临高也以位，不肖之制贤也以势。人主者，天下一力以共载之，故安；众同心以共立之，故尊"（《功名》）。韩非以宋桓公和齐简公的历史教训告诫君主说，君主一旦失势就可能身死国亡："今势重者，人主之爪牙也，君人而失其爪牙，虎豹之类也。宋君失其爪牙于子罕，简公失其爪牙于田常，而不蚤夺之，故身死国亡。"（《人主》）

势事关君主身死和国家存亡，那就只能由君主独自一人拥有，不能与群臣们分享，这是韩非对君主的又一告诫。君主如果让臣僚分享其权势，那就必定大权旁落于人臣。"权势不可以借人，上失其一，臣以为百。故臣得借则力多，力多则内外为用，内外为用则人主壅"（《内储说下六微》）。韩非以擅长驾车的王良、造父不能同驾一辆车，擅长弹奏的田连、成窍不能同奏一个调为例，警告君主切忌与臣僚分享其势："夫以王良、造父之巧，共辔而御，不能使马，人主安能与其臣共权以为治？以田连、成窍之巧，共琴而不能成曲，人主又安能与其臣共势以成功乎"（《外储说右下》）？君主一旦失势于臣，就很难再收回来，就像鱼失于深渊而不可复得一样："势重者，人主之渊也；臣者，势重之鱼也。鱼失于渊而不可复得也，人主失其势重于臣而不可复收也。"（《内储说下六微》）

在所有先秦典籍中，《韩非子》是保存最为完整的古籍之一，对其的研究也从未中断。历朝历代关于《韩非子》的研究，对其版本和典籍文字方面虽也有众多分歧，但实质性的分歧和争论还在于对此书内容的价值判断和现实影响。

五、古今中外对《韩非子》的研究

在韩非所处的战国时代，儒家和墨家已成显学，从而也成为他重点批判的对象。多少有些讽刺意义的是，秦以后儒家和墨家都受到不同程度的打压，而法家则日益受到重视。汉以后的历代王朝在正式的官方意识中常常宣称独尊儒术，但实际上王朝的统治者却十分重视法家的思想。纵观两千多年的中国政治思想史，从受到重视的程度而言，可以说儒家和法家才称得上是真正的显学。与此相一致，研究法家主要代表人物韩非思想的学问，在诸子百家研究中也称得上是一种显学。张鼎文在"校刻韩非子序"中说，"汉书诸子略凡十类、百八十九家，法家居第四。唐六典子类十四、艺文志子类十七六百九家，法家皆居第三"[1]。从民国时期开始，有人就称韩非研究为"韩

1　张鼎文："校刻韩非子序"，转引自陈启天《增订韩非子校释》，台湾商务印书馆1992年，第982页。

学"。民国学者陈千钧在 20 世纪 30 年代中期曾相继发表《历代韩学述评》和《历代韩学述评续》两文，对历史上的韩非研究做了比较系统的梳理和评述。他认为秦汉时期对韩非的思想最为重视，因而是"韩学极盛时期"，魏晋南北朝则是"韩学衰落时期"。唐朝至明朝又开始重视韩非的著作，属于"韩学复兴时期"，而清朝至民国则是"韩学昌明时期"[1]。这种概括并不十分准确，对韩非思想的研究在历史上一直随现实政治特别是最高统治者的喜好而起起落落，但总体而言无论是喜欢还是憎恶，要研究中国政治思想史便都绕不过《韩非子》一书。

　　近代以前对《韩非子》的研究基本上可分为两类，一是对韩非的思想做政治性评论；二是对《韩非子》一书做校注和版本的考证。对《韩非子》一书的政治性评论就是不同的作者从各自的政治立场出发对韩非思想进行正确与否的价值判断，这类研究的政治性判断多于学理性分析。例如，苏轼从典型的儒家立场出发，认为商鞅、韩非承传了老庄的"虚无淡泊之言"和"猖狂浮游之说"，其思想言论是背离"圣人之道"的"异端"邪说，流毒于天下，应当对秦的灭亡负直接责任："自老聃之死百余年，有商鞅韩非著书，言治天下无若刑名之贤。及秦用之，终于胜广之乱，教化不足而法有余，秦以不祀，而天下被其毒"（《韩非论》）。显而易见，苏轼对韩非思想的评论延续了千年以来儒法两家的价值观分歧以及不加掩饰的厌恶之情："商鞅、韩非求为其说而不得，得其所以轻天下而齐万物之术，是以敢为残忍而无疑。""尝读而思之，事固有不相谋而相感者，庄、老之后，其祸为申、韩。由三代之衰至于今，凡所以乱圣人之道者，其弊固已多矣，而未知其所终，奈何其不为之所也"（《韩非论》）。 对《韩非子》的版本考订、篇目辨伪、文字校正和内容注释，是《韩非子》研究的基础，从汉至今从未不断，成为"国学"研究的重要分支。清代的《古今图书集成》专辟"韩子部"，收录了汉至清代关于韩非研究的主要资料，清末的王先慎在其编著的《韩非子集解》中收录了

　　1　参阅陈千钧：《历代韩学述评》《历代韩学述评续》，分别见《学术世界》第 1 卷第 11 期和 12 期。

宋至清各种《韩非子》版本及注释，所有这些都为后来的韩非研究提供了极大的便利。

现代学术意义上对《韩非子》的研究是从民国后开始的。民国后，对《韩非子》一书及韩非思想的研究，形成了一个专门的学术领域，成为一种比较系统的专门学问，把它称之为"韩学"并不为过。首先，出现了一批《韩非子》研究的专家学者，他们毕生将大量精力专注于《韩非子》典籍或韩非思想的研究，并以此作为自己的事业，学有所长，为《韩非子》及法家思想做出了杰出贡献，如陈千钧、陈启天、容肇祖等等。其次，开始用现代的社会科学研究方法从多学科角度研究《韩非子》。虽然民国之后还保留着传统的考证、注释和评述等方法，但不少学者开始运用新兴的社会科学方法研究韩非的著作和思想，如陈启天和萧公权等试图从政治学角度研究韩非，前者撰写了《韩非及其政治学》，后者在《中国政治思想史》中对韩非与法家思想专辟章节进行论述；容肇祖和钱穆等从史学的角度考证韩非的生平著作，分别撰写了《韩非子考证》和《先秦诸子系年》；夏忠道、张陈卿和曹谦等从法学的角度研究韩非思想，各自撰写了《韩非子法意》《韩非的法治思想》和《韩非法治论》；胡适和陈烈等人从哲学角度评析韩非的法家思想，前者在《中国古代哲学史》中对韩非思想有专门的论述，后者则著有《法家政治哲学》等。再次，一大批学术名家纷纷关注《韩非子》一书及韩非的思想，如刘师培、梁启超、郭沫若、林语堂、胡适、熊十力、张东荪、吕思勉等都有涉足过《韩非子》或韩非思想的研究[1]。

1949 年后中国的韩非研究分为港台和大陆两个板块。民国时期的一批专家移居港台后，延续原先的路径从事韩非思想研究，取得了极其丰硕的成果。例如，被称为"当代'韩学'研究之精品"的郑良树《韩非之著述及思想》

---

1 关于历代对《韩非子》版本和思想的研究情况，除参阅陈千钧的《历代韩学述评》和《历代韩学述评续》外，可参阅宋洪兵《韩学源流》（法律出版社，2017 年）。前者被称为"1.0 版本的'韩学通史'"，或"韩学通史的初级版"；后者被称为"2.0 版本的'韩学通史'"，或"韩学通史的升级版"，见喻中《法与术：喻中读韩非子》，中国法制出版社 2018 年，第 171–172 页。

一书，从胡适、钱穆、陈启天、容肇祖等关于《韩非子》篇章真伪的争论切入，详列各家观点，然后再回归文本，将思想研究与文献考证融为一体，"成为当代研究'韩学'无法回避的必读书"。此外，郑良树还编纂了《韩非子知见书目》，收录中、日、韩学者以韩非及《韩非子》为主题的专著、论文共计1 115页之多。又如，1949年从大陆赴台湾后弃政从学的严灵峰，编纂了《无求备斋韩非子集成》，辑录宋、明、清、近代及日本各种《韩非子》刊本72种596卷。"此书之成，正如严灵峰在其编辑要旨中所云，'备此一部，足供研究韩非子学术思想之充分参考资料，毋用外求'。可谓惠泽学林，诚为'韩学'研究之必备"[1]。

　　大陆板块的韩非研究则可分为两个阶段，第一阶段是1949年中华人民共和国成立至"文化大革命"结束。这一时期虽然有些零星的研究成果问世，如陈奇猷校注的《韩非子集释》（1958）、《韩非子集释补》（1961）、任继愈的《韩非》（1962）、孙维槐的《商鞅荀况韩非论述选注》（1974）等，但总体来说，"在这一时期，韩非子研究是政治挂帅"[2]。发人深思的是，在这一阶段，发生了一场与韩非和法家密切相关的所谓"评法批儒"政治运动。毛泽东特别看重法家而贬低儒家，他在1972年曾经说过："历代有作为、有成就的政治家都是法家，他们都主张法治，厚今薄古；而儒家则满口仁义道德，主张厚古薄今，开历史倒车"[3]。1974年，出于"四人帮"的政治需要，江青主持编写了《林彪与孔孟之道》一书，在全国范围内开展了一场"批林批孔"和"评法批儒"运动。在这场"评法批儒"运动中，"中国近3000年的内容丰富的思想史，被歪曲篡改为'儒法斗争史'。2500年前儒家和法家之间不同的思想和存在的较为复杂的关系，一律被说成是阶级之间的关系。'儒家反动，法家进步'的模式被当作评判历史人物和影射当代人物的价值标准。一时间，评法批儒文章的小册子甚至专著空前'繁荣'，构成了'文革'中一次颇耐

1　宋洪兵《韩学源流》，法律出版社2017年，第2-3页。
2　彭鸿程：《近百年韩非研究综述》，《古籍整理研究学刊》2012年第2期。
3　中共中央文献研究室编：《毛泽东年谱（第六卷）》，中央文献出版社2013年，第490页。

人寻味的文化现象。据当时出版部门的统计1973年下半年起到1976年底止，共出版评法批儒图书1 403种，约占同期出版的哲学社科类图书的1/4，其中，评价法家的论著就有907种。而其中有关韩非的文章就多达248篇；出版的《韩非子》选论也多达37种。此外，还有一批介绍韩非的小册子，以及《论法家》《法家人物故事》等法家文化普及读物。韩非若地下有知，当感慨系之"[1]。

大陆板块韩非研究的第二阶段，则是1978年末开始的改革开放运动至今。这是《韩非子》研究的全盛时期，也是韩非政治思想研究新的高峰。在继续整理出版各种版本的《韩非子》集注、校注和今译之外，涌现了大量韩非研究专题文献，包括前所未有的学位研究论文。据统计，以2022年5月1日为时间节点，仅"中国知网"以"韩非"为主题的研究文献数量就多达4 005条。从1992年截至2010年，共有研究韩非思想的博士学位论文16篇，硕士论文84篇。1980年至1989年，韩非研究的论文，平均每年12篇。1990年至2003年，平均每年20篇。2004年开始，论文数量飙升，2004年38篇，2005年45篇，2006年42篇，2007年68篇，2008年69篇，2009年80篇，2010年84篇。差不多每两三年，韩非研究的论文数量就上一个台阶。从研究论著的内容上看"小至字词音韵、篇章分析、版本源流，大至全书、先秦诸子乃至全球视野的比较，研究几乎触及韩非研究的方方面面。并且，很多地方已经超越了博硕士论文的成果。相当一部分论文运用了心理学、伦理学、人类学、政治学、文体学、管理学、经济学、建筑学等不同学科的成果"[2]。

与国内关于诸子百家研究的情况有明显的不同，国外关于韩非的研究总体而言没有以孔子和老子为代表的儒道两派那样令人关注。国外对韩非的研究一直很稀少，从20世纪70年代到21世纪初，美国、法国、德国、瑞典和韩国只有4本著作和不到10篇学位论文，而且多半都只是泛泛而论[3]。国

---

1 赵晓耕：《中国古典法治的表达——再说韩非子》，商务印书馆2021年，第5页。

2 彭鸿程：《近百年韩非研究综述》，《古籍整理研究学刊》2012年第2期。

3 同上。

外韩非思想研究主要集中在日本，日本对韩非的研究源于荻生徂徕（1666—1728），他的《读韩非子》一书直接激发了德川时期日本学者对《韩非子》的浓厚兴趣。到明治维新早期，日本就出版了 30 多本关于《韩非子》的注解。其中，太田方（1759—1829）的《韩非子翼毳》在日本影响最大，该书最早由太田方在 1808 年自费印刷，当时发行才 20 本。但在百年之后的 1911 年该书被《汉文大系》影印后，在日本广为流传。明治维新后，随着大量西方学科的引入，日本的《韩非子》研究发生了实质性的转变，"逐渐从传统的注释工作转向现代哲学和文献学的分析"，并在昭和早期形成了一个新的研究高峰。但"遗憾的是，日本《韩非子》研究在过去 20 年中迅速衰退，甚至到了完全消失的危险境地。在过去 15 年中，除了为一般读者和大学生做文献介绍外，没有出版过一项专著"[1]。

现当代对《韩非子》的研究，虽然仍有一些学者专注于版本和校注，但研究的重心日益转为韩非的政治思想及其对中国政治思想史和中国政治发展的重要意义。现当代的韩非子研究者们，既有新旧儒家的分析，也有马克思主义和自由主义的分析；既有政治学法学等社会科学视角的解读，也有哲学史学文学等人文角度的解读；既有纵向的历史比较研究，也有多文化背景下的比较政治研究。在下面这一部分，我们将在前人研究的基础上，结合各家关于《韩非子》一书和韩非思想研究的代表性观点，对韩非的政治学说做出简要评析。

六、《韩非子》的思想渊源

《韩非子》一书是中国传统法家学派的代表性著作，作者韩非是中国古代法家思想的集大成者。法家作为一个思想流派在春秋时期就已经形成，到了战国时期则成了影响最大的学派之一。在韩非之前，法家已经产生了若干重

1　[日] 佐藤将之："《韩非子》在中国及日本的研究"，见 [美] 金鹏程（Paul R. Goldin）编：《韩非哲学》，冯艳艳译，法律出版社 2020 年，第 257–291 页。

要的代表性人物，特别是管仲、子产、李悝、慎到、申不害和商鞅，这些名字屡屡出现于《韩非子》一书之中，成为韩非学习和借鉴的重要对象。因此，可以肯定地说，这些早期的法家人物对韩非产生了直接的影响，早期的法家著作是《韩非子》的知识和思想渊源。

春秋时期助齐桓公成就霸业的管仲（前723年—前645年）是早期法家的代表人物，他强调依法治国和刑赏之术，认为法律是"天下之程式"和"万世之仪表"（《管子·明法解》），"夫生法者，君也。守法者，臣也。法于法者，民也"（《管子·任法》），"行令在乎严罚"（《管子·重令》）。管仲的法术思想在战国时已经广为流行，《韩非子》对此有过最早的记录："今境内之民皆言治，藏商、管之法者家有之"（《五蠹》）。《韩非子》书多次论及管仲，甚至还出现了"管子"的提法，尽管韩非常常是从需要吸取的教训和批评的角度评述管仲的思想，但管仲对韩非的影响是显而易见的，而且管仲对韩非的影响不仅是思想上的，也包括管仲辅佐齐桓公霸业的政治实践。例如，韩非赞赏地说："治国之有法术赏罚，犹若陆行之有犀车良马也，水行之有轻舟便楫也，乘之者遂得其成。伊尹得之汤以王，管仲得之齐以霸，商君得之秦以强。"（《奸劫弑臣》）

除了法术之外，重"农战"或"耕战"，也是韩非政治思想的重要内容，在这方面李悝成为韩非学习的重要榜样。魏国的李悝（前455—前395年）是另一位早期法家重要代表，曾任魏文侯之相，被认为编著了中国法律史上的第一本《法经》。"李悝撰次诸国法，著《法经》"（《晋书·刑法志》），郭沫若因此称其为"在严密意义上是法家的始祖"[1]。李悝以助魏文侯"变法"为闻名，他倚重法治刑罚，重用有才之人，特别倡导将从事农业生产与进行打仗战斗相结合的"耕战"策略，这些思想和实践受到了韩非的高度肯定。例如，他在《韩非子》中举了一个农战的例子，称赞李悝用巧妙的办法训练民众的射箭术："李悝为魏文侯上地之守，而欲人之善射也，乃下令曰：'人之有狐

1　郭沫若：《十批判书》，东方出版社1996年，第328页。

疑之讼者，令之射的，中之者胜，不中者负。'令下而人皆疾习射，日夜不休。及与秦人战，大败之，以人之善战射也。"（《内储说上》）

在韩非的政治思想中，富国与强兵是一个不可分割的整体。韩非特别崇尚国家的实力原则，"是故力多则人朝，力寡则朝于人，故明君务力"（《显学》），他所说的国家之力除了经济力量之外，就是军事力量。在富国强兵方面，韩非显然受到了吴起的深刻影响。吴起是战国卫国人[1]，曾为楚国相，是战国早期著名的军事家和政治家，也是兵家和法家的重要代表人物。司马迁说他："明法审令，捐不急之官，废公族疏远者，以抚养战斗之士。要在强兵，破驰说之言从横者"（《史记·孙子吴起列传》）。韩非曾以吴起在魏国时重赏勇夫攻占秦国的哨所为例，赞扬吴起的治国之术："吴起为魏武侯西河之守。秦有小亭临境，吴起欲攻之。……于是乃倚一车辕于北门之外而令之曰：'有能徙此南门之外者，赐之上田、上宅'……及有徙之者，遂赐之如令。俄又置一石赤菽东门之外而令之曰：'有能徙此于西门之外者，赐之如初'。人争徙之。乃下令曰：'明日且攻亭，有能先登者，仕之国大夫，赐之上田宅'。人争趋之，于是攻亭一朝而拔之"（《内储说上》）。韩非十分看重吴起的重法强军主张，认为楚国的衰弱正是因为没有采用吴起的主张，并深为其悲惨的命运而叹息："楚不用吴起而削乱，秦行商君而富强。二子之言已当矣，然而吴起支解而商君车裂者，不逢世遇主之患也。"（《问田》）

韩非的政治思想包含了法、术、势三个方面的基本内容，一般认为，其中关于势的理论主要源于慎到的"势治"思想。慎到（前390—前315）是赵国的谋士，也是战国时期法家的重要代表人物，其思想言论收录于《慎子》之中。慎到主张"寄治乱于法术，托是非于赏罚"，认为不严明法治，国家必定动乱衰败，官员要带头守法，君主则要善于变法，以适应实际情况的变化。"故治国无其法，则乱；守法而不变，则衰；有法而行私，谓之不法。以力役

1　吴起的生卒年月《史记》无明确记载，只是说他是卫人，从学于曾子，后相楚。据钱穆考证，吴起当生于周考王元年（前440年），卒于周安王二十二年（前381年），见钱穆《先秦诸子系年》，商务印书馆2001年，第694页。

法者，百姓也；以死守法者，有司也；以道变法者，君长也"（《逸文》）。慎到以其"势治"思想而著称，他认为君主之所以能够治理天下，主要不是凭借其贤德和智慧，而是其权势。贤者若无权势，也得屈从；不肖者握有权势，同样也让贤者听命于他。慎到的这些主张几乎被韩非全盘授受，他在《难势》篇中原封不动地引用了慎到《威德》篇中的原话："慎子曰：飞龙乘云，腾蛇游雾，云罢雾霁，而龙蛇与蚓蚁同矣，则失其所乘也。贤人而诎于不肖者，则权轻位卑也；不肖而能服于贤者，则权重位尊也。尧为匹夫，不能治三人；而桀为天子，能乱天下：吾以此知势位之足恃而贤智之不足慕也。夫弩弱而矢高者，激于风也；身不肖而令行者，得助于众也。尧教于隶属而民不听，至于南面而王天下，令则行，禁则止。则此观之，贤智未足以服众，而势位足以屈贤者也"（《难势》）。无怪乎郭沫若说："韩非子的思想"，"主要是由慎到学说的再发展，但它是发展向坏的方面"[1]。

韩非政治思想中"术治"观的重要来源，是以"言术"而闻名遐迩的郑国人申不害（前385年—前337年）。申不害也像春秋战国多数法家人物一样，不仅有自己的一整套理论，而且付诸政治实践。他在韩非出生成长的韩国为相15年，协助韩昭侯变法强国。司马迁将韩非与申不害两人放在一起列传，并称他们两人均"本于黄老而主刑名"（《史记·老子韩非列传》）。毫无疑问，司马迁是对的，韩非虽然对申不害提出了不少批评，但两人政治思想的根本观点是一致的。特别是在君权独尊和以术治臣这两个方面，韩非完全传承了申不害的思想，他对申不害的批评，不过是对申不害尊君和术治理论的进一步完善。韩非赞赏申不害与商鞅一样，是善用术治驭臣的能者："今申不害言术而公孙鞅为法术者，因任而授官，循名而责实，操杀生之柄，课群臣之能者也。此人主之所执也"（《定法》）。韩非主张君主必须独揽大权，这种"君道独断"思想的理论依据来源于申不害："申子曰：'独视者谓明，独听者为聪。能独断者，故可以为天下主'"（《定法》）。韩非也通过引述申不害的话来

---

1 郭沫若：《十批判书》，东方出版社1996年，第167页。

证明，君主应当深藏不露，不可捉摸，通过这种神秘感来强化其绝对权威："申子曰：'上明见，人备之；其不明见，人惑之。其知见，人饰之；不知见，人匿之。其无欲见，人司之；其有欲见，人饵之。故曰：吾无从知之，惟无为可以规之。'"（《定法》）

韩非政治思想最重要的来源是商鞅的刑名法术理论，商鞅的治国术和法术观也是《韩非子》一书引证最多的来源之一。商鞅（前390年—前338年）卫国人，赴秦国辅佐秦孝公制订《秦律》，实行著名的"商鞅变法"，是秦国强盛的首要功臣。商鞅不仅是著名的政治家，也是杰出的思想家，是韩非之前最重要的法家代表人物。商鞅的言论观点被后人编为《商君书》，其中关于"兵强主尊""任法而治"和"农战""刑赏""君臣"等主要思想被韩非进一步发扬光大。例如，商鞅崇尚实力政治，认为君主的地位和尊贵必须基于实力之上。"国之所以重，主之所以尊者，力也"（《慎法》）。韩非重复商鞅的话说，"是故力多则人朝，力寡则朝于人，故明君务力"（《显学》）。商鞅强调法律不能因循守旧，必须与时俱进："礼法以时而定；制令各顺其宜"。"三代不同礼而王，五霸不同法而霸。故知者作法，而愚者制焉；贤者更礼，而不肖者拘焉。拘礼之人不足与言事，制法之人不足与论变。君无疑矣"（《更法》）。韩非全盘接受了这一观点："是以圣人不期修古，不法常可，论世之事，因为之备"（《五蠹》）。商鞅主张任法不任贤，"故有明主忠臣产于今世而散领其国者，不可以须臾忘于法。破胜党任，节去言谈，任法而治矣"（《慎法》）。韩非则屡屡强调："上法而不上贤"（《忠孝》）。商鞅重刑赏，认为"圣人之为国也，壹赏，壹刑，壹教。壹赏则兵无敌，壹刑则令行，壹教则下听上"（《赏刑》）。韩非同样把刑赏视作君主治国之要："顺人，则刑罚省而令行；明赏罚，则伯夷、盗跖不乱"（《用人》）。他尤其赞赏商鞅以刑去刑的观点："公孙鞅曰：'行刑重其轻者，轻者不至，重者不来，是谓以刑去刑也'"（《内储说上》）。商鞅与伊尹、管仲三人，是《韩非子》多次引述的治国贤臣之典范："伊尹得之，汤以王；管仲得之，齐以霸；商君得之，秦以强。此三人者，皆明于霸王之术，察于治强之数，而不以牵于世俗之言"（《奸劫弑臣》）。

　　韩非的法、术、势思想源于上列早期法家，因为在《韩非子》一书有大量直接的证据，基本上没有什么异议，但对于黄老之学是否构成其思想渊源近代以后却有了不同意见。司马迁很明确地说，韩非与申不害等人喜"刑名法术之学"，其思想渊源"皆归本于黄老"，"申子卑卑，施之于名实。韩子引绳墨，切事情，明是非，其极惨礉少恩。皆原于道德之意，而老子深远矣"（《史记·老子韩非列传》）。胡适对司马迁的断定颇不以为然，认为韩非的刑名之术与黄老的无为而治相去甚远，"司马迁的话是不很靠得住的"，《韩非子》一书十之八九是后人伪编的，"仅有一二分可靠"[1]。此后，对韩非思想是否可归本于黄老之学的质疑之声便一直不断。但是，仔细深究韩非法术思想的本质，便可发现它与黄老之学确实存在着内在的逻辑联系。韩非对黄老之学的阐述并不止《解老》《喻老》等篇章，而贯穿于《韩非子》全书之中。在这一点上，梁启超、章炳麟和陈启大等人秉持司马迁的观点，认为韩非之学与黄老之学是一脉相承的。梁启超认为，道家的"我无为而民自正"，是一种"自然法"；而韩非倡导的是"狭义的法，须用成文的公布出来，而以国家制裁力盾乎其后"，目的是了为实现"无为之义"，两者之间内在一致[2]。章太炎则走得更远，认为韩非深得老子思想之真传，对老子思想的理解没有人超过韩非："玄家弗能知，儒者杨雄之徒亦莫能识也，知此者韩非最贤"。在章太炎看来，韩非所主张的"以事观功，将帅必出于介胄，猛将必起于州部；不贵豪杰，不以流誉用人"，不过是老子所说的"不尚贤，使民不争"在现实政治中的翻版而已[3]。如果说以往关于《韩非子》与黄老之学的关系，学者们主要关注的是两者之间内在的思想逻辑的话，那么，1973年长沙马王堆三号汉墓出土《黄老帛书》后，人们忽然发现，《韩非子》与《黄老帛书》之间在论题和论辩方式上亦有惊人的相似之处，从而可以确证，"从形式与内容两个方面，

1　胡适：《中国古代哲学史》，《胡适全集（第5卷）》，安徽教育出版社2003年，第506页。

2　梁启超：《先秦政治思想史》，东方出版社1996年，第151–156页。

3　章太炎：《国故论衡》，上海古籍出版社2011年，第108–109页。

韩非的思想与黄老帛书都有渊源关系"[1]。

七、评论与反思

如本文开头所说，韩非并不是法家的创立者，其实质性的独创观点并不多，但韩非却是公认的标志性法家代表人物。一方面，韩非把法术优先推到了极端，从"任法而治"的法家一般主张，推到了"唯法为治"的至高境地。他不仅把"任法而治"视为国家强盛和政治安定的基本手段，而且把其当作判断君臣的价值标准。在韩非的眼中，奉法而治的君主才是明主圣王，法术优先的臣僚才是良臣善士。他在《韩非子》一书中，既从理论上系统地批驳不同于法家主张的儒墨等其他思想流派，又按照法家的标准选用大量的案例事实来论证只有凭借法术之治才能达到"治之至"，实现他所理想的"至安之世"。另一方面，韩非将他之前各家法术思想流派最大限度地融合于一体，将管仲、李悝、吴起、慎到、申不害和商鞅等人关于法、术、势的观点吸纳于自己的著作之中，从而形成了中国思想史上最为完善的法家思想体系。由于上述两个方面的原因，韩非成了中国政治思想史上最重要的法家代表人物，是法家思想的集大成者。在这一点上，两位民国时期研究《韩非子》的著名学者陈启天和常燕生的判断是对的。陈启天说："当战国时，诸子百家争鸣而最合其时势之显学厥为法家。法家之集大成者，当推韩非。故谓《韩非子》书为战国时代思潮之代表作品亦无不可。自有是书而后，列国生存于战国时代者，有所师法矣；自有是书而后，中国由封建政治进入君主政治之理论确立不移矣；自有是书而后，秦得依其理论以结束战国，完成一统，为中国奠

---

[1] 赵晓耕：《中国古典法治的表达——再说韩非子》，商务印书馆2021年，第17页。作者详细例证了《韩非子》与《黄老帛书》之间在论题和立论方式上的相似之处，例如，在论题上，黄老帛书有《十大经》，而《韩非子》有《八经》；黄老帛书《经法》中有《亡论》，《韩非子》则有《亡征》。在论辩方式上，"黄老帛书上讲《六分》，是指划清治国的六种界限，其中又有'六逆''六顺'。《韩非子》也采用这种方法，它所用的标题有《五蠹》《二柄》《八奸》《十过》等"，见前引书第17–20页。

一新基矣。由汉以来，是书在政治思想上之价值，虽不甚为学人所推尊，然每当鼎革之际，其能由纷争而复归于一统者，实赖有政治家实际运用其学说也。故若明于《韩非子》之学术，不惟有可知战国时代之思想主潮，即两汉以迄清末政治思想之伏流，亦可略识其消息矣。"[1]新法家的重要人物常燕生也说："我们说法家是古中国学说之最进步者，而法家的钜子韩非子尤为集上古学术之大成。犹如他的同学李斯完成了政治统一的工作一样，他也可以说完成了学术统一的工作"[2]。

如前面所述，《韩非子》一书不仅集合了早期法家各个流派的主要观点，而且从黄老之学吸取"道"和"形名"思想，道家学说为韩非的全部政治思想奠定了哲学根基。不仅如此，韩非还从儒家、墨家和兵家、农家等诸子百家中吸取大量的知识和思想。《韩非子》对儒家、墨家，乃至法家等各种当时流行的学说多有所批评，然而这种理论的批评过程同时也是从其他学说中吸取理论营养的过程。"先秦主要学派，照司马谈所说，分为阴阳、儒、墨、名、法、道德六家（见《史记·太史公自序》）。韩非学说，既为法家，自与儒、墨、名、阴阳、道德五家不同，甚至根本相反。不过，韩非学说，也有源于法家以外各家的"[3]韩非是荀况的学生，荀子是儒家的重要代表人物，儒家的思想不可避免地给韩非打上了深刻的烙印。除了尊君、循名、忠孝等思想外，特别是荀子的性恶论，是韩非人性论的实质性来源。荀子说，"人之性恶，其善者伪也"（《荀子》）。韩非传承了这种人性观，屡屡告诫君主切莫相信人性之善。正是基于这种人性极端自私的观点，韩非才发展起其整个法术思想体系。韩非虽然贬称墨学为"愚诬之学"，但其关于"选贤任能"和"法不阿贵"的思想却与墨子以下的观点如出一辙："官无常贵，民无终贱"；"列德而尚贤，虽在农与工肆之人，有能则举之"（《尚贤上》）。从广泛综合并吸

1　陈启天：《韩非子参考书辑要》（自序），中华书局1945年，第1页。

2　常燕生：《法家思想的复兴与中国的起死回生之道》，《国论》1935年8月号。

3　陈启天：《增订韩非子校释》，台湾商务印书馆1969年，936页。陈启天详细列举了韩非政治学说来自管仲、子产、李悝、吴起、商鞅、申不害、慎到等八种"主要渊源"和道家、名家、儒家、墨家等四种"次要渊源"，见前引书第932—939页。

取诸子百家思想的角度看，韩非不仅是法家思想的集大成者，《韩非子》一书在某种程度上也是对春秋战国时期诸子百家思想的一种综合。正如陈启天所说，韩非的法家学说，是"一种综合的、集成的、完整的法家学说"[1]。或如梁启超所论："韩非为先秦诸子之殿，亲受业荀卿，洞悉儒家症结；'其归本于黄老'，监道家之精；与田鸠游，通墨家之邮；又泛滥于申、商、施、龙，而悉抉其藩，以自成一家言"[2]。

韩非作为先秦法家思想的集大成者和主要的法家代表人物，称他是法律思想家当然没有错，但他首先是一位政治思想家。韩非整个思想体系包含了十分丰富的内容，法律思想只是其中的内容之一，他更多关注的是国家、君主、人臣、农战和治术等重大政治问题。韩非重视法律在国家统治中的重要任用，强调要任法而治，后人因之把它纳入法家。但包括韩非在内的所有法家思想家，本质上他们都是在君主统治工具的意义上强调法律的作用和地位的，他们所说的法只是政治统治的工具，他们推崇的法术不过是政治权谋而已。法律并不是韩非所追求的最高价值，他的根本政治价值是君主的统治地位及其统治事业，即韩非眼中的"霸业"。与此相一致，韩非的法家理论首先是一种政治学说，《韩非子》一书首先是一部中国古代的政治经典。《韩非子》的主要内容是阐述韩非的政治理论，包括国家起源理论、君主政治理论、政治统治理论、君臣关系理论、战争与和平理论、权力与权术理论、国家间关系理论等等。故此，韩非的法家学说实质上"就是'形、名之学'，就是'法、术之学'，就是'帝、王之学'，因其讲形名，所以叫做形名之学；因其讲法术，所以叫做法术之学；因其所讲形名法术为成帝成王之道，所以又叫做帝王之学。用现在的话说，法家学说，就是一种纯粹的政治学说"[3]。

国家主义是《韩非子》一书的显著特征，韩非是中国政治思想史上最早

1　陈启天：《增订韩非子校释》，台湾商务印书馆1969年，第941页。
2　梁启超：《梁启超全集》（第十六集），中国人民大学出版社2018年，第185页。
3　陈启天：《增订韩非子校释》，台湾商务印书馆1969年，第941页。

的国家主义倡导者。"我国之有国家主义，实自法家始"[1]。在韩非所处的战国时代，普遍实行君主专制政治，国家在性质上既非贵族所有，更非民众所属，而是君主的政权组织。虽然在君主政治条件下，国家政权的本质是君主个人专制的工具，但国家从其产生开始便是人类最重要的政治共同体，国家权力体系具有某种内在的公共性。即使按照马克思主义的国家观，国家是阶级统治的工具，"是统治阶级各个人借以实现其共同利益的形式"[2]，君主也只是统治阶级的政治代表，国家政权也有着某种程度的公共性。《韩非子》政治思想的一个重要特征，就是区分公与私，并将公与私视为政治评价的一个基本标准。他说："公室卑则忌直言，私行胜则少公功"（《外储说左下》）。奉公则治，任私则乱，从而把公共利益与私人利益提升到了国家兴衰治乱的高度。在韩非看来，"私者，所以乱法也"（《诡使》），私人利益优先，就会导致国家的混乱。厉行法治，就是为了遏制私人利益，"夫立法令者，以废私也。法令行而私道废矣"（《诡使》）。如此明确地将国家利益等同于公共利益，这在中国政治思想史上具有开创性的意义。虽然韩非没有使用马基雅维里的"国家理性"（reason of state）概念，但却先于马基雅维里1700多年，将国家与君主在一定程度上区分开来，并视国家利益为公共利益。由于韩非所说的公即是国，倡导公共利益优先，即是倡导国家利益优先于个人利益，所以说，韩非是中国政治思想史上最早的国家主义者。

韩非政治学说的本质特征，是绝对君主专制主义。韩非所处的战国时期，是中国历史上典型的封建政治时代。庞大的西周王朝分崩离析后进入东周时期，形成了众多独立的诸侯国家，这些诸侯国家普遍实行君主专制制度。这些诸侯国家经过200多年的相互兼并，到春秋晚期形成了不少实力强大的君主国家，例如所谓的"春秋五霸"，即齐桓公、晋文公、宋襄公、秦穆公、楚庄王相继称霸，成为各自诸侯国的最高统治者。进入战国时期后，列国之间

1　梁启超：《梁启超法学文集》，中国政法大学出版社2000年，第115页。

2　马克思、恩格斯：《德意志意识形态》，《马克思恩格斯文集》，人民出版社2009年，第584页。

的争雄更加激烈，最终形成了所谓"战国七雄"，即齐、楚、燕、韩、赵、魏、秦七大君主国。如何夺取和维护君主权力，如何使君主治下的国家更加强盛，成为当时诸子百家共同的政治课题。在维护君主制度的共同前提下，儒、法、墨、道等诸家流派各有自己追求的理想政治，并发展起了各种君主政治观。其中儒法两家对现实政治的影响最大，信奉的统治者和政治精英也最多，它们分别代表了中国传统的相对君主专制主义和绝对君主专制主义两大政治思想体系。在"忠君""尊主"或维护君王主权的共同前提下，儒家倡导仁义、爱民、礼治等柔性的"王道"理想政治，而法家则主张暴力、苛政、法治等刚性的"霸道"理想政治。韩非作为法家思想的主要代表，则把绝对君主专制主义发展到无以复加的地步。按照《韩非子》的统治逻辑，君主不仅必须掌握最高的统治权，而且君主也不与其臣僚分享任何统治权。为了维护这种至高无上的君权，君主不仅可以不择手段，而且必须使用各种权术。相对于君主的统治地位和至高权威而言，其他所有大臣和民众都是微不足道的。君主的威势来自其实力，君主获得实力的关键在于其法术。简而言之，对于绝对君主专制主义者的韩非来说，君主及其至高无上的君权本身就是国家的核心政治价值，也是其《韩非子》一书的根本特征。

《韩非子》作为传统法家最重要的代表作，强调"任法而治"，严格按照法律治理国家，从根本上说，它所阐述和宣扬的是传统的法制（rule by law）思想，而不是现代的法治（rule of law）思想。表面上看，传统的法制观与现代的法治观两者十分相似，两者都把法律当作治国的基本工具，强调依法治国的极端重要性，强调严格按照法律行事，但实质上两者之间有着根本的区别。传统的法制观在强调法律和依法治国的重要性时，始终有一个默认的前提，即君主的权威凌驾于任何法律之上，或者说君主的意志即是国家的法律。与此根本不同，现代的法治观则强调法律本身就是国家的最高权威，任何人和任何组织，包括国家最高统治者本人，都必须在国家的法律框架内活动，法律面前人人平等。韩非反对依贤智治国，主张依法治国，但他的"任法"治国论同样将君主的权威置于法律之上，法律只是巩固君主权威的工具，法律的制定权和执行权最后都在君主手中。作为传统法家思想的集大成者，与其他所有传统法家人物一样，韩非的法治观同样没有超越传统法制的思想，远不是现代意义的法治理念。从君主拥有统治国家至高无上的绝对权力并且这种君权凌驾于法律之上而言，韩非的法治思想实质上也是一种人治思想。正如萧公权所说，"韩子取申之术以合于商之法，其意殆在补法治之不及。易词言之，韩子之学实调和人治与法治两派之思想。虽然，吾国古代法治思想，以近代之标准衡之，乃人治思想之一种。盖先秦诸子之重法，皆认法为尊君之治具而未尝认其本身具有制裁元首百官之权威"[1]。

韩非子的绝对君主专制主义思想，是一种典型的现实主义政治观。任何人在分析社会政治问题时总是自觉地或不自觉地遵循某种方法论原则，在众多的方法论原则中，最高层面的方法原则是理想主义与现实主义。理想主义重视应然（out to be）的价值甚于实然（to be）的价值，它并非不关注现实，更不是与现实毫无联系，但比起"事实是什么"来，它更关注"应该是什么"。理想主义者总是用"应当怎么样"来分析和评判"现实是什么"，并据此对现实提出种种批评。与此不同，现实主义重视实然的价值甚于应然的价值，它也并非不关注理想，更不是没有长远理想，但比起"应该是什么"来，它更关注"现实是什么"。现实主义者着眼于用"现实是什么"，去解释和预测"未来应当怎样"[2]。在春秋战国的诸子百家中，儒家、道家、墨家更偏重于理想主义的思想体系，而法家则属于典型的现实主义思想体系。与《君主论》作者、欧洲思想史上伟大的现实主义政治理论家马基雅维里一样，韩非也公然倡导君主的权力和地位是至高无上的，君主为了达到自己的政治目的，可以而且必须不择手段地运用一切权谋和治术。韩非强调，现实政治在不断发展变化，君主的统治必须从实际出发，"不法常可"，"事因于世，而备适于事"（《五蠹》）。韩非的法、术、势思想都不是凭空而来的，甚至也不是对早期法家思想的简单继承，而是本源于古代中国残酷的政治现实，是"观往者得失

---

1 萧公权：《中国政治思想史》（上册），商务印书馆 2016 年，第 249 页。
2 俞可平：《马基雅维里悖论解析》，《北京大学学报（哲学社会科学版）》2017 年，第 6 期。

之变"的结果（《史记·老子韩非列传》）。几乎对每一个重要观点的阐述，韩非都会佐以相应的历史与现实案例，这是《韩非子》一书的最大特点之一。与马基雅维里的君主理论一样，韩非的政治学说，把人类现实政治生活中最丑陋阴暗的一面毫无遮羞地揭示在世人眼前，这也是许多统治者暗暗地践行着其法术权谋理论却不敢公开承认的重要原因。

　　韩非绝对专制主义思想得以产生和流行的根本原因，是君主专制政治的现实需要。韩非所处的战国时代，是一个国家林立、战火纷飞、列国争雄、弱肉强食的社会政治转型时代。在这样一个时代，国家的兴亡和政权的更替，就像走马灯一样往复不停。韩非在《亡征》中列举了47种导致国家灭亡的原因和征兆，涉及内政外交、政治经济等各个方面。若国家贫弱不强，则随时可能被外敌吞并亡国；若统治者软弱无能，则随时可能被臣下篡权夺位；若国内动乱不定，则最强大的国家也会很快衰亡。"春秋战国之际，是旧的奴隶制向新生的封建制度转变的时期。……加强君主分集权，则是这一时期各国政治体制的共同特征"[1]。韩非的全部政治学说，都是围绕着如何通过强化君主集权，来达到国家强盛，防止国家衰亡这一根本目的而展开的。熊十力评论说，韩非是"列强竞争时代之极权主义者，其志在致国家于富强以兼并天下"[2]。毫无疑问，在韩非所在战国时期，"普天之下，莫非王土；率土之滨，莫非王臣"（《诗经·小雅·北山》），国家无一例外都是君主的领地，"国者君之车也"（《外储说右下》），君主是国家兴衰存亡的关键。韩非紧紧抓住了君主这一关键，并把它推到极端。他把君主奉为最高政治价值，急君主所急，忧君主所忧。包括其农战、君臣、法术和权势观在内的全部政治学说，归根结底就是如何增强君主的力量，维护君主的绝对权力，从而实现国家的长治久安。从这个意义上可以说，韩非的政治学说，"是由封建国家转变而成君主国家的极必要工具，也是由列国纷争转变而成一统帝国的必要工具"[3]。

1　白钢主编：《中国政治制度通史》（第一卷总论），人民出版社1996年，第112页。

2　熊十力：《韩非子评论》，见《熊十力全集》第五卷，湖北教育出版社2001年，第294页。

3　陈启天：《增订韩非子校释》，台湾商务印书馆1969年，第941页。

《韩非子》是中国历史上影响最为深远的典籍之一，韩非的政治学说不仅对秦以后的整个中国政治思想史，而且对秦以后的整个中国政治发展史，都产生了难以估量的巨大影响。无论是喜欢还是憎恶韩非的政治观，都不能否认韩非政治思想的划时代影响。仅以韩非的法术思想对中国历史上第一个大一统帝制国家秦王朝的举起和衰亡为例，赞成者将秦朝的建立归功于秦始皇全盘采纳了韩非的统治理论，而反对者则将秦朝的灭亡同样归因于秦始皇信奉韩非的法术思想。前者如郭沫若，他说："秦始皇的作风，没有一样不是按照韩非的法术行事的。焚书坑儒两项大德正好是一对铁证"[1]；后者如苏东坡，他说：韩非的学说"及秦用之，终于胜广之乱，教化不足而法有余，秦以不祀，而天下被其毒"（《韩非子》）。韩非的思想不仅对秦始皇产生了重大的影响，而且对中国历史上许多伟大的政治家都产生过影响。例如，专门的研究表明，诸葛亮的执政风格具有明显的韩非色彩，"《韩非子》犹如一个事先预备的剧本，诸葛亮则是一个很好的演员，恰当地呈现了剧本所具有的精神特质"；曹操"唯才是举"的思想渊源，也"实实在在来自《韩非子》"；"唐太宗鼓励群臣进谏的言论，处处表明他受到了韩非子思想的影响"[2]。

关于《韩非子》对中国政治思想史和中国政治史的巨大影响，几乎没有什么争议，但对于这种巨大影响的评价却有着天壤之别。赞成者将它看成是富国强兵的必备工具，是国家兴盛的宝典秘籍；反对者则视它为泯灭人性的异端邪说，是祸国殃民的害虫毒药。从古至今对韩非思想一直存在着正反两种极端的评价，这一现象本身就值得深入的研究和思考。纵观《韩非子》对后世思想史和政治史的深远影响以及后人种种对其的评价，我们至少可以得出以下三点结论。

首先，从政治思想的本质来看，韩非的政治学说是中国政治思想史上典型的绝对君主专制主义理论，君权至上是其全部理论的根本目标。只有抓住韩非思想的这一实质，才能真正深刻把握《韩非子》一书的精髓。"韩非的全

1　郭沫若：《十批判书》，东方出版社 1996 年，第 406 页。
2　参阅宋洪兵：《韩学源流》，法律出版社 2017 年，第 221、228 和 288 页。

部政治思想，是以加强君主独裁和维护君主利益而开展的，这是韩非观察问题和处理问题的出发点和归结点"[1]。

其次，从政治学说史的角度看，韩非从理论上系统地总结了春秋战国时期各国君主专制政权的兴亡更替经验，形成了中国政治学说史上最为完备的专制主义政治理论，《韩非子》几乎成为个人专制独裁的百科全书。"韩子已参照历史之经验，改进前人之成说，于专制政体之蔽，几乎备见无遗。其六微、七术、八奸、十过诸说亦几成秦汉以后二千年中昏君失政之预言"[2]。因此，无论对韩非的学说喜欢还是憎恶，无论是研究专制独裁的思想理论，还是实践专制独裁的统治权谋，谁都无法绕开韩非的著作。

最后，从政治价值观的角度看，对韩非的学说必然会存在截然相反的评价。一方面，韩非公然宣扬君贵民贱、背信弃义、贪欲自私、专权暴虐、不择手段、欺诈陷害、残酷无情等人类的政治之恶，与历史的进步潮流和人性的正义良知背道而驰，从本质上说是极端反动的。另一方面，韩非强调变法强国、任法而治、法不阿贵、耕战并重、强兵富国、赏罚分明、唯才举吏等政治策略和统治智慧，在处于人类政治发展早期的君主专制阶段，特别是在社会政治转型的战国时期，有其历史的进步意义。因此，韩非给后人留下了两份重要遗产，一份是君权至上的消极遗产，一份是依法治国的积极遗产。在现代民主政治的条件下，对待韩非及其《韩非子》，应当像对待马基雅维里及其《君主论》一样，坚决抛弃其君主专制的消极遗产，努力弘扬其依法治国的积极成分。

主要参考书目

王先慎:《韩非子集解》，中华书局 1998 年。

陈启天:《增补韩非子校释》，台湾商务印书馆 1992 年。

1　刘泽华:《中国政治思想史》（先秦卷），浙江人民出版社 2020 年，第 326 页。

2　萧公权:《中国政治思想史》（上册），商务印书馆 2016 年，第 249 页。

陈启天：《韩非子参考书辑要》，中华书局 1945 年。

严灵峰：《无求备斋韩非子集成》，台北成文出版社 1980 年。

高华平等译注：《韩非子》，中华书局 2021 年。

容肇祖：《韩非的著作考》，见罗根泽编《古史辨》第四册，上海古籍出版社 1982 年。

郭沫若：《十批判书》，东方出版社 1996 年。

郑良树：《韩非之著述及思想》，台湾学生书局 1993 年。

萧公权：《中国政治思想史》（上下），商务印书馆 2016 年。

刘泽华：《中国政治思想史》（先秦卷），浙江人民出版社 2020 年。

宋洪兵：《韩学源流》，法律出版社 2017 年。

《社会契约论》

/ 李 健 * /

卢梭著述丰富，《社会契约论》是其重要代表作。该书不仅在人类政治思想史上具有重要地位，而且深刻影响了人类的政治实践。《社会契约论》也震动了近代中国的政治思想界，卢梭的政治思想是中国政治理论现代转型的思想源泉之一。

一、卢梭其人其书

（一）卢梭的生平

让 – 雅克·卢梭（Jean-Jacques Rousseau, 1712—1778）的一生跌宕起伏。

1712 年，卢梭出生在一个普通的钟表匠家庭，母亲因产后失调去世，父亲也于 1722 年出走。卢梭被舅舅抚养，做过雕刻匠的学徒，最终离开日内瓦，流

---

* 李健，北京大学中国政治学研究中心博士研究生，主要研究领域为政治思想。

离失所。而后卢梭和华伦夫人（Madame de Warens）相遇，与其共同生活了很长一段时间。

卢梭未受过正规的学校教育，他的教育主要在父亲和华伦夫人的陪伴下自学完成。卢梭早年阅读了普鲁塔克的《希腊罗马名人传》，这有助于他形成对共和与英雄德性的热爱与向往，以及不愿遭受奴役的高傲性格[1]。卢梭曾被安排到一位乡村牧师处学习，不幸蒙冤，被粗暴地指认为折断梳子的犯人，产生了"有生以来第一次对暴力和不公正行为的感受"。断梳事件浚发了卢梭的批判思想与正义感，以至之后"所有一切涉及暴力和不公正行为的事情，都会使我（指卢梭——引者注）像当初那样愤怒"[2]。

1742 年，卢梭前往巴黎。在巴黎，他结识了狄德罗（Diderot）与达朗贝尔（D'Alembert）等启蒙文人。他曾担任法国驻威尼斯大使的秘书，这是他唯一的从政经历，虽然仅持续一年，但对其政治思考产生了深远影响。1745 年，他与伴侣黛莱丝（Marie-Thérèse Levasseur）相遇，将相继诞下的五个孩子送至育婴堂，这成为他晚年被抨击的"污点"[3]。

1742 年至 1750 年，卢梭主要进行音乐与戏剧方面的创作（如《纳尔西斯》《风流的缪斯》等），还未系统产出政治与社会著作。卢梭曾为狄德罗与达朗贝尔合编的《百科全书》（Encyclopédie）撰写音乐方面的词条。[4]

1750 年，卢梭被第戎科学院的征文题目触动并顿悟（即所谓的"万森纳顿悟"，Illumination of Vincennes），展开了系统的政治与社会思考。他应征而写的《论科学与艺术的复兴是否有助于使风俗日趋纯朴》（以下简称《论科学与艺术》）一举获奖，从此卢梭声名鹊起，也招致诸多批评，"这部作品所引

---

1 ［法］卢梭：《忏悔录·上卷》，李平沤译，商务印书馆 2010 年，第 9 页。

2 同上书，第 15-24 页。

3 不过，雨果在《悲惨世界》中如此评价："我钦佩这个人，的确，他抛弃了自己的孩子，但他'认养'了全体人类。"［美］布拉姆：《卢梭与美德共和国：法国大革命中的政治语言》，启蒙编译所，商务印书馆 2015 年，第 71 页。

4 有关百科全书派以及卢梭与他们之间的关系：［英］马克·戈尔迪、［英］罗伯特·沃克勒主编：《剑桥十八世纪政治思想史》，刘北成等译，商务印书馆 2017 年，第 181-189 页。

发的争论使他从一个即将步入中年、默默无闻的文人变成了现代文明最饱受鞭挞的名人"[1]。

1752 年，卢梭创作了歌剧《乡村卜师》(*Le Devin du Village*)。该剧在枫丹白露上演并大获成功，路易十五有意召见卢梭并赐予年金，但卢梭执意回避，因为"一领了年金，我（指卢梭——引者注）就不敢说真话，就失去了言行的自由，就不能勇敢行事了"[2]。

1750 年至 1762 年，卢梭相继写作了多部奠定哲人名誉的重要著作：《论人与人之间不平等的起因和基础》（以下简称《论不平等》)《论政治经济学》《给达朗贝尔的论戏剧的信》《新爱洛依丝》《社会契约论》与《爱弥儿》。在这些著作中，卢梭不满足于论述某一具体问题，而是在洞察人类自然天性的基础上，从政治、经济、社会、文化与教育等角度，对不平等、启蒙思潮、商业伦理、竞争文化、攀比心理、异化（aliénation）等现代文明要素展开彻底而尖锐的批判。卢梭的激进立场使他与伏尔泰、狄德罗、达朗贝尔等启蒙文人渐行渐远。

1762 年，《爱弥儿》与《社会契约论》的出版使卢梭被多地的当局与教会通缉，整个欧洲好似"联合起来打压一个钟表匠的儿子"[3]，他成了逃犯。加之文人旧友的抨击甚至诋毁，卢梭的精神状态渐趋恶化，最终患上了被害妄想症。[4]

1762 年后，卢梭写作了许多论辩与自传作品：《驳巴黎大主教博蒙的信》《山中来信》《忏悔录》《卢梭评判让 – 雅克：对话录》与《一个孤独散步者的遐思》。他还撰写了《科西嘉制宪意见书》与《论波兰的治国之道及波兰政府的改革方略》（以下简称《论波兰政府》)，致力于将《社会契约论》的理想政治设计现实化。

卢梭晚景凄惨。他向公众宣读《忏悔录》以自我辩护，旋即被当局禁

1　[英] 罗伯特·沃克勒：《卢梭》，刘嘉译，译林出版社 2020 年，第 11 页。
2　[法] 卢梭：《忏悔录·下卷》，李平沤译，商务印书馆 2010 年，第 494 页。
3　[法] 卢梭：《致博蒙书》，吴雅凌译，华夏出版社 2014 年，第 37 页。
4　徐前进：《一七六六年的卢梭：论制度与人的变形》，北京师范大学出版社 2017 年，第一章第四节"被害妄想症"。

止。[1] 晚年的卢梭以抄写乐谱谋生，生计困难。1778 年 7 月 2 日，卢梭病逝，享年 66 岁，结束了他悲惨动荡而又辉煌灿烂的一生。

（二）卢梭的著作

尼古拉斯·登特（Nicholas Dent）将卢梭丰富的著作分为九类：社会和政治类著作；教育著作；辩驳性著作；自传以及其他自我解释和反思的作品；关于音乐和语言的论著；小说《新爱洛依丝》、各种散文和诗歌；音乐作品；植物学著作；通信与关于宗教和战争的文章。[2]

约翰·罗尔斯（John Rawls）将卢梭的主要著作分为三类：（1）关于历史与文化批判的三部作品——《论科学与艺术》《论不平等》与《给达朗贝尔的论戏剧的信》；（2）建构正义、可行且幸福的政治社会的三部著作——《新爱洛依丝》《社会契约论》与《爱弥儿》；（3）自传作品——《忏悔录》《卢梭评判让－雅克：对话录》与《一个孤独散步者的遐思》。[3]

概而言之，卢梭的著作包括以下内容：

（1）批判人类发展历史及现代文明社会。《论科学与艺术》批判了自文艺复兴以来科学与艺术的普及，认为其使人闲逸奢侈、败坏了公民道德，科学与艺术的事业仅仅适合少部分人。《论不平等》揭示了人在从自然状态走向文明状态的过程中，不平等如何出现并一步步深化，从而导致文明社会诸多败坏与人的深度异化。《给达朗贝尔的论戏剧的信》反驳了达朗贝尔认为应当在日内瓦修建剧院的观点，宣称在这般道德清明的政治社会中修建剧院只会腐蚀日内瓦。

（2）在文明批判的基础上建构理想社会或幸福人生。《新爱洛依丝》构建了一个以家庭与乡村生活为模板的田园牧歌式的理想生活。《社会契约论》设

1　[法] 卢梭：《忏悔录·下卷》，李平沤译，商务印书馆 2010 年，第 852 页。

2　[英] 登特：《卢梭》，戴木茅译，华夏出版社 2019 年，第 22–23 页。

3　[美] 罗尔斯：《政治哲学史讲义》，杨通进等译，中国社会科学出版社 2011 年，第 196-197 页。

计了一个人民主权的共和主义式理想国家。《爱弥儿》讨论了如何以符合人自然天性的方式培养人，并为人进入文明社会、抵御社会的腐蚀做准备。此外，在《论政治经济学》《山中来信》《科西嘉制宪意见书》《论波兰政府》等政治著作中，卢梭试图将《社会契约论》的理想政治设计与现实政治情境相协调。

（3）省察包括卢梭自己在内的所有现代人。在《忏悔录》中，卢梭有意呈现过往经历、内心活动及性格，以此忏悔并自我辩护。在《卢梭评判让－雅克：对话录》中，卢梭虚拟了一位法国人与"卢梭"（书中人物）共同评价"让－雅克"（现实的卢梭）的对话，反复重申自己作品的核心意图与基本观点，试图揭露敌对势力施展的阴谋。在《一个孤独散步者的遐思》中，卢梭表白他已放弃在此生重获清名，对同时代的人不再抱有希望，只愿将最后的时光完全留给自己，体会生命尽头的幸福。

二、《社会契约论》解析

正如某位学者所说："如果没有卢梭，现代民主将是不可设想的。无论谁捧起《社会契约论》一书，他或她的手里就已经攥着现代民主的钥匙。卢梭始终是民主政治理论的必要条件。"[1]

（一）《社会契约论》的写作缘起

《社会契约论》是卢梭"以前不自量力从事而后来又久已放弃了的一部长篇著作的撮要"[2]，这本长篇著作是他在威尼斯从政期间开始意欲创作的《政治制度论》。他认为"所有问题的根子都出在政治上"，并且将政治问题与个体生活方式和幸福等伦理问题连接在一起：

"我第一次想写这部书（指《政治制度论》——引者注），是十三甚至

1　[美]斯密什：《耶鲁大学公开课：政治哲学》，贺晴川译，北京联合出版公司2015年，第232页。

2　[法]卢梭：《社会契约论》，何兆武译，商务印书馆1963年，第1页。

十四年前的事了。那时我在威尼斯，有些事情使我看出那个被人们如此夸赞的政府竟有许多缺陷。此后，由于我从历史的角度去研究伦理学，我的眼界便大为开阔。我发现，所有一切问题的根子都出在政治上。不论从什么角度看，没有哪一个国家的人民不是他们的政府的性质使他们成为什么样的人，他们就成为什么样的人的。"[1]

《社会契约论》关切政府治下人民的性情与风尚，以及政治社会中人的自由、平等与幸福，"从历史的角度去研究伦理学"的《论不平等》构成了《社会契约论》的理论背景[2]。《论不平等》激烈批评了文明社会的不平等，指出人的"虚荣心"（vanité）破坏心灵的内在统一，使人丧失天赋的自由与平等，并撕裂人与人之间纯粹而真诚的社会关联。[3]《社会契约论》力图解决《论不平等》展示的问题，设计了一个将人从堕落与腐败中拯救出来，使其重归自由、平等与幸福的社会。故而，卢梭将"怎样才是一个尽可能好的政府"这一问题归纳为"什么性质的政府才能培养出最有道德、最贤明和心胸最豁达的人民"[4]。

（二）社会契约：政治社会的基础

1. 卢梭的意图：探究政治社会的合法基础

卢梭开篇点题：

"我要探讨在社会秩序之中，从人类的实际情况与法律的可能情况着眼，能不能有某种合法的（légitime）而又确切的（sûre）政权规则。在这一研究

1　[法]卢梭：《忏悔录·下卷》，李平沤译，商务印书馆 2010 年，第 526 页。

2　有关《论人与人之间不平等的起因和基础》对《社会契约论》的重要性：（1）[法]卢梭：《卢梭自选书信集》，刘阳译，译林出版社 2002 年，第 64 页。（2）[法]卢梭：《忏悔录·下卷》，李平沤译，商务印书馆 2010 年，第 530 页。

3　（1）[法]卢梭：《论人与人之间不平等的起因和基础》，李平沤译，商务印书馆 2015 年，第 116–124 页。（2）[法]卢梭：《论科学与艺术的复兴是否有助于使风俗日趋纯朴》，李平沤译，商务印书馆 2011 年，第 12 页。（3）[法]卢梭：《新爱洛漪丝》，伊信译，商务印书馆 2010 年，第 264–270 页。（4）[美]布兰查德：《卢梭与反叛精神：一项心理学研究》，王英译，中央编译出版社 2012 年，第 1–5、52–57 页。

4　[法]卢梭：《忏悔录·下卷》，李平沤译，商务印书馆 2010 年，第 526–527 页。

中，我将努力把权利所许可的和利益所要求的结合在一起，以便使正义与功利（utilité）二者不致有所分歧。"[1]

卢梭明确区分了社会与政治：合法而切实可行的政治秩序必须预设某种特定的社会秩序，社会秩序的构建先于政治秩序的成立，是社会契约的起点。《社会契约论》若要探究合法而切实可行的政治秩序，则亦需要讨论合法而切实可行的社会秩序，为政治社会[2]奠基。

2. 非法的政治社会：驳父权制、奴隶制与强权制

人总是容易失去他自然所具的自由，为各种政治权力所苦。[3]尤其是自居主人的统治者，奴隶性更深，"当权力要依靠舆论的时候，其本身就带有奴隶性，因为你要以你用偏见来统治的那些人的偏见为转移"[4]，卢梭将包括统治者在内的所有人均处理为奴隶。《社会契约论》若要使人重归自由，首先要批判以依附与奴役为特征的非法的政治社会。

"为其他一切权利提供了基础"的合法的社会秩序"决不是出于自然（nature），而是建立在约定（convention）之上的"[5]，卢梭追随霍布斯，反对以普芬道夫和格劳秀斯为代表的传统自然法学家，否认出于人的自然禀赋差异的统治秩序是合法的，拒斥自然禀赋强者对弱者的统治。[6]他先后分析了以父权制、自然奴隶制与强权制这三种自然统治形式为基础的社会与政治秩序，并断言其均不合法。[7]

卢梭否定以家庭的自然性为基础的父权制，当孩童成年、具备理性、能

1　[法] 卢梭：《社会契约论》，何兆武译，商务印书馆 1963 年，第 3 页。根据此处译注，"确切的"意为"切实可行的"。

2　本文用"政治社会"（Société politique）一词指代政治秩序与社会秩序相叠加的复合秩序。

3　[法] 卢梭：《社会契约论》，何兆武译，商务印书馆 1963 年，第 4 页。

4　[法] 卢梭：《爱弥儿·上卷》，李平沤译，商务印书馆 2015 年，第 89 页。

5　[法] 卢梭：《社会契约论》，何兆武译，商务印书馆 1963 年，第 4–5 页。

6　(1) [美] 亚瑟·梅尔泽：《人的自然善好：论卢梭思想的体系》，任崇彬译，上海人民出版社 2020 年，第 166–192 页。(2) 汪炜：《从自然法到政治法——〈社会契约论〉副题考》，《世界哲学》2021 年第 3 期。

7　[法] 卢梭：《社会契约论》，何兆武译，商务印书馆 1963 年，第 5–10 页。

够自我做主时，父子便"同等地恢复了独立状态（indépendance）"。[1] 卢梭批评格劳秀斯、霍布斯、亚里士多德等思想家对自然奴隶制的辩护，他指责格劳秀斯"凭事实（fait）来确立权利（droit）"，主张政治权利的合法性不能源于事实[2]。人会出于生存的现实需要服从强者，但强力（force）无法产生合法的权利，"人们只是对合法的权力才有服从的义务"。"物理"（physique）与"道德"（moralité）截然不同，作为"物理"力量的强力无法导向个体在"道德"层面对权力的意愿（volonté）服从。[3]

自然统治已被拒斥，"便只剩下来约定才可以成为人间一切合法权威的基础"，合法的政治社会"总需追溯到一个最初的约定"。[4] 但并非所有基于约定的政治社会都合法，卢梭在批判建立在自然禀赋差异基础上的奴隶制之后，也否定了基于约定的奴隶制。卢梭极为重视人的自由属性："放弃自己的自由，就是放弃自己做人的资格"；"取消了自己意志的一切自由，也就是取消了自己行为的一切道德性"，人便只是物理的存在。[5]

3. 社会契约：政治社会的合法基础

合法政治社会所缔结的原初"社会契约"（pacte social）具有什么特征？

首先，卢梭做了一个重要的区分：诸如父权制、强权制与奴隶制等非法的政治社会在本质上是"一个主人和一群奴隶"的"聚集"（agrégation），成员之间没有共同认可的公共利益（bien public）与紧密的社会联系；合法的政治社会应当是一种"结合"（association），作为成员的"人民"（peuple）与"首

1　[法] 卢梭：《政治经济学》，李平沤译，商务印书馆 2013 年，第 1–5 页。

2　[英] 罗伯特·沃克勒：《卢梭》，刘嘉译，译林出版社 2020 年，第 91 页。

3　(1) [法] 卢梭：《社会契约论》，何兆武译，商务印书馆 1963 年，第 9–10 页。(2) Robert Wokler: *Rousseau, the Age of Enlightenment, and Their Legacies*, Bryan Garsten(ed.), Princeton: Princeton University Press, 2012, pp.179–180.　(3) [法] 卢梭：《论人与人之间不平等的起因和基础》，李平沤译，商务印书馆 2015 年，第 60 页。

4　[法] 卢梭：《社会契约论》，何兆武译，商务印书馆 1963 年，第 10、17 页。

5　(1) [法] 卢梭：《社会契约论》，何兆武译，商务印书馆 1963 年，第 12 页。(2) [英] 以赛亚·伯林：《自由及其背叛：人类自由的六个敌人》，赵国新译，译林出版社 2011 年，第 31 页。(3) [美] 施特劳斯：《自然权利与历史》，彭刚译，生活·读书·新知三联书店 2016 年，第 284–285 页。

领"（chef）之间具有真正的社会关联以及共同认可的公共利益。[1]

其次，卢梭如此评论格劳秀斯认为人民可以将自己奉送给国王的主张：

"在把自己奉送给国王之前，人民就已经是人民了。这一奉送行为的本身就是一种社会的行为（acte civil），它预设（suppose）有一种公共的意愿（délibération publique）。"[2]

人民将自己奉送给国王的政治行为以预先存在着的人民及其公共意愿为前提，所以"最好还是先考察一下人民是通过什么行为而成为人民的"，这是政治社会真正基础之所在。同样地，少数服从多数这一具体的政治议事规则也必须以"至少是有过一次是全体一致的同意"为前提，人民及其意愿的形成是人民及其意愿在场与呈现的前提。使人民及其意愿得以形成的机制，就是使合法政治社会得以成立的原初"社会契约"。[3]

再者，社会契约出现在当人类不能再如自然状态的野蛮人一般独立隔绝地生存下去而必须联合起来的历史转折处[4]。个体订立社会契约的动机是自我保存，既通过集体的力量实现自我保存，又不至于失去自己的自由[5]。《社会契约论》要竭力避免《论不平等》描绘的人类败坏到极致的"不平等的极限"[6]。

《论不平等》揭露传统社会契约的险恶用心，指控富人利用虚假的社会契约欺骗穷人并维护自身利益[7]，政治社会的实质与表象之间存在着体制性矛盾，统治者以公共利益与人民幸福为口号，实质上却假公济私，只关心一己

1　[法]卢梭：《社会契约论》，何兆武译，商务印书馆 1963 年，第 17 页。

2　[法]卢梭：《社会契约论》，何兆武译，商务印书馆 1963 年，第 17 页。译文根据法文原文做出调整：J.–J. Rousseau: *oeuvres complètes*, Tome III, Bernard Gagnebin et Marcel Raymond (éd). Paris: Gallimard, 1964, p. 359。

3　[法]卢梭：《社会契约论》，何兆武译，商务印书馆 1963 年，第 17–18 页。

4　(1) 同上书，第 18 页。(2)[法]卢梭：《论人与人之间不平等的起因和基础》，李平沤译，商务印书馆 2015 年，第 88 页。(3)[法]卢梭：《论语言的起源》，李平沤译，商务印书馆 2021 年，第 42–44 页。

5　[法]卢梭：《社会契约论》，何兆武译，商务印书馆 1963 年，第 18–19 页。

6　[法]卢梭：《论人与人之间不平等的起因和基础》，李平沤译，商务印书馆 2015 年，第 120 页。

7　[英]阿兰·瑞安：《论政治·下卷》，林华译，中信出版社 2016 年，第 175 页。

私利[1]，人民"啼饥号寒，苦不堪言"[2]。

因此，为实现真正的"结合"、避免重蹈传统社会契约的覆辙，社会契约应当保证每个结合者在公共利益的引导下服从全体的同时也是在服从他本人，并且像以往一样自由。为此，结合者要将其所有的一切权利全都转让给整个集体，这种转让对每个结合者而言都是同等的、毫无保留的。如此，所有结合者便将其自身置于"公意"（volonté générale）的最高指导之下，并被接纳为共同体不可分割的一部分。[3]

将一切权利均转让出去的结合者，如何保证集体的意志与自身的意志完全一致，从而保证自己的自由？

若每个结合者同等地、毫无保留地将一切权利转让给集体，集体的意志就是平等个体意志的普遍化形式[4]，即"公意"（或可译为"普遍意志"）[5]。既然"公意"来自于互相平等且具有共同利益关切的个体[6]，那么集体在"公意"指导下进行的决策只会有利于个体。集体不仅不会对个体造成伤害，反而使得个体以政治社会的方式实现了自由。概而言之，平等是关键[7]。

如此"结合"，一个"道德的共同体"形成了：

"这一由全体个人的结合所形成的公共人格……当它是被动时，它的成员就称它为'国家'（état）；当它是主动时，就称它为'主权者'（souverain）……

1　[法]卢梭：《评圣皮埃尔神甫的两部政治著作》，李平沤译，商务印书馆 2017 年，第 35 页。

2　同上书，第 55 页。

3　[法]卢梭：《社会契约论》，何兆武译，商务印书馆 1963 年，第 19–20 页。

4　[美]施特劳斯：《自然权利与历史》，彭刚译，生活·读书·新知三联书店 2016 年，第 283 页。

5　（1）茹弗奈尔（Jouvenel）总结卢梭"公意"概念具有逻辑（logical）、法学（juridical）与神学（theological）三重维度。参见 John T. Scott (ed.), *Jean–Jacques Rousseau: Critical Assessments of Leading Political Philosophers*, New York: Routledge, 2006, vol.1, pp.125–129。（2）崇明：《启蒙、革命与自由：法国近代政治与思想论集》，上海三联书店 2018 年，第 112–129 页。

6　[法]卢梭：《社会契约论》，何兆武译，商务印书馆 1963 年，第 31 页。

7　若忽视卢梭对平等或"同质性"的强调，可能会误解卢梭的公意学说将导致"多数人的暴政"从而妨害自由。邵六益：《同质性：卢梭公意思想中的隐匿命题》，《中国延安干部学院学报》2019 年第 6 期。

至于结合者……个别地，作为主权权威的参与者，就叫做'公民'（citoyens）；作为国家法律的服从者，就叫做'属民'（sujets）。"[1]

卢梭坚持区分各种场合下自然人所具有的不同抽象身份。[2]唯有如此，政治权利与义务的严谨推理才是可能的，这对于一个由人民同时担任统治者与被统治者的国家来说尤为重要。

可见，自由与平等相关联，不平等的共同体也不会自由，因为个体意志平等地上升为公意的通道受阻。像卢梭对自由的坚持一样，他在平等问题上也毫不妥协。[3]但是，卢梭并非财产绝对平等主义者[4]，而是主张个体对共同体的权利让渡必须平等，契约共同体必须保障所有结合者享有平等的权利与义务。

4. 社会契约的结果：绝对主权的诞生

每个结合者都具有双重身份，既是"主权者"的成员，又是"国家"的成员。当共同体进行决策时，结合者作为"主权者"的成员享有参与决策的权利；当共同体服从它自身所做出的决策时，结合者作为"国家"法律的服从者，履行服从法律的义务。结合者既享有权利，也需履行义务，既能参与制定法律，也需要服从自己参与制定的法律，权利与义务相统一。[5]

从个体自然属性出发，结合者的确是权利与义务相统一，但是不能要求结合者的主权者身份也是权利与义务相统一，个体的自然身份与抽象身份不能混同。不能为主权者施加任何义务的束缚，这"违反政治共同体的本性"[6]。卢梭和让·博丹（Jean Bodin）与霍布斯一样，给主权权力赋予至高无上的

1　［法］卢梭：《社会契约论》，何兆武译，商务印书馆 1963 年，第 21 页。"臣民"改译为"属民"。

2　同上书，第 22 页。

3　［法］卢梭：《科西嘉制宪意见书》，李平沤译，商务印书馆 2013 年，第 13 页。

4　卢梭主张一种按贡献分配的"能力主义体制"。［瑞士］让·斯塔罗宾斯基：《透明与障碍：论让–雅克·卢梭》，汪炜译，华东师范大学出版社 2019 年，第 66 页。

5　［法］卢梭：《社会契约论》，何兆武译，商务印书馆 1963 年，第 22 页。

6　同上书，第 22 页。

地位。[1]

5. 社会契约的结果：强迫自由

全体结合者需要同等服从他们作为主权者所共同制定的法律。然而，每一个体"可以具有个别的意志（volonté particulière），而与他作为公民所具有的公意相反或者不同"，个别意志引导个体"只享受公民的权利，而不愿意尽属民的义务"，长此以往，共同体必然解体。[2]

为此，卢梭提倡"强迫自由"（forcé d'être libre）："任何人拒不服从公意的，全体就要迫使他服从公意。这恰好就是说，人们要迫使他自由。"他认为这是契约共同体成立与运转的基本要求。[3]

有学者认为，"强迫自由"为国家强力干预私人事务的非法举措张目。不过，卢梭的逻辑是：既然公意是每个结合者订立契约时的意志的普遍化形式，那么公意便体现了他们加入共同体时的自由意志；如果个体不遵守按照公意制定的法律，这是因为个体被私利与个别意志裹挟，抛弃了他加入共同体时的原初意志，用强力使他服从法律，反而是在帮助他回归他自身、实现自由。当然，"强迫自由"需要具体的政治制度保驾护航。

6. 社会契约的结果：社会自由与道德自由

如卢梭开篇所言，他要兼顾政治合法性与公民福祉两个目标，不仅要完成其社会与政治设计的合法性论证，还要申说其理想政治是可欲（desirable）的：他的设计没有剥夺人天性要求的自由，反而意味着一种更高的自由形式的实现。

结合者订立契约，"由自然状态（état de nature）进入社会状态（état civil）"，他必须依照契约中所规定的权利与义务生活，而不能再像原来一样

1　[美]亚瑟·梅尔泽：《人的自然善好：论卢梭思想的体系》，任崇彬译，上海人民出版社2020年，第155–156页。

2　[法]卢梭：《社会契约论》，何兆武译，商务印书馆1963年，第24页。

3　(1) 同上书，第24–25页。(2) 有人认为，"强迫自由"指人民强迫某个怠于政治参与的个体积极参与政治，履行他的公民义务，即时表达意志。Steven G. Affeldt: The Force of Freedom: Rousseau on Forcing to Be Free, *Political Theory*, Vol. 27, No. 3, 1999, pp. 299–333.

依循"本能"（instinct）与"欲望"（appétit）率性而为，无拘无束，要依照"理性"（raison）行事。人具有了前所未有的道德性，能够合理地约束生理冲动与欲望，真正地遵循自己的自由意志。因此，"虽然在这种状态中，他被剥夺了他所得之于自然的许多便利，然而他却从这里面重新得到了如此之巨大的收获"，"他从一个愚昧的、局限的动物一变而为一个有智慧的生物，一变而为一个人"[1]：

"人类由于社会契约而丧失的，乃是他的天然的自由（liberté naturelle）以及对于他所企图的和所能得到的一切东西的那种无限的权利；而他所获得的，乃是社会的自由（liberté civile）以及对于他所享有的一切东西的所有权……还应该在社会状态的收益栏内再加上道德的自由（liberté morale），唯有道德的自由才使人类真正成为自己的主人；因为仅只有嗜欲的冲动便是奴隶状态，而唯有服从人们自己为自己所规定的法律，才是自由。"[2]

订立社会契约使个体损失了自然状态下无拘无束的"自然自由"，但却获得了虽然受到约束、却被集体与法律所保护的"社会自由"与心智得以开阔、欲望得以平和的"道德自由"，此般成本 – 收益分析说明订立社会契约是可欲的。

《论不平等》高度评价野蛮人的自然自由，但《社会契约论》却将自然自由置于社会自由与道德自由之下：个体独立隔绝的"自然状态"与个体紧密结合的"社会状态"对自由的要求不同，既然人类想要共同生活，就必须要约束自然自由，以权利与义务的思维而非欲望与激情理解社会与政治生活。"不受法律约束的自由，是没有的；高居法律之上的人，也是没有的"[3]，自由须在法律的框架内，"'自由'二字的意思不是一个人想做什么就做什么，而是可以不做别人强要他做的事；'自由'还意味着不强要别人的意志服从我们

1　［法］卢梭：《社会契约论》，何兆武译，商务印书馆 1963 年，第 25 页。

2　同上书，第 26 页。

3　［法］卢梭：《山中来信》，李平沤译，商务印书馆 2016 年，第 216 页。

的意志"[1]，个体必须遵照契约约定的权利与义务关系，这是在"社会状态"中实现自由的基本要求。

至于道德自由，卢梭表示这超越了《社会契约论》的视野，且他已在其他著作中有充分讨论。[2] 道德自由涉及卢梭有关如何让人平息欲望的冲动，真正自我做主，回到自身之内，恢复自然意义上的整全这一问题的关切。不妨用《政治经济学》的阐释解析道德自由："从自身做起，把公意和个别意志严加区别；这个区别是很难做出的，是需要最高尚的道德修养给以足够的启示的。"[3] 道德自由意味着个体具有足够的精神能力与自由意志区分自身内部的公意与个别意志，并保证在参与公共政治生活时，思考与决策由公意指导。

7. 社会契约的结果：财产权

卢梭认为，"财产是政治社会的真正基础，是公民所做的一切承诺的真正保证"[4]。财产权关系结合者的福祉，关系到结合者设想订立契约是否可欲这一基本判断。

订立社会契约意味着个体失去了他可以依靠强力或最先占有权而声称占有他意欲获得的一切财产、仅以个人力量为边界的自然财产权；作为报偿，他取得了根据契约与法律所获得的、得到其他结合者承认的正式财产权，这与自然自由和社会自由的逻辑相一致。[5]

既然卢梭为政治社会的成员保留了财产权，那么其所言全体结合者将其一切权利转让给整个集体的主张便意味着，这是一个集体将所有人的自然权利进行收缴并以公意认可的方式重新分配的过程，而非集体对个人权利的单向剥夺。结合者"天然有权取得为自己所必需的一切"，而"他的那份一经确

1　[法]卢梭：《山中来信》，李平沤译，商务印书馆 2016 年，第 215-216 页。

2　[法]卢梭：《社会契约论》，何兆武译，商务印书馆 1963 年，第 26 页。

3　[法]卢梭：《政治经济学》，李平沤译，商务印书馆 2013 年，第 11 页。

4　同上书，第 32 页。

5　[法]卢梭：《社会契约论》，何兆武译，商务印书馆 1963 年，第 27-29 页。

定，他就应该以此为限，并且对集体不能再有任何更多的权利"。[1]

8. 社会契约的结果：平等

第一卷是全书的核心。卢梭如此概括：

"我现在就要指出构成全部社会体系的基础，以便结束本章与本卷：那就是，基本公约并没有摧毁自然的平等，反而是以道德的与法律的平等来代替自然所造成的人与人之间的身体上的不平等；从而，人们尽可以在力量上和才智上不平等，但是由于约定并且根据权利，他们却是人人平等的。"[2]

卢梭如此重视平等：社会契约"以道德的与法律的平等来代替自然所造成的人与人之间的身体上的不平等"，这是"构成全部社会体系的基础"，不平等的社会制度将被瓦解。

《论不平等》明确区分了两种不平等——"自然的或生理上的不平等"与"精神上的或政治上的不平等"[3]，展示了人自然与生理上的不平等如何导向精神与政治上的不平等，进而造成人的败坏与丧失自由的奴役状态。其中，主人与奴隶相互奴役，社会与政治由随时泛滥与无边无界的欲望支撑着，"建立在许多流动的沙堆上"[4]。人人苦不堪言，秩序摇摇欲坠。那么政治社会应当建立在怎样的基础之上？

《社会契约论》第一卷将所有人处理为同等履行平等权利与义务的道德主体，若有违反公意、试图压制彼此者，则强迫他自由，如此，人自然生理上的不平等便不会导向社会政治的不平等。卢梭坚信，人无法决定自然赋予的素养，但却可以用政治与社会的技艺为彼此安排一个平等、自由，没有歧视与压迫，决策符合公共意志的良善秩序。既然结合者之间的约定是社会与政治秩序的唯一合法起点，那么将主权交付与人民，重新厘定权利与义务的关

1　(1)[法]卢梭：《社会契约论》，何兆武译，商务印书馆1963年，第27页。(2)[美]肖尔茨：《卢梭》，李中泽、贾安伦译，中华书局2002年，第110页。

2　[法]卢梭：《社会契约论》，何兆武译，商务印书馆1963年，第30页。

3　[法]卢梭：《论人与人之间不平等的起因和基础》，李平沤译，商务印书馆2015年，第47页。

4　同上书，第41页。

系，便是卢梭心中真正的社会契约与社会状态的题中之义。

（三）主权权力与主权者

1. 主权权力及其边界

人民的主权权力不可转让、分割："主权既然不外是公意的运用，所以就永远不能转让"，"意志要么是公意，要么不是；它要么是人民共同体的意志，要么就只是一部分人的"。但部分政治权力必然要通过转让与分割加以落实，为此卢梭区分了主权权力与主权权力派生的权力，后者意味着对处理诸多行政事务的权力进行转让与分割是合法的。[1]

主权权力至上，但有边界。结合者"由于社会公约而转让出去的自己的一切权力、财富、自由，仅仅是全部之中其用途对于集体有重要关系的那部分"，与集体无涉的部分并不在社会契约的范围内。[2]

至于结合者哪些权利与所有物对于集体而言是重要的，主权者，即人民自己，是唯一的裁判者。这与"群己权界"逻辑不冲突，因为"使意志得以公意化的与其说是投票的数目，倒不如说是把人们结合在一起的共同利益"，共同利益是公意的前提与内涵，公意与个体的正当利益相一致。且法律同等适用于所有人，不当存在针对个别对象的法律，"公意当其具有个别的目标时，也就轮到它自己变了质"。只要结合者们公私分明，不以法律为私斗的工具，个体的正当利益便会实现。[3]

主权权力可以要求结合者为共同体奉献生命。违法犯罪被认定为与国家敌对，共同体有权利制裁罪犯。不过，惩罚某个特定的罪犯是"个别的行为"，不能由公意与主权者承担，应当由专门实施个别行为的政府来完成。[4]

1　[法]卢梭:《社会契约论》，何兆武译，商务印书馆 1963 年，第 31–35 页。
2　同上书，第 37–41 页。
3　同上书，第 38–40 页。
4　同上书，第 42–44 页。

2. 公意：主权权力的指导

卢梭区分了"公意"与"众意"（volonté de tous）："众意与公意之间经常总是有很大的差别；公意只着眼于公共的利益（intérêt commun），而众意则着眼于私人的利益（intérêt privé）；众意只是个别意志的总和。"公意并非由个别意志加总而来：意志是否普遍与公正，与意志的数量与规模无关，而与意志的指向有关，"使意志得以公意化的与其说是投票的数目，倒不如说是把人们结合在一起的共同利益"。公意指导权力运作，"公意永远是公正的，而且永远以公共利益为依归"，但公意也可能是错误的，因为"人民却往往会受欺骗"，公意的根本特征是公共性或普遍性，而非正确性。"当人民能够充分了解情况并进行讨论时，公民彼此之间又没有任何勾结；那么从大量的小分歧中总可以产生公意"，因此卢梭拒斥勾连部分公民个别意志以对抗公意的派系。[1]

"个别意志""众意"与"公意"之间的关系，如图：

个体意志 ┥
个别意志（volonté particulière）　──→　众意（volonté de tous）
公意（volonté générale）

图 1.1　个体意志相关概念关系图（笔者自制）

3. 法律与立法权：主权权力的落实

人民掌握立法权，这是人民主权的保障。法律是公意的表达，并且"法律的对象永远是普遍性的"。"法律只考虑属民的共同体以及抽象的行为，而绝不考虑个别的人以及个别的行为"，公意指导下的主权权力对所有人同等适用而不偏私[2]。卢梭如此定义"共和"：

"凡是实行法治的国家——无论它的行政形式如何——我就称之为共和国

1　[法]卢梭：《社会契约论》，何兆武译，商务印书馆 1963 年，第 35–37、39–40 页。

2　同上书，第 44–47 页。

（République）；因为唯有在这里才是公共利益在统治着，公共事物才是作数的。一切合法的政府都是共和制的。"[1]

共和指涉法治与合法性而非具体的政府形式，意味着公共利益与公意在国家中的主导地位。相较政府形式，政治设计的关键更在于主权权力是否得到落实、国家是否在公意的指导下实行法治，即国家是否共和。[2]

有关法律体系，有三个要点。第一，自由与平等"应该成为一切立法体系最终目的"，平等不意味着"权力与财富的程度应当绝对相等"，而是权力与财富的差距不能大到使个体之间产生奴役关系[3]，"恰恰因为事物的力量总是倾向于摧毁平等的，所以立法的力量就应该总是倾向于维持平等"。第二，法律应当"按照当地的形势以及居民的性格这两者所产生的种种对比关系而加以修改"，因地制宜。第三，法律分为四类：政治法（根本法），规定全体结合者的权利与义务；民法，"使每个公民对于其他一切公民都处于完全独立的地位，而对于城邦则处于极其依附的地位"；刑法；民情（mœurs）、习俗（coutumes），尤其是舆论[4]（opinion），这是"一切之中最重要的一种"，"其他一切方面的成功全都有系于此"[5]。

4. 立法者

立法权是人民的主权权力，但卢梭坚持要为共同体引进一位"立法者"（legislateur），因为个人与人民整体都需要指导，公意不一定总是正确：

"个人看得到幸福却又不要它；公众在愿望着幸福却又看不见它，两者都同等地需要指导。所以就必须使前者能以自己的意志顺从自己的理性；又必

1 ［法］卢梭：《社会契约论》，何兆武译，商务印书馆1963年，第48页。

2 只有将自身的权利转让给一个普遍的、非人格化力量，转让才没有削弱个体的自由。因此，法治非常重要。［法］涂尔干：《孟德斯鸠与卢梭》，李鲁宁等译，渠东校，上海人民出版社2006年，第73页。

3 ［法］卢梭：《政治经济学》，李平沤译，商务印书馆2013年，第26页。

4 (1)［法］卢梭：《致达朗贝尔的信》，李平沤译，商务印书馆2011年，第45页。(2)［美］施特劳斯：《自然权利与历史》，彭刚译，生活·读书·新知三联书店2016年，第296页。

5 ［法］卢梭：《社会契约论》，何兆武译，商务印书馆1963年，第66-70页。

须使后者学会认识自己所愿望的事物。"[1]

"要为人类制订法律，简直是需要神明"[2]，立法者要能够洞察并塑造人性，让原来享有自然自由的人真正成为集体的有机部分，从集体处获得生命的价值与生活方式的意义，不能使个体在思想上游离于集体之外，立法者承担着将"人"教化为"公民"的教育重担。[3] "这些天然的力量消灭得越多，则所获得的力量也就越大、越持久，制度也就越巩固、越完美"[4]，立法者能在多大程度上改变人性，共同体就能在多大程度上得到保存[5]。

不过，立法者"这一职务决不是行政，也决不是主权。这一职务缔造了共和国，但又决不在共和国的组织之内；它是一种独特的、超然的职能"。斯巴达的立法者莱库古是先逊位后立法的，希腊的大多数城邦也是邀请异邦人来为他们立法，否则立法者也可能会出于自己的个别意志，影响法律表达公意。[6]

立法者可以运用宗教，"让神圣的权威来约束那些为人类的深思熟虑所无法感动的人"，以此来贯彻立法者的意志。卢梭宣称，"在各个国家初创时，宗教是用来作为政治的工具的"[7]。在将宗教政治化并构建"公民宗教"这方面，卢梭与马基雅维里、霍布斯的观点是一致的[8]。

5. 理想的人民

怎样的民族及其规模适合立法者创制？第一，处于青春时期的民族由于

1　[法]卢梭：《社会契约论》，何兆武译，商务印书馆 1963 年，第 49 页。

2　(1)[法]卢梭：《社会契约论》，何兆武译，商务印书馆 1963 年，第 50 页。(2)[法]卢梭：《论波兰的治国之道及波兰政府的改革方略》，李平沤译，商务印书馆 2014 年，第 6–11 页。

3　有人主张，立法者与《爱弥儿》的导师形象相近，均致力于使人在保持独立思考与自由感受的前提下融入政治社会。见 David Sullivan: *Education, Liberal Democracy and Populism: Arguments from Plato, Locke, Rousseau and Mill*, London& New York: Routledge, 2020, pp.73–78。有关"人"与"公民"问题，见本文第三部分。

4　[法]卢梭：《社会契约论》，何兆武译，商务印书馆 1963 年，第 51 页。

5　[美]施特劳斯：《自然权利与历史》，彭刚译，生活·读书·新知三联书店 2016 年，第 294 页。

6　[法]卢梭：《社会契约论》，何兆武译，商务印书馆 1963 年，第 51–52 页。

7　同上书，第 54–55 页。

8　[加]罗纳德·贝纳：《公民宗教：政治哲学史的对话》，李育书译，人民出版社 2018 年，第 386 页。

没有很深的成见，从而适宜接受立法者创制。第二，国家规模宜小不宜大，否则层级太多，行政负担繁重，社会纽带也会松弛，"必须具有超人的本领才能治理大国"[1]。第三，共同体的领土面积与人口数目存在最佳比例，"使土地足以供养其居民"，"而居民又恰好是土地所能养活的那么多"；第四，富足与和平是接受创制的前提条件。这些条件很难同时达成，不过"欧洲却还有一个很可以立法的国家，那就是科西嘉岛"，此处对科西嘉的肯定使得科西嘉抵抗运动的领袖邀请卢梭为科西嘉制宪。[2]

（四）政府与行政权力

1. 政府的定义

卢梭对政府的定义是："在属民与主权者之间所建立的一个中间体，以便两者得以互相适合，它负责执行法律并维护社会的以及政治的自由。"政府从人民中产生的机制并非契约，"完全是一种委托（commission），一种任用（emploi）"，"只要主权者高兴，他就可以限制、改变和收回这种权力"，人民具有推翻政府的权力。[3]

公共人格自由行动的意志由人民的立法权力表达，自由行动的力量则由政府的行政权力体现。政府执行人民的立法，行政权力"仅只包括个别的行动"，针对特定对象，不具有普遍性。"政府和主权者往往被人混淆，其实政府只不过是主权者的执行人"，人民居于政府之上。[4]

2. 如何确定政府与官员的最佳规模？

卢梭用公式确定政府的最佳规模。作为属民与主权者之间的中间体，一个平衡良好的政府应该"政府自乘的乘积或幂与一方面既是主权者而另一方

1　[法]卢梭：《论波兰的治国之道及波兰政府的改革方略》，李平沤译，商务印书馆2014年，第28页。

2　[法]卢梭：《社会契约论》，何兆武译，商务印书馆1963年，第55-65页。

3　同上书，第72-73页。

4　(1)同上书，第71-72页。(2)[美]克罗波西、[美]施特劳斯主编：《政治哲学史》，李洪润等译，法律出版社2009年，第575页。

面又是属民的公民们的乘积或幂，二者相等"。如此，"政府若要成为好政府，就应该随着人民数目的增多而相对地加强"。所以，"每种比率之间仅只有一个比例中项，所以一个国家也只能有一种可能的好政府"。但"各个不同的民族可以有不同的好政府，而且就是同一个民族在不同的时代也可以有不同的好政府"，建立政府必须要因时因地制宜。[1]

至于官员，"随着行政官的增多，政府也就会松弛下来"，国家越大，行政官就应越少，以保证政府的效率与力量。若官员只有一人，政府的效率与力量则达到最强，但政府的意志与公意相符的可能性则最低，政府的力量与政府意志的公共性"负相关"。卢梭感叹："立法者的艺术就正是要善于确定这样的一点，使永远互为反比例的政府的力量与政府的意志，得以结合成为一种最有利于国家的比率。"[2]

3. 政府制度的分类

政府依据官员数量可分为四类：民主制，"把政府委之于全体人民或者绝大部分的人"；贵族制，"政府仅限于少数人的手里"；君主制，政府权力集于一人；混合制，以上三种形式以任意方式混合形成的政府制度。[3]

不存在普适的政府形式，卢梭不仅从国家规模的角度论证，也从气候等自然条件出发，分析各个条件下适宜的政府形式均不相同[4]。适宜的政府制度也非一成不变，某种特定条件下的最佳政府制度"在另一种情况下又都可以是最坏的"。不过，可以根据上述公式得出一般的推论："民主政府就适宜于小国，贵族政府就适宜于中等国家，而君王政府则适宜于大国。"[5]

民主制的条件非常苛刻，仅适用于"神明的人民"，"那样一种十全十美的政府是不适于人类的"。所以卢梭是一个坚定的人民主权论者，但并不支持

1　(1) [法] 卢梭：《社会契约论》，何兆武译，商务印书馆1963年，第73-75页。(2) [美] 马斯特：《卢梭的政治哲学》，胡兴建、黄涛等译，华东师范大学出版社2013年，第441-443页。

2　[法] 卢梭：《社会契约论》，何兆武译，商务印书馆1963年，第80-81页。

3　同上书，第81-82页。

4　同上书，第99-105页。

5　同上书，第81-83页。

民主的政府制度。卢梭青睐他心目中的"贵族制"政府——选举最明智者治理国家的制度[1]。君主制下，由个别意志支配的政府意志极易蜕化，进而变成人民身上的枷锁[2]。当单一政府不能令人满意时，以各种方式对诸种政府体制进行混合便是不错的选择[3]。

4. 政府的个别意志与蜕化

人民主权的国家建置政府，一方面，政府的"统治意志就只是，或者只应该是公意或法律"；另一方面，政府必须具有个别意志，以完成它所应当完成的职能。因此，政府必须严格区分它的个别意志与公意，时刻以后者为依归。但官员具有三种意志——个人意志、政府的团体意志与人民的公意，按照人的自然天性，此三者的强度逐次递减，而按照国家的要求，此三者的强度应当逐次增加，自然秩序与社会秩序的要求截然相反，这是建置政府的核心挑战。[4]

因此，官员与政府天然有反对主权者的倾向，"迟早总有一天君主终于会压倒主权者并毁坏社会条约的，这就是那种内在的、不可避免的弊病之所在"，这是政治体必须面对的命运。政府蜕化有两条途径：政府的收缩，即政府权力愈发集中到少数人甚至一人手中；国家的解体，即政府不再依据法律管理国家，篡夺了主权权力，社会契约被破坏，个体恢复了自然自由，不再有服从的义务，社会进入"无政府状态"。政府制度的蜕化模式：民主制蜕化为暴民制，贵族制蜕化为寡头制，君王制蜕化为僭主制。"政治体也犹如人体一样，自从它一诞生起就开始在死亡了"，而当作为国家心脏的立法权被篡夺

1　(1) 谈火生：《"直接民主"抑或"代议民主"？——卢梭民主理论初探》，《政治思想史》2012 年第 1 期。(2) 彭錞：《代表制：基础理论与英国故事》，《北大法律评论》2016 年第 17 卷第 1 辑，第 94-97 页。

2　"像波兰这样一个大国，是不能没有一个国王的"，卢梭因地制宜进行政治设计。[法] 卢梭：《论波兰的治国之道及波兰政府的改革方略》，李平沤译，商务印书馆 2014 年，第 54 页。

3　[法] 卢梭：《社会契约论》，何兆武译，商务印书馆 1963 年，第 83-99 页。

4　同上书，第 76-79 页。

的那一刻，政治体就被宣告死亡。[1]

5. 如何维持主权权力与防止政府篡权？

卢梭坚持以人民直接参与政治来抗衡政府反对主权者的倾向[2]，考虑到"主权者除了立法权力之外便没有任何别的力量"，卢梭强调"唯有当人民集合起来的时候，主权者才能行动"。卢梭回应可能的嘲讽："在今天，这是一种妄想；但是在两千年以前，这却不是一种妄想"，古罗马共和国便成功做到了这一点。[3]

在法律的框架内，人民"必须有固定的、按期的、绝对不能取消或延期的集会"[4]，并且"不需要任何其他形式的召集手续"。"政府愈是有力量，则主权者就愈应该经常地表现他自己"。主权者集会时，政府的权限便中止。卢梭甚至主张，对于幅员辽阔、公民难以集中的国家，"根本不许有一个首都，而是把政府轮流地设在每个城市里，并在各个城市里一一地召集全国会议"。[5]集会永远要以分别表决两个绝不能取消的提案作为开端，即"主权者愿意保留现有的政府形式吗"与"人民愿意让那些目前实际在担负行政责任的人们继续当政吗"，人民甚至有权集合起来一致同意废除社会公约。[6]

卢梭认为人民行使立法权的意志不能被代表，指控主权代议制意味着"爱国心的冷却、私人利益的活跃、国家的庞大、征服、政府的滥用权力"。

1　(1)[法]卢梭：《社会契约论》，何兆武译，商务印书馆1963年，第108–113页。(2)[法]卢梭：《论波兰的治国之道及波兰政府的改革方略》，李平沤译，商务印书馆2014年，第36–37页。

2　[英]罗伯特·沃克勒：《卢梭》，刘嘉译，译林出版社2020年，第82–83页。

3　[法]卢梭：《社会契约论》，何兆武译，商务印书馆1963年，第114页。

4　(1)同上书，第115页。(2)[法]卢梭：《论波兰的治国之道及波兰政府的改革方略》，李平沤译，商务印书馆2014年，第38–39页。

5　[法]卢梭：《社会契约论》，何兆武译，商务印书馆1963年，第115–118页。

6　(1)同上书，第129页。(2)维克多·戈尔施密特（Victor Goldschmidt）梳理《论不平等》与《社会契约论》展示的人类历史进程：人的原始状态→家庭→人类的青年时代（Jeunesse du monde）→冶金术与农业的发明：土地的分配→战争状态（état de guerre）→社会契约与政治社会→政府创制→政府蜕化与专制（despotisme）→人民革命（révolutions）→社会契约的瓦解。（Victor Goldschmidt: *Anthropologie et Politique: Les principes du système de Rousseau*, Paris: Librairie Philosophique J. Vrin, 1983, p.760.）

他嘲讽主权代议制下的英国人民"自以为是自由的",阐述唯有不需要代议制的小国,方可真正维持主权权力。[1]

人民建立政府是一项委托或任命,需要"主权猝然间转化为民主制而告完成",即在正式的政府产生之前人民需先变化为临时政府以决定正式政府,卢梭宣称这是"政治体的最可惊异的性质之一"。[2]

(五)"单纯的"政治风尚与公意的表达

卢梭重视第四种法律——民情、习俗与舆论。如果风俗淳朴,"没有各种错综复杂、互相矛盾的利益,公共福利到处都明白确切地显现出来,只要有理智就能看到它们"。第一个提议法律的人,"只不过是说出了大家都已经感到了的东西而已,使人人都已经决意要做的事情变成了法律"。在这样的共同体中,公意始终能得以表达。反之,结合者的个别意志会压制心中"稳固的、不变的而又纯粹的"公意并使之屈服,共同体解体。因此,"单纯性"(simplicité)主导的政治风尚极为重要,它直接关涉公意的表达与共同体的存亡。[3]

人民主要通过人民大会表达公意,人民大会的主要职能是投票与产生官员。有关投票:第一,投票过程越和衷共济,说明风尚愈单纯,公意越能得以表达,反之亦然;第二,社会契约全体一致的同意保证了投票的少数服从多数具有合法性;第三,投票的关键不在于提议是否正确,而在于提议是否符合公意。在单纯的政治风尚中,即便结合者有错,也是错误估计公意,而非个别意志压倒公意,他或许会像《爱弥儿》中的斯巴达人一样,为他的同

---

1 [法]卢梭:《社会契约论》,何兆武译,商务印书馆1963年,第120-124页。面对作为大国的波兰,卢梭作了让步,认为某种保障代理(agent)忠实再现(represent)被代理者意见的主权代议制是必要的。(1) Robert Derathé: *Jean-Jacques Rousseau et la science politique de son temps*, Paris: Librairie Philosophique J. Vrin, 2009, pp.275-280. (2) 叶开儒:《大国共和中的自由与秩序——卢梭〈关于波兰政体的思考〉评注》,《政治思想史》2020年第1期,第115-116页。

2 [法]卢梭:《社会契约论》,何兆武译,商务印书馆1963年,第124-126页。

3 同上书,第131-133页。

胞能够睿智地纠正他的错误而单纯地感到欣慰[1]。有关官员的产生，应当选举与抽签并用，前者适用于需要专门才能的职位，后者适用于只需要行事符合公意的职位。[2]卢梭讨论了罗马政治体制中具体的官制设计以呈现如何引导民情与保证公意的表达。[3]

公民宗教是卫护"单纯性"风尚的手段。卢梭区分了三种宗教：人类的宗教，将世界范围内的信徒视作一个共同体，与世俗民族国家相冲突，比如福音书的基督教；公民的宗教，"把对神明的崇拜与对法律的热爱结合在一起"，以此培养爱国主义；牧师的宗教，"给人以两套立法、两个首领、两个祖国"，不利于世俗共同体的维系，比如罗马天主教。卢梭认为，共同体需要以公民宗教作为政治的工具[4]，但"决不能超出公共利益的界限之外"，其教条"应该简单，条款很少，文辞精确，无需解说和诠释"，以有利于培养公民的爱国主义却不干扰其私人生活。[5]

至此，卢梭认为《社会契约论》"已经提出了政治权利的真正原理并且试图把国家奠定在它的基础之上"[6]，有关国际政治的论说不在讨论范围内。

三、既往研究

本部分将从卢梭思想统一性的角度简述卢梭政治思想及《社会契约论》的过往研究，如何看待卢梭不同著作展示的理想政治与理想生活，是研究者

1　[法]卢梭：《爱弥儿·上卷》，李平沤译，商务印书馆 2015 年，第 12 页。

2　[法]卢梭：《社会契约论》，何兆武译，商务印书馆 1963 年，第 134–141 页。

3　张国旺：《民情的呈现与守护——卢梭"罗马政制"论的社会理论意涵》，《社会学研究》2018 年第 6 期，第 212 页。

4　(1)卢梭主张宗教宽容，不排斥其他不违背法律的宗教（[法]卢梭：《社会契约论》，何兆武译，商务印书馆 1963 年，第 182–183 页）。(2)只要不使福音书的基督教进入国家体制，国家便可以允许其存在（[法]卢梭：《山中来信》，李平沤译，商务印书馆 2016 年，第 35–36 页）。

5　[法]卢梭：《社会契约论》，何兆武译，商务印书馆 1963 年，第 166–183 页。

6　同上书，第 184 页。

讨论的主要话题[1]。最后简要说明中国学界的卢梭思想研究状况。

由于理解卢梭思想时所存在的诸多困难，直到卢梭去世之后一百余年，多数言论者仍局限于讨论卢梭与大革命之间的关系，乃至片面地理解卢梭思想，并以其怪异性格与奇特经历消解卢梭思想的严肃性[2]。将卢梭视作有着融贯自洽思想体系的思想家、系统而严肃的学术研究，起步于 19 世纪末、20世纪初。

（一）朗松：探究卢梭思想统一性的先驱

古斯塔夫·朗松（Gustave Lanson）于 1912 年发表的《论卢梭思想的统一性》（*l'unité de la pensée de Jean-Jacques Rousseau*）是现代试图把握卢梭学说核心的第一次重要尝试[3]。朗松尖锐批评了当时卢梭思想的研究情况，建议学者从卢梭思想的内部仔细开掘卢梭思想的真正意涵[4]。他对卢梭的解释包含着一些在之后构成"康德主义"与"反康德主义"诠释流派的观点。

（二）卡西尔：卢梭的"康德主义"诠释

1932 年，厄内斯特·卡西尔（Ernest Cassirer）发表论文《卢梭问题》（*The Question of Jean-Jacques Rousseau*），系统关注了卢梭与康德之间的联系，开辟了卢梭的"康德主义"诠释路径。

卡西尔认为，康德是卢梭真正的读者，应以康德思想为基点，从克制欲望、朝向真正的必然律的角度出发理解卢梭的自由观念：认清自己的道德义务，"克制与摒弃一切随心所欲"，遵守人民自我订立的法律就是真正的自由，

1　比如，《论不平等》《爱弥儿》等著作易被理解为"个人主义方案"，而《社会契约论》等政治著作易被理解为"集体主义方案"。

2　（1）[美]亚瑟·梅尔泽：《人的自然善好：论卢梭思想的体系》，任崇彬译，上海人民出版社 2020 年，第 1–12 页。（2）[德]卡西勒：《卢梭问题》，王春华译，译林出版社 2009 年，彼得·盖伊所著导言，第 3–15 页。（3）John T.Scott ed., *Jean-Jacques Rousseau: Critical Assessments of Leading Political Philosophers*, London: Routledge, 2005, vol.1. pp.3–4&8.

3　Ibid, p.9.

4　[法]朗松：《朗松文论选》，徐继曾译，百花文艺出版社 2009 年，第 473–477 页。

如此，人才可能提升至一个真正的道德王国，这与同时代许多从随心所欲的角度定义自由的思想家相异。《社会契约论》并不与人的自由相冲突，反而促使人真正成为人。[1]甚至，"没有伦理的解放，精神的解放对人类百无一用"，既然只有政治社会才能将人提升为伦理意志的人、道德的人，那么人类历史在《社会契约论》的政治方案成为可能的那一刻恐怕才具有了目的，"自由的领域到此为止，命运的疆界从这里展开"[2]。因此，《社会契约论》是卢梭提供的唯一方案。

至于卢梭的其他著作，卡西尔说，《爱弥儿》的基本思想是使爱弥儿"免于遭到外部意志暴烈的压制、免于接受他不理解其必然性的命令"[3]：

"只有当他们在这个意义上获得了内在自由以后，才可以进入社会，而且也只有这样，他们才能沿着正确的道路为社会作出贡献；因为唯有自由的人才是真正的公民。"[4]

如此，《爱弥儿》便与《社会契约论》相协调，两者共同汇成了一条理想路径。卡西尔以康德的方式解释卢梭的"道德自由"，开启了"康德主义"诠释路径，影响了许多学者。[5]

（三）"反康德主义"诠释流派

不少学者指责卡西尔过于依赖康德思想，形成了"反康德主义"的诠释路径，其代表者有：博尔特昂·德·茹弗奈尔（Bertrand de Jouvenel）、列奥·施特劳斯（Leo Strauss）、阿兰·布鲁姆（Allan Bloom）、朱迪斯·史克拉（Judith Shklar）、马尔克·普拉特纳（Marc Plattner）和亚瑟·梅尔泽

1　[德]卡西勒：《卢梭问题》，王春华译，译林出版社 2009 年，第 48–49、61 页。

2　同上书，第 50–52 页。

3　同上书，第 54 页。

4　[德]卡西尔：《卢梭·康德·歌德》，刘东译，生活·读书·新知三联书店 2015 年，第 51 页。

5　卡西尔的研究影响了许多学者，尤以查尔斯·亨德尔（Charles Hendel）、阿尔弗雷德·柯班（Alfred Cobban）与罗贝赫·德拉忒（Robert Derathé）为代表。[德]卡西勒：《卢梭问题》，王春华译，译林出版社 2009 年，导言，第 22–24 页。

（Arthur Melzer）。布鲁姆是施特劳斯的学生，普拉特纳与梅尔泽是布鲁姆的学生，因此施特劳斯学派堪称"反康德主义"诠释流派的代表。

1947 年，茹弗奈尔为《社会契约论》写了一篇导言："论卢梭的政治学"（*Essai sur la politique de Rousseau*）。此文认为，卢梭个人主义方案与集体主义方案是针对同一问题——个体内在的冲突（inherent contradiction）——的两种无法调和却也没有高低之分的解决路径。"文明人"（homme civilisé）在做一个"人"（homme）与做一个"公民"（citoyen）之间摇摆的"一人骑二马"心态将会摧毁他的幸福，疗救的方案在于如何让个体只安于其中的一种生活，卢梭的集体主义方案与个人主义方案便分别致力于使人安于只做"公民"与只做"人"。[1]

1969 年，朱迪斯·史克拉出版《人与公民：卢梭社会理论研究》（*Men and Citizens: A Study of Rousseau's Social Theory*），该书的相关讨论与茹弗奈尔同中有异。史克拉声称，卢梭确实展示了两种根本冲突的理想范式，因为个体没有办法同时"自我压制"（self-repression）与"自我张扬"（self-expression）。因此，比起呼唤选择，卢梭展示这一冲突的目的更多的是在表达自己强烈的愤怒：正是由于文明社会的败坏，个体才会面临这一痛苦的权衡取舍，因为两种生活都不是自然的（unnatural）且有弊，做出选择的目的只不过是为了避免更糟糕的后果——内在冲突（inner disorder）罢了。[2]

在施特劳斯于 1948 年发表的《论卢梭的意图》（*On the Intention of Rousseau*）与 1953 年出版的《自然权利与历史》（*Natural Right and History*）中，他主张卢梭基于城邦与德性以及自然这两种古典观念的名义来攻击现代

1　Bertrand de Jouvenel, "An Essay on Rousseau's Politics", Daniel R. Brunstetter (tran.), in John T. Scott ed., *Jean-Jacques Rousseau: Critical Assessments of Leading Political Philosophers*, London: Routledge, 2005, vol.1, pp.115-119.

2　Judith N. Shklar, *Men and Citizens: A Study of Rousseau's Social Theory*, Cambridge: Cambridge University Press, 1969, pp.3-6.

性，两种路径导向的两种方案无法调和 [1]，分别适用于两种天赋不同的人：具有卓越天赋的哲人能够超越共同体，做一个真正的"人"，而天分稍逊者却只能生活在被意见支配的共同体之中，安于做一个"公民" [2]。因此，政治社会并不预设很高的公民素质，施特劳斯对《社会契约论》的解析几乎不具有伦理色彩：政治社会的根基仅仅在于自我保存的欲望，公意被解析为"可以被普遍化的欲望"，公意必须被启蒙，否则人民没有能力完全了解公意 [3]。

施特劳斯深刻影响了他的弟子们。在 1963 年出版、由施特劳斯与约瑟夫·克罗波西（Joseph Cropsey）合作主编的《政治哲学史》（*History of Political Philosophy*）中，布鲁姆对卢梭的整体把握与施特劳斯相似，也将卢梭的两种方案解释为适用于两种具有不同天赋的人，并将卢梭的国家设计去道德化 [4]。普拉特纳在 1979 年出版的《卢梭的自然状态》（*Rousseau's State of Nature*）中认为，卢梭从"人"与"公民"两个方向对"布尔乔亚"（bourgeois）进行夹击，因此提供了看起来相互冲突的个人主义与集体主义的方案。但两种方案均以卢梭的自然状态为共同前提，自然状态不必然许诺或否认公民社会，唯有将人的自然天性与公民社会割裂开的自然状态理念，才能同时为个人主义与集体主义的政治社会奠基 [5]。

亚瑟·梅尔泽于 1990 年出版的《人的自然善好：论卢梭思想的体系》（*The Natural Goodness of Man*: *On the System of Rousseau's Thought*）可被

1　［美］施特劳斯：《自然权利与历史》，彭刚译，生活·读书·新知三联书店 2016 年，第 258–260 页。

2　(1)［美］施特劳斯：《苏格拉底问题与现代性》，刘振等译，华夏出版社 2016 年，第 174–203 页。(2)［美］施特劳斯：《自然权利与历史》，彭刚译，生活·读书·新知三联书店 2016 年，第 262–270、296–301 页。

3　［美］施特劳斯：《自然权利与历史》，彭刚译，生活·读书·新知三联书店 2016 年，第 283、289、293 页。

4　［美］克罗波西、［美］施特劳斯主编：《政治哲学史》，李洪润等译，法律出版社 2009 年，第 562、570、579–580 页。

5　［美］普拉特纳等：《卢梭的自然状态》，尚新建、余灵灵译，华夏出版社 2008 年，第 5–7、104–105 页。

视为对"康德主义"的宣战檄文，全书有十几处文字直接声讨"康德主义"[1]。他指责"康德主义"：认为卢梭不在意人的幸福而只在意某种绝对律令；"由于脱离了卢梭思想的语境而忽略了《社会契约论》关注的是人的自我保存，以及具有明显的强制性特征；将公意解读为某种道德律令而非自我保存的一己需要；将卢梭现实主义的实践设计变成理想主义的道德王国。"[2]

梅尔泽几乎总结了 1990 年以前"反康德主义"主要的学术观念。梅尔泽认为卢梭基于他对于人的最大不幸——灵魂分裂与内在冲突的诊断提出了仅仅是表面矛盾的两种方案（和茹弗奈尔和史克拉相似），其中个人主义的方案"主要是为了少数稀有的个体"，这些人能够更好地抵制腐化（带有施特劳斯色彩），而《社会契约论》关注的是人的自我保存，公意是一种可普遍化的欲望、自利的产物（直接继承施特劳斯与布鲁姆）。[3]

概而言之："康德主义"认为卢梭提出了一种理想且必然的生活范式，"反康德主义"认为卢梭指出了两种可能的方案；"康德主义"预设对公民素质的高期望，"反康德主义"则对政治中的人保持谨慎乐观；"康德主义"认为政治社会的目的在于自我立法的自律王国，"反康德主义"则认为政治社会的压舱石在于人的自利欲望是可普遍化的。

（四）继承与革新：从"经典康德主义"到"新康德主义"

为回应"反康德主义"，继承并革新卡西尔"经典康德主义"传统的"新康德主义"形成，代表人物是约翰·罗尔斯与尼古拉斯·登特（Nichols Dent）。在罗尔斯与登特之前，罗杰·马斯特（Roger Masters）与茨维坦·托罗多夫（Tzvetan Todorov）的研究构成了这一流派的先声。

1968 年，英文版《卢梭全集》编者马斯特出版了《卢梭的政治哲学》

1　[美]亚瑟·梅尔泽：《人的自然善好：论卢梭思想的体系》，任崇彬译，上海人民出版社 2020 年，第 79–82、118、137、148、169、194–195、199–204、206、210、216、311–312 页。

2　同上书，第 79–82、148–152、195、199–200、216 页。

3　同上书，第 115–119、195、210、216 页。

（*The Political Philosophy of Rousseau*）。他反对"反康德主义"认为"人"与"公民"两种方案不可兼容的观点，也并不赞同"经典康德主义"调和两种方案的努力，他发现了不同于"人"与"公民"的第三种方案——生活在"公民"社会中的"人"：爱弥儿虽然生活在"公民"社会之中，却不接受盛行其中的意见与舆论，是始终保持独立思考的"人"[1]。文学评论家托罗多夫于 1985 年出版的《脆弱的幸福：关于卢梭的随笔》（*Frêle Bonheur: Essai sur Rousseau*）进一步展开了这一思路。[2]

尼古拉斯·登特于 2005 年出版的《卢梭》（*Rousseau*）与"反康德主义"的观点截然相对。他主张，许多认为卢梭提供了两种不同方案的学者忽视了卢梭指出的一条非常明显的调和路径——好"人"就是好"公民"[3]，他回到了"经典康德主义"调和两种方案的努力。同样，他也高度重视"道德自由"[4]。不过，为避免过于依赖康德思想，登特将"道德自由"重新诠释为承认他者为与自身一样的平等道德主体的意识。[5]至于如何实现"道德自由"，登特重新诠释了卢梭的"amour propre"[6]概念，登特强调"amour propre"虽然是人类败坏的源泉，但若是引导得当，也会被导向个体对其他公民的爱——"自豪"（orgueil），协助人类重建自由与平等[7]。在罗尔斯的《政治哲学史讲义》中，他明确表达了对登特"amour propre"定义的追随，声称康德也如此解析，以保障卢梭政治设计的可能性[8]。

1　[美] 马斯特：《卢梭的政治哲学》，胡兴建、黄涛等译，华东师范大学出版社 2013 年，第 32–36 页。

2　[法] 茨维坦·托罗多夫：《脆弱的幸福：关于卢梭的随笔》，孙伟红译，华东师范大学出版社 2012 年，第 7、117–118 页。

3　[英] 登特：《卢梭》，戴木茅译，华夏出版社 2019 年，第 87–89、128、154–155 页。

4　同上书，第 140、146、150 页。

5　同上书，第 154–155 页。

6　amour propre 的译法存在争议，有"自尊""自恋""自私""属己之爱"等译法。汪炜：《如何理解卢梭的基本概念 amour–propre?》，《哲学动态》2015 年第 10 期。

7　N. J. H. Dent: *A Rousseau Dictionary*, Cambridge: Blackwell Publishers, 1992, pp. 33–36.

8　[美] 罗尔斯：《政治哲学史讲义》，杨通进等译，中国社会科学出版社 2011 年，第 201、203 页。

总之，"新康德主义"放弃了过于强调伦理意志的"经典康德主义"解读，以修正后的"道德自由"与"amour propre"[1]概念为基础，致力于构建更可操作的理论。"新康德主义"捍卫既可为"人"也可为"公民"的个体，力保在现代社会具有实践指导意义的卢梭形象，毕竟在现代社会，很少有人能够只做"人"，或者只做"公民"。

（五）卢梭的人生："生命史"视角下的卢梭思想统一性

除"经典康德主义""反康德主义"与"新康德主义"外，还有以让·斯塔罗宾斯基（Jean-Starobinski）的《透明与障碍：论让–雅克·卢梭》（*Jean-Jacques Rousseau, la transparence et l'obstacle*）与克里斯托弗·凯利（Christopher Kelly）的《卢梭的榜样人生——作为政治哲学的〈忏悔录〉》（*Rousseau's Exemplary Life: The Confessions as Political Philosophy*）为代表的"生命史"视角。

斯氏认为，"存在"（être）与"表象"（parâitre）之间的断裂是卢梭作品的核心关切。幼年的卢梭本以为世界充满"透明"（transparence），个体可以直接把握其他人的意识、了解对方的意图。但在被冤枉为断梳事件的犯人后，卢梭顿悟"表象"与"存在"之间存在巨大裂隙，人们只会通过"表象"来认识彼此，很难穿透"表象"认清人与事件的本来面目、真实"存在"。世界是晦暗的，人与人之间垂下了朦胧的"面纱"（voile），每一个人看得到、却看不清别人[2]。

斯氏回顾了两种解释卢梭思想统一性的路径——马克思主义的"革命综合法"与"康德主义"的"教育综合法"。如前所述，后者以教育黏合两种方案；前者则认为《论不平等》结尾处展现的败坏社会将会被推翻，而《社会契约论》就是卢梭对建立新社会的设想，《社会契约论》应被解读为《论不平

---

1 对"amour propre"的再诠释影响了国内学界：（1）彭刚：《论卢梭公民美德的人性基础》，《政治思想史》2012 年第 2 期，第 88–111、198–199 页。（2）曹帅：《社会性的扭曲与重塑：卢梭的自尊学说》，《社会》2021 年第 4 期。

2 ［瑞士］让·斯塔罗宾斯基：《透明与障碍》，汪炜译，华东师范大学出版社 2019 年，第 9–18 页。

等》的续篇甚至结论[1]。斯氏认为，两种综合法都把卢梭当成一个完全理性的、能够脱离自身思考的人，但卢梭并非如此，而是将人类问题与历史问题浓缩到他的生命之中[2]。

卢梭选择了退隐与孤独，斯氏认为，这是因为对于邪恶与败坏、充斥着"面纱"的文明社会，只有决定性地退出，才能重新赢得一个透明的世界。但卢梭并非是反社会的，如果如《社会契约论》一般的透明社会是可能的，他将会拥抱这个社会，基于透明意识相互关联沟通而成的公共意志不仅无害，反而是幸福的唯一可能[3]。卢梭两种方案之间的矛盾仅仅是表面上的，它们在本质上适用于不同的社会条件。

凯利将《忏悔录》与《爱弥儿》对勘：《爱弥儿》提供了人在社会中保持自然整全的成长叙事，而《忏悔录》则呈现了让－雅克（与作者"卢梭"相区别）从一开始（从他过早地阅读历史与浪漫小说开始）便失去了自然整全，并在他的一生中寻求回到整全的努力[4]。卢梭要用让－雅克的成长故事提供一种不同于小加图[5]（Cato）、苏格拉底与耶稣的、崭新的榜样人生，以揭示在政治社会的边缘处过一种整全生活的可能性[6]。

凯利论说，循着让－雅克的人生，可以先后发现纯粹的自然状态、文明社会的败坏世界、健康的公民社会、家庭与情人的世界以及在让－雅克的人

1　［瑞士］让·斯塔罗宾斯基：《透明与障碍》，汪炜译，华东师范大学出版社 2019 年，第 57-60 页。可参见：（1）［德］恩格斯：《反杜林论》，中共中央马克思恩格斯列宁斯大林著作编译局译，人民出版社 1999 年，第 146 页。（2）［德］恩格斯：《社会主义从空想到科学的发展》，中共中央马克思恩格斯列宁斯大林著作编译局编译，人民出版社 2018 年，第 52 页。

2　［瑞士］让·斯塔罗宾斯基：《透明与障碍》，汪炜译，华东师范大学出版社 2019 年，第 66-69 页。

3　同上书，第 83-84、89-91 页。

4　［美］凯利：《卢梭的榜样人生——作为政治哲学的〈忏悔录〉》，黄群等译，华夏出版社 2009 年，第 93-96 页。

5　加图（公元前 95 年—前 46 年），罗马共和国晚期的政治家和演说家，凭借对政治道德与罗马共和精神的坚守而闻名。他厌恶并抨击罗马共和国晚期的政治腐败，最终以自杀表达他对凯撒走向独裁的反对与抵制态度。世人一般称"小加图"，以将其与他的祖先"老加图"相区别。

6　［美］凯利：《卢梭的榜样人生——作为政治哲学的〈忏悔录〉》，黄群等译，华夏出版社 2009 年，第 86 页。

生中处于终点的——一个完全想象的整全世界。卢梭通过将他的人生改造成让–雅克的生命叙事，许诺了这一恢复幸福与整全的道路。每个人都能像让–雅克一样具有恢复自然整全的可能性，只要循着一定次序依次退隐——从公民社会退隐至情人家庭、从情人家庭退隐至想象世界，他终将在想象的世界获得幸福。所谓两种方案的矛盾并不存在，它们是依次实现的关系。[1]

（六）中国的卢梭政治思想研究状况

中国的百年"卢梭学"存在两种范式：其一以还原卢梭思想原貌、探索卢梭思想内涵为目标；其二则出于现实政治的需要，有意剪裁卢梭学说并构建特定的卢梭形象，以卢梭为"方法"，解决中国问题。以卢梭为"方法"的"卢梭学"建构出提供"灵丹妙药"的卢梭形象与带来潜在威胁的卢梭形象，前者以章太炎、邹容、梁启超、鲁迅为代表，后者以严复、梁实秋、王元化、朱学勤为代表[2]。本部分主要列举以还原卢梭思想原貌为宗旨的"卢梭学"研究。

相关研究主题主要有：对《社会契约论》等文本的解析，比如彭姗姗认为《社会契约论》本质上是卢梭讲述的一个"故事"，可被视作《爱弥儿》的附录[3]；对"公意""代表"等关键概念的解析，比如邵六益认为同质性是"公意"的前提，是防止"公意"被滥用的保障[4]；比较卢梭与其他思想家的思想，比如段德敏和陈耕梳理了卢梭和贡斯当有关"代表"问题的相反意见，论说两者对"代表"的极端态度均会导致消极后果[5]；阐发"自由""平等""民主"

---

1 ［美］凯利：《卢梭的榜样人生——作为政治哲学的〈忏悔录〉》，黄群等译，华夏出版社2009年，第247–249页。

2 范昀：《作为方法的卢梭——现代中国百年卢梭学的反思》，《浙江大学学报（人文社会科学版）》2013年第2期。

3 彭姗姗：《现代人的故事：理解〈社会契约论〉的一个新视角》，《政治思想史》2013年第4期。

4 邵六益：《同质性：卢梭公意思想中的隐匿命题》，《中国延安干部学院学报》2019年第6期。

5 段德敏、陈耕：《自由的两个面相与作为权威的政治代表——卢梭与贡斯当的分歧及其当代意义》，《华中科技大学学报（社会科学版）》2018年第5期。

等与卢梭学说相关的政治价值与思潮，比如谈火生区分了卢梭民主理论的两种模式——"直接民主"与"间接民主"，两者在卢梭的思想中相互协调[1]；讨论"卢梭与中国"等有关卢梭学说现实影响的主题，比如袁贺、谈火生于总结卢梭思想在中国的传播与研究情况的基础上廓清卢梭的中国形象[2]；理解卢梭思想统一性问题，比如渠敬东致力于以《爱弥儿》为出发点，在"人"与"公民"两种理想模式之间寻求联系[3]；反思卢梭政治学说可能的"极权主义"倾向，比如池伟添展示了阿伦特对卢梭引入同情、以激情对抗理性的理论努力会导致主权的独一性与绝对性、扼杀政治自由赖以实现的公共空间的批判[4]。

已有研究在以下方面有改进空间：对《论政治经济学》《山中来信》《科西嘉制宪意见书》《论波兰政府》等卢梭政治著作的系统讨论较少，比如叶开儒评注《论波兰政府》，认为卢梭将《社会契约论》的政治设计在波兰现实化的努力并非成功[5]；对卢梭政治思想法文研究成果的关注不足；对卢梭论战争状态、财产权与国际政治理论等主题涉及较少，比如陈晴梳理了卢梭的战争观与和平计划，阐发了这一主题对卢梭思想体系的重要性[6]；需进一步揭示"同情"（pitié）、"理性"与"良心"（conscience）等卢梭伦理思想概念与政治学说的关联，比如黄璇聚焦"同情"这一范畴，论说卢梭以情感矫正理性的政治哲学努力[7]。

1　谈火生：《"直接民主"抑或"代议民主"？——卢梭民主理论初探》，《政治思想史》2012年第 1 期。

2　袁贺、谈火生：《卢梭的中国面孔——中国卢梭研究百年述评》，收于袁贺、谈火生编：《百年卢梭：卢梭在中国》，吉林出版集团 2009 年，第 1–20 页。

3　渠敬东、王楠：《自由与教育：洛克与卢梭的教育哲学》，生活·读书·新知三联书店 2019 年，第 161、163、172 页。

4　池伟添：《阿伦特对卢梭道德政治思想的批判》，《政治思想史》2020 年第 1 期。

5　叶开儒：《大国共和中的自由与秩序——卢梭〈关于波兰政体的思考〉评注》，《政治思想史》2020 年第 1 期。

6　陈晴：《卢梭的战争观与尚武精神》，上海交通大学出版社 2020 年。

7　黄璇：《情感与现代政治：卢梭政治哲学研究》，商务印书馆 2016 年。

四、简要评价

（一）卢梭的"橡树"——再思卢梭思想统一性问题

通过考察"橡树"（chêne）这一贯穿卢梭著作的意象，我们能够对卢梭思想的内在统一性有所阐发。

《论不平等》有一棵与"自然状态"[1]紧密关联的"橡树"："我看见他在一棵橡树下心满意足，悠然自得；哪里有水就在哪里喝，在向他提供食物的树下吃饱了就睡；他的需要全都满足了。"[2]与橡树关联在一起的自然人没有超出自己能力的欲望，甚至没有基本的自我意识。在自然人单纯的世界观中，事物与他自己没有明确的分别界限，人与世界相混融，区分不开[3]。

在《爱弥儿》中，当导师教导爱弥儿锻炼感官，提升对事物与世界的感受时，卢梭讽刺一个所谓"受过很好教育的青年人，他说他必须做过实验之后，他才相信同一个提桶装满一桶橡树刨花的时候，不如装满一桶水的时候重"[4]。真正良好而自然的教育应当扩大人对于事物的直接感受力，使其在对世界的感受中寻找自我与世界的平衡，体会世界的秩序。过早接触理性的实验思想，只能将他困在理性的世界之中，他的脑中装满许多复杂的理论与概念，却失去了对事物与世界的简单而直接的感受。"橡树"再次作为象征人与世界直接相连的简单性与直接性的意象，当简单性与直接性被理性的方法与分别的思维摧毁的时候，一个人连橡树也感受不了了。

1　关于卢梭"自然状态"的不同意涵，参见：（1）Arthur O. Lovejoy, "The Supposed Primitivism of Rousseau's Discourse on Inequality", in John T. Scott ed., *Jean-Jacques Rousseau: Critical Assessments of Leading Political Philosophers*, London: Routledge, 2005, vol.1, pp.30–31. （2）[美] 罗尔斯：《政治哲学史讲义》，杨通进等译，中国社会科学出版社 2011 年，第 199–200 页。

2　[法] 卢梭：《论人与人之间不平等的起因和基础》，李平沤译，商务印书馆 2015 年，第 52 页。

3　（1）同上书，第 51–86 页。（2）有关卢梭对世界秩序的描述：[法] 卢梭：《爱弥儿·下卷》，李平沤译，商务印书馆 2015 年，萨瓦代理本堂神父的告白，第 427–437 页。

4　[法] 卢梭：《爱弥儿·上卷》，李平沤译，商务印书馆 2015 年，第 179 页。

《社会契约论》的一处"橡树"提示了卢梭理想政治设计的关键要点：

"国家的全部精力是蓬勃而单纯的（simples），它的准则是明晰而光辉的；这里绝没有各种错综复杂、互相矛盾的利益，公共福利到处都明白确切地显现出来，只要有良好的感觉（bon sens）就能看到它们。和平、团结、平等是政治上一切尔虞我诈的敌人。纯朴正直的人们正由于他们单纯，所以难以欺骗；诱惑和甜言蜜语对他们都用不上，他们甚至还不够精明得足以当傻瓜呢。当我们看到在全世界上最幸福的人民那里，一群群的农民在橡树底下规划国家大事，而且总是处理得非常明智；这时候，我们能不鄙视其他那些以种种伎俩和玄虚使得自己声名远扬而又悲惨不堪的国家的精明吗？"[1]

卢梭设想的公民——那群在橡树底下规划国家大事的农民们离"公意"很近，简直和对橡树刨花具有敏锐感受力的爱弥儿一样，面前敞开着一个直接与简单的政治世界。他们不需要太多的理性[2]，而是用感觉去感受彼此之间的共同利益，那些十分精明的算计者，和被卢梭讽刺的那些用理性实验的方法去测量橡树刨花的人一样愚蠢。《社会契约论》《爱弥儿》以及《论不平等》均指向了一个直接而简单的"单纯性"的世界，这充分地说明了卢梭思想体系内在的统一性。

卡西尔、施特劳斯与登特的解析分别依赖人的理性对欲望的压制、人直面自我保存的私欲与个体对彼此的承认，这些均预设了理性高度发展、"单纯性"已然失去的人性前提。事实上，"单纯性"对卢梭思想体系的重要性不容忽视。

对"橡树"与"单纯性"的把握将有助于我们更好地理解卢梭的一些主张：

第一，正是由于卢梭对"单纯性"的要求，他才会宣称只有科西嘉这样

1　[法]卢梭：《社会契约论》，何兆武译，商务印书馆1963年，第131页。译文根据法文原文有所调整：J. -J. Rousseau: *oeuvres complètes, Tome III*, Bernard Gagnebin et Marcel Raymond (éd). Bibliothèque de la Pléiade, Paris: Gallimard, 1964, p.437。

2　卢梭并非完全否定理性的作用。若无理性，"良心"便不能发展。吴增定：《利维坦的道德困境：早期现代政治哲学的问题与脉络》，生活·读书·新知三联书店2017年，第344–360页。

处于青春时期的民族适合立法。[1] 对于失去"单纯性"的民族，再行立法甚至为争取自由而革命，全都会变成徒劳。[2] 所以，《社会契约论》的政治社会"其成功之所以如此罕见，就正在于不可能发现自然的单纯性与社会的种种需要相结合在一起"[3]。

第二，《爱弥儿》的一处"橡树"意象与《论不平等》的"自然状态"和《社会契约论》的理想政治高度相关：

"原始人向我们说道……当我们找到榉子、胡桃和橡子的时候，大家就高兴得围着一株橡树或榉树跳舞，唱着调子简单的歌曲，称呼大地为养育我们的母亲。"[4]

此处，"橡树"代表最初的社会形式。在"单纯性"主导的社会中，个体行为与理性计算没有关系，他们在舞蹈与歌唱中进入集体欢腾之中，这种氛围使他们自然地意识到彼此之间的亲近，这和卢梭在致达朗贝尔的信中反对在黑暗的剧场中观剧而在《新爱洛依丝》中支持公共节庆的逻辑相一致。

第三，《爱弥儿》的一处"橡树"意象涉及《社会契约论》谈及的立法者与公民宗教的作用：

"近几个世纪以来，人和人之间除了用暴力和利害关系互相控制之外，便没有其他的办法，而古代的人彼此间大都是采用劝导和心灵感召的办法的……所有一切的契约都是很庄严地达成的……芒布累的古老的橡树，作见证的石堆，所有这些，尽管是很简陋的纪念物，然而是很庄严的，象征着契约的神圣。"[5]

古老的橡树使人意识到契约的神圣性。立法者运用公民宗教"让神圣的

1　[法]卢梭：《社会契约论》，何兆武译，商务印书馆1963年，第55–59页。

2　(1)[法]卢梭：《社会契约论》，何兆武译，商务印书馆1963年，第57–59页。(2)[法]卢梭：《论人与人之间不平等的起因和基础》，李平沤译，商务印书馆2015年，献辞，第23–24页。(3)[法]卢梭：《爱弥儿·上卷》，李平沤译，商务印书馆2015年，第84–92页。(4)[法]卢梭：《卢梭评判让－雅克：对话录》，袁树仁译，商务印书馆2014年，第257页。

3　[法]卢梭：《社会契约论》，何兆武译，商务印书馆1963年，第65页。

4　[法]卢梭：《爱弥儿·上卷》，李平沤译，商务印书馆2015年，第217–218页。

5　[法]卢梭：《爱弥儿·下卷》，李平沤译，商务印书馆2015年，第515–516页。

权威来约束那些为人类的深思熟虑所无法感动的人们"[1]。卢梭坚信，使心灵之间相联结不能靠理性的"深思熟虑"，而要靠"劝导和心灵感召的办法"。

第四，《社会契约论》的一处"橡树"意象被比作国家：

"镇压一群人与治理一个社会，这两者之间永远有着巨大的差别……这个人，哪怕他奴役了半个世界，也永远只是一个个人；他的利益脱离了别人的利益，就永远只是私人的利益。如果这个人归于灭亡，他的帝国也就随之分崩离析，就像一棵橡树被火焚烧之后就消解而化为一堆灰烬一样。"[2]

在此，"橡树"被直接比作政治体。当"结合"蜕变为"聚合"后，"橡树"会被烧毁；"结合"如能一直保持，"橡树"则会长青。"橡树"与卢梭以"单纯性"为原则组织起来的理想社会、理想国家相联系。

总之，不妨以"橡树"这一意象为中心，将卢梭的主要著作贯穿起来，洞察卢梭对理想社会、理想教育与理想生活的核心主张。卢梭设想的，是一个简单而直接的"单纯性"的世界。[3]

（二）卢梭的现实影响

1. 卢梭与法国大革命

登特指出，卢梭对法国大革命的影响主要有四个方面：对政治、社会与经济不平等的抨击；对人民主权与"公意"的强调；对现有政府的激烈批判；对法国大革命的纲领文件——《人权宣言》的深刻影响[4]。弗朗索瓦·傅勒（François Furet）也表示，针对个体在国家中的自由这一问题，"做出最严谨理论表述的人是卢梭，而在法律层面上提出思辨性的公意解决方案的人也

1　[法]卢梭：《社会契约论》，何兆武译，商务印书馆 1963 年，第 54 页。

2　[法]卢梭：《社会契约论》，何兆武译，商务印书馆 1963 年，第 17 页。

3　与"单纯性"视角相近，有学者以"真诚性"（authenticity）作为卢梭思想统一性的要点。Alessandro Ferrara: Rousseau and Critical Theory, Leiden: Brill, 2017, pp.1-11.

4　[英]登特：《卢梭》，戴木茅译，华夏出版社 2019 年，第 226 页。

是卢梭"[1]。罗伯特·达恩顿（Robert Darnton）论说，卢梭的著作在法国大革命前广受欢迎[2]。

卡罗尔·布拉姆（Carol Blum）认为，卢梭在法国大革命前的社会影响力主要出自他的"道德家"形象，作为"道德化身"的卢梭才是支配革命派的卢梭形象，"那是一种令人陶醉的皈依，皈依的不是这种主义或那种理论，而是卢梭本人的美德，这种美德被视为一种最重要的东西"[3]。

的确，卢梭全面攻击他所处的时代，他热情似火的语言无处不在传达这种愤怒与批判，而他对人的自然天性、美好生活与真正道德的强调也凭借他生动的文字给读者留下了深刻的印象，加之卢梭遭受诸多势力打压与饱受疾病折磨的悲惨经历，他确实易被神化为一个圣洁的"道德之子"。[4]无论是作为政治思想家，还是作为道德家，卢梭对法国的革命者都极为重要。

2. 卢梭与中国

在近代中国自旧趋新的关键时刻，卢梭政治思想传入了中国，震动了以梁启超为代表的思想者，深刻影响了中国革命与中国政治思想的现代化转型[5]。知识界的"卢梭热"直接催化了辛亥革命，卢梭主张人民主权并通过法

1　[法]弗朗索瓦·傅勒：《思考法国大革命》，孟明译，生活·读书·新知三联书店 2020年，第 87 页。

2　(1)[美]罗伯特·达恩顿：《法国大革命前夕的图书世界》，高毅、高煜译，上海人民出版社 2021 年，第 364–368、371–375 页。(2) 不过，有学者认为《社会契约论》在革命前并没有传播开来。见徐前进：《一七六六年的卢梭：论制度与人的变形》，北京师范大学出版社 2017 年，第 311–312 页。

3　[美]布拉姆：《卢梭与美德共和国：法国大革命中的政治语言》，启蒙编译所译，商务印书馆 2015 年，第 157 页。

4　徐前进：《一七六六年的卢梭：论制度与人的变形》，北京师范大学出版社 2017 年，第 292–294 页。

5　有关卢梭思想在中国的传播与《社会契约论》的翻译情况：(1) 吴雅凌：《卢梭思想东渐要事汇编》，《现代哲学》2005 年第 3 期。(2) 王瑶：《卢梭与晚清中国思想世界（1882—1911）》，华东师范大学，博士论文，2014 年。(3) 夏良才：《〈民约论〉在中国的传播》，收于袁贺、谈火生编：《百年卢梭：卢梭在中国》，吉林出版集团 2009 年，第 360–362 页。(4) Xiaoling Wang, *Jean-Jacques Rousseau En Chine: de 1871 à nos jours*, Montmorency: Société internationale des amis du Musée Jean-Jacques Rousseau, 2010, pp. 2–3.

国大革命令法国乃至全世界焕然一新的政治思想家甚至救世主的形象深入人心，成为中国革命的象征符号[1]。辛亥革命后，知识界延续了对卢梭的关注，影响了以陈独秀为代表的早期共产党人，直到五四时期，陈独秀才感到卢梭与中国现实政治颇有距离，最终转向马克思主义[2]。卢梭的其他思想也风行一时，鲁迅与梁实秋关于浪漫主义的争论中便带有强烈的卢梭印记[3]。

"卢梭在近代中国的影响力，据说只有马克思可与之相比。"[4]不过，晚清国人对卢梭的崇拜整体上是"革命崇拜"与"人民主权崇拜"[5]，而事实上，如前文所提及，卢梭对革命的态度是谨慎的。

3. 卢梭与公共审美

在卢梭生前，他的形象吸引了公众，拥有一个粉丝群体，《新爱洛依丝》描绘的纯粹爱情与圣洁道德令他的粉丝接受了浪漫与道德的洗礼。[6]

卢梭还持续影响了后世的审美品位，拜伦、雪莱、司汤达、奥斯丁、福楼拜、托尔斯泰等作家均受卢梭影响。卢梭兼有哲人与文人两种身份，只强调任何一面都有失偏颇[7]。当我们用"文人"一词形容卢梭时，我们不仅指涉卢梭富有修辞、生动形象与直击人心的语言风格，也指涉与他的哲学思考相辅相成的、有关人的情感生活与感性世界的问题意识。卢梭"关注的问题比霍布斯和洛克所关注的要广泛得多"[8]，霍布斯与洛克仅关心政治秩序的构建

1　袁贺、谈火生：《卢梭的中国面孔——中国卢梭研究百年述评》，《政治思想史》2010 年第 1 期。

2　尤小立：《"公意"与五四前后〈新青年〉左翼同人的思想转向》，《南京大学学报（哲学·人文科学·社会科学版）》2010 年第 1 期。

3　种海燕：《卢梭对中国现代浪漫主义思潮的影响——兼论 20 世纪 20 年代梁实秋和鲁迅的论战》，《江西社会科学》2007 年第 1 期。

4　[法] 卢梭：《致博蒙书》，吴雅凌译，华夏出版社 2014 年，"卢梭集"出版说明，第 2 页。

5　颜德如：《卢梭与晚清革命话语》，收于袁贺、谈火生编：《百年卢梭：卢梭在中国》，吉林出版集团 2009 年，第 73–76 页。

6　[法] 安托万·里勒蒂：《公众形象：名人的诞生》，宋玉芳译，浙江大学出版社 2021 年，第 180–195 页。

7　[美] 阿兰·布鲁姆：《爱的设计：卢梭与浪漫派》，胡辛凯译，华夏出版社 2017 年，第 26–27 页。

8　[美] 罗尔斯：《政治哲学史讲义》，杨通进等译，中国社会科学出版社 2011 年，第 194 页。

与维持、人的理性部分的表达与实现，而卢梭则让霍布斯与洛克笔下那个只知道理性算计的人"蜷缩和枯槁的肢体中，开始重新有了血色，在先前只有算计的地方，卢梭开始再次谈论情感和想象"[1]。卢梭让情感与想象成为关于道德、政治与文明的重要议题，并以此作为改良"布尔乔亚"社会的基础[2]。

（三）"这是卢梭的错？"[3]（C'est la faute à Rousseau?）

对卢梭最大的指责认为，其学说会导致专制甚至极权，应当为法国大革命时期雅各宾主义的"恐怖统治"与 20 世纪的极权主义狂潮负责。

艾德蒙·柏克（Edmund Burke）认为，卢梭的学说为法国大革命做了准备，也为他的门徒将其学说的集体主义倾向激进化提供了理论资源[4]。邦雅曼·贡斯当（Benjamin Constant）在称赞卢梭为天才的同时，也批评他将一种古代人的自由移植到现代，结果却南橘北枳，为暴政提供了借口[5]。

伯特兰·罗素（Bertrand Russell）、卡尔·波普尔（Karl Popper）、雅各布·塔尔蒙（Jacob Talmon）、厄内斯特·巴克（Ernest Barker）与阿尔弗雷

---

1 ［美］亚瑟·梅尔泽：《人的自然善好：论卢梭思想的体系》，任崇彬译，上海人民出版社 2020 年，前言，第 1 页。

2 （1）［美］斯密什：《耶鲁大学公开课：政治哲学》，贺晴川译，北京联合出版公司 2015 年，第 229 页。（2）［美］普拉特纳等：《卢梭的自然状态》，尚新建、余灵灵译，华夏出版社 2008 年，第 5 页。

3 语出《悲惨世界》中流浪儿加夫罗什（Gavroche）所唱歌词。参见：（1）H. Monin, "C'est la faute à Voltaire: C'est la faute à Rousseau", in Revue historique de la Révolution française, Juillet–Septembre 1911, Vol. 2, No. 7, p.425. （2）John T. Scott ed., Jean-Jacques Rousseau: Critical Assessments of Leading Political Philosophers, London: Routledge, 2005, vol.1, pp.3–4.

4 （1）不过，柏克承认，应当把卢梭与他的所谓门徒区分开。［英］柏克：《法国革命论》，何兆武等译，商务印书馆 1998 年，第 223 页。（2）［德］卡西勒：《卢梭问题》，王春华译，译林出版社 2009 年，导言，第 2 页。

5 ［法］邦雅曼·贡斯当：《古代人的自由与现代人的自由》，阎克文等译，上海人民出版社 2015 年，第 78–80 页。

德·柯班均对卢梭学说的极权主义潜能展开批判[1]。他们认为，《社会契约论》消弭了国家与社会的界限，使个体在庞大的国家机器面前束手无策。

以赛亚·伯林（Isaiah Berlin）则宣称，"在整个现代思想史上，卢梭是自由最险恶和最可怕的一个敌人"[2]。伯林认为，卢梭同时坚持两种绝对的、不容任何妥协的价值——绝对的自由价值与绝对的正确规则价值，其间的冲突使他无法做到有效的、经验性的折中，因此他便构建了一套奇异的政治哲学。两种价值被合二为一，个体依照本性做出的选择以及自由朝向的事物，也是符合绝对正确规则价值的。伯林认为，这一逻辑是危险的，如果个体没有做出集体认为正确的抉择，那么集体便会以帮助个体成为他真正的自己为由强迫他改变自己的选择，这为独裁者们开了方便之门[3]。

平心而论，这些批评不乏合理之处，但我们也要看到卢梭学说的价值。

卢梭实现了一个思想突破，"人们可以同时既是自由的，又是被统治的"，这是因为他"似乎对权力本身并无恐惧，他所关心的核心问题是政治权力的正当性问题"[4]。卢梭与"英美自由主义"传统相异，他认为只要权力是正当的，便没有必要恐惧权力，关键的问题不在于限权，而在于权力的合法性。

更重要的是，卢梭的关切比同时代的思想家更为广泛，他关注人类的整体问题，思索如何掀翻败坏社会、堕落道德与腐化政治的观念基础，并展开涉及政治、经济、文化、教育等诸多方面的系统改造工程，推动文明社会振衰起敝。卢梭的政治方案不只完成政治任务，还需要肩负起改革经济、文化

1　（1）John T. Scott ed., *Jean-Jacques Rousseau: Critical Assessments of Leading Political Philosophers*, London: Routledge, 2005, vol.1, pp.3-4.（2）谈火生：《自由、公意和民主：卢梭的政治哲学》，收于韩东晖主编：《西方政治哲学史·第二卷：从霍布斯到黑格尔》，中国人民大学出版社 2017 年，第 160 页。

2　[英] 以赛亚·伯林：《自由及其背叛：人类自由的六个敌人》，赵国新译，译林出版社 2011 年，第 46 页。

3　同上书，第 29-46 页。

4　李强：《自由主义》，东方出版社 2015 年，第 65-66 页。

与教育的重担，他的政治学说带有强烈的理想主义色彩[1]。

"人生而自由，而无往不在枷锁之中"，凭借《论不平等》的历史的伦理学视野，卢梭对现存政治秩序与以往政治学说的基本原则发出了挑战，指责政治社会建立在全面不平等的秩序基础之上，无论是统治者还是被统治者均丧失自由而进入了奴役状态[2]。卢梭力图搭建一个真正平等的政治社会。的确，人类生来并非完全平等，但卢梭希望能够凭借人类的潜能与政治的技艺，为所有人打造一个不会由生来所具的缺憾而导向社会与政治生活中的歧视与压迫的公共秩序。

所以，为什么卢梭坚持要所有人在订约时将其所有的权利同等转让给集体以重新分配，貌似偏执地要求人民有权利强迫不服从公意的结合者自由，强硬地主张人民需要定期集会并且拥有即时推翻政府的权力，激烈地反对派系并且对主权代议制抱有敌意？因为在《论不平等》的视野下，《社会契约论》在本质上是为败坏的人类与文明社会铺就的救赎之路，唯有真正发现政治与社会秩序的合法基础，将主权交付于人民，彻底消除不平等与奴役赖以生长的土壤，良善的政治生活才是可能的。[3]

（四）卢梭对西方政治思想的影响

卢梭塑造了法国革命后知识界的学术热点。自由与平等相兼容是卢梭式

1　哈耶克认为，卢梭学说因其系统改造人类社会的乐观志向应被界定为"建构理性主义"（constructivist rationalism），和对此保持谨慎的"演进理性主义"（evolutionary rationalism）相区别。（[英]哈耶克：《哈耶克文选》，冯克利译，河南大学出版社 2015 年，第 765–767、781–782 页。）若依卡尔·波普尔的逻辑，卢梭的理想政治宏图应被归类为"乌托邦工程"而非"零星社会工程"（piecemeal social engineering）。（[英]卡尔·波普尔：《开放社会及其敌人·第一卷》，陆衡等译，中国社会科学出版社 1999 年，第九章。）

2　（1）[法]卢梭：《论人与人之间不平等的起因和基础》，李平沤译，商务印书馆 2015 年，第 117–124 页；（2）卢梭：《评圣皮埃尔神甫的两部政治著作》，李平沤译，商务印书馆 2017 年，第 55–56 页；（3）[法]卢梭：《爱弥儿·上卷》，李平沤译，商务印书馆 2015 年，第 85–91 页；（4）[法]卢梭：《新爱洛漪丝》，伊信译，商务印书馆 2010 年，第 18–20 页。

3　Robert Wokler, *Rousseau, the Age of Enlightenment, and Their Legacies*, Princeton: Princeton University Press, 2012, pp. 163&172–173.

共和主义的前提，而法国革命后的知识分子感到，平等过度反而会戕害自由[1]。"贵族自由主义"（aristocratic liberalism）应运而生，该流派继承孟德斯鸠的衣钵，主张如贵族一般的中间阶层对法国社会的重要性，复辟时期的"保王派"也持有此一观点。[2]

卢梭为托克维尔提供了思想资源。托克维尔认为身份平等使得个体既自负又软弱[3]，在可完善性（perfectibilité）观念与无限的进取欲的支配下[4]，他们为泛滥的欲望所困扰，并将其他公民视作必须战胜的敌人[5]；面对庞大的中央权力深感无力的他们最终丧失了人之为人的主体性，甘愿向专制者奉送他的自由，"在奴役之中享用平等"[6]。这一逻辑与《论不平等》极为相似，不过托克维尔运用卢梭自己的思路反驳卢梭，主张平等与自由不相兼容。

"康德主义"已经充分说明了康德与卢梭在思想上的亲缘性。卢梭对"存在"与"表象"之间巨大断裂的批判使康德大为激赏，以至于康德认为卢梭发现了"本真的人"的伦理本质。[7]康德的绝对命令、道德基本原则、政治社会以及对上帝存在的"道德证明"等观点均受到卢梭的深刻影响[8]。

自马基雅维里、霍布斯与洛克以来，现代国家的道德正当性基础逐渐崩塌，"利维坦"陷入了道德危机，卢梭致力于为现代国家奠定道德正当性基础。在这方面，卢梭是黑格尔的先驱，是德国唯心论或者德国理性主义哲学的先

---

1 ［比］阿奈莲·德·迪金：《自由与平等：从孟德斯鸠到托克维尔的法国政治思想》，万小磊、刘同舫译，中山大学出版社 2018 年，第 4–7 页。

2 ［比］阿奈莲·德·迪金：《自由与平等：从孟德斯鸠到托克维尔的法国政治思想》，万小磊、刘同舫译，中山大学出版社 2018 年，第 18–27 页，第二章，第 92–93、116–117 页。

3 ［法］托克维尔：《论美国的民主》，董果良译，商务印书馆 2017 年，第 924 页。

4 (1) 同上书，586–607 页；(2)［法］托克维尔：《旧制度与大革命》，冯棠译，桂裕芳、张芝联校，商务印书馆 1992 年，第 35 页。

5 ［法］托克维尔：《论美国的民主》，董果良译，商务印书馆 2017 年，第 925 页。

6 同上书，第 685、920–924 页。

7 ［德］卡西尔：《卢梭·康德·歌德》，刘东译，生活·读书·新知三联书店 2015 年，第 32–36 页。

8 ［英］登特：《卢梭》，戴木茅译，华夏出版社 2019 年，第 229–232 页。

驱，即便卢梭也孕育了它的敌人——现代浪漫主义。[1]

卢梭在现代资本主义社会的开端处就敏锐地发现，资本主义文明的伦理道德与政治经济存在根本困境，卢梭与马克思的思想不乏亲近之处[2]。上文梳理斯塔罗宾斯基的研究时，也提及了恩格斯对卢梭的评价与肯定。

（五）卢梭学说的宏观特征与局限

卢梭学说的基石在于对人性、人类历史与文明社会的综合判断。卢梭向读者揭示了其学说的基本原理："人天生是幸福而善良的，但是社会使他堕落使他变坏了"[3]。卢梭将人的罪恶归咎于社会，"将人类问题转化为一个纯粹社会的或历史的问题，而在此之前，它被认为是一个自然的或神圣的问题"[4]。

这一转化的必然结果是，"产生了一种充满活力但危险的新希望，认为通过政治行动，人们能够改变人类状况本身"[5]。因此，即便卢梭不需要为法国革命的混乱和极权主义负责，但是没有卢梭，就没有血色的断头台，也没有严密的监视与秘密警察，就如同没有卢梭，就没有人民当家作主的希望，对变革的憧憬以及对人性的乐观想象一样。

可以如此概括卢梭思想体系的特征：一方面，卢梭对现代资本主义文明社会机制的本质及其表征（商业、竞争、科学与艺术的普及、礼仪等）充满悲观，这使得他无情批判社会对人的诸种异化；另一方面，卢梭对人的自然天性与潜能抱持充分的希望，这使得他坚信人有能力建设一个崭新的理想政

1　吴增定：《利维坦的道德困境：早期现代政治哲学的问题与脉络》，生活·读书·新知三联书店 2017 年，第 377–381 页。

2　德拉·沃尔佩（Galvano Della-Volpe）认为卢梭有关平等的讨论对马克思有深刻的影响。阿尔都塞（Louis Pierre Althusser）认为，卢梭的学说带有强烈的平民色彩与革命性，他或许也是第一位系统地将社会和历史的发展与其物质条件辩证地联系在一起的思想者。（黄晓武：《从卢梭到马克思：德拉沃尔佩的一种逻辑演绎》，《马克思主义与现实》2019 年第 6 期。）

3　（1）［法］卢梭：《卢梭评判让–雅克：对话录》，袁树仁译，商务印书馆 2014 年，第 256页。（2）［法］卢梭：《致博蒙书》，吴雅凌译，华夏出版社 2014 年，第 42–44 页。

4　［美］亚瑟·梅尔泽：《人的自然善好：论卢梭思想的体系》，任崇彬译，上海人民出版社2020 年，第 107 页。

5　同上书，第 107 页。

治社会，即便过程充满曲折。

进而，卢梭思想体系可能的局限性就在于：

第一，卢梭对现代社会的评价是否过于悲观，以至于他夸大了文明人所遭遇的痛苦？为什么在卢梭发现朽败的地方，孟德斯鸠、伏尔泰，以及休谟与斯密却发掘出人类文明的宝藏？

第二，卢梭对人类"可完善性"的评价是否过高，以至于他认为现代人有能力建设一个超越自然不平等的、单纯的古典式政治社会？为什么对卢梭具有吸引力的理想，无法令谨慎的柏克、贡斯当，以及哈耶克与波普感到满意？

第三，卢梭对现代社会的悲观与对人类"可完善性"的乐观促使他构建了一个既能与资本主义文明保持距离、又能充分激发人的政治与友爱潜能的"小国共和"理想政治模式[1]。虽然这确实丰富了我们对理想政治的想象力，但在现代政治生活中，这一模式的实践功用有限。

（六）为什么要读卢梭？

无论如何，人类社会需要这般敏锐而敏感的思想者。为什么在卢梭离开人世已有二百余年的今天，仍旧有阅读他的必要？

首先，卢梭将主权权力交予人民，他让人民认识到，原来一直甘于受人统治的自己有朝一日还可以自握主权，这一政治理念直到今天还在世界的每个角落若隐若现。同样，卢梭对自由、平等、独立、友爱等良善政治价值的坚持永远不会过时。

其次，卢梭对资本主义文明的批判鞭辟入里，直击资本主义社会伦理的深层机制。人与人之间全面的不平等与互相奴役、个体为了在等级社会中爬升而四处钻营、充斥于社交场合的虚伪浮华、将彼此视作竞争中的仇敌、人与人真诚关联的崩溃，这些都没有逃过卢梭的抨击。

最后，卢梭将人类问题转化为社会和历史问题，肯定了人的尊严：一方

1　李健：《卢梭笔下的古罗马及其思想的古派特征》，《北方论丛》2023 年第 3 期。

面认为人没有任何罪恶的天性，所有的罪恶均由历史与社会制度强加给人；另一方面主张人有无限的"可完善性"，具有改善自身处境的无限可能性，人既有资格滥用它，也有资格善用它。历史由人自己开创，命运由人自己书写，人被决定性地从原罪的阴霾下解放出来，一个可能光明、可能晦暗、可能伟大、可能卑微、可能幸福、可能痛苦的未来敞开在人的面前，由人自己决定他的去处。

主要参考文献

卢梭著作：

J.-J. Rousseau: *œuvres complètes, Tome III*, Bernard Gagnebin et Marcel Raymond (éd). Bibliothèque de la Pléiade, Paris: Gallimard, 1964.

［法］卢梭：《社会契约论》，何兆武译，商务印书馆 1963 年。

［法］卢梭：《论人与人之间不平等的起因和基础》，李平沤译，商务印书馆 2015 年。

［法］卢梭：《爱弥儿》，李平沤译，商务印书馆 2015 年。

［法］卢梭：《忏悔录》，李平沤译，商务印书馆 2010 年。

二手研究：

John T. Scott (ed.), *Jean-Jacques Rousseau: Critical Assessments of Leading Political Philosophers*, New York: Routledge, 2006, vol.1.

［美］施特劳斯：《自然权利与历史》，彭刚译，生活·读书·新知三联书店 2016 年。

［美］亚瑟·梅尔泽：《人的自然善好：论卢梭思想的体系》，任崇彬译，上海人民出版社 2020 年。

［美］罗尔斯：《政治哲学史讲义》，杨通进等译，中国社会科学出版社 2011 年。

［英］尼古拉斯·登特：《卢梭》，戴木茅译，华夏出版社 2019 年。

第二部分

政治事件

唐朝的建立与贞观之治

／刘后滨 刘喆*／

　　唐朝是中国历史上最为强盛的王朝之一，同时也是一个开放、包容的世界性帝国，为中国乃至世界留下了丰富的历史文化遗产。无论在思想理论、制度设计还是治理实践方面，唐代的政治文明都具有很强的超前性，某些政治理念至今仍不过时，具有超越时代的意义。唐朝上承南北朝和隋朝而来，此时门阀士族力量日趋衰落，新的社会阶层正在兴起，国家与社会的诸多层面都呈现出新的发展趋势。唐前期统治者从隋末战火中走出，通过一系列政治安排和制度调整对接隋朝业已展开的历史转型进程，实现了王朝的平稳过渡并在短时间内开创了中国历史上少有的治世局面。这段历史为后人理解中国传统政治提供了鲜活的样本。

---

　　* 刘后滨，中国人民大学历史学院教授；刘喆，北京师范大学文理学院讲师。

一、唐朝建国与贞观之治

（一）唐朝建国的背景及过程

隋朝末年，烽烟四起，反对隋朝统治的农民起义军和地方割据势力遍及全国。大业年间，出现了"李氏将兴"的政治谶言，炀帝"切忌诸李"，对李姓大臣猜忌乃至杀戮，出身关陇贵族的李渊遂坚定了反隋之心。据《陈寅恪读书札记·旧唐书之部》所述，"李氏将兴"谶言的出现，当与周隋时期李贤、李穆家族势力强盛有关。关陇集团内部势力消长，盛族取代前朝，并不少见。而这个谶言在隋末的流传，除了当时的政治背景之外，还与魏晋以来道教所宣扬的"李弘应王"思想的发展有关。大业末年，李渊被任命为太原留守。他积极培养自己的势力，为起兵反隋做好了准备。

大业十三年（617年）七月，李渊以"尊隋"为旗号起兵，这在当时的大环境中显得例外。不过，"尊隋"仅是一个旗号，和其他众多反隋武装一样，李渊要推翻隋朝取而代之。但他没有把自己摆在和隋朝政权直接对抗的位置上，至少表面上是如此。八月，李渊攻取霍邑，斩隋将宋老生。霍邑之战前，李渊驻军于贾胡堡，彼时军中盛传突厥与刘武周欲攻晋阳的谣言，有人主张还师太原。李渊力排众议，坚持进军关中。汪篯认为，"高祖于获得始毕可汗之同意后始南下，其后并得突厥已遣助兵上道之报，宜其不复有后顾之忧"[1]。牛致功判断突厥与刘武周联合南下之事乃是"主张还师太原者耸人听闻的手段"[2]。这两种观点角度不同，都颇有道理。十一月，李渊进入长安，遥尊在江都（今江苏扬州）的隋炀帝为太上皇，拥立代王杨侑为帝，自己担任大丞相，在"尊隋"旗帜的掩护下将军政大权抓到手中。次年三月，隋炀帝在江都兵变中被宇文化及等杀害。消息传到长安，李渊放声恸哭。这一阵哭声，传递

---

1 汪篯：《唐室之克定关中》，《汪篯汉唐史论稿》，北京大学出版社2016年，第464-479页。

2 牛致功：《唐俭与李渊建唐——读〈唐俭墓志铭〉》，《唐代碑石与文化研究》，三秦出版社2002年，第6页。

着非常复杂的情绪。

在中国古代的政治传统里，改朝换代是需要非常讲究手段和时机的事情。既不能轻易落下弑君篡位的历史罪名，又不能错过稍纵即逝的历史机遇。炀帝之死无疑带给了李渊这样一个机遇。被称为"群盗"的农民起义军，是消灭隋朝的主要力量。但在李渊看来，他们只能起到破坏一个旧世界的作用，而建设一个新世界的任务，则历史地落到了自己的身上。江都政变的凶手宇文化及之徒必须承担弑逆的历史罪责，而李渊以保全隋朝的宗支血脉为口号，可以承担起勘定时难、再造黎元的历史责任。等到为隋炀帝哭丧之后，李渊建立新朝、一统天下的大业也就顺理成章了。

这就是政治家的眼光！唐朝建国期间最重要的战略决策，自始至终都是由李渊主导的。明末清初的思想家王夫之，在他的《读通鉴论·唐高祖》中说，"唐之取天下，迟回以起，若不足以争天下之先，而天时人事，适与之应，以底于成。高祖意念之深，诚不可及也"。唐之天下乃"夺之于群盗，非夺之于隋也"。因为"隋已亡于群盗，唐自关中而外，皆取隋已失之宇也"。在王夫之看来，尽管李渊在天理人心上都站得住了，但还是要慎之又慎，迟回而不迫起，这种眼光和见识远非一般的草莽英雄或目光短浅的野心家可比。

义宁元年（618年）五月，隋恭帝禅位，李渊即皇帝位于太极殿（即隋朝大兴殿），改元武德。至此，一个由隋朝臣子李渊以禅让方式建立的王朝，在隋朝的故都、故宫内破茧而出，是为唐朝。隋恭帝的逊位诏书称"予本代王，及予而代，天之所废，岂其如是"，宣称禅位为天命使然，希望新任天子能够"俾除丑逆"。李渊登极后颁布了大赦天下的《神尧即位赦》，表明自己要"勘定时难，缉和庶绩，一匡海内，再造黎元"。这两份文件毫无疑问是李渊意志的体现，它们旨在向天下人表明李唐的开国并非对隋朝的篡夺，而是在隋朝事实上已经消亡的情况下，重新统一，再造国家。

武德元年（618年）九月，李密被王世充打败，率众入关降唐。李密不是一个普通的投靠者。他是八柱国之后，是瓦岗军的首领，是反隋的一面旗帜，极盛之时，有百万之众，控制着河南山东大部分地区，还曾经被认为是广为流传的政治寓言中的天下之主。李渊初起兵时，曾与李密有过书信往来，对李密卑辞推奖，暗示其所据之洛阳为最关键的名利之地，自己却率军直取长安。据汪篯研究，《旧唐书·李密传》所记李渊与李密通书连和之事，及所依照《创业注》载李密请与唐室合从之语，乃为浮夸之词。"唐祖、魏公之连和，实由神尧先发，乃无可置疑者也。"李密之捍御东都，断隋归路，其有助于李唐之速据关中，则为不可忽视之事。[1] 李密的归降具有十分重要的象征意义，如同李密亲手把反隋事业的大旗交到李渊手中一样——曾经不可一世、最有希望夺取天下的李密，在穷途末路之际向谁投降，谁就是下一个最有希望统一天下的人。随后，唐朝通过军事打击和政治瓦解等手段陆续平定陇右薛仁杲、河西李轨、马邑刘武周、朔方梁师都等关中以西、以北的割据势力，又东向出兵消灭洛阳王世充、河北窦建德和刘黑闼、江陵萧铣、兖州徐元朗、江淮辅公祏等割据势力，基本完成了全国的统一。

（二）贞观之治局面形成的背景及其政治特征

唐太宗统治时期，政治清明，经济发展，社会稳定，出现了中国历史上少有的治世局面，史称"贞观之治"。贞观君臣开创的治世局面是中国古代历史上治国理政的典范。"大乱之后必有大治"，贞观之治之所以能够达到如此成就，有着复杂的历史原因。其中上下一体、同心同德的良好君臣关系，是一个关键因素。贞观时期良好的政治生态与太宗卓越的领导艺术是分不开的。

1. 玄武门事变与贞观之治形成的背景

武德九年（626 年）六月，秦王李世民于玄武门埋下伏兵袭杀太子建成、齐王元吉。八月，李渊禅位，李世民登基称帝，是为唐太宗。司马光在《资治通鉴》里评论太宗杀兄、屠弟、逼父的"玄武门之变"时，提出了看似矛盾的假设："立嫡以长，礼之正也。然高祖所以有天下，皆太宗之功；隐太子以庸劣居其右，地嫌势逼，必不相容。向使高祖有文王之明，隐太子有泰

1　汪篯：《唐室之克定关中》，《汪篯汉唐史论稿》，北京大学出版社 2016 年，第 464–479 页。

伯之贤，太宗有子臧之节，则乱何自而生矣！既不能然，太宗始欲俟其先发，然后应之，如此，则事非获已，犹为愈也。既而为群下所迫，遂至蹀血禁门，推刃同气，贻讥千古，惜哉！"

在司马光看来，立嫡以长，是合乎礼法的行为，李渊当初立李建成符合礼制。但李世民是唐朝开国过程中功劳最大的人，能力在太子之上，因此双方必然会产生矛盾。假如李渊能够像周文王一样立贤不立长，李建成能够像泰伯一样主动退位让贤，李世民能够像子臧一样拒绝不合礼法的行为，那么"玄武门之变"就不会发生。即使双方冲突不可避免，李世民也应该等太子一方先行动，然后应之，这样便不致酿成千古之讥。在这段议论中，司马光强调稽古守礼的重要性，但他对李氏父子三人的设想无疑是过于天真的。尽管三个假设不能做等量齐观，最主要的责任还是要由李渊承担。但是，这种设想还是逃不脱儒家道德主义的一种理想寄托而已。司马光本人对此也有清醒的认识，他的另一著作《稽古录》在评论唐太宗时便直言不讳地说道："惜其好功名，而不及礼乐；父子兄弟之间，惭德多矣"。在夺取皇位一事上，唐太宗背负着道德上的原罪。越是皇位取之不正，就越是要在取得皇位后励精图治，用圣君的功业来弥补夺权时道德的缺失。这是"贞观之治"形成的一个现实背景。

贞观君臣是从隋末战火中一路走来的，他们目睹了隋朝因暴政而亡，因此特别注重吸取隋朝灭亡的教训。隋炀帝好大喜功，滥用民力，终至身死国灭。唐太宗引以为戒，认识到"为君之道，必须先存百姓，若损百姓以奉其身，犹割股以啖腹，腹饱而身毙"。他还把国君与百姓的关系比作舟与水，"水则载舟，水则覆舟"（《贞观政要·君道》）。汪篯认为隋末农民起义爆发于隋代还处在号称富强的时期，其结果是推翻了一个号称富强的皇朝。在隋末农民战争推翻隋的统治以后，刘黑闼的两度起义更加深了唐初统治者对人民力量的恐惧。同时，由于李建成采用魏徵的建议，实行对农民让步的办法，迅速地解决了河北问题，唐初统治者就找到了一条稳定对全国统治的道路。所以，刘黑闼的起义在推动唐初统治者采取对农民让步的政策上面，特别是在促成贞观之治上面，起了重大的作用。对农民作相对让步的政策，也就意味着生产关系对社会生产力发展的束缚缓和下来，而社会生产力的恢复与发展获得了某种程度的活动余地。在当时的具体历史条件下，这是比较有利于农民，有利于社会生产力发展的政策[1]。唐太宗对为君之道有清醒的认识，强调"天子者，有道则人推而为主，无道则弃而不用，诚可畏也"（《贞观政要·君道》）。吴宗国认为，这是在一定程度上对农民的畏惧心理的表述。"民"在贞观君臣的心目中是一种可以使王朝覆灭的力量。正是这种畏民的心理，使贞观君臣在一段时间里保持清醒的头脑，"不敢恃天下之安，每思危亡以戒惧"，兢兢业业，励精图治，并把民生问题作为考虑一切问题时的出发点。隋炀帝偏信虞世基，言路拥蔽，以致彭城阁之变。太宗则注重保持有效的沟通渠道，尝谓公卿曰："人欲自见其形，必资明镜；君欲自知其过，必待忠臣。苟其君愎谏自贤，其臣阿谀顺旨，君既失国，臣岂能独全！如虞世基等谄事炀帝以保富贵，炀帝既弑，世基等亦诛。公辈宜用此为戒，事有得失，无毋尽言！"以亡隋为鉴，这是"贞观之治"形成的又一个重要背景。

魏晋南北朝以来的社会变迁则是"贞观之治"出现的时代大背景。吴宗国认为，贞观之治的出现是时代使然。贞观年间正处在南北朝到唐宋社会变迁的历史转折时期，山东士族、江南士族和关陇贵族等旧的社会阶层和集团都已经衰落了，新的社会阶层正在兴起，社会结构、政治体制、思想文化都发生了巨大的变化。因此，经历了隋末农民战争和长期动乱的贞观君臣，具有不同于其他时代的理想追求和思想风貌[2]。

2. 唐太宗的用人之道与治世局面的开创

贞观一朝，人才济济，贤相房玄龄、杜如晦，名将李靖、李勣，著名谏臣魏徵、王珪等同列朝堂。君臣相遇，千古难事。贞观时期能够拥有一个精诚团结的领导集体，与唐太宗的用人之道密不可分。

1　汪篯：《唐太宗"贞观之治"与隋末农民战争之关系》，《汪篯汉唐史论稿》，北京大学出版社 2016 年，第 23—36 页。

2　吴宗国：《贞观之治》，《中古社会变迁与隋唐史研究》，中华书局 2019 年，第 948 页。

　　为治之要，莫先于用人。唐太宗对如何用人措意颇深，体现了其高超的领导艺术。《资治通鉴》载太宗之语曰："自古帝王多疾胜己者，朕见人之善，若己有之。人之行能，不能兼备，朕常弃其所短，取其所长。人主往往进贤则欲置诸怀，退不肖则欲推诸壑，朕见贤者则敬之，不肖者则怜之，贤不肖各得其所。人主多恶正直，阴诛显戮，无代无之。朕践祚以来，正直之士，比肩于朝，未尝黜责一人。自古皆贵中华，贱夷、狄，朕独爱之如一，故其种落皆依朕如父母。此五者，朕所以成今日之功也。"这段话包含了太宗对其用人之道的自我总结。

　　唐太宗之用人，强调"用人如器，各取所长"。《贞观政要》载，"上令封德彝举贤，久无所举。上诘之，对曰：'非不尽心，但于今未有奇才耳。'上曰：'君子用人如器，各取所长，古之致治者，岂借才于异代乎？正患己不能知，安可诬一世之人！'德彝惭而退。"贞观二年（628年），太宗设宴招待宰相，席间他对王珪说："卿识鉴精通，尤善谈论，自玄龄等，咸宜品藻。又可自量孰与诸子贤。"王珪对曰："孜孜奉国，知无不为，臣不如玄龄。每以谏净为心，耻君不及尧、舜，臣不如魏徵。才兼文武，出将入相，臣不如李靖。敷奏详明，出纳惟允，臣不如温彦博。处繁理剧，众务必举，臣不如戴胄。至于激浊扬清，嫉恶好善，臣于数子，亦有一日之长。"君臣之间开诚布公，取长补短，减少了钩心斗角的内耗，有利于形成清明公正的政治风气和政治环境。

　　唐太宗之用人，还重视"任人唯贤，不避亲仇"。王珪、魏徵原为太子李建成手下的官员，魏徵曾多次劝谏李建成杀掉李世民，以绝后患。太宗即位后，不计前嫌，让他们继续为官。贞观六年（632年），太宗幸九成宫，宴近臣，长孙无忌曰："王珪、魏徵，往事息隐，臣见之若仇，不谓今者又同此宴。"太宗曰："魏徵往者实我所仇，但其尽心所事，有足嘉者。朕能擢而用之，何惭古烈？徵每犯颜切谏，不许我为非，我所以重之也。"太宗忽视个人恩怨，出于公心为大唐用贤，对贞观的政治风气起到了积极的影响。

　　唐太宗深知"兼听则明，偏信则暗"的道理，能够广泛听取各方面的意见。贞观二年（628年），太宗问魏徵曰："何谓明君暗君？"徵曰："君之所以明者，兼听也；其所以暗者，偏信也。……是故人君兼听纳下，则贵臣不得壅蔽，而下情必得上通也。"太宗甚善其言。对于有能力的领导者来说，听取他人意见而不以自己的意见为决断，实际上是对心理的一种挑战。太宗曾问侍臣曰："朕观《隋炀帝集》，文辞奥博，亦知是尧、舜而非桀、纣，然行事何其反也？"魏徵对曰："人君虽圣哲，犹当虚己以受人，故智者献其谋，勇者竭其力。炀帝恃其俊才，骄矜自用，故口诵尧、舜之言而身为桀、纣之行，曾不自知以至覆亡也。"上曰："前事不远，吾属之师也！"隋炀帝才华高于群臣，故而觉得众人之言没有警示作用，一意孤行，终至覆亡。唐太宗以之为鉴，在治国理政中注重虚心听取不同意见，以避免重蹈隋炀帝的覆辙。

唐太宗鼓励群臣进谏，并善于纳谏。贞观二年（628年），上使太常少卿祖孝孙教宫人音乐，不称旨，上责之。温彦博、王珪谏曰："孝孙雅士，今乃使之教宫人，又从而遣之，臣窃以为不可。"上怒曰："朕至卿等于腹心，当竭忠直以事我，乃附下罔上，为孝孙游说邪？"彦博拜谢。珪不拜，曰："陛下责臣以忠直，今臣所言岂私曲邪！此乃陛下负臣，非臣负陛下。"上默然而罢。明日，上谓房玄龄曰："自古帝王纳谏诚难，朕昨责温彦博、王珪，至今悔之。公等勿为此不尽言也。"贞观四年（630年），太宗发卒修洛阳宫以备巡幸，给事中张玄素上书谏曰："陛下初平洛阳，凡隋氏宫室之宏侈者皆令毁之，曾未十年，复加营缮，何前日恶之而今日效之也！且以今日财力，何如隋世？陛下役疮痍之人，袭亡隋之弊，恐又甚于炀帝矣！"上谓玄素曰："卿谓我不如炀帝，何如桀、纣？"对曰："若此役不息，亦同归于乱耳！"上叹曰："吾思之不熟，乃至于是！"遂罢役。后魏徵赞曰："张公论事，有回天之力"。贞观十五年（641年），太宗问魏徵曰："比来朝臣都不论事，何也？"徵对曰："陛下虚心采纳，诚宜有言者。然古人云：'未信而谏，则以为谤己；信而不谏，则谓之尸禄。'但人之才器各有不同，懦弱之人，怀忠直而不能言；疏远之人，恐不信而不得言；怀禄之人，虑不便身而不敢言。所以相与缄默，俯仰过日。"魏徵死后，太宗感叹道："夫以铜为镜，可以正衣冠；以古为镜，可以知兴替；以人为镜，可以明得失。朕常保此三镜，以防己过。今魏徵殂逝，遂亡一镜矣！"又下诏鼓励群臣进谏。整个贞观时期，群臣都致力于辅佐唐太宗成为一代明君，不遗余力地将自己的才思贡献给朝廷，所以才会形成臣下敢于进谏，君主乐于受谏的良好政治氛围。

唐太宗能够充分认识自身的局限性，并勇于承认自己的错误。贞观元年（627年），太宗谓太子少师萧瑀曰："朕少好弓矢，得良弓十数，自谓无以加，近以示弓工，乃曰'皆非良材'。朕问其故，工曰：'木心不直，则脉理皆邪，弓虽劲而发矢不直。'朕始寤向者辨之未精也。朕以弓矢定四方，识之犹未能尽，况天下之务，其能遍知乎！"乃命京官五品以上更宿中书内省，数延见，问以民间疾苦，政事得失。贞观二年（628年），"交州都督遂安公寿以贪得罪，上以瀛洲刺史卢祖尚才兼文武，廉平公直，征入朝，谕以'交趾久不得人，须卿镇抚。'祖尚拜谢而出，既而悔之，辞以旧疾。上遣杜如晦等谕旨曰：'匹夫犹敦然诺，奈何既许朕而复悔之！'祖尚固辞。戊子，上复引见，谕之，祖尚固执不可。上大怒曰：'我使人不行，何以为政！'命斩于朝堂，寻悔之。他日，与侍臣论'齐文宣帝何如人？'魏徵对曰：'文宣狂暴，然人与之争，事理屈则从之。……此其所长也。'上曰：'然。向者卢祖尚虽失人臣之义，朕杀之亦为太暴，由此言之，不如文宣矣！'命复其官荫。"

贞观时期能够出现治世局面，最重要的一点，可以说是得益于唐太宗本人的虚心纳谏和在处理君臣关系方面大气自信的态度，而这种心态是在不断克服自我中心与树立帝王自信两方面平衡较量中磨炼出来的。

3. "贞观之治"的主要政治特征

贞观之治局面的出现，始于制定有效的治国方针，并很快迎来了社会秩序的安定和政权的巩固。唐太宗即位之初，展开了关于治国方针的讨论。这个问题的讨论是由唐太宗本人提出来的，他当时对于能否迅速缓和阶级矛盾，稳定社会秩序，还缺乏信心，所以他主动同魏徵商讨自古理政之得失，并且试探性地说道："当今大乱之后，造次不可致治？"讨论中存在着以魏徵和封德彝为代表的两种截然不同的意见。魏徵来自社会下层，参加过反隋起义，对农民的情况和全国的形势能够比较准确地加以把握，他分析当时百姓的动态是，大乱之后人心思定，建议唐太宗"行帝道王道"，实行教化，采取轻徭薄赋、劝农务本的方针。而封德彝则站在农民战争中受到沉重打击的山东士族的立场上，怀着对农民阶级的刻骨仇恨，主张人心难治，应当实行高压政策。最后，唐太宗在事实面前完全接受了魏徵的意见，很快确定了实行教化的治国方针。

贞观君臣确立了治国方针之后，以尧、舜之道治国，很快迎来了社会秩序的安定和政权的巩固。史载太宗"志在忧人，锐精为政，崇尚节俭，大布恩德"。贞观初年，"霜旱为灾，米谷踊贵，突厥侵扰，州县骚然"，既有内忧又有外患，灾荒的严重程度到了一匹绢才得一斗米，但是"百姓虽东西逐食，未尝嗟怨，莫不自安"。贞观三、四年（629、630年）以后连续几年丰收，"天下大稔，流散者咸归乡里，米斗不过三四钱"。到贞观中期，社会风气有了根本好转，"商旅野次，无复盗贼，囹圄常空，马牛布野，外户不闭。……行旅自京师至于领表，自山东至于沧海，皆不赍粮，取给于路。入山东村落，行客经过者，必厚加供待，或发时有赠遗。此皆古昔未有也"。贞观后期，太宗渐趋骄矜宽怠，乃至出现了"勋亲在位，品非其任"，"尚书省诏敕稽停，文案壅滞"的情况。但他基本保持了清醒的政治头脑，认识到"锦绣珠玉不绝于前，宫室台榭屡有兴作；犬马鹰隼无远不致，行游四方，供顿烦劳，此皆吾之深过"，倡导居安思危、善始慎终，是以唐朝政权在初期基本保持了稳定的发展态势。

唐太宗的早年经历尤其是在唐朝建国中的特殊功勋，奠定了他独特的政治品格。他经历过隋末的动荡，在开国战争中积累了赫赫战功，加上惊心动魄的夺取皇位的斗争，他锻炼成为一个成熟的政治家。玄武门事变夺取政权，在传统政治伦理中，给他的帝王生涯带来了原罪。他选择以"贞观"为年号，表明要"示天下以正""以至公治天下"，确定了明确的政治方向。他对于巩固皇位具有充分自信，并有着虚怀若谷的政治家风度，所谓"得帝王之体"。在夺取了政权之后，没有将原先反对自己的力量完全排斥，而是对他们大胆地加以重用，把他们放到重要的岗位上。君主虚心纳谏，群臣敢言直谏，君臣同心同德，政治风气良好，吏治清明，百姓对朝廷和官府充满信心。

贞观时期朝廷的学习风气浓厚，面对现实，总结历史，发展理论，形成了一套成熟的统治思想。尽管唐太宗"少从戎旅，不暇读书"，但在取得政权之后，能够加强学习，尤其注重对统治理论和文化知识的学习。在总结历史经验的基础上，他能够做到坚持君主不能一人独断的为政作风，强调发挥各级官僚机构的作用，充分运用互相配合、互相制衡的政治体制，以保证决策的正确制定和政令的贯彻执行。

二、唐朝的建立与贞观之治相关研究述评

（一）如何认识唐朝开国史的不同叙事系统

1. 关于唐朝开国历史叙事的讨论

唐高祖武德九年（626年）六月四日，功勋卓著的秦王李世民最终选择了暴力夺权的道路，他通过收买守卫玄武门的将军常何等人，出其不意地设下伏兵，杀死太子李建成和齐王李元吉，史称"玄武门之变"。兵变之后，李世民被立为太子。不久，李渊禅位，李世民登基称帝，他就是被后世视为一代明君的唐太宗。

李世民是"玄武门之变"的胜利者，他在赢得皇位的同时也赢得了书写历史的权力。对于背负着道德污点的李世民来讲，说明自己获得皇位的正当性无疑是一个最重要的问题。贞观年间，太宗亲观国史并授意臣下将玄武门之变依周公诛管蔡事书之。唐太宗主导下修撰的唐朝国史，将建成、元吉描述成无才无德、嫉贤妒能之徒，将李渊塑造成优柔寡断、懦弱昏聩的老翁，这不完全符合历史事实。

作为唐朝的开国之君，李渊是唐朝开国史中最为核心的人物，从晋阳起兵、进军长安到剪灭群雄、荡平四海，李渊始终是最高的决策者。平定李轨

时，李渊积极利用吐谷浑和西域胡商的力量，使得唐军不战而取河西，展现了优秀的大局意识和高明的政治手段。牛致功认为，李渊是个深谋远虑，能征善战的军事家、政治家。在太原起兵前，李渊不仅在思想上有所准备，而且也有积极的行动[1]。李建成则始终受李渊信任，亦得到大部分朝臣的支持。武德四年至五年（621—622年），发生了隋末武装力量窦建德余部在刘黑闼率领下的叛乱，李世民受命出征，一度在军事上打败了刘黑闼，但并未真正解决问题。后来李建成主动请缨赴前线平叛，听从魏徵的建议，采用宽容政策，招抚民众，善待俘虏，最终平定叛乱，将刘黑闼处决。李建成解决了李世民没有解决的问题，说明其具有不俗的军事才能与政治眼光。

唐太宗李世民确实是唐朝平定天下过程中功劳最大的人，刘武周、王世充、窦建德等隋末群雄都是败于其手。来自不同割据政权、不同社会阶层与出身的精英人物效命其下，使得李世民几乎成为当时战场上的常胜将军。然而他的辉煌战绩大多产生于唐朝建国之后，彼时君臣名分已定，再耀眼的战绩也无法突破政治伦理的约束。故其主观上努力将自己的功劳上溯至太原起兵时期，以便甩开道德上的包袱，克服军事政变带来的政治影响。

在李世民主导修撰的国史中，他是晋阳起兵的发起者，李渊只不过是被逼同意而已。但成书于武德年间的《大唐创业起居注》则以李渊为晋阳起兵的首谋。据汪篯研究，《大唐创业起居注》修于武德时，其中有关晋阳起兵密谋的记载，以李渊为元谋，而李世民则仅在李渊被关押时，提出逃亡山泽，以观时变的幼稚见解。至于李世民在太原密招豪友一事，亦系承父之命。本于国史的各种史籍所载李渊对李世民所说"化家为国亦繇汝"一语，至为重要。盖李世民杀兄逼父，夺取皇位，非以"化家为国"之功归之，则不足说明其取得皇位之合法性[2]。唐朝国史歪曲地把晋阳起兵的密谋描绘成为太宗的精心策划，而高祖则完全处于被动的地位，其目的在于把太宗说成李唐王业

1　牛致功：《李渊建唐史略》，陕西人民出版社1983年，第5页。

2　汪篯：《李渊晋阳起兵密谋史事考释》，《汪篯汉唐史论稿》，北京大学出版社2016年，第444-463页。

的真正的奠基人，使他的皇位获得近似汉高祖自为皇帝而尊其父为太上皇那样的合法性[1]。

如何看待本于唐朝国史的官修正史与《大唐创业起居注》两个叙事系统之间存在的差异，依然是唐史研究的重要议题。刘炬认为，《大唐创业起居注》既称"起居注"，当然属官修性质，其曲笔之处尤多。今日之学界又岂得因温大雅"是唐王朝建立的目击者"，便认定《大唐创业起居注》所载皆实，而正史皆伪邪！《大唐创业起居注》与正史所以出入极大，是由于前者曲笔在先，正史为之矫枉而又过正。但两者相较，《大唐创业起居注》之曲笔显然更多也更严重。因此以《大唐创业起居注》为据而全面否定正史之相关内容的做法显然是草率的和不负责任的[2]。赵璐璐认为，李世民谋划起兵，是他在李渊默许下的独立行动。李世民在太原起兵中所起的作用与李渊一样巨大，他们是两条并进又独立的线，谁也不可替代、掩盖对方的功劳。所谓李世民篡改国史、实录，伪造起兵首谋形象的说法，经不起推敲。太原起兵的经过，以李世民为主体的那条线，或者说在李世民所了解的事实真相中，很大可能就是正史记载的那样，史官们只是没有把李渊的故事写出来而已。所以，历史不是简单被篡改，只是有一部分被有意或无意地掩盖了起来，将起兵诠释成了一条单线条的发展路线[3]。

依隋立国是李渊起兵时制定的政治路线，"尊隋"方针为李渊反隋的军事行动减少了阻力，但也对改朝换代的方式造成了限制。因为李渊自我标榜为隋室之忠臣，故其必须通过禅让的形式建国，否则便会被视为乱臣贼子，难以自圆其说。大业十三年（617年）以来，先后出现了三个以隋室继承人为皇帝的政权，即拥立代王杨侑的李渊政权、拥立秦王杨浩的宇文化及政权和拥立越王杨侗的王世充政权，他们都以隋室的继承者自居。武德元年（618

1　汪篯：《唐太宗》，《汪篯汉唐史论稿》，北京大学出版社2016年，第74–116页。

2　刘炬：《谁是大唐王朝的真正缔造者》，《社会科学战线》2014年第7期。

3　赵璐璐：《太原起兵真相再探——兼论〈资治通鉴〉的叙事方式》，《文史知识》2007年第3期。

年），大唐经禅让开国。武德二年（619 年），王世充亦通过禅让的形式称帝。同年，宇文化及为窦建德所败，炀帝皇后萧氏及齐王之子杨政道落入窦建德之手。武德三年（620 年），东突厥处罗可汗将萧后及杨政道迎至突厥，欲助其复国。《大唐创业起居注》便是在这样的政治环境下完成的，成书时间一般认为是在武德年间。按照气贺泽保规的分析，具体应在武德四、五年（621—622 年）之间[1]。该书在宣扬李唐建国的正当性时，通过各种异象、谶语与祥瑞，渲染李渊受天命之说。以尊隋为基调，将李渊塑造成隋室忠臣与隋王朝正统的继承者。据张耐冬研究，《大唐创业起居注》叙事中有关李渊尊隋的相关记录，很可能都经过作者温大雅的有意加工，这就使该书的叙事出现了一个有趣的特征：凡是要做出对隋朝不利的举动——哪怕只是形式上的，李渊都表示拒绝，但最后在臣下的劝说或催促下无奈应允。此书以晋阳起兵后李渊发布的檄文为基调，将起兵至禅让的历史描绘成终结隋炀帝暴政、立新君杨侑以期致太平但终因天命有归而作罢的过程。李渊被描述成隋室的忠臣，而那些不臣之事，则被推卸给臣下。这种历史叙事方式无疑是政治现实的投影，是李渊建唐前后方针政策的生动体现[2]。

贞观十六年（642 年），唐太宗亲观国史，然后授意臣下对包括开国史在内的"前玄武门之变史"重新进行叙述，以证明自己获得储位的合理性。在国史和实录的叙事中，李世民被塑造成开国史中最重要的人物——晋阳起兵的决策者与实际领导者、李唐军队的缔造者与最高指挥者、李渊最为信任和倚重的皇子。同时，李唐开国史中的"汤武革命"因素被特别强调，晋阳起兵成了由他号召的"革命"行为，作为参与者的功臣群体也按照亲疏关系被重新赋予开国史中的角色[3]。仇鹿鸣认为，唐太宗亲观国史，为之定调，即确立了国史叙事推重削平群雄之功臣，轻忽太原元从的基调。叙事逻辑本于实

1　[日] 气贺泽保规：《〈大唐创业起居注〉的性格特点》，刘俊文主编：《日本中青年学者论中国史·六朝隋唐卷》，上海古籍出版社 1995 年，第 212–243 页。

2　张耐冬：《太原功臣与唐初政治》，中国社会科学出版社 2018 年，第 167–179 页。

3　同上书，第 179 页。

录的唐朝国史，功臣传记的安排是杂糅太原元从与秦府旧僚，这是唐高宗以来国史叙事的基本取向。从太宗朝的情况来看，图形凌烟阁者，以表彰削平群雄、辅佐太宗成就贞观之治的功臣为主，若非永徽五年（654 年）因武士彟之故，追录武德功臣，太原元从的地位恐更为暗淡，总章元年（668 年）分定功臣则注意平衡以李渊为核心的太原元从与以李世民为核心的秦府旧僚[1]。李丹婕认为李渊与李世民时代各自提倡"继隋说"与"革命说"，并映射在对前代史的编纂观念中[2]。

2. 太原功臣地位变迁研究

太原起兵，李渊依靠的是裴寂和刘文静等隋朝官吏，还有一批当地的土豪，这个元从功臣群体后来被称为"太原元谋勋效"。张耐冬《太原功臣与唐初政治》对这一功臣群体进行了细致的研究，他认为按照割据晋阳与图谋天下的不同目标，太原功臣可分为太原郡本地人士与李渊亲旧及部下两类。贾胡堡之议前，坚持太原本位、不肯远离该区域核心城市晋阳的观念，是李渊阵营中多数人的共同意识。而这种太原本位倾向与李渊夺取关中、号令天下的既定战略无疑是矛盾的。据跟随李渊起兵的温大雅所撰《大唐创业起居注》，李渊曾于清源言于建成、世民二子曰："然晋阳从我，可谓同心之人，俱非致命之士。汉初有萧、曹，而无尔辈，今我有尔辈，而无萧、曹。天道平分，乃复如是。"其对太原元从人士的认知，可谓昭然。霍邑之战后，李渊宣布了归附者礼遇不低于元从人士、品级不低于朝散大夫的用人标准。这一政策与清源训示二子、贾胡堡之议共同构成了太原起兵后李渊处置元从人士问题、准备进行内部权力格局重组的政策链条，其中清源训示二子表明了李渊对元从人士的态度，贾胡堡之议中显示的太原本位主义与李渊关中战略的冲突，则使李渊对他们的看法更加坚定，最终在霍邑之战后制定了主要针对隋官与关中人士的招揽方针和任用标准。李渊登极之后，通过一系列诏敕完

1　仇鹿鸣：《隐没与改篡——〈旧唐书〉唐开国纪事表微》，叶炜主编《唐研究》第 25 卷，北京大学出版社 2020 年。

2　李丹婕：《继承还是革命——唐朝政权建立及其历史叙事》，《中华文史论丛》2013 年第 3 期。

成了为隋室少帝、李氏亲族和元从功臣正名定分的工作。武德元年（618年）八月颁布的《褒勋臣诏》确定了获得免死资格的十六位"太原元谋勋效"之士。《褒勋臣诏》并不仅仅是针对太原功臣的政治定位，所有参与首义者在武德时期的政治定位也由此确定。李渊在中枢政局的权力分配上未向他们倾斜，在官爵的赐予上也未给他们实质性的优待，他们从最初的从龙者，变成了建国后的边缘人群[1]。

（二）如何认识隋唐易代的历史影响

1. 朝代改易与社会阶层的升降

社会阶层的升降，在隋唐之际是比朝代改易更深层的历史运动。分析社会阶层的整体变化，是理解唐朝建立的历史意义的一个重要维度。学术界关于南北朝到唐前期社会阶层变化总体趋势的论述，集中在门阀士族的衰落与普通地主阶级的兴起。门阀士族的衰落是一个长达一个多世纪之久的漫长历程，其间又有隋唐之际几种政治势力的较量，包括山东士族、江南贵族、关陇集团和山东豪杰等力量的沉浮升降。

陈寅恪提出的"关陇集团"假说，对隋唐之际政治力量和社会阶层升降的解释深具代表性。陈氏著《唐代政治史述论稿》，其上篇《统治阶级之氏族及其升降》中指出，有唐一代三百年间其统治阶级之变迁升降，即是宇文泰"关中本位政策"所纠合集团之兴衰及其分化。"盖宇文泰当日融冶关陇胡汉民族之有武力才智者，以创霸业；而隋唐继其遗产，又扩充之。其皇室及佐命功臣大都西魏以来此关陇集团中人物，所谓八柱国家即其代表也。当李唐初期此集团之力量犹未衰损，皇室与其将相大臣几全出于同一之系统及阶级，故李氏据帝位，主其轴心，其他诸族入则为相，出则为将，自无文武分途之事，而将相大臣与皇室亦为同类之人，其间更不容别一统治阶级之存在也。至于武曌，其氏族本不在西魏以来关陇集团之内，因欲消灭唐氏之势力，

1　张耐冬：《太原功臣与唐初政治》，中国社会科学出版社 2018 年，第 87—130 页。

遂开始实行破坏此传统集团之工作，如崇尚进士文词之科破格用人及渐毁府兵之制等皆是也。此关陇集团自西魏迄武曌历时既经一百五十年之久，自身本已逐渐衰腐，武氏更加以破坏，遂至分崩堕落不可救止。其后皇位虽复归李氏，至玄宗尤称李唐盛世，然其祖母开始破坏关陇集团之工事竟及其身而告完成矣。此集团既破坏后，皇室始与外朝之将相大臣即士大夫及将帅属于不同之阶级。同时阉寺党类亦因是变为一统治阶级，拥蔽皇室，而与外朝之将相大臣相对抗。……举凡进士科举之崇重，府兵之废除，以及宦官之专擅朝政，蕃将即胡化武人之割据方隅，其事俱成于玄宗之世。斯是宇文泰所创建之关陇集团完全崩溃，及唐代统治阶级转移升降即在此时之征象。"[1]

张耐冬指出，陈寅恪为唐初历史叙事建立起来的"关陇集团"假说，存在着历史解释方面的困境。一方面，对"关陇集团"的界定显得模糊，在事实层面的论证亦显不足。对于西魏建立后宇文泰是否推行了一套具有整体意义之"关中本位政策"，陈氏的论说并不充分。设若确存在统摄全局之"本位政策"，"关陇集团"人士又如何在观念中协调这一本位观念与原有之家族、地域意识与传统，陈氏对此避而不谈。另一方面，陈氏强调武则天至唐玄宗时期"关陇集团"的瓦解是一项社会变革与政治革命合一之事业，但对这个历史进程缺少系统的描述，也未能回答破坏"关中本位政策"而所倚重哪个群体。为了走出"关中本位政策"和"关陇集团"假说对于唐初历史解释的困境，陈寅恪撰写了《论隋末唐初所谓"山东豪杰"》和《记唐代之李武韦杨婚姻集团》两篇论文，对此进行了重新思考并建立新的解释框架，提出"山东豪杰"在隋唐之际成为可与"关陇集团"一争高下的政治力量，在武德时期储位之争与唐高宗初年废王立武事件中，皆有扭转局势之作用。武则天取代王氏成为皇后，李唐皇室婚姻关系随之一变。借由此关系，遂形成一新政

1 陈寅恪：《唐代政治史述论稿／上篇统治阶级之氏族及其升降》，《隋唐制度渊源略论稿·唐代政治史述论稿》，生活·读书·新知三联书店 2001 年，第 234–235 页。

治核心，将政权经营重心转向中原，"关陇集团"亦因此失势[1]。

在《记唐代之李武韦杨婚姻集团》一文中，陈氏还点明了"关陇集团之附属品（附属系统）"的存在，指出六朝时期的南朝贵族至隋唐之际已经成为政治附庸，"至褚遂良、许敬宗等忠奸不同，然其属来自南朝之系统。此系统之人物不论其先世在晋过江前或后为何地域之人，但北朝平灭南朝以后，此等人乃属俘虏家臣性质，绝无独立资格，非若山东士族北齐亡后仍保有地方势力者可比，是以遂良可视为关陇集团之附属品，而敬宗则又以奸谄之故，倾向于出身山东地域之武氏也"[2]。

相对于"关陇"地域的"山东"，指崤关、函谷关以东的黄河南北广大地区。陈氏界定"山东豪杰"乃一胡汉杂糅，善战斗，务农业，有组织之集团，有三种类型，常为当时政治上敌对两方争取之对象，在唐初政治中能与"关陇集团"并驾齐驱。山东豪杰以洛阳为政治信仰之重心，太宗最终登上帝位，与山东豪杰的支持密切相关[3]。李锦绣认为"山东豪杰"又可分为瓦岗寨与高鸡泊两大集团。其中瓦岗寨系统的山东豪杰信奉"李氏将兴"的政治谶言，接纳关陇贵族为其领导。李世民改变了此前关陇集团与山东豪杰联盟中以山东豪杰为主的局面，建立了关陇为主，山东豪杰为用的新联盟，以之统一中原，夺取帝位，并成就了贞观武功。高鸡泊系统的山东豪杰是一胡化更强的集团，他们信奉"刘氏主吉"，自成一体，难以被吸纳入关陇集团的权力体系中[4]。

唐太宗在位时，擢用了不少山东宰相。汪篯指出，太宗在择用山东人之时，特别喜欢提拔其微族。这样做的原因有二："首先，山东士族的甲门，如

1　张耐冬：《从"关陇集团"到"李武韦杨"——陈寅恪对唐代政治史解释的转变》，《唐宋历史评论》第二辑，包伟民、刘后滨主编，社会科学文献出版社 2016 年，第 283–309 页。

2　陈寅恪：《记唐代之李武韦杨婚姻集团》，《金明馆丛稿初编》，生活·读书·新知三联书店 2001 年，第 274–275 页。

3　陈寅恪：《论隋末唐初所谓"山东豪杰"》，同上书，第 243–265 页。

4　李锦绣：《论"李氏将兴"——隋末唐初山东豪杰研究之一》，《山西师范大学学报》（社会科学版）1997 年第 4 期。《论"刘氏主吉"——隋末唐初山东豪杰研究之二》，《史林》2004 年第 5 期。

崔卢李郑王之类，虽说人才极多，但他们势力太大，地位太高，他们的声望，在一般人心目中，要远远凌驾于李唐皇室所隶属的关陇集团之上。太宗心里既对他们抱有歧视心理，那么山东人既不得不用，而山东望族的人士又不为太宗所乐用，自然就要拔擢山东微族的人才了。其次，太宗不愿起用山东士族，还在事实上有所顾忌。从其对于翊赞功臣的秦府幕僚的权势也要加以压削看来，可知他对朝臣结党一事，是力谋防范的。而山东士族一则从五胡十六国以来，多因互相婚媾，已自结为社会上一坚固的团体；再则自北魏孝文帝推行汉化后，又复习惯地盘踞着政治上的要津。此班人若一经进用，则朝廷上朋党胶固的现象，如郎楚之等在大业年间之所演者，当然在所难免。关于这情形，敏锐的太宗，安得不有疑惮之理？至微族多孤立进取，无所凭依，此太宗所以独喜用之也。"[1]由于李唐皇室家世"贵"而不"清"，唐初诸帝对山东士族并无好感。贞观十二年（638 年），太宗下令修《氏族志》，以皇族为第一等，外戚次之，山东士族崔氏为第三等。汪篯认为太宗的用意是"诚欲崇树今朝冠冕"，其方法是"不论数代已前，只取今日官品人才作等级"。按此标准，则魏徵、戴胄等人以小族而居要职，也可以提到很高的地位，并且他们的地位一经"量定"，还要"用为永则"，可见太宗是有意要树立一个新的族阀。这个族阀乃是以皇家外戚即以前的关陇贵族的主要家族主其轴心，而以"凡在朝士"之各种来源复杂的家族环其外围，让它慢慢地成为坚强而巩固的团体[2]。

隋唐之际，由于豪强地主和门阀士族的衰落，出现了大量的自耕农，中古社会呈现出新的面貌。唐长孺梳理了中古时期门阀的形成及其衰落的历史进程[3]。吴宗国则进一步概括为：西汉武帝时逐步兴起、东汉时日趋成熟的大族豪强，在魏晋之际形成士族门阀，到东晋发展为门阀政治。而在北方，在

1　汪篯：《唐太宗之拔擢山东微族与各集团人士之并进》，《汪篯汉唐史论稿》，北京大学出版社 2016 年，第 365–379 页。

2　汪篯：《唐太宗树立新门阀的意图》，同上书，第 380–392 页。

3　唐长孺：《门阀的形成及其衰落》，《武汉大学人文科学学报（历史专号）》1959 年第 8 期。

十六国时期，尽管他们丧失了在中央政权的统治地位，但在地方仍然通过坞壁和宗主督护制度保存着他们的势力。这种情况，进入北朝后，逐步发生变化，中国历史开始向着新的方向发展。从北魏冯太后、孝文帝改革开始，中国历史经历了一次三级跳，经过隋文帝、炀帝父子的改革，唐朝玄宗至德宗时期的改革，中国历史终于走出了中古时期。

在此基础上，吴宗国总结出了关于南北朝隋唐之际社会阶层升降和社会结构变革的分析框架。具体论述如下：

北魏的各项改革，令士族门阀失去了经济上和政治上的主导地位，但改革并未取消他们做官的资格，而只是取消了他们世代担任高官的特权。北魏末年的动乱年代里，东西方的情况有所不同。在山东地区，豪强大族托迹勤王，规自署置，自领州县。而高齐政权对他们一方面继续任用，让他们担任各级官职，同时对不同等级的士族采取了不同的政策措施，对不合其意者，亦采取坚决打击的措施。士族的境况每况愈下，特别是朝廷任命州县佐官的做法，即敕用州主簿的出现，使原本由士族担任的州县佐官开始成为虚名。而在关中的西魏北周政权中，建立了以府兵系统为核心的关陇军事贵族集团，关陇地区的豪强和士族被吸收到这个集团中去。关陇集团成为门阀士族在周、隋政权中的体现者和代言人。

隋文帝初年采取的两项重大举措，对门阀士族的政治社会地位形成了冲击。一是地方佐官中央任免。二是府兵制实行君主直辖化，即禁卫军化；征召扩大化，即兵农合一化。前者抽去了山东士族最后赖以存在的依靠，后者则挖了关陇贵族存在的基础。隋炀帝进一步取消了关陇贵族的特权。到了隋唐之际，山东士族"名虽著于州间，身未免于贫贱"，丧失了经济和政治权势。关陇贵族虽然还充当着皇亲国戚的角色，有的还当着大官，实际上也只留下了一个空架子。

唐朝建立后，出现过小的反复。裴寂、长孙无忌等关陇集团家庭出身的贵族先后担任宰相，皇室和大臣也把皇室和关陇贵族通婚作为国家大事来看待。太宗本人也还把关陇贵族作为自己政权的核心和依靠力量，宰相中总是要保持几个关陇贵族或与其关系密切的人员。但这种安排更多是出于一种惯性的维持关陇军事贵族集团政治社会地位的主观意愿，实际上已无法保持这个集团地位的稳固。因为从太宗时起，他们在政治上就不起主导作用，真正起主导作用的是隋末动乱中涌现出来的"山东豪杰"。高宗初年关陇贵族与以"山东豪杰"为主体的普通地主势力之间有着激烈的斗争和力量消长，唐高宗接受出自"山东豪杰"的李勣提出的把皇后废立作为皇帝家事来处理，废除出自关陇高门的王皇后，而立武则天为皇后，不过是割去了贵族门阀政治的一个小小的尾巴，其象征意义固然不可低估，而实际的变化则在此前半个世纪的隋代即已发生。以尚书、中书、门下三省为主体的、独立于皇帝的国家政权机关的建立，国家事务与皇帝事务的分离，官员通过考试任用制度的建立，标志着隋唐的国家制度和政治体制已摆脱了家国一体的早期国家色彩，而具有近代国家的性质。这些变化都始于隋朝，不仅为宋代所继承，而且为历代所沿用[1]。

发生在南北朝隋唐之际的统治阶级升降与社会结构变化，是隋唐统一帝国构建和运行的社会基础。

2. 南北合流与帝国形态的更替

隋文帝开皇九年（589 年），隋军渡江灭陈，统一南北，历时近三百年的分裂时代宣告终结。如何在新的规模和层次上巩固统一，对隋王朝来说是一个刻不容缓的问题。据全汉昇研究，我国第二次大一统帝国出现时的客观形势，和第一次大一统时有所不同。当第一次大一统的时候，全国军事政治和经济的重心全在北方，问题比较简单。可是到了第二次大一统帝国出现的时候，军事政治重心虽然仍在北方，经济重心却已迁移到南方去了。因此，和第二次大一统帝国出现的同一时间，便发生了一个新的问题，即如何把这已经南移的经济重心和尚留在北方的军事政治重心联系起来，以便使这个庞大的政治机构能够运转灵活。能够满足这种需要的交通线，是沟通南北的运河。

1　吴宗国：《试论中国中古社会变迁》，《中古社会变迁与隋唐史研究》，中华书局 2019 年，第 431–441 页。

隋炀帝时，隋朝开凿了北通涿郡、南至余杭的大运河。这条运河包括永济渠、通济渠、邗沟、江南河四段，沟通了海河、黄河、淮河、长江、钱塘江五大水系，形成了以长安、洛阳为中心的水运网络。它联系了长期分裂的南北地域，加强了南北之间的经济联系，促进了文化交流与民族融合，有利于巩固国家统一。运河是在隋唐大一统帝国新的客观形势下产生出来的。它的开凿，实是适应时代的需要[1]。

随着南北政治上的重归统一和经济、文化上的融汇交流，南北分裂时期出现的种种差异逐渐缩小。隋唐王朝承继南北两大文化体系而来，然南与北何为主流？学界对此并无统一意见。在长时间的讨论中，逐渐形成了"南朝化"与"北朝主流论"两种观点。

南朝化的说法，由陈寅恪倡导。他在《隋唐制度渊源略论稿》的《财政》篇中说，"此章主旨唯在强调继南北朝正统之唐代，其中央财政制度之渐次江南地方化，易言之，即南朝化"。陈氏意在表明唐朝的财政制度开始时来自北朝系统，后舍北而南，采用南朝旧制。唐长孺指出，"唐代经济、政治、军事以及文化诸方面都发生了显著的变化，它标志着中国封建社会由前期向后期的转变。但这些变化，或者说这些变化中最重要的部分，乃是东晋南朝的继承，我们姑且称之为南朝化"[2]。牟发松认为南朝化最早可以追溯到北魏孝文帝改革时期，当时北魏便大量采用了东晋南朝的制度、文化。南方文化是永嘉乱后流播于江左并在当地演变发展的传统华夏文化，其远承周秦两汉，近接三国西晋。前承西魏、北周而重新统一中国的隋唐王朝，其制度、文化虽说兼采南北，融汇胡汉，实际上仍以东晋南朝的因素为主。也就是说，汉魏以来的文化传播方向大致是由南而北，南方文化是历史发展的主流。唐代的变化体现出的南朝化倾向，是指十六国北朝以来逐步形成、后来为隋唐所继承的一些有别于东晋南朝的制度因素随着唐代社会的变化渐次消失，这些变化相对北朝来说十分巨大，却不过是南朝历史发展的继承。但唐代的变化，有

1　全汉昇：《唐宋帝国与运河》，商务印书馆1946年，第11页。

2　唐长孺：《魏晋南北朝隋唐史三论》，武汉大学出版社1992年，第486页。

的是新历史条件下出现的新变化。即使是具有南朝化倾向的变化，也不是南朝的简单重复，而是在南朝的基础上得到新的发展[1]。

钱穆则着重强调隋唐制度沿袭北朝，指出陈寅恪在论述隋唐制度渊源时"仅述南朝礼乐，忽于北方制度，不可不辨"[2]。田余庆亦强调北朝的重要性，认为北朝更能代表中古时期历史发展的主流。他认为，"从宏观考察东晋南朝近三百年总的政治体制，主流是皇权政治而非门阀政治。门阀政治只是皇权政治在东晋百年间的变态，是政治体制演变的回流。门阀政治的存在是暂时性的，过渡性的，它是从皇权政治而来，又依一定的条件向皇权政治转化，向皇权政治回归。皇权政治的各种制度经过南朝百余年的发展，终于与北朝合流而形成隋唐制度的重要渊源。皇权政治在这一曲折反复的变化过程中，本身也起着变化。隋唐的皇权政治并不全同于秦汉的皇权政治。它们之间存在着显著的差别，但毕竟都是皇权政治"。田余庆进一步从皇权政治演变的角度，提出"从宏观来看东晋南朝和十六国北朝全部历史运动的总体，其主流毕竟在北不在南"[3]。阎步克发扬其说，指出北朝是走向隋唐盛世的"历史出口"。他认为，在北朝后期官僚行政秩序全面复兴，一种更富功绩制色彩、服务于军功集团和吏员群体的等级管理体制出现了，并形成了一种以"军功吏治取向"为特征的新式政治文化。汉唐盛世之间，魏晋南北朝是个帝国的低谷，北朝则构成了走出低谷、通向隋唐大帝国的历史出口。阎步克还试图调和"南朝化"和"北朝主流论"的争论，指出两种观点各有侧重，不妨并存互补。前者是就唐以后的变化而言，主要就经济文化而言；后者是就南北朝而言的，主要就政治而言。从北朝那个"历史出口"，既走出了一个因民族融合而生机勃勃的新生中华民族，同时也迎来一个更强大完善的专制集团体制，

1　牟发松：《略论唐代的南朝化倾向》，《中国史研究》1996 年第 2 期。

2　钱穆：《略论魏晋南北朝学术文化与当时门第之关系》，《新亚学报》第 5 卷第 2 期，1963 年，第 23-77 页。

3　田余庆：《东晋门阀政治》，北京大学出版社 2012 年，第 345-346 页。

它由衰转强的起点，就是民族暴力的制度化。[1]

综上所述，隋唐之际的皇权政治发生了深层变化，无论是皇权行使的方式，其所依托的社会基础和政治集团，还是政治体制与权力格局，都呈现出与秦汉帝国不同的形态。

3. 民族融合与种族文化的重构

隋唐时代是中国统一多民族国家发展史上的一个重要时期，也可以说，是经过长期民族融合以后的一个开花结果的时期，这种融合体现在种族与文化两个方面。

隋朝重建大一统之前的魏晋南北朝时期，南北对立，民族纷争。北方地区民族关系复杂，先后分为十六国和北朝时期。十六国主要是由匈奴、羯、氐、羌和鲜卑等部族建立的政权，北朝指由鲜卑拓跋部建立的统一北方的北魏，及分裂后的东魏北齐、西魏北周政权。南方则先后存在东晋和宋、齐、梁、陈四朝。从4世纪初到6世纪末，将近三百年的时间里，胡汉之间的隔膜很深。南朝的史学家骂北朝胡人是"索虏"（拖着辫子的胡人），北朝史学家则骂南朝汉人为"岛夷"。但是，历史的发展结果，却是以华夏正统自居的南朝被北方统一。重新统一中国的力量，就是构成隋唐新民族与新文化主体的北方胡汉混合政权。

魏晋南北朝时期的民族融合，大体经过了以下几个阶段：第一阶段是魏晋之际，进入中原地区的北方少数民族及其建立的地方政权纳入到中原王朝的统治范围之内，其部落组织被改造为中原王朝的编户齐民。第二阶段是西晋末年到南北朝时期，进入中原地区的少数民族纷纷建立统治华北或局部地区的政权，同时本民族开始汉化。第三阶段是北周到隋朝建立，中原政权回归入了胡人种族与文化的汉人，但这是一个新的种族与文化。第一个阶段可以十六国最初的政权"汉"的建立者刘渊及其匈奴部族为代表，原本居于塞外的匈奴部族，用刘渊从祖刘宣的话说，是"自汉亡以来，魏晋代兴，

1　阎步克：《波峰与波谷：秦汉魏晋南北朝的政治文明》，北京大学出版社2009年，第240–243页。

我单于虽有虚号，无复尺土之业，自诸王侯，降同编户"（《晋书·刘元海载记》）。第二个阶段就是十六国和北朝，是几百年血与火的年代，民族之间相互征战。第三阶段则可以隋朝的建立者杨坚和唐朝的建立者李渊为代表，他们的家族和统治集团，都属于胡汉混合型的种族与文化。形象地说，可以将这一民族融合过程归纳为从刘渊到李渊的历史进程。

鲁迅说过"唐室大有胡气"。其实，隋唐皇族都是胡汉混血的家族。隋文帝皇后独孤氏，是西魏柱国大将军独孤信七女，出自鲜卑，所以隋炀帝杨广有一半鲜卑血统。唐高祖李渊的母亲是独孤信四女，与杨广为姨表兄弟；李渊的窦皇后，其母是北周武帝宇文邕的姐姐襄阳长公主，则唐高祖和他的皇后都至少具有一半的鲜卑血统。而唐太宗李世民以下，自然是一胡汉混血的人种了。李世民的长孙皇后，父为鲜卑，母为汉人，则唐高宗李治的胡汉混合特色更加明显了。这样的血统，自然无法以胡汉相区分。所以，在隋唐时期，从统治阶层的角度看，很少有种族隔阂，也因此在政策上少了许多种族歧视。唐太宗的民族政策，历史上惯称为羁縻政策。当唐朝征服一个民族之后，并不改变其生产方式和生活习惯，在当地设立羁縻州府，任命他们的首领做羁縻州府的都督刺史，继续直接统治本民族。这种政策，无疑具有一定的开明性和积极意义。

在民族融合的大背景下，唐朝皇帝不仅能够采取比较开明的民族政策，还对新民族的形成具有一种自觉意识。如唐太宗就说，自古贵中华，贱夷狄，而今四海一家的新形势下，就应该是"胡、越一体"，也就是说，大家都是一个融合以后的新民族了。贞观十八年（644 年）末，当内奔的突厥请求在内地安置时，群臣都反对，以为是一个后患，而唐太宗却同意了，并解释说："夷狄亦人耳，其情与中夏不殊。人主患德泽不加，不必猜忌异类。盖德泽洽，则四夷可使如一家；猜忌多，则骨肉不免为仇敌"（《资治通鉴·唐纪十三》）。

唐朝的周边民族，尽管与唐朝政权之间也不断有战争，征服与被征服的关系一直存在，但是，那是政权之间的征伐，而不是种族之间的征服。被征服的政权尽管多是少数民族的政权，但他们并不以唐朝为外族。当贞观四年（630年）二月击破东突厥，俘颉利可汗以后，西北各族君长诣阙请唐太宗为"天可汗"，就是做以"可汗"称呼其君长的草原民族的共同首领。唐太宗说，"这样，我一方面是唐朝的天子，又下行可汗之事！"从此以后，唐太宗给西北君长的文件都署称"天可汗"。也就是说，一旦政权被征服，唐朝取代突厥对西北的统治，西北少数民族的君长也就能够接受唐朝皇帝做他们的可汗了。贞观二十年（646年），唐朝击败薛延陀，唐太宗亲自到灵州（今宁夏灵武北）招抚草原民族铁勒诸部，并因此修筑了一条横贯回纥以南、突厥以北的"参天可汗道"。

当唐人以一个整体形象出现在世界上时，外部世界的人们并不觉得有什么胡汉之分，而俨然是一个新的民族。如中亚诸国就将唐人统称为"唐家子"，或译作"桃花石"。这一方面体现了唐朝声威之煊赫，另一方面也是唐朝民族融合的反映。

而唐人自身也并无民族隔阂和区分的意识。入仕唐朝的大量少数民族将领，历史上称为蕃将。唐朝本身具有的声威，使得在其最盛时与之建立某种政治隶属关系的民族或国家达到三百多个，大量的周边民族和国家的人在唐朝入仕做官，形成了许多蕃官、蕃将世家。从唐初开始，蕃将就是最被倚重的力量。蕃将中还有许多人被赐姓李氏，著名的如在平定安史之乱中立有大功的李光弼，其父是武则天时期归附唐朝的契丹酋长；唐末和朱温争霸的李克用，是突厥别部沙陀人，其父朱邪赤心，被唐懿宗赐姓名为李国用。

此前，南北朝时期活跃的一些少数民族，如匈奴、羯、氐、高车（丁零）、柔然（蠕蠕）等，甚至包括鲜卑各部，到后来就不在中国历史上出现了。他们不是自然消亡了，而是融入华北汉人之中，构成了隋唐新民族的重要来源。著名文学家刘禹锡原本是匈奴族的后裔，元稹则是北魏皇室的后裔，本是鲜卑人，但即使在唐朝也没有人认为他们属北方民族。

隋唐新民族的形成，带来了新文化的出现。隋唐时代的文化，无疑不能称之为汉文化或中原文化，而只能是胡汉混合的新文化。从民族精神、思想观念、宗教信仰，到礼仪习俗、文学艺术，以及日常生活的物质器用，唐文化无一不打上了胡汉混合的烙印。

总之，相对于秦汉以来中原地区的汉民族与汉文化，到隋唐时期，由于民族融合的发展，已经形成了一个新的民族与新的文化。这个新民族与此种新文化的形成路径，可从短时段与长时段两个角度加以探寻。

短期来看，是西魏政权施行"关中本位政策"的结果。如陈寅恪所论，西魏政权为了与东魏及南朝相抗衡，宇文泰"必别觅一途径，融合其所割据关陇区域内之鲜卑六镇民族，及其他胡汉土著之人为一不可分离之集团，匪独物质上应处同一利害之环境，即精神上亦必具同出一渊源之信仰，同受一文化之熏习，始能内安反侧，外御强邻。而精神文化方面尤为融合复杂民族之要道"，而"李唐皇室者唐代三百年统治之中心也，自高祖、太宗创业至高宗统御之前期，其将相文武大臣大抵承西魏、北周及隋代以来之世业，即宇文泰'关中本位政策'下所结集团之后裔也"[1]。

长期来看，则可寻西晋灭亡后历史运动的轨迹和方向。如雷家骥指出，宇文泰施行新制是继十六国刘渊和北魏孝文帝之后的、由北族政权推行的融合胡汉民族与文化的举措。自刘渊以来，二百余年之间，胡人政权如何建制以统治中国，一直均在尝试之中，曾无有效的定制，而宇文泰在此潮流趋势之中，实为非汉族政权之最后一次创新性尝试。宇文泰则是顺着民族更为复杂的情势，思用一套各族可以接受的胡汉混合新精神与新体制，此套混合胡汉的新精神与新体制，就是"内胡外汉"之体制[2]。胡戟提出了新的总结，认为经过十六国南北朝，五胡民族完成了与汉族的融合，中国形成了一个以文化而不是以血统论种族的好传统，也就是不论你是什么族群，只要文化相同，就是一个民族，消解了民族矛盾，开启了民族大融合的历史新篇章[3]。

1　陈寅恪：《唐代政治史述论稿／上篇统治阶级之氏族及其升降》，《隋唐制度渊源略论稿·唐代政治史述论稿》，生活·读书·新知三联书店 2001 年，第 198–202 页。

2　雷家骥：《略论魏周隋之间的复古与依旧——一个胡、汉统治文化摆荡改移的检讨》，《中国中古史研究》第 9 期。

3　胡戟：《宏观丝绸之路，见识文明交融》，《西北工业大学学报（社会科学版）》2018 年第 1 期。

（三）如何认识唐初"大一统"国家及其巩固措施

经历了魏晋南北朝时期漫长的民族融合和剧烈的阶层升降以后，中国历史在隋唐时期重新迎来了大一统。隋朝两代君主兼采南北朝制度，在新的统治形势下努力巩固统一，但隋末动乱使这一过程被迫中止了。唐朝建立并完成统一后，尤其是从唐太宗在位的贞观时期开始，通过一系列法令制度和治理政策的调整，对接隋朝业已展开的历史转型进程，进一步巩固了大一统的局面。

1. "胡越一体"与多民族国家的发展

李唐皇室所出自的关陇贵族集团为一胡汉杂糅之集团，其前身可追溯至北魏的六镇鲜卑及胡化汉族。陈寅恪《唐代政治史述论稿》指出，"若以女系母统言之，唐代创业及初期君主，如高祖之母为独孤氏，太宗之母为窦氏，即纥豆陵氏，高宗之母为长孙氏，皆是胡种，而非汉族。故李唐皇室之女系母统杂有胡族血胤，世所共知，不待阐述"。这样的出身使得唐朝统治者的民族偏见较为淡薄。唐太宗说："夷狄亦人耳，其情与中夏不殊。人主患德泽不加，不必猜忌异类。盖德泽至，则四夷可如一家，猜忌多，则骨肉不免为仇敌"。他把"抚九族以仁"当作"君之体也"，坚持"岂独百姓不欲而必顺其情，但夷狄不欲，亦能从其意"，倡导"自古皆贵中华，贱夷狄，朕独爱之如一"。这种开明的态度在我国历史上是非常罕见的。

唐太宗倡导"爱之如一"，也能在治国理政中将这种思想落到实处。贞观四年（630年），唐大破东突厥，唐太宗赦免颉利可汗，以之为右卫大将军，"诸部落首领来降者，皆拜将军中郎将，布列朝廷，五品以上百余人，殆与朝士相半"。其执政之包容、自信可见一斑。在讨论如何处置突厥降众的问题时，诸臣大多认为应徙于内地，分散部落，散居各州县，教以耕织，变游牧之人为农耕之民。也有人认为应使突厥降众居住其原地，但要离散其部落，各立酋长，分散其势力。温彦博的建议是："王者之于万物，天覆地载，靡有所遗。今突厥穷来归我，奈何弃之而不受乎！孔子曰：'有教无类。'若救其死亡，授以生业，教之礼义，数年之后，悉为吾民。选其酋长，使入宿卫，畏威怀德，何后患之有！"他主张依东汉建武故事，置降众于塞下，"全其部落，顺其土俗，以实空虚之地，使为中国扦蔽"。唐太宗采纳了温彦博的建议。《陈寅恪读书札记·新唐书之部》指出，"彦博曾陷于突厥，故所论最确，宜太宗之独取之也"。王永兴认为彦博之策优点颇多，符合圣言"厚德载物"之教诲，太宗卒用之，是践行厚德载物之体现[1]。吴玉贵认为贞观四年（630年）太宗已被尊为天可汗，安置突厥降部既是现实政治的需要，也是唐太宗扮演的华夷共主的角色的要求。以华夷之防作为理论根据而提出的各种反对意见，忽视了当时的历史条件，所以显得特别苍白无力[2]。李鸿宾认为视华夷如一，确是超出古代帝王思想意识的界限了。今人每每论及太宗思想的进步，也在这里。唐太宗上述思想背后隐藏的实际情况，就是北方草原主要的抗衡性势力都不存在了。先是东突厥的灭亡，后是薛延陀的被剪除，铁勒诸部则是主动降服。铁勒归降后，唐朝成为兼跨长城南北，统贯农牧两大区域的王朝。因此，唐太宗视夷狄如汉人、华夷一体观念的背后，是王朝国家政治实体统合的现实基础[3]。

"竭诚则胡越为一体"，尽管民族偏见和矛盾不易消除，但从总的形势看，唐朝的民族政策得到了较好的贯彻，并在历史上发挥了积极的作用。熊德基认为，李唐开国二帝提出了民族"怀柔"政策，并采取切合实际而又比较开明的措施来贯彻这一政策。太宗对各民族"爱之如一"，根据各民族地区的不同情况，灵活地采取了招抚、争取、和亲或战争等各种不同的方式，唐代终于建成了超过秦汉的多民族的强大王朝。唐太宗确实做到了《遗诏》中所说的"前王不辟之土，悉请衣冠；前史不载之乡，并为州县"。唐代的民族政策优于其前代与后代，在历史上起了巨大的作用。唐朝皇帝的威信提高了，赢得了各民族的支持。通商、通婚以及各种优遇措施促进了汉族与边疆少数民

---

1 王永兴：《唐代前期军事史论稿》，昆仑出版社 2003 年，第 250 页。
2 吴玉贵：《突厥汗国与隋唐关系史研究》，中国社会科学出版社 1998 年，第 243 页。
3 李鸿宾：《唐朝的北方边地与民族》，宁夏人民出版社 2011 年，第 55-56 页。

族的交往和杂居，不仅有利于唐和各民族文化的发展，且有助于民族的友好相处和民族融合，共同维护统一的多民族国家[1]。胡如雷指出唐太宗民族政策的背后有两条根本原则：一条是"中国百姓，实天下之根本，四夷之人，乃同枝叶，扰其根本以厚枝叶，而求久安，未之有也"；另一条是"人主之体……非威德无以致远，非慈厚无以怀人。抚九族以仁……此乃君之体也"[2]。唐太宗在处理国内民族关系的政策和措施方面有超越前人的高明之处，但也存在一定的局限性。胡如雷进而指出，李世民处理民族关系的原则之一，是尽量分化一个民族，使之从内部分裂，产生矛盾，以达到抵销其力量、减少唐朝边患的目的。唐对突厥和薛延陀都采取过类似的政策。唐太宗不但在各个少数族内部制造矛盾，分化削弱，而且在各少数民族之间，也往往挑拨离间、制造矛盾，使他们彼此牵制，以达到减少边境威胁的目的[3]。

2. 羁縻政策与唐初的边疆治理

唐朝建国之初，外有突厥为患，内有群雄割据，因此采取了"怀柔远人，义在羁縻"的治边政策。羁縻政策古已有之，据司马贞《史记索隐》："羁，马络头也；縻，牛缰也。《汉官仪》云：马云羁，牛云縻。言制四夷如牛马之受羁縻也。"汪篯指出，唐初的羁縻政策，就是不改变被征服民族的生产方式、风俗习惯，任命他们的贵族做羁縻府州的都督刺史，继续直接统治本民族[4]。

羁縻府州是唐朝的一大发明。《新唐书·地理志》载："唐兴，初未暇于四夷，自太宗平突厥，西北诸蕃及蛮夷稍稍内属，即其部落列置州县。其大者为都督府，以其首领为都督、刺史，皆得世袭。虽贡赋版籍，多不上户部，然声教所暨，皆边州都督、都护所领，著于令式。"吴玉贵认为，唐朝所谓羁縻都督府、州，是在已经迁居内地或仍然分布在唐朝周边地区的非汉族

1　熊德基：《唐代民族政策初探》，《历史研究》1982 年第 6 期。

2　胡如雷：《李世民传》，中华书局 1984 年，第 215–218 页。

3　胡如雷：《唐太宗民族政策的局限性》，《历史研究》1982 年第 6 期。

4　汪篯：《唐太宗》，《汪篯汉唐史论稿》，北京大学出版社 2016 年，第 74–116 页。

部落或政权的基础上建立的政权组织。虽然名称与内地地方政权相同，但是在行政功能，尤其是在与中央的关系上，与内地各级政权组织有较大差别。羁縻府、州首领一般由各部原来的酋领世袭，名义上由唐朝边疆地方当局兼领。具体来说，由入居内地的部落设置的羁縻府州，与以周边地区原居地部落设置的羁縻府州，构成了唐朝羁縻府州的两种最基本形式。入居内地的羁縻府州多寄治在内地州县境内，与唐政权的关系更直接，唐朝对它们的控制也就更严密[1]。两《唐书》对羁縻府州之名目、数量的记载有所错漏。刘统对唐代羁縻府州的设置年代、统隶关系、地理方位、兴废沿革等进行了比较全面的梳理，对《旧唐书》遗漏的羁縻府州进行了补充。他认为无论是《新唐书》或《旧唐书》记载的羁縻府州，都是不同时期开置的总和，而不是同时存在的。要想准确列举出唐代不同时期的羁縻府州数目和开置年代是比较困难的[2]。

　　陈寅恪认为"唐代武功可称为吾民族空前盛业"，疆域辽阔超越前代。唐太宗统治时期，唐朝拥有东至辽东、西逾葱岭、北越大漠、西南到吐蕃的广大疆域。马大正认为，唐朝的治边政策较为开明，其突出特点是以怀柔、羁縻为主，如：设立相对完善的以都护府、都督府为主体的边疆官吏体系；确立军镇屯戍制度，设立完善的边疆防御体系；实行以怀柔、招抚为主的边疆民族政策；积极开发边疆的政策；宽松的文化传播政策等。尽管唐朝对极为边远的边疆地区的统治采取了相对松散的羁縻方式，但也多是行之有效的[3]。李大龙将唐朝疆域分为三类：一是唐廷正式设置的府州统治区，也是唐王朝统治体系的核心区域；二是由都护府或都督府管辖的羁縻府州统治区域；三是羁縻府州统治区之外的藩国区。他认为在唐太宗的观念中，汉代以来郡县区域内的边疆民族是必须称臣的。从藩属体制的构筑情况看，唐太宗不仅是如此认识的，也是按照这一认识来实践的，其藩属体制的构筑也基本上是在

1　吴玉贵：《突厥汗国与隋唐关系史研究》，中国社会科学出版社 1998 年，第 425 页。

2　刘统：《唐代羁縻府州研究》，西北大学出版社 1998 年，第 25 页。

3　马大正：《中国古代的边疆政策与边疆治理》，《西域研究》2002 年第 4 期。

汉代以来郡县范围的基础上进行的[1]。渡边信一郎认为，唐代的天下乃是基于现实中所共有的法令，依靠王朝的统治机构与户籍、地图的编成而被实际支配的领域。天下主要意指作为登录于户籍的个人、户、乡、县、州（郡）、道之集合而显现的中国即禹迹，但更具体地说还包括内属于唐朝的羁縻州之夷狄。天下是唐王朝的皇帝通过州县制实现专制支配的、确定的实际支配领域。唐太宗时期存在着由中国与夷狄所组成的天下的用例，这是缘于贞观初年的特殊形势，即羁縻州设置的进展及"天可汗"称号所象征的与西北诸民族之间支配关系的成立。羁縻州所在地域是夷狄与中国之间的中间地带[2]。石见清裕指出，唐代在中国的边境形成了一个带状的羁縻统治地带。唐的羁縻地带中，内附民族形成部落而生活在其中，其君长屡屡从唐获得身份保障，并作为武将担当了唐朝军事力量的重要一翼。这个羁縻地带，经营成功时，唐朝获得了极大的收益，一旦羁縻经营出现破绽，平衡崩溃，这里积聚的能量爆发出来，又一定会带来极大的破坏。然而从唐的防卫角度来看，经营羁縻地带是远比用一条线划分国境更为有效的做法。正因为如此，唐朝对内附异民族的处置方式，经由法令确定下来。进入羁縻统治体系中的异民族，不仅仅和唐朝相联系，他们与外部世界也保持着密切联系。在唐代，"从不从中国之礼"不是主要问题，唐皇帝本身就是"天可汗"，名义上也是西北各部族的领袖。内附的民族，既是唐人，同时也是其原本所来自的国家的人[3]。

唐前期统治者重视经营西域。贞观十四年（640年），太宗命侯君集率军攻灭高昌，以其地为西州。陈寅恪指出，李唐承袭宇文泰"关中本位政策"，全国重心本在西北一隅，故"竭全国之武力财力积极进取，以开拓西方边境，统治中央亚细亚，藉保关陇之安全为国策也"。在东北方面，唐朝则采取维持现状的消极政略，"此东北消极政策不独有关李唐一代之大局，即五代、赵

1　李大龙：《汉唐藩属体制研究》，中国社会科学出版社2006年，第291–294页。

2　［日］渡边信一郎：《中国古代的王权与天下秩序》，徐冲译，中华书局2008年，第26–27页。

3　［日］石见清裕：《唐代北方问题与国际秩序》，胡鸿译，复旦大学出版社2019年，第427页。

宋数朝之国势亦因以构成"[1]。王永兴认为，太宗之灭高昌，主要目的为控制西域，保卫大唐帝国西北边疆并开拓土地。为达到此目的，必须在西北边防上建设一个军事经济根据地，西州乃最适宜之地区。……贞观十四年之时，唐北疆之外的东突厥，其势力渐次恢复，西北疆之外的西突厥相当强大，西及西南疆外之吐蕃甚为强大，唐帝国西北地区将要受到威胁，为长治久安计，太宗不能不筹划西北边疆之军事，英明之贞观天子固当如是也[2]。

唐朝建立之时，一个以丝绸之路为媒介、连接拜占庭和东亚世界的庞大贸易网络已经形成。对唐朝而言，只要控制了通往西域的交通主导权，就能够进入到这个贸易网络托起的世界体系之中。贞观君臣之所以态度坚决地攻打高昌、消灭吐谷浑，正是为了打通与维护同以中亚为中心的欧亚贸易网络的有效联系，建立起对这个贸易线路东段的控制权。以强大的国力为基础，唐朝在西域和中亚地区实现了涵育式的拓展，即在军事和政治控制向外发展的同时，建立起不同模式的超越零和博弈的混合体制，包括大量设置的羁縻州县一类纳入州县体系但不改变其部落体制的羁縻制度、安西四镇一类介乎州县与小邦国之间的胡汉双轨制，以实现一种相对和平的融合，构建了一种全新的秩序。

3."天可汗"与亚洲国家秩序的重建

任何国家都不是孤立存在的，而是处于复杂的国际关系之中，唐朝自不例外。陈寅恪在论及唐朝与外族之关系时，提出了"外族盛衰之连环性"的说法。他认为，"所谓外族盛衰之连环性者，即某甲外族不独与唐室统治之中国接触，同时亦与其他之外族有关，其他外族之崛起或强大可致某甲外族之灭亡或衰弱，其间相互之因果虽不易详确分析，而唐室统治之中国遂受其兴亡强弱之影响，及利用其机缘，或坐承其弊害，故观察唐代之中国与某甲外族之关系，其范围不可限于某甲外族，必通览诸外族相互之关系，然后三百

1　陈寅恪：《唐代政治史述论稿／下篇外族盛衰之连环性及外患与内忧之关系》，《隋唐制度渊源略论稿·唐代政治史述论稿》，生活·读书·新知三联书店2001年，第326–327页。

2　王永兴：《王永兴说隋唐》，上海科学技术文献出版社2009年，第38–42页。

年间中国与四夷更迭盛衰之故始得明了，时当唐室对外之措施亦可略知其意。盖中国与其所接触诸外族之盛衰兴废，常为多数外族间之连环性，而非中国与某甲外族间之单独性也。"[1]

隋末唐初，突厥势力强盛，实为东亚地区之霸主。《通典》载，其时"薛举、窦建德、王（世）充、刘武周、梁师都、李轨、高开道之徒，虽僭尊号，北面称臣，受其可汗之号。东自契丹，西尽吐谷浑、高昌诸国，皆臣之。控弦百万，戎狄之盛，近代未之有也"。陈寅恪据此认为，隋末唐初之际，亚洲大部民族之主人是突厥，而非华夏，"隋末中国北方群雄几皆称臣于突厥，为其附庸，唐高祖起兵太原，亦为中国北方群雄之一，岂能于此独为例外？故突厥在当时实为东亚之霸主，史谓'戎狄之盛，近代未有。'诚非虚语"[2]。汪篯认为，高祖称臣于突厥一事为确定不移之论，"突厥特欲资助唐高祖以释宿憾于隋炀而致中国之内乱，固其宜矣"[3]。王永兴认为隋末唐初东突厥强大，实际上称霸于亚洲，乃这一广大地区的主人。从形式上看，唐得天下于隋恭帝；但实际上，唐得天下于当时东亚霸主东突厥之手[4]。

贞观四年（公元630年），唐破东突厥，"诸蕃君长诣阙，请太宗为天可汗。乃下制：令后玺书赐西域北荒之君长，皆称皇帝天可汗。诸蕃渠帅有死亡者，必下诏册立其后嗣焉。统制四夷，自此始也"。各民族尊太宗为天可汗，实质上是在政治上承认了唐具有最高主权，为各族之"共主"。按照吴玉贵的研究，在魏晋南北朝长期民族融合的历史背景之下，隋唐时代各族间的关系以及对民族问题的认识都发生了显著的变化。启民可汗之臣服隋朝，为唐代在漠北诸游牧部落中实行的"天可汗"制开了先河。早在隋文帝时，就已经接受了突厥"莫缘可汗"的称号。太原起兵之初，李渊甚至卑辞厚礼，向突厥称臣，这种格局持续到唐朝建立之后，传统的农牧分立格局再次被打

1　陈寅恪：《唐代政治史述论稿/下篇外族盛衰之连环性及外患与内忧之关系》，《隋唐制度渊源略论稿·唐代政治史述论稿》，生活·读书·新知三联书店2001年，第321页。

2　陈寅恪：《论唐高祖称臣于突厥事》，《岭南学报》1951年第11卷第2期。

3　汪篯：《唐室之克定关中》，《汪篯汉唐史论稿》，北京大学出版社2016年，464—479页。

4　王永兴：《唐代前期军事史论稿》，昆仑出版社2003年，第202页。

破。出于现实政治需要，内地统治者可以向突厥称臣，突厥首领也可以降唐，入仕内地。贞观四年唐灭东突厥，唐太宗实际上已经承担了维持北亚统治秩序的职责，其表现形式就是接受北方和西域游牧民族尊奉的"天可汗"称号，并在名义上具有册立游牧民族政权新君的权力[1]。石见清裕认为，突厥居于罗马、波斯、伊斯兰世界与中国东西两极之间，靠中转贸易而繁荣，是一个巨大的贸易国家。唐吞灭了突厥，同时将此前一直由游牧民族把持的中转贸易通商权纳入自己的掌握之中，结果唐逐渐将直辖统治扩展到了中亚，"大唐世界帝国"就这样建成了。唐代并不像汉代那样以中国为中心将周边诸国全部置于臣下，周边国家反倒是在保持主体性的基础上，向唐派遣使节。不过，唐也是国际性国家，其国际性的文化，即使对于外国人而言也容易毫无抵抗地接受。周边诸国在接受唐的律令制和佛教文化时，实际上接受的是吸收了背后的伊朗、印度文化的国际文化，是一个具有世界性的"远东文明"[2]。

东突厥灭亡以后，唐朝成为东亚世界的核心，在维护国际秩序方面发挥着重要作用。韩昇认为，7世纪30年代，唐朝已确定并着手建立东亚国际关系秩序。在朝鲜北部，要臣服高句丽，解决两国间的既存问题；在南部，可以看出以新罗为重心的倾向，在不允许藩国新罗受到侵略瓜分的同时，争取将百济和日本纳入国际关系体制[3]。贞观后期，唐太宗步隋炀帝后尘，三次出兵攻打高句丽。李鸿宾认为，向东西开拓是唐朝初期决策集团制定的战略方针，唐太宗的战略意图是要将唐朝建成雄踞东方的强盛帝国。张晓东从政治地理学理论视角出发，认为隋唐东征军事活动反映了大陆地带、边缘地带和海洋地带三个地带上的军事政治力量角逐。隋唐王朝、高句丽和日本分别成为这三个地带的主导性力量，其中朝鲜半岛及其周边海域是东北亚的战略重心，而半岛西南部和黄海及对马海峡是这个重心区域的战略枢纽，当时的百

---

1 吴玉贵：《突厥汗国与隋唐关系史研究》，中国社会科学出版社1998年，第242–243页。

2 ［日］石见清裕：《唐代北方问题与国际秩序》，胡鸿译，复旦大学出版社2019年，第427页。

3 韩昇：《唐平百济前后的东亚国际形势》，载荣新江主编《唐研究》第一卷，北京大学出版社1995年。

济国则占据着边缘地带战略枢纽位置。正是在唐朝发展强大海上军事力量并控制百济之后，才实现了东征之役的战略突破，这也反映了海上力量对当地的战略影响举足轻重，在东北亚地缘环境中起到了特殊作用[1]。王小甫认为，就隋唐五代东北亚国际秩序而言，因作为地区大国的中国具有尚德抑武的传统，无意于向外做体制性经营，所以并不存在以中原王朝为中心的国际政治关系。如果一定要说当时有所谓国际秩序的话，那就只能是陈寅恪先生提出的由盛衰连环产生的相互制衡。迄今为止人们用不同名分构造出来的各种静态体制，恐怕并非当时本地区不同民族和国家间关系的实情，因而也很难藉之来理解历史发展的真实原因和动态趋势[2]。

王贞平认为唐前期所在的亚洲是一个"多极"世界。"多极"是指数个国家为增强各自实力而相互竞争的国际环境。这些国家有时为对抗第三国而结成联盟，有时又为实现各自目标而自行其是。实力在各个国家的分布呈分散而不均匀状，没有任何国家能够永远独霸天下。这些国家之间的关系因此复杂多变，难以预测。6世纪末7世纪初的亚洲，就是这样一个变化莫测的世界。短命的隋朝（581—618）土崩瓦解，多股地方割据势力在中国北方和西北蜂拥而起，为称霸中原相互征伐。李渊及其追随者便是其中之一。李渊在618年建立唐朝后，未能立即将多极亚洲变成由唐主导的世界。直到他的儿子太宗（627—649在位）继位后，唐才在贞观二年（628年）铲除了西北最后一股割据势力。贞观四年（630年），唐灭东突厥，在亚洲取得优势地位，中国北方和西北的游牧部落纷纷奉太宗为"天可汗"，许多政权定期向唐廷遣使朝贡，以示效忠。隋唐时代的亚洲是一个多极化的世界，并不是唐廷一枝独秀的称霸时代。唐王朝是国际社会敬畏的一股势力，但随着四邻国家在势力上与唐王朝的差距逐步缩小，他们与唐王朝形成了一种复杂的相互依存的关系。唐王朝有时候有求于周边国家，如请回鹘军队平乱；周边国家也常

1　张晓东：《隋唐东北亚的地缘环境与政治博弈——以隋唐东征军事活动为中心的考察》，《军事历史研究》2015年第3期。

2　王小甫主编：《盛唐时代与东北亚政局》，上海辞书出版社2003年，第22页。

常有求于唐王朝，如新罗、南诏。作为历时近 300 年的王朝，唐与周边亚洲政权的关系处在一个相对动态的过程中，大而化之无非是 755 年变乱前后的政策变动，细之则历任君主也多有调整。但总体而言，这 300 年变化的结果，一言以蔽之，是"现代亚洲地缘格局"的雏形期[1]。

三、对唐朝建立与贞观之治的综合分析

（一）唐朝开国的特殊性

李渊出身于关陇军事贵族集团中的核心家族，他的祖父李虎西魏时官至太尉，为"八柱国"之一，北周初追封为唐国公。李渊的母亲独孤氏与北周明帝独孤皇后、隋文帝独孤皇后是姐妹，故李渊家族于魏、周、隋时期可谓世代帝戚。作为关陇贵族的一员，李渊的门阀观念根深蒂固。关陇集团是以西魏八柱国、十二大将军之家为核心建立起来的。这些家族大都在政治风浪中衰落了。李渊本人曾在诏令中谈到，"近世以来，时运迁革，前代亲族，莫不诸夷"。八柱国之家的直系后人，到李渊改朝换代之时，仅李渊和李密二人还有政治影响力。而且，李渊的祖父和外祖父都是八柱国之一，是关陇集团最有资格的维护者。李渊建国后的权力配置，没有也不可能走出关陇集团的既定格局，尽管这个格局事实上已难维持。

唐朝的开国，与汉朝相比，有一个明显的差别，就是朝代虽然变了，皇帝换了姓氏，但掌权的班子没有大的变化。在李渊当皇帝的八年多时间里，总共有十二个宰相，除了李世民和李元吉，其余十人中，裴寂、萧瑀、窦威、窦抗、杨恭仁、宇文士及和刘文静等七人都出身于关陇贵族集团，而且除刘文静外，都出自显赫的家庭。其中窦威、窦抗、萧瑀和宇文士及都是隋唐皇室的亲戚。其余三人，封伦即封德彝是山东士族，陈叔达是江南贵族，裴矩

---

1 ［加］王贞平：《多极亚洲中的唐朝》，贾永会译，上海文化出版社 2020 年。

是前朝旧臣。这些人中，长期担任宰相并执掌政务的只有裴寂、萧瑀、封伦和陈叔达四人。这是一个以关陇集团为核心、山东士族和江南贵族还起着重要作用的政府，也基本是延续隋朝前期权力格局的政府。时代要求新的政权必须走出门阀政治的历史窠臼，走进一个全新的时代。这个任务，李渊没有完成。从某种意义上说，这也不是历史赋予他的使命，因为国家的统一大业尚待他去完成。

（二）贞观之治的内涵与历史书写

在中国历史与政治传统中，贞观之治既是指一个重要历史时期的统治局面，也是一个历史传统中的政治概念。作为历史事实的贞观之治，是指唐太宗统治下出现的政治局面。作为政治概念的贞观之治，则是被贞观以后的历史学家和政治家不断阐发的治国理论意义上的一个理想，是被"层累地造成"的历史。唐太宗时期的统治局面之所以被称为"贞观之治"，源于中国古代政治传统中对统治形态进行划分的概念系统。

早期儒家政治思想中，一个很重要的理论基础，就是对古史及其政治形态进行系统性的构造。从东周到秦汉之间，以儒家为主，根据不同的古史信息，从不同渠道汇合而成了一个以"三皇五帝"为核心的圣统史观，加上夏商周的历史衔接，就构成了一个完整的古史体系，它既是一个历史演进的系统，也是一个政治观念的系统。在这个系统中，尧舜之道是治国的最高境界，是圣人之道，是帝道；夏商周三代之治，则是礼乐文明，是王道。帝道王道之下，在治国实践中，所达到的局面又有不同的形态，其中最判然分明的一个区分就是治世与乱世。

刘泽华指出，中国古代天、道、圣、王的"四合一"制造了圣王崇拜。中国传统观念里把一切美好的希望都凝结在圣王理想中。只要圣王出世，就能给天下带来太平盛世。在漫长的历史长河里，伟大的思想家基本上都是在圣王和暴君中打转，批判暴君，寄希望于圣王。黄宗羲等试图跳出这个怪圈，但终是没有跳出来。这个怪圈虽有很大的空间，但终归是一具桎梏，窒息了民主与公民观念萌发，真是中国历史进程中的一大遗憾[1]。但是，在中国古代传统政治思想体系内部，贞观君臣的认识还是具有鲜明特性和相对先进性的。

据唐朝史臣吴兢编撰的《贞观政要》记载，贞观时期关于政治理想和治国方针的探讨，集中在尧舜之道，其目标是魏徵在贞观十四年（640 年）上疏中提出的"君为尧、舜，臣为稷、契"。唐太宗自己也曾表示，"朕今所好者，惟在尧、舜之道，周、孔之教，以为如鸟有翼，如鱼依水，失之必死，不可暂无耳"。他与侍臣讨论天子要怀有谦恭和畏惧之心，引用《尚书》里舜诫禹之语："惟汝不矜，天下莫与汝争能；惟汝不伐，天下莫与汝争功"；又引用《周易》"人道恶盈而好谦"的说法，指出天子必须上畏皇天，下惧群臣百姓。魏徵进一步强调这是唐虞之道，曰："古人云：'靡不有初，鲜克有终。'愿陛下守此常谦常惧之道，日慎一日，则宗社永固，无倾覆矣。唐、虞所以太平，实用此法"。在谈论祥瑞灾异问题时，唐太宗主张百姓富足、天下太平是最大的祥瑞。他说："如朕本心，但使天下太平，家给人足，虽无祥瑞，亦可比德于尧、舜。若百姓不足，夷狄内侵，纵有芝草遍街衢，凤凰巢苑囿，亦何异于夷、狄？……夫为人君，当须至公理天下，以得万姓之欢心。若尧、舜在上，百姓敬之如天地，爱之如父母，动作兴事，人皆乐之，发号施令，人皆悦之，此是大祥瑞也"。贞观初年关于治国方针的讨论中，魏徵主张实行教化，其历史与理论依据就是"五帝、三王，不易人而化。行帝道则帝，行王道则王，在于当时所理，化之而已。考之载籍，可得而知"。后来唐太宗在总结自己的成功时，着重强调魏徵在劝行帝道王道方面的贡献。他说："贞观初，人皆异论，云当今必不可行帝道、王道，惟魏徵劝我。既从其言，不过数载，遂得华夏安宁，元戎宾服。突厥自古以来常为中国勍敌，今酋长并带刀宿卫，部落皆袭衣冠。使我至此者，皆魏徵之力也。"

唐太宗效法尧、舜，欲开创治世，但也有操之过急的一面。据陈爽研究，唐太宗以"逆取顺守"的方式取得皇位，既有除旧布新、开明纳谏的胆

1　刘泽华：《论天、道、圣、王四合一——中国政治思维的神话逻辑》，《南开学报》（哲学社会科学版）2013 年第 3 期。

识，亦有其急功近利、虚饰矫情的权诈。贞观之初，唐太宗皇位未稳，承受着"杀兄屠弟，篡夺父位"的伦理压力，迫切需要在国家治理方面有所作为，汲汲在短期内打造出天下大治的局面，自诩"朕虽以武功定天下，终当以文德绥海内"。唐初百废待兴，秩序的恢复、社会的稳定和经济的繁荣都有待时日，如何在短时间内取得突出政绩，显示自己的治国才能，就成为当务之急。而"囹圄空"则具备较为便捷的可操作性和可观的时效性，成为提振民心、宣示德政的重要手段。贞观六年（632 年），唐太宗法外施仁，为宣示盛世主导了"纵囚归狱"事件。而经历了此次并不成功的德政制造之后，唐朝统治者们逐步意识到只有把德政转变为良法，方为长治久安之计，以《贞观律》和《永徽律》的制定和颁布为标志，唐王朝进入了律令制时代。[1]

贞观君臣以尧舜之世、唐虞之道为自己时代的政治理想和治国指导思想，并将抽象的帝道王道落实为具体的治国方略和施政措施，将自己的时代定位为用唐虞之道开创的一个历史上从未有过的治世。他们的政治理想，在很大程度上是实现了的。早在贞观中期，人们就开始意识到贞观之初的政治局面具有落实帝道王道理想和开创治世局面的双重意义。如马周上疏太宗曰："陛下必欲为久长之谋，不必远求上古，但如贞观之初，则天下幸甚"。吴兢在《上〈贞观政要〉表》中，已经不再把五帝三王视为楷模，而是把贞观政化视为典范，其文曰："窃惟太宗文皇帝之政化，自旷古而来，未有如此之盛者也。虽唐尧、虞舜、夏禹、殷汤、周之文武、汉之文景，皆所不逮也。"

"贞观之治"以其特有的内涵进入传统政治的概念体系，进而成为新的典范。在贞观政治实践中，已经将古代治国理念具体落实为治国方针和施政措施，是历史上少有的对儒家倡导的帝道王道的真正落实。对后人来说，贞观治国方略比帝道王道更加真实可信，也更加具有可操作性和现实借鉴意义。唐代以后，历代想要有所作为的君主，都以唐太宗为效法的榜样。对后世治国者来说，重现贞观之治，就如同贞观君臣追求尧舜之世重现一样，成为崇

1　陈爽：《纵囚归狱与初唐的德政制造》，《历史研究》2018 年第 2 期。

高的理想。总结贞观之治的《贞观政要》，也因此成为历代帝王的教科书。

（三）制度损益与中国古代国家治理体系的创新

中国传统政治文化中，因与革是对于制度演进认识的两个向度，二者缺一不可，是互相依存又互相制约的关系。治国理政的政治实践中，有时侧重因循守成，强调恪守祖宗之法和祖制祖训，有时又侧重损益变通。抛开对诸如"天不变，道亦不变"等思想言论断章取义之曲解，即使针对事实上制度的因循沿袭一面，如果对此过分强调而忽视其创新内容，则无疑会夸大中国制度文化中保守之惰性。"周虽旧邦，其命维新"，任何朝代的制度建设皆有其"革故鼎新"一面，都不可能完全因袭前朝。各种历史文献中有关"汉承秦制""唐承隋制"等模式化的书写，并不能掩盖后一朝对前朝制度的损益变通。即使在同一个朝代的不同时期，出于行政合理化的客观需要，也必须完善制度的自我更新机制，以及不断调整制度，改造服务于制度建设的政治文化。

唐代制度无疑是对南北朝和隋朝制度因革损益的结果。吴宗国的研究指出，隋朝建立时，豪强士族地主虽然已经衰落，但是一般地主正在兴起，没有来得及把大部分农民转化为自己的依附农民，社会上存在着大量的自耕农。因此，隋文帝只是把南北朝以来，主要是北朝已经开始变化的政治制度加以总结，并废弃了九品中正制和地方长官辟任佐官等保证豪强士族世代担任高官和控制地方行政的制度，为一般地主的发展开辟了道路。隋炀帝又借鉴了南朝的制度，进一步加以革新[1]。隋和唐初确立的三省制及其他相关制度虽然具有很大的开创性，但仍具有很大的过渡性。第一，唐初的三省制和其他制度都是建立在广大小农（均田制下的自耕农）基础之上，随着小农的分化，到唐朝建立半个世纪或稍后，自然开始出现不适应了。第二，设官分职、职掌固定的制度设计，只适应于经济不很发达、小农占居多数的时期。尚书各

1　吴宗国：《唐朝的特性》，《中古社会变迁与隋唐史研究》，中华书局 2019 年，第 1–10 页。

部据令式以掌政令，行政决策以唐初所定令式为依据，这种机制并不适应急速变化的经济、政治形势。唐朝政府的应对办法，最初是通过政策的调整，后来则采取设立使职和制订新的法令的办法来解决新出现的问题[1]。经过一系列的制度调整，唐朝最终结束了贵族门阀政治和家国一体的国家体制，开启了皇帝——官僚政治体制，皇帝走向处理国家政务的前台，君主与宰相在国家政务裁决中更加一体化，同时又有了新的分工。唐代政治体制变革的核心内容，就是政府机构在按职能分工的基础上，不断加以调整。

始终处于不断的变动之中，是唐朝政治制度的显著特点。这种变动不仅是一些具体制度的变动，而且牵涉到从三省体制到中书门下体制这样重大的政治体制的变动。《唐六典》是唐前期政治制度的总结，具有重要史料价值，在唐代政治制度史和法制史的研究上，具有无可替代的意义。《唐六典》不仅是对开元时期制度的静态记录，也体现了整个唐前期制度的变化[2]。

在中国帝制时代国家政治体制的发展史上，唐朝前期的制度体系具有特殊的地位，在众多方面呈现出承前启后的时代特征。

1. 通过相对完备的律令格式，确立了法典效力优先于制敕权威的治理逻辑。唐前期国家制度的基本结构是通过《职员令》规定的，包括六篇《职员令》在内的唐令总共有三十卷，其篇目从武德七年令到开元二十五年令略有变化。令是唐前期由"律令格式"组成的法令体系中的一种，《唐六典》刑部郎中员外郎之职条将四种法典的作用概括为"律以正刑定罪，令以设范立制，格以禁违正邪，式以轨物程事"。由于唐太宗和贞观之治的典范地位，奠定于贞观时期并经唐高宗时期完善起来的律令格式，作为互为补充的法典，在整个唐前期具有高于皇帝制敕的效力。正因为作为制定法的法典效力高于在位君主制敕的权威，唐前期被称为律令制国家，即国家的基本制度都是由律令格式所规定的。但是，这并不意味着对国家各种社会关系的规定及政务运行的规则完全是刚性的，而是还有弹性规定的一面。

1　吴宗国：《试论中国中古社会变迁》，同上书，第431–441页。
2　吴宗国主编：《盛唐政治制度研究》，中国人民大学出版社2019年，绪论第1–13页。

2. 区分邦国与天下，建立起在京诸司区分于天下诸州的行政架构。在《唐六典》的高度概括式表述中，"在京诸司"与"诸州"分别对应的就是"邦国"与"天下"。这是唐代国家治理体系中的一个二元结构。尚书六部与九寺五监的区别，与其说是掌政令与掌事务之分，还不如说是所掌为天下与邦国政务之分，六部尚书侍郎的职掌都是掌天下若干方面的政令，所有寺监所掌则全部界定在"邦国"范围之内，除了事务也有政令。这种在京诸司区分于天下诸州的行政架构，以及二者错落地分别对接尚书六部的体制，是汉魏以来政治制度发展的总结与定型，并一直影响到后世。

3. 通过依托于职司的事类划分，区分出以尚书六部为最高层级的政务类别，并将使职差遣交织于其间。律令体制下，尚书六部所掌涵盖了全部国家政务，即朝廷要处理的政务都归纳到二十四司的统摄下。如果使用近代以来决策与行政、立法与司法等政治学术语来表述的话，唐前期的国家治理大体遵循以下原则：立法和决策"断自宸衷"，即君主享有包括立法在内的决策专断权；中枢层面中书、门下和尚书三省分工协作构成一个整体，实现决策制定与政令颁行合一；有司层面包括在京诸司和天下诸州，则以行政为主导分工对接尚书六部。归总到尚书六部的六大部类政务，都统摄于三省运行机制之中，无论是治官与理民、礼乐与刑罚、军事与民事，都遵从于一个一体化运作的行政统摄体系。规定国家政务运行中职司的划分与职掌以及与其相对应事类的律令体制，必须具有一定的弹性。事类可以相对固定，但官府要处理的事务却是层出不穷、变化不断的。为了应对急难险重及各种新出事务，皇帝差派体制内的官员作为"敕使"处理，而使职最初都是从御史台系统派出的。"设官以经之，置使以纬之"，经纬交织维持着律令体制的运转。

4. 依托于王言与省符，建立起中枢政令直贯于州县乡里的文书系统。唐代国家政务运行有着严密的文书系统，皇帝、皇太子和亲王、公主都有自己的专用命令文书，行用于不同的场合和范围。由上而下的命令文书，主要是被称为"王言"的君主制敕及尚书省以曹司为主体将制敕转发至"在京诸司"和"天下诸州"的"省符"。"符"是政令传达最为正规的文书，只用于律令体制内的正式官司上级对下级的命令，最终的权威则来自君主的制敕。尚书省指挥州县乡里的垂直体系中，并非每一个层级都等量齐观，在保证上下贯通的同时，各个层级都有其核心政务，政务裁决权也是分层次的。尚书六部和诸司除了通过"省符"转发制敕之外，还有颁布其自身政令的文书如牒和帖，府州和县司在承上级命令而颁的"符"之外，亦有牒和帖指挥公事。通过符与牒（帖）的交互使用，尚书六部和州县乡里无缝对接又各有侧重，构建起高度中央集权的自上而下的决策执行机制。律令格式对各个环节政务申报裁决有着详密规定，以保障朝廷政令逐级传达到基层，基层行政节级统属于朝廷。

总之，完备于开元时期的唐朝制度体系，其基本框架是在贞观时期奠定的。这套体系完成了从皇帝贵族体制到皇帝官僚体制的过渡，奠定了后代官僚政治制度的基本框架和运行模式，为中国古代的国家治理树立了典范。

（四）为君之道与中国古代国家治理思想的新高度

唐太宗即位以后，十分重视对前代典籍的学习，从中探求治国安民、长治久安的方略。史载"太宗初践祚，即于正殿之左置弘文馆，精选天下文儒，令以本官兼署学士，给以五品珍膳，更日宿直，以听朝之隙，引入内殿，讨论坟典，商略政事，或至夜分乃罢。"（《贞观政要·崇儒学》）他命魏徵等编纂《群书治要》，遍摘经史典籍中有关治国理政的内容，以资借鉴。贞观九年（635 年），太宗谓公卿曰："（朕）少从戎旅，不暇读书。贞观以来，手不释卷，知风化之本，见政理之源。"他重用魏徵、王珪等熟读经史，具有远见卓识的人才，共同探讨治国之要。贞观君臣论治过程中，言必唐尧虞舜，语必历代兴衰。他们在学习历代统治理论，吸取历史经验教训的基础上，结合治国实践，提出了一系列理论和政治原则，从而将中国古代国家治理思想推向了一个新的高度。

贞观君臣对传统治国思想的发展，集中体现在为君之道、安人之道上。贞观六年（632 年），太宗谓侍臣曰："'可爱非君，可畏非民。'天子者有道则人推而为主，无道则人弃而不用，诚可畏也。"魏徵对曰："臣又闻古语云：'君，舟也；人，水也，水能载舟，亦能覆舟。'陛下以为可畏，诚如圣旨。"（《贞观政要·君道》）吴宗国认为，唐太宗以皇帝的身份明确提出"天子者有道则人推而为主，无道则人弃而不用"，强调君与民的依存关系，这就否定了皇帝受命于天的观点，否定了皇帝及其权力与天的联系，把对皇权来源和君民关系的认识提到一个前所未有的高度[1]。唐太宗的这句话是从隋末唐初的社会现实出发，吸取了历代统治理论的精华，总结了历代盛衰兴亡的教训，特别是隋朝灭亡的教训而提出来的。它不仅是唐太宗政治思想的精华，在中国封建社会的政治理论中，也达到了前所未有的水平[2]。

太宗认识到君主的存在是以百姓的生存为前提的，"为君之道，必须先存百姓"，故坚持以民为本。贞观二年（628年），太宗谓侍臣曰："凡事皆须务本，国以人为本，人以衣食为本。凡营衣食，以不失时为本。夫不失时者，在人君简静乃可致耳。若兵戈屡动，土木不息，而欲不夺农时，其可得乎！"王珪曰："昔秦皇、汉武，外则穷极兵戈，内则崇侈宫室，人力既竭，祸难遂兴。彼岂不欲安人乎？失所以安人之道也。亡隋之辙，殷鉴不远。陛下亲承其弊，知所以易之，然在初则易，终之实难。"王珪指出国家对百姓的征发应在一定的限度内，不能阻碍社会再生产的进行，这样才能得"安人之道"。《资治通鉴》载太宗曾与群臣论止盗。"或请重法以禁之，上晒之曰：'民之所以为盗者，由赋繁役重，官吏贪求，饥寒切身，故不暇顾廉耻耳。朕当去奢省费，轻徭薄赋，选用廉吏，使民衣食有余，则自不为盗，安用重法邪！'自是数年之后，海内升平，路不拾遗，外户不闭，商旅野宿焉。"可见唐太宗对治国安民之术有非常深刻的理解。

唐太宗曾多次表示"安人宁国，惟在于君"，"今天下安危，系之于朕"。这表明他对于国家、君主和百姓的关系有十分准确的理解。他曾谓侍臣曰：

1　吴宗国：《〈贞观政要〉与贞观君臣论治》，《中古社会变迁与隋唐史研究》，中华书局2019年，第49-83页。

2　吴宗国：《唐太宗政治思想的形成》，同上书，第38-48页。

"君依于国，国依于民。刻民以奉君，犹割股以充腹，腹饱而身毙，君富而国亡。故人君之患，不自外来，常由身出。夫欲盛则费广，费广则赋重，赋重则民愁，民愁则国危，国危则君丧矣。朕常一次思之，故不敢纵欲也。"太宗清醒地认识到君主对百姓的依存关系，因此重视躬行节俭，仁爱百姓。贞观二年（628年），"畿内有蝗。辛卯，上入苑中，见蝗，掇数枚，祝之曰：'民以谷为命，而汝食之，宁食吾之肺肠。'举手欲吞之，左右谏曰：'恶物或成疾。'上曰：'朕为民受灾，何疾之避！'遂吞之。是岁，蝗不为灾。"仁是帝王必须具备的内在之德，将情感与利益真正融入百姓之中，仁民爱物，其政策举措才能使百姓获益，才能社会和谐。

贞观君臣认识到，为君之道的关键在于保持"公心"，即秉持天下为公的政治理念。太宗即位后，改年号为"贞观"。《改元贞观诏》着重强调的是"朕遐观方册，历选前王，大道既隐，至公斯革，莫不思树风声，用隆鼎命"，可见改元"贞观"就是要示天下以正，以"至公"治天下，即树立"天下为公"的核心价值观。

天下为公是中国古代最重要的政治理念或者说政治伦理。《礼记·礼运》中宣扬的"大同"世界，核心就是"大道之行也，天下为公"。贞观二年，张蕴古上疏曰："圣人受命，拯溺亨屯，归罪于己，因心于人，大明无偏照，至公无私心，故以一人治天下，不以天下奉一人。"太宗表示赞许，赐帛三百段。又，"上谓房玄龄等曰：'为政莫若至公。昔诸葛亮窜廖立、李严于南夷，亮卒而立、严皆悲泣，有死者，非至公能如是乎！又高颎为隋相，公平识治体，隋之兴亡，系颎之存没。朕既慕前世之明君，卿等不可不法前世之贤相也。'"可见太宗亦认为为政须"以天下为公，不能私于一物"。

唐太宗即位后，无论是封赏功臣还是任用官员，都坚持"至公无私"、"择贤才而用之"的原则。《资治通鉴》等史籍记载，武德九年（626年）九月，"上面定勋臣长孙无忌等爵邑，命陈叔达于殿下唱名示之，且曰：'朕叙卿等勋赏或未当，宜各自言。'于是诸将争功，纷纭不已。淮安王神通曰：'臣举兵关西，首应义旗，今房玄龄，杜如晦等专弄刀笔，功居臣上，臣窃不服。'

上曰：'义旗初起，叔父虽首唱举兵，盖亦自营脱祸。及窦建德吞噬山东，叔父全军覆没；刘黑闼再合余烬，叔父望风奔北。玄龄等运筹帷幄，坐安社稷，论功行赏，固宜居叔父之先。叔父，国之至亲，朕诚无所爱，但不可以私恩滥与勋臣同赏耳！'诸将乃相谓曰：'陛下至公，虽淮安王尚无所私，吾侪何敢不安其分。'遂皆悦服。"又，房玄龄尝言："秦府旧人未迁官者，皆嗟怨曰：'吾属奉事左右，几何年矣！今除官，返出前宫、齐府人之后。'"上曰："王者至公无私，故能服天下之心。朕与卿辈日所衣食，皆取诸民者也。故设官分职，以为民也，当择贤才而用之，岂以新旧为先后哉！必也新而贤，旧而不肖，安可舍新而取旧乎！今不论其贤不肖而直言嗟怨，岂为政之体乎！"太宗理想中的"为政之体"便是"以至公治天下"。

天下为公，重点在于坚持法治。唐太宗说，"法者，非朕一人之法，乃天下之法"。贞观五年（631年），太宗谓房玄龄等曰："自古帝王多任情喜怒，喜则滥赏无功，怒则滥杀无罪。是以天下丧乱，莫不由此。朕今夙夜未尝不以此为心。恒欲公等尽情极谏。"贞观六年（632年），太宗谓侍臣曰："朕比来临朝断决亦有乖于律令者，公等以为小事，遂不执言。凡大事皆起于小事，小事不论，大事又将不可救，社稷倾危，莫不由此。"唐太宗将坚守法令提升至国家兴亡的高度，本质上还是出于对"公心"的重视。

唐太宗的军事政治实践与治国思想在全球范围内产生了深远影响。据魏希德（Hilde De Weerdt）研究，唐太宗生前撰述或后人编纂的记载贞观历史的著作如《金镜》《帝范》《贞观政要》等，是作为"帝鉴"，即皇帝与未来的皇帝太子之必读之书的。而这三个文本构成了近代欧洲——特别是德国与法国——研究中国治理思想与实践经验的重要文本。此前，蒙古人就热衷于研究唐太宗的政术，甚至出版了蒙文版本的《贞观政要》颁布给官僚。16—18世纪，这一系列"帝鉴"通过传教士流传到欧洲，其全球性影响更为显著。18世纪初，已经有了很多关于唐太宗的法语、英语、德语文献。有些学者将唐太宗视为君主的模范，并将之介绍给欧洲的国王和民众。欧洲近代的启蒙思想家，在政治思想上的相关主张，一定意义上借鉴了唐太宗的君道思想与治国实践[1]。1933 年剑桥大学出版社出版了英国学者费子智（C. P. Fitzgerald）撰写的传记作品《天之子李世民：唐王朝的奠基者》，旨在向西方世界介绍中国历史上的一个黄金时代，以及开创这个时代的帝王李世民[2]。

结语

中国历史进入到隋唐之际，面临着一系列重大的转变。隋炀帝已经朝着这一系列的转变跨出了几步，如在新的层次和规模上巩固统一，限制和削弱贵族特权，进一步开放政权，调整政治体制，在加强民族融合的基础上重新确立中国在东亚世界的主导地位，等等。但是，隋末的动乱使这个进程中止了。

唐朝建国后，这个历史进程的出口在哪里？张耐冬的研究有助于这个问题的回答。

中国在隋末的全面动荡，使新的朝代需要解决的首要任务就是重建统一国家。从历史发展的长时段趋势看，还必须回答，在完成统一的过程中，如何开出一个适应时代潮流的全新局面来？如何通过契合时代需要的治国方针和用人政策，来完成划时代的历史任务？这就要求有比争雄天下所需要的政治眼光更高的历史眼光。在这方面，李渊的出身和开国背景，某种程度上决定了他不可能具有这样的历史眼光，也就难以准确把握住历史的发展趋势。

由于利益关系、姻戚关系和各种政治关系所决定，也由于出自同一个集团的价值取向所左右，李渊组建的新朝廷，核心仍然由气味相投的关陇贵戚所组成，最高决策层全都是贵族出身的人，他们的政策取向也就可想而知了。可以说，整个武德年间，大政方针基本上回归到隋朝初年开皇年间的老路上

1　王诗瑜：《北京大学人文社会科学研究院"从历史到现今：信息沟通与国家秩序"系列工作坊纪要》，2020 年 11 月 4 日。

2　参见［英］费子智：《天之子李世民：唐王朝的奠基者》，童岭译，社会科学文献出版社2022 年。

去了。

李渊选择的执政之亲贵，都属于关陇集团。然而这些关陇出身者在唐朝建立之初的新政权中致位枢衡，出自李渊的自主选择，而非帝王被动接受该集团对政局的控制。若从缔造新集团的角度来看，唐初政治史中的李渊，是宇文泰与武曌之间的重要人物，在地域性政治集团已经不适应一统时代的形势，而以皇权为中心的中枢集团尚未形成之时，他以私谊为介质，将原有的地域性集团加以改造，建立了皇室主导、亲贵秉政、其他政治集团与社会阶层人士广为皇族亲贵吸纳的政治结构。尽管这是一种过渡体制，但其目标是建立一个统合各方势力的跨地域集团。届时各种原有的政治标记，如地域、阶层，将不复存在，取而代之的则是依托于政权的制度化身份。陈寅恪在《记唐代之李武韦杨婚姻集团》中勾勒的"婚姻集团"结构便是如此：皇室与姻戚之家构成集团内核及其保护层，来自不同地域、不同阶层但均以科举及第的士大夫为朝廷羽翼，内廷宦官为朝廷爪牙。虽然这一理论模型所描述的情况并未在唐代历史上真正出现过，但唐高宗以后已从制度上部分将其付诸实施，这是北朝以来中央集权体制发展的结果，也是李渊所建立的过渡体制的完善方向[1]。

李渊未完成的工作，在李世民即位后继续推进。他怀着强烈的执政自信，以皇权为纽带，将出身不同种族、不同阶层、不同阵营的精英人物汇聚一堂。他以尧舜之世、唐虞之道作为自己时代治国理政的指导思想，引领群臣为了实现共同的理想而奋斗，从而形成了强大的凝聚力。贞观君臣同心同德，精诚合作，将抽象的帝道、王道落实为具体的治国方略和施政措施，最终开创了"贞观之治"的局面。而在"得君行道"的政治环境中，以皇权为中心的中枢集团逐渐形成，皇帝越来越多的介入到了政务裁决与具体处理过程之中。贞观以后，皇帝日益走向处理国家政务的前台，中古中国渐次走出了门阀政治的窠臼。

1　张耐冬：《太原功臣与唐初政治》，中国社会科学出版社2018年，第195–196页。

参考文献

陈寅恪：《隋唐制度渊源略论稿·唐代政治史述论稿》，生活·读书·新知三联书店 2001 年。

岑仲勉：《隋唐史》，商务印书馆 2015 年。

唐长孺：《魏晋南北朝隋唐史三论》，武汉大学出版社 1993 年。

汪篯：《汪篯汉唐史论稿》，北京大学出版社 2016 年。

王永兴：《唐代前期军事史论稿》，昆仑出版社 2003 年。

牛致功：《李渊建唐史略》，陕西人民出版社 1983 年。

吴宗国：《中古社会变迁与隋唐史研究》，中华书局 2019 年。

吴宗国主编：《盛唐政治制度研究》，中国人民大学出版社 2019 年。

刘后滨等：《大唐开国》，中华书局 2007 年。

美国独立战争与南北战争

／孙宏哲＊／

美国独立战争和南北战争（American War of Independence and American Civil War）是美国早期政治发展史上的两场重要战争。这两场战争都被称作"内战"。南北战争被称作"美国内战"是人尽皆知的，但美国独立战争也被时人视为一场"内战"。1783年，安东尼·斯托克斯（Anthony Stokes）在伦敦出版了一本描述英属美洲殖民地政治体制的著作，其标题即包含"在这场内战爆发于美洲大陆之时"。20世纪初，在考察各州第一部宪法的制订时，学者W. F. 多德（W. F. Dodd）指出："我们应该记住，那场革命是一段内战时期。"这两场战争也都被称作"革命"。美国独立战争常被称作"美国革命"，但人们也将美国内战称作"革命"。1864年初，巴尔的摩的联邦支持者约翰·彭德尔顿·肯尼迪（John Pendleton Kennedy）以保罗·安布罗斯（Paul Ambrose）为笔名写道："这

　　＊　孙宏哲，北京大学中国政治学研究中心助理教授，主要研究领域为美国政治发展史与美国政治思想史。

场运动是一场革命，它试图以武力摧毁一个当政的王朝。"中国的马克思主义历史学家则将南北战争视作美国独立战争之后的"第二次资产阶级革命"。[1]

美国独立战争和南北战争都被称作"内战"和"革命"不是偶然的。这两场战争都主要发生在英语民族之内，也都从根本上改变了旧有政治体制和经济秩序。本文共分为三部分。第一部分为"美国独立战争"，先后论述18世纪中叶的英属北美、英国议会十年涉及北美殖民地的立法与独立战争的经过。第二部分为"美国南北战争"，先后论述废奴主义与政治极化、南北战争的两个阶段以及战时与战后重建。第三部分介绍关于这两场战争的代表性观点，并论述两场战争的历史意义与关联。

一、美国独立战争

（一）18 世纪中叶的英属美洲

英国在15世纪末便已开展海外探索活动，但直到17世纪初才在美洲第一次成功地建立殖民地——弗吉尼亚。到了18世纪中晚期，英国在全美洲已拥有二十余块殖民地。这些殖民地在政治、经济与文化上存在较大差异，具有或多或少的自主性且相互独立。1776年，大西洋沿岸的十二个殖民地与宾夕法尼亚东部的特拉华地区宣布独立并结合为美利坚合众国，成为合众国的十三个创始州。为了了解这些殖民地与地区宣布独立建国的原因，有必要首先探讨它们在独立战争前各自的内部情形。

1　Anthony Stokes, *A View of the Constitution of the British Colonies, in North-America and the West Indies, At the Time the Civil War Broke Out on the Continent of America*…, London, 1783; W. F. Dodd, "The First State Constitutional Conventions, 1776-1783," *The American Political Science Review*, Vol. 2, No. 4, 1908, p. 546; Andre M. Fleche, "The American Civil War in the Age of Revolution," *South Central Review*, Vol. 33, No. 1, 2016, p. 5. 关于"第二次资产阶级革命"概念与对它的质疑，参见金卫星：《对美国内战性质问题的再思考》，《苏州大学学报（哲学社会科学版）》，2008年5月第3期。

1. 新英格兰殖民地

在美国独立战争爆发时，新英格兰殖民地包括马萨诸塞湾（简称马萨诸塞）、新罕布什尔、康涅狄格以及罗德岛与普罗维登斯诸拓殖地（简称罗德岛）。与并入马萨诸塞的普利茅斯一道，马萨诸塞是美洲清教的重要发祥地。在 1686 年马萨诸塞旧特许状被取消后，英国政府开始对殖民地施加更多控制。同年，马萨诸塞的第一个安立甘宗教堂国王教堂（King's Chapel）建立，英国主流商业、宗教与时尚文化开始入侵马萨诸塞，对清教传统构成了挑战。1691 年，马萨诸塞获得了新的特许状，成为王室殖民地。18 世纪中叶以后，王室殖民政府开始具有明显的腐败倾向。一个饱受诟病的问题是"一官多职"现象。王室总督常常将重要岗位授予亲友，一些人甚至身兼多职并垄断殖民地要职，挤压其他政治势力。[1]

18 世纪 40 年代初，新罕布什尔成为一个完全独立于马萨诸塞的殖民地。首任王室总督、朴次茅斯商人本宁·温特沃斯（Benning Wentworth）打造了一个三级权力结构，温特沃斯家族精英正居于这个结构的顶端。位于中间的是一些次级官员，他们被排斥在最重要、最有利可图的职位之外，而位于底层的是由自耕农、工匠和缺乏技术的劳动者所构成的普通民众。本宁将最重要的职位和大量土地授予亲友，并在每个镇为自己保留了大量土地。此外，在公理会信徒在人数上占主导地位的新罕布什尔，本宁集团大多信奉安立甘宗，由此形成了本宁与民选议会以及殖民地的旧权威里查德·沃尔德隆（Richard Waldron）之间的矛盾。[2]

从 17 世纪末到 18 世纪上半叶，英国通过了一系列涉及康涅狄格河谷白

1　参见 Erica Jill McAvoy, *"To Have and Enjoy" : Seating in Boston's Early Anglican Churches, 1686–1732*, MA thesis, University of Massachusetts, Boston, 2020；Ellen E. Brennan, *Plural Office-Holding in Massachusetts, 1760–1780*, Chapel Hill: The University of North Carolina Press, 1945 等。

2　James Kirby Martin, "A Model for the Coming American Revolution: The Birth and Death of the Wentworth Oligarchy in New Hampshire, 1741–1776," *Journal of Social History*, Vol. 4, No. 1, 1970, pp. 43–50.

松的法案，将该地一定规格的白松留给英国王室以建造军舰。因为这些立法违背了民众有权利用其所在地自然资源的英国传统，与康涅狄格河上游的马萨诸塞和新罕布什尔居民一道，康涅狄格居民对它们进行了长期抵制。抵抗的主要形式是避开帝国官员进行私下交易，但有时也会发生暴力事件。例如，1753 年，来自米德尔敦的丹尼尔·惠特莫尔（Daniel Whitmore）抓住潜入自己锯木厂的王室官员丹尼尔·布莱克（Daniel Blake），将他扔进池塘里，布莱克或险些溺亡。可以说，"通过坚持让王室官员保护国王（或女王）在新英格兰的大松树，国王和议会不经意间教了康涅狄格河谷地居民抵抗的技艺。"[1]

18 世纪中叶的罗德岛存在着南北方之间的尖锐矛盾。1755 年，普罗维登斯商人斯蒂芬·霍普金斯（Stephen Hopkins）当选罗德岛总督，此前统一的北方农业集团解体，南北两党形成，二者皆由农民、商人和专业人士等社会阶层组成。两党努力弥合各自内部的冲突，并对少数没有党派归属的自由民与位于南北之间的农耕群体展开争夺。在 1767 年的总督竞选中，霍普金斯第二次击败塞缪尔·沃德（Samuel Ward），给南党以毁灭性打击。这次变局的重要原因包括沃德及其党羽拒绝监管利率、沃德的副总督伊莱沙·布朗（Elisha Brown）重新划分选区，以及霍普金斯获得了大量竞选经费。然而，在独立战争前，无论是南党还是北党均积极维护殖民地利益，而支持英国的王室政府雇员只占殖民地总人口的极小部分。[2]

2. 中部殖民地

中部殖民地有着多元复杂的族裔和宗教传统。1720 年后，随着苏格兰人、苏格兰裔爱尔兰移民、新英格兰和长岛清教徒、原荷兰归正宗的改宗者以及荷兰人和苏格兰人结合的后代移入，中部殖民地的长老会得到了显著发

1　Strother E. Roberts, "Pine, Profits, and Popular Politics: Responses to the White Pine Acts in the Colonial Connecticut River Valley," *The New England Quarterly*, Vol. 83, No. 1, 2010, pp. 73–78.

2　Mack E. Thompson, "The Ward–Hopkins Controversy and the American Revolution in Rhode Island: An Interpretation," *The William and Mary Quarterly*, Vol. 16, No. 3, 1959, pp. 366-369, 373-375.

展，其信徒到 1776 年已达到该地区人口的 20%。在 18 世纪 50 年代的纽约，长老会与安立甘宗对社会控制权予以争夺，相关议题包括国王学院的安立甘宗背景与长岛牙买加镇的地方教会、牧师薪水和牧师住宅的控制权。被称作长老会"三巨头"的威廉·利文斯顿（William Livingston）、威廉·史密斯（William Smith）和约翰·莫林·斯科特（John Morin Scott）所撰写的《独立反思者》（*Independent Reflector*）和《瞭望塔》（*Watch Tower*）猛烈抨击官方教会、君主制与主教制，鼓吹共和制为最好的政府形式。[1]

18 世纪 50 年代末，宾夕法尼亚一些年轻的长老会信徒开始放弃贵格会党并与业主党合作，将贵格会信徒从民选议会中排挤出去。在 60 年代，长老会和贵格会在如何对待西部印第安人的问题上爆发了激烈的宣传战。前者支持"帕克斯顿男孩"（Paxton Boys）攻击印第安人，而后者要求保护印第安人。贵格会试图将宾夕法尼亚变为王室殖民地以抑制长老会的影响，但遭到长老会抵制。到了 1776 年，在 18 世纪中叶垄断了殖民地官职的贵格会和安立甘宗信徒已沦为少数派，而曾经的少数派——苏格兰裔爱尔兰人长老宗信徒、德意志裔路德宗信徒和归正宗信徒——却控制了殖民地政府的立法、行政和司法分支。[2]

1704 年，作为宾夕法尼亚一部分的特拉华河流域三县开始拥有独立的立法机构，但仍由宾夕法尼亚总督统治，成为一个准殖民地。在独立战争前，特拉华的政坛上存在着所谓"廷党"（"Court" party）与"乡野党"（"Country" party）。前者由总督、政府官员与求官者领导，而后者则包括那些渴求独立司法与公正的法律的人士。二者间的冲突构成了这一时期特拉华政治的中心。[3]

在新泽西，居住在殖民地东部的业主们与在埃塞克斯县纽瓦克和伊丽莎白两镇从印第安人手中直接购买土地的定居者之间，就这些土地的所有权争

1　Joseph S. Tidemann, "Prebyterianism and the American Revolution in the Middle Colonies," *Church History*, Vol. 74, No. 2, 2005, pp. 306, 308–309.

2　Ibid, pp. 310, 328–331.

3　J. Thomas Scharf, *History of Delaware: 1609–1888* Vol. I, Philadelphia: L. J. Richards & Co., 1888, pp. 124, 184.

执不下。在1741年与1745年之间，东部业主在法庭上一再胜诉。1745年，纽瓦克发生骚乱，并波及埃塞克斯和萨默塞特两县，骚乱持续十年之久。东部业主大多信仰安立甘宗，而西部定居者多来自深受清教影响的新英格兰。在如何对待1746年建立的新泽西学院上，长老会牧师与业主集团也存在分歧，最后以前者的胜利告终。[1]

3. 南部殖民地

南部殖民地包括马里兰、弗吉尼亚、北卡罗来纳、南卡罗来纳和佐治亚。独立战争前的马里兰政府是"启蒙时代的一个中世纪遗物"，由一个不住在殖民地的业主通过一位总督、一个政务委员会和一个集权的政治和宗教官僚体制统治。在18世纪中叶，马里兰的封建等级制度遭遇挑战。1753年，在安纳波利斯布道时，著名牧师托马斯·克拉多克（Thomas Cradock）表示公职人员必须为他们的行为负责，并抨击安立甘宗同行。1755年，一个教区试图通过抽签而非依照传统按社会等级来分配教堂座位，乡绅对此表示抗议，但民众却通过集会对抽签制表示支持。1766年，另一个教区否认业主有权任命其教区牧师，继而同总督僵持了三年，直至与一位新总督达成一致。[2]

从18世纪40年代开始，弗吉尼亚出现了"扩张派"和"非扩张派"。"扩张派"包括李家族（Lees）、梅森家族（Masons）和华盛顿家族（Washingtons）。他们住在弗吉尼亚波托马克河沿岸（尤其是波托马克河与拉帕罕诺克河之间的北半岛）和西部边陲地带，因受法国人在俄亥俄河谷扩张之威胁而更倾向于维护殖民地权利，具有一定侵略性。"非扩张派"包括罗宾逊家族（Robinsons）、彭德尔顿家族（Pendletons）和兰道夫家族（Randolphs）。他们所住之处离边疆和波托马克河有一定距离，不太担心法国人在俄亥俄河谷的举动，也不愿武装对抗法国人和印第安人并增加军事开销。七年战争结束后，

1　Joseph S. Tidemann, "Prebyterianism and the American Revolution in the Middle Colonies," *Church History*, Vol.74, No.2, 2009, pp.310–311.

2　David Curtis Skaggs, "Maryland's Impulse Toward Social Revolution: 1750–1776," *Journal of American History*, Vol. 54, No. 4, 1968, pp.771,776,778.

英国人替代了法国人成为主要威胁。在殖民地与英国的各次斗争中，"扩张派"都一马当先。[1]

南北卡罗来纳的一个共同问题是所谓"调节"（Regulation）问题。在 18 世纪中叶，"调节"运动是一个跨大西洋的现象。在 18 世纪 30 年代的爱尔兰和 60 年代的英格兰，都有人自称"调节者"（Regulators）以暴力方式对海关执法过严与物价上涨等政治或社会问题表达不满。在 60 年代，南北卡罗来纳均爆发了"调节"运动。在 D. 安德鲁·约翰逊（D. Andrew Johnson）看来，两场运动实际上是一场运动，都体现了东部既得利益集团与新拓殖的西部之间的矛盾，其参与者都向各自殖民地立法机构请愿，要求更易获得地契、推进司法体制改革、推行征税体制改革、推进立法机构代表制改革，虽然二者在各项要求的具体细节上可能不同。一些零散的材料还表明，南北卡罗来纳的"调节者"之间还存在联系并相互支持。[2]

在佐治亚，司法权力腐败是一个严重的政治问题。佐治亚的法院早在托管人时期（1732—1752）便已弊病丛生。法官缺乏专业能力、素质较低，甚至敲诈民众，收受贿赂，在裁决时偏袒一方。在一段时间内，军事法庭还被用来裁决本应由民事法庭裁决的案子。到了王室殖民地时期，司法系统受王室总督控制，但法官仍不熟悉法律，在判案时随意裁决。首席大法官威廉·格罗弗（William Grover）的行为恶劣，"可耻、不公、武断、非法、下流，同他职位的性质、职责和地位不符"。在 1763 年的一封信中，怀特总督（Governor Wright）谈到，格罗弗经常无故缺席，不能报告判决，拒绝参加一场重要的审判，在执行法定程序时随意且不公，无视个人自由权利。[3]

1　Marc Egnal, "The Origins of the Revolution in Virginia: A Reinterpretation," *The William and Mary Quarterly*, Vol. 37, No. 3, 1980, pp. 403-405, 416-423.

2　D. Andrew Johnson, "The Regulation Reconsidered: Shared Grievances in the Colonial Carolinas," *The South Carolina Historical Magazine*, Vol. 114, No. 2, 2013, pp. 133, 141–154.

3　Scott D. Gerber, "The Origins of the Georgia Judiciary," *The Georgia Historical Quarterly* Vol. 93, No. 1, 2009, pp. 60–62, 64–68.

（二）议会十年涉美立法（1764 年至 1773 年）

作为美洲殖民地的中央政府，英国政府在 17 世纪逐渐建立起一套以英王、枢密院与议会为核心，以重商主义为指导，以"航海法"为规范的帝国统治体系。这一体系从 17 世纪末开始日臻完善，在保障英国与殖民地利益上达到平衡，得到殖民地居民的大体认同。作为宗主国，英国国内与国际的重大事件，例如内战、光荣革命与奥地利王位继承战争，常常在殖民地引发动荡甚至战争。1756 年至 1763 年，欧洲爆发七年战争并波及美洲殖民地，其美洲战场被殖民地居民称为法国与印第安人战争。这场战争耗资甚巨，英国在财政上入不敷出，各殖民地也有大量经济损失和人员伤亡。从 1764 年到 1774 年的十年间，在殖民地不直接选送议员的情况下，英国议会为了增加在美洲的税收通过了一系列法案，既包括直接增加在美税收的立法，也包括通过强化管制而间接增加税收的立法，最终导致部分英属美洲殖民地居民对母国逐渐产生敌意，成为美国独立战争的重要起因。本部分先后介绍六个较为关键的立法。

1.《糖法》（1764 年）

英国议会曾在 1733 年通过《糖浆法》，向殖民地进口的外国糖浆加征每加仑 6 便士关税，旨在鼓励英属西印度的糖与糖浆生产，限制从法属地区进口，但因一些商人将法国产糖浆标为英国产，又有英国关税官收受贿赂，该法并未取得较好效果。1764 年，在首相乔治·格伦威尔（George Grenville）主导下，英国议会通过《糖法》，旨在对包括外国糖和糖浆等一系列商品征收关税。该法虽将原来每加仑 6 便士的糖浆关税降为 3 便士，但也表示英国将强化在美洲的关税和贸易管制。1766 年，糖浆关税进一步下调为每加仑 1 便士。在《糖法》通过后，北方商人认为该法威胁到了当地朗姆酒产业，继而组织了一些政治行动小组，并争取詹姆斯·奥蒂斯（James Otis）和塞缪尔·亚当斯（Samuel Adams）等激进主义者的支持。其他人则担心英国以后会继续对殖民地征税。历史学家埃德蒙与海伦·摩根（Edmund and Helen

Morgan）认为，《糖法》导致了 1764 年至 1765 年的经济萧条。经济学家理查德·J. 特雷休伊（Richard J. Trethewey）估算，《糖法》的人均负税较轻，仅为每年 9 分，但考虑到殖民地此前的征税水平，该负税仍显沉重；在康涅狄格，《糖法》之前的人均年负税仅为 15 分。约翰·亚当斯（John Adams）在晚年曾表示："糖浆是美国独立的一个关键配方。"[1]

2.《通货法》（1764 年）

18 世纪中前期，英国议会多次要求美洲一些殖民地停发纸币。1755 年，弗吉尼亚下院为征集军费而发行纸币。从 1757 年起，弗吉尼亚发行纸币的法律均要求政府在裁决英镑负债问题时考虑纸币贬值情况，但英国商人仍要求以往英镑负债须用英镑偿还，除非债权人接受纸币。在英国商人的持续抗议下和贸易部的推动下，1764 年 4 月，英国议会通过了《通货法》，规定在 9 月 1 日后美洲大陆所有英属殖民地禁止发行法定纸币，正在流通的纸币应在失效时间停用，并威胁重罚违背该法的总督。中部殖民地在此后两年中出现了零星抗议。在《印花税法》撤销后，各殖民地开始逐一抱怨该法的不利影响。到了 1766 年年底和次年年初，殖民地在英代理人集体要求撤销或修订《通货法》，并得到了一些伦敦商人和几位重要大臣的支持。然而，从 1768 年开始，英国开始为《通货法》订立制度并继续退回在殖民地建立法定纸币的任何提议，迫使各殖民地下院寻找其他解决货币短缺的办法。杰克·P. 格林（Jack P. Greene）与理查德·M. 杰利森（Richard M. Jellison）指出："《通货法》对革命运动的影响不应小觑。该法在心理上的影响尤为重要，不断提醒人们，在殖民地立法机构开始为殖民地在帝国内争取平等之时，殖民地经济状况却受制于帝国政府的各种愿望……该法有助于使美洲立法者相信，他们不能指望大臣们开明地解决他们的问题——事实上，他们才是解决这些问题

---

[1] Richard J. Trethewey, "The Economic Burden of the Sugar Act," *The American Economist*, Vol. 13, No. 1, 1969, pp. 63–65, 70.

的唯一群体。"[1]

3.《印花税法》(1765 年)

1763 年转入 1764 年的冬季，以格伦维尔为首相的英国政府决定由英国议会直接在殖民地征收印花税。格伦威尔在 1764 年 3 月 9 日的演讲中表示要听取殖民地居民的反对意见和建议，但在八天后与殖民地代表的见面中却表示，只会在殖民地无条件接受议会征税权的情况下讨论具体征税方案。此后，至少七个殖民地向驻英代理人去信，其中马萨诸塞、罗德岛、纽约和弗吉尼亚还向英王与议会递交了请愿书，拒绝承认议会有权在殖民地征税。殖民地驻英代理人也多次商讨对策，并派富兰克林等四位代理人拜访格伦威尔并对印花税表示抗议，提出可由各殖民地自行征税。然而，《印花税法》不久后便在议会通过并获英王批准。虽然殖民地居民与英国的美洲贸易商展开了广泛的抗议活动，《印花税法》仍于 11 月 1 日开始实施。关于殖民地居民焦虑不安的消息从美洲传来，英国对美出口急剧下降，制造业领域截至年底多达数千人失业。12 月 14 日，纽约抵制进口协议在布里斯托尔刊登。布里斯托尔商人此时也已联合伦敦商人与英国各港口以及各贸易与制造业中心向议会请愿。1766 年 2 月与 3 月，英国议会与英王先后批准撤销《印花税法》的法案。[2]

4.《宣示法》(1766 年)

在撤销《印花税法》后，英国通过《宣示法》，从根本上确立了议会在整个英帝国内的主权，包括在美洲殖民地内部事务上的最高权威。此后，一些曾刊文争论议会主权的英国报纸不敢再提出反对意见，殖民地居民发声的

1　Jack P. Greene and Richard M. Jellison, "The Currency Act of 1764 in Imperial-Colonial Relations, 1764–1776," *The William and Mary Quarterly*, Vol. 18, No. 4, 1961, pp. 486–489, 491–492, 502–504, 518.

2　Edmund S. Morgan, "The Postponement of the Stamp Act," *The William and Mary Quarterly*, Vol. 7, No. 3, 1950, pp. 353–354, 358, 363–364, 370–371, 374; Walter E. Minchinton, "The Stamp Act Crisis: Bristol and Virginia," *The Virginia Magazine of History and Biography*, Vol. 73, No. 2, 1965, pp. 147–148, 151–154.

渠道因而被关闭。在议会中，那些曾根据帝国宪制反对《印花税法》的议员也不再继续提出反对意见，甚至转而支持议会主权。对殖民地居民而言，继续挑战议会主权就相当于违法，宾夕法尼亚、马里兰、纽约、罗德岛、佐治亚、新泽西和康涅狄格等殖民地居民向英国政府提交的请愿书都被拒于门外。殖民地居民通过撰写小册子和集会表示抗议。直到独立战争爆发前，一些殖民地文献——例如约翰·迪金森（John Dickinson）的《论大不列颠的宪政权力》（*An Essay on the Constitutional Power of Great Britain*）（1774 年）、詹姆斯·威尔逊（James Wilson）的《关于议会权力的思考》（*Considerations on the Authority of Parliament*）（1774 年）与约翰·亚当斯的《新英格兰》（*Novanglus*）（1775 年）——与第一届大陆会议仍在批评《宣示法》。《宣示法》构成了英国与殖民地"达成和解的巨大阻碍"。[1]

5. "汤森诸法"（1767 年）

在查尔斯·汤森（Charles Townshend）担任财政大臣期间，英国议会从1767 年至1768 年通过了一系列旨在增加美洲税收的法案，史称"汤森诸法"或"汤森税法"。一般认为"汤森诸法"包括五项法律，其中前四项通过于1767 年，第五项通过于1768 年。《关税法》对一系列商品征收关税，并授予海关官员广泛的执法权。《海关专员法》在美洲设置独立海关，而此前美洲进出口执法由英国海关负责。《补偿法》对茶叶税加以修改，规定从1767 年 7月 5 日起的 5 年内，在全英国范围内免征每磅 1 先令的内地税，并在出口爱尔兰和美洲殖民地时对所有进口税予以退税，但该法也要求美洲在进口茶叶时缴纳每磅 3 便士的税收，东印度公司也要为征税暂停而导致的税收赤字做出补偿。因纽约拒绝认真执行 1765 年《叛乱法》为当地驻扎英军提供食宿和补给的规定，《纽约限制法》禁止纽约总督和下院通过任何法案，直至该殖民地遵守 1765 年《叛乱法》。1768 年，英国议会通过《次级海事法庭法》，决定由枢密院在波士顿、费城和查尔斯顿设立新的次级海事法庭，而此前在新

1　Robert J. Chaffin, "The Declaratory Act of 1766: A Reappraisal," *The Historian*, Vol. 37, No. 1, 1974, pp. 16–18, 24–25.

斯科舍省哈利法克斯设立的次级海事法庭距离较远。因汤森在该法被提议时担任财政大臣，该法也常被视作"汤森诸法"中的一个，虽然在其通过时汤森已去世。罗伯特·J. 查芬（Robert J. Chaffin）认为，汤森在该决定被做出时不在内阁之中，也没有在通信或演讲中提及次级海事法庭，因此该法并非汤森计划的一部分，而只是对它的强化。"汤森诸法"激起了殖民地广泛的抵制对英贸易活动。1770 年，除了茶叶税，"汤森诸法"被全部撤销。[1]

6.《茶法》(1773 年)

在 1767 年后的四年中，虽然东印度公司的茶叶销量几乎翻番，但根据 1767 年茶法，公司需向英国政府补偿 11.5 万英镑。1772 年，在 1767 年法行将过期之时，英国议会通过了另一法案，给予东印度公司茶叶以进口税五分之三的退税，但不要求东印度公司给予任何补偿。1773 年，在发现仍不足以让殖民地居民购买茶叶后，英国通过新茶法，增加退税以至覆盖所有进口税，并允许财政部专员向东印度公司发放直接出口美洲的许可，不必在公司仓库拍卖。为抵制东印度公司将茶叶运往美洲，英属美洲各地居民开展了广泛的抗茶活动，其中规模较大的包括波士顿、纽约、费城、伊登顿与查尔斯顿等地的抗茶事件，小型抗茶事件数不胜数，甚至深入西部内陆。在这些活动中，美洲殖民者将茶叶与暴政联系起来，提出以本地草药茶替代中国茶叶。最为著名的抗茶事件当属 1773 年 12 月 16 日发生的"波士顿倾茶事件"。当晚，上百名殖民地居民装扮为印第安人前往波士顿港，将尚未卸载的成箱茶叶抛入大海，举世震惊。[2]

1　参见 Robert J. Chaffin, "The Declaratory Act of 1766: A Reappraisal," *The Historian*, Vol. 37, No. 1, 1974, pp. 19–20; Robert J. Chaffin, "The Townshend Acts of 1767," *The William and Mary Quarterly*, Vol. 27, No. 1, 1970, pp. 90–121, 111; Max Farrand, "The Taxation of Tea, 1767–1773," *The American Historical Review*, Vol. 3, No. 2, 1898, pp. 266–267; David S. Lovejoy, "Rights Imply Equality: The Case Against Admiralty Jurisdiction in America, 1764–1776," *The William and Mary Quarterly*, Vol. 16, No. 4, 1959, pp. 459–484 等。

2　参见 Max Farrand, "The Taxation of Tea, 1767–1773," *The American Historical Review*, Vol. 3, No. 2, 1998, p. 269; Jane T. Merritt, *The Trouble with Tea: The Politics of Consumption in the Eighteenth- Century Global Economy* (Baltimore: Johns Hopkins University Press, 2017) 等。

（三）独立战争的经过

在"波士顿倾茶事件"后不久，英国于1774年通过了四项法案：《波士顿港法》关闭波士顿港，直到波士顿或马萨诸塞赔偿东印度公司在"波士顿倾茶事件"中遭受的损失；《马萨诸塞政府法》规定，马萨诸塞原由下院选举产生的政务委员会改由英王任命，所有城镇会议除得到总督批准或选举众议员之外不得举行；《公正司法法》规定，应在邻近殖民地或英格兰起诉执行法律或镇压骚乱的王室官员；《驻军法》规定，在军营不够使用的情况下可为驻军提供临时住处。在杰克·M. 索辛（Jack M. Sosin）看来，这些被称作"不可容忍"或"具有胁迫性"的法律实际上是"预防性"的[1]，但"胁迫性"与"预防性"并不矛盾。

除了这四个涉及马萨诸塞的法案外，英国议会还同时通过了《魁北克法》，是为第五个"不可容忍"或"具有胁迫性"的法律。该法规定，在英国于七年战争中获得的魁北克，英王有权任免总督、政务委员会成员与法官，将民事案件与刑事案件分别置于法国（无陪审团审理）与英国两个法律系统审理，善待天主教徒，并将北美西部大量领土置于魁北克管辖。保罗·兰斯顿（Paul Langston）在考察了六份殖民地报纸后发现，这些报纸从1774年8月到1775年2月刊登了83篇抨击《魁北克法》的文章，其中72篇直接谴责英国政府使用专制权力，表达了对英国在美洲建立暴政的强烈担忧。[2]《魁北克法》因此成为美国独立战争的一个重要起因。

此后发生的一系列事件可见一般编年史书。从1774年9月5日至10月26日，美洲殖民地居民在费城召开第一届大陆会议。1775年4月19日，英军与马萨诸塞民兵在列克星敦和康科德交火，马萨诸塞民兵包围波士顿城以防止城内英军调动。5月10日，第二届大陆会议在费城召开。6月14日，大

1　Jack M. Sosin, "The Massachusetts Acts of 1774: Coercive or Preventive?" *Huntington Library Quarterly*, Vol. 26, No. 3, 1963, pp. 235–252.

2　Paul Langston, "'Tyrant and Oppressor!' Colonial Press Reaction to the Quebec Act," *Historical Journal of Massachusetts*, Vol. 34, No. 1, 2006, pp. 4, 16.

陆会议批准建立大陆军。17 日，乔治·华盛顿（George Washington）被任命为大陆军总司令。当日，英美双方发生班克山战斗，英军虽夺得班克山但损失惨重。8 月 23 日，英王在圣詹姆斯宫发布《叛乱宣告》。10 月 13 日，大陆会议批准建立海军。1776 年 3 月 20 日，大陆军占领波士顿。7 月 4 日，大陆会议通过《独立宣言》，这成为原殖民地走向独立的关键一步。1777 年，大陆军在纽约萨拉托加取得重大胜利，扭转了独立战争局势。同年，大陆会议制定宪法性文件《邦联条例》，该条例在 1781 年得到各州批准后正式生效。1778 年，法国与美国结盟，西班牙与尼德兰后又分别投入对英作战，加速了美方胜利。1781 年，英军在弗吉尼亚约克顿向大陆军投降，美国独立战争基本结束。1783 年，美英签订《巴黎和约》，英国正式承认美国独立。

在学者多年的努力下，我们已拥有一幅较为复杂的关于美国独立战争军事进程的画面，一场具有统一叙事的独立战争已变为一系列相互关联的战争。在迈克尔·S. 阿德尔贝格（Michael S. Adelberg）看来，这些战争包括新英格兰"一分钟人"民兵和英国士兵之间短暂的地区性战争，大陆军与地方民兵同英国、德意志和美洲本土效忠派士兵对抗并争取独立的战争，英国及其盟友与法国及其盟友之间为争夺帝国版图的世界大战。其中第二类又包括五个"军事边界"地带的一系列地方性内战：纽约市周边的弧状地带、宾夕法尼亚东南部、切萨皮克地区的东海岸、卡罗来纳内地，以及佐治亚—佛罗里达边界。需要指出的是，支持独立战争的一方也并非铁板一块。例如，在蓄奴数量决定白人阶级分野的弗吉尼亚，底层白人对种植园主阶级的征兵进行了激烈抵制。在 1781 年 5 月到 6 月，全州诸多民兵发动骚乱，抗议军事服役。数百名民兵聚集在奥古斯塔、阿科马克、汉布什尔、诺汉普顿等县，迫使当地权力机关停止征兵。同年，弗吉尼亚北半岛的民兵被召集抵抗入侵英军，但一些民兵却在里士满县用烧烤招待那些不愿继续作战的民兵，最后以民兵和政府的武装冲突告终。据称，一位叛乱领袖说："有钱人让穷人为他们战斗，以保卫他们的财产，但他们却不为自己战斗。"[1]

　　与军事行动相平行的是美国独立战争的政治进程，主要包括大陆会议（Continental Congress）、省会议（Provincial Congress 或 Provincial Conference）和各州宪法的制订。大陆会议是殖民地的最高革命领导机关，起到了组织并领导大陆军、建立职能部门、协调各殖民地反英斗争以及开展对欧外交的重要作用。在美国独立战争期间，大陆会议可以分为三个阶段，即第一届大陆会议、第二届大陆会议和邦联国会。第一届大陆会议持续的时间为 1774 年 9 月 5 日至 10 月 26 日；第二届大陆会议持续时间为 1775 年 5 月 10 日至 1781 年 3 月 1 日；1781 年 3 月 1 日，邦联国会开始运行，在独立战争结束后又运行到 1789 年新宪法生效。[2]

　　省会议是各殖民地在州宪法生效前的临时政府和革命权力机关。以北卡罗来纳为例，该殖民地从 1774 年到 1776 年先后召开了五次省会议。1774 年 8 月 25 日至 27 日，在新伯恩召开的第一次省会议确定了向大陆会议派遣的代表，并因波士顿受惩而批准对英国进行贸易抵制。1775 年 4 月 3 日至 7 日，在新伯恩召开的第二次省会议批准了大陆会议的经济抵制倡议。不久后，英国王室总督逃离首府。8 月 20 日至 9 月 10 日，在希尔斯伯罗召开的第三次省会议成立了省政务委员会（Provincial Council）作为省会议的常设行政委员会，发行纸币以资助防卫和政府，并为大陆军征召了两个团。1776 年 4 月 4 日至 5 月 15 日，在哈利法克斯召开的第四次省会议重组并扩充了民兵，继续发行纸币，着手制订州宪法，并通过了第一次以官方的形式推动独立的《哈利法克斯决议》。11 月 12 日至 12 月 23 日，在哈利法克斯召开的第五次省会

1　Michael S. Adelberg, "The Transformation of Local Governance in Monmouth County, New Jersey during the War of the American Revolution," *Journal of the Early Republic*, Vol. 31, No. 3, 2011, p. 469; Michael A. McDonnell, "Class War? Class Struggles during the American Revolution in Virginia," *The William and Mary Quarterly*, Vol. 63, No. 3, 2006, pp. 334–335, 338.

2　大陆会议议程的详尽记载，参见 Worthington C. Ford ed., *Journals of Continental Congress, 1774–1789*, 34 Vols., Washington D. C., 1904–1937。

议制订和通过了州宪法与《权利宣言》，并选举产生了第一位州长。[1]

除了康涅狄格与罗德岛，各殖民地在美国独立战争期间都制订了州宪法。其中，南卡罗来纳、新泽西和弗吉尼亚由省会议直接制订州宪法。就是否应由省议会制订州宪法，南卡罗来纳和弗吉尼亚内部存在不同意见，但反对声音不够强大。其余八个殖民地制宪过程充分体现了时人将宪法与立宪过程同普通法律与普通立法加以区分的思想。在马里兰（1776年）、纽约（1777年）、佐治亚（1777年）、马萨诸塞（1780年）和新罕布什尔（1783年），民众选举出专门的制宪会议制订州宪法。北卡罗来纳宪法（1776年）虽由省会议制订，但选民在选举省议会时被告知该届省会议也将制订州宪法。在特拉华（1776年）和宾夕法尼亚（1776年），选民选举出了制宪会议，但制宪会议在制订州宪法之外还进行了普通立法。最终，各州宪法由全体选民或州制宪会议投票通过。[2]

美国独立战争的失败者"效忠派"得到了学者的广泛关注。以南卡罗来纳为例，该殖民地的效忠派约占全部人口的三分之一，人数仅次于纽约，多集中于殖民地西部。大卫·拉姆齐（David Ramsay）认为，西部距东部较远，其居民憎恨东部精英而畏惧英国；拉姆齐并发现，较晚来到殖民地的移民更倾向于效忠英国。华莱士·布朗（Wallace Brown）认为，移民对英国的效忠可能源于"对故土的热爱"和"对英国宪制的热忱"。彼得·N. 穆尔（Peter N. Moore）对南卡罗来纳瓦克斯豪斯地区的研究表明，在殖民地居住的时间和所在社区的政治立场很大程度决定了个人的政治选择。[3]

英国国内在殖民地问题上发生了重大分裂。在政坛上，对阵的一方是主张对殖民地采取强硬态度的执政联盟，其领袖是拥有英王支持的英国首相诺

1　Lindley S. Butler, "Provincial Congress," *Encyclopedia of North Carolina* edited by William S. Powell, https://www.ncpedia.org/provincial-congresses.

2　参见 W.F. Dodd, "The First State Constitutional Conventions, 1776–1783," *The American Political Science Review*, Vol. 2, No. 4, 1908, pp. 545–561 等。

3　Peter N. Moore, "The Local Origins of Allegiance in Revolutionary South Carolina," *The South Carolina Historical Magazine*, Vol. 107, No. 1, 2006, pp. 26–27, 40.

斯勋爵（Lord North）。该联盟成员包括对殖民地同样持有强硬立场的内阁大臣、乡绅的主体、安立甘教会的高教派，以及高地苏格兰人、爱尔兰天主教徒与老派托利党人。在反对派联盟中，除了同属土地贵族的罗金瀚派辉格党人在殖民地问题上摇摆不定之外，伦敦的激进改革主义者、权利法案协会与查塔姆勋爵及其追随者都对殖民地持支持态度。如果允许殖民地向议会派遣议员，显然会增加后者在议会中的势力，相对削弱执政联盟的力量。在宗教领域，英国新教徒中的异议者认为天主教、教皇与主教威胁自己的自由权利，对安立甘教会试图在美洲设立主教而感到愤怒，因此对殖民地持支持的立场。在商业领域，英国商人因殖民地问题而分裂，其各自立场取决于他们交易的产品与他们能从执政当局政策获得的好处。[1]

二、美国南北战争

（一）废奴主义与政治极化

1. 美国废奴主义的发展

黑人奴隶制是英属美洲重要的社会与经济制度。早在殖民地和革命时期，废除奴隶制即已被提出。例如，在佐治亚的托管人时期，禁止奴隶制曾是托管人制订的三个法律中的第一个，但托管人在 1749 年解除了奴隶制禁令。1768 年 4 月，佐治亚通过立法确定了审判和惩罚"黑奴和其他奴隶"的程序。到了独立战争前夕，奴隶已占佐治亚全部人口的 42%，而奴隶制也成为 1752 年至 1775 年佐治亚"农业革命"的三大支柱之一。在北方，康涅狄格民选议会曾在印花税法论争中提出以奴隶税和毛皮税替代印花税，其中奴隶税试图

1　Sebastian Galiani and Gustavo Torrens, "Why Not Taxation and Representation? A Note on the American Revolution," *Journal of Economic Behavior and Organization*, Vol. 166, 2019, pp. 40–42.

通过对进口奴隶征税来打击居民购买奴隶的积极性。[1] 虽然存在这些尝试，但废奴主义并未在美国早期历史上取得重大胜利。

贵格会在早期废奴主义运动中起到了突出作用。贵格会信徒认为人人皆有"内心之光"，任何种族的个体在上帝面前都是平等的。到了18世纪中叶，贵格会开始驱逐教会内部的奴隶主。1775年，贵格会信徒安东尼·贝尼泽特（Anthony Benezet）等人在费城成立了"解救被非法奴役的非洲人协会"。该协会在美国独立战争期间被迫解散，但在1784年重组为"宾夕法尼亚废除奴隶制和解救被非法奴役的自由黑人促进会"。截至1793年，纽约、罗德岛、特拉华、马里兰、弗吉尼亚和新泽西都成立了类似团体。1794年，在"纽约废奴协会"的呼吁下，"美国废除奴隶制和改善非洲人生活条件促进会"在费城首次召开。在成立初期，"促进会"及其成员组织致力于推动废除奴隶制的立法，帮助黑人拥有财产并获得投票权，为黑人设立学校和提供教育，并对得到解放的黑人之生活进行监督，帮助黑人成为合格的美国公民，但"促进会"未能扭转白人对黑人之偏见恶化的趋势。1816年，"美国殖民协会"成立。次年，"协会"将把黑人迁到海外的议题引入"促进会"，造成不同废奴主义团体及其成员的分裂。在这一背景之下，威廉·劳埃德·加里森（William Lloyd Garrison）和弗雷德里克·道格拉斯（Frederick Douglass）等新一代废奴主义者成长起来，延续了此前废奴主义运动要求授予黑人公民权的传统。[2]

从18世纪末开始，奴隶制问题也在国际舞台上占据着重要位置，并同美国废奴主义运动产生关联。在法国大革命期间，一些后来被称作"黑人之友"的法国人认为，《人权和公民权宣言》对人人平等的保障也适用于自由黑

1　Scott D. Gerber, "The Origins of the Georgia Judiciary," pp. 58, 65; Willard Range, "The Agricultural Revolution in Royal Georgia, 1752–1775," *Agricultural History*, Vol. 21, No. 4, 1947, pp. 250–251；Edmund S. Morgan, "The Postponement of the Stamp Act," *The William and Mary Quarterly*, Vol. 7, No. 3, 1950, p. 366.

2　Paul J. Polgar, " 'To Raise Them to an Equal Participation' : Early National Abolitionism, Gradual Emancipation, and the Promise of African American Citizenship," *Journal of the Early Republic*, Vol. 31, No. 2, 2011, pp. 237–250, 257–258.

人，也许还适用于法属加勒比地区的黑人奴隶。在发生于法属海地的革命中，杜桑·卢维杜尔（Toussaint Louverture）带领黑人暴力推翻了奴隶制。在英属殖民地，巴巴多斯于 1816 年、德梅拉拉于 1823 年、牙买加于 1831 年都爆发了奴隶起义。1833 年，英国议会废除英属加勒比的奴隶制。在巴巴多斯起义后不久，"美国殖民协会"召开了第一次会议。1822 年，据称是受到海地革命的激励，登马克·维西（Denmark Vesey）密谋在南卡罗来纳查尔斯顿发动起义。1831 年，牙买加奴隶起义同一年，弗吉尼亚发生了著名的纳特·特纳（Nat Turner）起义。1833 年，加里森前往英格兰观看并报道了英国议会关于解放奴隶的辩论。[1]

欧洲 1848 年革命对美国废奴主义的发展起到了重要推动作用。在这场革命失败后，数千名憎恶奴役的欧洲激进主义者迁往美国，德意志激进主义者在美国废奴主义群体中尤为活跃。在 40 年代末，弗雷德里克·道格拉斯逐渐放弃了加里森的和平废奴主义，转而高度赞扬 1848 年革命。在整个 50 和 60 年代，托马斯·温特沃思·希金森（Thomas Wentworth Higginson）常常提到 1848 年革命，认为一切有原则的人都应同压迫进行暴力斗争。资助约翰·布朗（John Brown）袭击哈珀渡口的"秘密六人组"崇拜卢维杜尔，而布朗本人也熟悉海地和牙买加的奴隶起义和 1848 年革命。美国奴隶主认为，海地和英属加勒比的奴隶起义是废奴主义所致，因此以各种形式阻挠美国废奴主义运动的发展并推动兼并得克萨斯，以防止支持废奴主义的英国控制得克萨斯。[2]

2. 民主党、共和党与"第三政党体系"

南北战争前的美国两党政治正处于"第三政党体系"。该体系中的民主党起源于杰斐逊的民主共和党，最初称为"来自各州的共和党代表"，在 1832 年全国大会后采用"民主党"。该党也是"第二政党体系"中的两大政党之一，主要政治目标与理念包括废除白人男性选举权的财产限制，限制联邦政

---

[1] Andre M. Fleche, "The Revolution of 1861: The American Civil War in the Age of Revolution," *South Central Review*, Vol. 33, No. 1, 2016, pp. 7–11.

[2] Ibid, pp. 10–12.

府权力，提倡"州权"，要求由各州决定是否保留各州奴隶制，反对设立国家银行，反对由联邦政府资助内部改进。该体系中的共和党成立于 1854 年，于 1856 年 6 月召开了首次全国大会。共和党主张建设跨大陆铁路，支持由国会资助河道和港口系统建设，反对奴隶制扩张到自由领地，支持堪萨斯成为自由州，反对国家分裂。1858 年，在伊利诺伊州国会参议员竞选辩论中，来自共和党的亚伯拉罕·林肯（Abraham Lincoln）与来自民主党的斯蒂芬·道格拉斯（Stephen Douglas）展开了一场关于奴隶制等议题的著名辩论，吸引了全国目光。[1]

历史学家通常认为，新兴共和党继承了"第二政党体系"中辉格党的衣钵。这在很大程度上是正确的，但历史学家埃里克·方纳（Eric Foner）在其 1970 年出版的著作中指出，应注意民主党人转入共和党的现象。在 1976 年的一篇论文中，犹大·B. 金斯伯格（Judah B. Ginsberg）以纽约州为例支持了方纳的观点。金斯伯格指出，在纽约州民主党内部存在着反奴隶制的"谷仓焚烧者派"（Barnburners）与支持"人民主权"原则的"屁股蛋儿派"（Hunkers），前者在 1848 年抛弃了民主党，与自由土地党一道支持马丁·范·布伦（Martin Van Buren）竞选总统。在失败后，"谷仓焚烧者"短暂回到民主党内。在伊利诺伊议员斯蒂芬·A. 道格拉斯（Stephen A. Douglas）提议在内布拉斯加领土实施由住民决定是否接纳奴隶制的"人民主权"原则并提出废除密苏里妥协案之后，纽约民主党再次分裂，一部分党员转而支持共和党。[2]

近年，斯蒂芬·J. 巴克（Stephen J. Buck）对伊利诺伊州杜巴奇县共和党起源的研究也肯定了方纳的论述。巴克指出，在 19 世纪 40 年代，杜巴奇县民主党人与全国民主党的立场不甚一致。他们支持得克萨斯兼并与北纬 54 度 40 分线，认为《宪法》规定蓄奴州有权维持奴隶制，但他们自己反对奴隶制，

1　参见"Democratic National Political Conventions," https://www.loc.gov/rr/main/polcon/ democraticindex.html；"Republican National Political Conventions," https://www.loc.gov/rr/ main/polcon/ republicanindex.html。

2　参见 Judah B. Ginsberg, "Barnburners, Free Soilers, and the New York Republican Party," *New York History* 57, no. 4 (1976), pp. 475–500。

认为《宪法》禁止奴隶制继续蔓延，奴隶制终将灭亡，虽然他们也不主张给黑人平等权利。1848 年，杜巴奇县的一些反奴隶制的民主党人转入自由土地党。在"1850 年妥协"后，有更多民主党人加入自由土地党。在 1852 年后，县辉格党解体并大规模加入自由土地党。在 1854 年的竞选活动中，县自由土地党宣布效忠新兴的共和党。[1]

应当指出的是，无论南部还是北部都非铁板一块。南部也有共和党人，虽然党员人数整体上较少。共和党之所以如此命名，正是为了显示该党与杰斐逊的渊源。在弗吉尼亚州，共和党足以组建一个州级组织、创设报纸、提名反对奴隶制的政治候选人，并向 1860 年在芝加哥举办的共和党全国大会派送代表。他们大多来自弗吉尼亚州的西北部，主要是厌恶权势熏天的奴隶主集团，而非同情奴隶或关心西部土地的状况。相比之下，北部存在着较为强大的民主党势力。一项研究表明，北方民主党人是扩张主义者，也支持为新移民授予公民身份，支持天主教徒，对个人道德与行为（如宗教、教育与饮酒）持自由放任态度，并支持州在这一问题上的权威。他们和南方民主党一样，都支持自由贸易并反对银行业。但与共和党和南方极端主义者都不同，北方民主党在奴隶制问题上持中间立场与"人民主权"原则。因此，北方民主党直至美国内战前夕仍得到了广泛支持，并在内战和 19 世纪下半叶保持巨大影响力。[2]

1　Stephen J. Buck, "Free Soil, Free Labor, Free Men: The Origins of the Republican Party in DuPage County, Illinois," *Journal of the Illinois State Historical Society*, Vol. 112, No. 1, 2019, pp. 43–50.

2　参见 Richard G. Lowe, "The Republican Party in Antebellum Virginia, 1856–1860," *The Virginia Magazine of History and Biography*, Vol. 81, No. 3, 1973, pp. 259–260；Bruce Collins, "The Ideology of the Ante–bellum Northern Democrats," *Journal of American Studies*, Vol. 11, No. 1, 1977, pp. 103–121。

（二）南北战争的两个阶段

1. 战争的开端

1860 年 11 月，共和党候选人林肯当选总统。从 1860 年 12 月 20 日到 1861 年 6 月 8 日，南部十一个州——南卡罗来纳、密西西比、佛罗里达、亚拉巴马、佐治亚、路易斯安那、得克萨斯、弗吉尼亚、阿肯色、北卡罗来纳、田纳西——先后宣布退出美利坚合众国，而密苏里州和肯塔基州则发生分裂，其中支持退出联邦者先后成立政府并加入邦联。1861 年 2 月 8 日，《美利坚邦联国临时政府宪法》通过，美利坚邦联国（亦称"南部邦联"）宣告成立。4 月 12 日，南部邦联炮轰美利坚合众国位于南卡罗来纳州查尔斯顿港的联邦堡垒萨姆特堡。三天后，林肯颁布《合众国总统宣告》，指出美国政府在南部诸州行政受阻，司法程序和宪兵又无力压制，因而有必要经战争部向各州政府召集 7.5 万名民兵。根据《合众国总统宣告》，民兵的首要任务是"夺回从联邦攫取的堡垒、地方和财产"，但"在国家任何地方都要尽量避免毁灭、破坏或干涉财产，或惊扰和平的公民"并在二十天后"和平地解散并回到他们各自的住所"。最后，《合众国总统宣告》召集参众两院在 7 月 4 日开会讨论局势。[1] 受召民兵人数、服役时间长度与参众两院会议召开时间表明，林肯认为这将是一场联邦政府会轻易取胜的短暂平叛。然而，即将爆发的却是一场持续四年之久并导致数十万人死亡的血腥战争。

2. 战争的第一阶段

从战争与解放奴隶的关系角度，本节将南北战争分为"初步废奴"和

1　参见 "Secession Ordinances of 13 Confederate States," https://www.digitalhistory. uh.edu/disp_textbook.cfm?smtID=3&psid=395; Constitution for the Provisional Government of the Confederate States of America, February 8, 1861, https://avalon.law.yale.edu/19th_ century/csa_csapro.asp#:~:text=Section%201., government%2C%20whichsoever%20shall%20 first%20occur.; Constitution of the Confederate States, March 11, 1861, https://avalon.law. yale.edu/19th_century/csa_csa.asp; Abraham Lincoln, "A Proclamation by the President of the United States," April 15, 1861, https://www.visitthecapitol.gov/artifact/proclamation-president-united-states-april-15-1861 等。

"正式废奴"两大阶段。从 1861 年 4 月 15 日到 1862 年 12 月 31 日，战争的第一阶段持续了一年零八个月，共发生 65.5 场战斗或战役，包括 1861 年 10 场和 1862 年 55.5 场，其中较为著名或伤亡规模较大的发生于弗吉尼亚州的马纳萨斯（1861 年 7 月 21 日）、田纳西州的夏洛（1862 年 4 月 6 至 7 日）、弗吉尼亚州的马纳萨斯（8 月 27 至 31 日）、马里兰州的安提塔姆（9 月 17 日）、弗吉尼亚州的弗雷德里克斯堡（12 月 13 日）和田纳西州的斯通河（12 月 31 日至 1863 年 1 月 2 日）等地。[1]

本阶段战争的主要目的是维护联邦统一，但解放奴隶已经被提出并初步展开。1861 年 8 月，国会授权联邦政府使用被用于支持叛乱的奴隶。在同年 12 月 19 日的一封信中，德裔法学家弗朗西斯·利伯（Francis Lieber）指出，因南部发动对联邦的战争，其奴隶制已不再合法，奴隶也不再是南部人的个人财产。1861 年 3 月，国会通过《战争条例》，禁止军事人员将逃奴送还奴隶主。同年，国会还通过了《哥伦比亚特区奴隶解放法案》，为黑人迁出美国拨款 10 万美元。此外，国会该年还通过了《敌产没收法》和《民兵法》。前者正式宣布奴隶主的叛乱是叛国行为，并决定对叛乱者进行逮捕、审判、定罪、囚禁（或处决）、剥夺政治权利，释放他们的奴隶，没收和销售他们的其他财产，宣布叛乱者所拥有的奴隶一旦进入联邦军队控制区即永久获得解放，并授权林肯雇佣尽可能多的黑人来镇压叛乱，而后者明确指出林肯可以雇佣黑人从事劳动和其他军事活动。[2]

南部奴隶制随着战争的推进受到毁灭性打击，安置被解放的奴隶便成为

1　参见 William F. Fox, *Regimental Losses in the American Civil War, 1861–1865*, Albany: Albany Publishing Company, 1889, pp. 426–434. 战役数量根据福克斯书统计得出，如一场战役持续到第二年则每年各算 0.5 场。两次马纳萨斯战役又称作第一次和第二次布尔河战役。

2　Steven Hahn, "Slave Emancipation, Indian Peoples, and the Projects of a New American Nation-State," *The Journal of the Civil War Era*, Vol. 3, No. 3, 2013, pp. 315-316; Xi Wang, "Black Suffrage and the Redefinition of American Freedom, 1860-1870," *Cardozo Law Review*, Vol. 17, 1996, p. 2165; Samantha Payne, "'A General Insurrection in the Countries with Slaves': The US Civil War and the Origins of an Atlantic Revolution, 1861 -1866," *Past and Present* Vol. 257, No. 1, 2022, p. 265.

一项重要议题。最著名的实践当属"罗亚尔港实验"。1861 年 11 月，联邦军队夺取了具有战略意义的南卡罗来纳州罗亚尔港湾诸海岛，南部叛军及岛上白人居民逃离。联邦军队获得了南部沿海封锁线上的一个关键的军事基地，但也不得不面对超过八千位缺少食物的奴隶。在联邦政府的号召下，一些来自富有的家庭并受过良好教育的北方人来到这里，为被解放的奴隶提供教育，将他们雇用为自由劳动者。一些北方白人因心怀种族主义情节而打道回府，但最新研究表明，还有一些白人留了下来，并逐渐改变了自己的种族主义偏见。[1]

3. 战争的第二阶段

战争第二阶段的时段为 1863 年 1 月 1 日至 1865 年 4 月 9 日，持续了两年零三个月，共发生战斗或战役 156.5 场，包括 1863 年 60.5 场、1864 年 78 场和 1865 年 18 场，其中较为著名或伤亡规模较大的战斗或战役发生于弗吉尼亚州的钱瑟勒斯维尔（1863 年 5 月 1 日至 3 日）、路易斯安那州的哈德逊港（5 月 23 日至 8 日）、宾夕法尼亚州的葛底斯堡（7 月 1 日至 3 日）、佐治亚州的奇卡莫加（9 月 19 日至 20 日）、田纳西州的传教士岭（11 月 25 日）、弗吉尼亚州的怀尔德尼斯（1864 年 5 月 5 日至 6 日）、弗吉尼亚州的斯波齐尔维尼亚（5 月 8 日至 13 日）、弗吉尼亚州的科尔德哈伯（6 月 3 日）、弗吉尼亚州的彼得斯堡（6 月 15 日和 17 日）、田纳西州的纳什维尔（12 月 15 日至 16 日）、弗吉尼亚州的阿波马托克斯（1865 年 3 月 29 日至 4 月 9 日）等地。1865 年 4 月 9 日，南北战争随着阿波马托克斯战役的结束而基本结束，但南卡罗来纳、佐治亚、亚拉巴马和得克萨斯此后还发生了数场小规模战斗。[2]

这一阶段的开端为林肯于 1863 年 1 月 1 日颁布《解放奴隶宣言》。此前，林肯曾于 1862 年 9 月 22 日颁布《解放奴隶宣言预告》，重申将战斗至战前联

---

1 参见 Robert G. Mann, "The 'Contact of Living Souls': Shepard Gilbert's Civics Education in Reconstruction South Carolina," *The New England Quarterly*, Vol. 88, No. 2, 2015, pp.286–315。

2 参见 William F. Fox, *Regimental Losses in the American Civil War, 1861–1865*, pp.434–462。战役数量根据福克斯书统计得出。

邦宪制得到彻底恢复，提出为接受渐进废奴、不再叛乱的州给予资助并将其被解放的黑人殖民海外，宣布 1863 年 1 月 1 日仍处于叛乱状态州的奴隶将永获自由。《解放奴隶宣言预告》援引了《战争条例》和《敌产没收法》，但没有提及武装奴隶或其他黑人。至 1862 年 12 月，林肯仍强调渐进废奴和将黑人殖民海外，甚至呼吁通过宪法修正案来实现这些目标。与《解放奴隶宣言预告》相比，《解放奴隶宣言》发生了很大变化，豁免了特拉华、马里兰、密苏里、肯塔基和新建的西弗吉尼亚等五个蓄奴州，以及联邦业已占领并准备在此建立新政府的田纳西州、弗吉尼亚州的几个东部县和路易斯安那州的几个南部行政区。《解放奴隶宣言》也删除了关于渐进废奴和将黑人殖民海外的文字，以"军事必要"为由在不提供补偿的情况下废除奴隶制，并允许条件适合的原奴隶加入联邦军队。[1]

1863 年成立了"美国自由民调查委员会"。该委员会由改革家罗伯特·戴尔·欧文（Robert Dale Owen）负责，旨在就奴隶制的遗产、解放奴隶的影响和黑人前途做出汇报，非常关心黑人在私有财产、婚姻、抚养子女、教育、信仰和性行为上的做法，希望调查自由民是否愿意在没有奴隶制胁迫的情况下工作。委员会的报告对自由民的前途相对乐观。南部各地也开展了"自由劳动"试验，旨在揭示自由民的能力，尤其是恢复棉花经济的可能性。这些试验包括契约劳动制度、罗亚尔港、密西西比州戴维斯半岛的试验，以及与一些由自由民组成的村庄（位于弗吉尼亚南部的北边、北卡罗来纳的东边、田纳西和肯塔基）。来自北方的管理者、种植园主、改革家和传教士在如何推行试验上争执不下，但都有着一股除旧换新的热情，并广泛报道自己的发现、成就和失败。[2]

1　Steven Hahn, "Slave Emancipation, Indian Peoples, and the Projects of a New American Nation–State," *The Journal of the Civil War Era* No. 3, 2013, pp. 315–316.

2　Ibid, pp. 317–318.

（三）战时与战后重建

1. 战时重建

"重建"（Reconstruction）是指联邦在征服南部邦联领土后将其重新纳入联邦并结束奴隶制的过程。对于"重建"的时段及其阶段划分，学者们意见不一。本文接受现较为常见的做法，将"重建"的时段定为1863年至1877年，但以美国南北战争结束为界，简单地将"重建"时代划分为"战时重建"和"战后重建"两个阶段。关于"战时重建"，本节介绍林肯总统的重建政策。关于"战后重建"，本节介绍安德鲁·约翰逊（Andrew Johnson）总统的重建政策与国会通过的三部具有历史意义的重建修正案。

1863年12月8日，林肯颁布《大赦与重建宣告》，标志战时重建开始。该宣告可分为三大部分。第一部分叙述了大赦与重建的背景，包括宪法依据、战争进程、立法进展，以及一些叛乱者重新效忠联邦的意愿。第二部分是该宣告的主体部分，介绍大赦与重建的具体措施。在大赦方面，该宣告规定了重新效忠联邦的誓词并认定了不得享受大赦的六类人，包括南部邦联政府官员与特工、美国司法部门的叛乱者、南部邦联陆军上校以上或海军上尉以上的军官、美国国会议员中的叛乱者，以及美国陆海军中的叛乱者与南部邦联虐待俘虏者。在重建方面，该宣告规定，任何一个叛乱州如有一定数量的选民宣誓效忠联邦即可重建州政府。具体而言，宣誓效忠的选民数量应达到1860年总统选举中该州投票总数的十分之一，这些选民在宣誓效忠后没有违反誓言，他们在南部分离前在该州有选举权，重建的州政府采用共和制。在重建州政府后，该州将得到联邦政府的承认与保护。[1]

在第三部分，《大赦与重建宣告》对上述措施作出了五点说明。第一，如果重建的州政府宣布被解放的黑人永远自由，为其提供教育资源，或采取其他措施来满足他们作为"劳动的、无地的、无房的阶级"的需求，联邦政府

1　Abraham Lincoln, "The Proclamation of Amnesty and Reconstruction by the President of the United States of America," December 8, 1863, http://www.freedmen.umd.edu/procamn.htm.

的行政分支不会反对。第二，重建的州政府可以在必要修改后沿用旧州政府的州名、边界、行政区划、宪法和法律条文。第三，效忠联邦的州不在重建范围内。第四，各重建州送往国会的众议员和参议员是否被接纳由国会两院决定。第五，各叛乱州重建州政府也可采用联邦政府接受的其他重建模式。[1]

在当时的激进共和党人与后世的许多历史学家看起来，林肯的《大赦与重建宣告》宽恕了领导者之外的一切叛乱者，为他们恢复了政治权与财产权，因而显得过于仁慈。激进共和党人也批评了林肯的"十分之一方案"并提出了一个替代方案，为叛乱州居民恢复政治权提出了更高要求，也为叛乱州重新加入联邦设置了更多障碍，联邦政府的行政分支与立法分支围绕宪法权力的争执由此展开，共和党不同派系也开始就重建政策的速度和范围展开斗争。尽管如此，《大赦与重建宣告》削弱了地方自主性，促进了民族国家的发展，维护了被解放奴隶的利益，也拓展了总统权力，因而具有重要的政治意义。1864 年 3 月 26 日，林肯颁布《大赦宣告》，对《大赦与重建宣告》的大赦部分进行说明和补充，这里不予详述。[2]

2. 战后重建

美国南北战争于 1865 年 4 月 9 日结束，但林肯在不久后遇刺身亡，副总统约翰逊继任总统。5 月 29 日，约翰逊发布《大赦与重建宣告》，标志战后重建的开始。约翰逊在宣告开端指出了其背景，即在林肯发布两次大赦和宣告后，很多人"未能或因疏忽而没有获得它们所提供的好处"，还有很多人在没有获得大赦或宽恕后"现在希望申请和获得大赦和宽恕"。约翰逊的宣告规定了申请大赦和宽恕时所使用的誓词，规定不得获得大赦或宽恕的十四类人，

1　Abraham Lincoln, "The Proclamation of Amnesty and Reconstruction by the President of the United States of America," December 8, 1863, http://www.freedmen.umd.edu/procamn. htm.

2　Steven Hahn, "Slave Emancipation, Indian Peoples, and the Projects of a New American Nation-State," *The Journal of the Civil War Era* No. 3, 2013, pp. 316–317; Abraham Lincoln, "Proclamation 111—Concerning Amnesty," March 26, 1864, https://www.presidency.ucsb.edu/documents/proclamation-111-concerning-amnesty.

包括南部邦联政府官员、离开岗位支持叛乱的联邦政府官员、虐待俘虏者、联邦军校毕业生、联邦其他变节者、在公海或美加边境湖泊中破坏联邦贸易者、申请时仍为联邦所俘获的战俘者、财产较多的叛乱者、宣誓悔过后再反叛者等。但是，该宣告表示，这十四类中的"任何人都可以向总统提交特别申请以获得宽恕"，而总统也将尽可能对申请予以批准。[1]

此后，在对约翰逊重建政策不满的国会主导下，美国通过了三条具有历史意义的宪法修正案。1865年年底正式通过的第十三修正案共有两款：第一款，"在合众国之内，或在任何受其管辖的地方，奴隶制或强制劳役都不得存在，除非是对被依法定罪的罪犯之惩罚"；第二款，"国会有权通过适当立法实施本条"。在乔治·P.弗莱彻（George P. Fletcher）看来，鉴于白人奴隶制已在没有明确废除的情况下消失，而各种法律条文已有效废除了除密苏里、肯塔基和特拉华这三个边界州以及联邦军队在1863年1月1日占领地区之外所有地方的奴隶制，第十三修正案的实质作用有限，但该修正案不仅因正式宣布奴隶制终结而具有重大象征意义，也革命性地确立了一种新的宪法观：奴隶制的捍卫者认为，奴隶制"根深蒂固"于《宪法》之中，因此必须要经过全部州的一致同意才能废除奴隶制，但该修正案只得到四分之三州批准便通过，表明《宪法》没有条款是"根深蒂固"而不可修改的。此外，修正案第二款也被第十四与十五修正案继承，国会因而可以通过立法来系统地重塑种族关系。[2]

1868年正式通过的第十四修正案较为复杂，其全五款为：第一款，"所有在合众国出生或归化合众国并受其管辖的人，都是合众国和他们所居住州的公民。任何一州不得制订或实施限制合众国公民的特权或豁免权之法律；不经正当法律程序，任何州不得剥夺任何人的生命、自由或财产；不得在其

1　"Proclamation of Amnesty and Reconstruction," May 29, 1865, https://cwnc.omeka. chass.ncsu.edu/items/show/13.

2　Pauline Maier intro., *The Declaration of Independence and The Constitution of the United States*, New York: Batam Dell, 1998, p.81；George P. Fletcher intro., "Lincoln and the Thirteenth Amendment," *OAH Magazine of History*, Vol. 21, No. 1, 2007, p.52.

管辖范围内拒绝给予任何人法律的平等保护"；第二款，"应按各州人口比例分配众议员名额，此人口数包括一州的全部人口数，不包括未被征税的印第安人。但是，在选举合众国总统和副总统选举人、国会众议员、州行政和司法官员或州议会议员时，一州年满 21 岁并且是合众国公民的任何男性居民，除因参加叛乱或其他罪行，如其选举权遭到拒绝或以任何方式受到限制，应按以上男性公民的人数同该州年满 21 岁男性公民总人数的比例予以削减该州代表权的基础"；第三款，"凡先前曾以国会议员、合众国官员、任何州议会议员、任何州行政或司法官员的身份宣誓维护合众国宪法，以后又对合众国作乱或反叛，或给予合众国敌人帮助或鼓励，任何人不得担任国会参议员或众议员，或总统和副总统选举人，或担任合众国或任何州的任何文武官员。但是，国会可以两院各三分之二的票数取消该禁令"；第四款，"对于法律批准的合众国公共债务，包括为支付因平定叛乱或反叛而有功者的养老金与奖金而产生的债务，其效力不得质疑。但是，合众国或任何州均不得承担或支付因援助对合众国的叛乱或反叛而产生的任何债务或义务，或因丧失或解放任何奴隶而提出的任何补偿要求；所有这类债务、义务和要求均应被视为非法和无效"；第五款，"国会有权通过适当立法实施本条"。[1]

　　1870 年正式通过的第十五修正案共有两款：第一款，"合众国或任何一州不得因种族、肤色或曾被强迫服劳役而剥夺或限制合众国公民的投票权"；第二款，"国会有权通过适当立法实施本条"。宪法史学者王希指出，在三个宪法修正案中，第十五修正案最具革命性，赋予了美国黑人投票权这个关键的政治权利，宣布数百万原奴隶为平等的选民，重新定义了美国自由和民主，使美国民主的进程朝着一个新方向发展。此外，该修正案也标志着此前拒绝黑人和白人在政治上平等的共和党改变了其立场，具有重要的历史意义。[2]

　　1　Pauline Maier intro., *The Declaration of Independence and The Constitution of the United States*, New York: Batam Dell, 1998, pp. 81–83.

　　2　Ibid, p. 83; Xi Wang, "Black Suffrage and the Redefinition of American Freedom, 1860–1870," *Cardozo Law Review*, Vol. 17, 1996, pp. 2153–2154.

应该指出的是，美国南北战争与重建在种族问题上取得的进步有其局限性。例如，1862 年 9 月，在起草《解放黑奴临时宣告》之时，林肯也派遣了约翰·波普（John Pope）将军去明尼苏达镇压东部苏人的起义。波普在 10 个月之内俘虏了将近 2000 名苏人，他所建立的一个委员会将 303 人判处死刑，其中 38 人在同一次处决中被绞死，成为美国历史上最大规模的集体处决。国会废除了与达科塔苏人的全部条约，逼迫他们迁往大平原。在白人施压下，波普于 1863 年春发动进攻，并于 7 月初捕获达科塔苏人首领小乌鸦（Little Crow），持续二十年之久的美国对密西西比河以西印第安人的战争于是爆发。在南北战争结束大约一个世纪后，印第安人学者小瓦因·德洛里亚（Vine Deloria Jr.）指出："在内战后不久通过的宪法修正案承认了美国黑人是人类的一个种类……但内战期间和之后通过的民权法案却系统地排斥了印第安人。"[1]

三、研究与结论

（一）学术界关于两场战争的研究

1. 美国独立战争的研究史

虽然在 19 世纪已有大量史家撰写了美国独立战争的历史，但学术界的专业研究似乎直到 20 世纪初才全面开展起来。参考约翰·E. 塞尔比（John E. Selby）的论述，我们或许可以将 20 世纪的美国独立战争研究分为三个相互重叠的阶段。第一个阶段是 20 世纪上中叶。在这一阶段，英美关系走向缓和甚至结盟，美国人也愈发意识到国际事务的复杂性。这一阶段的代表学者是查尔斯·M. 安德鲁斯（Charles M. Andrews）和劳伦斯·H. 吉普森（Lawrence

---

1　Steven Hahn, "Slave Emancipation, Indian Peoples, and the Projects of a New American Nation–State," *The Journal of the Civil War Era* 3, 2013, pp. 307, 309; Vine Deloria Jr., *Custer Died for Your Sins: An Indian Manifesto*, New York: Avon Books, 1969, pp. 14–15.

H. Gipson）。他们认为，虽然英帝国维护宗主国的利益，但殖民地也从中受益，例如在一个帝国战争时代中得到皇家海军和陆军的保护，能够进入世界上最大的资本市场和分配系统之一，从工业革命时代的英国了获得物美价廉的产品。历史学家也开始对效忠派和英王乔治三世采取更为宽容和理解的态度，一些进步主义史家也试图揭露革命者推动独立背后的经济因素和殖民地内部的重重矛盾。[1]

第二个阶段为20世纪50年代到70年代，代表学者是埃德蒙·S.摩根（Edmund S. Morgan）、伯纳德·贝林（Bernard Bailyn）和戈登·伍德（Gordon Wood）。他们也被称作"新辉格派"。在方法上，他们关注历史人物对自己行动的解释。例如，贝林的研究表明，美国革命者从18世纪的历史观中明白一个道理——如果他们不保持警惕，野心勃勃的腐败统治者便会颠覆自由；许多革命者在英国大臣的行动中发现了阴谋证据，但现代研究者却没有找到。在内容上，这些学者所构建的"古典共和主义"与现代共和主义不同，认为人民自治的一些要素是好的，但整体上带有一些精英色彩。不过，美国人在独立后逐渐戒掉了对精英的依赖；到了批准《宪法》之时，美国人虽仍支持"平衡政府"原则，但认为人民应当控制政府的每个分支。[2]

第三个阶段是越南战争与权利革命时代。在这一阶段，一些学者关注普通民众在美国独立战争中的行动。黑人民权运动促使历史学家更多探讨非裔美国人与美国独立战争的关系，而女权运动则促使历史学家考察女性在战争中的经历。学者们也探究了美洲土著居民的命运，包括他们在英美之间的斗争策略与他们遭受的打击。此外，平民史观的发展也推动了军事史的复苏与文化和思想史的发展。[3]

中国学者所撰写的两本比较具有代表性的美国独立战争史，分别是郭圣

---

[1] John E. Selby, "Revolutionary America: The Historiography," *OAH Magazine of History*, Vol. 8, No. 4, 1994, pp. 5–6.

[2] Ibid, pp. 6–7.

[3] Ibid, pp. 7–8.

铭所撰写的《美国独立战争》（1973年）和张友伦主编的《美国的独立和初步繁荣（1775—1860）》（1993年）。郭圣铭的《美国独立战争》虽然仅有60页，但具有鲜明的时代特点。在首页与正文，该书多次引用了马克思、恩格斯、列宁和毛泽东等人的相关文字。在论述时，作者既强调美国独立战争的资产阶级性质，又突出白人平民男性、白人女性、黑人在推动革命进程中的作用，还强调新兴美国是一个殖民主义政权，起源于对西部印第安人土地的贪求，又为印第安人带来了灭顶之灾。全书在一个简短的序言后分为五章，即"英属北美殖民地的社会概况""独立战争的爆发""独立战争的进程""战争结束后美国国内的阶级斗争"与"美国独立战争的历史意义"，其中战争部分涉及《印花税法》、"汤森诸法"、"波士顿屠杀"、"波士顿倾茶事件"、五项"不可容忍法案"、第一届与第二届大陆会议、《独立宣言》、列克星敦战役、萨拉托加大捷、法国参战、英军在约克顿投降等事件。该书已初具国际视野，述及英军的德意志雇佣兵、欧洲列强及其民众对美国的支持，以及美国独立战争对拉丁美洲独立战争的影响。[1]

虽然同样以马克思主义唯物史观为指导并关注底层民众的作用，但张友伦主编的《美国的独立和初步繁荣（1775—1860）》更关注历史细节。第一章"北美独立战争和美利坚合众国的诞生"包含一篇简要描述独立战争背景的前言与五节正文。第一节"战争的开始"先后讲述了列克星敦和康科德之战、大陆军的组成、从邦克山之战到攻占波士顿、《橄榄枝请愿书》和《关于拿起武器的原因和必要的公告》、潘恩及其《常识》、《独立宣言》、革命派和效忠派的斗争。第二节"战争的进程"先后涉及力量对比、纽约和费城的陷落、萨拉托加大捷、法国参战以及南方战争和美军在约克敦的决定性胜利。第三节论述"工人、黑人和妇女的贡献"。第四节为"战时经济"，涉及大陆会议软弱与战时经济状况。第五节"和约和独立战争的意义"涉及谈判和巴黎和约，以及独立战争的成就、局限性和国际影响。该书第二章"联邦的产生和

1　参见郭圣铭：《美国独立战争》，商务印书馆1973年。

多民族统一国家的形成"叙述独立战争的后续，即邦联时期、《宪法》的制订与早期党争，这里不再详述。[1]

2. 南北战争的研究史

与独立战争一样，南北战争也是美国人最关注的历史主题之一。就南北战争的政治史而论，美国学者最关注的问题或为战争起源。在历史学者弗兰克·托尔斯（Frank Towers）看来，从 1861 年至 2011 年，在这一问题上先后存在三个"研究日程"或"解释浪潮"，各持续了大约半个世纪。在第一个研究日程"党徒"之中，交锋双方是南部邦联支持者与联邦支持者。前者包括南部邦联前副总统亚历山大·斯蒂芬斯（Alexander Stephens）和前总统杰斐逊·戴维斯（Jefferson Davis），认为战争的根源是南部所支持的"州权"和联邦中央集权化之争，奴隶制只是一个导火线；而后者包括 J. E. 凯恩斯（J. E. Cairnes）、乔伊·海德利（Joel Headley）、赫尔曼·冯·霍尔斯特（Hermann Von Holst），将奴隶主集团对奴隶制的维护和对权力的追求置于起源的核心。[2]

在第二个研究日程"新史学"之中，一些历史学家开始利用新兴社会科学提出新解释。例如，乌尔里克·B. 菲利普斯（Ulrich B. Phillips）将新史学的方法运用于对南部邦联的辩护之中，将南北之间的差异追溯到 17 世纪弗吉尼亚和马萨诸塞之间的差异，相信社会达尔文主义的环境论而认为非洲的环境导致黑人比白人低劣，认为种族冲突导致了分离运动。查尔斯与玛丽·比尔德（Charles and Mary Beard）认为，南北战争的根源不在奴隶制，而在气候、土壤、工业和劳动制度为基础的社会分组。W. E. B. 杜波依斯（W. E. B. Du Bois）在其《美国的黑人重建》（*Black Reconstruction in America*）中指出，黑人工人作为一个新经济制度的基石引发了内战，南部的目标是保护和拓展其农业封建制。[3]

1　参见张友伦主编：《美国的独立和初步繁荣（1775—1860）》，人民出版社 1993 年，第 1—76 页。

2　Frank Towers, "Partisans, New History, Modernization: The Historiography of the Civil War's Causes, 1861–2011," *Journal of the Civil War Era*, Vol. 1, No. 2, 2011, pp. 240–243.

3　Ibid, pp. 243–246.

在第三个研究日程"现代化"之中，一些学者认为，商业革命已在19世纪50年代来到南部的一些地区，将这里曾经自给自足的非奴隶主小农也纳入棉花生产市场，挑战了南部分离运动由种植园主自上而下主导的观点。还有学者指出，崛起于19世纪30年代的两大全国性"现代政党"——民主党与辉格党——曾努力缓和双方在奴隶制上的分歧，而它们在50年代的解体则直接导致了战争的爆发。女性学者发现，北方公民社会和中产阶级家庭价值观的发展促使北方女性反对奴隶制和分离运动。还有学者将美国奴隶制置于全球视野中考察，将它描绘为现代化的组成部分而非一个落后部门。[1]

中国学者所撰写的关于美国南北战争最重要的著作，或为刘祚昌著《美国内战史》。这本640页的巨著共有三篇十章。第一篇"内战的背景"共两章，分别讲述"冲突的起源"与"酝酿战争的十年"。第二篇"一八六一到一八六五年的内战"共六章，分别讲述了"内战爆发的经过""林肯政府为恢复联邦的统一而战""向革命战争的过渡""联邦军队的胜利进军与内战期间南方重建问题""内战期间北方社会经济与阶级斗争"以及"'南部同盟'的崩溃与内战的结束"。第三篇的两章关注战后南部重建，分别讲述"约翰逊的反动统治"与"南方的革命及其失败"。作者认为，"美国内战是美国第二次资产阶级革命，这次革命摧毁了南方黑人奴隶制度，从而为美国社会经济的向前发展开辟了广阔的道路。在内战的年代里，美国人民群众以非凡的革命毅力，把反对奴隶主叛乱集团的战斗坚持到底，终于取得了革命战争的最后胜利。工人、农民及黑人以自己的革命行动，推动了革命前进，赢得了一系列革命成果，使革命具有了民主的性质，因而在美国历史上留下了光荣的革命传统。"[2]

---

[1] Frank Towers, "Partisans, New History, Modernization: The Historiography of the Civil War's Causes, 1861–2011," *Journal of the Civil War Era*, Vol. 1, No. 2, 2011, pp. 246–252. 作为南北战争的后续，南部重建也吸引了众多历史学家的关注，但鉴于南部重建是一个较为独立的领域，读者可自行参考相关文献，例如 Eric Foner, "Reconstruction Revisited," *Reviews in American History*, Vol. 10, 1982, pp. 82–100。

[2] 刘祚昌：《美国内战史》，人民出版社1978年，目录第1–4页，正文第2–3页。

此后，中国学者在南北战争研究上具有代表性的著作是王金虎著《南部奴隶主与美国内战》。作者认为，奴隶主"支配着南部社会绝大部分经济财富和政治权力，从而控制着南部社会的主流意识形态，因此他们成为南部社会的实际统治者。在实际社会生活中，他们不仅是黑人奴隶的主人，而且也是白人非奴隶主大众的领导者。南部社会的发展趋向取决于他们的利益、权势的发展趋势，取决于他们的思想、愿望和行动。"全书共有四章，分别为"奴隶主与南部蓄奴州脱离联邦""南部邦联政府的战争资源筹措""南部奴隶制的瓦解"与"奴隶主家庭生存状况的恶化"，并附有 25 个表格。该书所使用的史料较为广泛，其来源一是包括图书和杂志在内的纸质资料，二是网络资源，包括"奴隶主的个人日记、书信和回忆录，南部邦联政府的文件和南部邦联政治精英的演讲、书信和报告等"。[1]

（二）两场战争的历史意义与关联

美国独立战争与南北战争是美国早期政治发展史上最重要的两大事件，美国前总统克林顿便将独立战争与南北战争视作美国历史上三个转折点中的前两个。[2] 相距近百年的这两场战争对美国与世界有着什么样的影响？二者又有什么关联？本部分首先论述美国独立战争的历史意义，继而探讨南北战争的历史意义与两场战争之间的关联。

1. 美国独立战争的历史意义

18 世纪以来，评论者一再强调美国独立战争的转折性意义。在潘恩看来，时间在 1776 年重启，人们可以直接忘掉之前的一切历史。约翰·亚当斯指出，原十三殖民地可以按照自己的意愿重新设计和建设政府，这是古代最伟大的哲学家和立法者都希望生活在其中的时代，是上帝的旨意。近年来，哈里·V. 贾法（Harry V. Jaffa）指出，美国的建立带有一种"激进的现代性"，而洛根·克什（Rogan Kersh）则写道，美国革命是"腐败的过去和救赎的现

1　王金虎：《南部奴隶主与美国内战》，人民出版社 2006 年，第 3，13–14 页。

2　彭小瑜：《社会的恶与善》，商务印书馆 2017 年，第 107 页。

在之间的一条新的、准世俗的分界线"。[1]

美国独立战争最为明显的影响，就是使英属美洲殖民地中的十二个与宾夕法尼亚的特拉华地区脱离英帝国及其重商主义体系，作为一个独立和统一的国家登上国际舞台，逐步与世界各国建立直接联系。此外，美国独立也是人类政治体制史上的一个重大事件。首先，美国独立战争使原殖民地摆脱了君主制，取而代之的是共和制："宗教改革用不会出错的《圣经》取代了不会出错的教皇，而美国革命则用《宪法》取代了国王。"在独立战争后，美国进入了一个实践 18 世纪启蒙主义的一个重要意识形态"共和主义"的时代。其次，独立的美利坚合众国也是现代联邦制国家的重要源头之一。可以说，"美国是现代意义上的第一个联邦制国家"，独立不久后制订的《宪法》"创建了中央相对集权的联邦政府的模型，确立了联邦主义与民族主义相结合的联邦共和国体制"。[2]

美国独立战争也带来了行政与法律上的改变。例如，弗吉尼亚州在独立战争期间便成立了一个修订法律的委员会，并在之后的几年中继续重建其司法制度。其他州则建立了法学院，并出现了司法审查的早期案例。在美国宣布独立的大约 20 年后，泽弗奈亚·斯威夫特（Zephaniah Swift）和 W. W. 海宁（W. W. Hening）等美国法学家开始撰写关于美国法的专著，推进美国法的独立，虽然各州立法机构制订法律与各州法院解释法律的方式常常更受制于社会与经济利益并在很大程度上继续沿用英国普通法。[3]

1　Roger Kersh, "Rethinking Periodization? APD and the Macro-History of the United States," Polity, Vol. 37, No. 4, 2005, p. 514; Edward J. Erler and Ken Masugi eds., *The Rediscovery of America: Essays by Harry V. Jaffa on the New Birth of Politics* (Lanham: Rowman & Littlefield, 2019), p. 1.

2　C. Perry Patterson, "Thomas Jefferson and the Constitution," *Minnesota Law Review*, Vol. 29, 1945, p. 265; Gordon Wood, "Classical Republicanism and the American Revolution," *Chicago-Kent Law Review*, Vol. 66, No. 1, 1990, pp. 15–17, 19–24; 王丽萍：《联邦制与世界秩序》，北京大学出版社 2000 年，第 2–3 页。

3　J. R. Pole, "Reflections on American Law and the American Revolution," *The William and Mary Quarterly*, Vol. 50, No. 1, 1993, pp. 123–124.

在经济与贸易方面，以戈登·比约克（Gordon Bjork）为代表的传统观点认为，因为战争带来的混乱和破坏、州际贸易管理的缺乏以及无法进入英国重商主义体制中的港口，美国经济在 18 世纪 80 年代经历了极大困难。但后来的研究指出，作为"独立的一个主要结果"，合众国在 1790 年前已开始利用同其他北欧国家直接贸易的自由，而且贸易规模庞大。此外，美国对英出口占美国总出口比例也逐渐重回第一。更近的研究表明，早在 18 世纪 80 年代初，美国的小麦和面粉出口即已达到了战前水平，并在该年代末翻番，出口价值的年增长率达 50%。截至 1790 年，面粉已取代烟草，成为美国头号出口品。谷类出口贸易有助于美国缓解脱离英帝国后的经济阵痛，为新兴美国的经济奠定了坚实的基础，促进了经济的长期发展。[1]

美国独立也是美国教育与文化腾飞的开端。以高等教育为例，在殖民地时期，要成立一所学院需要获得英王或其在各殖民地代理颁发的特许状，学院一旦成立便可以从所在殖民地政府获得税收减免和直接资助，并在该殖民地享有垄断地位。因此，原殖民地仅有九所学院，它们也都是其所在殖民地唯一的学院。1762 年，马萨诸塞西部居民曾申请建立王后学院（Queens College），但因哈佛学院的反对而失败。在美国独立后，这种垄断状况被打破。各州在邦联时期颁发了 20 张特许状，在 18 世纪 90 年代颁发了 200 张特许状，而从美国独立战争时期到南北战争前，共有大约 500 所学院和大学获得了特许状。为了适应时代需要，学院授课内容也发生了变化。在威廉与玛丽学院，独立前设立的两个神学教授职位和一个希腊语和拉丁语教授职位被撤销，取而代之的是一个法律与治安教授职位、一个解剖学与医学教授职位

1　James F. Shepherd and Gary M. Walton, "Economic Change after the American Revolution: Pre- and Post-War Comparisons of Maritime Shipping and Trade," *Explorations in Economic History*, Vol. 13, No. 4, 1976, pp. 400, 407; Brooke Hunter, "The Prospect of Independent Americans: The Grain Trade and Economic Development during the 1780s," *Explorations in Early American Culture*, Vol. 5, 2001, p. 261.

和一个现代语言教授职位。[1]

历史学家已经充分探讨了独立战争对英国（包括爱尔兰与苏格兰）、西欧与拉丁美洲的影响，但这场战争也对世界其他地区产生了深远影响。在 1783 和 1784 年，纽约效忠派詹姆斯·马特拉（James Matra）向英国政府提议，在今澳大利亚东南部建立新威尔士殖民地，用来安置美洲效忠派和运送罪犯。到了 1785 年和 1786 年，由于美国人拒绝继续接收英国罪犯，英国监狱人满为患。1788 年，在内政大臣悉尼勋爵（Lord Sydney）的主持下，英国开始建立新南威尔士殖民地，是为现代澳大利亚国家的开端。在中东欧，一些重要的美国革命文献流传到了波兰；无论是支持国王由选举产生的封建共和国的"老共和派"（Old Republicans），还是支持立宪君主制、仿效美国革命者而自称"爱国者"（Patriots）的改革党人，都用美国独立战争的不同遗产支持自己的立场。在柯斯丘什科叛乱中，柯氏试图将美国的"一分钟人"民兵系统和游击战应用到他的军队组织之中。[2]

2. 美国南北战争的历史意义及其与独立战争的关联

1787 年《宪法》将奴隶制的存废留给各州决定，使美国形成了南北截然不同的两个经济体和两种政治文化。到了 19 世纪 60 年代初，美国南北双方已无法在现有体制抑制奴隶制问题的恶化，因此南部试图通过脱离联邦并建立独立国家的方式维护奴隶制。然而，这一做法违背了《邦联条例》所确立的和《宪法》所继承的联盟永久性原则。在南部州逐一宣布脱离联邦的情况下，林肯政府为维护联邦统一而加强南部防卫，激起南部率先炮轰联邦堡垒，

---

1 Fred Anderson, Kevin Sweeney, Bernard Bailyn, and Frederick Rudolph, "Reflections on the Founding of Williams College," *Proceedings of the Massachusetts Historical Society* Third Series, Vol. 105, 1993, pp. 134–136；Thomas Jefferson, *Notes on the State of Virginia*, London, 1787, pp. 250–251.

2 参见 Stephen Conway, "Britain and the Impact of the American War, 1775-1783," *War in History*, Vol. 2, No. 2, 1995, pp. 127-150; Philip G. Hoffman, "Australia's Debt to the American Revolution," *The Historian*, Vol. 17, No. 2, 1955, pp. 143–156; Zofia Libiszowska, "Polish Opinion of the American Revolution," *Polish American Studies*, Vol. 34, No. 1, 1977, pp. 11–12, 14 等。

导致内战争爆发。在战争中，出于战事需要与废奴主义精神，联邦政府与军队逐步解放黑奴并瓦解奴隶制。在战争结束后，美国国会又以三条《宪法》修正案的形式明确废除奴隶制并建立一个新的种族秩序。如果说独立战争在特殊的时代环境下被迫维护了奴隶制，那么南北战争就摧毁了这一旧制度的残余，实践了《独立宣言》所宣扬的"人人生而平等"的理念。

南北战争还极大加速了美国独立战争所开启的中央集权化进程。虽然独立战争在政治上切断了原殖民地同英国的联系，但"南部是英国的一个事实上的半殖民地，向它提供它所需要的原棉的大部分"。1852 年，在伊利诺伊州杜巴奇县辉格党的大会上，党员抨击当时的低关税政策，认为这是英格兰和支持自由贸易的那些民主党人的一个阴谋，旨在"扼杀美国制造业的发展，使两国之间的贸易成为一种殖民地贸易"。通过摧毁南部的奴隶主统治阶级，美国结束了南部对英国的经济依附，掌握了南部的政策主导权，使之服务于北方制造业的利益。此外，在南北战争期间，遇难士兵人数大约为 62 万，大致相当于独立战争、1812 年战争、美墨战争、美西战争、第一次世界大战、第二次世界大战和朝鲜战争中美国殉难士兵人数的总和，死亡率（死亡数与美国总人口之比）是第二次世界大战的 6 倍，应对大规模死亡——处理遗体、追悼逝者、照料生者——成为联邦政府的重要职责，而履行这些新职责又成为了联邦权力扩大的重要原因。国家公墓与内战补助金制度的建立所涉及的工程规模之大，在战前是难以想象的。[1]

与美国独立战争一样，南北战争也在国际舞台上具有广泛而深远的影响。在美国南北战争后，英属美洲人感受到了美国统一所带来的外部压力，意识到一个强大的全国性政府是必要的。原本矛盾重重的上加拿大英裔居民和下加拿大法裔居民也团结了起来，试图通过建立一个强大和独立的加拿大来制

1　Howard J. Fuller, *Empire, Technology and Seapower: Royal Navy Crisis in the Age of Palmerston*, London: Routledge, 2014, p.211; Stephen J. Buck, "Free Soil, Free Labor, Free Men: The Origins of the Republican Party in DuPage County, Illinois," *Journal of the Illinois State Historical Society*, Vol. 112, No. 1, 2019, p.48；[美] 德鲁·福斯特：《这受难的国度：死亡与美国内战》，孙宏哲、张聚国译，译林出版社 2015 年，第 3, 5-6 页。

衡北美的民主势头。最终，加拿大联邦于 1867 年成立。加拿大联邦政府吸取了美国的经验教训，没有将授予联邦之外的权力保留给各州，而且拥有征收非直接税、任命各省主要官员以及否决任何省议会立法的权力。刑法在全国范围内是统一的，也只有联邦政府有权制定军事法并在紧急情况使用军队来维持秩序。在美国南北战争爆发后，拉丁美洲最后的两个蓄奴政权——西属古巴与独立的巴西——通过他们在华盛顿的外交官密切关注局势。在获知美国发生战争的消息后，古巴与巴西的奴隶以各种形式发动叛乱，试图推翻白人奴隶主的统治。在南北战争结束之际，古巴和巴西的执政者担忧北方的胜利会带来一场"蓄奴国的总叛乱"，因此开启了渐进废奴的改革进程。[1]

总而言之，独立战争与南北战争分别建立了美利坚合众国这个新兴的联邦制共和国并维护了它的统一，使之先后实现了政治和经济上的独立，消灭了君主制、殖民主义、重商主义、分散与分裂以及奴隶制这几个阻碍社会发展的重要因素，极大程度推动了民族建设与国家建设，为美国政治的中央集权化与政府机构的迅速扩张提供了条件，也为美国后来开展第二次工业革命并成为世界头号经济强国奠定了重要基础。二者也都具有广泛的国际影响力，推进了世界范围内的民族国家建立与废奴主义这一国际道德运动的发展，成为世界美国化的开端。如果说独立战争开启了一个重大变革进程，那么南北战争则完成了这一进程，二者共同构成了美国政治发展与所谓"美国世纪"的根基。

1　参见 Phillip Buckner, "'British North America and A Continent in Dissolution': The American Civil War in the Making of Canadian Confederation," *Journal of the Civil War Era*, Vol. 7, No. 4, 2017, pp. 523, 532–535; Samantha Payne, "'A General Insurrection in the Countries with Slaves': The US Civil War and the Origins of an Atlantic Revolution, 1861–1866," *Past and Present*, Vol. 257, No. 4, 2022, pp. 248–279.

参考文献

William F. Fox, *Regimental Losses in the American Civil War, 1861–1865*, Albany: Albany Publishing Company, 1889.

Judah B. Ginsberg, "Barnburners, Free Soilers, and the New York Republican Party," *New York History*, Vol. 57, No. 4, 1976, pp. 475–500.

Steven Hahn, "Slave Emancipation, Indian Peoples, and the Projects of a New American Nation-State," *The Journal of the Civil War Era*, Vol. 3, No. 3, 2013, pp. 307–330.

Pauline Maier intro., *The Declaration of Independence and The Constitution of the United States*, New York: Batam Dell, 1998.

James M. Matthews ed., *The Statues at Large of the Provisional Government of the Confederate States of America*, Richmond: R. M. Smith, Printer to Congress, 1864.

Thompson, Mack E., "The Ward-Hopkins Controversy and the American Revolution in Rhode Island: An Interpretation," *The William and Mary Quarterly*, Vol. 16, No. 3, 1959, pp. 363–375.

Xi Wang, "Black Suffrage and the Redefinition of American Freedom, 1860–1870," *Cardozo Law Review*, Vol. 17, 1996, pp. 2153–2223.

John E. Selby, "Revolutionary America: The Historiography," *OAH Magazine of History*, Vol. 8, No. 4, 1994, pp. 5–8.

张友伦主编:《美国的独立和初步繁荣（1775—1860）》，人民出版社 1993 年。

刘祚昌:《美国内战史》，人民出版社 1978 年。

第三部分

政治人物

尼赫鲁

/ 金永丽[*] /

贾瓦哈拉尔·尼赫鲁（Jawaharlal Nehru, 1889—1964）是印度近现代史上杰出的政治家和思想家，被称为新生印度这艘航船的"舵手"。他出生于1889年，自青少年时代起就开始探索救国救民之道。1905年赴英国留学，学习西方科学文化，接受欧美的自由民主思想。1912年学成归国。回国后不久就投身民族独立运动，在甘地的支持下1928年他成为印度国大党主席，逐渐成长为印度民族运动的主要领导人之一。在印度国大党的领袖中，他年轻有为、众望所归，曾第一个提出印度"完全独立"的纲领，并多次当选国大党主席。在争取民族独立的历程中，他九次被捕，在监狱中度过了九个春秋。1947年印度独立后他担任共和国总理17年，直至1964年5月去世。尼赫鲁为印度制定了经济发展战略和不结盟的外交政策，促进了印度国内经济发展，提高了印度的国际地位。他为印

---

[*]　作者简介：金永丽，现为中国人民大学历史学院副教授，主要研究方向为印度近现代史。

度的民族独立事业和国家建设献出了毕生精力，取得了举世瞩目的成就。

一、生平

尼赫鲁出身于印度的名门望族，祖籍克什米尔，属婆罗门高级种姓。他的家族在印度近现代史上声名显赫，人才辈出。其先祖们曾在莫卧儿王朝担任高官，他的父亲是印度民族运动的领袖，做过印度国大党主席，他的女儿英迪拉·甘地和外孙拉吉夫·甘地亦先后担任过印度政府总理，其外孙媳妇索尼娅·甘地和重外孙拉胡尔·甘地均担任过百年老党印度国大党主席。

尼赫鲁家族原本姓考尔，其先祖拉杰·考尔是克什米尔地区有名的梵文和波斯文学者。1716 年，莫卧儿王朝皇帝法鲁克·西耶尔巡视克什米尔时，召见了考尔，对他的才华倍加赞赏和垂青，故召他进宫做官。当年，考尔举家迁往都城德里，在朝廷做了大官。皇帝赏赐给他的封地和房子位于运河岸边。"运河"一词在乌尔都语中为"Nahar"，"尼赫鲁"就是由"运河"一词转化而来的。拉杰·考尔为了感谢皇帝的恩赐，便把"尼赫鲁"这个词加在自己姓氏的后面，变成了复姓"考尔·尼赫鲁"，意思是"运河边上的考尔家族"。到了后来，"考尔"弃之不用，"尼赫鲁"便成为这个家族的姓氏。

尼赫鲁的父亲名为莫蒂拉尔·尼赫鲁（Motilal Nehru），1861 年 5 月 6 日生于亚格拉市。他是一个遗腹子，其父去世 3 个月后他才降生，自幼靠兄长抚养。他有两个哥哥，大哥班西达尔，在英属印度政府司法部任职，被派到外地工作，很少与家庭来往；二哥南达拉尔，起初在拉贾斯坦的一个土邦当首相，后在亚格拉高等法院任律师。家庭的重担全落到二哥南达拉尔的肩上。后来，当二哥随高等法院自亚格拉迁往阿拉哈巴德市的时候，全家也随之迁至阿拉哈巴德市，并在此落户。

尼赫鲁的父亲莫蒂拉尔长大之后，使这个家族再一次拥有名门望族的地位。莫蒂拉尔年少时学过波斯文和阿拉伯文，表现出不凡的天资，深得师长器重。后来他到坎普尔教会中学读书，英文成绩很出色。中学毕业后，他便进入有"东方的牛津"之称的阿拉哈巴德大学攻读法律。在大学还没有毕业的时候，他就参加省高等法院的律师资格考试，结果名列榜首，从此开始了他的律师生涯。很快他便成了阿拉哈巴德高等法院最出名的律师。1900年，莫蒂拉尔花巨资买下了阿拉哈巴德城最大、最豪华的官邸——阿南德宫，亦称"欢喜宫"。

尼赫鲁于 1889 年 11 月 14 日出生于印度北方邦的阿拉哈巴德市。尼赫鲁是家中独子，有两个妹妹。父亲把全部的希望都寄托在这唯一的儿子身上，给他起了个动听的名字，叫"贾瓦哈拉尔"。"贾瓦哈"，意为宝石；"拉尔"，意为红色；"贾瓦哈拉尔"的意思就是红宝石。小时候贾瓦哈拉尔由英国保姆看护，没有读过小学。父亲莫蒂拉尔·尼赫鲁完全按照当时印度高贵家族教育子女的方式培养他，先是聘请家庭教师，后送其出国留学。在尼赫鲁的回忆中，他有两个家庭教师，一个是印度人，名为潘迪特，教他印地文和梵文；另一个是爱尔兰人，名为菲迪南·布鲁克，教他英文和各种文化知识。布鲁克对尼赫鲁的思想成长产生了很大的影响。

1905 年 5 月，尼赫鲁在父母的陪同下赴英国留学，在伦敦著名贵族子弟学校哈罗公学读了两年书，取得了优异成绩。1907 年 10 月，他进入剑桥大学三一学院学习，1910 从剑桥大学毕业，获得了学士学位。之后又进入伦敦内殿法学会，攻读法律，并于 1912 年夏天通过考试获得了律师证书，同年秋天回到了印度。在英国接受教育使他获得了广阔的眼光，并很好地掌握了英语，这些都体现在他的书信、演讲和后来的著作中。在英国学习期间，他培养起了对政治的浓厚兴趣。留学期间，他对爱尔兰人的斗争极为关注，在印度温和派和极端派的争论中，他明显倾向于后者。在英国，他受到了费边社会主义的影响。尽管如此，他承认自己在政治上属于中产阶级和资产阶级。

1916 年 2 月，在父母的安排下，27 岁的尼赫鲁和出身同是克什米尔婆罗门的 17 岁女孩卡麦拉·考尔结了婚。父亲莫蒂拉尔·尼赫鲁虽然生活上十分英国化，但是在婚姻上却严守传统，自己十几岁就结婚，他认为儿子也应该像他一样由长辈从合适的人家中选择新娘。尼赫鲁与卡麦拉婚后第二年英迪拉出生,她是尼赫鲁的独生女儿和后来的印度总理。

由于父亲在法律界的威望与他个人的才华和勤奋,尼赫鲁在印度的律师事业开展得很顺利。但他的兴趣和热情并不在律师职业上,而是在祖国的前途和命运上。他回国后加入了印度国大党。尼赫鲁第一次在印度政治舞台上出头露面是 1916 年 6 月 20 日为抗议新闻法在阿拉哈巴德发表演讲。在那次演讲中,年轻的尼赫鲁指出,印度苦于懦夫和鸦片吸食者的政治已经很久了,他号召精英印度人包括文官投身到为祖国荣誉与利益的斗争中去。

1917 年 6 月,英印政府逮捕了自治运动领导人安妮·贝桑特,尼赫鲁父子由此卷入政治鼓动的旋风中。来自爱尔兰的贝桑特夫人长期在印度组织神智学会的活动。第一次世界大战前,她发起组织了印度自治联盟。尼赫鲁一家与贝桑特夫人有密切联系。英印殖民当局逮捕贝桑特夫人震动了印度,激怒了尼赫鲁一家。在民众的压力下,英印当局释放了贝桑特夫人。

随着一战的结束和英国政府宣布在印度建立"自治机构",印度的政治温度开始下降,尼赫鲁父子重回家庭生活和职业发展的轨道。不过 1919 年 4 月 15 日阿姆利则惨案[1]的发生彻底改变了尼赫鲁一家的生活。英迪拉几十年后回忆说:"阿姆利则惨案是个转折点,这个时候尼赫鲁家族更加靠近圣雄甘地,我们的整个生活方式改变了。"[2]

1920 年 8 月 1 日,圣雄甘地在印度发动了第一次非暴力不合作运动,这场运动给尼赫鲁带来了希望。他追随甘地,全力投身运动之中。他不辞辛苦,经常到各地农村去走访,在农民的集会上发表演说,亲身感受民众疾苦,也感受到民众之中所蕴含的巨大力量。1921 年 12 月,英国威尔士王子来印度巡视,甘地号召全国举行罢工罢市进行抵制。殖民当局实行大逮捕,尼赫鲁被殖民当局以"散发罢业传单"的罪名逮捕入狱,判处 3 个月徒刑。1922 年

---

1 阿姆利则惨案:该惨案发生于 1919 年 4 月 13 日。当天在旁遮普省的阿姆利则市约 2 万名市民和郊区农民在安瓦拉巴格广场集会聆听民族主义领导人的演讲。在这个过程中英国人戴尔将军率领军队堵住出入口,在没有发出任何警告的情况下向手无寸铁的群众扫射,结果造成与会群众千余人当场毙命,受伤者 2000 多人,这就是震惊世界的阿姆利则惨案。

2 王红生、[印] B. 辛格:《尼赫鲁家族与印度政治》,北京大学出版社 2011 年,第 49 页。

4月，他刚出狱1个多月，又被当局第二次逮捕，判刑1年9个月，被关在勒克瑙地方监狱。

1922年2月第一次非暴力不合作运动被叫停后，印度的反英斗争走向低潮。1923年至1928年是尼赫鲁作为"政治学徒"的时间。1923年1月出狱之后不久他当选国大党工作委员会书记，并担任阿拉哈巴德自治市市长。此时，印度教徒和穆斯林之间的教派冲突却增多了，对于印度民族运动下一步应该往哪个方向走，国大党内部也争论不休。在这一背景下，他决定到欧洲去考察。1926年5月，尼赫鲁携妻子和女儿乘船从孟买到威尼斯，开始了为期一年九个月的欧洲旅行。此时欧洲政治和经济形势与他学成回国时相比已经发生了巨大变化。这一次，尼赫鲁访问了多个国家。1926年底，当他得知比利时首都布鲁塞尔即将召开"被压迫民族大会"时，便写信给印度国大党领导层，要求派人参加。1927年2月10日，他作为印度的唯一代表出席了这次大会，并在会上做了长篇演讲。在大会发言中，尼赫鲁强烈谴责帝国主义，认为英帝国主义对印度的统治不是孤立现象，而是当时世界范围内帝国主义现象的一部分。他主张印度民族运动以解放工农大众为基础，并与世界其他地区的民族解放运动合作。在演讲中，他强调印度争取自由的运动在世界反帝斗争中的作用，指出被压迫民族应当联合起来斗争。会议期间，他结识了宋庆龄、罗曼·罗兰、爱因斯坦、高尔基等一些有国际影响的人物，并与他们一同发起组织了"反帝大同盟"。该组织的宗旨是支持世界上一切被压迫民族的反帝斗争。宋庆龄担任"反帝大同盟"的主席，尼赫鲁被选为执行委员。尼赫鲁的欧洲之行，使他大开眼界，精神振奋。特别是他访问苏联期间，苏联的工业发展和社会变化，给他留下了深刻印象，他的社会主义思想逐渐形成。"被压迫民族大会"加深了他对帝国主义和殖民地的认识，使他了解了世界各国的斗争形势，增强了反帝信心。也正是从这次欧洲之行开始，尼赫鲁对马克思主义产生了真正的兴趣。日后在被捕入狱期间，他深入学习了马克思主义，不过尼赫鲁从来没有把马克思著作看作圣典。尼赫鲁曾经说过："我不喜欢对社会主义和经济结构做僵化和教条式理解，社会是不断变化的，所以任何政策都必须是灵活的。"[1]

1927 年 12 月，满怀信心和斗志的尼赫鲁结束了对欧洲的访问，踏上了回国的征途。1928 年年底他参加了印度国大党马德拉斯年会。在甘地的支持下，尼赫鲁在这次会上当选为国大党主席。甘地之所以推举年轻的尼赫鲁做国大党主席，既有培养和引导尼赫鲁的想法，也希望通过尼赫鲁吸引有激进思想的年轻人进入国大党。甘地很了解尼赫鲁，知道他一旦做了国大党主席之后，就会考虑得更全面，从而不至于在激进道路上走得太远。也正如甘地所预见和期望的那样，尼赫鲁很快成为印度民族运动的引领者。其引领既体现在行动上，也体现在思想主张上。

在年轻人的推动下，马德拉斯年会提出，如果英国当局一年内不允诺印度自治，就开展更强有力的不合作运动，以便争取实现印度独立的目标。英印殖民当局对国大党的上述要求置之不理。这使 1929 年 12 月在拉合尔再次举行年会的印度国大党别无选择，只有起来进行坚决斗争。这次年会再次选举尼赫鲁担任主席，在群情激昂的气氛中，拉合尔年会通过了争取印度独立的决议。

在这一背景下，1930 年 3 月甘地发动了第二次非暴力不合作运动，这次运动也被称为文明不服从运动和"食盐进军"。此次运动声势浩大，得到印度各阶层民众的广泛响应。英印政府旋即宣布国大党为非法组织，并逮捕其领导人。这一年内尼赫鲁两次被捕，他的父亲和妻子也相继被捕入狱。1931 年 5 月，父亲莫蒂拉尔·尼赫鲁去世。之后尼赫鲁进入了国大党的核心委员会，与甘地的关系更密切了。1934 年 2 月尼赫鲁第七次被殖民当局逮捕，判刑 2 年，先后关押在阿利波尔中央监狱、台拉·顿监狱和内尼监狱。在狱中他撰写了成名之作《尼赫鲁自传》。尼赫鲁在该书中详细地记述了其前半生的各种经历，特别是二十世纪二三十年代印度民族主义运动的重要历史事件和国大党的内部斗争。尼赫鲁以自省的态度，回顾了自己思想成长的历程，总结了

1　Dr.Minhaj Alam, *Jawaharlal Nehru's Political Ideas*, New Delhi: Global Vision Publishing House, 2011, Preface Ⅹ.

印度民族主义运动的经验和教训。该书以一种西方人能够理解的风格和语言为甘地领导下的印度独立运动作了经典性阐释。此书于 1936 年出版，一年内就印刷了 10 次，在英国成为畅销书。

1936 年和 1937 年，尼赫鲁连续两年当选印度国大党主席，他极力主张争取更多的工农大众参与到民族独立运动中来。虽然甘地没有正式宣布，但此时印度民众已将尼赫鲁视为甘地的自然继承者。

1936 年尼赫鲁个人生活中发生了一件不幸的事情。他的妻子卡麦拉因患肺结核病长期医治无效，在瑞士洛桑的一家医院病逝，年仅 37 岁。爱妻的死对他是个沉重的打击，此后他终生未娶。在赴瑞士看望病重妻子的那段时期里，他也密切关注着战争阴云笼罩之下的欧洲局势。

1937 年，英国为了部分满足印度民族资产阶级在政府中享有自治权力的愿望，第一次允许印度根据 1935 年《印度政府组织法》进行省自治选举。尼赫鲁以国大党主席的身份为本党积极竞选。他在前后 5 个月时间里不辞劳苦，走遍了 11 个省，每天发表演说，宣传国大党争取民族独立、进行社会改革的主张，得到广大群众的支持。结果国大党在 7 个省的竞选中获得了绝对优势。选举大胜的国大党拒绝与穆斯林联盟组织联合政府。尼赫鲁支持国大党这一决定。这导致国大党和穆斯林联盟之间的矛盾加剧，直至最后走向分裂。

1937 年中国的抗日战争爆发以后，尼赫鲁对英勇抗击日本帝国主义的中国人民表示由衷的敬意。1939 年 8 月他访问了中国，并于当月 23 日到达重庆，受到重庆各界人士的热烈欢迎。在重庆期间，他会见了蒋介石夫妇和各界代表，参观了工厂、军政学校、学生夏令营、儿童保育院等单位。他多次表示中印两国人民有着共同目标，两大民族应当紧密团结起来，并为此提出了一个发展两国政治、经济和文化关系的具体计划。他原本打算在中国访问一个月，但是由于第二次世界大战突然爆发，便于 9 月 5 日结束访问回国。

1939 年 9 月第二次世界大战在欧洲爆发后，印度总督林利斯戈勋爵在没有与印度人商量的情况下便宣布印度参战，引发印度国大党强烈不满。尼赫鲁与国大党多数领导人都认为印度应该支持英国反对纳粹，但英国方面应该允诺印度战后独立，并尽快组建由印度各党派组成的临时政府。英国殖民当局先后两次拒绝在独立问题上向国大党让步，国大党执政的省政府先是宣布辞职以示抗议，而后又于1940年10月17日由甘地宣布发起有限的文明不服从运动，国大党成员以个人身份参与文明不服从运动。不过还没等运动开始，尼赫鲁等印度国大党领导人就纷纷被捕入狱。尼赫鲁被判4年监禁，直到一年多之后在1941年12月7日珍珠港事件发生前3天才被释放。

1942年春，日军打到印缅边境。在面临新的军事威胁的情况下，英国丘吉尔政府决定做出一些妥协。他派出克里普斯爵士使团赴印，提出一些无甚新意的建议。由于甘地只接受独立，使团使命宣告失败。 1942年8月8日，印度国大党通过了要求英国"退出印度"（Quit India）的决议，决议提出英国人应当立即终止在印度的统治。尼赫鲁尽管不愿意阻挠英国的战争努力，但是没有其他选择，只能支持甘地。决议公布几个小时后，英国殖民当局立即宣布国大党非法，并实行大逮捕。当天尼赫鲁和甘地同时被捕，这是尼赫鲁第九次入狱，被关押在亚马那加堡垒监狱。此次入狱时间最长，历经1 041天，直至1945年6月15日才获释。在漫长的监狱生活中，他写成了举世闻名的著作《印度的发现》。这部书论述了印度古代历史和文化的各个方面，包括哲学、宗教、文学、艺术、科学等，以及印度古代文明在世界上的传播和影响，还分析了印度古代文明在近代衰败的原因，阐述了英国入侵印度和印度民族主义运动兴起的过程，展望了印度民族独立运动发展的前景和未来。

第二次世界大战结束后，亚洲各国民族独立运动风起云涌，印度人民反对英国殖民统治、争取民族独立的斗争出现了新高潮。英印皇家海军在孟买和马德拉斯举行了起义，印度各地的工农运动此起彼伏，英国在南亚次大陆的殖民统治已经到了风雨飘摇的地步。1945年7月，英国工党在大选中获胜，艾德礼工党政府取代了丘吉尔保守党政府。面对印度国内的乱局，英国工党政府于1946年3月派内阁使团与国大党和穆斯林联盟等政党进行谈判，提出对印度未来的设想：建立以教派为基础的印度联邦，拟定宪法起草程序，成立有各个政党参加的临时政府。

在制宪会议和临时政府筹建过程中，国大党和穆斯林联盟的矛盾加剧。教派冲突在 1946 年 8 月达到高峰，死亡约 7 000 人。到了 1947 年春，印度形势极为紧张，临时政府无法工作，制宪会议形同虚设。英国当局意识到印度事态的严峻性，决定派前东南亚盟军最高统帅蒙巴顿勋爵取代魏维尔担任印度总督。蒙巴顿到印度后发现要让穆斯林联盟接受统一是不可能的，所以转而说服国大党接受分治。在蒙巴顿的极力劝服下，尼赫鲁和工作委员会最终接受了印巴分治的主张。对于分治，甘地和阿扎德等人起初坚决拒绝，但大势所趋，他们也知道没有别的路可走，只能默默接受。尼赫鲁在印巴分治问题上是最终决策者之一。1947 年 6 月 3 日，蒙巴顿发表了印度和巴基斯坦分治方案，即《英国政府关于次大陆宪政未来的声明》。1947 年 8 月 15 日印度宣布独立，印度自治领政府成员在总督主持下宣誓就职，建立了以印度国大党为主的联合政府。尼赫鲁出任印度政府总理。这一天，在德里的红堡广场举行了有 20 万人参加的庆祝盛典。蒙巴顿代表英国降下了英国国旗，尼赫鲁代表印度人民亲手升起了印度国旗。从此，印度获得了新生，尼赫鲁为之奋斗的理想得以实现。

由于长期领导印度民族运动带来的威望，国大党在独立后相当长时期内都主导印度政坛。在独立初期国大党内有过短暂的"双头政治"时期。在独立初期的新政府中，尼赫鲁任总理，帕特尔任副总理。尼赫鲁与帕特尔分别代表国大党的左翼和右翼，他们的不同天赋实际上有利于这个新的共和国有一个良好的开局。尼赫鲁能够通过发表激进的演说激发人民的想象，调和理想和现实，而在现实政治中又能保持谨慎与温和。帕特尔是一位卓越的行政人员，能够激发共事者的信任和自信。作为内政部长，他制服了土邦王公，使他们都加入了印度联邦，以致"巴尔干计划"[1]这一幽灵很快就被人们忘却了。帕特尔来自古吉拉特一个殷实的农民种姓家庭，与作为国大党社会基础

---

1 巴尔干计划（Plan Balkan）：这里是指蒙巴顿勋爵就任印度副王之后提出的最初的权力移交方案，根据这一方案，权力会移交给不同的省份。为了避免印度的巴尔干化，尼赫鲁和帕特尔等人迫使蒙巴顿同意在 1935 年法案的基础上直接将权力移交给两个自治领。

的主要阶层关系密切。尼赫鲁作为总理和外交部部长则能够在一种全球的背景下看待印度，有着一种超前的眼光，同时也知道如何通过在国内事务中做出妥协来保存他的政治权力。独立初期国内事务基本上是由帕特尔把持的，直到他 1950 年 12 月去世。

帕特尔去世后，尼赫鲁成为新印度这艘航船的舵手，他的思想理念对印度发展道路的确定产生了决定性影响。从此以后，尼赫鲁排除了党内其他派系势力的干扰，执掌党政大权，开始了印度现代史上的"尼赫鲁时代"。尼赫鲁出任共和国首届总理，此后又连任三届，直到 1964 年 5 月逝世。除担任总理外，他还兼任过外交部长、原子能部长、计划委员会主席等职，其间还当选了三届印度国大党主席。尼赫鲁时期的发展战略被称为"尼赫鲁模式"，在很大程度上反映了尼赫鲁在民主社会主义、世俗主义、推动科技和现代工业发展方面的思想主张。

不过，1962 年中印边境战争之后，尼赫鲁在政治上的黄金时代逐渐成为过去，他在政府和党内的领导地位也开始削弱。由于战事的失利，他的内阁同僚指责他，反对党第一次对他领导的政府提出了不信任案。同时，国内物价上涨，捐税增加，引起了人民的不满。在巨大的压力下，尼赫鲁身体日渐衰弱。1964 年年初尼赫鲁患轻度中风，同年 5 月 27 日病逝，享年 74 岁。

印度政府宣布，全国为尼赫鲁的逝世举哀 12 天。1964 年 5 月 28 日，印度政府为尼赫鲁举行国葬。送葬的队伍长达 10 千米，参加者有 300 万人之多。许多国家元首和政府首脑也赶来参加了葬礼。遵照尼赫鲁的遗嘱，骨灰的一部分被送往他的故乡阿拉哈巴德，抛撒在哺育他成长的圣河——恒河之中；另一部分则用飞机装载，从空中飘撒在印度辽阔的土地上。

二、新印度航船的"舵手"

印度独立后，面对印度积贫积弱的国内形势，尼赫鲁希望从制度建设入手，带领印度走出一条兼具资本主义和社会主义优势的发展道路。首先是制定宪法。新宪法的制定自始至终都在尼赫鲁和帕特尔的领导下进行，1950年1月26日正式生效。在政治体制方面，宪法规定印度实行联邦制和议会民主制。实行联邦制是为了适应印度政治、经济、文化多元的复杂状况，有利于调动各地区的积极性，形成多元下的统一局面。宪法规定印度实行以成人普选权为基础的议会民主制。选举按照人口比例为基础统一划分选区，不再允许按照宗教或社团设立单独选举区。宪法把世俗主义确立为国策。虽然"世俗化"的字眼没有在最初的宪法中出现，但它通篇都贯彻了要建立一个世俗国家的精神。宪法规定，国家对所有宗教一视同仁，实行宗教信仰自由，宗教和政治脱离，不能以宗教为由对公民的任何权利有任何歧视。国家出资兴办的学校不允许设宗教课。宗教信仰是私人的事，各教派可自由传教、办学和拥有财产。在存在多种宗教的情况下，宪法制定者们决心在印度营造一种不同宗教和睦共处的祥和气氛，以利于国家和社会的进步发展。

宪法规定公民享有一系列根本权利，包括在法律面前人人平等以及言论、集会、结社、迁徙、选择职业的自由等，禁止基于宗教、种族、种姓、性别和出生地为由的任何歧视，公民担任公职的机会平等，私有财产权受到保障。宪法规定取消不可接触制[1]。为了扶持表列种姓（即原贱民）和表列部落这两部分弱势群体，帮助他们尽快改变现状，宪法还规定为这两部分人按其人口比例保留一定数量的人民院席位和邦立法院席位。宪法还在第四篇规定了国家政策指导原则，目的是推动国家政权为实现社会公平做出更多努力。虽然国家政策指导原则只是指导性的，不具有法律强制性，但它把民族独立运动期间的展望写进宪法，具有很重要的意义。国大党早在1928年推出的"尼赫鲁报告"（该报告由尼赫鲁的父亲莫提拉尔·尼赫鲁领导起草）里就包含了一个基本权利目录。在1931年的卡拉奇决议中，国大党扩充了这个基本权利目

---

1 不可接触制：被甘地看作是印度种姓制度的毒瘤。不可接触者（the Untouchable）也称达利特（Dalit，意为受压迫的），官方称之为表列种姓（Scheduled Castes），甘地称之为"哈里真"（Harijan，意为神之子）。在传统种姓制度下，不可接触者被认为是种姓之外的人、接触他们会受到污染。

录，将该党的许多社会和经济计划条款也包括了进来。宪法第四篇所列举的国家政策指导原则是基本权力目录获得实施的重要一步。

为了促进经济全面发展，1955年1月国大党阿瓦迪年会通过了《关于建立社会主义类型社会的决议》。在随后公布的第二个五年计划文本中，对"社会主义类型社会"的含义做了进一步解释：发展路线的基本标准必须不是为私人利益考虑，而是要有利于社会；发展模式和社会经济关系结构的设计不仅是为了国民收入和就业最终得到显著增长，而且要使收入和财富的占有更加公平。"[1]尼赫鲁政府主张建设的社会主义并不改变资本主义所有制，只是要建立一个强大的公营工业成分，限制私营企业的经营范围和活动领域。由于公营重工业部门需要的资金多，收效慢，是私人企业家无力投资的，所以一些大资产者独立前就要求这些部门由国家承办。在这样的社会主义条件下，私营企业仍然有很大的发展空间。这其实也是尼赫鲁1936年以后的基本主张和国大党社会主义派的一贯主张。1937年国大党在多数省实现自治之后，尼赫鲁等国大党领导人就曾组织包括塔塔（J. R. D. Tata）在内的一些民族资本家和学者酝酿制定未来的国家发展计划，并于1944年1月出版发行了《孟买计划》（*Bombay Plan*）。这一计划成为印度独立后社会经济发展政策的脚本。《孟买计划》提出应在中央政府的领导下建立国家计划委员会，为印度的发展确定发展目标。该计划反映了印度民族资产阶级希望国家主导经济发展，为民族资本发展创造良好环境的愿望。印度最大的资本家 G. D. 比尔拉（Shri G. D. Birla）就说过："只有在国大党的社会主义类型社会里，印度资本主义才能生存。"[2]民族资本家们希望印度发展基础工业以便减少对外国的依赖。尼赫鲁政府关于建立社会类型社会的决议与孟买计划契合度非常高，这说明尼赫鲁政府确定的发展模式反映了印度资产阶级的诉求。

在社会各界的支持下，尼赫鲁政府在工业领域推出了马哈拉诺比斯发展模式。从马哈拉诺比斯发展模式中我们既可以看到西方资本主义对私营企业

1　林承节：《印度史》，人民出版社2004年，第418页。

2　同上书，第419页。

的重视，又能看到苏联社会主义对重工业和基础工业的看重。这是一个通过加速工业化来促进经济增长的发展战略。主要内容是：快速发展重工业和基础工业，以资本品工业的发展来提高自力更生和发展工业的能力；重工业和基础工业的快速发展靠大力新建公营企业实现，要使公营成分在国民经济中迅速占据主导地位；通过国家计划和政策调节，促进私营工业在国家计划的方向下发展；积极鼓励发展小型企业和乡村企业，在政策上给以支持和保护，以扩大就业，补充对日用消费品的供应。总之，这是个优先发展重工业和公营成分的模式，是以进口替代为导向的内向型发展模式。

在制定农业发展政策方面，尼赫鲁从各国吸收经验教训。他希望从制度改革入手，既提高农业产量，又能促进农村政治、经济和社会生活的综合发展。他的主张包括三个部分：实现土地改革，发展生产和服务型合作社，实施乡村发展计划。其中土地改革主要是希望通过废除中间人制度、制订土地最高限额 、租佃制改革和土地归耕种者所有等措施刺激实际耕种者生产更多产品。而发展合作社则是为了实现土地规模效益。将土改产生的小块土地联合起来，促进土地的合理使用。实施乡村发展计划将使每个村庄都能感受到发展带来的好处。

许多人都认为尼赫鲁之所以要实现土地关系改革，主要是由于他信仰平等和社会主义，这种看法是比较片面的。20 世纪 50 年代，不仅社会主义者主张土地改革，而且右翼也赞成土改，不过后者意在通过土改实现政治稳定，而左翼则更关注平等。但他们的目标是共同的：都在寻求增加农业生产的政策。尼赫鲁极力否认对社会主义的信仰是他坚持土改的唯一原因，"我们说过，我们的目标是建立社会主义类型的社会。我不打算给什么是社会主义下一个精确的定义，因为我们力图避免任何僵化的或教条式的思想。…… 但是广义地说，我们所讲的'社会主义类型的生活'是指什么呢？我们是指在一个社会当中，每个人都有平等的机会实现美好生活。很显然，除非我们能够生产足够多的财富，以达到实现美好生活必备的标准，否则'社会主义类型的生活'不可能实现。"[1]

对于在农业部门建立合作社的问题，尼赫鲁也持有同样的看法。尼赫鲁不仅从社会主义中国取经，而且从资本主义以色列取经。人们往往只注意到尼赫鲁受中国的合作社震动很大，却很少有人注意尼赫鲁也派专家到以色列考察那里的合作社，以便学习以色列发展合作社的经验。尼赫鲁坚决反对有些人把他的合作社思想只看作是意识形态的产物，而不是从生产的角度考虑。他说："由于某些奇怪的原因，'合作社'一词令许多人害怕不已……，据说这会导致某些可怕的东西——共产主义……共产主义和合作社没有任何关系。"[2]他说："通过组织合作社，农民们可以将资源汇集起来，提供信贷并供应种子、农具、化肥等，并且能够组织销售他们的产品。合作社可以消除高利贷者和中间人。这就是为什么全世界的农民都组织起服务型合作社的原因。"[3]尼赫鲁也从生产的角度考虑发展生产合作社。他认为，小农不进行合作就不可能利用现代技术，合作是小农未来增加生产的关键。因此，必须在全国范围内开展合作运动，使所有的村庄和农民都加入进来。简言之，在尼赫鲁的农业政策模式中，平等与生产并重，并不存在前者排斥后者的问题。至于公平分配，只要不改变生产资料所有制，对资本家就不构成直接威胁，相反却有利于减少工农运动，所以这也是资本家都能接受的。可见，尼赫鲁式的社会主义类型社会其实是资本主义制度的改良。

尼赫鲁政府在独立初期所采取的各项改革政策和措施，基本上都是有成效的。它们对巩固政权和保障国家统一，发展社会经济，提高人民生活水平都起了重要的作用。在尼赫鲁的领导下，印度在国际社会中的地位和声望迅速提高。

作为新近获得独立的国家的代表，尼赫鲁迫切希望建立一种新型平等的国际关系、为印度发展创造和平稳定的国际环境。他与周恩来总理共同倡导

---

1 金永丽：《略论尼赫鲁的农业政策》，《陕西师范大学学报》（哲学社会科学版）2000年第1期。

2 同上。

3 同上。

的"和平共处五项原则"[1]就反映出这种共同的愿望。1954年6月，周恩来总理应邀访问印度。在6月28日发表的《中印两国总理联合声明》中，正式宣布将"互相尊重领土主权、互不侵犯、互不干涉内政、平等互利、和平共处"五项原则作为发展两国关系的指导原则。五项原则一经问世，便被许多国家所接受，在国际上得到广泛的支持和欢迎。1956年，尼赫鲁在《印度的发现》中文译本的序言中曾说："我们已经共同奠定了我们称之为'潘查希拉'的国际关系的某些原则。这五项原则已经传布到许多其他国家，并且日益获得世界各族人民的认同。如果这些原则能为世界上一切国所接受、并以诚实正直和一种合作的精神来奉行，那么确实就不会有战争或冲突的危险了。"[2]

1955年4月18日至24日，尼赫鲁率领印度代表团参加了在印度尼西亚山城万隆召开的亚非国家会议，这是他在国内外声誉处于巅峰时期的一项重要活动。印度是万隆会议的5个发起国之一。万隆会议有29个新独立的亚非国家参加，代表着世界上将近3/5的人口。在会议上，尼赫鲁积极主张加强亚非国家的团结合作，支持亚非人民争取和巩固民族独立的斗争，并且坚持以和平共处五项原则作为国际关系的准则。这次会议反映出的亚非国家反对殖民主义、要求民族独立、渴望团结合作、和平共处等愿望，被人们称为"万隆精神"。

独立后尼赫鲁亲自制定了不结盟的外交政策。他认为，在第二次世界大战以后世界上形成了两大对立的阵营，这两个阵营的力量基本上是平衡的，谁也不能轻易战胜谁。印度刚刚获得独立，需要维护国家主权和发展民族经济，因此不参加任何联盟，不受制于任何人，这对印度的发展是有利的。在这种思想指导下，尼赫鲁与埃及总统纳赛尔、南斯拉夫总统铁托共同倡导和组织了不结盟运动。这个运动得到了世界许多国家的欢迎。除此之外，他还试图在很多国际事务中充当调停者的角色。尼赫鲁是1940年代末至1950年

1　五项原则，在印度被称为"潘查希拉"（Pancasila）。"潘查希拉"在梵文中的意思是"五戒"，即佛教和耆那教所规定的五种戒律。

2　[印] 贾瓦哈拉尔·尼赫鲁：《印度的发现》，齐文译，世界知识出版社1956年，中译本序言。

代世界政坛上最闪耀的明星之一。

三、尼赫鲁主义

尼赫鲁既是政治家、外交家、国务活动家，也是一位思想家和作家。他的思想从历史文化领域到政治经济和外交领域，深刻而广博。他著述颇丰，著有《世界历史的一瞥》（1934年）、《尼赫鲁自传》（1936年）、《印度的发现》（1946年）等多部著作。上述著作大都是尼赫鲁在狱中写就的。从1921年到1945年，尼赫鲁9次被捕，在英国殖民当局的牢房中度过了9个春秋。监狱是一所严酷的学校。不过英国当局给尼赫鲁、甘地和他们的同事们提供了合理的便利条件，把他们与通常的监狱犯人分开，允许他们读书、看报、写信，家人探监，甚至给尼赫鲁一块地，让他在上面种花种草。虽然经年累月的囚禁也让那些周身流动政治血液的人们深感挫折，但孤独的监狱生活给了他不受外部世界干扰的机会，使他得以整理思想，完成政治学说。虽然他没有时间与机会进入阿南德宫的图书室，但是原来积累起来的读书笔记，成为他写作的主要资源。上述著作的写作显示出尼赫鲁开阔的视野和渊博的学识。这些书在印度国内外为他积聚了巨大人气，也为尼赫鲁一家解决了经济问题。在父亲莫提拉尔去世后，尼赫鲁全身心投入民族主义运动，家里断了经济来源，甚至到了不得不变卖首饰与家具填补家用的程度。书的出版发行为尼赫鲁带来不菲的版税，帮助尼赫鲁一家暂时度过了经济困难。通过狱中的读书、思考与写作，尼赫鲁逐渐形成对未来印度发展的想法。印度独立后他把许多思想主张付诸实践，虽然出于现实考虑做出一定妥协，但其思想的基本内核没有改变。其主要思想被人们称为尼赫鲁主义。所谓尼赫鲁主义，主要包括尼赫鲁如下思想主张：倡导民主社会主义，反对宗教束缚、倡导世俗主义，主张发展科学和现代工业等。

如前文所述，早在英国留学期间，尼赫鲁就受到英国费边社会主义思想的影响。1883年10月24日，以悉尼·韦伯和萧伯纳为首的知识分子团体在伦敦成立。面对 19 世纪末的英国社会，他们坚信必须通过渐进的、而不是激进和暴力的手段实现社会主义。费边社汲取了巴黎公社失败的教训，放弃了前辈社会主义者们的激进姿态。尽管他们不认同暴力革命，但其活动始终支持社会主义价值的核心目标。由萧伯纳主编的《费边社会主义论文集》于1889 年出版问世，文集集中表达了费边社会主义的基本观点。萧伯纳等人认为，社会主义是社会经济发展的必然趋势，但这种变革只能是缓慢地、渐进的。费边社要求一切重大的社会根本改革，必须是民主主义的、合乎道德的、符合宪法的、和平的变革，认为资本主义社会可以而且正在通过点滴改革逐步向社会主义演进。社会主义者的任务是要设法把自己的思想"渗入"各政党和各社会阶层中去，特别是影响那些起关键作用的政治家、公职人员、工会领袖等人的思想，使其确信改革的必要性。费边社认为由资本主义演进到社会主义，在政治上是实行普选制和议会制度；在经济上是实现市政社会主义和组织合作社。尼赫鲁在剑桥大学读书时接触到了萧伯纳的思想，受到费边主义思想的很大影响。独立后尼赫鲁政府推行的"社会主义类型社会"，在一定程度上是费边社会主义思想的实践。

尼赫鲁的社会主义思想也受到苏联的影响。1927 年尼赫鲁参加了布鲁塞尔"世界被压迫民族代表大会"，在布鲁塞尔大会之后他又对莫斯科进行了短期访问，参加了俄国十月革命十周年庆典。他看到了苏联取得的成就，由此坚信政治自由必须与社会主义相联系。

尽管受到社会主义思想的影响，但是尼赫鲁承认自己在政治上持中产阶级和资产阶级立场。可以说尼赫鲁在性情和所受的教育上是个个人主义者，在知识上是个社会主义者，在行动上是个民族主义者。他希望社会主义不要扼杀个性："我确实为社会主义所吸引，因为它将难以计数的个人从经济和文化的束缚中解救出来。我不明白为什么在社会主义之下不应有个人的大量自由，真正的、更大的心灵自由、企事业自由，甚至在有限度水平的私人财产自由。总之，每个人应拥有来自经济安全的自由，该自由现在只为一小部分人拥有。"尼赫鲁公开谴责资本主义和马克思的教义，坚持在没有束缚的基础上保留和扩大自由主义，他相信社会主义可以通过民主方式获得，可以不以牺牲自由与人的个性为代价。社会主义在各国由于其社会、经济、文化和政治条件的不同而各有特色[1]。

在《尼赫鲁自传》中尼赫鲁谈到在印度建设社会主义的重要性："我们只能得出唯一可能的解决方法，那就是建立社会主义秩序，这首先在国家范围之内实行，最后推广到全世界去，并为了公共利益实行生产管制和财富的分配。如何实现这个秩序那是另一回事，但显然一个国家或者全人类的利益绝对不能因为在现存的秩序中少数占了便宜的人反对改革就搁置不管。如果政治制度或社会制度妨碍了这种改革，那么这些制度就必须废除。"[2]

倡导世俗主义是尼赫鲁主义另外一个重要方面。尼赫鲁强烈反对宗教束缚。他认为"宗教在人类的发展上曾有过重大的贡献，做过不少好事，但也将真理束缚于一些固定的形式和教条之中。他认为宗教没有鼓舞起好奇心和思维力，反而宣扬一种哲学：教人服从造化、服从国教、服从通行的社会秩序和现有的一切。宗教虽有稳定社会的作用，但它却阻止了人类社会中所固有的那种变化和进步的趋势"。他认为"印度必须与它过去的许多东西断绝关系，并且不让那'过去'来支配'现在'。"[3]

尼赫鲁旗帜鲜明地坚持世俗主义，反对教派主义。他所理解的世俗主义是指政治与宗教分离，在尊重人民的宗教信仰的同时，防止印度成为神权国家。"我们在我们的宪法中宣布，印度是一个世俗的国家。这意味着给一切信仰以同等的尊重，给一切信仰的人以同等的机遇。""我们这个国家不允许自己依附哪一种信仰和宗教，使其成为国教。"[4]

尼赫鲁本人对穆斯林联盟代表的教派民族主义极其反感。他认为穆斯林

1　王红生、[印] B. 辛格：《尼赫鲁家族与印度政治》，北京大学出版社 2011 年，第 62 页。

2　[印] 尼赫鲁：《尼赫鲁传》，沈沉译，时代文艺出版社 2003 年，第 332 页。

3　[印] 贾瓦哈拉尔·尼赫鲁：《印度的发现》，何哲潘等译，上海人民出版社 2016 年，第 469 页。

4　Sarvepalli Gopal & Uma Iyengar(eds.), *The Essential Writings of Jawaharlal Nehru*, New Delhi: Oxford University Press, 2003, p.328.

联盟无论在当时，还是在以后都不能代表大部分穆斯林的利益，认为伊斯兰教教派组织是反动的。1937 年 2 月英属印度举行省立法会议选举。在竞选过程中，尼赫鲁等国大党领导人发表了一些引起穆斯林联盟领导人反感的言论。例如，尼赫鲁曾说过：归根结底，当今印度只有两方力量，即政府和国大党，其他力量必须分别列入这两方力量之中。他认为其他团体没有实力，跟群众没有联系，抱有理想、有气节和在群众中有声望的人都被吸引到国大党里面去了[1]。由此他认为，穆斯林联盟没有资格与印度国大党平起平坐。这样的言论激起了穆斯林联盟领袖真纳的极度反感。真纳反驳说：印度还有第三种力量，那就是穆斯林，真纳表示他拒绝与国大党为伍，穆斯林不打算受任何人摆布。尼赫鲁反感穆斯林的态度不利于拉拢真纳等穆斯林联盟中主张团结合作的力量，把后者推向教派主义一边。1937 年 10 月 15 日，真纳在勒克瑙会议上发表演讲，谴责国大党"醉心于权力"，认为国大党当前的政策只会导致"阶级仇恨和教派战争"[2]。尼赫鲁等国大党领导层的不当言论和政策是把穆斯林联盟推向极端政策的最重要因素之一。1940 年 3 月 23 日穆斯林联盟拉合尔年会正式通过了建立穆斯林单独国家的决议，从而为迈向印巴分治走出了至关重要的一步。

其实，尼赫鲁不仅反对印度穆斯林联盟所代表的穆斯林教派主义势力，也反对印度教教派主义力量。他指出两边的教派主义力量表面上呈现出很强的宗教色彩，本质上却是政治和经济利益的争夺。他从阶级视角对双方进行分析，认为在旁遮普、信德省和孟加拉省，印度教徒是比较富有的城市高利贷者，而穆斯林在上述三省却是比较贫穷的农村负债者。因此，两者之间的冲突实质上是经济冲突，但总是被抹上一种教派主义色彩。他认为，印度教和伊斯兰教双方的教派主义领袖们都代表着一小撮上层阶级的反动集团，而这些人又利用群众的宗教热情来达到他们的目的。印穆双方都尽一切努力来压制并避免考虑经济问题。尼赫鲁认为印度教和伊斯兰教两种人生哲学之间

1　尚劝余等：《印度独立运动》，北京师范大学出版社 2018 年，第 276 页。

2　同上书，第 277 页。

确实存在许多差异，但是当它们与现代科学和工业时代的观念相对比时，这种差异是辨认不出来的。因为在后者和前两者之间存在着巨大的鸿沟。他认为印度真正的斗争不是印度教文化和伊斯兰教文化间的斗争，而是这两者和具有征服性的现代科学文化之间的斗争。那些希望保存"伊斯兰教文化"的人们，不必对印度教文化表示忧虑，而是应该抵抗从西方来的巨大力量。尼赫鲁认为，"毫不怀疑，一切反抗现代科学的、工业文明的努力，不论是伊斯兰教的还是印度教的，都注定要失败，而我将毫不惋惜地来看这些失败。当铁路等在印度建造起来时，我们的选择已经不由自主地被决定了。"[1]尼赫鲁清晰地认识到了西方科技发展对印度传统社会带来的巨大挑战，不遗余力地推动印度科技和现代工业的发展。

尼赫鲁有强烈的科学观。在他看来，现代生活最革命的因素不是特定的意识形态，而是科技进步。他认为科学注重实际，不顾及所谓的"终极目标"。它使世界向前飞跃，建立起光辉灿烂的文明，开辟了无数增进知识的大道，使人类认为他们是能够战胜和改造自然环境的。他认为印度必须减少狂热的宗教信仰，转向科学。印度必须摆脱思想上和社会习俗上的故步自封，"这种故步自封拘束着它，妨碍着它的性灵，并阻止着它的发展。"[2]尼赫鲁将科学置于精神之上，将教育摆在最优先的地位，积极推动文学、艺术、音乐、科学和技术的发展。

此外，尼赫鲁十分重视印度的工业化。他曾经十分明确地说："我是极其赞成拖拉机和大型机器的，而且我深信，为了向贫穷做斗争，为了提高生活水准，为了国防以及其他种种目标，印度的迅速工业化是十分必要的。"[3]在尼赫鲁的推动下，印度政府先后于1948年和1956年通过了两个工业政策决议，以推动印度的工业发展。他认为甘地念念不忘的手纺土布运动会使得印度倒退到工业以前的时代，后者解决不了印度面临的问题。尼赫鲁相信一个国家

1　[印] 尼赫鲁：《尼赫鲁传》，沈沉译，时代文艺出版社2003年，第281–285页。

2　王红生、[印] B. 辛格：《尼赫鲁家族与印度政治》，北京大学出版社2011年，第63页。

3　Jawaharlal Nehru, *An Autobiography*, New Delhi: Penguin Books，2004, p345.

如果工业不发达，就不会真正的独立，也不能抵抗侵略。他认为大工业越是发展，小规模的农村工业就越是无法它相比。农村工业在社会主义制度下也许还有苟延残喘的机会，但在资本主义制度下反而不会有这个机会。即使在社会主义制度下，它们也只能作为家庭工业存留下去，专门制造那些不能大规模制造的特种物品。尼赫鲁认为工业时代确实有很多罪恶，但是工业时代却也为人们的幸福打下了物质基础。独立前的印度和其他殖民地国家并没有看到工业化带来的好处，这错不在工业本身，而在于英国对印度的殖民统治。

四、尼赫鲁与甘地的合作与分歧

某种意义上说，甘地是尼赫鲁的人生导师，两人亦师亦友。尼赫鲁与甘地之间有很多相似之处，比如都在年轻时代留学英伦，都获得了律师执照，都是印度民族运动的重要领导人。不过两个人又是如此的不同：甘地出身于印度教传统浓郁的吠舍种姓家庭，尼赫鲁出身于具有西方化倾向的婆罗门家庭。甘地善于从印度教传统文化中寻求斗争智慧，而尼赫鲁认为印度必须与它过去的许多东西断绝关系，并且不让那"过去"来支配"现在"。甘地是一位主张用宗教净化政治的圣徒式的政治家，尼赫鲁是一位主张政教分离和世俗主义的现代政治家。甘地思想渗透着浓郁的宗教道德气息和传统的复古色彩，尼赫鲁思想则具有明显的科学世俗色彩和开阔的现代气息。如此等等，不一而足。两人分歧虽多，却是惺惺相惜的伙伴与战友。

甘地是尼赫鲁参与民族运动的重要领路人，尼赫鲁也一直把甘地作为精神导师。阿姆利则惨案调查是尼赫鲁与甘地政治联系的开端。在调查期间尼赫鲁得以经常会见甘地，甘地温和、诚挚的争辩以及富有见地的政治眼光赢得了尼赫鲁的钦佩和尊敬，使他在政治上更接近甘地，信任甘地。也正是从这时起，尼赫鲁正式放弃了律师职业，完全投身于民族独立事业，成为一位坚定的职业政治家。在甘地领导的第一次非暴力不合作运动期间，尼赫鲁一直担任联合省国大党委员会总书记，将全部精力和时间放在运动上。在甘地的影响下他发现了真正的印度，即贫穷的农村，这一经历成为他政治生涯和思想发展中的一个里程碑。在此之前他完全不了解工厂和田地里的劳动情况。自从目睹农村的穷苦景象之后，他的世界观发生了深刻变化，产生了一种新的责任感，结束印度的贫困状态成为他信奉社会主义的推动力之一。1920年10月，在尼赫鲁等国大党人和农民运动领导人的共同努力下，奥德地区建立了农民协会，下属有33个分支。这个农协号召农民参加不合作运动，号召农民拒耕地主夺佃的土地，拒绝无偿为地主服役。此外，尼赫鲁还积极向农民宣传司瓦拉吉（即自治）的意义，将农民运动与不合作运动联系在一起。

尼赫鲁虽然被甘地的思想与行动深深吸引，全身心地投入了甘地领导的民族独立运动，但是他与甘地在很多方面有巨大分歧。比如在第一次非暴力不合作运动中，甘地更多强调斗争方式，即非暴力手段，但对运动目标不那么关心。甘地将非暴力手段奉为信条，而尼赫鲁将其视为策略。另外尼赫鲁对甘地带有宗教神秘主义色彩的方法感到不满和困惑。甘地不仅在民族运动中经常使用宗教术语，将宗教问题与政治问题扯在一起，而且直接运用绝食、祈祷等宗教性方法解决政治问题。在第一次非暴力不合作运动期间，甘地将哈里发问题与不合作运动结合起来，使伊斯兰教领袖的宗教影响重新抬头。他一再提起罗摩之类的神，强调运动在宗教方面的意义，从而使民族运动带有强烈的宗教复兴主义的性质。尼赫鲁对政治活动中这种宗教因素的发展感到苦恼。在他看来，政治问题就应当从政治观点来考虑，不应与宗教扯在一起。甘地往往根据"内心声音"或"祈祷的回音"（即直觉和本能）等发动或中止运动。1922年甘地以乔里乔拉事件为由突然决定停止第一次非暴力不合作运动。尼赫鲁在《尼赫鲁自传》中写道："当时我们似乎正在巩固阵地，各方面向前顺利推进。突然听说斗争停止了，不由得感到愤怒。"[1]

如果说甘地更像一个宗教政治家，那么尼赫鲁则是个典型的世俗主义政治家。"甘地企图从内心、道德和精神方面改造个人，由此再来改变外在的环

1　林承节：《印度近现代史》，北京大学出版社1995年，第492页。

境。他要大家抛弃恶习和放纵，成为纯洁的人。他强调节制性欲、戒酒、戒烟等"[1]。与甘地不同，尼赫鲁认为从道德和精神层面改造社会是远远不够的。他认为"这个社会的法律是弱肉强食，今天这种唯利是图的动机必然会导致冲突。"[2]在整个制度都在维护和发扬人类贪求本能的情况下，仅仅从道德层面是解决不了问题的。尼赫鲁认为在全世界都处在混乱不堪的境地时，必须找到一条出路才行："我们不能像盲目的乐天派那样坐等好事来临。也不能单纯地否定一切，批评资本主义、社会主义、共产主义等等不好的方面，而茫然指望一条中庸之道，以为它可以集一切新旧制度之长。有病是要诊治的，医药是要我们提供并且加以调配的。无论国内和国际，我们都不能站在原地不动，要么回头，要么前进"[3]。尼赫鲁认为印度不能走回头路，那是不堪设想的事情。

在印度未来选择何种发展道路的问题，尼赫鲁与甘地也有明显分歧。甘地以开展手纺土布运动为契机，希望印度发展家庭手工业。尼赫鲁认为甘地心心念念的土布运动会使印度倒退到前工业时代。他认为印度如果发展农村工业，对于群众可能有些裨益，但印度不能割断与世界其他各国之间的互相联系。他认为印度人必须从全世界的观点设想印度的未来发展之路。尼赫鲁承认土布运动可以带来一些好处：譬如在经济方面给失业者帮一点小忙，提高他们的自尊心，使他们多一些信心；土布运动可以使中产阶级与农民阶级更接近些，中产阶级采用土布衣服可增进朴素的风气，促进国大党与群众的接触，使土布成为民族自由的标志性服饰；土布运动带来的第三个方面的好处是对纺织厂主抬高物价起了一定的抑制作用。尼赫鲁虽然看到了土布运动的上述好处，但认为这终归是权宜之计。

面对社会矛盾，甘地提出委托制，主张用阶级调和的手段解决冲突。甘地一直强调封建王公、大地主、资本家委托制的观念。甘地曾经讲过："没

1　[印] 尼赫鲁：《尼赫鲁传》，沈沉译，时代文艺出版社 2003 年，第 330 页。

2　同上书，第 330–331 页。

3　同上书，第 331 页。

有正当理由而剥夺有产阶级私有财产的行为，我是不参与的。我的目的是深入你们的心，感化你们，要你们替你们的佃户保管全部的私有财产，并主要是为他们的利益使用这些财产……假使有人有夺取你们的财产的不正当企图，我会站到你们这边向他进行斗争的……西方的社会主义和共产主义所根据的某些观点同我们的观点根本不同。……因此我们的社会主义和共产主义应该以非暴力主义为基础，以劳资之间、地主同佃户之间通力合作为基础。"[1]

针对甘地提出的委托制，尼赫鲁从人类发展史的角度指出，委托制思想一直在要求富人大发善心，富人的反响是造庙宇、清真寺、义舍，或从他们丰富的财产里施舍些铜板或银钱给穷人，并因此以为自己做了很大的功德。尼赫鲁认为传教士要求富人行善，要求穷人忍受、听天由命、节俭、规规矩矩的那套老办法在现实社会已经没有意义了。人类的财富已经大大地增加，能够应付和解决世界的问题。他指出好多富人变成了寄生虫，而寄生阶级的存在不仅是一种阻碍而且还是财富的极大浪费。这个阶级事实上阻碍了工作和生产，并助长了两种不劳动的人，一种是依赖别人的劳动而生活的人，另一种是找不到工作而挨饿的人。尼赫鲁认为甘地主张的委托制对减少社会不公不会产生多少裨益。

尼赫鲁认为印度的资本家和地主不关心他们的工人和佃农的利益的程度比西方的资本家和地主更要厉害得多。印度的地主毫不打算过问有关佃农福利。他引用一位西方观察家赫·恩·布雷尔斯福德的话说："印度的高利贷者和地主比现代任何社会制度下的寄生虫还要贪得无厌。"[2]他指出，早期的国大党成员大都出身于中产阶级，他们在同一环境中长大。不过越来越多中下阶层的人们加入国大党，比如商人、从事比较低下职业的职工以及失业的知识分子，后者的加入使国大党不像之前那样谦恭文雅，而是变得粗狂激烈。随着更多农村群众代表加入国大党，国大党内部的左翼力量越来越强。尼赫鲁看到了他们的力量，也愿意为他们发声和做一些事情。尼赫鲁认为让上层阶

1　[印] 尼赫鲁：《尼赫鲁传》，沈沉译，时代文艺出版社 2003 年，第 344–345 页。

2　同上书，第 345 页。

级人物去了解住在简陋茅屋或土房里的人们是不容易的。不过在民族主义运动时期，不同阶级可以在民族主义的旗帜下团结合作。

甘地与尼赫鲁在思想方面的分歧导致两人政治风格明显不同。甘地强调手段，尼赫鲁重视目的；甘地主张先个人后制度，尼赫鲁主张先制度后个人；甘地重直觉，尼赫鲁重理性。甘地是 19 世纪以来在印度历史文化传统中寻找救国救民之道的先驱们的继承者、发扬者和集大成者。在印度民族运动中，他始终立足于印度历史文化传统，利用传统因素为政治斗争服务，始终将改革和复兴传统社会结构作为主要使命。与甘地不同，尼赫鲁代表了新印度的呼声。后者受到英国的费边主义思想和俄国十月社会主义革命实践的影响，主张完全独立，实行社会主义变革，建立一个工业化和现代化的全新印度。这一趋势以尼赫鲁、苏·鲍斯、纳·德夫和贾·纳拉扬等人为代表。尼赫鲁是其中最有远见、最具有现实主义精神、也最善于妥协的领袖。

尼赫鲁与甘地虽然有很多观点上的分歧，但他们彼此之间是极为欣赏的。在多年并肩战斗的过程中，尼赫鲁对甘地也产生了由衷的敬意和爱戴。自 1930 年 3 月 12 日开始甘地领导了著名的"食盐进军"运动。这一运动点燃了全国性反对食盐专卖运动，广大民众踊跃参加。运动的盛况深深打动了尼赫鲁。他写道："我们回想起当甘地首先建议采用这种方法时，我们对这种方法能否生效表示怀疑，现在看见民众这样热忱，制盐运动像野火一样蔓延全国，我们不禁感到惭愧。我们羡慕甘地影响群众，使群众组织起来采取行动的惊人能力。"[1]在 1936 年出版的自传里，尼赫鲁对甘地的描述可谓入木三分：他确实代表印度的农民大众，他是那些平民大众的有意识和潜意识的意志的化身。他非常了解印度，能对它最轻微的颤动做出反应，而且几乎天生就能准确地判明形势，还长于把握人们的心理。

甘地对尼赫鲁也非常了解和赞赏。第二次世界大战爆发以后，殖民政府规定印度总督和各省省督有权"为了印度的和平与安宁"而解散自治省政府，

1　尚劝余等：《印度独立运动》，北京师范大学出版集团 2018 年，第 232 页。

实行总督接管，另派人治理。印度国大党领导人为此深感愤怒。在甘地的支持下，由尼赫鲁领导的国大党工作委员会在1939年9月17日发表了《战争目的决议》，表明了国大党对战争的态度，要求英国申明其战争目的，谴责英国政府不经过印度人民同意就宣布印度为交战国。决议要求"英国政府明确声明他们在民主、帝国主义和他们所构想的新秩序问题上的战争目的；特别是这些目的将如何应用于印度和如何在目前实行"。[1]甘地赞扬尼赫鲁在制定决议中的决定性作用。他评价说：（战争目的）决议的作者是一位艺术家，虽然在极力反对各种形式或形态的帝国主义方面没有人能超过他，他却是英国人民的朋友；的确，在思想和性格方面，他更像英国人而不像印度人，他与英国人在一起往往比与自己的同胞在一起更自如；他也是一位人道主义者，他反对每一个错误，不管是在哪里犯的；他的民族主义因为他的卓越的国际主义而得以丰富；因此，决议不仅是给他自己同胞、不仅是给英国政府和英国人民的宣言，而且是给全世界各民族包括像印度那样受剥削的民族的宣言；他通过工作委员会使印度不仅考虑自己的自由，而且考虑世界所有被剥削民族的自由。[2]甘地希望全党一致支持这项决议，虽然他本人仍然坚持他的信念。

五、外交政策中的大国情怀与殖民传承

在尼赫鲁去世之前，印度的内政与外交多受尼赫鲁思想的影响，特别在外交领域。诚如尼赫鲁的传记作家迈克尔·布雷彻所说："再也没有一个国家会有人像尼赫鲁在印度那样一手主宰外交政策。确实，他的影响是如此压倒一切，以至于在世界各地人们的心目中，印度的对外政策就是尼赫鲁的个人哲学。这种想法是不无道理的，因为尼赫鲁集印度对外政策的哲学家、建筑师、设计者和发言人四者于一身。"[3]古普塔也认为："印度外交思想的主要根

---

1 尚劝余：《尼赫鲁与甘地的历史交往》，四川人民出版社1999年，第66页。

2 尚劝余等：《印度独立运动》，北京师范大学出版社集团2018年，第284—285页。

3 王红生、[印] B. 辛格：《尼赫鲁家族与印度政治》，北京大学出版社2011年，第63页。

源……是总理复杂的自传，我们对西方大国的观点是由尼赫鲁个人情绪决定的，这些情绪转变为行动就成了我们的外交政策。"[1]因此，可以说，尼赫鲁执政时期的印度对外关系是尼赫鲁个人外交思想的实践。尼赫鲁是印度大国主义思想的缔造者、宣传者和实践者，实现"有声有色的大国"的理念是指导他制定对外政策和发展对外关系的主要理念基础和精神支柱。尼赫鲁的外交理念成为整个印度民族政治文化的重要组成部分，并上升为印度的国家意识形态和政治目标。

尼赫鲁认为美国和苏联注定都要在未来扮演重要的角色，他决心让印度也成为世界大国。尼赫鲁说过的让人印象最为深刻的一句话就是："印度以它现在所处的地位是不能再在世界上扮演二等角色的，要么就做一个有声有色的大国，要么就销声匿迹，中间地位不能打动我。"[2]他预言亚太将崛起，认为印度在亚太崛起中将发挥重要作用。他说过："在将来，太平洋将要代替大西洋而成为全世界的神经中枢。印度虽然并非一个直接的太平洋国家，却不可避免地将在那里发挥重要的影响。"[3]他认为中国和印度都是坚实而单纯的国家，都充满着天然财富、人力、技术和能力。他之所以看好中国和印度未来的国际地位，主要源于两国的古老文明："当欧洲还在落后而常陷于黑暗时代的时候，亚洲代表着人类进步精神已经有一千年以上了。"[4]他认为除了美苏中印四大国之外，其他国家，就个别来讲，没有一个具有这样实际或潜在的地位。当然，大的联邦或多国家集团也可能出现在欧洲或其他地方，并且形成若干庞大得多民族国家。他认为"小的民族国家是注定要灭亡的。它可能作为一个文化上的自治地区而苟延残喘，但是不能成为一个独立的政治单位。"[5]他认为"民族国家在今天是太小的单位了；而小邦不可能独立存在。甚至许

1　M. G. Gupta, *India Foreign Policy: Theory and Practice,* Delhi: Y. K. Publishers, 1985, p.76.

2　[印] 贾瓦哈拉尔·尼赫鲁著，齐文译：《印度的发现》，世界知识出版社 1956 年，第 57 页。

3　同上书，第 711–712 页。

4　同上书，第 727 页。

5　Dr. Minhaj Alam, *Jawaharlal Nehru's Political Ideas*, Delhi: Global Vision Publishing House, 2011, p. 68.

多较大的民族国家能否有任何真正的独立都是令人怀疑的。这样一来，民族国家就为多民族国家或一些大的联邦所代替了。苏维埃联盟就是这种发展的典范。"[1]

尼赫鲁的周边国家政策很大程度上继承了英国殖民者的政策。英国殖民当局曾经使用外交和军事手段尽可能在远离印度的地区建立缓冲区。包括把伊朗和阿富汗变成自己的势力范围，防止沙俄南下。英国还把西藏纳入自己的势力范围，使西藏成为中国与印度之间的"缓冲区"。此外，英国还占领缅甸以防止中国南下。英国把南亚次大陆看作一个安全战略的整体。通过与不丹、锡金和尼泊尔签订条约，使英属印度成为这些国家的保护国，在安全政策上接受英国的控制。英国的殖民统治催生了印度现代意义上的大国理念和大国认知，英国殖民当局从行政版图与安全范围上划定了印度的理想边界，使"印度至上""印度中心"这些本来隶属于文化共同体的观念逐渐向民族国家意义上的大国理念变迁，即向以民族国家为基轴的"大国主义"政治文化转变。独立后的印度政府在接收了英国殖民当局和平移交的国家权力的同时，也继承了过去英国殖民主义政权留下的遗产，其中包括印度中心的思想，非法的麦克马洪线以及安全战略构想[2]。尼赫鲁始终认为麦克马洪线不容置疑，并坚持对锡金和不丹的保护[3]。

尼赫鲁政府的西藏政策即是英国上述周边国家政策的继承。独立后的印度成为影响中国解放西藏的主要外在力量。在新中国成立前后，印度一直向西藏地方提供武器。尼赫鲁之所以力主承认中华人民共和国并与之建交，保持在藏权益应是其直接目标。他希望以此为基础与中国谈判，使印度的在藏权益获得承认。他认为中国从未接受英国，因此也不会接受印度的在藏地位，所以如果印中无官方联系，印度在西藏的存在将很容易被驱除。作为承认新政权的第一个非共产主义国家，印度甚至可以期待中国的某些感激，减缓中

1　Dr. Minhaj Alam, *Jawaharlal Nehru's Political Ideas*, Delhi: Global Vision Publishing House, 2011, p. 68.

2　孙士海：《尼赫鲁外交思想形成探析》，《南亚研究》2006 年第 2 期。

3　Sarvepalli Gopal, *Jawaharlal Nehru, A Biography*, Delhi: Oxford University, 1989, p. 364.

国在西藏的行动。

1950 至 1952 年，在印度政府、国大党和印度议会关于西藏问题的内部辩论过程中，尼赫鲁逐步明确了对藏政策。反对派坚持否认中国对西藏的主权，认为失去西藏的缓冲，印度将成为共产主义者吞噬的目标。尼赫鲁认为，反对派关于印度应保卫西藏独立、自由的主张是无济于事的。"无论西藏做什么，都不能抵抗或阻止（中国军队进驻西藏）。同样，任何外国势力也不能防止它。我们不能这样做。"尼赫鲁指出，即使中国军队进驻西藏，对印度的入侵也是极不可能的，"不可想象中国会调转其部队和力量跨越喜马拉雅山"，"因此，我排除中国对印度的任何重大的进攻"。[1]

1953 年 12 月至 1954 年 4 月，中印两国政府就中国西藏地方同印度的关系问题进行谈判。在双方的共同努力下，和平共处五项原则被载入《中印关于中国西藏地方和印度之间的通商和交通协定》的序言之中，作为缔结协定的基础。由于双方坚持这些原则，才顺利地解决了西藏问题。尽管如此，印度的安全战略观和对西藏作用的认识没有改变，也并未完全遵守双方协定中所要求的内容。曾任西藏外事帮办的杨公素先生回忆说："尼赫鲁在表面上承认西藏的自治，但他的自治含义是西藏保持在印度控制下的自治。这一点我们在执行中印协定的过程中有深刻的体会。"[2]1959 年，西藏发生叛乱以后，尼赫鲁对叛乱表示"非常同情"，指中国平叛为"武装干涉"。此后还说西藏叛乱是"民族起义"。[3]尼赫鲁多次讲，中国对西藏只享有"宗主权"。1959 年 3 月 31 日，达赖出逃至中印边界东段印占区，印度外交部派出高级官员迎接并提供武装护卫。同年 4 月 24 日，尼赫鲁亲赴穆索里会见达赖。中印边境战争之后，印度政府虽表示不会允许达赖集团在印度从事反华的政治活动，但以噶伦堡为中心的达赖喇嘛的"流亡政府"的反华活动一直没有停止。

在中印边界问题上，尼赫鲁坚持非法麦克马洪线，认为中印东段边界已

1　亢升：《印度的"西藏情结"及其对中印关系的影响》，《南亚研究》2006 年第 2 期。

2　同上。

3　同上。

定，不愿与中国就这方面展开谈判，这是导致中印在边界问题上走向冲突的最主要原因。他的最重要传记作者萨维帕里·戈帕尔就认为，尼赫鲁作为印度总理不能忽略国家利益和安全。不能否认，尼赫鲁的确是一位声名远播、在某种程度上可以说是 20 世纪世界上最伟大的外交家和政治家之一。他在反对殖民主义、法西斯主义、帝国主义和倡导不结盟政策方面都发挥了非常积极的作用。尼赫鲁曾经反复强调中印两国人民在历史上的密切关系，也是最早认识到中国迟早会成为均衡世界力量的独立因素的政治家之一，但是他在西藏和中印边界问题上的立场，说明了他思想主张的民族性和局限性。

六、研究状况

尼赫鲁既是印度民族运动的主要领导者，又是独立后印度发展道路的奠基者，还是新兴印度外交政策的制定者。他为印度的民族独立运动和国家建设竭尽所能。从 20 世纪 20 年代开始，尼赫鲁在印度国内外的声誉日隆。他与圣雄甘地一样，在印度都是偶像一样的存在。在他活着的时候和去世之后，爱戴和支持他的人都很多，质疑和贬低他的人也不少。他在很多情况下给人们留下的是正面形象，是人们尊崇的对象，在相当长一段时间里他是印度的形象代言人：追求独立、自尊和自由。有的人则会质疑他的职业生涯和他留下的遗产，批判他的失败等。还有很多人对他有太多期待，认为他本可以做得更好，认为他面对很多事情时可以更坚定，与小人物和国大党内的自私自利的平庸者打交道时本应更加自信，认为他本应与国大党左翼一起行动，而不是与右翼为伍，等等。虽然对他的政策和行为有诸多质疑，但是几乎没有人质疑他的动机。即使是他的反对者中也有一半人是爱戴他的。用印度共产主义者海仁·穆克吉（Hiren Mukerjee）的话说就是："他是我们美丽的、却是无能的天使，徒劳地拍打着金色的翅膀。"[1]

---

[1] Dr. Minhaj Alam, *Jawaharlal Nehru's Political Ideas*, Delhi: Global Vision Publishing House, 2011, Preface.

　　鉴于尼赫鲁在印度历史上举足轻重的地位，国内外关于他的资料和研究非常丰富。尼赫鲁本人就是一位十分多产的作家、思想家和历史学家，他留下许多部著作。这些著作中既有自传，也有他写给女儿英迪拉·甘地的书信集，是后人研究他思想的重要资料来源。在他在世期间和去世后，还有很多关于尼赫鲁的演讲或言论结集出版，这为人们研究他的思想和政策提供了丰富的资料。其中最有代表性的是萨维帕里·戈帕尔（Sarvepalli Gopal）和乌玛·伊尹加尔（Uma Iyengar）编纂的《贾瓦哈拉尔·尼赫鲁的重要写作》（*The Essential Writings of Jawaharlal Nehru*）[1]，这部著作收录了尼赫鲁关于印度、政策、科学、宗教等方面的文章、通讯和访谈等，对于人们了解尼赫鲁的思想有很大帮助。本杰明·扎查里亚（Benjamin Zachariah）在所著传记《尼赫鲁》（*Nehru*）中指出，尼赫鲁的著作和演讲集等对了解他既有帮助，又有阻碍作用。尼赫鲁本人是个经常反省的人，不过人们却很少去质疑他的自我剖析中存在的问题。随着时间的推移，尼赫鲁自己描绘的形象和支持者精心塑造的尼赫鲁形象几乎主导了人们对他的认识，这就需要用客观、中立的观点去还原一个真实的尼赫鲁，把他从他的支持者、诋毁者和他本人的话语中"营救出来"。

　　除了尼赫鲁本人作品外，印度国内外有很多人写关于他的传记。其中萨维帕里·戈帕尔（Sarvepalli Gopal）写的尼赫鲁传记应该是最具权威性的一部。戈帕尔著有三卷本尼赫鲁传记和一部简写版《尼赫鲁传记》（*Jawaharlal Nehru: A Biography*）。他本人从 1954 到 1966 年在印度外交事务部下面的历史部工作 12 年，可以无限制地接触尼赫鲁的文件，他的传记对后人了解尼赫鲁本人及其时代极具参考意义。戈帕尔认为尼赫鲁是"半个自由主义者、半个马克思主义者"[2]。

　　1　Sarvepalli Gopal & Uma Iyengar(eds.), *The Essential Writings of Jawaharlal Nehru*, New Delhi: Oxford University Press, 2003.

　　2　Dr. Minhaj Alam, *Jawaharlal Nehru's Political Ideas*, Delhi: Global Vision Publishing House, 2011, p Ⅹ .

中国学者对尼赫鲁的关注很多，仅关于尼赫鲁及其家族的传记类作品至少有 6 本。国内目前可见最早的是由商务印书馆 1986 年出版、由梁洁筠先生撰写的小册子《印度首任总理尼赫鲁》。这本书对尼赫鲁的人生经历和思想做了简洁但全面的介绍。张力先生著、由四川人民出版社出版的《印度总理尼赫鲁》，是目前所见国内最全面、最深入的关于尼赫鲁的传记。这本书参考了很多一手资料，对尼赫鲁的思想和实践的各个方面，尤其是针对他面临的主要内政和外交问题做了详细阐释，可惜书中缺少注释和参考文献。国内最新出版的关于尼赫鲁的传记是由朱明忠先生著、2017 年由中国大百科全书出版社出版的《尼赫鲁传论》，这本书重点阐述了尼赫鲁的思想体系，如哲学观、科学观、文化观、佛教观、民主思想、社会主义和世俗主义思想等。

除了传记之外，关于尼赫鲁国内外政策的著作和论文也非常多。由尼赫鲁纪念博物馆和图书馆集结出版的《尼赫鲁时代的印度外交政策》（*Indian Foreign Policy: The Nehru Years*）是其中最重要的一部。这部著作收录了多位直接参与尼赫鲁时代外交政策制定或者专门研究者的演讲集。例如 K. P. S. 梅农，曾担任印度政府外交秘书和印度驻苏联大使，与尼赫鲁过从甚密。本书指出尼赫鲁世界观和价值观在印度外交政策制定方面的主导性作用。而尼赫鲁世界观和价值观的形成既源于甘地领导下的民族运动的经历，也源于他通过监狱中的阅读和写作形成的历史观。本书的编者认为尼赫鲁厌恶种族主义、殖民主义和战争，他所倡导的不结盟运动和和平共处五项原则正是源于他的上述世界观和历史观。比玛尔·普拉萨德（Bimal Prasad）编著的《印度外交的起源》（*The Origins of Indian Foreign Policy*）[1] 一书则展示了 1947 年之前尼赫鲁在外交方面的思想观点。

尼赫鲁的外交政策和他在中印边界问题上的立场是国内外学者关注的重点。不结盟政策是尼赫鲁最引以为傲的外交举措。于向东、徐成志在《第一次印度支那战争期间印度的调停外交》一文中指出，尼赫鲁虽然在印度独立

1　Bimal Prasad, *The Origins of Indian Foreign Policy*, Ann Arbor, Mich.: UMI, 2nd ed. 1962.

后奉行不结盟外交政策，但因强烈的大国情结而在冷战中推行调停外交。他们通过分析尼赫鲁在第一次印度支那战争前后不一的表现，指出印度调停外交表面上是中立主义，实质上体现了利己主义与实用原则，反映了尼赫鲁在追求"有声有色"大国目标与不愿卷入大国战略竞争与利益冲突中的矛盾心态。朱鹏和张晓乐在《边境战争失败后尼赫鲁政府的应对策略》一文中指出，1962年边界战争开始之后，尼赫鲁政府就抛开了不结盟政策，极力向美、英等国求助，走上了与西方国家结盟反华的道路。斯坦利·沃尔波特认为，尼赫鲁的不结盟政策和亚洲政策，均以做亚非国家的领导者为目标[1]。金永丽在《论体育对于印度的意义》一文中分析了尼赫鲁政府积极筹办1951年第一届亚运会与尼赫鲁希望做亚洲的领导者有关，印度板球控制委员会的奠基者安东尼·德·梅罗在亚运会召开后对尼赫鲁说："你当然已经使新德里成为亚洲的首都"。[2]

德国学者赫尔曼·库尔克、迪特玛尔·罗特蒙特在他们所著的《印度史》里也提及尼赫鲁的亚洲观，指出尼赫鲁在他发表的第一个外交政策演说里把亚洲作为一个和平地带。尼赫鲁在印度民族运动时期对中国民族主义诉求的同情是真实的，印度也是新中国成立以后最早承认它的国家之一。尽管如此，当涉及印度的国家利益时，尼赫鲁的民族主义立场又是非常鲜明的，不管是克什米尔问题，还是从葡萄牙手中收回果阿，抑或在中印边界问题和西藏问题上对英印殖民政府立场和主张的继承，都是如此。该书指出，克什米尔冲突"摧毁了印度和联合国的关系，尽管一直以来印度都是联合国理念的热忱支持者"[3]。

尼赫鲁担任印度总理长达17年。他为印度确立的发展战略被称为尼赫鲁模式，该模式在他在世和去世以后都有很多争论，乃至批评。弗朗辛·R.弗

1　[美]斯坦利·沃尔波特：《印度史》，李建欣、张锦冬译，东方出版中心2013年，第369页。
2　金永丽：《论体育对于印度的意义》，《体育文化导刊》2017年第9期。
3　[德]赫尔曼·库尔克、迪特玛尔·罗特蒙特：《印度史》，王立新、周红江译，中国青年出版社2008年，第413页。

兰克尔在《印度独立后政治经济发展史》一书剖析了独立后直至 1977 年印度
发展战略的利弊得失，以及围绕经济战略各种政治势力之间展开的矛盾与斗
争。她的著作充分展示了尼赫鲁在推进印度发展事业过程中遭遇的各种矛盾，
以及他不得不做出的各种妥协。

　　在关于尼赫鲁的内政问题方面，中国学者对尼赫鲁思想与实践关注较多
的是他所确定的第三条道路。尚劝余先生在《甘地、尼赫鲁与印度式社会主
义道路的形成》一文中着重讨论了甘地与尼赫鲁在财产所有制、阶级斗争、
计划思想、议会制度、工业文明诸方面的见解与分歧。相比较而言，甘地更
保守，更注重阶级调和，尼赫鲁的思想相对激进些，希望做出制度性改变，
以此推动印度社会的公平与公正。事实证明，尼赫鲁在推行制度改革方面取
得的成效也是差强人意的。金永丽在《印度乡村发展计划执行情况及其启示》
一文通过分析尼赫鲁政府推行的乡村发展计划的施行情况，验证了如下观点：
如果没有有效的制度改革，尼赫鲁式的社会主义道路很难获得成功。

　　印度学者帕提尔（V. T. Patil）主编的《尼赫鲁研究》（*Studies on Nehru*）
邀请多位学者从政治、经济、外交、世俗化、科学进步、行政管理和政治制
度演进等不同方面对尼赫鲁时期的发展进行了分析评估。其中一位作者高度
评价了尼赫鲁时期印度在科技人才培养和科研基础建设方面所取得的成就[1]。

　　尼赫鲁关于世俗主义的思想和行为是国内学者关注较多的另外一个方面。
陈金英在《"世俗主义"变迁与印度人民党的印度教国家》一文中梳理了从
甘地到尼赫鲁再到当下印度人民党和国大党对世俗主义的理解和态度。她认
为国大党政府的世俗主义政策同时包含了尼赫鲁式的政教分离和甘地式的宗
教宽容两种不同的理论来源和实践路径。甘地式的宗教宽容在许多议题上与
印度教民族主义者的立场接近。国大党在世俗主义路线上的机会主义策略为
印度教教派主义打开了方便之门。印度人民党通过对国大党世俗主义路线的
批判和对世俗主义的重新定义，构建了一套关于印度教民族主义的世俗国家

1　V.T. Patil (ed.), *Studies on Nehru*, New York: Facet Books International, 1987, p. 306.

的政治话语[1]。吴宏阳有多篇关于印度世俗主义的文章。他在《教派矛盾与印度的政治世俗化进程》一文中指出，尼赫鲁政府确立了世俗主义的政治体制，颁布了世俗宪法，确立了政教分离、宗教平等、信仰自由的政治世俗化原则，推进了政治世俗化的进程。但由于历史上教派政治的影响，在乌尔都语地位和克什米尔的归属等问题上，尼赫鲁开启的政治世俗化并不顺利。在克什米尔问题上，尼赫鲁否决了联合国决议，反对在克什米尔地位问题上搞公民投票，因为如果搞公民投票，印度很可能得不到克什米尔，而且会受到印度教教派主义势力的攻击[2]。张力先生在他的《印度总理尼赫鲁》一书中对此也有详细阐述[3]。

从尼赫鲁在印度独立前的著作对于印度社会各阶级和阶级矛盾的分析中我们可以看到他思想的深刻性，但是当印度独立后需要采取各项政策推动社会发展的公平与公正时他却被迫撤退，从而使其政策效果大打折扣，这在一定程度上反映出尼赫鲁思想的保守性。美国学者斯坦利·沃尔波特在其所著的《印度史》一书中尖锐地指出："尽管言辞华丽，在尼赫鲁时代，私营企业仍然占有牢固的地位，安全无虞并且盈利越来越大。"[4]所谓查其言观其行，只有看尼赫鲁实际上做了什么，才能了解真正的尼赫鲁。对尼赫鲁国内政策持褒扬态度学者看到的是尼赫鲁思想中的进步性，对其政策予以批判的学者看到了其行动上的保守性。尼赫鲁的伟大在于他的协调能力和包容性，不管是在独立前，还是独立后都是如此。然而，成也萧何败也萧何。调和与折中主义无法解决矛盾和问题，只会积累矛盾。

1　陈金英：《"世俗主义"变迁与印度人民党的印度教国家》，《南亚研究》2021 年第 1 期。

2　吴宏阳：《教派矛盾与印度的政治世俗化进程》，《郑州大学学报》（哲学社会科学版）2001 年第 3 期。

3　张力：《印度总理尼赫鲁》，四川人民出版社 1997 年，第 361–379 页。

4　[美] 斯坦利·沃尔波特：《印度史》，李建欣、张锦冬译，东方出版中心 2013 年，第 367 页。

七、人物述评

印度前总理、尼赫鲁的外孙拉吉夫·甘地在《贾瓦哈拉尔·尼赫鲁——现代印度的建筑师》一书中这样评价他的外祖父尼赫鲁：尼赫鲁终其一生不辞辛劳地将古代印度的骄傲与现代印度的能量和创造力结合起来构建一个新印度。尼赫鲁相信通过对经济进行计划，可以实现消除贫困的艰巨任务，认为贫困与人类文明的价值观是不相容的，热忱倡导建设一个真正现代的、世俗主义的、社会主义的、自力更生的印度[1]。

尼赫鲁既是一位思想家和战略家，同时还是一位实践者，有机会把自己的思想或理想付诸实践。他对印度的未来有很多设想，并为实现这些设想做了很多努力。对他的褒奖和批评主要围绕着他为理想所付出的努力是否实现。甘地和尼赫鲁都是印度人民心目中的偶像。不过比较而言，甘地距离人们太遥远，人们没有办法成为甘地那样的人，只能做他的追随者，而尼赫鲁却是人们可以效仿的榜样。尼赫鲁强大，但不迷恋权力；虚荣，但不无理；富有，但不粗鲁；他来自上层种姓，但不是种姓主义者；人们尊称他为潘迪特吉（Panditji，Pandit 有博学和智慧之意，ji 是称呼尊者时加的后缀），这是一个种姓称谓，而他对宗教和种姓都不感兴趣；他温文尔雅，博览群书，能够恰如其分地使用英语，秉持真正的多元文化观。甘地与尼赫鲁的不同不仅在于对宗教的态度，而且在于对文明的态度。尼赫鲁用现代词汇说话，而甘地却在重温古印度的语汇。

认识和评价尼赫鲁既需要考虑他的个人经历和教育背景，又需要从他所处的政治和经济背景出发。西方化的教育经历、世界性的见识、父亲的影响、甘地的思想价值引领、世俗主义的思想主张、对科学技术和现代工业的青睐、对自由民主制度的热爱、对印度大国地位的不懈追求等，都是我们理解尼赫鲁的重要方面。

1　Ananda Gopal Mukherjee and Vinod Tagra ed., *Jawaharlal Nehru–The Architect of Modern India*, New Delhi:Reliance Publishing House, 1989, Foreword.

尼赫鲁在印度近现代历史上的重要作用是毋庸置疑的，他被看作可与印度孔雀帝国的阿育王和莫卧儿王朝的阿克巴大帝相比肩的伟大人物。他是印度民族主义运动的主要领导者，是独立后印度发展道路的制定者，是冷战大背景下为印度寻求大国地位的不结盟运动的发起人之一。人们为尼赫鲁思想的博大精深所折服，对他抱有很高的期望。他的思想极富世界主义和理想主义，不管是对国内事务，还是国际事务，都抱有非常大的野心。然而在现实中他又时常碰壁，被迫退却，不管是在土地改革方面，还是在不结盟运动方面。结果人们看到的是充满矛盾的尼赫鲁：他是世俗主义的，但又不得不考虑教派主义势力的诉求；他寻求社会主义社会的公平，却又不得不考虑有产阶级的利益；他想做亚洲乃至世界领袖，却又不得不为民族主义利益所困。尼赫鲁最重要的传记作者戈帕尔就对他就做出如下评价："尼赫鲁似乎什么都想要：既想'帮助西藏'，又想与中国的维持友好关系，既想坚持不结盟，又想确保印度的安全。"[1]

在争取印度民族独立的过程中，尼赫鲁与圣雄甘地并肩战斗，并在甘地的支持下逐渐成长为民族运动的中坚力量，不管是在非暴力不合作运动中，还是在参加省议会选举和组织省自治政府，以及在最后的印巴分治过程中，他都发挥了非常重要的作用。尼赫鲁声称他自己的印度特性，但是他身上没有甘地那种宗教和传统气息。正是因为他所拥有的现代气息，使他吸引了很多印度年轻一代的追随者。尼赫鲁在西方的受教育经历和对欧洲的长期访问使他习惯了西方的思维方式。尼赫鲁并不隐藏他与甘地在许多见解上的差异。他主张工业化，而甘地反对工业化。他支持甘地的非暴力不合作运动，但他只把不合作看作一种适合当时印度政治环境的有用政治工具，并非把它作为原则来看待。

在印度民族运动过程中，尼赫鲁是国大党内可以协调左右翼的关键人物。在第一次非暴力不合作运动陷入沉寂之后，在协调不变派（主张继续群众性

1　Sarvepalli Gopal, *Jawaharlal Nehru, A Biography*, Delhi: Oxford University, 1989, p. 362.

建设工作）与主变派（主张通过竞选参加立法会议，以便保持印度人民的政治热情）之争中做了很大努力。他拒绝了奇·达斯要他赞成主变派的主张，努力促使两派达成谅解。他认为不变派和主变派的方法可以齐头并进，强调两派团结的必要性。"不变派和主变派之争，标志着尼赫鲁第一次作为党派之间摩擦的仲裁人出现。"[1]

尼赫鲁是印度国大党左翼集团的领袖，但当国大党内的左翼力量"印度国民大会社会党"成立时，他却拒绝加入和担任其领导。他认为置身于一个党内有争议的派别之中，不利于国大党的团结统一。虽然尼赫鲁没有加入国大社会党，但他仍然被看作是该党的思想领袖。尼赫鲁和印度激进民族主义者代表苏巴斯·鲍斯在年轻的民族主义运动者心目中威望都很高，但尼赫鲁属于其中的温和派，鲍斯属于极端派。尼赫鲁善于妥协，顾全大局，而后者则毫不妥协，这也是甘地力推尼赫鲁的原因。尼赫鲁虽然在不少方面与甘地和国大党右翼有分歧，但是甘地却非常信任尼赫鲁，把他视为自己的接班人。甘地曾经说过这样一番话："有些人担心将权力由老一辈转交给青年是毁灭国大党，我不这样认为。"圣雄甘地对尼赫鲁的评价之高恐无出其右："在勇敢方面（贾瓦哈拉尔）不能被超越。在爱这个国家方面……谁能超越他？毫无疑问他是一个极端主义者，他的思想远远超出他所处的环境。但是他又是那么谦卑，也足够实际不会硬推从而超越临界点。他像水晶般纯净，诚实无可怀疑，他是个没有恐惧和责备的骑士，国家在他手里是安全的。"[2]

在印度实现独立后，作为印度国内外政策的主要制定者，尼赫鲁成为新生印度的领航者和奠基者。在他执政的 17 年时间里，他致力于让印度实现民主社会主义。他国内政策的四大支柱是：民主、社会主义、统一和世俗主义。在他有生之年，他在很大程度上成功地维护了由这四根支柱支撑的大厦。尼赫鲁是印度民主制度的奠基人和最初的实行者，甘地评价其拥有关于民主知识和民主斗争的卓越技巧，并认为自己在这方面深受他的影响。

1　尚劝余等：《印度独立运动》，北京师范大学出版社 2018 年，第 216 页。
2　同上书，第 228 页。

在包括甘地在内的国大党所有领导中，尼赫鲁是唯一一位认真思考印度在世界上的地位的领导人。这使他不仅能够在独立前对印度民众进行外交教育，而且能够在自由到来时表达自己对印度外交政策的看法。如果说甘地是让印度人了解自身的人，而尼赫鲁则是让他们知道世界的人。自 1947 年独立直至 1964 年尼赫鲁去世，印度向世界展示的形象就是尼赫鲁的形象，世界把印度与尼赫鲁联系在了一起。不管是反帝国主义，反殖民主义，还是不结盟运动，都是尼赫鲁塑造印度大国形象和地位的努力。印度独立后尼赫鲁试图在国际问题上，尤其是亚洲问题上，发挥积极乃至主导性作用。例如，他在朝鲜战争和苏伊士运河危机期间积极斡旋，促成万隆会议的召开和中国的参会，旗帜鲜明地反对殖民主义和大国霸权主义，这一切都使得印度在 20 世纪50 年代的国际外交场合闪闪发光。尼赫鲁想方设法利用一切机会表达亚洲的观点。丘吉尔曾写信给他说："我希望你能想起'亚洲之光'一词。我认为你在领导印度方面能够做出其他任何人做不到的事，至少在整个亚洲的思想领域，是你将人的自由和尊严奉为理想。"[1]

尼赫鲁本人博览群书、见多识广，对很多问题都有自己的见解，但是他又是一位天生的领导者，善于协调不同观点和立场。不管是在领导民族主义运动的过程中，还是领导独立后国家建设的过程中，为了实现最终目标，他都力求团结多数人的意见。他的协调性和包容性不仅体现在反英民族运动中，也体现在独立后发展道路的确定和印度外交政策的制定上。尼赫鲁反对派系政治，强调不同派系达成谅解。这既源于尼赫鲁的阶级属性，也源于在印度这样一个极富多样性和宗教性的国度，如果想把事情推行下去，妥协和包容是必需的。

毫无疑问，尼赫鲁是 20 世纪最伟大的政治家之一。不管在国内问题，还是国际问题上，他都发挥了最大才能。他有广阔的视野和宽广的胸襟，善于博采世界各国思想与制度之长，为印度发展所用。在《尼赫鲁自传》中他提

1　张力：《印度总理尼赫鲁》，四川人民出版社 1997 年，第 224 页。

及自己用心研究在俄国、德国、英国、美国、日本、中国、法国、西班牙、意大利及中欧等地所发生的事情，努力想认清这些错综复杂的时事，留心每一个国家怎样独立地努力建设，以及这些国家怎样共同努力设法度过危机。然而由于现实原因，他想做到的事情好多都没有实现，他有相当多力所不及的地方。一味批评他的妥协和调和是没有意义的。在国内发展问题上，由于印度独立通过和平移交政权来实现，所以独立前后印度社会文化和政治经济结构变化不大。在传统与现代并存、极富多样性、又不能做根本性制度变革的情况下，要想推动民主与公平意义上的社会主义，尼赫鲁可以做的只能是妥协和协调。尼赫鲁对他所面临的国内发展的障碍应该是有清醒认识的，这从他在自传里对印度社会阶级的深刻分析中可以看到。在国际问题上亦是如此。他想带领印度做有声有色的大国，但是在强国环伺的背景下，他的理想受挫是必然的。在匈牙利问题上，他曾颇感无奈地告诉议会："我们谁也不能控制形势，我们能做的一切是尽力而为，避免任何使局势进一步恶化的可能性……"[1]尼赫鲁的这段话或许可以成为我们评价尼赫鲁的最好注脚。

正如甘地所言，在爱国主义（民族主义的另外一种表述）方面，没有人能比得上尼赫鲁。尼赫鲁做的所有事情，不管是国内政策还是外交政策，都是希望为印度谋得最大利益，不管是在国内推行社会主义和世俗主义，推动土地改革和工业化，还是在国际交往中谋求大国地位和为本国谋求最大利益，无不如此。尼赫鲁展现给人们的各种矛盾，尤其是外交方面的矛盾都可以用他的爱国主义和民族主义倾向来解释。在匈牙利问题上没有跟进西方国家谴责苏联，在中印边界战争之后即与西方建立密切联系，是尼赫鲁被诟病最多的地方，也是最能体现他作为民族主义者的试金石。在中印边界问题上，他坚持麦克马洪线不容置疑，但却表示在西线条约没有涉及的地方可以谈，其中的双重标准展现无遗。简言之，尼赫鲁的伟大毋庸置疑，他的局限性同样不容否认。

1　张力：《印度总理尼赫鲁》，四川人民出版社 1997 年，第 327 页。

主要研究文献

Jawaharlal Nehru, *The Discovery of India*, Delhi: Oxford University Press,1988.

Jawaharlal Nehru, *An Autobiography,* Delhi: Oxford University Press,1988.

Jawaharlal Nehru, *Glimpses of World History*, Delhi: Oxford University Press,1988.

V.T.Patil ed., *Explorations in Nehruvian Thought*, New Delhi: Inter-India Publications, 1992.

Ananda Gopal Mukherjee and Vinod Tagra ed., *Jawaharlal Nehru-The Architect of Modern India*, New Delhi:Reliance Publishing House, 1989.

Sarvepalli Gopal, *Jawaharlal Nehru, A Biography,* Delhi, Oxford University, 1989.

Dr. Minhaj Alam, *Jawaharlal Nehru's Political Ideas,* Delhi: Global Vision Publishing House, 2011.

V.T. Patil (ed.), *Studies on Nehru*, New York, N.Y.: Facet Books International, 1987.

王红生、[印] B. 辛格:《尼赫鲁家族与印度政治》, 北京大学出版社 2011 年。

朱明忠:《尼赫鲁传论》, 中国大百科全书出版社 2017 年。

亚伯拉罕·林肯

／王 希 *／

　　亚伯拉罕·林肯（Abraham Lincoln, 1809—1865），美国第十六任总统，最杰出的美国政治家。1861年，52岁的林肯就任总统，随即面临国家因奴隶制而南北分裂的巨大危机。他领导联邦各州，与脱离联邦的南部邦联进行了长达4年的内战，最终赢得了胜利，捍卫了美利坚合众国的完整和统一。内战期间，林肯回应黑白废奴主义者的要求，颁布《解放奴隶宣言》，废除了在北美盛行长达250年之久的奴隶制，为近400万美国奴隶最终获得人身解放和平等公民地位奠定了法律基础，也将内战转化为一场扩大美国自由的革命。战后的宪政重建否定了州权至上的原则，将自由劳动为基础的资本主义经济体制推广至全国，为美国经济在20世纪的崛起扫除了内部分裂主义的障碍。林肯在内战期间展示了卓越的领导才能，创造性扩展了总统权力，他留下的诸多政治遗产——包括集权性

---

　　* 王希，美国宾夕法尼亚州印第安纳大学（Indiana University of Pennsylvania）历史系教授，北京大学历史学系荣休教授。

联邦国家的尝试、现代总统制的塑造和新型种族关系的建构等——至今仍在深刻地影响着美国政治的发展。林肯在国家危难时刻所展现的非凡的远见卓识、坚强的意志力、高尚的道德情操、勇于担当的博大胸怀和游刃有余的领导艺术，不仅使他成为最受美国人民爱戴的总统，而且也使他被誉为近代世界卓越政治家的典范。

一、生平

1809 年 2 月 12 日，林肯出生在美国西部边疆肯塔基州霍根维尔的一个小木屋中，7 岁时随父母移居到印第安纳州，9 岁丧母。父亲是不识字的自耕农和木匠，对林肯自幼要求十分严厉，教会他干各种杂活儿，并不时将他租用给邻居做雇工。因家境贫困和边疆环境的限制，林肯上学的时间总共不到一年，但他在继母的鼓励下努力自学，反复诵读家中为数不多的几本书，包括《圣经》和华盛顿的传记等。1831 年，当全家迁徙到伊利诺伊州定居后，林肯离开父母前往该州的新塞勒姆村开始独立生活。在新塞勒姆的 6 年中，林肯先后当过杂货店店员、乡村邮务员和土地测绘员，并通过观摩地方法庭习得了初步的法律知识。1832 年，23 岁的林肯第一次参加州议员的竞选，但没有成功。竞选期间，恰逢边民与当地印第安人之间的"黑鹰战争"发生，林肯加入州民兵并当选为连长，这一经历强化了他从政的愿望。

1834 年，林肯再次参加州议员竞选，获胜后平生第一次着正装进入州议会任职。他随后连续三次参加州议员的竞选并成功获得连任。在担任州议员的 8 年里，林肯掌握了议会政治的运作规则，提高了演讲能力，最终成为伊利诺伊州辉格党内最出色的竞选演讲人。1836 年，林肯以自学方式完成法律知识的训练，成为执业律师。他随后移居到伊利诺伊州首府斯普林菲尔德，在那里结识了来自肯塔基州富裕农场主家庭、受过良好教育、年龄比他小 9 岁的玛丽·托德。两人于 1842 年结婚，共养育了 4 个儿子，其中二子与三子分别在 1850 年和 1862 年因病早逝。到 1860 年竞选总统时，林肯已经是伊利诺伊州最知名的律师之一,拥有 1.5 万美元的财产。

1846 年,林肯以辉格党人身份赢得国会众议院议员的竞选。在担任众议员的两年(1847—1849)里,奴隶制扩张成为联邦政治中的棘手议题。林肯在国会质疑民主党人总统詹姆斯·波尔克将美国带入美墨战争(1846—1848)的动机,多次投票支持由北部议员提出的"威尔莫特附文"法案,反对奴隶制从南部向西部联邦领土扩张。众议员任期结束之后,林肯回到家乡,重操律师旧业。1854 年,为了反对国会通过的《堪萨斯 – 内布拉斯加法》,林肯重返政治舞台,加入新组成的共和党,并在 4 年后代表该党参加联邦参议员的竞选,挑战该州在任参议员、民主党人斯蒂芬·道格拉斯。林肯与道格拉斯围绕奴隶制扩张、美国立国原则和黑白种族关系等重大问题进行的公开辩论吸引了全国的关注。虽然林肯未能赢得参议员的选举,但却以"分裂之家"的著名演讲和卓越的雄辩能力一鸣惊人,成为闻名全国的政治人物。1860 年,林肯赢得共和党总统候选人的提名,并在总统大选中战胜其他 3 名对手当选为美国总统。

1861 年 3 月 4 日,林肯宣誓就任总统,承诺不会干预蓄奴州内的奴隶制,但严厉谴责南部蓄奴州退出联邦的举动,誓言捍卫民主选举的结果和联邦宪法。4 月 12 日内战打响之后,林肯发出命令,征召军队,镇压叛乱。在随后的 4 年中,林肯全身心地投入内战动员与战事指挥之中,为赢得战争胜利呕心沥血,事无巨细,事必躬亲。1863 年,林肯回应黑白废奴主义者的呼声,放弃了由州启动、以渐进、补偿方式废除奴隶制的方案,颁布《解放奴隶宣言》,宣布所有在南部邦联控制区域内的奴隶获得解放,并邀请获得解放的黑人参加联邦军队。这一举措给了南部邦联致命的打击,也阻止了外国对内战的介入。在内战后期,林肯启用尤利西斯·格兰特将军担任联邦军队总指挥,后者忠实有效地将林肯的战略思想转化为战场行动,最终迫使邦联军队投降。1865 年 4 月 14 日,在内战结束 5 天之后,林肯在华盛顿的福特剧院遭到南部邦联的狂热支持者的暗杀,成为美国内战最后也是最举世闻名的烈士。

二、走向白宫

（一）政治起步

在美国所有的总统中，林肯的经历最具传奇色彩。他从一贫如洗的劈木雇工成长为美国总统的故事始终为美国人津津乐道，被视为早期美国梦的真实写照。作为19世纪初西进运动中的一员，林肯的家庭的确十分普通，父亲、亲生母亲和继母都是文盲，也都是虔诚的加尔文派教会成员。西部边疆的生活虽然艰辛，但林肯的父亲能够做到自食其力，为此他无法理解儿子为何不满足于像他那样做一个普通的边民。当林肯在22岁开始独立生活的时候，除了强壮的体魄、吃苦耐劳的精神、粗浅的识字能力和爱讲笑话的习惯（这也许是他从父亲那里继承的唯一性格）之外，陪伴他的还有一种摆脱乡村生活、改变命运的强烈愿望。在接下来的30年里，林肯从身无分文的雇工起步，自学法律，成为律师，参加竞选并担任州议会议员和国会众议员，最终参加并赢得总统选举。

林肯在政治上得以出人头地，个人雄心与能力无疑起了关键的作用，但帮助他起步的是西部边疆开放的政治和经济环境，两者为他提供了重要的机会和训练。19世纪30年代林肯进入州议会的时候，建国一代人已经退出了历史舞台，民主党人安德鲁·杰克逊在1829年就任总统，开启了大众民主的时代，以民主党与辉格党的对峙为标志的"第二政党体系"方兴未艾。两党围绕联邦发展的方向和策略展开了长达20年的党争，推动了政治参与在白人男性公民中的普及。伊利诺伊州于1818年加入联邦，其第一部州宪法明确宣示，本州的白人男性成年公民享有选举权和被选举权，妇女和自由黑人则被排除在外。没有这种被托克维尔所称的"美国民主"环境的存在，出身贫寒的林肯要在政治上起步是无法想象的。

（二）州议会的锤炼

伊利诺伊州地处当时美国的西部边疆，政党政治开放而活跃，为林肯在政治上起步提供了一个理想的见习场所。1832 年林肯在第一次参加州议会议员竞选的演说中称，自己虽然来自社会的"最低阶层"，但他拥有抱负，而他的最大抱负是希望得到"同胞们的尊敬"[1]。林肯的从政目标极为朴素，他主张所有人都应受教育，就像他这样的普通人能得到上升的机会，从而能欣赏"自由的体制"。林肯虽然在选区没有获胜，但赢得了本村绝大多数选民的支持。两年后，林肯以辉格党人身份再次参加竞选并成功当选。1836 年，为争取连任，他通过当地报纸发布了简短的竞选纲领，承诺自己将成为选区内所有选民的"委托人"，一视同仁地倾听支持者和反对者的意见，并在议会中"竭尽全力推进他们的利益"。他提出的政纲是，凡纳税和当过兵的白人皆应享有投票权，支持将联邦政府出售土地的收入分配给各州，用于改善内陆的交通和推动边疆经济的发展，为普通人改变命运提供机会[2]。

在 8 年的州议员任职期间，林肯提出的立法建议多与内陆经济和商业环境的改进相关，这反映了林肯自己的政治理念和道德诉求。他从自身奋斗的经历中体会到，在一个经济开放的社会中，每个人都有可能通过勤奋、自律和政治追求来改变自己的命运和地位，但政府需要为人民创造机会，提供市场经济中个人没有能力获得的帮助。这正是辉格党领袖亨利·克莱的"美国体制"主张的核心思想。林肯期盼他所代表的选区能够加入蓬勃兴起的商业经济的潮流之中，希望政府为普通人的自我奋斗提供公平的机会，但他也意识到，经济发展和个人提升与美国政治体制的长存有着密切关系。这些思考

1　Abraham Lincoln, Communication to the People of Sangamo County, March 9, 1832, in *The Collected Works of Abraham Lincoln, 9 Volumes*, (News Brunswick: Rutgers University Press, 1953), 1: 9（此后简引为 *CW*）。同见：《林肯选集》，朱曾汶译，商务印书馆 2018 年版，第 1 页（此后简引为《林肯选集》）。

2　Lincoln, To the Editor of the Sangamo Journal, June 13, 1836, in Lincoln, *CW*, 1: 40; 同见：《林肯选集》，第 1–2 页。

构成了早期林肯的政治底线。

（三）早期与奴隶制问题的遭遇

在林肯的州议员生涯中，奴隶制是一个相对边缘的问题，这与伊利诺伊州是一个自由州的地位有关，但因为奴隶制在南部普遍存在，伊利诺伊州的白人社区与北部各州的白人一样，对黑人也都有着根深蒂固的种族偏见。身处伊利诺伊州白人社区的林肯自然也受到这些偏见的影响，在言谈中并不拒绝使用种族歧视的话语。但在奴隶制问题上，他与州议会的绝大多数议员持有不同的立场。1837 年 3 月，针对组织化的废奴主义运动在北部的兴起，伊利诺伊州州议会通过决议，谴责废奴主义者的煽动性宣传，并强调宪法赋予各蓄奴州保护本州奴隶财产的"神圣"权利。林肯对州议会的决议表示抗议。他在与另一位议员联合写作的声明中称，"奴隶制是建立在不公正和错误政策基础之上的"，但废奴主义者的活动"只会增加而不会减少它的祸害"。林肯强调，联邦政府虽然无权干预南部的奴隶制，但有权在当地居民同意的情况下废除首都哥伦比亚特区的奴隶制，意即奴隶制并不是神圣不可侵犯的[1]。林肯的立场与废奴主义者提出的废奴要求相去甚远，但作为一个年轻议员，敢于在十分保守的州议会中公开谴责奴隶制的不正义性，仍然是需要勇气的。

伊利诺伊州议会关于奴隶制问题的辩论几个月之后，该州一群暴徒放火焚烧了该州废奴主义者的报刊和印刷厂，并枪杀了报纸主编、废奴主义者伊利亚·洛夫乔伊。此事震惊了整个北部，也令林肯深感不安。1838 年 1 月，林肯利用对斯普林菲尔德青年学会发表演说的机会，谴责了北部出现的各种暴力和违法事件，包括针对黑人的私刑活动。在这篇名为《我们政治制度永世长存》的演说中，林肯将内部的暴力活动视为是对美国政治体制的最大威胁。他指出，建国之父留给后人的最好遗产不是广袤的领土和丰富的资源，而是美国的政治制度，后人的任务是要努力维护和保存国父们创建的崇尚

---

[1]　Lincon, Protest in Illinois Legislature on Slavery, March 3, 1837, in *CW*, 1: 74-75;《林肯选集》，第 12–13 页。

"自由和平等权利的政治大厦"，不让其"因时光的流逝而崩塌"，或"因篡权而损毁"。他呼吁人民尊重法律，用冷静和理智来挫败野心家的阴谋，以保证美国的制度永世长存[1]。在1842年的演讲中，林肯再次讨论了1776年美国革命的意义，称其在为美国人提供了政治自由的同时，也为世界提供了一个人类能够进行自我管理的范例，并称美国自由终将扩展为一种"全人类的普遍自由"[2]。显然，早在入主白宫之前，林肯已经将美国体制视为一种具有特殊使命的国家体制。他不否认奴隶制是美国体制中的一个污点，但作为辉格党人，他认为奴隶制问题只能在宪法的框架内来解决，废奴主义者的鼓动无助于问题的解决。

（四）国会众议员

1847年，当他进入国会担任众议员时，林肯对奴隶制问题的基本立场已经形成。他从道德上憎恨奴隶制，对奴隶的命运表示同情，但作为律师和辉格党人，他对联邦宪法和法律表示极大的尊重，包括接受宪法对蓄奴州内的奴隶制的保护。他认为，奴隶制是建国一代人遗留的尚未解决的问题，自由州和蓄奴州需要共同寻找一种渐进的终止奴隶制的方法。在国会任职的两年中，林肯的这些基本立场没有发生剧烈的改变，但身居实施奴隶制的首都让他对奴隶制的残酷有了更直观的观察，而美墨战争（1846—1848）则让他更清楚地看到了奴隶制对于联邦和美国体制的真实而迫近的威胁。

美墨战争是因美国和墨西哥围绕得克萨斯的兼并发生的争执而起，但它将奴隶制问题带入到联邦政治之中。自1820年密苏里妥协之后的许多年里，民主、辉格两党都力图将奴隶制问题排除在联邦政治之外。民主党人总统詹姆斯·波尔克是一位扩张主义者，他希望将美墨战争中获取的新领土（包括

1　Lincoln, Address before the Young Men's Lyceum of Springfield, Illinois, January 27, 1838, in *CW*, 1: 108-116;《林肯选集》，第3–12页。

2　Lincoln, Address before the Springfield Washington Temperance Society, February 22, 1842, in *CW*, 1: 271-279;《林肯选集》，第27–34页。

今天的新墨西哥州和加利福尼亚州等在内的美国西南部地区）加入美国版图。林肯进入众议院时，美国军队在战争中已经取得了关键的胜利，但和平协定尚未签订。美国将如何处理从美墨战争中获得的新领土，成为一个敏感问题。为了阻止奴隶制蔓延到新获得的联邦领土上，北部议员提出了"威尔莫特附文"的动议，试图对总统要求的战争拨款立法设定一个限定条件，即禁止在从美墨战争中新获得的联邦领土实施奴隶制，将其作为"自由土地"。林肯与北部辉格党议员站在一起，在国会辩论中连续四十多次投票支持这一提议。"自由土地"的思想与他早先对美国自由体制的认识结合在一起，形成了他后来一直坚持的立场——禁止奴隶制向西部未建州的联邦领土蔓延。这个立场在 1860 年总统大选时成为共和党竞选纲领的核心原则。

（五）反对内布拉斯加法

1849 年，林肯的众议员任期到期，根据伊利诺伊州辉格党"轮流任职"的内部协议，他不能参加连选连任，于是便返回家乡，重操律师旧业，刚 40 岁的林肯似乎走到了政治生涯的终点，其实不然。当 1854 年国会通过《堪萨斯 - 内布拉斯加法》（以下简称"内布拉斯加法"）后，林肯决定重返伊利诺伊州政治舞台。推动他重返政治的不仅仅是对个人政治成功的追求，更是一种拯救美国自由体制的紧迫感。

内布拉斯加领土原属 1803 年美国从法国所购得的路易斯安那领土的一部分，根据国会 1820 年的密苏里妥协，该地区不能实施奴隶制，内布拉斯加法则提出，将该领土分成堪萨斯和内布拉斯加两个部分，各自是否实施奴隶制，由当地居民投票决定。新的规定推翻了 1820 年密苏里妥协的原则，为奴隶制进入路易斯安那领土的北部打开了通道。该法的始作俑者、伊利诺伊州联邦参议员斯蒂芬·道格拉斯原以为新的方案可以帮助缓和南北在奴隶制扩张问题上的对立，也希望讨好南部民主党人，以换取后者对自己参选总统的支持。但他万万没有想到，用住民自决的方式来取代原有的禁止奴隶制的原则引发了一场巨大的政治风暴，直接导致了民主党的分裂和辉格党的解体。围绕对内布拉斯加法的支持和反对，北部政治力量进行了重组。北部各州反对内布拉斯加法的辉格党人、自由党人、自由土地党人、一无所知党人、废奴主义者和民主党人联合起来，以反对奴隶制向西部蔓延为共识，在1854—1856年间组成了共和党。林肯此时重返政坛，投身于反对内布拉斯加法的活动，迅速成为伊利诺伊州共和党的领袖人物。

林肯于1854年10月16日在皮奥尼亚发表的长篇演讲是他重返政治舞台的宣言。在演说中，林肯单刀直入，首先指出奴隶制在道德上是一种"巨大的不正义"，其存在剥夺了美国体制在世界上传播任何"正义影响"的资格，并迫使许多正直优秀的美国人抛弃所有的道德准则而"只遵循自私自利"的原则。在林肯看来，内布拉斯加法是民主党人的一个阴谋，其真实目的是允许奴隶制在联邦内无限制扩张，这样做违背了建国之父期望奴隶制在美国自然消亡的原始意图，否定了《独立宣言》所宣示的"人人生而平等"的自由原则。他宣称，当"我们贪得无厌地从黑人身上榨取利润时"，美国人也在取消和破坏白人的自由。他呼吁美国人必须坚决反对内布拉斯加法，回归原始的建国原则，只有这样，才能拯救联邦和世界。尽管林肯反对奴隶制的扩张，但他否认联邦政府有权干预南部蓄奴州内部的奴隶制。他也很少讨论奴隶的命运，因为他深知伊利诺伊州内存在着强烈的反黑人的"普遍情绪"[1]。

（六）林肯－道格拉斯辩论

林肯在1854—1857年的一系列演说极为关键地帮助梳理了共和党的立场，也为他在共和党人中赢得了尊敬。1858年，伊利诺伊州共和党提名林肯作为本党候选人参加联邦参议员竞选，挑战道格拉斯。在接受提名的大会上，林肯发表了著名的"分裂之家"演讲，指出美国无法继续"以一半是自由体制、一半是奴役体制的方式永存下去"，他不希望看到联邦的解体，但美国人必须做出决定，或者让奴隶制受到限制并最终将其灭绝，或者允许其蔓延并

1　Lincoln, Speech at Peoria, Illinois, October 16, 1854, in *CW*, 2: 247-282;《林肯选集》，第69-78页。

在全国"都变成合法的体制"[1]。

从 1858 年 8 月到 10 月，林肯与道格拉斯在伊利诺伊州进行了 7 次面对面的辩论。道格拉斯的战术是利用白人选民的种族主义情绪，将林肯描绘成一个激进的、提倡黑白种族平等的废奴主义者，引发他们对林肯的恐惧。林肯的应对策略则是紧紧抓住奴隶制的道德问题，放大他和道格拉斯在这个问题上的分歧并使之清晰化。在每场辩论中，他都重申奴隶制在道德上是邪恶的，崇尚自由的白人必须坚决阻止其蔓延。林肯深知白人选民中盛行的种族偏见，强调他无意干涉各州内部的奴隶制，也不打算"使白人和黑人做到在政治上和社会上的平等"，并声称在黑白种族之间"赞成我所隶属的人种应占有更优等的地位"。但他坚持认为，黑人与白人一样有资格享有《独立宣言》所说的天赋权利，虽然黑人在肤色、道德或天资方面与白人不一样，但在拥有"吃用自己的双手挣来的面包而不用任何人批准的权利"方面，他们与白人是一样的。[2]

林肯的立场是微妙的，也是精心设计的。他选择了看似模棱两可的立场：他从道德上反对奴隶制，但否认自己是一个废奴主义者；他期望看到奴隶制的最终消亡，但又表示为了联邦愿意容忍蓄奴州内的奴隶制；他反对黑白种族之间的政治和社会平等，但坚信黑人拥有与白人一样的最基本的天赋人权。熟谙政党政治文化的林肯深知与道格拉斯的辩论是一次建构民意的重要机会。面对熟悉的听众，他用心选择恰当的语言，引用人们熟悉的宗教话语和《独立宣言》，将政治与基督教的道德观结合起来，将反对奴隶制与捍卫美国体制的价值观联系起来。他希望听众意识到，他要争取的不是共和党人的胜利，而是美国人对自己和国家的未来的选择。林肯的策略是争取那些具有反奴倾向但又犹豫不定的选民，力图用一种最低限度同时也是最容易理解的政治共

1　Lincoln, "A House Divided": Speech at Springfield, Illinois, June 16, 1857, in *CW*, 2: 461-469;《林肯选集》，第 96–97 页。

2　Lincoln, First Debate with Stephen A. Douglas at Ottawa, Illinois, August 21, 1858, in *CW*, 3:1-37;《林肯选集》，第 105–106 页。

识——即奴隶制是一种道德上的不公正——来建构一个范围广泛的共和党选民联盟。

(七) 1860 年总统大选

林肯与道格拉斯的辩论是 1860 年总统大选的一次预演。林肯虽然赢得了伊利诺伊州民选票的多数，但因为民主党人在州议会两院中占有多数，道格拉斯最终经州议会的选举而连任成功。林肯没有赢得参议员的竞选，却因与道格拉斯的辩论而名声大震，最终赢得了 1860 年共和党总统候选人的提名。在共和党全国代表大会上，林肯无论在资历、社会背景还是全国影响力方面都远远不及其他的共和党领袖人物，尤其不能与来自纽约州的威廉·西华德和俄亥俄州的赛门·蔡斯相比。在废奴问题上，西华德和蔡斯的立场都比林肯更为激进，而且两人都曾担任过州长，在全国性政治中扮演过领袖人物的角色。相比之下，林肯的名声更多地限于伊利诺伊州范围之内，更像是属于第二梯队的领袖人物。然而，林肯也有自己独到的优势。在反对奴隶制问题上，他的"分裂之家"的思想所含有鲜明的道德立场和激进性一点也不亚于西华德关于南北之间有着"不可压制的冲突"之说，但林肯对解决奴隶制问题的方法却是渐进的，属于温和派共和党人的立场；他在道德上与激进共和党人和废奴主义者站在一起，从未发表过反移民、反天主教徒的言论，因而也不是一无所知党支持者的敌人。在候选人提名的过程中，伊利诺伊州代表团低调行事，最初只将林肯作为西华德失利之后的最佳替补者。这个战术非常成功。当西华德在头两轮的投票中没有得到提名需要的多数时，不支持西华德的州开始转向，将票投给林肯，最终令他在第四轮投票中胜出。

民主党则在 1860 年总统大选时遭遇了分裂。北部民主党人提名道格拉斯为总统候选人，南部民主党人提名约翰·布雷肯里奇为总统候选人。位于南北之间的边界州提名约翰·贝尔作为他们的总统候选人。大选的结果是，林肯赢得了除新泽西州之外所有的北部州，道格拉斯只赢得了新泽西和密苏里州，贝尔赢得了 3 个边界州，布雷肯里奇赢得了南部 11 个蓄奴州。在全国

470 万张的民选票中，林肯赢得了 187 万张，占全国民选票总数的 40%；在 303 张总统选举人票中，林肯赢得了其中的 180 票，得票数超过其他 3 名候选人所得选举人票的总和，成功而合法地当选。

南部蓄奴州拒绝将林肯作为总统候选人列在它们的选票上，但林肯和共和党人成功地在北部和西部建构了一个范围广泛的政治联盟，并凭借北部人口多数的优势赢得了总统选举。将共和党人凝聚起来的是反对奴隶制蔓延、推崇"自由劳动、自由土地、自由人"的意识形态，林肯正是这个意识形态的最重要的建构者之一。

三、内战总司令

(一) 战争的开始

1861 年 3 月 4 日，林肯在首都华盛顿宣誓就任总统，此时的联邦事实上已经分裂了。尽管林肯在竞选时承诺不会干预蓄奴州内部的奴隶制，但南部腹地的 7 个蓄奴州——南卡罗来纳、路易斯安那、密西西比、亚拉巴马、佐治亚、佛罗里达、得克萨斯——仍然在林肯当选之后、就职之前相继宣布退出联邦，并于 1861 年 2 月在蒙哥马利宣布组成"美利坚联盟国"（the Confederate States of America，下文简称"邦联"或"南部邦联"），制定了邦联的宪法，建立了立法机构，并任命前联邦参议员杰斐逊·戴维斯为总统。

就任总统之前，林肯的执政经历几乎是一片空白，但面对危机的林肯并不慌张，而是沉着冷静，同时采取了恩威并重、以静制动的策略来应对。他利用发表总统就职演说的机会，重申不干预南部奴隶制的立场，同时将脱离联邦的行动斥责为是一种"无政府主义"的行为。他承诺联邦政府不会首先诉诸武力来解决争端，但表示他将履行总统职责，竭尽全力来"维护、保护和捍卫"联邦宪法，"掌控、占用和拥有"位于南部的联邦财产，包括继续在南部征收联邦关税[1]。林肯希望在给邦联施加压力的同时，安抚位于上南部和南北交界地区的另外 8 个蓄奴州，阻止它们加入邦联的阵营，但他的期望因战争的迅速到来而部分落空。

引发战争的是邦联军队对萨姆特堡的炮击事件。萨姆特堡位于南卡罗来纳州的查尔斯顿港湾，由一支联邦军队驻守，是联邦在南部的军事要地。林肯上任即面临为要塞的联邦驻军补充给养、弹药和人员的难题。邦联政府要求联邦军队撤离，并威胁要阻止联邦政府的任何补给和增援行动。林肯内阁就如何应对邦联的威胁意见不一。命令驻军和平撤离或放弃增援都等于向邦联示弱，变相承认其存在的合法性；强行提供补给和兵力增援则可能导致战争的爆发，让联邦背负开战的历史罪名。林肯反复思考后，决定派一艘商船为要塞驻军补充给养但不补充弹药和兵力，并指示商船在遭到攻击的情况下即刻返航。邦联政府先是用武力阻止联邦补给船靠近萨姆特堡，随后要求萨姆特堡的联邦驻军撤离，遭到拒绝后，于 1861 年 4 月 12 日凌晨向萨姆特堡发起炮击，打响了内战的第一枪。林肯的第一个战争决策充满冒险意味，但获得了他想要的结果：补充给养而不增援兵力，既表现了寻求和平解决争端的诚意，又保持了不率先使用武力的承诺。这一决定将对手置于两难困境之中，而邦联的暴力回应则为林肯动员北部社会的战争支持创造了条件。

（二）最初的战略设计与第一次布尔河战役

萨姆特堡炮击之后，林肯立即采取了一系列行动，发表总统文告宣布邦联的攻击为"反叛"，引用《1795 年民兵法》，向各州征召 7.5 万民兵入伍，镇压叛乱。林肯的措辞非常用心，将叛乱定性为蓄奴州内的分裂主义分子的"联合"行动，拒绝给予邦联政府任何法律意义的承认，以防止外国（尤其是与南部经济关系密切的欧洲国家）介入内战。但此举未能阻止上南部的 4 个蓄奴州——弗吉尼亚、北卡来纳、阿肯色和田纳西州——退出联邦，邦联

---

1 Lincoln, First Inaugural Address, March 4, 1861, in *CW*, 4: 262-271;《林肯选集》，第 178-188 页。

的力量随即从原来的 7 个州变成了 11 州，人口总数也增加至 870 万人（包括 350 万奴隶人口）。邦联首都也很快迁至距离联邦首都华盛顿仅 108 英里的弗吉尼亚州首府里士满。位于南北交界的 4 个蓄奴州（边界州）——特拉华、马里兰、肯塔基和密苏里州——没有退出联邦，但后三个州内有大量的亲邦联的奴隶主人口，如何阻止这些州倒向邦联成为林肯最初战略设计的重要目标。

内战的突然爆发对林肯政府提出了严峻的考验。从战争的规模、时间、伤亡率和全社会的动员与卷入程度来看，美国内战都是 20 世纪现代战争的先行者。它使用了早期工业革命制造的先进武器，包括步枪、铁壳船和火炮等，其杀伤力远超传统武器，致使战争的残酷性成倍增长。内战开始的时候，联邦军队只有 1.6 万人，到战争结束的时候，北部共有 200 多万人作为战士直接参与了战争。如此巨大的兵力动员在世界历史上也是罕见的。更艰巨的挑战则是，内战发生在民主体制中，北部内部就主战与反战存在巨大的分歧，边界州的奴隶主势力更是不可小觑。此外，即便在主战人群中，绝大部分人也只是将战争目标局限在捍卫联邦的完整之上，而废奴主义者和激进共和党人则希望借战争之手废除奴隶制。如何建构一个可持续的支持战争努力的战时同盟，是林肯面对的重要政治问题，也直接影响着他的军事战略计划的制定。

战争打响之后，因自身缺乏军事经验，林肯最初依赖联邦军队的资深将领温菲尔德·斯科特制定战略计划。斯科特提议，联邦军队在东部封锁南部海岸线，在西部控制整个密西西比河流域，切断邦联与外部（尤其是欧洲）的联系，同时沿邦联领土外围建构防御工事，逐步缩小包围，最终迫使邦联放弃独立。这个在当时被戏称为"蟒蛇方案"的计划反映了许多人期望用温和方式打一场有限战争的想法。林肯也没有准备打一场全面战争，但他认为斯科特的计划过于保守，实施起来也将是遥遥无期。作为政治领袖，他希望利用联邦的人力和资源优势，与对手直接交锋，尽早结束战争。他担心，战事的拖延会导致拥有可观人力资源的边界州加入邦联阵营中，致使联邦赢得战争的希望变得十分渺茫。

迫于北部民意的压力，林肯于 1861 年 7 月批准了第一次布尔河战役的计划，命令新近组建的联邦军队进入弗吉尼亚州，在距华盛顿 25 英里的马纳萨斯与邦联军队交战。这是内战的第一次大规模战斗，双方共投入兵力 6 万人，但因新兵经验不足、联邦军队指挥不力，再加上未能切断运送邦联增援力量的铁路线，最后联邦军队大败而归。联邦军队的单日伤亡和失踪人数高达近两千多人（其中包括战斗死亡 481 人）。惨烈的结局让双方都意识到内战将是一个漫长而血腥的过程。

（三）1862 年战事

第一次布尔河战役的失败敦促林肯重新思考整体的战略设计。他从国会图书馆中借出军事史和战争史的著作阅读，开始形成自己的战略思想。他将确保边界州留在联邦内作为最重要的战略目标之一，"如果丢掉了肯塔基州，密苏里州将不保，马里兰州也会处于危险之中"[1]。1861 年 11 月，联邦将领约翰·弗里蒙特在密苏里州发布命令，宣布解放奴隶，以镇压该州的反联邦势力。林肯担心此举会适得其反，将密苏里州推向邦联一边，下令取消了弗里蒙特的废奴命令，并将其撤换。到 1862 年初，林肯的早期战略成功地将边界州留在了联邦一边，免除了后顾之忧。

与此同时，林肯在战术方面也逐渐形成了自己的看法。他意识到，联邦虽然拥有人力优势，但邦联却因为在本土作战，拥有在内线灵活调动和集结兵力的优势，除非联邦军队"能够找到办法，以优势兵力，在相同的时间和不同的地点，同时对敌人发动攻击"，否则联邦军队难以取胜[2]。采取主动进攻的方式，集中力量歼灭敌人的有生力量，并赢得决定性的战场胜利，是林肯战略思想的主要内容。但在战争的前两年里，林肯一直没有找到能够将这一战略思想转为战场胜利的联邦军队将领。

1　Lincoln to Orville H. Browning, September 22, 1861, in *CW*, 4: 532. 同见：《林肯选集》，第 198–200 页。

2　Lincoln to Don Carlos Buell, Jan 13, 1862, in *CW*, 5: 98-99.

1861 年底，林肯任命 34 岁的民主党人乔治·麦克莱伦统领新组建的波托马克军团，希望他能积极进攻、夺取里士满，结束战争。但麦克莱伦并不采纳林肯的战略思想，而是制定了一个"半岛战役"的计划，舍近求远，将 10 多万联邦军队通过波托马克河运送到弗吉尼亚东面的半岛登陆，然后向西推进。1862 年 5 月，当行动迟缓的麦克莱伦终于在里士满外围与邦联军队交锋时，他又以兵力不足为由回避直接战斗，而邦联军队的罗伯特·李将军则采用灵活机动的战术，以少胜多，最后迫使麦克莱伦放弃进攻。半岛战役之后，林肯顶住国会激进共和党人的压力，让麦克莱伦继续指挥波托马克军团，同时任命共和党人将领约翰·波普指挥新建的弗吉尼亚军团，但波普于同年 8 月的第二次布尔河战役中重演了一年前的失败。林肯不得不重新任命麦克莱伦统领东部战区的联邦军队。

麦克莱伦并没有给林肯带来最终的胜利。1862 年 9 月，在极为血腥的马里兰州安蒂特姆战役中——双方在一天的伤亡总数为 2.5 万人，合计战斗死亡人数为 4 800 人——麦克莱伦虽然阻止了李带领的邦联军队对北部的入侵，但没有乘胜追击，让邦联军队安全撤回弗吉尼亚，错失了歼灭对手的大好时机。林肯最终不再顾及民主党人的抱怨，将自视甚高的麦克莱伦解职。接任的安布鲁斯·伯恩赛德在 1862 年 12 月发起了弗雷德里克斯堡战斗，但因战略部署的失误，联邦军队在渡过拉帕汉诺克河和进攻弗雷德里克斯堡时遭遇了邦联军队居高临下的正面阻击，伤亡人数高达 1 万多人（其中包括战斗死亡 1 284 人），北部士气一落千丈。但林肯没有气馁，而是写信为波托马克军团的士兵鼓气，"尽管你们没有获胜，但这次进攻并没有错，失败也只是偶然的"[1]。

（四）1863 年战事

在安蒂特姆战役结束一周之后，林肯颁布了《解放奴隶宣言预告》，要求南部各州在 100 天之内放下武器，否则他将解放在其控制区域内的奴隶。

1　Lincoln, Congratulation to the Army of the Potomac, December 22, 1862, in *CW*, 6: 13;《林肯选集》，第 257–258 页。

1863 年 1 月 1 日，林肯正式签署《解放奴隶宣言》，将解放奴隶变成联邦政府新的战争目标。然而，军事上的转折点并没有立刻出现。

1863 年初，林肯任命约瑟夫·胡克取代伯恩赛特，指挥波托马克军团。在 5 月的钱瑟勒维尔战斗中，拥有兵力优势的胡克与邦联的李将军相遇，为对手大胆灵活的分兵和佯攻战术所蒙蔽，不敢迎战，选择了撤退，导致联邦军队的又一次错失良机。而获胜的李将军则信心大增，决定再度北上，进入宾夕法尼亚州中部，此举引发了北部的恐慌。当胡克拒绝服从迎战的命令后，林肯果断地将其解职，任命乔治·戈登·米德接任指挥波托马克军团。1863 年 7 月 1 日至 3 日，米德和李分别率领联邦和邦联军队 16 万人在宾夕法尼亚州中部的葛底斯堡小城鏖战三天，双方伤亡人数高达 5.1 万人，联邦军队的战斗死亡人数为 3 155 人，邦联军队的战斗死亡人数 2 903 人，是内战死伤规模最大的一次战役。令林肯再次感到失望的是，米德在击败了李将军的进攻后也没有乘胜追求，让邦联军队再次逃过一劫。

葛底斯堡战役结束后的第二天，西部战区联邦军队在尤里乌斯·格兰特将军的指挥下成功攻克了密西西比州西部维克斯堡。维克斯堡占据着密西西比河流域的咽喉要道，是邦联在西部获得外部资源和武器的唯一关口。它的陷落使得联邦控制了整个密西西比河，邦联领土从此被一分为二，西部的粮食和其他物资（包括从欧洲走私来的武器）无法继续进入邦联，缩小了联邦对邦联的包围圈。林肯随即致电格兰特表示祝贺，并承认当初对格兰特采取的北部进攻战略表示怀疑是一种错误。他坦率地写道："现在我要亲口承认，你是对的，我错了。"[1]1862 年春，格兰特曾因在夏伊洛战斗中反败为胜而名声大噪。当有人指责格兰特有玩忽职守和战场酗酒之嫌、要求林肯将他解职时，林肯回答说："我不能不用这个人，他肯打仗。"[2]维克斯堡战斗更让林肯看到

1　Abraham Lincoln to Ulysses S. Grant, July 13, 1863, in *CW*, 6: 326;《林肯选集》，第267页。

2　Alexander K. McClure, *Abrahma Lincoln and Men of War-Times. Some Personal Recollections of War and Politics during the Lincoln Administraiton* (Philadelphia: The Times Publishing Company, 1892), 180.

了格兰特的特点：出色的战略眼光、坚强的战斗意志和不歼灭敌人不罢休的决心。更可贵的是，格兰特懂得军事将领的职责是帮助总统完成战争的政治目标。具有这样素质的将领正是林肯一直在寻找的军事指挥官。

1863 年 10 月，林肯再次重组联邦军队指挥班子，任命格兰特担任联邦军队的战场总指挥，赋予他极为宽泛的指挥权。林肯将兵力调动和协调事务交给熟悉军务的亨利·哈勒克将军处理，自己则真正开始扮演起联邦武装力量总司令的角色。格兰特上任后，立即参与了在佐治亚州北部奇克莫加和田纳西州查塔努加进行的战斗，并在 1863 年底赢得了查塔努加战役的胜利，为联邦军队从西部进入南部腹地打开了通道。

（五）1864 年战事与总统大选

1863 年后半年的战场胜利标志着联邦军事战略的成熟，也将内战从最初的有限战争变成了一场全面战争。然而，1864 年是总统大选年，如果北部选民不能尽快看到战场胜利的希望，很可能会在选举中放弃林肯，而如果林肯不能赢得连任，内战则有可能半途而废，《解放奴隶宣言》也可能被推翻，林肯拯救联邦的所有努力将前功尽弃。林肯深知，无论是他个人的还是联邦的政治前途都将取决于联邦军队在战场上的胜利。

格兰特的战略计划与林肯早期的战略设想不谋而合，其核心思想是将联邦军队的 5 个军团部署在一条从弗吉尼亚州到新奥尔良的漫长战线上，同时在不同的战略要点与邦联军队作战，对其形成巨大压力，消耗其兵力、装备和供给，阻止其相互增援。格兰特也继承了林肯的另一个战略思想，即战争以消灭对手的实力为主，不以占领里土满为目的。格兰特的终极目标是与邦联军队打一场消耗战，用联邦的人力和资源优势最终拖垮对方。林肯批准了格兰特的计划，但两人都没有估计到 1864 年的战事会如此的漫长，伤亡会如此的惨烈。

1864 年格兰特的春季攻势展示了一种与两年前麦克莱伦的半岛战役完全不同的风格。他指挥联邦军队从陆路向弗吉尼亚纵深挺进，从怀尔德尼斯与邦联军队正面交锋开始，一直紧追不舍，无论遭遇多大伤亡也不退却。两支军队先后在斯波齐尔维尼亚和科尔德哈伯血战，一个月内格兰特损失了 6 万人，最后将李的队伍逼退到彼得斯堡并将其包围。林肯十分欣赏格兰特的战斗风格，敦促他不要放走邦联军队，要"像牛头犬一样，用力紧紧地抓住它，尽可能地咀嚼它，掐住它"[1]。

1864 年 9 月，谢尔曼指挥的联邦军队在围城两个月之后攻取亚特兰大城，控制了邦联在南部腹地的经济和工业资源重镇。随后谢尔曼率领 6 万人大军，在 300 英里长、60 英里宽的路线上进行了一次"向大海的进军"，穿越佐治亚州的心脏地带，历时 32 天，最终抵达萨瓦纳。谢尔曼军队所到之处，将邦联政府的军用设施和仓库等都被捣毁或付之一炬，大军过后留下的大片荒芜之地从经济上和心理上严重打击了南部腹地的邦联势力。与此同时，联邦将领菲利普·谢里丹在东部的谢南多厄谷击败邦联将领厄尔利，捣毁了当地的粮食加工厂和谷仓。至此为止，内战变成了一场"全面战争"。

1864 年秋季的联邦军事胜利终结了民主党人和南部邦联的侥幸心理。林肯轻松地赢得了大选的胜利。他赢得了除新泽西、特拉华和肯塔基三州之外的所有参加大选的州，获得了 212 张选举人票，他的对手麦克莱伦仅获得 12 张选举人票。1864 年大选也标志着林肯个人政治生涯中的一次伟大胜利。在经历了北部反对派连续四年充满恶意的抨击和谩骂之后，林肯的坚韧与高瞻远瞩得到了人民的认可，《解放奴隶宣言》也得到了北部选民的支持。

（六）战争的结束

内战的结束与它的开始一样，来得非常突然。1865 年 1 月，格兰特准备对在彼得斯堡的联邦军队发起进攻。奴隶解放的效果已经显现，给南部的经济带来了致命的打击，迫使邦联国会在最后一刻甚至做出了征召奴隶加入邦联军队的决定，但为时已晚。3 月 26 日，李将军通知邦联总统戴维斯，他的军队已经无法保卫里士满。李的队伍随即逃离彼得斯堡，但格兰特的部队紧

1　Lincoln to Ulysses S. Grant, August 17, 1864, in *CW*, 7: 499.

追不舍。4月3日，里士满落入联邦军队手中。次日，当林肯冒险进入曾被作为邦联首都的里士满时，当地的黑人群众蜂拥而至，向他们眼中的"伟大解放者"表示感谢。4月6日，联邦军队拦截了邦联的供给车队，将曾经威风一时的李将军置于缺粮缺弹药的困境之中。4月9日，李将军在弗吉尼亚州的阿伯马托克斯向格兰特将军投降，内战结束。

　　1865年3月4日，林肯在华盛顿第二次宣誓就任总统。与四年前相比，第二次总统就职演说非常简短，只有700字，但却是一篇林肯用心血写成的内战反思。林肯在演说中没有为即将来临的联邦军事胜利欢呼，而是对这场牺牲了62万美国人生命的内战做了深刻的反省。他在第一次就职演说中曾回避讨论奴隶制的道德问题，但此刻他直截了当地指出：奴隶制是引发的内战的原因，而内战是上帝对所有美国人的一种共同的惩罚；虽然人们希望尽早结束战争，但上帝为了要对奴隶制做出"正确的和正义的裁判"，有可能会让战争继续进行下去，"直到奴隶们用250年来的无偿劳动所积累的所有财富都化为灰烬，直到用鞭子抽出来的每一滴血都要用剑刺出来的另一滴血来偿还之后"。他希望血腥的内战让美国人懂得了什么叫作正义，他呼吁美国人团结起来，"对任何人都不怀恶意、对所有人都抱有善意"，从而能够缝合国家的伤口，与世界各国一起去"争取与珍惜一个公正而持久的和平"[1]。

四、战时总统

（一）战时总统的产生

　　参加1787年费城制宪会议的代表对《邦联条例》下的中央政府的羸弱无能记忆犹新，在设计新的联邦宪法时特地在联邦政府层面增加了总统职位，将执法权交由总统执掌。宪法规定，总统由人民通过总统选举人的选举产生，

　　1　Lincoln, *Second Inaugural Address*, March 4, 1865, in *CW*, 8: 332-333;《林肯选集》，第307–308 页。

负责执行国会通过的法律，统帅联邦的武装力量（在紧急情况下有权将各州民兵转换为联邦军队），任命联邦法院的法官，处理外交事务等。从表面上看，总统拥有诸多权力，包括对国会立法的否决权（国会可以以两院三分之二的多数否定总统的否决），但在实践中，国会在联邦三权中拥有最大的权力，它可因循"必要的和适合的"理由制定国家需要的一切法律，而内战前的总统扮演的角色更多的不是国家领袖，而是国会意志的实施者。

制宪者虽然也考虑到了外敌入侵和国内反叛的发生，但他们从未想象过国家分裂和大规模内战的情形，也没有为如何应对内战这样的危机提供明确的行动指南。面对危机，林肯没有向前任总统詹姆斯·布坎南那样退缩，而是勇敢地承担起拯救联邦的责任。他虽然没有执政经历，但凭借多年浸润于州政治的经验以及对美国宪法的熟悉与精通，很快认识到了自己在宪政危机中所处的独特位置，并毫不犹豫地抓住机会，启用宪法赋予的权力，借助联邦政府、政党和北部社会公民机制等体制杠杆，动员民众，领导和指挥内战，最终不仅拯救了联邦，而且也创立了一种新的总统执政模式。

（二）启用战争权

内战爆发之后，林肯迅速地在两个关键方面发挥了领袖的作用：从政治高度来界定内战的性质，启用被埋没在宪法条文中的战争权。内战是因奴隶制的争执而引发的，共和党人的执政目标是阻止奴隶制的蔓延，这一点众所周知。但在第一次就职演说中，林肯避免讨论奴隶制的存废问题，而是选取从联邦形成的历史和联邦存在的意义的角度来审视美国人面临的危机。他承认美国面临了"巨大的和特殊的困难"，但困难的根源在于蓄奴州拒绝接受选举的失败。容忍南部脱离联邦的行动，在他看来，就等于承认美国共和体制的失败，等于放弃已经进行了80多年的"美国实验"——人民可以通过民主选举的方式产生自己管理自己的政府[1]。

1　Lincoln, First Inaugural Address, March 4, 1861, in *CW*, 4: 262-271;《林肯选集》，第178-188页。

林肯的就职演说帮助民众意识到捍卫美国体制的历史意义。内战打响之后，他更明确地将战争定义为一场"人民之间的竞争"，针对奴隶制在美国的存废是南北冲突的表面，实质问题是美国人是否要放弃崇尚自由的政府体制[1]。拯救联邦，他在1862年国情咨文中指出，就是在拯救人类在"地球上最后、最好的希望"[2]。那么这个"最后、最好的希望"是什么呢？林肯在1863年的葛底斯堡演讲中用简洁的语言做了说明：那就是保证"民有、民治、民享的政府能够永世长存"[3]。

萨姆特堡的炮击将林肯变成了内战总统。1861年4月15日，他发表总统文告，以联邦军队总司令的名义从各州征召7.5万州民兵入伍，镇压内乱。4月19日，他宣布对南部港口实施禁运封锁。4月27日，他下令在华盛顿到费城的铁路沿线地区终止人身保护令状权利的使用，允许联邦军队逮捕任何攻击联邦军队和具有叛乱罪嫌疑的人并将他们交由军事法庭审判。5月3日，当上南部4个蓄奴州加入邦联后，林肯又发布公告，再征召4.2万志愿兵入伍，并下令扩大联邦正规军的规模。此外，林肯还批准联邦财政部动用200万美元的资金来支付最初的战争费用，批准发行2500万元的战争债券。他采取的这些行动都是在没有得到国会授权的情况下进行的。美国历史上从来没有任何一位总统曾经在如此短暂的时间内未经国会的批准而行使过如此广泛而巨大的权力。

林肯的权力来自何处？他为何敢于在国会没有批准的情况下行使如此多的权力？熟谙宪法的林肯对他的行动做了合理而具有创造性的解释。宪法将联邦的战争权分别置于国会和总统手中，国会拥有宣战权，总统拥有统率武装力量的权力。林肯将内战界定为一场由南部分裂分子"联合"发动的"一场叛乱"，不是一场对外的"战争"，而宪法（第二条第三款）明确赋予总统

1　Lincoln, Message to Congress in Special Session, July 4, 1861, in *CW*, 4: 421-441.

2　Lincoln, Annual Message to Congress, December 1, 1862, in *CW*, 5: 518-537.

3　Lincoln, Address Delivered at the Dedication of the Cemetery at Gettysburg, November 19, 1863, in *CW*, 7: 17-19.

"保证联邦法律得以忠实之执行"的权力，因此总统有权在紧急时刻动用一切必要的手段来捍卫宪法。作为讲求实际的政治家，林肯启用"战争权"的理由更多是引自"人民的要求"和"公众之需要"[1]。林肯清楚地认识到，在联邦三权中，总统是唯一的由全体人民（选民）选举产生的最高执法官，国会（即便是在场）和最高法院都不具有总统的民意代表基础，更不具备执法部门具有的决策集中性和单一性的能力。所以，当内战危机发生时，唯有总统可以迅速采取行动以拯救联邦。然而，林肯并不滥用这些权力。他在发布镇压叛乱的公告时，也要求召开特别国会。1861年7月特别国会召开后，以溯及既往立法的方式认可了林肯先前采取的战时决策。最高法院也在1863年战利品案的判决中对他封锁南部港口的命令予以支持。

（三）组建内阁

林肯拥有极强的政治雄心，但对自己面临的挑战有极为清醒的认识。他深知自己获得共和党总统候选人的提名，并不是因为他比其他竞争对手更优秀，而是比其他人更能赢得大选。如果他的政府要想取得成功，他必须将先前的竞争者变成自己的合作者，这样他才有可能建构起一个有效的获得共和党内广泛支持的领导核心。最终，林肯的内阁包括了共和党内一些最显赫的领袖人物：西华德和蔡斯分别担任国务卿和财政部长这两个最重要的内阁职务；来自边界州密苏里的爱德华·贝茨担任司法部长；海军部长由资深民主党人吉迪恩·威尔斯担任。任命赛门·卡梅伦为第一任陆军部部长很快被证明是一个错误的选择，林肯在1862年用前民主党人埃德温·斯坦顿予以替

1　林肯在1861年4月15日的总统文告中将邦联各州的组合界定为一种"combination"，在5月3日的总统文告中将邦联称为"叛乱性的联合"（the insurrectionary combinations），在8月16日的总统文告中将邦联各州称为"反叛州"（rebel states），并使用了"叛乱"（insurrection）来界定南部对联邦发动的军事行动。Lincoln, Proclamation Calling Militia and Convening Congress, April 15, 1861; Proclamation Calling for 42,034 Volunteers; Proclamation Forbidding Intercourse with Reble States, August 16, 1861, in *CW*, 4: 331-332, 353-354, 487-488. 同见：Lincoln, Message to Congress in Special Session, July 4, 1861, in *CW*, 4: 429。

换。这个内阁不仅保持了共和党内的前辉格党人和民主党人之间的平衡，还包括了参与 1860 年共和党总统提名的所有竞争者。林肯的组阁方式不仅表现了他的政治胸怀与自信，更展示了他以联邦利益为重的执政风格。

在处理与内阁成员的关系上，林肯赋予部门首长极大的部门管理权力空间，但他也绝不允许他们染指属于总统的权力。内战初期，国务卿西华德曾致信林肯，抱怨林肯决策之缓慢，暗示他愿意分担总统的一些决策权。林肯并不将西华德的行动解读为对自己尊严和权威的冒犯，而是在回复中委婉地告知他会就重大问题咨询内阁成员的意见，但不会放弃总统的权力。林肯最终没有将回复发出，也没有将西华德的信公之于众。他不希望给西华德造成难堪，更不愿意让外界对内阁的团结产生怀疑。西华德从此事中感到总统的大度无私，后来成为林肯内阁中最忠实的成员。

林肯意识到内阁成员来自不同的共和党派别，为了获得所有人的忠诚和支持，他微妙地处理不同派系之间的矛盾，不向任何一派妥协，也不成为任何一派的附庸，始终保持对所有派别的独立领导权。1862 年，国会激进共和党人曾在蔡斯的鼓动下对林肯施压，以西华德对政府决策施加了过多的影响力为由，要求林肯将他解职。林肯意识到蔡斯与西华德之间的竞争关系，也深知激进派的动机，他不喜欢蔡斯的小动作，但欣赏他作为财政部长的行政能力。他安排国会共和党领袖在西华德缺席的情况下与内阁成员见面，坦承地讨论内阁决策的程序，消除他们对西华德的误解。林肯同时提醒国会领袖不应插手执政部门的事务，重申他在所有重大问题上拥有最终决定权。最后，林肯成功地将西华德和蔡斯同时留任，保证了内阁领导力的稳定和延续。在整个内战期间，林肯以他明察秋毫的政治敏感力和与人为善、宽宏大量的处事方式保持了内阁的团结和稳定，为赢得内战胜利提供了决策体制的保证，他本人也赢得了内阁成员发自内心的尊敬。

（四）建构外围的政治同盟，处理与国会的关系

除了忠于自己的内阁之外，为了赢得战争，林肯需要建立一个更大的支持联邦政府的政治同盟。在这方面，林肯有效地发挥了他作为政党领袖的作用，熟练地使用 19 世纪美国政党政治的关键武器——恩惠制（patronage）——来建构共和党的基层力量。将联邦政府的公职职位作为一种带有经济利益的奖励分配给忠诚的党工并不是林肯的发明，而是从早期政党政治中衍生而来的实践。从华盛顿起，历届总统均这样做。不过，林肯在这方面更有优势。内战带来了联邦政府官僚系统的急剧扩张，联邦政府雇员的数量比战前增加了五倍，总统可以委任的职位数量也随之增加，林肯因此获得了任命数以千计的新联邦官员的机会。林肯利用这个机会，将大量共和党人安置在遍布联邦各州的职位上，建构起一个巨大而忠诚的共和党人官僚队伍。他也有效地运用恩惠制来辅助与国会议员的政治交往，在帮助后者赢得连任的同时争取得到他们对总统决策的支持。

林肯还十分注意发展与各州共和党领袖的合作，给予共和党州长们以必要和及时的政治支持。譬如，在州和地方选举中，他会通过增加某个州恩惠制任命人数的方式对该州共和党州长予以支持，或者给士兵放假让他们返回家乡去参加支持共和党的选举。1863 年，当印第安纳州的共和党州长需要资金来阻止反战民主党人的破坏活动时，林肯忽略正常的用款程序，命令财政部向共和党州长支付 25 万美元的补贴资金[1]。

党派报纸是共和党联系选民的重要媒介，培养和支持亲政府的媒体成为白宫的重要任务。在战争期间，林肯不失时机地亲自为报纸写文章，以公开信的方式来说明他的政策并传播他的思想。为回报那些支持政府的报刊和印刷商，他会指示将利润丰厚的政府印刷合同分配给它们。

内战期间，林肯与共和党控制的国会保持着良好的合作关系。他在战争初期启用总统战争权做出应急决策，虽然在程序上是先斩后奏，但他都做到事先声明，并在事后向国会提交报告以获得国会的支持。对于国会通过的法律，只要有利于赢得战争而又不侵犯总统的特权的，林肯都会给予支持。第

1　William E. Gienapp, *Abraham Lincoln and the Civil War America: A Biography*, (New York: Oxford University Press, 2002), 143.

37 届国会（1861—1863）通过了一系列后来对美国经济、教育和金融发展具有重大意义的立法，包括《莫里尔增地法案》（通过联邦赠地兴建州立大学）、《宅地法》（为西部移民提供廉价定居地）、《法币法案》（发行纸币，增加联邦政府的财权）、《国民银行法》（发行国家债券，增强联邦政府对金融的控制）和《太平洋铁路法》（兴建从中部密苏里河流域到西海岸的铁路）等，林肯毫不犹豫地予以支持。对于一些他认为并不完全符合他意愿的立法，如第二部《敌产没收法》、哥伦比亚特区的废奴法和接受西弗吉尼亚州加入联邦的法律等，他也会从维护与国会合作的角度出发予以批准，不会因为个人和党派偏好而固执己见，与国会闹翻或作对，从而牺牲赢得战争所需要的政治团结。

（五）处理政治异见

处理政治反对派是林肯在战时面临的另外一个棘手问题。战争初期，为了迅速集结联邦军队，林肯曾终止了对人身保护令状权利的使用，但这项政策遭到联邦最高法院首席大法官、民主党人罗杰·坦尼的反对。在 1861 年的梅里曼案的判决中，坦尼宣布总统无权终止公民行使人身保护令状权的权利，但林肯据理力争，用总统特权来捍卫自己的禁令。1862 年 9 月，为实施《民兵法》，林肯发布总统公告，宣布所有逃避和抵制服兵役的人都将受到联邦戒严法的惩处，被起诉者的人身保护令状特权也不受保护[1]。北部各州有许多反战者因此被捕，并无法寻求地方法庭的救助。林肯的命令引发了民主党人的极大不满，并导致了民事法庭和军事法庭的冲突。1863 年，国会通过了《强制兵役法》，要求所有 20—45 岁的男性公民响应总统的号召，参加联邦军队，凡拒绝服兵役的人将被视为逃兵，并被处以罚款和监禁。《强制兵役法》的实施在民主党势力强大的州遭到反对和抵制。最严重的抵制事件是 1863 年 7 月在纽约市发生的反征兵骚乱。骚乱时间长达 4 天，导致了至少上百人的死亡，

1　Lincoln, Proclamation Suspending the Writ of Habeas Corpus, September 24, 1862, in *CW*, 5: 436-437.

其中许多为黑人。林肯立即派遣军队入城对骚乱者进行荷枪实弹的镇压，才平息了骚乱，使征兵工作得以重新开始。

在镇压政治异见方面争议最大的是联邦军队对俄亥俄州前国会议员克莱门特·瓦兰迪厄姆的逮捕和关押。瓦兰迪厄姆是著名的反战民主党人（俗称"铜头蛇"），他在 1863 年春钱瑟勒维尔战斗期间，公开发表反战言论，说内战是"一场邪恶的、残酷的和不必要的战争"，称战争带给黑人自由却将白人置于被奴役之中，并指责战争建立的"专制"破坏了公民自由。林肯开始对瓦兰迪厄姆被捕的事情并不知情，但他立刻为军队的行动承担责任。林肯使用公开信的方式回复民主党人的指控，指出瓦兰迪厄姆的被捕不是因为他在政治观点上反对政府，而是因为他破坏了（联邦）军队的征兵活动。林肯质问道："难道我必须枪毙一个临阵逃跑的年幼无知的年轻士兵，而对那个煽动他逃跑的鼓动家不能动他一指头？"[1]尽管如此，林肯最终修订了对瓦兰迪厄姆的判刑，将其流放到南部邦联。

国会则给予林肯的行动以有力支持。1863 年 3 月，国会颁布了《人身保护令状法》，准许联邦军队在逮捕涉嫌破坏战争努力的人时无视法院关于人身保护令状的命令，但要求军事法庭在查清被捕人无罪后应尽快予以释放。内战结束之后，联邦最高法院在 1866 年的米利根案的判决中宣布总统停止人身保护令状的做法是违宪的。

（六）与人民和士兵在一起

林肯对总统执政意义最深远的改革是将总统变成了真正的人民的代表。早在与道格拉斯的辩论中，林肯就指出，在美国的政治体制下，"民意决定一切，有了民意的支持，任何事情都不会失败，没有民意的支持，任何事情都无法成功"[2]。他进入白宫后将与人民沟通变成了总统的重要职责。林肯认识

1　Lincoln, To Erastus Corning and Others, June 2, 1863, in *CW*, 6: 261-269.

2　Lincoln, First Debate with Stephen A. Douglas at Ottawa, Illinois, August 21, 1858, in *CW*, 3: 1-37.

到，虽然北部拥有人力和资源优势，但赢得战争的胜利需要人民的参与和真心支持，而作为总统，他必须向人民解释他的决策，说明他们为什么必须要付出和牺牲的理由。在长期的政治和律师生涯中，林肯对人性有非常透彻的了解。一方面，他相信人民是理性的，"让他们知道真相，国家就会安全"[1]；另一方面，他也知道人民的情绪是波动的，作为政治领袖，他需要在恰当的时候用恰当的语言向人民传达恰当的信息，引导而不是胁迫他们，以建构他们对政府的信心。为了能够倾听人民的声音，他在白宫的工作议程中安排了接待普通来访者的固定时间，并花费大量时间阅读公民来信。

在处理各方来信的时候，包括反对者的来信，林肯都极为认真，展示了非凡的与公众交流的能力。他也十分看重他的文字将会产生的影响。1863年7月葛底斯堡战役结束之后，林肯对米德将军未能乘胜追击、让邦联军队返回南部的做法十分失望。这种失望之情在他给米德的信中表露无遗，但信写好之后他决定按而不发。他不希望自己的情绪给联邦军队带来负面的压力。林肯将总统公文的写作视为与人民分享自己思想的机会。他的两次总统就职演说、1861和1862年的国情咨文以及1863年的葛底斯堡演讲等，都因其所包含的原创性思想和具有个人风格的精湛语言成为美国历史上政治写作的经典文献。

林肯特别关注与联邦军队普通士兵的交流，只要有机会，他都会腾出时间去接见路过华盛顿的部队。他也会亲自给阵亡士兵的家庭写信，安慰他们的亲属。联邦士兵在他的眼中不仅是一名战士，更是一位具有政治意识和能够行使政治权利的公民。他将与士兵的交流看成与他们的家庭和社区的交流。在士兵眼中，林肯不是一个高高在上的总统，而是一个令人感到熟悉和亲切的家庭成员。在战争接近尾声的时候，林肯曾对一支来自俄亥俄州的部队发表讲话，以自己的成长经历为例，请士兵们记住他们为联邦而战的重要性：赢得内战"不单是为了我，而是为了你们自己。我有幸暂时入主白宫，我就

1　引自：Richard Carwardine, *Lincoln* (London: Pearson, 2003), 357。

是一个活的的见证，证明你们每个人的孩子都有希望到这里来……为了使你们每一个人都能够通过我们享有的自由政体获得广阔的天地和公平的机会去从事工商业，去发挥聪明才智，为了使你们每一个人都能怀着人生的美好理想，在人生的竞赛中获得平等的权利，这场战斗必须进行下去……这样我们才不致失去我们生来就有的权利。为了保住这样一个无价之宝，这个国家是值得为之战斗的"[1]。

五、伟大解放者

（一）早期的林肯与奴隶制

解放奴隶是林肯在内战中做出的最重要的决策。因为这一决策，他成为美国人引以为豪、长久铭记的"伟大解放者"，也在人类争取自由的历史上留下了一抹重彩。林肯自称"我一直都是反对奴隶制的"[2]，但他在内战中做出解放奴隶的决定却并非一蹴而就，而是经历了一个逐渐演进的过程。

林肯虽然出生在蓄奴州肯塔基，但年幼时随父母移居到自由州印第安纳，后又长期居住在自由州伊利诺伊，奴隶制对他来说并不是一种近在咫尺的现实。然而，他对奴隶制的仇视却是真实的。林肯19岁时曾受雇运送货物去新奥尔良，第一次目睹了当地奴隶被贩卖的情形。奴隶家庭被拆散的悲惨情形令他对奴隶制十分厌恶。1841年，32岁的林肯在前往圣路易斯的蒸汽机船上再次目睹了被铁链拴住的一群奴隶。直到14年之后，"那幅景象不断折磨着我"[3]。正如他在1837年州议会的抗议提案和1854年的皮奥尼亚演说中所指出的，他之所以痛恨奴隶制，是因为它是一种巨大的"不公正"。在经济上奴隶

1　Lincoln, Speech to One Hundred Sixty-sixth Ohio Regiment, August 22, 1864, in *CW*, 7: 512;《林肯选集》，第 295 页。

2　Lincoln to Albert G. Hodges, April 4, 1864, in *CW*, 7: 281-282;《林肯选集》，第 282–284 页。

3　Lincoln to Mary Speed, September 27, 1841, in *CW*, 1: 259-261; Lincoln to Joshua F. Speed, August 24, 1855, in *CW*, 2: 320-323;《林肯选集》，第 23–24 页，第 80–84 页。

制允许一个人不经另外一个人的允许就占有后者的劳动成果，在政治上奴隶主将自己的意志强加于奴隶身上，两者都是专制的表现[1]。基于自己在西部边疆的成长经历，林肯对这两者都不能接受，因为它们与他所信仰的自由和平等原则相违背。

然而，内战前的林肯在奴隶制和黑白种族关系的问题上处于一种明显的自相矛盾之中：他在道德上反对奴隶制，但不接受立即废奴的主张；他在政治上承认黑人享有"天赋人权"，包括享有自己劳动成果的权利，但他无法想象黑人和白人享有平等的政治权利。他同情黑人的遭遇，但又分享对黑人的种族偏见。他不能无视白人社会中普遍存在的这种偏见，因此他建议解决美国种族问题的最好办法是将黑白种族分离，将黑人按自愿的原则逐步殖民到美国之外的地方。

(二) 战争初期对奴隶制存废的思考

从内战开始到签署《解放奴隶宣言》之前，林肯追求的内战目标是拯救联邦，而不是解放奴隶。在第一次总统就职演说中，他承诺不会干预蓄奴州的奴隶制，因为"我没有合法的权利去这样做，也不想这样做"。他承诺将继续实施《逃奴法》，保护奴隶主索要逃奴的财产权。除了苦口婆心地劝阻南部停止分裂联邦的行动，林肯拒绝讨论奴隶制在美国的终结，更没有提及黑人在美国的命运[2]。他的演说本质上是一场与白人选民的对话，黑人并不包括在"我们人民"的范畴之中。

林肯最初的战略思考是打一场有限的战争，将内战控制在原有宪政秩序的框架中进行，因此他将继续尊重蓄奴州公民的权利，包括他们拥有奴隶的权利。他希望这样的诚意能够将南部各州的亲联邦公民动员起来从内部阻止

1　Lincoln, Speech at Peoria, Illinois, October 16, 1854, in *CW*, 2: 247-282;《林肯选集》，第69–78 页。

2　Lincoln, First Inaugural Address, March 4, 1861, in *CW*, 4: 262-271;《林肯选集》，第178–188 页。

战争，将马里兰、肯塔基和密苏里等边界州留在联邦内，并建构和维系一个广泛的支持联邦战争努力的（白人）政治联盟。林肯担心，以总统名义干预或废除南部奴隶制会使北部的政治联盟产生分化，使保卫联邦的战争失去宪法上的合理性。基于这些考虑，林肯将内战的政治目标限定在拯救联邦，而不是像激进共和党人和废奴主义者所要求的消灭奴隶制。

（三）联邦军队将领与战时逃奴

然而，一个意想不到的发展打乱了林肯最初对战争进程的想象：随着联邦军队进入南部，蓄奴州的奴隶开始主动地逃离种植园。1861年4月，内战打响几个星期后，联邦将领本杰明·巴特勒在弗吉尼亚半岛的门罗要塞遭遇了第一批逃奴。奴隶们声称他们因不愿意被主人送去为邦联军队修筑工事，主动逃出来，要求获得联邦军队的保护。巴特勒最终决定将逃奴作为"战时敌产"予以"收缴"，向他们提供食物，并让他们为联邦军队修建工事。事后巴特勒向陆军部报告了他的做法，声称收缴逃奴是战时的"一项必要的措施"。巴特勒的做法在当地黑人中产生了极大的影响，弗吉尼亚州东部的黑人纷纷仿效，逃奔到门罗要塞，要求联邦军队将他们作为"敌产"收留。逃奴的出现使共和党的宪法理论家弗朗西斯·利伯立即认识到，内战的发生已经使宪法对保护蓄奴州奴隶制的承诺失效，因为内战遵循的是"自然法则"，并不承认"种族和肤色的差别"。他写信敦促林肯政府和国会领袖，要求政府宣布逃奴为自由人，并解放所有的逃奴[1]。

逃奴的出现令林肯政府面临了一个两难局面：归还逃奴，无异于给邦联送去对方需要的劳动力；不归还逃奴，则违反了林肯实施《逃奴法》的承诺。更棘手的问题是，收留逃奴之后，联邦军队应该如何对待他们，是将他们继

1　Francis Lieber to Charles Sumner, New York, December 19, 1861; Lieber to Edward Bates, New York, June 8, 1862, in Francis Lieber Papers, Huntington Library, quoted in Xi Wang, *The Trial of Democracy: Black Suffrage and Northern Republicans, 1860-1910* (Athens: University of Georgia Press, 1997), 7-8.

续看作是奴隶，还是将他们当作自由人来对待。奴隶的自我解放行动迫使林肯和共和党人面对他们一开始力图回避的问题。或者用历史学家芭芭拉·菲尔兹的话来说，奴隶们"对于林肯是他们的解放者这一点的认识先于林肯本人"[1]。巴特勒收缴敌产的做法很快得到陆军部的批准和林肯的默认，也推动国会在 1861 年 8 月制定了第一部《敌产没收法》。该法宣布，如果奴隶主将奴隶用于参与支持邦联的军事活动，其拥有的奴隶将获得自由。

（四）林肯的渐进废奴计划

林肯签署了 1861 年《敌产没收法》，但在解放奴隶问题上他仍然举棋不定。困扰他的主要问题是保障边界州的稳定。1861 年 8 月，联邦将领约翰·弗里蒙特在密苏里州遭到亲邦联势力的围攻时，曾颁布命令，宣布对密苏里州实施军管，将该州内参与叛乱的奴隶主所拥有的奴隶予以解放。林肯担心，弗里蒙特的命令会"令我们在南部诸州的朋友们恐慌，使他们转而反对我们"，并断送"相当看好的肯塔基的前景"。当弗里蒙特拒绝收回废奴命令时，林肯在 9 月颁布了自己的命令，撤销了弗里蒙特解放奴隶的命令。林肯的理由是：弗里蒙特的命令是基于政治需要而不是军事需要做出的，而解放奴隶是一个重要的政治决定，决定权必须掌握在总统手中，他"绝不允许别人越俎代庖"[2]。1862 年 5 月，联邦将领戴维·亨特尔在占领南卡罗来纳、佐治亚和佛罗里达三州的沿海诸岛后，也发出军事命令，宣布居住在上述地区的所有奴隶从此"获得永久的自由"。亨特尔的文告在黑人中引起了极大的反响。但 10 天后，林肯发布公告，宣称亨特尔的解放文告无效，并重申解放奴隶是总统独享的权力。从另一个角度，林肯的公告也可以解读为他在表达一种暗示：只有当解放奴隶成为"维系政府必不可少的需要时"，他才会采取这

---

1 Barbara J. Fields, "Slavery, Race, and Ideology in the United States of America," *New Left Review*, no. 181(May/June, 1990): 111.

2 Lincoln to John Fremont, September 2, 1861, in *CW*, 4: 506-507; Lincoln to Orville H. Browning, September 22, 1861, in *CW*, 4: 532;《林肯选集》，第 197–198 页，第 198–200 页。

样的行动[1]。林肯对"军事需要"的强调显然是用心之作，为自己最终做出废奴决定做铺垫。

在取消亨特尔命令之前，林肯已经向国会提交了一个敦促边界州实施渐进废奴程序的方案，其要点是：蓄奴州主动启动奴隶解放的进程，联邦政府提供资金，帮助各州实施渐进的、对奴隶主给予经济补偿的废奴措施，同时提出将获得解放的奴隶移居海外。林肯认为，这是解决奴隶制的最好办法[2]。至此为止，在谁有权废除蓄奴州的奴隶制问题上，林肯一直奉行严格的宪法解释，坚持认为应由州政府来启动，不属于总统或国会。但他也明确地暗示，如果为了捍卫联邦政府的生存，总统有权启用战争权，做出废奴决定。

（五）国会行动与《解放奴隶宣言》的颁布

与此同时，国会开启了解放奴隶的进程。从 1862 年 3 月到 6 月，国会先后通过多部法律，禁止联邦军队归还逃奴，以经济补偿方式废除了首都华盛顿的奴隶制，并废除了所有尚未建州的联邦领土上的奴隶制，终结了战前困扰国会的难题。林肯对这些国会立法都予以了支持。1862 年 7 月 17 日，国会通过了第二部《没收敌产法》，宣布所有为反叛联邦者拥有的奴隶，无论其是否被用于军事活动，都将一律获得自由。同一天通过的《民兵法》则授权联邦军队征募黑人为其工作，并将自由赋予所有为联邦军队工作的黑人和他们的家庭成员。

国会的行动对林肯在 1862 年夏天做出废奴决定无疑是有影响的。半岛战役的失败影响了北部的士气，激进共和党人和黑白废奴主义者不断给林肯施加压力，要求他采取立即废奴的行动。北部舆论也开始发生微妙的变化，支持立即废奴的人数在上升。7 月 12 日，林肯在白宫会见了边界州的国会议员，企图说服他们接受渐进和带经济补偿的废奴方案，但遭到拒绝。根据当时在

1　Lincoln, Proclamation Revoking General Hunter's Order of Military Emancipation of May 9, 1862, May 19, 1862, in *CW*, 5: 222-224;《林肯选集》，第 213–214 页。

2　Lincoln, Message to Congress, March 6, 1862, in *CW*, 5: 144-146;《林肯选集》，第 205–206 页。

白宫的弗朗西斯·卡彭特的回忆，此时林肯感到，"我们必须改变我们的战术，否则将输掉整场战争。"[1]

7月22日，林肯向内阁成员公布了《解放奴隶宣言预告》的草稿，引用他刚签署的第二部《敌产没收法》，提到他将以总司令的名义解放邦联占领地区内的所有奴隶。8月22日，林肯在回复《纽约每日论坛版》主编的公开信中，说明了解放奴隶与内战的关系。他声称，他在内战中的最重要目标是"拯救联邦"，无论他是否解放奴隶，或者他何时解放奴隶，或者他解放多少奴隶，其目标都是为了在最短的时间内结束战争，拯救联邦[2]。从字面上看，林肯似乎只是在重申他拯救联邦的原则，实际上他是在引导民意，为《解放奴隶宣言预告》的发布做舆论准备。

9月22日，安蒂特姆战役结束一周之后，林肯颁布了《解放奴隶宣言预告》，要求反叛州在100天之内放下武器，回归联邦。邦联各州置之不理。1863年1月1日，林肯签署了正式的《解放奴隶宣言》，赋予所有生活在"继续反叛联邦的"南部各州内的奴隶以"即刻的和永久性的自由"。宣言命令联邦军队"承认和维护"前奴隶的自由，允许获得解放的黑人在受到威胁时进行自卫，鼓励他们参加劳动并获取"合理的工资"，邀请身体条件合格者加入联邦军队，为联邦而战[3]。

《解放奴隶宣言》覆盖的区域仅包括了联邦军队尚未占领的邦联地区，而没有包括边界州和已经为联邦军队占领的邦联地区，但它宣示的原则——奴隶们将获得即刻的和永久的解放——则是革命性的。黑人废奴主义者弗雷德里克·道格拉斯一针见血地指出，宣言带有"一种文本之外的生命力和权力"[4]。

1　Francis B. Carpenter, *Six Months at the White House with Abraham Lincoln: The Story of a Picture*. (New York: Hurd and Houghton, 1867), 21.

2　Lincoln to Horace Greeley, August 22, 1862, in *CW*, 5: 388-389. 同见:《林肯选集》，第236–237页。

3　Lincoln, *Emancipation Proclamation*, January 1, 1863, in *CW*, 6: 28-31.

4　引自: John Hope Franklin, *Emancipation Proclamation*, (Wheeling: Harlan Davidson, Inc, 1995), 118。

（六）放弃殖民海外计划、认识黑人士兵的作用

直到《解放奴隶宣言》正式生效之前，林肯并没有完全放弃渐进废奴的方案和将黑人殖民海外的设想。1862 年 8 月在白宫会见黑人领袖时，林肯提到白人社会对黑人抱有一种"很残酷的"偏见，黑白分离是解决种族问题的最好办法，但黑人领袖们拒绝了他将黑人殖民海外的设想[1]。1862 年 12 月，在致国会的年度咨文中，林肯仍然提出，以宪法修正案的方式推动渐进和补偿性废奴计划，以协助各蓄奴州在 1900 年前完成废奴。林肯这样做有战术上的考虑——敦促南部的亲联邦势力能采取行动，早日结束战争，但他也非常清楚地看到，两年的内战已经使美国面临了一个新时代，因此"我们必须要有新的思考，新的行动"。在同一份国情咨文中他写道，"当我们给予奴隶自由的时候，我们也就保证了自由人的自由，"而解放奴隶本身则是让所有的美国人都获得了一种"更大的自由"[2]。这些文字显示，此时的林肯在对美国自由的理解上已经经历了一次自身意识形态的革命。

黑人加入联邦军队、为联邦的生存而战的事实也改变了林肯对黑人的看法。在黑人领袖的积极鼓动下，大量自由黑人和获得解放的奴隶响应《解放奴隶宣言》的号召，自愿加入到联邦军队中。到战争结束时，有近 20 万的黑人在联邦军队服役，还有近 30 万的黑人为联邦军队承担修筑工事和运输工作。黑人军队在战场上的出色表现不仅获得了北部媒体的广泛好评，也消除了林肯本人最初对黑人士兵能力的怀疑。在《解放奴隶宣言》生效之前，林肯不确定"黑人能够帮我们很大的忙"[3]。几个月后，当他读到关于黑人军队在佛罗里达州英勇作战的报告之后，立刻意识到黑人军队在内战中的巨大现实

1　Lincoln, Address on Colonization to a Deputation of Negroes, August 14, 1862, in *CW*, 5: 370-375;《林肯选集》，第 232–236 页。

2　Lincoln, Annual Message to Congress, December 1, 1862, in *CW*, 5: 518-533;《林肯选集》，第 254–257 页。

3　Lincoln, Reply to Emancipation Memorial Presented by Chicago Christians of All Denominations, in *CW*, 5: 419-425;《林肯选集》，第 238–241 页。

和象征意义。他在给亨特尔将军的信中指出，南部邦联会竭力去消灭这支为联邦而战的黑人士兵队伍，"而对于我们来说，恰恰重要的则是让它形成、发展和壮大……应该格外努力去保护他们并增加他们的人数"[1]。1863 年 8 月，在回复纽约州共和党人的公开信中，林肯拒绝了保守派要他收回《解放奴隶宣言》的要求，指出"解放政策和黑人军队的使用已经给予叛乱分子历来最沉重的打击"，如果没有黑人士兵的帮助，联邦最近的军事胜利是无法取得的。林肯指出，黑人与白人一样，"做事是有动机的"，他们愿意"为了我们豁出生命"是因为我们做出了"给他们自由的承诺"，而"承诺既然做出，就必须信守"[2]。此后，林肯多次表示，他绝不会收回《解放奴隶宣言》，放弃对黑人士兵的承诺是要遭到天罚的[3]。

（七）林肯与第十三条宪法修正案与黑人选举权

1864 年 4 月，在给肯塔基州《联邦报》编辑阿伯特·霍奇斯的信中，林肯为《解放奴隶宣言》进行辩护。他认为，为了拯救联邦，他违背当初不干预奴隶制的承诺并无不妥："当国家都失去了的时候，宪法还能保住吗？"此刻，林肯完全接受了废奴主义者的最初立场，将废奴视作拯救联邦的必要措施："为了保全生命，往往不得不把四肢之一截掉，但是绝不会为了保全四肢之一而把生命送掉，这样做是愚蠢的。"他认为，战时的废奴措施看上去也许是违宪的，"但由于它们对于维护宪法和维护国家来说是不可或缺的，它们可能会因此而变得合法"[4]。

为了确保对黑人自由的承诺，从 1863 年底起，林肯便开始寻求以宪法修

1　Lincoln, Letter to David Hunter, April 1, 1863, in *CW*, 6: 158;《林肯选集》，第 265–266 页。

2　Lincoln to James C. Conkling, August 26, 1863, in *CW*, 6: 406-410;《林肯选集》，第 272–277 页。

3　Lincoln to Charles D. Robinson, August 17, 1864, in *CW*, 7: 499-502;《林肯选集》，第 292–294 页。

4　Lincoln, To Albert G. Hodges, April 4, 1864, in *CW*, 7: 281-283;《林肯选集》，第 282–284 页。

正案的形式将《解放奴隶宣言》的原则永久地固定下来。1864 年，在给南部邦联开出的和谈条件中，他坚持将废除奴隶制列为"不容谈判"的条件之一，并将保证前奴隶的永久自由写进了共和党的竞选纲领。他使用了包括恩惠制承诺在内的一切合法手段来说服国会议员，要求他们支持第十三条宪法修正案的法案。1865 年 1 月 31 日，国会终于通过了第十三条宪法修正案，宣布废除美国境内所有地方的奴隶制。

如果说林肯在推动第十三条宪法修正案方面不遗余力，在制定南部重建方案时，他却采用了一种温和的渐进改革方式。他的重建计划的核心内容是，由南部各州的白人选民宣誓效忠联邦并承诺废除奴隶制，当合格选民的人数达到战前选民人数的百分之十时，他们便可以组建新的州政府。国会共和党人认为林肯的重建计划过于仁慈，提出了政治条件更严厉的韦德－戴维斯法案，将参与重建的白人合格选民的人数上限提高到 50%。但林肯认为这一方案会延缓他的重建计划，以"口袋否决"的方式予以否定。

激进共和党人则提出将黑人选举权作为南部回归联邦的前提条件，并期待林肯利用总统的权力来推动。林肯理解激进派的立场，也深知黑人的自由必须要转化成为政治和公民权利，他对黑人士兵在内战中的英勇表现和献身精神记忆深刻，并意识到他们在重建过程中能够发挥的政治作用。但他恪守战前联邦制的原则，认为一州公民的选举权的授予或享有应该由州而不是由联邦政府来决定。尽管如此，林肯没有拒绝从联邦政府的层面对州施加压力。1864 年 3 月 14 日，林肯写信给路易斯安那州的军事州长，建议后者将选举权赋予"那些才智出众的黑人"和"那些在我们军队里英勇作战过的黑人"，因为"在今后的考验时刻，他们也许会有助于在自由的大家庭中捍卫自由的宝石"[1]。

1865 年 4 月 11 日（邦联李将军投降两天之后），他在白宫所做的公开演说中表示，他希望至少有一部分黑人应该在路易斯安那州的重建中获得与白

1　Lincoln to Michael Hahn, March 13, 1864, in *CW*, 7: 243;《林肯选集》，第 280–281 页。

人同等的选举权[1]。这是林肯第一次也是最后一次公开表示对黑人选举权的支持。混杂在白宫演讲听众中的邦联支持者约翰·威尔克斯·布思听到林肯对黑人选举权的支持，恶狠狠地说："这将是他的最后一次演讲"。三天之后，布思进入华盛顿的福特剧院，实施他的暗杀计划，从后面向林肯开枪，子弹击中了林肯的后脑。4 月 15 日 7 时 22 分，林肯去世。

六、研究现状

（一）英文著述

林肯遇刺去世之后，遗体被运回家乡斯普林菲尔德安葬。载运林肯遗体的火车从华盛顿出发，每到一处，都有无数民众前来吊唁，瞻仰遗容。林肯不幸殒命所带来的悲痛与美利坚国家浴火重生所带来的幸运感交织在一起，激发起无数美国人对林肯发自内心的追思与崇敬。政治领袖、报纸主编、布道家、诗人和画像艺术家更是用演讲、布道词和艺术创作为林肯进行历史定位，把他奉为与华盛顿齐名的人物。各种纪念活动催生了一场"神化"林肯的运动，而林肯记忆的建构与再建构最终演变成一种延续至今的文化产业。关于林肯的学术研究始于 20 世纪初，至今仍然是美国人文和社科学科中的显学。据统计，英语世界出版的关于林肯的著述有 1.6 万多种，数量仅次于关于耶稣的写作。无疑，林肯已经成为美国人的一种取之不尽、用之不竭的思想和文化资源。

最初的林肯记忆建构者是传记作者。1866 年，乔赛亚·霍兰使用口述资料和报刊文章出版了林肯逝后的第一部传记，勾画了林肯的一生。次年出版的《林肯与美国奴隶制灭亡史》是由林肯的政治盟友艾萨克·阿诺德写作的，强调了林肯对废奴事业的贡献。1872 年，为满足大众了解林肯早年经历的愿

1　Lincoln, Last Public Address, April 11, 1865, in *CW*, 8: 399-405;《林肯选集》，第 310-315 页。

望，沃德·希尔·拉蒙出版了《从出生到就任总统时期的林肯》。1889 年，林肯的律师合伙人威廉·赫恩顿凭借与林肯共事 20 年的经历和手中的原始材料（包括与林肯的通信），与人合作出版了《赫恩顿的林肯生平》，以第一人称方式，叙述了林肯的早期生涯，其中包括许多鲜为人知的林肯轶事 [1]。1890 年由约翰·乔治·尼古拉和海约翰合作写成的十卷本《林肯传》是早期最完整的林肯传记。两位作者曾为林肯的私人助理，熟悉林肯在内战中的行动和决策，并获准使用由林肯长子罗伯特保管的林肯手稿和信件，他们的作品在史料上与先前的传记拉开了距离。这部传记详细记录了林肯的总统生涯，意在塑造林肯作为政治领袖的形象，为美国人树立一个民族英雄的榜样，也希望推动南北在内战后的和解 [2]。20 世纪上半叶最畅销的林肯传记是卡尔·桑德伯格写作的《草原时代的林肯》（1926 年出版）和《战争年代的林肯》（1939 年出版）。这部六卷本传记叙事流畅，文笔富有诗意，塑造了一个复杂而多面相的林肯，深得读者的青睐 [3]。

但桑德伯格的写作也因没有提供详细的史料注释而受到历史学家的批评。1936 年，历史学家詹姆斯·兰德尔在《美国历史评论》上发表专论，批评"业余"传记作者的写作基本上是在为"圣人"作传，既不客观，也不深入，带有政治偏见，在大众中制造了不少关于林肯的错误认知。他呼吁专业历史学家采用客观中立的立场，使用过硬的史料，科学而诚实地评价林肯 [4]。兰德尔的呼吁开启了林肯研究的学术化时代。一大批由专业学者写作的专著在 20

1　Josiah G. Holland, *Life of Abraham Lincoln* (Springfield, Mass: Gurdon Bill, 1866); Isaac N. Arnold, *The History of Abraham Lincoln and the Overthrow of Slavery*, (Chicago: Clarke & Co., 1867), Ward Hill Lamon, *The Life of Abraham Lincoln from His Birth to His Inauguration* (Boston: James R. Osgood and Company, 1872); William Herndon and Jesse W. Weik, *Herndon's Life of Lincoln*, (Chicago: Belford-Clarke, Co, 1889).

2　John G. Nicolay and John Hay, *Abraham Lincoln: A History,* 10 vols. (New York: The Century Company, 1890, reprint 1904).

3　Carl Sandburg, *Abraham Lincoln: The Prairie Years, 2 vols*. (New York: Harcourt Brace, 1926); Carl Sandburg, *Abraham Lincoln: The War Years, 4 vols*. (New York: Harcourt Brace, 1939).

4　James G. Randall, "Has the Lincoln Theme Been Exhausted," *American Historical Review*, vol 41, no. 2 (Jan. 1936): 270-294.

世纪中期出版，从政党政治、军事史、宪政、总统权力、大众舆论等不同角度来审视和评价林肯。其中比较著名的著作包括：哈里·威廉斯的《林肯与激进派》，罗伯特·哈珀的《林肯与新闻界》，戴维·波特的《退出联邦危机时刻的林肯与他的政党》，哈里·卡门和莱因哈德·卢辛的《林肯与政党恩惠制》，威廉·赫塞尔廷的《林肯与内战州长们》，哈里·威廉斯的《林肯与他的将军》，以及罗伯特·布鲁斯的《林肯与战争的工具》。[1] 兰德尔的四卷本《林肯总统》也在这一时段完成。他选取林肯的总统生涯作为研究重点，关注林肯的战时决策和对总统权力的运用，将林肯描写成一个现实主义者，在废除奴隶制方面甚至是一个保守派[2]。兰德尔及同代的修正主义学派的林肯研究者强调用现实政治的眼光来审视林肯，去除非专业作家给他戴上的"圣化"光环。

与专业的林肯研究同时出现的是林肯史料的整理与出版。1947 年林肯档案的开放和 1953 年《林肯文集》的出版是两个标志性的事件。林肯档案集中了林肯本人保留的政治文献、演讲手稿和信件，他去世后由长子罗伯特保管。罗伯特在 1919 年将这批档案捐赠给美国国会图书馆收藏，准予其在他自己去世 21 年之后向公众开放[3]。九卷本的《林肯文集》是由林肯协会主持的大规模

1　T. Harry Williams, *Lincoln and the Radicals*, (Madison: University of Wisconsin Press, 1941); Robert S. Harper, *Lincoln and the Press* (New York: McGraw-Hill, 1951); David M. Potter, *Lincoln and His Party in the Secession Crisis*, (New Haven: Yale University Press, 1942); David M. Potter, *Lincoln and His Party in the Secession Crisis*, (New Haven: Yale University Press, 1942); Harry J. Carman and Reinhard H. Luthin, *Lincoln and the Patronage* (Gloucester, MA: P. Smith, 1943); William B. Hesseltine, *Lincoln and the War Governors* (New York: A. A. Knopf, 1948); T. Harry Williams, *Lincoln and His Generals*, (New York: A. A. Knopf, 1952); Robert Bruce, *Lincoln and the Tools of War*, (Indianapolis: Bobbs-Merrill, 1956).

2　James G. Randall, *Lincoln the President, Vols 1-2: Springfield to Gettysburg*, (New York: Dodd, Mead & Company, 1946), *Lincoln the President, Vol. 3: Midstream*, (New York: Dodd, Mead & Company, 1952), James G. Randall and Richard N. Current, *Lincoln the President, Vol. 4: Last Full Measure*, (New York: Dodd, Mead & Company, 1955). 兰德尔于 1953 年去世，第四卷后半部的写作由理查德·卡伦特协助完成。

3　关于美国国会图书馆的林肯档案（The Lincoln Papers）的收集历史与内容介绍，见：https://www.loc.gov/collections/abraham-lincoln-papers/about-this-collection/。

文献收集和编撰工程，耗时数十年，总共收集了 7000 多种林肯的文献，包括许多先前从未收集过的林肯演讲和信件 [1]。这些极有价值的史料不仅推动了关于林肯的专业研究，也促进了新一轮林肯传记的写作，其中包括本杰明·托马斯的《林肯传》和斯蒂芬·奥茨的《对任何人都不怀恶意》。[2]

20 世纪中叶和后半叶的事件，包括二战、冷战、民权运动、越战和水门事件等，推动了新的林肯研究，修正学派关于内战是一场"不必要的战争"的观点受到质疑并被推翻。政治学者哈利·雅法在《分裂之家的危机》一书中，以林肯—道格拉斯的辩论为基础，重构了林肯如何将《独立宣言》转换成最终废除奴隶制的思想武器的过程，将道德问题重新放回到林肯研究之中。埃里克·方纳则在《自由土地、自由劳动和自由人》一书中揭示了林肯在建构以自由劳动为核心的共和党意识形态中所发挥的关键作用。汉斯·特雷富斯在《激进共和党人：林肯为种族正义而战的先锋队》以林肯追求的政治目标——建立一个没有奴隶制的民主制——为标准，将林肯重新定义为共和党激进派中的一员。拉万达和约翰·考克斯则将林肯与激进派的合作追溯至早期重建的时期。[3]

20 世纪 60 年代的民权运动在历史学者中引发了关于"林肯是不是白人至上主义者"和"谁解放了奴隶"的辩论，非裔美国人学者在辩论中扮演了重

1　Abraham Lincoln, *The Collected Works of Abraham Lincoln, 9 Volumes*., edited by Roy P. Basler, (New Brunswick, NJ: Rutgers University Press, 1953-1955). 如今，《林肯文集》已经转化为电子版，见：The Abraham Lincoln Association: https://abrahamlincoln.wpengine.com/abraham-lincoln-collected-works/。

2　Benjamin P. Thomas, *Abraham Lincoln: A Biography* (New York: Knopf, 1952); Stephen B. Oates, *With Malice toward None: The Life of Abraham Lincoln* (New York: Harper & Row, 1977).

3　Harry V. Jaffa, *Crisis of The House Divided: An Interpretation of the Issues in the Lincoln-Douglas Debates* (New York: Doubleday& Company, 1959); Eric Foner, *Free Soil, Free Labor, and Free Men: The Ideology of the Republican Party before the Civil War*, (New York: Oxford University Press, 1971); Hans Trefousse, *The Radical Republicans; Lincoln's Vanguard for Racial Justice* (New York: Knopf, 1969); LaWanda Cox and John H. Cox, *Politics, Principle, and Prejudice, 1865-1866: Dilemma of Reconstruction America* (New York: Free Press of Glencoe, 1963).

要的角色。黑人学者杜波伊斯曾在 20 世纪 20 年代指出，林肯是一个充满矛盾的人，他"既残忍又仁慈，既热爱和平又是一名斗士，他蔑视黑人但又让他们参加战斗和投票，他既保护奴隶制但又解放了奴隶"；因为林肯面临的难题是如此巨大，他的自相矛盾是情有可原的，他因此是"一个伟大的、前后矛盾的、但勇敢的人"。[1] 非裔美国人历史学家本杰明·夸尔斯在 1962 年出版的《林肯与黑人》一书中高度赞扬林肯将解放奴隶与维系美国民主联系起来的努力。他批评了林肯的黑人殖民海外计划，但否认林肯是一名种族主义者。[2]

但其他非裔美国人学者持不同看法。1968 年，勒隆·贝内特在黑人月刊《黑檀》（Ebony）上发表文章，列举了历史事实，认为林肯并不是"伟大解放者"，也从未平等地对待过黑人[3]。1981 年，另一位非裔美国人历史学家文森·哈丁则更明确提出，奴隶们在战时的主动逃跑迫使林肯颁布《解放奴隶宣言》，所以，林肯不应该被奉为奴隶的解放者[4]。班尼特在2000年出版的《被迫接受的荣耀：林肯的白人梦想》，用 600 多页的篇幅梳理史实，扩展他在 1968 年提出的观点，重申奴隶们"帮助自己获得了解放，也几乎解放了林肯"[5]。

其他的历史学家则认为班尼特是立场先行，无视内战政治和法律环境的

1　W. E. B. Du Bois, "Du Bois on Lincoln 1922 (unpublished manuscript)," Special Collections and University Archives, University of Massachusetts Amherst Libraries, http://credo. library.umass.edu/view/full/mums312-b214-i100; 同见：John David Smith, "Black Images in the Age of Jim Crow," *Lincoln Lore*, no. 1681 (1978), 3。

2　Benjamin Quarles, *Lincoln and the Negro*, (New York: Oxford University Press, 1962, reprint, Da Capo Press, 1990), 引语见："Forward"。

3　Lerone Bennett, Jr., "Was Abe Lincoln a White Supremacist?" in *Ebony,* v. 24 (February 1968), 35-42.

4　Vincent Harding, *There Is a River: The Black Struggle for Freedom in America*, (New York: Harcourt Brace Jovanovich, 1981), 236.

5　Lerone Bennett, Jr., *Forced into Glory: Abraham Lincoln's White Dream*, (Chicago: Johnson Publishing Company, 2000).

局限，误读和曲解了林肯[1]。21世纪初，一批专著相继出版，加入到这场新的关于林肯的辩论中，包括：乔治·弗雷德里克森的《足够伟大而自相矛盾》，艾伦·古尔佐的《林肯的解放奴隶宣言与美国奴隶制的终结》，理查德·斯特林纳的《亚伯拉罕父亲：林肯为终结美国奴隶制的不懈斗争》，伯勒斯·卡纳汉的《正义之举：林肯的解放奴隶宣言与战争规则》。这些著作从不同的角度检讨了林肯在奴隶解放决策过程中所发挥的关键作用[2]。

20世纪后期到21世纪初，随着新史料的不断发现和获取资源的便捷化，林肯研究出现了新一轮的复兴。标志之一是由专业学者写作的大部头林肯传记的连续出版。1995年，戴维·唐纳德积50年林肯研究之功力，出版了长达700页的《林肯传》，为读者呈现了一个十分复杂、充满矛盾的林肯——既雄心勃勃又笃信宿命论，既怀揣理想主义又拥抱现实主义，既善用权术但又秉持坚定不移的道德原则[3]。迈克尔·柏林盖姆的两卷本《林肯传》力图将林肯的公共生涯和私人生活联系起来，并注重林肯内心世界的讨论[4]。英国学者理查德·卡瓦丁的林肯传记则更注重描述公共领域中的林肯，尤其讨论林肯与权力和宗教的关系[5]。

在专题研究方面，林肯的早期经历成为一个热点。道格拉斯·威尔逊

1　关于班尼特著作的代表性专业书评，见：James McPherson, "Lincoln the Devil", *The New York Times,* April 27, 2000; Eric Foner, "Was Abraham Lincoln a Racist?" *The Los Angeles Times,* April 9, 2000; John M. Barr, "Holding Up a Flawed Mirror to the American Soul: Abraham Lincoln in the Writings of Lerone Bennett Jr.," *Journal of the Abraham Lincoln Association*, vo. 35, no. 1 (Winter 2014), 43-65。

2　George M. Fredrickson, *Big Enough to Be Inconsistent: Abraham Lincoln Confronts Slavery and Race* (Cambridge, Mass: Harvard University Press, 2008); Allen C. Guelzo, *Lincoln's Emancipation Proclamation: The End of Slavery in America* (New York: Simon & Schuster, 2004); Richard Striner, *Father Abraham: Lincoln's Relentless Struggle to End Slavery in America* (New York: Oxford University Press, 2006); Burrus M. Carnahan, *Act of Justice: Lincoln's Emancipation Proclamation and the Law of War* (Lexington: University Press of Kentucky 2007).

3　David H. Donald, *Lincoln*, (New York: Simon & Schuster, 1995).

4　Michael Burlingame, *Abraham Lincoln: A Life, 2 vols*., (Baltimore: Johns Hopkins University Press, 2008).

5　Richard Carwardine, *Lincoln*, (London: Pearson, 2003).

的《荣誉之声》注重讲述 1832—1843 年间的州政治活动对林肯的影响，肯尼斯·温克尔的《雏鹰：林肯的崛起》则讨论林肯家庭的居住环境以及斯普林菲尔德的黑人社区对林肯的影响。约书亚·申克在《林肯的忧郁》一书中借助现代心理学知识，分析了困扰林肯一生的抑郁症问题，讨论他如何从内战事业中汲取力量，克服个人和民族悲剧带来的心理压迫，最终成长为坚强领袖的历程。特里普的《林肯的亲密世界》则探讨了林肯的同性恋倾向问题及其对他成长的影响。丹尼尔·爱泼斯坦的《林肯夫妇》注重讨论内战时期林肯夫妇的感情生活。[1]

在关于公共领域林肯的研究方面，大卫·尼科尔斯在《林肯与印第安人：内战政治与政策》中讨论了内战时期林肯与土著印第安人的关系。加博·博里特的《林肯与美国梦的经济学》讨论了长期为历史学家忽略的林肯的经济思想问题，由此追溯林肯的战时决策根源。马克·尼利的《自由的命运》从公民自由和宪政的角度来研究林肯的战争权问题。古尔佐《救赎者总统林肯》是一部林肯思想传记，分析林肯思想中的加尔文主义宿命论与洛克式自由主义的交汇，如何帮助他最终接受了奴隶解放是拯救联邦的唯一出路的思想。[2]

在关于林肯作为战时总统的研究方面，迈克尔·格林的《自由、联邦与权力：内战中的林肯与他的政党》对林肯的战时决策和共和党意识形态的建构做了深入分析。多莉丝·古德温的《劲敌幕僚》是林肯战时内阁研究的杰作。埃里克·方纳的《烈火中的考验：亚伯拉罕·林肯与美国奴隶制》通过

1　Douglas Wilson, *Honor's Voice: The Transformation of Abraham Lincoln* (New York: Knopf, 1998); Kenneth J. Winkle, *The Young Eagle: The Rise of Abraham Lincoln* (Dallas, TX: Taylor Trade, 2001); Joshua Wolf Shenk, *Lincoln's Melancholy: How Depression Challenged a President and Fueled His Greatness* (Boston: Houghton Mifflin, 2005); C. A. Tripp, *The Intimate World of Abraham Lincoln*, (New York: Free Press, 2005); Daniel Mark Epstein, *The Lincolns: Portrait of a Marriage* (New York: Ballantine Books, 2009).

2　David A. Nichols, *Lincoln and the Indians: Civil War Policy and Politics* (Columbia: University of Missouri Press, 1978); Gabor Boritt, in *Lincoln and the Economics of the American Dream* (Memphis State University Press, 1978); Mark E. Neely Jr., *The Fate of Liberty: Abraham Lincoln and Civil Liberties* (New York: Oxford University Press, 1991); Allen C. Guelzo, *Abraham Lincoln: The Redeemer President* (Grand Rapids, MI: WM.B. Eerdmans Publishing, 1999).

对林肯与奴隶制关系的研究也展现了林肯的成长。詹姆斯·麦克弗森的《战争的考验：内战总司令林肯》描述了林肯作为联邦军队总司令如何成长起来的过程。这些研究在某种程度上都修正了唐纳德对林肯的评价，表现了林肯在内战中主动成长、积极成长的巨大能力。[1]

（二）中文著述

在中文著述中，最早介绍林肯的可能是梁启超。他在1903年的《新大陆游记》中提到"美国大统领多庸才"，然而林肯与华盛顿、杰斐逊等则是其中为数不多的"非常人物"之一。他并以林肯发布《解放奴隶宣言》为例说明美国总统"平时权力小，在战时其权力甚大"[2]。20世纪20年代，钱智修为商务印书馆的《少年丛书》撰写的46页的《林肯》大概是中国人写的第一部林肯传记，其中讲述了林肯如何从寒门之子成长为一国之首、并因"解放黑奴，统一南北之大功"而被誉为"民主国英雄"的故事。钱智修的写法十分别致，不时用中国道德观来评说林肯，激励少年读者们"欲希望林肯之功业，应先修林肯之德行"[3]。

在新中国成立后的研究中，1953年出版的黄绍湘的《美国简明史》是新中国美国史研究的奠基著作。该著采用马克思历史唯物主义史观立场，对林肯在战时的废奴问题上"始终摇摆不定"从而助长"妥协派的气焰"的做法提出批评，但最终他在"广大人民"的压力下，"由中间偏右转到中间偏左"，颁布了解放宣言。[4]人民出版社在1955年出版了《马克思、恩格斯论美国内

1　Michael S. Green, *Freedom, Union, and Power: Lincoln and His Party during the Civil War* (New York: Fordham University Press, 2004); Doris Kearns Goodwin, *Team of Rivals: The Political Genius of Abraham Lincoln* (New York: Simon & Schuster, 2005); Eric Foner, *The Fiery Trial: Abraham Lincoln and American Slavery* (New York: W. W. Norton, 2010); James M. McPherson, *Tried by War: Abraham Lincoln as Commander in Chief* (New York: The Penguin Press, 2008).

2　梁启超：《新大陆游记》，1903年版，第二十二节。

3　钱智修：《林肯》（少年丛书），上海：商务印书馆民国十四年（1925）、民国十七年（1928）版，引语见第3、46页。

4　黄绍湘：《美国简明史》，生活·读书·新知三联书店1953年，第176、196页。

战》的译著，其中收录了马恩关于美国内战和与内战相关的全部写作[1]。1963、1964 年人民出版社又出版了《马克思恩格斯全集》的第十五、十六卷，其中包含了马克思在 1861—1865 年为北美和欧洲报纸撰写的 30 多篇关于美国内战、废奴运动以及林肯的评论文章[2]。在当时外国史料极为缺乏的情况下，马恩的写作与为数不多的美国左翼历史学家和苏联历史学家的美国内战史著作一起，构成了中国学界早期对林肯研究的基础材料。

"文革"结束后中文学界的林肯研究重新起步。刘祚昌的《美国内战史》是中国学者写的第一部美国内战史著作，对林肯生平、《解放奴隶宣言》的颁布以及战时林肯都有较深入的叙述。在废奴问题上，刘著与黄绍湘一样，认为林肯的废奴决定是迫于人民的压力而做出的，但刘著也强调，林肯能够"顺应历史潮流"、领导人民用"革命手段"消灭了奴隶制，通过战争纠正了自己先前的种族偏见[3]。黄绍湘则在 1979 年出版的《美国通史简编》中保留了原来的观点，但她称林肯是"美国伟大的资产阶级革命家之一"[4]。20 世纪 70 年代末 80 年代初，中国的美国史研究者针对黄、刘的林肯评价——即林肯废奴并不是自愿的而是迫于废奴主义者的压力[5]——展开过一次辩论。除其他学术刊物发表的文章之外，《世界历史》在 1982 年就林肯是不是废奴主义者

1　《马克思、恩格斯论美国内战》，朱鸿圆译，人民出版社 1955 年版。该译本是根据美国国际出版社（International Publishers）1937 年编纂的《美国内战》（*The Civil War in the United States*）一书翻译的。

2　中共中央马克思恩格斯列宁斯大林著作编译局，《马克思恩格斯全集》，第十五、十六卷，人民出版社 1963、1964 年版。

3　刘祚昌：《美国内战史》，人民出版社 1978 年版，引语见第 137–147, 265–293, 481–487 页。刘著使用的材料要比早期的黄著丰富许多，除桑德伯格的林肯传记外，他还大量引用黑人学者和非马克思主义学派的美国史学者的成果，如兰德尔（James Randall）、比尔德夫妇（Charles A. and Mary Beard）、内文斯（Allen Nevins）等。

4　黄绍湘：《美国通史简编》，商务印书馆 1979 年，第 247–248、251 页。

5　关于这一观点的主要表述，见刘祚昌：《林肯解放黑奴的历史真相》，《史学月刊》1965 年第 8 期；刘祚昌：《论林肯》，《开封师院学报》1978 年第 1 期。黄绍湘和杨生茂对这一观点表示支持，见黄绍湘、毕中杰：《关于林肯评价问题的商榷——兼论评价美国历史人物的几点意见》，《社会科学战线》1982 年第 1 期；杨生茂：《林肯与黑人奴隶的"解放"——一个评价》，《南开大学学报》1978 年 4–5 期。

的问题组织了一次专题讨论[1]。批评者认为刘、黄的评价过于僵化，无视了林肯拥有的反对奴隶制的道德立场，贬低了他在废奴进程中所发挥的关键领导作用[2]。在这场难得一见的辩论中，一些学者提出应该以动态的眼光来看待林肯，他的犹豫并不是他不愿意废奴，而是他需要选取一个最佳的废奴时间。还有的学者认为，林肯的战争目标不是要发动一场无产阶级革命，而是要将权力从奴隶主手中夺回来，当代学者不能用 20 世纪的道德和政治标准去解读林肯[3]。

20 世纪 80 年代之后出版的、供大众阅读的中文林肯传记在内容上更加充实，对林肯的评价各有千秋，但基本沿用钱智修著作的思路，强调林肯的励志作用[4]。中国美国史研究会在 1990 年出版的《美国通史》（第三卷）部分沿用黄绍湘、祚昌对林肯的评价，但作者们也强调，林肯始终坚持"一切人生而平等"原则和"民有、民治、民享的政府"的理念，他的思想因而闪耀

1　黄颂康、严钟奎、李青、汪仪、王洪慈：《关于林肯对奴隶制的态度问题（笔谈)》,《世界历史》, 1982 年第 1 期；杨玉圣：《林肯评价概述》,《文史哲》1987 年第 3 期。

2　批评者的评论见李昌道：《关于林肯评价问题的两点浅见——与〈论林肯〉一文商榷》,《开封师院学报》1978 年 4 期；聂守志：《论林肯解放黑人奴隶思想的形成与发展》,《吉林大学学报》1979 年第 3 期；霍光汉、郭宁杕：《试论在美国内战中的林肯》,《郑州大学学报》(哲学社会科学版) 1980 年第 2 期；承庆昌：《论林肯从限制奴隶制向废除奴隶制立场的转变》,《山西师范大学学报》, 1980 年第 3 期。

3　霍光汉、郭宁杕：《关于林肯的评价问题》, 载《世界历史》, 1981 年第 2 期；徐奉臻：《从奴隶制的反对者到废奴主义者——再评林肯对黑奴制的态度》,《学术交流》1983 年第 3 期；张跃发：《也谈对林肯的评价——与黄绍湘同志商榷》,《世界历史》1988 年第 3 期。还有一些学者对马克思的林肯评价本身的准确性和永久性也提出了质疑。见郭尚新：《马克思论林肯》,《山东大学学报》, 1991 年第 4 期。同见：Wang Xi, "The US Civil War through Three Chinese Lenses, 1949-2019," *Civil War History*, vol. 66, no. 2 (June 2020), 181-188。

4　譬如，邓珂在其编著的《林肯》中就强调林肯在废奴、捍卫联邦统一、反对种族歧视和不平等方面为后人"树立了光辉榜样"。参见邓珂编著，《林肯》, 商务印书馆 1981 年。其他的林肯传记见裴石鹰等编译：《美利坚之心林肯传》, 湖南文艺出版社 1995 年；王心栽编著：《林肯传》, 湖北辞书出版社 1996 年；李思贡编著：《林肯》, 辽海出版社 1998 年；谈锋：《风云美利坚：林肯总统和他的时代的历史记忆》, 东方出版社 2004 年；晓树主编：《图说名人之林肯：终结奴隶制度的美国总统》, 中国画报出版社 2009 年。

着"资产阶级民主思想的光辉"[1]。最有分量的中文林肯传记是刘文涛所著的《伟大的解放者林肯》。该著参考了近 30 部英文林肯研究著作，并使用了中英文版的林肯文献，比其他传记更完整、翔实地叙述了林肯的生平与业绩[2]。

20 世纪末 21 世纪初，美国学界的一批林肯研究专著被翻译成中文出版。这些译著覆盖了林肯与美国宪法的转型、林肯与内战前的政党政治、林肯的宗教观、林肯与非裔美国人的关系以及林肯废奴决策的过程等主题，其中也包括本杰明·托马斯的一卷本林肯传记。[3] 这些译著的原著出自美国林肯研究的前沿学者之手，内容精湛，对推动和深化中国的美国史和林肯研究极有帮助。

21 世纪初，林肯研究扩展到废奴问题之外。陈海宏、房艳丽在讨论林肯的军事思想后，认为他将政治与军事战略结合起来的思考对联邦赢得内战的胜利至关重要[4]。来自国际关系、政治学和宪法研究领域的学者更关注林肯与内战时期美国制度和思想转型的关系。付宇和刘飞涛从不同的角度讨论了林

1　刘绪贻、杨生茂总主编，丁则民主编，黄仁伟、王旭等著：《美国通史（第三卷）：美国内战与镀金时代（1861—19 世纪末）》，人民出版社 1990 年。

2　刘文涛：《伟大的解放者林肯》，中国社会科学出版社 1999 年。刘著在书末列举的英文参考书中包括一些英语世界最优秀和畅销的林肯传记。从全书有限的脚注中可以看到，作者频繁引用的英语著作包括：James Daugherty, *Abraham Lincoln* (New York, 1943); Lord Charnwood, *Abraham Lincoln* (New York, 1917); Richard N. Current, *The Lincoln Nobody Knows* (1956)。

3　[美] 雅法：《分裂之家危机：对林肯 - 道格拉斯论辩中诸问题的阐释》，韩锐译，赵雪钢校，华东师范大学出版社 2007 年；[美] 艾伦·C. 古尔佐：《林肯传：救赎者总统》，韩宇等译，江西人民出版社 2009 年；[美] 雅法：《自由的新生：林肯与内战的来临》，谭安奎译，华东师范大学出版社 2008 年；[美] 乔治·弗莱切：《隐藏的宪法：林肯如何重新铸定美国民主》，陈绪纲译，北京大学出版社 2009 年；[美] 多丽丝·科恩斯·古德温：《林肯与劲敌幕僚》，尤以丁译，上海人民出版社 2010 年；[美] 约翰·史托弗：《巨人：弗里德里克·道格拉斯与阿伯拉罕·林肯平传》，杨昊成译，东方出版社 2011 年；[美] 麦克弗森：《林肯传》，田雷译，中国政法大学出版社 2016 年；[美] 埃里克·方纳：《烈火中的考验：亚伯拉罕·林肯与美国奴隶制》，于留振译，商务印书馆 2017 年。关于林肯传记的翻译，见：[美] 本杰明·普·托马斯：《林肯传》，周颖如、魏孟淇、周熙安译，商务印书馆 1995 年；[美] 卡尔·桑德堡：《林肯传：草原年代和战争年代》，《林肯传》翻译组译，云南人民出版社 1976 年。

4　陈海宏、房艳丽：《军事家林肯》，《山东师大学报（社会科学版）》，2000 年第 1 期。

肯的废奴政策与美国民族主义内涵的变化的关系。[1] 田雷、李筠和郭小雨以林肯的重要文本为基础，讨论了他如何在内战中重新建构了美国的宪政秩序。[2] 上述研究显示，中国的林肯研究的正在走向更深层的问题，但目前仍然缺乏一批专著型、基于档案材料之上的林肯研究。

七、人物述评

要对林肯做出评价——尤其是公正、客观的评价——是一件越来越困难的事情。一方面，至少在美国，林肯是一个家喻户晓的人物，从总统到小学生，林肯都不是一个陌生的名字。每个政党，每种政治团体，每个种族，每个阶层，乃至于每个公民，都声称能从林肯那里找到自己的政治基因，借用历史学家戴维·唐纳德在 1951 年的说法，"每个人都认林肯为自己的祖父"[3]。另一方面，林肯虽然是历史人物，但魅力一直不减，关于他的作品已经浩如烟海，林肯的公共和私人生活的每个侧面都有数十本甚至数百本的著作的研究成果，而且仍有新作不断面世。林肯任总统只有 4 年，且距今已有一百多年，但他和他的时代所面临的一些问题至今仍然是鲜活的美国问题，他所做出的决策仍然在影响着当今美国人的思想、行动和日常情感。对于今天的美国来说，林肯既是许多问题的起源，也是许多问题的答案。所以，关于林肯的研究一直在继续，关于林肯的评述也将继续处于变化之中。

1　付宇：《美国民族主义传统的起源与演进：约翰·亚当斯、亚伯拉罕·林肯、林登·约翰逊》，天津人民出版社 2010 年；刘飞涛：《美国"现实政治"传统的缔造：亚历山大·汉密尔顿、亚伯拉罕·林肯、西奥多·罗斯福的外交及战略思想》，世界知识出版社 2015 年。

2　田雷：《释宪者林肯——在美国早期宪法史的叙事中"找回林肯"》，《华东政法大学学报》，2015 年第 3 期；李筠：《自由的一致性——论林肯重塑美国政治和宪法结构的基本逻辑》，《学术月刊》2017 年第 1 期；郭小雨：《何谓"更好的联合"？——论美国内战时期关于美利坚内外秩序的争论及林肯对"联合"的再定义》，《美国研究》2021 年第 5 期。

3　David H. Donald, "Getting Right with Lincoln," *Harper's Magazine*, April 9, 1951, reprinted in David Donald, *Lincoln Reconsidered: Essay on the Civil War Era* (New York: Vintage Books, 1961), 3-18.

尽管如此，有两点关于林肯的共识是可以确认无疑的：他是美国最伟大的政治家之一，他也是最受美国人爱戴的总统。无论是在大众或专业学者的总统排名中，林肯始终是名列前茅的，甚至超过了建国总统华盛顿。之所以如此，是因为林肯在三个方面对美国历史做出具有关键意义的贡献：他拯救了联邦，他解放了奴隶，他维护了美国民主。这里的每一个方面都与今天美国人对本国历史、政治价值观和民族认同感的认识有着密切的关系。

林肯就任总统时，从严格意义上讲，美国还不是一个现代意义上的民族国家，而更像是一个由 34 个州组成的邦联制国家。事实上，因为联邦主权的最终归属模糊不清，整个国家在内战前陷入林肯所说的"分裂之家"的状态之中。内战的爆发终结了南北继续妥协的可能，也将整个国家推向了彻底失败的边缘。联邦的最终胜利否定了州主权至上的原则，建立了联邦主权的崇高权威，展示了联邦政府拥有的巨大潜力。内战将美国变成了一个真正具有统一主权、统一政治制度、统一宪政原则、统一意识形态的国家，将美国从一个以州主权为特征的邦联制国家转化为以联邦主权为特征的民族性联邦国家。林肯在这个决定美国生死存亡和美国要成为一个什么样的国家的斗争中，扮演了最为核心的领袖角色。没有他在政治上的高瞻远瞩、军事上的运筹帷幄和知人善任、信念上的坚定不移和行动上的稳重与果断，联邦不可能赢得内战的胜利。内战的代价是巨大的，南北共有 62 万人（新近研究显示内战死亡人数应为 75 万人）战死沙场，但美国作为一个国家得以幸存，林肯功不可没。

内战是因奴隶制而起，但废除奴隶制、解放奴隶并不是林肯在内战初期的战争目标。如果南部放下武器，他甚至承诺会继续不干预蓄奴州内部的奴隶制。但当战争变得更为残酷、更为血腥的时候，当奴隶们开始逃跑进行自我解放之后，林肯改变了认识，也改变了战略，回应了废奴主义者要求立即废奴的呼声，签署了《解放奴隶宣言》，宣布邦联控制区域内的所有奴隶获得即刻的和永久的解放。与此同时，林肯邀请获得解放的奴隶加入联邦军队，为联邦而战。这个邀请改变了内战的性质，也为战后建立新的宪政秩序奠定了基础。内战给予了美国"一个自由的新生"，让所有美国人都获得了真正的自由，并通过 1868 年生效的第十四条宪法修正案将"人人平等"变成了新的美国宪政秩序的核心原则。特别需要强调的是，自做出解放奴隶的决定之后，林肯从未退缩过，甚至甘愿冒着连任失败的政治风险，也要将废奴事业进行到底。林肯当之无愧地是美国第二次建国的最重要的领袖人物。

内战前南北争论的根本问题是奴隶制在美国的存废，但引发战争的却是南部针对 1860 年总统大选所做出的激烈反应——拒绝承认和接受民主选举的结果。林肯上任之前，一些南北政客曾试图以宪法修正案的形式确保南部奴隶制能够在规定的区域内继续向西部蔓延，安抚南部的奴隶主势力，从而保全联邦。林肯对此予以坚决的否定。林肯始终坚守一个原则：民主选举的决定必须得到尊重。他将联邦的生存与美国民主的延续联系起来，内战因而成为一场捍卫美国民主的斗争。人可以通过和平的方式选举产生政府，自己管理自己，这是他的政治信仰。即便是在战争期间，他也没有放弃这一信仰。为了获得军事胜利，他甚至一度宣布终止一些公民自由和公民权利的使用，但他从未以战争或军事需要的名义取消或禁止过州和地方的选举，更没有利用总统的战争权终止 1864 年的总统大选。在内战结束之际，他公开建议将选举权赋予获得解放的黑人，将他们变成"我们，人民"的一部分，并为此付出了生命的代价。6 年之后，禁止以种族为理由剥夺美国公民投票权的第十五条宪法修正案将变成美国宪法的一部分。

林肯并非生而注定要成为伟大的总统。事实上，在就任之初，他是美国历史上最缺乏经验、准备最不足的总统。尽管如此，林肯却具有他的同代人并不同时具备的几种素质优势：边疆艰苦生活的历练、锲而不舍的坚强意志、律师生涯中对人性的透彻了解、州议会的从政经历和保持成长、善于学习的能力。这些优势对他克服总统任内的种种挑战并最终成为卓越的政治家起了关键的作用。

在西部边疆相对开放的政治环境中，出身卑微但志向甚高的林肯获得了从政的机会。在长达 30 年的州政治和律师生涯的训练中，他养成了许多优秀的素质。他以"人民中的一员"的身份进入政治，对普通人的感情、行为、心理和信仰都有深入的了解，能够与他们自如地交流，建立起真诚的认同感，获得他们的支持和信任。在州议会的磨炼中，他掌握了政党政治的运作机制，学会了如何与观点和立场不同的人共事。他理解人性的不完美，不会被轻易欺骗，但也绝不盛气凌人。最重要的是，他学会了如何驾驭不同能力的人。入主白宫后，林肯凭借这些从伊利诺伊州政治和律师生涯中积累的经验塑造自己的执政风格。无论是面对先前的竞争对手，还是趾高气扬的军队将领，他尽力展示真诚、宽厚和慷慨的精神，以极大的耐心控制自己的情绪，拒绝滋养政治怨恨或寻求政治报复，在遭遇挫折的时候表现出强大的韧性。他对自己的权力及其权力的边界有着清醒的认识，对如何解决问题始终拥有自己的主张，他尊重内阁成员的意见，但最后的决定往往以他的意志为重。

成长能力是林肯的另外一个优势。1861年林肯进入白宫时，解放奴隶不是他的政治目标。内战打响之后很长一段时间内，他也拒绝将立即废奴作为战争手段的选项。然而，当众多事件的发生推动他走上了解放奴隶的道路的时候，他接受了历史赋予他的机会，勇敢地迈出了最关键的一步。正如废奴主义者莉迪亚·玛丽亚·柴尔德在林肯去世前一周所写下的："尽管林肯有他的各种不足，但必须承认他一直在持续地成长着"，而"人民选举了一位愿意成长的人做总统则是（美国的）极大幸运所在"[1]。林肯之所以能够成长，与他生活在一个允许和鼓励成长的政治环境中有关，更与他具有在政治上成长的品质有关。废奴主义者、激进共和党人、内战中的逃奴和参加联邦军队的黑人士兵用集体行动教育和鼓励了林肯，赋予他勇气，使他能够利用总统的职位，推动美国历史上最关键的转向，从而改变整个国家的命运。

与华盛顿相比，林肯更受美国人的爱戴，因为他不是一个高不可攀的圣人，而是一个"白手起家的成功者"。他出身贫困，在艰苦的环境中成长，但从不缺少向上奋斗的抱负和出人头地的决心。他以朴素的常识、与人为善的

1　引自 Foner, *The Fiery Trial: Abraham Lincoln and American Slavery*, 336。

性格、忍辱负重的坚韧精神改造了传统的总统执政的方式，塑造了现代政治领袖的风范。林肯也是一位原创性的思想家和作家。他一生中写下了上百万字的演讲、立法议案、总统文告、国情咨文、军事命令和书信。虽然他所受的正规教育不到一年，但他留下了美国历史上影响力最长久、思想最深刻、语言最优雅的政治经典。从他留下的文字中，我们可以看到，林肯是第一位真正的现代政治家。他懂得如何倾听和解析民意，能够从民意中感知人民的焦虑和期盼。他同时又是一位高明而不露声色的语言大师，懂得如何提炼和升华民意，将复杂深刻的思想用简练精湛的语言表达出来，给人民带来勇气与希望。帮助人民发现并使用自身拥有的力量。在回顾他如何做出解放奴隶的决定的时候，林肯称自己并不"在掌控形势"，而是"形势在掌控着"他[1]。包括唐纳德在内的历史学家也接受这一说法，认为林肯本质上是一个被动的人，抱着一种宿命论的观点，让历史推着往前走。然而，真实的林肯并不是一个听凭形势掌控的人，而是一个敢于并善于与企图掌控他的"形势"展开有效的互动、并最终能够左右"形势"发展的政治领袖。

无论是在活着的时候还是去世之后，林肯始终不乏批评者。一些人认为他是玩弄权术的高手，另一些人称他是内战时期的独裁者，还有人怀疑他对奴隶的解放是否抱有诚意。更多的人（包括许多林肯研究者在内）觉得林肯在本质上是一个难以捉摸的谜。

谁是真正的林肯，后人应该如何理解林肯，又应该如何评价林肯，将始终成为一个值得争论的问题。或许，马克思在一个半世纪前对林肯的评判可以为我们提供一种帮助。1865年林肯遇刺身亡后，远在欧洲的马克思与第一国际的领袖们一起致信林肯的继任者安德鲁·约翰逊，他们在信中称林肯是"一个不会为困难所吓倒，不会为成功所迷惑的人！他不屈不挠地迈进自己的伟大目标，而从不轻举妄动，他稳步向前，而从不倒退；他既不因人民的拥护而冲昏头脑，也不因人民的情绪低落而灰心丧气；他用仁慈心灵的光辉缓

1　Lincoln, To Albert G. Hodges, April 5, 1864, in *CW*, 7: 282.

和严峻的行动，用幽默的微笑照亮为热情所蒙蔽的事态；他谦虚地、质朴地进行自己宏伟的工作，决不像那些天生的统治者们那样做一点点小事就大吹大擂。总之，他是一位达到了伟大境界而仍然保持自己优良品质的罕有的人物。这位出类拔萃和道德高尚的人竟是那样谦虚，以致只有在他成为殉难者倒下去之后，全世界才发现他是一位英雄。"[1]

参考文献（因篇幅所限，仅列举部分参考书目）

Basler, Roy P., ed., *The Collected Works of Abraham Lincoln*, *9 Volumes*. New Brunswick: Rutgers University Press, 1953–55.

Carwardine, Richard J., *Lincoln*. London: Pearson, 2003.

Donald, David H., *Lincoln: A Biography*. New York: Simon & Schuster, 1995.

Foner, Eric., *The Fiery Trial: Abraham Lincoln and American Slavery*. New York: W. W. Norton, 2010.

Gienapp, William., *Abraham Lincoln and Civil War America: A Biography*. New York: Oxford University Press, 2002.

McPherson, James M., *Tried by War: Abraham Lincoln as Commander in Chief*. New York: Penguin Press, 2008.

Neely, Mark E., *The Fate of Liberty: Abraham Lincoln and Civil Liberties*. New York: Oxford University Press, 1992.

Peterson, Merrill D., *Lincoln in American Memory*. New York: Oxford University Press, 1995.

Quarles, Benjamin., *Lincoln and the Negro*. New York, Oxford University Press, 1962.

亚伯拉罕·林肯：《林肯选集》，朱曾汶译，商务印书馆 2018 年。

1　Karl Marx and others, Address of the International Workingmen's Association to President Johnson, May 13, 1865, in Karl Marx and Frederick Engels, *The Civil War in the United States* (International Publishers Co., 1937, reprint, Portage Publications, Inc., 2003), 237; 同见：马克思：《国际工人协会致约翰逊总统的公开信》（1865 年 5 月 20 日《蜂房报》），《马克思恩格斯全集》第 16 卷，人民出版社 1964 年，第 108–109 页。

第四部分

政治思潮

泛非主义

/ 闫 健 */

泛非主义（Pan-Africanism）是近代以来在非洲大陆和海外的非洲人中产生的一种思潮和运动，其目标是实现非洲人的解放与团结。泛非主义鼓励全世界非洲人（既包括非洲大陆的非洲人，也包括海外非洲人）的团结，认为这种团结是非洲人获得经济、社会和政治进步的关键。泛非主义者认为，全世界非洲人的团结不仅是可取的，而且是可能的，因为"无论是非洲大陆的非洲人还是海外非洲人，他们不仅有着共同的历史，而且也有着共同的命运"[1]。

泛非主义的出现必须放到近代以来资本主义在全世界扩张的历史背景下进行审视。"泛非主义"（Pan-Africanism）这个词在 1900 年第一次出现，当时特立尼达人亨利·威廉姆斯（Henry Williams）在伦敦主持

---

* 闫健，政治学博士，北京外国语大学国际关系学院副教授，主要研究领域为非洲政治。

1　African Union, *AU Echo*, Issue 5, 27 January 2013, p. 1.

293

召开了第一次泛非会议（Pan-African Conference）[1]。尽管如此，泛非主义思潮最早可以追溯到 16 世纪开始的大西洋奴隶贸易时期。在 300 多年的时间里，大西洋奴隶贸易将至少 1200 万非洲人贩卖到美洲。面临着共同的种族歧视与奴隶制的枷锁，这些在美洲的非洲人逐渐产生了相对于"他者"（即白人）的身份认同[2]。这种身份认同就成为泛非主义思潮最早的萌芽。泛非主义的萌芽不仅是对所有黑人奴隶境遇的一种反应，而且还成为动员黑人反抗奴隶制和种族歧视的强大力量。因此，从一开始，泛非主义就既是一种与黑人认同相联系的思潮，同时也是一种反抗奴隶制与殖民统治的运动。

作为对近代以来资本主义全球扩张进程的一种反应，泛非主义极大地推动了非洲人争取平等权利与民族解放的历史进程：泛非主义首先诞生于海外非洲人之中，并成为海外非洲人反抗种族歧视与奴隶制、争取平等权利的强大武器。例如，具有泛非主义性质的"哈莱姆文艺复兴"（Harlem Renaissance）与"黑人权力运动"（The Black Power Movement）分别兴起于 20 世纪 20 年代和 50 年代的美国，它们的出现推动了美国黑人民权运动的发展；泛非主义推动了非洲大陆的独立与解放。尽管泛非主义首先出现于海外非洲人当中，但是，它所带来的最大影响却出现在非洲大陆——泛非主义推动非洲大陆摆脱了殖民主义的枷锁，使得非洲大陆赢得了独立与解放。不仅如此，在泛非主义的鼓舞下，海外非洲人争取平等权利的斗争与非洲大陆反抗殖民主义的斗争相互配合，共同推动了非洲人的解放；泛非主义

1　这里的"泛非会议"（Pan-African Conference）需要与后来的"泛非大会"（Pan-African Congress）相区分。"泛非会议"只举行了一次，而后来的"泛非大会"一共举行了七届，对非洲大陆的解放与海外非洲人争取权利的运动产生了更为深远的影响。对于第一次"泛非会议"是否也可以被视为第一次"泛非大会"，学术界存在争议。例如，在帕德摩尔（Padmore）主编的 *History of Pan-African Congress* 一书中，阿齐克韦（Namdi Azikiwe）就将 1900 年的"泛非会议"视为"泛非大会"的开端，而杜波依斯（William Dubois）却将 1919 年在巴黎召开的"泛非大会"视为"泛非大会"的起点。本文采取后一种观点。见 Padmore, George ed., *History of Pan-African Congress*, Second Edition, London: The Hammersmith Bookshop LTD, 1963。

2　Adi, Hakim & Sherwood, Marika, *Pan-African History: Political Figures from Africa and the Diaspora since 1787*, Routledge, 2003, p. vii.

还推动了非洲国家之间的团结与合作。虽然摆脱了殖民主义，但新生的非洲国家仍旧面临着资本主义世界体系中的不公正秩序。只有联合起来，非洲国家才能摆脱在世界体系中的边缘化地位。从这个意义上讲，非洲统一组织（Organization of African Unity，以下简称"非统组织"）及其继承者——非洲联盟（African Union，以下简称"非盟"）——均可被看作是泛非主义的制度化身。非统组织宪章第二条规定了其目标是要"推动非洲国家的统一和团结，协调和加强它们彼此间的合作"[1]。作为非统组织的继承者，非盟在其宪章中也明确指出，"我们受到非洲大陆组织的创始人的崇高理想的指引以及数代泛非主义人士为了推动非洲人民和非洲国家的统一、团结、凝聚力和合作的指引"[2]。因此，泛非主义既是我们理解非洲人争取平等权利和民族独立历史的一条主线，也是我们理解非洲国家独立后"联合自强"努力的一条主线。

换言之，无论对于我们理解非洲近代以来的历史变迁，还是理解后独立时期非洲大陆的变迁，泛非主义都是一个绕不开的话题。为此，本文致力于对泛非主义的历史脉络进行梳理。文节的结构安排如下：第一部分讨论了围绕泛非主义的概念争议，并对泛非主义的内涵进行界定；第二部分简要梳理了国内外在泛非主义研究方面的已有文献；第三部分系统梳理了早期泛非主义的历史；第四部分回顾了泛非大会时期的泛非主义；第五部分梳理了后独立时期非洲人追寻"非洲统一"梦想的努力；最后是全文的总结。

一、泛非主义：一个界定困难的概念

尽管泛非主义的萌芽最早可追溯到 16 世纪的大西洋奴隶贸易，但是，关于"何为泛非主义"却一直以来缺乏一个清晰的界定。正如德国历史学家盖斯（Imanuel Geiss）指出的那样，"要给泛非主义下一个清晰准确的定义依旧很困难，或许甚至不可能……泛非主义从来不是一个被清晰界定的或理性的

---

1 https://au.int/sites/default/files/treaties/7759-file-oau_charter_1963.pdf.
2 https://au.int/sites/default/files/pages/34873-file-constitutiveact_en.pdf.

概念。相反，它一直是并仍旧是一个充满模糊情感的问题——一个愿景或是一个梦想"[1]。艾迪（Hakim Adi）和舍伍德（Marika Sherwood）也认为，并不存在一个普遍被接受的泛非主义的定义，"大多数研究者要么不愿意提供任何泛非主义的定义，要么提供多个定义。他们都意识到了'泛非主义'这个词的模糊性以及泛非主义在不同的历史时期和地点体现为不同的形式"[2]。从这个意义上讲，作为运动的泛非主义似乎走到了作为思潮的泛非主义的前面。

　　已有对泛非主义的界定大都围绕"泛非主义的目标"而展开，这一点并不意外：全世界的黑人都是殖民主义与种族歧视的受害者，强调泛非主义的目标无疑能够凝聚全世界非洲人的共识，进而有利于种族层面的集体动员。埃摩森（Rupert Emerson）认为，泛非主义就是这样一种理念，即所有的非洲人彼此之间都有着精神层面的亲近感，他们一起忍受了过去的痛苦，他们必须携手前进，才能迈向新的、更光明的未来[3]。但埃摩森并没有说明到底什么是"新的、更光明的未来"。相比之下，艾迪和舍伍德对泛非主义的界定更为具体。在他们看来，泛非主义就是致力于非洲人民和海外非洲人的社会解放和政治解放的一种思潮[4]。除去艾迪和舍伍德所说的"解放"（恩克鲁玛称之为"自由"）之外，恩克鲁玛（Kwame Nkrumah）还将"联合"（unity）作为泛非主义的另一目标。恩克鲁玛认为，自由和联合的概念是同一个硬币的两面，在非洲的场景下，二者缺一不可[5]。

　　然而，作为泛非主义的目标，"解放"与"联合"本身又都是很笼统的概念，不同的人很可能会有不同的理解。例如，艾迪和舍伍德所理解的"解放"包括社会解放和政治解放，并没有任何经济方面的内容，但是恩克鲁玛却认

1　Geiss, Imanuel, *The Pan-African Movement: A History of Pan-Africanism in America, Europe, and Africa,* New York: African Publishing Co., 1974, p.3.

2　Adi, Hakim & Sherwood, Marika, *Pan-African History: Political Figures from Africa and the Diaspora since 1787*, London: Routledge, 2003, p.vii.

3　Emerson, Rupert, "Pan-Africanism", *International Organization*, 16, 2 (1962), p.280.

4　Adi, Hakim & Sherwood, Marika, *Pan-African History: Political Figures from Africa and the Diaspora since 1787*, London: Routledge, 2003, p.vii.

5　Nkrumah, Kwame, *Africa Must Unite*, New York: Panaf Books, 1963, p.168.

为"经济自由"也是非洲解放必不可少的一环 [1]。同样，独立之后，非洲各国统治者对于"联合"的具体内容也存在较大的分歧。以恩克鲁玛为代表的少数激进派认为"联合"就意味着建立大陆层面的统一的非洲国家，即"非洲合众国"（the United States of Africa），而大多数非洲统治者则倾向于将"联合"局限于非洲主权国家之间的相互协调与合作。

为了避免这种模糊性，一些研究者选择对泛非主义的目标进行尽可能详细的列举。例如乌佐伊圭（G. N. Uzoigwe）将泛非主义的目标分为三个层次，包括终结被主导状态、实现经济社会联合、实现政治与军事联合并形成大陆层面的统一的非洲政府 [2]。盖斯将泛非主义的目标界定为三个方面，即非洲的文化统一（cultural unity）、政治独立以及政治统一（或者至少是某种形式的紧密的政治合作）[3]。利吉姆（Colin Legum）则是将泛非主义的目标概括为九个方面，包括：非洲人的非洲、非洲合众国、非洲道德与文化的复兴、非洲认同、非洲经济复兴、民主制度、非暴力、黑人的团结以及积极的中立性（active neutrality）[4]。

无论是上述的"笼统界定"还是"列举式界定"，均反映了研究者与泛非主义者们对于泛非主义目标的理解存在较大分歧。这就意味着，从目标维度对泛非主义所做的界定会因缺乏一致性而导致概念的模糊性。与此同时，泛非主义概念的模糊性更因研究者们对于"主体"与"手段"问题的分歧而进一步加剧。

1　恩克鲁玛有关"经济自由"的观点主要体现在他对于"社会主义"的论述中。恩克鲁玛从经济意义上理解社会主义，他将社会主义等同于计划经济。详见 Nkrumah, Kwame, *Revolutionary Path*, New York: International Pubs., 1973, p. 463。

2　G. N. Uzoigwe, "Pan-Africanism in World Politics: The Geopolitics of the Pan-African Movement, 1900-2000," in Toyin Falola and Kwame Essien eds., *Pan-Africanism, and the Politics of African Citizenship and Identity*, New York and London: Routledge, 2014, p. 221.

3　Imanuel Geiss, *The Pan-African Movement: A History of Pan-Africanism in America, Europe, and Africa,* New York: African Publishing Co., 1974, p. 3.

4　Colin Legum, *Pan-Africanism: A Short Political Guide*, Revised Edition, New York: Praeger, 1965, p. 39.

关于泛非主义的"主体"，学者们的分歧主要源于对于"非洲"的理解不同。具体言之，非洲究竟是一个文化概念还是地理概念？如果将非洲视为一个文化概念，那么，泛非主义的主体就应当是非洲黑人，属于中东伊斯兰文明圈和地中海文明圈的北非人显然不是泛非主义的"主体"。在第二次世界大战结束之前的五次泛非大会上，均无北非的代表参加，似乎印证了作为文化概念的非洲与泛非主义历史的契合性[1]。更有甚者，北非地区历史上对撒哈拉以南非洲的战争和掠奴行为，更使得一些泛非主义者将北非阿拉伯人看作是泛非主义所要反对的对象。例如，尼日利亚学者奥萨恩（Naiwu Osahon）明确反对将北非国家纳入到泛非运动中，并将后者称为"北非的阿拉伯占领者"[2]。然而，无论是历史还是现实中，撒哈拉以南非洲均是一个文化多样性极大的地区，并没有存在过单一的文化，更不要说统一的政治体。这就使得从文化上界定非洲变得极为困难。为此，一些泛非主义者试图从人种上来界定非洲，认为非洲是全世界黑人的发源地，泛非主义的主体应当是全世界的黑人。例如，被誉为"泛非主义之父"的杜波依斯（William Edward Burghardt Du Bois）曾经使用了"泛黑人主义"（Pan-Negroism）一词，明确将泛非主义看作是全世界黑人的政治和社会运动[3]。即便如此，问题仍旧没有解决，因为"黑人"本身的内涵仍旧是不明确的。例如，同为20世纪泛非主义思潮代表人物的布莱登（Edward Blyden）拒绝参与杜波依斯组织的历次泛非大会，理由是杜波依斯并不是纯正的黑人（杜波依斯是黑白混血人）[4]。另一方面，如果

1　北非国家与泛非主义运动的第一次接触发生在1958年。当年加纳召开了独立非洲国家大会，共有八个非洲国家参加。其中除了加纳、埃塞和利比里亚是黑人国家外，阿拉伯联合共和国、利比亚、摩洛哥、突尼斯都是北非国家，而另一个参会国家苏丹也是阿拉伯国家。

2　Adi, Hakim, *Pan-Africanism: A History*, London: Bloomsbury Academic, 2018, p. 223.

3　Rabaka, Reiland, "W.E.B. Du Bois: From Pioneering Pan-Negroism to Revolutionary Pan-Africanism," in Rabaka, Reiland ed., *Routledge Handbook of Pan-Africanism*, London: Routledge, 2020, p. 187.

4　布莱登特别强调黑人种族的血统纯正性，一方面是基于对黑人种族的自豪感，另一方面是为了维护处于弱势地位的黑人种族的特性，因此，他对于种族混血十分担心。参见张宏明：《爱德华.布莱登关于种族的论述》，《西亚非洲》2006年第7期。

将非洲视为一个地理概念，那么，如何看待流落在世界各地的海外非洲人？如前所述，在 20 世纪 50 年代末开始的非洲去殖民化运动之前，泛非主义一直是海外非洲人推动和主导的思潮和运动。将海外非洲人排除在泛非主义之外，至少不符合泛非主义的历史。

在实现泛非主义目标的手段上，泛非主义者之间也是分歧重重。在非洲国家独立之前，泛非主义者并未太多触及实现泛非主义目标的手段问题，尽管他们在现实中都采取非暴力的方式。例如，第二次世界大战之前的五次泛非大会均是以"请愿"和"游说"为运动的主要手段。随着非洲国家的独立，非洲人"解放"的目标基本实现，泛非主义的目标重点越来越转向了非洲国家之间的"联合"，这时，非洲各国统治者在实现"联合"的手段方面的分歧就浮出了水面。如前所述，非洲各国统治者对于"联合"的形式与内容本就充满分歧。即便若干领导人在"联合"的形式与内容上达成了一致，但他们往往在实现"联合"的手段上存在分歧。例如，恩克鲁玛与尼雷尔都认为大陆层面的统一的"非洲合众国"应当是非洲国家"联合"的最终目标，但他们在实现这一目标的手段上却难以达成一致。恩克鲁玛推崇的是首先实现政治整合，即在各国让渡国家主权的基础上逐步推动非洲国家在经济、外交和国防领域的整合[1]。与此相反，尼雷尔则认为非洲国家理所应当首先推动本国的国家建设。尽管他也强调，各国在推动国家建设的同时，也必须要考虑非洲联合的愿景，在现实条件允许的某些领域中，推动非洲统一的目标（比如，在高等教育方面）[2]。

因此，无论从目标、主体还是手段上看，泛非主义均是一个缺乏明确界定的概念。甚至帕德摩尔（George Padmore）——20 世纪最伟大的泛非主义思想家之一——也承认，"尽管泛非主义的理念广为传播，但是，我们并不

1　Nkrumah, Kwame, *Africa Must Unite*, New York: Panaf Books, 1963, p. 162.

2　Nyerere, Julius, "The Dilemma of the Pan-Africanist," 1966. https://www.blackpast.org/global-african-history/1966-julius-kambarage-nyerere-dilemma-pan-africanist.

清楚我们具体想要什么，以及如何实现它们"[1]。换言之，泛非主义并非仅仅包含一种单一的思潮，而是不同思想家在不同历史背景下提出的诸多思想的混合体。

这些思想之所以都被认为具有泛非主义性质，主要是由于它们具有两个方面的共同性。第一，它们均代表了非洲人对奴隶制、殖民统治以及与此相伴随的种族主义意识形态的反抗。它们都意识到，所有的非洲人，无论是在非洲大陆还是在海外，都面临着共同的压迫，进行着同样的争取自由的斗争，因而拥有共同的命运。利吉姆认为，不同的泛非主义概念背后存在着一种情感性的力量（emotional impetus），而这一力量源自散落在世界各地的非洲人的（共同）经历，"他们感到自己失去了故土，在身体上被剥夺或是被奴隶制所束缚，或是在社会上、经济上、政治上和心智上被殖民主义所压迫。这种故土的失去带来了被奴役、迫害、低人一等、歧视和依附。它包含着独立、自由和尊严的丧失。尊严是泛非主义者词典中的有魔力的词，重获尊严也是他们行动背后的主要推动力"[2]。第二，它们均认为，要反抗奴隶制、殖民统治以及种族主义意识形态，非洲人之间的联合就是必不可少的。这种联合可以采取程度不一的各种形式，从集体声援、抗议、建立泛非主义组织以及推动实现大陆层面的统一非洲政府等。与此同时，为了更有效地实现非洲人之间的联合，泛非主义者还试图发掘非洲人的共同文化特征。比如，布莱登提出的"非洲个性"（African Personality）、凯赛尔（Aime Cesaire）和桑戈尔（Léopold Senghor）等人提出的"黑人性"（Negritude）、恩克鲁玛所说的"非洲人同一性"（African one-ness）以及迪奥普（Cheikh Anta Diop）提出的"黑非洲的文化同一性"等。

综上所述，我们可以将泛非主义界定为非洲大陆和海外的非洲人致力于实现非洲解放与联合的思潮与运动。首先，泛非主义的目标是实现非洲的解

1　Adi, Hakim, *Pan-Africanism: A History*, London: Bloomsbury Academic, 2018, p. 160.

2　Legum, Colin, *Pan-Africanism: A Short Political Guide*, Revised Edition, New York: Praeger, 1965, p. 15.

放与联合。泛非主义诞生于近代资本主义世界体系之中，它代表了非洲人对奴隶制、殖民统治以及与此相伴随的种族主义意识形态的反抗，因此"争取解放"是泛非主义的应有之义。如果没有非洲人的联合，那么"解放"就绝无实现之可能，正如布莱登、杜波依斯、贾维、帕德摩尔等泛非主义思想家均承认的那样，黑人的自由取决于他们能否形成反对帝国主义和殖民主义的统一战线。从这个意义上讲，"联合"是非洲人"争取解放"的必要手段。不仅如此，"联合"本身也是泛非主义的一个目标，尤其是在非洲大陆挣脱殖民主义的枷锁之后更是如此。殖民主义不仅剥夺了非洲人的自由，还造成非洲大陆的极大碎片化。欧洲殖民者人为划定的国家边界以及留下来的不同的"殖民遗产"使得新生的非洲国家难以摆脱在资本主义世界体系中的边缘化地位：对内，它们缺乏国内市场与规模优势，难以实现经济起飞；对外，它们国际地位低下，难以在国际舞台上维护自身的国家利益。从这个有意义上讲，泛非主义的核心特征就是其反抗性：它既要反抗非洲人的被奴役状态（以实现解放），也要反抗非洲大陆的分裂状态（以实现联合）。

其次，泛非主义的主体是全世界的非洲人。一方面，这里的"非洲人"既包括非洲大陆的非洲人，也包括流落在海外的非洲后裔。所以，海外非洲人反对种族主义、争取平等权利的斗争与非洲大陆非洲人反抗殖民主义、争取民族独立的斗争都是泛非主义的重要内容。另一方面，这里的"非洲"不仅是一个文化人类学概念，也是一个地理概念。换言之，北非人也应当是泛非主义的主体[1]。在争取非洲人解放方面，北非人民与撒哈拉以南非洲人民曾相互支持，共同反抗殖民主义。典型的例子包括埃及支持苏丹摆脱英国统治以及非洲国家对于阿尔及利亚反法独立战争的支持；在争取非洲联合方面，北非国家积极参与了非统组织与非洲联盟，一直是非洲一体化进程的重要行

1　这与非洲联盟关于"非洲"的界定相一致。非洲联盟将非洲划为六大区域，即北非、中非、西非、东非、南部非洲以及海外非洲。https://stateofafricandiaspora.international/the-6th-region/。

为体[1]。

与此同时，上述界定默认了实现泛非主义目标的手段的多样性。在争取非洲人解放的历史上，非暴力手段与暴力手段均在终结殖民统治、反对种族主义方面发挥了作用；在争取非洲联合方面，非洲政治精英对于"不同的联合方式"的分歧与争论有利于澄清非洲联合问题的复杂性与艰巨性。从长远看来，这些分歧与争论对于非洲联合目标的实现事实上是有利的。

二、泛非主义研究文献回顾

国际学术界对于泛非主义的研究兴起于20世纪60年代。帕德摩尔主编的《泛非大会史》整理了第一至第五次泛非大会的详细会议资料，并收录了帕德摩尔、杜波依斯、恩克鲁玛等泛非主义思想家的回忆文章。该书被认为是研究泛非大会历史的经典文献[2]。恩克鲁玛于1963年出版了《非洲必须联合起来》一书。恩克鲁玛在书中回顾了20世纪前五次泛非大会的历史，但本书最为重要的贡献在于指出非洲唯一的出路在于政治联合。在恩克鲁玛看来，非洲所有的问题，包括贫困、新殖民主义、巴尔干化、分裂、文化和语言差异，都可以通过"强有力的政治统一"和"非洲人在一个联邦政府下联合起来"加以解决[3]。在《泛非主义：简短政治纲要》一书，利吉姆回顾了20世纪泛非大会的历史，揭示了去殖民化运动后非洲国家围绕非洲统一组织而产生的分歧与矛盾。利吉姆第一次讨论了泛非主义的"情感基础"。在他看来，作为一种反抗性的思潮与运动，泛非主义体现出全世界黑人对于被剥夺、被压

---

1 在西撒哈拉政府1984年被接纳为非统组织成员后，摩洛哥提出抗议并退出了非统组织。这使得摩洛哥未能成为非洲联盟的创始国。摩洛哥直到2017年才加入非盟。

2 Padmore, George ed., *History of Pan-African Congress,* The Hammersmith Bookshop LTD, 1963.

3 Nkrumah, Kwame, *Africa Must Unite*, Panaf Books, 1963, p. 162.

迫、被迫害和被拒绝状态的一种"情感反应"[1]。在《泛非运动：泛非主义在美洲、欧洲和非洲的历史》中，盖斯梳理了 19 和 20 世纪泛非主义的起源、发展以及泛非主义史上的重要领导人物[2]。

然而，随着非洲统一组织在现实中不断陷入困境，国际学术界对于泛非主义的研究在 20 世纪 80 和 90 年代陷入低潮。这一状况直到 2002 年非洲联盟建立之后才有所改观。相对于 20 世纪 60 和 70 年代的泛非主义研究，新时期的泛非主义研究具有以下两个特点：

第一，更为重视一些被以往研究者忽视的历史维度。20 世纪 60 和 70 年代的泛非主义研究主要聚焦于泛非大会与非统组织。相比之下，21 世纪以来的泛非主义研究更为突出泛非主义历史的多维性。这在艾迪的"泛非主义历史三部曲"上体现得最为明显。在《泛非历史：1787 年以来的非洲与海外非洲政治人物》中，艾迪与舍伍德试图从"人的历史"的视角重新书写泛非主义的历史。尤其是，他们大大拓展了泛非主义研究的时间范围，将 18 和 19 世纪的众多早期泛非主义人物也纳入到泛非主义的历史视野之中[3]。在《泛非主义与共产主义：共产国际、非洲与海外非洲人（1919—1939）》一书中，艾迪详细梳理了共产国际与泛非主义的历史交集，尤其是共产国际在解决"黑人问题"上的成败得失，而先前的研究者几乎完全忽略了泛非主义史上这一特殊阶段[4]。在《泛非主义史》一书中，艾迪除了继续突出早期泛非主义以及泛非主义与共产国际的历史交集外，尤其强调了泛非主义的文化维度，他详细阐述了"贾维主义""黑人国际主义"以及"黑人性"等泛非主义史上的文

1　Legum, Colin, *Pan-Africanism: A Short Political Guide*, Revised Edition, Praeger, 1965, p.15.

2　Geiss, Imanuel, *The Pan-African Movement: A History of Pan-Africanism in America, Europe, and Africa*, African Publishing Co., 1974.

3　Adi, Hakim and Sherwood, Marika, *Pan-African History: Political Figures from Africa and the Diaspora since 1787*, London: Routledge, 2003.

4　Adi, Hakim, *Pan-Africanism and Communism: The Communist International, Africa and the Diaspora, 1919–1939*, Africa World Press, 2013.

化现象[1]。另一部拓展泛非主义史研究范围的著作是詹姆斯（C. L. R. James）的《泛非暴动史》。该书从"反抗史"的视角梳理了大西洋奴隶贸易以来海外非洲人和本土非洲人针对种族主义和殖民统治而发起的暴动[2]。

第二，更为突出"非洲联合"对于泛非主义的历史意义。20世纪60和70年代的泛非主义研究也曾涉及"非洲联合"这一议题（比如，恩克鲁玛的《非洲必须联合起来》），但随着非洲国家在"联合问题"上的分裂[3]以及非统组织在现实中遭遇的困境，"非洲联合"话题在泛非主义的研究中逐渐式微。随着非盟的建立，"非洲联合"问题重新成为泛非主义研究者们的研究焦点。例如，艾迪在《泛非主义史》中就用一整章篇幅讨论非盟的历史与前景。玛丽萨（Mark Malisa）等人将"非洲联合"置于泛非主义的历史大背景下，认为"解放"与"非洲联合"代表了泛非主义的两大历史任务[4]。非盟的出现使得一些学者对于"非洲联合"的前景充满了信心。例如，穆里提（Tim Murithi）等人梳理了从非统组织到非盟的历史演变，并认为"非盟代表了新的泛非主义范式的兴起"[5]。相比之下，奥克宏米那（Stephen Okhonmina）则认为，"非洲联合"虽然代表了泛非主义的理想，但仍旧面临着诸多现实的挑战，尤其是"它并没有考虑到权力问题，仅仅试图通过起源和经历上的相似性所带来的一些情感来推动非洲的整合。从今天的世界上看，这些对于推动整合是远远不够的"[6]。

中国学术界对于泛非主义的研究始于20世纪80年代。1983年，唐大盾

1　Adi, Hakim, *Pan-Africanism: A History*, Bloomsbury Academic, 2018.

2　James, C.L.R., *A History of Pan-African Revolt*, PM Press, 2012.

3　关于非洲国家在非洲联合问题上的分裂，参见闫健：《非洲统一组织的理想与现实》，《中国投资》2021年第19/20期合刊。

4　Malisa, Mark and Nhengeze, Phillippa, "Pan-Africanism: A Quest for Liberation and the Pursuit of a United Africa," *Genealogy*, No. 2, 2018.

5　Murithi, Tim and A-Nuvumba, Angela Nding, "From the OAU to the AU: Building an African Union for the 21st Century," Center for Conflict Resolution, 2005.

6　Okhonmina, Stephen, "The African Union: Pan-Africanist Aspirations and the Challenge of African Unity," *The Journal of Pan African Studies*, Vol. 3, No. 4 (2009), p. 89.

发表了《试论恩克鲁玛的政治思想》一文，提出"泛非主义是恩克鲁玛政治思想的首要组成部分"[1]，这被认为是国内泛非主义研究的开端。同年，利吉姆的《泛非主义、黑人精神和非洲民族主义》一文中文版发表。该文介绍了布莱登、贾维、杜波依斯、桑格尔等泛非主义领导人的思想以及泛非大会的情况[2]。唐大盾选编的《泛非主义与非洲统一组织文选（1900—1990）》是国内第一部泛非主义史方面的文献汇编。除了整理泛非主义运动重要历史文献外，该书还收录了杜波依斯、贾维、帕德摩尔、恩克鲁玛等泛非主义领导人的重要文章和讲话稿[3]。作为国内泛非主义研究的代表性作品，舒运国撰写的《泛非主义史：1900—2002年》以1900年（泛非主义诞生）至2002年（非洲联盟替代非洲统一组织）为研究时段，把泛非主义划分为两个阶段，即早期泛非主义阶段（1900—1963）与非洲统一组织时期的泛非主义阶段（1963—2002）[4]。

总的看来，中国学术界对于泛非主义的已有研究大都聚焦于20世纪，尤其是20世纪上半叶的历次泛非大会。进而言之，国内学者大都将泛非主义的起点界定为20世纪初——或更确切地说，就是1900年泛非会议的召开。例如，唐大盾和舒运国都明确将第一次泛非会议（1900年7月）确定为泛非主义的起点。张宏明对于泛非主义起点的界定更为模糊一些，但他也明确指出，"泛非主义萌生于19世纪末20世纪初"[5]。罗建波提出，北美的一些城市早在18世纪下半叶就出现了非洲协会和独立的非洲教堂，但他也仅仅将泛非主义的开端时间提前到1893年的芝加哥非洲大会[6]。国内学者之所以聚焦于20世纪的泛非主义，一方面与泛非大会以及非统组织的历史重要性联系在一起，

1　唐大盾：《试论恩克鲁玛的政治思想》，《西亚非洲》1983年第4期。

2　科林·利吉姆：《泛非主义、黑人精神和非洲民族主义》，葛公尚译，《民族译丛》1983年第3期。

3　唐大盾编：《泛非主义与非洲统一组织文选（1900—1990)》，华东师范大学出版社1995年。

4　舒运国：《泛非主义史（1900—2002）》，商务印书馆2013年。

5　张宏明：《泛非主义思潮和运动兴起的历史背景》，载杨光主编：《中东非洲发展报告No.5》，社会科学文献出版社2002年，第7页。

6　罗建波：《泛非主义与非洲一体化》，《哈尔滨市委党校学报》2007年第7期。

另一方面也与相关的研究资料较为丰富有关。但是，这样一来也容易产生对泛非主义的某种割裂式理解，不利于将泛非主义置于近代以来非洲人"反抗史"的长历史视野下进行审视。例如，舒运国在《泛非主义史》一书中将1900—1963年界定为早期泛非主义时期[1]，容易使人误以为泛非主义的历史始于1900年或者说1900年之前不存在泛非主义——尽管这无论如何并不符合史实[2]。

相比之下，中国学术界对于20世纪之前的泛非主义史的研究成果较少且不系统。例如，张宏明在《近代非洲思想经纬》一书中介绍了伊奎亚诺、库戈亚诺、克鲁梅尔、霍顿、布莱登等早期泛非主义者的思想，但是，他并没有重点突出这些思想的泛非主义维度[3]。郑龙发将布莱登的泛非主义思想划分为文化泛非主义思想与政治泛非主义思想，但他并未能对其他早期泛非主义思想家的思想进行系统梳理[4]。此外，陆庭恩曾对非洲独立教会运动进行了过一些介绍，但并未将其置于泛非主义的历史视野之下进行审视[5]。

---

1 然而，在另一篇文章中，舒运国又将早期泛非主义时期界定为1900—1945年。参见舒运国：《试析早期泛非主义的特点》，《西亚非洲》2007年第1期。

2 事实上，非洲史研究中的"当下主义倾向"（presentism）是一种普遍现象，并不仅仅存在于中国学者之中。如雷德和帕克指出的那样，"非洲史研究中存在一种过度缩短非洲历史的倾向，甚至是研究19世纪非洲史的学者都感到自己属于一个很小且被边缘化的群体"。见 Richard Reid, and John Parker, "Introduction to African Histories: Past, Present, and Future," in Parker, John & Reid, Richard ed., *The Oxford Handbook of Modern African History*, Oxford University Press, 2016, p. 10.

3 张宏明：《近代非洲思想经纬：18、19世纪非洲知识分子思想研究》，社科文献出版社2008年。

4 郑龙发：《爱德华·布莱登泛非主义思想研究》，上海师范大学博士学位论文，2009年。关于布莱登思想的介绍，请参见张宏明：《爱德华·布莱登的宗教思想透视》，《西亚非洲》2007年第5期；张宏明：《爱德华·布莱登关于种族的论述》，《西亚非洲》2006年第7期。

5 陆庭恩：《非洲与帝国主义》，北京大学出版社1987年。另外，利吉姆也曾提及基督教会在早期泛非主义兴起中的作用。参见科林·利吉姆：《泛非主义、黑人精神和非洲民族主义》，葛公尚译，《民族译丛》1983年第3期。

三、早期泛非主义（18 世纪中期—19 世纪末）

泛非主义诞生于海外，其萌芽可以追溯到大西洋奴隶贸易时期。面临着相同的种族歧视与奴隶制的枷锁，这些在海外的非洲人逐渐产生了相对于"他者"（即白人）的身份认同——这种身份认同就成为黑人争取解放与联合的基础，也构成了泛非主义思潮最早的萌芽。从其诞生伊始，泛非主义就既是一种思潮，也是一种运动。具而言，泛非主义从一开始就与英美两国的废奴运动紧密结合在一起。

1780 年，伊奎亚诺（Olaudah Equiano）与库戈亚诺（Ottobah Cugoano）在伦敦成立了"非洲之子"组织（The Sons of Africa），呼吁改善黑人待遇，废除奴隶贸易和奴隶制，这被认为是最早的泛非主义组织。"非洲之子"的成员都是获得自由的黑人，大部分受过高等教育。"非洲之子"主要通过公开演说或在报纸上发表文章来呼吁终结奴隶贸易和奴隶制。在"非洲之子"的游说下，英国议会先后通过了"1788 年奴隶法案"（主要是改善运奴船的条件）与"1807 年奴隶贸易法案"（废除英国殖民地的奴隶贸易）。根据"1807 年奴隶贸易法案"，英国海军开始在西非海岸拦截非法运奴船，打击奴隶贸易[1]。

在英国，"非洲之子"反对奴隶贸易和奴隶制的运动得到了贵格会（Quakers）和圣公会（Anglicans）等基督教组织的支持；而在美国，黑人卫理锡安会（African Methodist Episcopal Zion Church）则成为最早的泛非主义运动的大本营。1796 年，纽约卫理公会中的黑人信众因不堪忍受教会内部的歧视，决定脱离纽约卫理公会，成立独立的黑人卫理锡安会。黑人卫理锡安会积极争取黑人的平等权利，动员黑人行动起来反抗种族歧视。著名的黑人活动家与废奴主义者道格拉斯（Frederick Douglass）就是黑人卫理锡安会的成员。由于黑人卫理锡安会对于废奴运动的贡献，它在黑人中间也被称为是"自由教会"（Freedom Church）。

1　Hakim Adi, *Pan-Africanism: A History*, London: Bloomsbury Academic, 2018, p. 23.

除了反对奴隶贸易与奴隶制之外，早期泛非主义者致力于推动的另一目标就是"重返非洲"（return to Africa）。种族歧视与种族压迫的事实使得早期的泛非主义者相信，黑人无法与白人共同生活在同一个社会，而唯一的解决办法就是黑人重返非洲，建立黑人主导的国家。在当时，英美两国的一些白人精英也认为将黑人遣返非洲是一劳永逸解决各自国家种族冲突的最佳手段。于是，在18世纪末，在基督教会组织的支持下，早期泛非主义者发起了"重返非洲"运动[1]。1789年，英国政府建立了塞拉利昂殖民地，主要是为了安置从英国来的自由黑人——这些黑人曾在美国独立战争期间代表英国人与美国作战。例如，1792年，皮特斯（Thomas Peters）就带领1000多名"忠诚于英国的黑人"（black loyalists）从加拿大前往塞拉利昂定居。在美国，泛非主义的先驱霍尔（Prince Hall）1787年在马萨诸塞州议会上首先提出将黑人遣返非洲。后来，贵格派信徒库菲（Paul Cuffee）在1815年将40名黑人安置在塞拉利昂。与英国政府直接"遣返黑人"的做法不同，在美国，与"遣返黑人"相关的事务主要是由美国殖民协会（American Colonization Society）负责，美国政府只是提供必要的资金与协助。美国殖民协会成立于1816年，并于1821年建立了利比里亚殖民地，专门用于安置美国被解放的黑人。美国早期的泛非主义者积极参与"重返非洲"计划，例如，在美国殖民协会的支持下，德莱尼（Martin Delany）和特纳（Henry Turner）主教于1878年组织了256名黑人前往利比里亚定居[2]。

1　"重返非洲"运动背后的理念与杜尔（Kwame Toure）在20世纪50年代提出的"土地分离理论"（land base theory）一致。杜尔也认为黑人无法与白人共同生活在一个社会，为此，他发起并领导了"黑人权力运动"（Black Power Movement）。不同的是，杜尔及其领导的"黑人权力运动"认为是可以在西半球建立一个独立的黑人国家的，并不一定要使黑人重新返回非洲去。见 Kwame Ture, *Stokely Speaks: From Black Power to Pan-Africanism*, New York: Lawrence Hill Books, 2007.

2　在美国，愿意遣返回非洲的黑人数量与美国国内政治形势密切联系在一起。在美国内战期间，美国殖民协会基本处于停顿状态，因为黑人当时认为自己可以在美国获得平等权利。只是在后来的美国重建时期，黑人因对于现状的幻灭而又开始重新思考返回非洲的选项。在其存在期间，美国殖民协会大约将1.2万名黑人遣返到利比里亚。它最后一次遣返黑人是在1904年。https://www.blackpast.org/african-american-history/american-colonization-society-1816-1964/。

相应地，"废奴运动"和"重返非洲运动"也是早期泛非主义思想家的主要关注重点。在19世纪，"废奴运动"中最著名的泛非主义者是沃克（David Walker）与道格拉斯。1829年9月，沃克发表了著名的《戴维·沃克的呼吁》（*David Walker's Appeal*）。在这本小册子中，沃克强烈抨击奴隶制、殖民主义以及对非洲人的制度性排斥、压迫和贬低。他呼吁所有的黑人要联合起来，共同反抗白人的暴行。在这篇战斗檄文中，沃克尤其提醒人们不要忘记非洲文明过去的辉煌，这使得他成为最早在文化意义上反抗奴隶制的泛非主义者之一。沃克的呼吁充满了激烈的斗争色彩，这使得南方的很多奴隶主对他极为恐慌，一些南方州政府甚至以"煽动罪"对他提出指控。相比之下，道格拉斯更强调通过"合法的"方式终结奴隶制并为黑人争取平等权利。通过巡回演讲以及主办报刊，道格拉斯积极影响美国公共舆论，游说美国政界，最终推动了美国废除奴隶制以及赋予黑人平等政治权利等进步法案的出台。道格拉斯也因此成为美国历史上第一位获得副总统提名的黑人政治家。

在早期泛非主义思想家中，德莱尼、克莱梅尔（Alexander Crummell）与布莱登均是"重返非洲运动"的积极支持者。一方面，他们坚信，黑人无法与白人一起获得发展，提倡非洲裔美国人从美国分离，成立一个黑人国家；另一方面，他们都强调非洲裔美国人与非洲大陆的联系以及非洲裔美国人与非洲人之间的共同点，这使得他们都认为非洲大陆是成立一个黑人国家的天然应许之地。克莱梅尔与布莱登最终从美国回到利比亚定居[1]。德莱尼参加了美国内战并成为联盟军队中第一位黑人军官。尽管他自己并没有"重返非洲"，但他最早提出了"非洲人的非洲"口号，主张在非洲建立一个黑人国家并实现黑人自己的统治[2]。因此，对于这些早期的泛非主义思想家而言，"重返非洲"至少包含着两方面的含义：一是返回非洲大陆，以逃离美洲大陆的奴隶制与种族歧视；二是在非洲建立一个黑人国家，以实现黑人的自我统治。

1　克莱梅尔在美国南北内战结束后重新返回美国。

2　Anthony Appiah, "Pan-Africanism," http://www.oxfordaasc.com/article/opr/t0002/e3057.

种族主义意识形态构成了 19 世纪殖民主义和种族压迫的理论基石。如要反对殖民主义与种族压迫，则必然要反对其背后的种族主义意识形态。因此，无论是致力于"废奴运动"还是"重返非洲运动"，早期泛非主义思想家均将矛头指向了种族主义意识形态。在 19 世纪，西方国家出现了所谓的"种族科学"（race science），以论证殖民主义事业的"科学性"。1795 年，德国医生布卢门巴赫（Johann Friedrich Blumenbach）将人类划分为五大类，即高加索人种、蒙古人种、埃塞人种、美洲人种与马来人种，开启了"种族科学"的滥觞。"种族科学"的集大成者是法国人戈宾诺（Count de Gobineau），他在 1853 年发表了《人类种族的不平等》（*The Inequality of Human Race*）一书。在该书中，戈宾诺将人类分为三大种族，即黄色人种、白色人种与黑色人种，其中黑色人种是最低等的。他在书中写道："黑色人种是最低等的，在人类的阶梯上位于最底层地位。黄色人种正好与黑色人种相反，不会做黑人中间司空见惯的那些过分的事情。白色种人有着反思的力量，充满智慧。"[1] "在那些雅利安人不占主导地位的欧洲民族中，也没有真正的文明……没有任何黑人种族能够创造出文明，只有当它与其他种族的人混合之后才可以创造文明……同样，黄种人中间也没有自发产生的文明。当雅利安人的血统耗尽，停滞就会到来"。[2]

早期的泛非主义者对于种族主义意识形态展开了猛烈抨击。19 世纪发生的两件大事更是极大激发了早期泛非主义者的种族自豪感：一是 1804 年海地推翻了法国的殖民统治，成为世界上第一个黑人共和国；二是 1896 年埃塞俄比亚在阿杜瓦战役中击败意大利，成功捍卫了自身的独立地位。沃克在《戴维·沃克的呼吁》一文中，已经提出了黑人历史上辉煌的文明，这使得他成为最早的泛非文化民族主义者之一。1868 年，塞拉利昂人霍顿（James Horton）发表了《西非国家和民族、英国与土著：为非洲种族辩护》（*West*

1　Arthur de Gobineau, *The Inequality of the Human Races*, 3 rd edition, New York: H. Fertig, 1967, p. 205.

2　Ibid, p. 212.

African Countries and Peoples, British and Native: And a Vindication of the African Race）一书。在书中，霍顿抨击了当时认为黑人智力低下的种族主义观点，呼吁英国政府改革在西非的殖民统治。克莱梅尔等人直接反击白人种族主义者的种族主义谬论，他们将非洲看作是一个全新的大陆，认为黑人是有能力、充满活力的种族，黑人有资格在文明的现代世界中获得一席之地[1]。

在反击种族主义意识形态方面，早期泛非主义者中的最杰出代表是布莱登。1893 年，布莱登在塞拉利昂发表了题为《研究与种族》的演讲，正式提出“非洲个性”的概念，挑战当时甚嚣尘上的各种种族主义“科学理论”。例如，1863 年，伦敦人类学会就将黑人看作是人类种族阶梯的最低等一类，认为那些任由别人奴役的黑人在精神上是“低劣的”[2]。在布莱登看来，人类的每个种族虽都是平等的，但却都有自己的特质，每个种族都有着自己的个性与使命。布莱登认为，所谓的“非洲个性”囊括了非洲人的一系列特征，包括快乐、热爱自然、服务精神、简单而真诚的男子气、热爱生活以及追寻自由。布莱登尤其将非洲人的服务精神作为“非洲人个性”的一个关键特征。在他看来，非洲人的这种服务精神充满了温和、妥协、服从、耐心等特质。布莱登呼吁黑人中间产生一种文化民族主义，即非洲人要对自己的文化充满自豪感，因为正是这些文化赋予了非洲人的个性与认同。泛非主义各思想流派的哲学基础都可以追溯到布莱登的“非洲个性”概念[3]。在抨击贬低黑人的种族主义“科学理论”的基础上，布莱登进而提出了“黑人权力”（Black Power）的理念。1862 年，布莱登出版了《利比里亚的礼物：演讲、布道及其他》（*Liberia's Offering: Addresses, Sermons, Etc.*）。在书中，布莱登写道，“我

1　Tracy K. Flemming, *Negro: Travel and the Pan-African Imagination during the Nineteenth Century*, a dissertation submitted in partial fulfillment of the requirements for the degree of Doctor of Philosophy (History) in The University of Michigan 2010, p. 7.

2　"Edward Wilmot Blyden: The African Personality," https://www.liberianlistener.com/2020/03/17/edward-wilmot-blyden-the-african-personality/.

3　Tite Tiénou, "Blyden, Edward Wilmot," in Anderson, Gerald ed., *Biographical Dictionary of Christian Missions,* New York: Macmillan Reference USA, 1998. http://www.bu.edu/missiology/missionary-biography/a-c/blyden-edward-wilmot-1832-1912/.

们需要非洲人的权力，以形成我们种族伟大的中心，这样，我们的体力、经济和才智就可以汇聚起来。"[1]

早期的泛非主义具有如下一些突出特征：

第一，它与基督教组织密切联系在一起。无论是致力于废奴运动还是"重返非洲运动"，早期的泛非主义都与基督教组织紧密联系在一起。贵格会、圣公会以及黑人卫理锡安会等教会组织推动了英美两国废奴运动的深入，而拥有深厚教会背景的"美国殖民协会"直接负责组织美国黑人"重返非洲运动"。此外，早期的泛非主义思想家大都与教会有着密切的联系。沃克是一名虔诚的基督教徒，德莱尼和霍顿都在教会学校接受教育，克莱梅尔和布莱登都曾做过牧师。早期泛非主义与基督教组织之间的密切联系与基督教自身的一些特质有关。自其诞生以来，基督教就一直是"弱者的宗教"，它所倡导的平等精神就成为海外黑人反抗种族压迫的精神武器。面对教会内部的种族歧视，19世纪的黑人基督教徒首先行动起来，发起了建立黑人独立教会运动，亦即"埃塞俄比亚运动"（Ethiopian Movement）。这是因为《圣经》赞美诗中有一句诗句，"王子们将出埃及，埃塞俄比亚很快就会向上帝招手"。黑人教会也因此成为早期泛非主义运动的大本营。

第二，它主要由海外非洲人所主导。如前所述，泛非主义兴起于海外非洲人之中。在泛非主义的早期阶段，我们能够看出明显的海外非洲人主导的特征。早期的泛非主义思想家大都出生和居住在海外，仅有霍顿、克莱梅尔和布莱登有过在非洲大陆的生活经历。其中，霍顿出生在塞拉利昂，在英国接受医学教育后，他被派往英国冈比亚殖民地担任了三年军医，此后回到塞拉利昂，一直到1883年去世。布莱登和克莱梅尔出生在海外，后来均参与"重返非洲运动"而在利比里亚定居，但克莱梅尔在美国南北战争结束后又重新返回美国。除了霍顿外，几乎没有本土非洲人参与早期的泛非主义运动。

1　Edward Wilmot Blyden, "The Call of Providence to the Descendants of Africa in America," in R. Lynch, Hollis ed., *Black Spokesman: Selected Published Writings of Edward Wilmot Blyden*, London: Cass, 1971, p.30.

海外非洲人的主导地位也体现在早期泛非主义运动的目标上。无论是废奴运动还是"重返非洲运动"，均反映了海外非洲人当时的斗争目标，而非洲大陆本身的解放并未成为早期泛非主义者的关注重点。不仅如此，早期泛非主义者甚至认为，欧洲国家对非洲的殖民主义有其"正当性"。例如，尽管霍顿认为在殖民主义到来之前，西非已经出现了真正的政府和民族独立，但是他认为非洲本土的政治制度是"暴力与野蛮的"。相反，他认为，英国文明对于非洲和非洲人都有着潜在的好处，代表了非洲人实现政治与社会解放的路径[1]。

　　第三，它代表了黑人种族的集体斗争。换言之，早期的泛非主义者通过"种族"这个棱镜来审视黑人的困境以及寻求摆脱这种困境的道路。从这个意义上讲，早期的泛非主义者是借用西方的种族概念来反对西方的种族主义。早期的泛非主义者认为他们都属于"黑人"种族。这种想法与19世纪欧美的种族论相一致，后者认为人类被分为不同的种族，每个种族都有自己独特的精神、身体和文化特征。例如，在《基督教、伊斯兰与黑人种族》一书中，布莱登明确指出，"所有哲学家研究的结论中，没有一个比这个结论更明确的了，即人类的每个种族都有着特定的特征和特定的任务"[2]。同样，克莱梅尔也认为，非洲种族有着其自身特定的属性，它的命运是由上帝给定的；非洲人应当行动起来，将其现在面临的低劣地位转变为"上帝允诺给非洲人的高级的显赫地位"[3]。因此，早期的泛非主义者将非洲看作是一个种族概念而非地理概念，他们选择以西方人提出的种族概念来反对西方人的种族主义。同时，这也意味着，北非的阿拉伯人并不被包含在早期泛非主义者的关注范围之内。

　　第四，早期的泛非主义体现出对于非洲的矛盾态度。如前所述，早期的泛非主义者将非洲看作是黑人种族的发源地，强调海外黑人与非洲大陆之间的天然联系，认为非洲大陆是实现黑人种族自由的"应允之地"。他们中的一

1　Olúfẹ́mi Táíwò, "Excluded Moderns and Race/Racism in Euro-American Philosophy: James Africanus Beale Horton," *The CLR James Journal,* 24, no. 1, 2018, pp. 177–203.

2　Anthony Appiah, "Pan-Africanism," http://www.oxfordaasc.com/article/opr/t0002/e3057.

3　Hakim Adi, *Pan-Africanism: A History*, London: Bloomsbury Academic, 2018, p. 25.

些人甚至将非洲的过去"香格里拉化",将非洲想象为没有奴隶制和种族压迫的自由大陆。但是,另一方面,早期的泛非主义者却几乎从不掩饰他们对非洲本土文化的蔑视。如前所述,霍顿将非洲本土的政治制度看作是"暴力与野蛮的",而无论是克莱梅尔、布莱登还是德莱尼,都认为海外非洲人承担着教化本土非洲人的重任,这也是他们支持"重返非洲运动"的一个重要原因。例如,克莱梅尔明确指出,使非洲黑人皈依基督教是美洲的"自由的有色人"的义务[1]。正因如此,早期泛非主义者大都不反对欧洲国家在非洲的殖民主义,因为这有利于对非洲人的"文明教化"。这使得早期泛非主义者对非洲本土民众的态度产生了某种"两面性":一方面,非洲本土民众与海外非洲人之间存在着血缘联系,二者同属"黑人种族",面临着摆脱种族主义和种族压迫的共同任务,因此,非洲本土民众是海外非洲人应当联合的对象;另一方面,海外非洲人又认为非洲本土民众是"愚昧、落后、野蛮的",没有经历西方文明的洗礼,因为应当是"被教化、被改造"的对象。

早期的泛非主义内部已经产生了较为明显的分歧。首先是目标方面的分歧。如前所述,早期的泛非主义的目标主要体现为废奴运动与"重返非洲运动",但早期泛非主义者在这两大目标之间却存在不同的选择。具体言之,道格拉斯、沃克等人的目标是实现黑人在美国的平等权利,而德莱尼、克莱梅尔与布莱登却坚持"重返非洲",认为黑人只有在非洲才能实现自身平等自由的发展。另一个分歧涉及对于"黑人种族"的理解。尽管早期的泛非主义者均致力于为"黑人种族"代言,但对于谁可以被纳入"黑人种族"却并无一致的理解。

四、泛非大会时期的泛非主义(1900—1945)

无论是废奴运动还是"重返非洲运动",早期的泛非主义在目标上呈现

1　Anthony Appiah, "Pan-Africanism," http://www.oxfordaasc.com/article/opr/t0002/e3057.

出十分明显的"海外中心"色彩。在早期泛非主义者心目中，非洲大陆或是被理想化为海外非洲人获得自由的"应许之地"，或是应当被"文明的海外黑人"予以教化的对象。因此，早期泛非主义者虽致力于提升"整个黑人种族"的平等权利与地位，但是，由于对非洲大陆的了解与重视程度有限，早期泛非主义的"泛非"性质是不充分的。与此相关，无论是黑人民权组织还是黑人教会组织，其所关注的均是海外黑人的境遇，非洲大陆仅仅是一个"背景因素"或（潜在的）"改造对象"。例如，1893 年的"芝加哥非洲大会"（The Chicago Congress on Africa）和 1895 年的"亚特兰大非洲大会"（The Atlanta Congress on Africa）的主题大体类似：一是讨论外部世界如何对非洲进行"文明教化"；二是如何推动在美洲的黑人"重返非洲"[1]。随着泛非大会在 20 世纪初的召开，这些状况终于开始发生改变。

（一）泛非大会的先声：1900 年的泛非会议（Pan-African Conference）

1900 年 7 月，特立尼达人威廉姆斯（Henry Williams）与黑人卫理锡安会主教沃尔特斯（Alexander Walters）在伦敦组织了"泛非会议"。这次会议第一次使用了"泛非"（Pan-African）这个词，因而被认为是现代泛非主义的开端。此次会议的目标是影响英国舆论，以求改善世界各地黑人的待遇。会议的讨论主题宽泛，包括奴隶制问题、殖民主义问题、种族问题以及海外黑人重返非洲问题。会议痛斥了帝国主义、非洲的殖民主义以及美国的种族主义，要求温和的改革、非洲殖民地和西印度群岛殖民地的自决以及非洲大陆的最终解放。因此，此次会议的主题超越了早期泛非主义者相对狭隘的视野，真正具有了"泛非主义"性质。

在此次会议上，杜波依斯负责起草了"向世界各国的演说"（Address to the Nations of the World），在其中，他提出了"20 世纪的问题是肤色线的问题"的名言。这篇演讲痛斥了黑人无法享有获得现代文明的机会与权利的状

---

1 Hakim Adi, *Pan-Africanism: A History*, London: Bloomsbury Academic, 2018, p.31.

况，并提出警告说，如果黑人无法获得最广泛的教育和自我发展的机会，那么，"这会对欧洲一千年的基督教文明所推崇的正义、自由和文化理念造成令人遗憾的后果"[1]。在这篇演讲中，杜波依斯代表泛非会议向世界各国提出了九条请求，其内容既涉及海外非洲人的平等权利问题，也针对英法德比等国的非洲殖民地的状况，还包括阿比西尼亚等三个独立黑人国家的独立地位问题，真正体现了"泛非主义"斗争目标的宽泛性。此外，与早期泛非主义相比，1900 年泛非会议的另一个不同之处就在于它体现了泛非主义的组织化趋势。此次会议是由非洲协会（the African Association）组织的，后者由威廉姆斯于 1897 年在伦敦成立。非洲协会主要致力于为英属非洲和加勒比殖民地的黑人争取权利，并推动非洲人之间的团结。在成员资格方面，只有非洲人或非洲后裔才能成为非洲协会的成员。在 1900 年泛非会议上，非洲协会改名为泛非协会（Pan-African Association），沃尔特斯担任主席。同时，会议决定创办《泛非》杂志（Pan-African）。

尽管 1900 年的泛非会议被认为是现代泛非主义的开端，但是，杜波依斯与恩克鲁玛等人并不将其视为是"泛非大会"（Pan-African Congress）的开端。这主要是因为 1900 年泛非会议并没有产生持久性的影响：泛非协会很快就解体了，《泛非》杂志也很快停刊，而会议所提出的大多数计划最终只能停留在纸面上。此外，1900 年的泛非会议规模较小，参会代表只有 30 人左右。这些代表主要来自于英国和西印度群岛，代表性十分有限。

（二）五次泛非大会（1919—1945 年）

历史上的泛非大会一共举行了七次。第一次泛非大会于 1919 年在巴黎召开，最后一次于 1994 年在坎帕拉召开，前后跨度达 75 年之久。其中，第六次（1974 年达累斯萨拉姆）和第七次泛非会议（1994 年坎帕拉）均发生在非

1　"Address to the Nations of the World by the Pan-African Conference in London," http://houseofknowledge.org.uk/site/documents/neoGarveyismCorner/1900%20Conference%20resolution.pdf.

洲大陆大规模去殖民化运动之后。彼时，独立的非洲国家已经有了推进泛非主义理想的区域性组织——非洲统一组织，因此，这两次泛非大会的重要性与影响均无法与前五次相比[1]。所以，本文集中关注前五次泛非大会的内容与影响。

与 1900 年的泛非会议相比，1919—1945 年的五次泛非大会的宗教色彩要淡化不少。一方面，泛非大会的主要组织者——比如杜波依斯、肯雅塔（Jomo Kenyatta）、帕德摩尔——并没有太多教会背景。相反，他们都是推动泛非主义运动的政治活动家。因此，泛非大会时期也是泛非主义运动的政治性日渐凸显和增强的时期。另一方面，与 1900 年的泛非会议类似，后来的五次泛非大会本质上也是"呼吁的"大会：通过发出"呼吁"，与会者试图影响国际舆论，以期改变世界各地黑人的境遇。当然，除了向西方国家发出呼吁外——这一点与 1900 年的"泛非会议"相同——前五次泛非大会还向巴黎和会、国际联盟这样的国际组织（或会议）发出呼吁。

在 1919—1945 年的五次泛非大会中，第一次（1919 年，巴黎）和第五次泛非大会（1945 年，曼彻斯特）的历史影响较大；相比之下，第二次（1921年，伦敦、布鲁塞尔和巴黎）、第三次（1923 年，伦敦和里斯本）和第四次泛非大会（1927 年，纽约）主要是重复以往泛非大会的主张，历史影响相对较小。因此，本部分将集中论述第一次和第五次泛非大会，对第二至第四次泛非大会仅作简要介绍。

1. 第一次泛非大会（1919 年，巴黎）

1919 年 2 月，杜波依斯在巴黎组织召开了第一次泛非大会。当时，一战刚刚结束不久。很多黑人士兵在一战中代表协约国参战，但是种族歧视和殖民统治的现状迫使他们意识到"自己在战争中捍卫的只是别人的权利"。战争

1　在 1974 年第六次泛非大会上，泛非主义者发生了重大分裂。当时的争论陷入了种族和阶级问题：一派是激进的泛非主义者，另一派是激进的新马克思主义者，后者认为，泛非运动必须抛弃种族问题，集中于阶级问题。1994 年的第七次泛非会议由激进的新马克思主义者组织，没有非洲国家元首参加，参会者主要是非洲学者。

也使得世界各地的黑人行动起来争取平等权利，尤其是在美国。当时，决定战后世界格局的巴黎和会正在进行之中，杜波依斯认为，这是向全世界表达非洲人诉求的绝好机会。后来，在谈到组织第一次泛非大会的背景时，杜波依斯说："我认为应当召集一次'泛非大会'，以向坐在凡尔赛宫里参加和会的代表们表明非洲在未来世界的重要性。"[1]

第一次泛非大会的代表性有限。在全部57名代表中，只有12位来自非洲大陆，其余均来自于美国、西印度群岛和欧洲。这是因为第一次泛非大会大体上是一次"临时起意的"会议，并没有太多的预先准备。事实上，大多数参会代表并不是专门赴巴黎参加泛非大会，而是在得到会议的消息时恰巧在法国。

会议通过了决议，向巴黎和会发出了呼吁，内容涵盖土地问题、资本问题、劳动力问题、教育问题、药品和卫生问题、参与政府问题、文化和宗教问题、文明化黑人的平等权利问题以及国联代表权问题等。与1900年的泛非会议相比，第一次泛非大会的呼吁内容不仅更为广泛，而且更为具体。这也与早期泛非主义者对于抽象权利的诉求形成了鲜明的对比。与此同时，第一次泛非大会也存在一些局限性：

首先，保守性。第一次泛非会议的诉求主要是提升全世界非洲人的经济、社会和政治权利，但是，它却没有提出要求非洲殖民地真正独立的政治目标，因此，它的目标具有一定的保守性。与此同时，它主要通过"呼吁"的方式影响国际舆论，并以此寻求有利于全世界非洲人境遇的改变，因此，它在斗争方式的选择上也体现出一定的保守性。

其次，目标的不切实际性。这尤其体现在杜波依斯在会上提出的"处置德国前非洲殖民地"的建议。根据杜波依斯的建议，德国前非洲殖民地应当交给一个国际组织而非各个殖民宗主国进行管理，"这个国际组织不仅仅代表政府，也代表了现代文化、科技、商业、社会改革和宗教性的慈善事业。它

1　George Padmore, ed., *History of the Pan-African Congress*, London: The Hammersmith Bookshop Ltd, 1963, p. 13.

必须同时代表白人世界和文明开化的黑人世界"[1]。杜波依斯的设想是，这个国际组织将最终实现"非洲人的非洲"的理想，"如果我们能够实现这个理想的话，我们就将这个黑暗的大陆带上人类最后一次伟大的征程。随着非洲的救赎，亚洲将会更为安全，欧洲也会迎来更多胜利"[2]。杜波依斯的设想无疑不切实际，当时的《芝加哥论坛报》（The Chicago Tribune）毫不隐晦地说这是一种"乌托邦式"的想法[3]。

再次，精英主义色彩浓厚。第一次泛非大会的精英主义色彩很突出，这一点也是后来几届泛非大会的突出特征。这也代表了泛非大会与同时期泛非主义另一流派——贾维主义（Garveyism）——的根本分歧。第一次泛非大会（以及后来几届）的代表主要是黑人知识精英，他们有意将自己区别于一般的"黑人民众"。例如，会议认为土著参与政府的前提，是"证明自己的发展程度达到了本土统治原则的要求"；会议还提出，不能因为他们的肤色而拒绝赋予"文明开化的黑人"（civilized negroes）以平等权利。

即便如此，第一次泛非大会仍旧具有重大的历史性意义。它第一次引发西方各国舆论对泛非主义运动的广泛关注，推动了非洲人反对种族主义和殖民主义的斗争；它对于非洲人所面临的"种族压迫"有了更为全面而深刻的认识，这尤其体现在它所发出的呼吁包含了保护黑人政治、经济、文化与社会权利等诸多内容；它开创了泛非大会的先河，对于后续泛非大会的斗争内容与方式均产生了深远影响。

2. 第二次、第三次和第四次泛非大会

在杜波依斯的主持下，在1921年至1927年间一共举行了三次泛非大会，分别是第二次泛非大会（1921年，伦敦、布鲁塞尔和巴黎）、第三次泛非大会（1923年，伦敦和里斯本）和第四次泛非大会（1927年，纽约）。

1　George Padmore, ed., *History of the Pan-African Congress*, London: The Hammersmith Bookshop Ltd, 1963, p.14.

2　Ibid, p.15.

3　Ibid, p.13.

作为第一次泛非大会的继续，这三次泛非大会均体现出较为明显的连续性。与第一次泛非大会一样，这三次泛非大会继续向西方国家和国际联盟发出呼吁的方式，以寻求全世界黑人平等权利问题的解决。此外，从内容上看，这三次会议基本上重复了第一次泛非大会的呼吁内容，并没有太多的创新之处。具体而言，第二次和第三次泛非大会各自提出了八项要求，而第四次泛非大会提出了六项要求。这些要求的内容与第一次泛非大会大致类似，涉及非洲人的教育权利、参与政府权利、经济权利、文化权利、社会发展权利以及"文明化黑人"的平等地位等。

这三次泛非大会的历史影响有限，这也反映出泛非主义运动在当时所遭遇的困境：

第一个困境是国际环境的变化。20世纪20年代，欧洲国家进入了战后重建时期，急需从非洲殖民地获得更多原材料和市场，因此，改善非洲人的经济社会地位、赋予他们以政治权利并非殖民宗主国考虑的首要问题。因此，杜波依斯抱怨说，"战后，在英格兰、比利时和其他地方，总有一些人决心要加大对殖民地的剥削，以弥补它们在战争中的损失。这些人对于任何形式的本土人运动都十分怀疑"[1]。事实上，泛非大会本身已经引起了一些欧洲国家政府的警觉和不满。例如，第二次泛非大会的第二阶段会议在布鲁塞尔召开，但因比利时政府和媒体的攻击，会议无法就第一阶段的决议内容进行表决，最终不欢而散。

第二，泛非主义运动面临较大的分歧。首先是杜波依斯代表的"精英主义路线"与贾维代表的"平民主义路线"之间的分歧。贾维主张通过"群众运动"的方式实现"非洲人的非洲"，他领导的"全球黑人进步协会"（Universal Negro Improvement Association）据说在高峰期曾有200多万名成员，曾参与组织了美国20世纪20年代的一系列黑人暴动。相比之下，以杜波依斯为代表的"精英派"则坚持将全世界的黑人知识分子联合起来，通过

1　George Padmore, ed., *History of the Pan-African Congress*, London: The Hammersmith Bookshop Ltd, 1963, p. 17.

游说西方各国政府的方式来为黑人争取平等权利。事实上，在第二、第三和第四次泛非大会期间，杜波依斯所做的一个重要工作，就是通过西方媒体来强调泛非大会与"贾维主义"之间的根本不同，以打消西方各国政府对于激进黑人运动的警惕。由于双方的分歧难以弥合，贾维抵制了泛非大会，这也直接导致了泛非主义运动的分裂。其次，在如何推动泛非主义目标的实现方面，"精英派"内部也存在深刻分歧。例如，由于第一次和第二次泛非大会发出的呼吁并没有得到西方国家的积极回应，杜波依斯等人对此十分失望。因此，他将第三次泛非大会的主题确定为"改变"，希望通过更为激进的方式寻求种族平等的理想。杜波依斯在会议上提出了"将非洲还给非洲人"的倡议，但却遭到了迪亚涅（Blaise Diagne）的强烈反对。迪亚涅是来自塞内加尔的法国国民议会代表，曾任法国殖民部副部长，他坚定地维护法国在非洲的殖民统治[1]。

第三，泛非大会存在较为突出的代表性赤字。在泛非大会的历史上，它始终保持着较为明显的精英色彩，因而它天然地存在代表性不足的问题。此外，由于第一到第四次泛非大会均在非洲之外召开[2]，因此，泛非大会上的非洲代表数量十分有限。例如，第二次泛非大会的 113 名代表中，只有 41 位来自于非洲；而第四次泛非大会的 208 名代表中，只有为数不多的非洲代表，他们全部来自于四个非洲国家，即黄金海岸、塞拉利昂、利比里亚和尼日利亚。因此，在第四次泛非大会上，杜波依斯也不得不感叹，"泛非主义理念仍旧是美国的而不是非洲的"[3]。

第四，泛非主义者对于非洲大陆的了解十分有限。由于海外非洲人在前

1　Thierno Thiam and Gilbert Rochon, *Sustainability, Emerging Technologies, and Pan-Africanism*, London: Palgrave Macmillan, 2020, p.53.

2　1929 年，杜波依斯曾计划在突尼斯举行第五次泛非会议，但是最终因法国政府的反对以及"大萧条"的爆发而无果。见 George Padmore, ed., *History of the Pan-African Congress*, London: The Hammersmith Bookshop Ltd, 1963, p.24。

3　Thierno Thiam and Gilbert Rochon, *Sustainability, Emerging Technologies, and Pan-Africanism*, London: Palgrave Macmillan, 2020, p.74.

几次泛非大会上占据主导，而来自于非洲大陆的代表人数很少，这导致当时的泛非主义者对于非洲大陆的状况普遍了解有限。例如，杜波依斯尽管被誉为"泛非主义之父"，但他只是在 1924 年才第一次踏上非洲大陆（参加利比里亚总统就职典礼）。上述这些问题到了第五次泛非大会上终于有所改观。

3. 第五次泛非大会（曼彻斯特，1945 年）

1945 年在曼彻斯特举行的第五次泛非大会被认为是泛非主义运动的顶点，也是泛非大会历史上最为重要的一次会议。第五次泛非大会的召开距离上次泛非大会已有 18 年之久。杜波依斯说，在这段时间里，"泛非主义理念显然是死亡了，直到 15 年之后（应为 18 年——作者注），在二战的尘嚣之中，它才又一次以惊人的方式重获新生"[1]。这一时期也是世界政治格局急剧动荡的时期，大萧条的出现、法西斯主义政权的上台以及二战的爆发，都对泛非主义运动产生了深远的影响。在这一时期，泛非主义的发展尤其受到了两个历史性事件的影响：一是意大利 1935 年入侵埃塞。面对意大利法西斯政权的侵略，全世界的黑人立即行动起来，声援埃塞政府和人民的抵抗运动。一时间，埃塞俄比亚成为泛非主义运动的中心。泛非主义者组织了"阿比西尼亚国际非洲之友"（International African Friends of Abyssinia），由著名的泛非主义政治家肯雅塔担任名誉主席。二是共产国际对于"黑人问题"的关注。共产国际从成立伊始就关注组织"黑人工人"的问题。1919 年共产国际发布了《共产国际对全世界无产阶级的宣言》，其中有一项内容是针对"亚非殖民地的奴隶"，号召他们起来反抗殖民统治。尤其是在 1928 年，共产国际成立了"黑人工人国际工会委员会"（International Trade Union Committee of Negro Workers），任务是"建立与全世界黑人工人的联系，在阶级斗争的基础上实现广大黑人工人的统一"[2]。著名的泛非主义理论家帕德摩尔曾担任"黑人工人

1　George Padmore, ed., *History of the Pan-African Congress*, London: The Hammersmith Bookshop Ltd, 1963, p.24.

2　Hakim Adi, "The Comintern and Black Workers in Britain and France: 1919-37," *Immigrants & Minorities: Historical Studies in Ethnicity, Migration and Diaspora*, 2010, No. 2-3, p.230.

国际工会委员会"的负责人。

在这种历史背景下，再加上非洲殖民地在二战中做出的巨大牺牲，第五次泛非大会体现出较强的"激进化"色彩也就不令人奇怪了。在《1945年曼彻斯特泛非大会》再版序言中，恩克鲁玛坦言："前几次泛非大会强调要为改善殖民地状况而疾呼。它们呼吁改革，所要求的只不过是殖民地人民要有在自己政府中的发言权……我们认为改良主义顶多只是（殖民宗主国的）一种拖延策略。"[1]这种"激进化"色彩首先体现在第五次泛非大会所提出的目标上。如前所述，前四次泛非大会的目标主要是为全世界的黑人争取平等权利，改善他们的境遇。与此不同，第五次泛非大会直接提出了"独立"的目标。会议通过的《对殖民宗主国的挑战》明确提出，"我们决心要获得自由。我们要求获得教育，我们要求获得体面生活的权利，我们要求获得表达我们思想和感情的权利……我们要求黑非洲的自治和独立"[2]。在大会的分组讨论中，与会者要求独立的呼声更为高涨。例如，在代表东非地区发言时，肯雅塔发出了如下激情澎湃的呼声："我们必须要做的一件事，那就是获得政治独立。如果我们能够实现独立的目标，那么我们就拥有实现我们想要的其他目标的自由。我们感到，种族歧视必须消失。只有这样，人们或许才能享有公民权，而公民权正是每个东非人的愿望。独立必须成为我们的目标。"[3]来自塞拉利昂的约翰逊（Wallace Johnson）指出了第五次泛非大会的特殊之处。他说："我们参加这次会议并不是奔着为非洲和西印度群岛争取特定让步而来。相反，我们要求的是非洲人民和全世界所有的非洲后裔的彻底独立"[4]。

同时，这种"激进化"色彩也体现在会议所推崇的"斗争方式"上。如前所述，前四次泛非大会都是通过"和平呼吁"方式恳求西方各国政府改善

1　George Padmore, ed., *History of the Pan-African Congress*, London: The Hammersmith Bookshop Ltd, 1963, p.v.

2　Ibid, p.5.

3　Ibid, p.42.

4　George Padmore, ed., *History of the Pan-African Congress*, London: The Hammersmith Bookshop Ltd, 1963, p.54.

全世界黑人的境遇。但是，第五次泛非大会提出了更具有对抗性的"斗争方式"。会议通过的《对殖民地工人、农民和知识分子的宣言》明确指出，"殖民地人民必须拥有选择自己政府的权利，而且不受外国列强的干预。我们向殖民地人民发出呼吁，你们必须通过你们可以使用的任何方式来为了这个目标而斗争。"[1] 宣言号召殖民地的工人和农民要有效组织起来，"殖民地的工人必须要站在反帝国主义斗争的最前线。你们的武器——罢工和抵制——将无往而不胜……今天，我们面前只有一条能够通向有效行动的道路，那就是组织群众。殖民地的知识分子也要加入到对群众的组织中来。"[2]《对殖民宗主国的挑战》更是发出了直接的"暴力斗争"威胁："然而，如果西方世界仍旧决心通过强制力来统治人类，那么，非洲人或许不得不为了赢得自由而诉诸强制力——这是非洲人最后的选择——尽管强制力同时会摧毁他们自己以及整个世界。"[3]

第五次泛非大会的"激进化"色彩与其与会代表的来源密切联系在一起。在第五次泛非大会上，来自非洲大陆的民族主义者，比如恩克鲁玛、肯雅塔、约翰逊等，第一次成为泛非大会的主角，这也使得泛非大会第一次真正汇聚了来自非洲大陆的声音。这些来自于非洲大陆的代表对于殖民统治为非洲带来的灾难有着更为深切的体会，对于非洲殖民地的最终独立也有着更为强烈的向往，他们的发言很大程度上影响了会议的最终走向。此外，非洲大陆的代表也为大会带来了更多的一手信息，这使得会议的讨论话题更具有多样性，也更贴近非洲殖民地的实际状况。第五次泛非大会讨论了非洲各殖民地所面临的现实问题，包括南非的种族隔离问题、白人黑人"同工不同酬"问题、东非原住民的土地问题、英国占领埃塞欧加登省问题、西非工人和农民无权组织工会与合作社的问题、贝专纳、巴苏陀兰、斯威士兰以及西南非洲免于

1　George Padmore, ed., *History of the Pan-African Congress*, London: The Hammersmith Bookshop Ltd, 1963, p. 6.

2　Ibid, pp. 6-7.

3　Ibid, p. 5.

被南非吞并的问题等。由于议题众多，会议最后不得不按照不同的区域分别做出决议，包括"对西非的决议""对刚果和北非的决议""对东非的决议""对南非联邦的决议""对贝专纳、巴苏陀兰和斯威士兰的决议""对西印度群岛的决议""对埃塞、利比里亚和海地的决议""对西南非洲的决议"等。尽管并没有北非地区的代表参会，但是，第五次泛非大会仍旧通过了关于北非地区的决议，要求英国从埃及撤军以及摩洛哥、利比亚、阿尔及利亚和突尼斯的彻底独立。

第五次泛非会议的"激进化"还体现在其萌芽性质的经济民主思想上。《对殖民宗主国的挑战》提出，"我们谴责资本的垄断、私人财富的统治以及只为获得私立的产业。我们欢迎经济民主——只有它才是真正的民主"[1]。会议通过的《对西印度群岛的决议》更是明确提出，"要将所有对社群生活和福祉至关重要的基本产业予以国有化"，"实现对所有公共设施（如交通）的公共所有"[2]。这些充分表明国际共产主义运动对于泛非主义的深远影响。

第五次泛非大会的另一特征就是其组织化程度更高。与前四次泛非大会的与会者大都为个人代表不同，第五次泛非大会的与会者大都代表特定的组织。除去若干个人代表外，大部分与会者来自全世界的 53 个黑人组织。这表明全世界黑人的组织化程度已经获得空前提高。同时，针对部分代表提出的"泛非大会缺乏常设机构，导致其决议无法落地"的问题，恩克鲁玛和约翰逊在第五次泛非大会结束后立即成立了"西非民族秘书处"（West Africa National Secretariat），由恩克鲁玛担任总书记。尽管西非民族秘书处的主要目标是在西非发起争取独立、反对帝国主义的联合运动，但是，它本质上是一个泛非主义组织，因为它也关注苏丹、肯尼亚这些西非之外殖民地的状况[3]。

1945 年第五次泛非大会代表了泛非主义的高潮。一方面，与前几次泛非

1　George Padmore, ed., *History of the Pan-African Congress*, London: The Hammersmith Bookshop Ltd, 1963, p.6.

2　Ibid, p.61.

3　"西非民族秘书处"的存在时间并不长，它于 1948 年解体。

大会一样，它向全世界发出了非洲人要求平等权利和民族独立的呼声；另一方面，它一改前几次泛非大会满足于"和平呼吁"的状况，提出了更为激进的目标以及斗争方式。第五次泛非大会也标志着泛非主义的成长。在"声援埃塞"运动和共产国际大力支持非洲人民"民族自决权"的鼓舞下，来自非洲大陆的民族主义者第一次登上国际舞台，成为泛非主义运动的领导者。与此同时，泛非主义者逐渐抛弃了"向西方列强请愿"的幻想，将更大的精力投入了对非洲民众和海外非洲人的动员和组织上来。后来的历史表明，第五次泛非大会开启了非洲去殖民化运动的序幕，在非洲现代史上留下了深远的影响。

五、泛非主义与非洲统一

第二次世界大战结束后，非洲大陆迎来了民族解放运动的高潮，泛非主义者几个世纪以来梦寐以求的"非洲解放"目标即将实现，泛非主义运动因此进入了"争取非洲统一"的时期。这一时期的泛非主义具有以下几个特点：第一，非洲大陆终于成为泛非主义的真正中心。如前所述，在泛非大会时期，泛非主义的中心长期在海外，尤其是北美和加勒比地区。在这一时期，主要泛非主义思想家和活动家大都来自海外，并且前五次泛非大会均在非洲大陆之外举行。尽管在1945年曼彻斯特会议上，来自非洲大陆的民族主义者——比如恩克鲁玛、肯雅塔、约翰逊——就已开始在泛非大会上占据主导，但是，他们当时尚没有独立推动泛非主义运动的能力与条件。随着非洲前殖民地陆续取得独立国家地位，他们逐渐成为推动泛非主义运动的核心与领导力量；其次，"非洲统一"成为泛非主义运动的主要目标。如前所述，"解放"与"联合"一直是泛非主义的两大目标。但是，在泛非主义早期以及泛非大会时期，"解放"——无论是终结对非洲大陆的殖民统治还是为海外非洲人争取平等权利——一直是泛非主义的主要目标，而"联合"仅仅被理解为实现"解放"的手段。但是，在去殖民化运动之后，随着非洲前殖民地陆续获得主权国家地位，"解放"的目标大体实现（至少在非洲大陆），随之而来的是（非洲国家之间的）"联合"越来越成为泛非主义运动的主要目标，这与新生非洲国家在国际体系中的边缘化位置联系在一起；第三，泛非主义越来越与整个非洲大陆的前途联系在一起。在泛非主义早期以及泛非大会时期，泛非主义大体上等同于"泛黑人主义"，泛非主义者一般从种族的视角理解"非洲"，因而北非以及北非地区的阿拉伯人基本上被排除在泛非主义运动之外。这也是为何前五次泛非大会均没有北非代表参加。但是，在去殖民化运动后，非洲越来越成为一个地理概念，"非洲统一"逐渐成为包含北非地区在内的整个非洲大陆的追求目标。

（一）非洲统一组织与非洲统一梦想

1957 年加纳的独立不仅开启了非洲大陆大规模去殖民化的进程，也为泛非主义注入了新的推动力。恩克鲁玛在加纳独立庆典上说，"只要还有一个非洲国家没有独立，那么，加纳的独立就是没有意义的。"[1]如前所述，随着前非洲殖民地的陆续独立以及海外非洲人争取平等权利运动的进展，泛非主义的主要目标似乎已经或即将实现。在这种情况下，建立一个大陆层面的统一的非洲国家便被一些人认为是泛非主义下一步的目标，这一切与加纳第一任总理恩克鲁玛的个人努力联系在一起。

恩克鲁玛对于非洲统一有着深层次的认同。他批评那种认为"非洲缺乏统一的必要条件，因为非洲没有共同的种族、共同文化和共同语言"的看法，认为非洲人之间的共同点不仅仅是殖民经历或者是某种共同目标，而是某种更深层次的东西，即他所说的"我们作为非洲人的一种一体感"（a sense of one-ness in that we are Africans）[2]。在他看来，非洲统一目标的提出，是对正反两方面因素考虑的结果。一方面，非洲的统一能够避免非洲大陆政治碎片化

1　Thierno Thiam and Gilbert Rochon, *Sustainability, Emerging Technologies, and Pan-Africanism*, London: Palgrave Macmillan, 2020, p. 27.

2　Nkrumah, Kwame, *Africa Must Unite*, New York: International Publishers, 1963, p. 154.

带来的诸多潜在危险。1961 年 1 月，在非洲国家卡萨布兰卡会议闭幕式上，恩克鲁玛指出，"除非其他非洲领导人像我们一样，能够意识到非洲的救赎在于统一，否则，我将看不到非洲国家能够得到安全……联合就是力量。我认为，非洲国家必须联合起来，否则只能将自己低价卖给帝国主义者和殖民主义剥削者，或是陷入国家解体的境地。"[1]另一方面，非洲的统一能够为非洲国家带来经济、国防和外交方面的利益，而实现这些利益的前提条件就是非洲的政治统一。恩克鲁玛指出："我们应当在大陆层面有一个综合性的经济计划，这将增强非洲的工业和经济实力，改变相对于西方的落后和依附状况。但是，只有在非洲国家联盟政府（a Union Government of African States）的前提下，非洲大陆的资源才能得到完全的利用和开发，非洲国家才能推行共同的货币、共同的金融政策以及建立共同市场；我们应当致力于建立统一的军事和国防战略。但是，如果没有非洲的统一，怎么应对南非和其他定居者政府带来的军事威胁？即便出于降低成本的考虑，非洲国家也应该进行军事方面的统一；在统一的经济计划和统一的军事和国防战略的基础上，我们就必须采取统一的外交政策。即便出于成本考虑，采取统一外交政策的非洲国家可以减少多少个驻外使领馆呢？"[2]恩克鲁玛认为，非洲的统一既是非洲国家生存和发展的要求，也是实现非洲大陆历史救赎的要求。如他所言，"只有当实现完全的政治统一时，我们才可以宣布泛非主义斗争和非洲的解放运动取得了完全的胜利。"[3]

在现实中，恩克鲁玛更是不遗余力地推动"非洲统一"的目标。早在 1946 年，他领导的"西非民族秘书处"就宣称要推动"西非联邦"（West African Federation）的实现，并将后者看作是未来的非洲合众国（the United States of Africa）的第一步。在加纳 1957 年独立后，恩克鲁玛更是将"非洲统一"作为加纳外交政策的首要目标。1958 年 4 月，恩克鲁玛和帕德摩尔在

---

1 Nkrumah, Kwame, *Africa Must Unite*, New York: International Publishers, 1963, p. 164.

2 Ibid, p. 220.

3 Ibid, p. 162.

安卡拉组织召开了"第一届独立非洲国家会议",当时独立的八个非洲国家全部参会。会议的宣言多次提到"非洲个性"概念,推崇一种独特的非洲(人之间的)"观点的统一"。会议支持非洲国家的独立和自决,支持阿尔及利亚人民的反法斗争,鼓励非洲的独立国家为那些仍在争取自由的非洲殖民地人民提供任何可能的帮助;会议反对种族主义,尤其是南非的种族主义,支持核裁军;与会各国还承诺协调彼此经济计划,鼓励相互之间的文化教育方面的交流;与会非洲国家承诺将在外交问题上保持"根本性的统一",同时表示将尊重彼此政治和领土完整,通过妥协和协商来解决彼此间的分歧[1]。

"第一届独立非洲国家会议"仅仅邀请了当时独立的八个非洲国家与会(包括五个北非国家),代表性有限。同时,会议也没有讨论非洲政治统一或是区域联盟的问题。为此,恩克鲁玛又于 1958 年 12 月组织召开了"全体非洲人民大会"(All African Peoples Conference)。此次会议的参与者并不是独立非洲国家,而主要是非洲各殖民地的政党。会议提出了如下目标:加快非洲从帝国主义和殖民主义中解放,被压迫民族应当通过各种方式,包括武装斗争,以获得解放;动员世界舆论,以反对否定非洲人政治权利和最基本人权的现象,呼吁对南非的种族隔离政权进行国际制裁;发展非洲各个民族之间的共同体感。尤其是,会议第一次指出要废除帝国主义国家在非洲人为划定的边界,并且第一次提出要推动建立一个自由非洲国家共同体(Commonwealth of Free African States)。但是,由于参会者主要是非洲各殖民地的政党,这些目标后来并没有得到独立后的非洲国家的认可[2]。此次会议的一个结果就是,加纳成为泛非主义和非洲统一事业的中心,成为鼓舞非洲其他殖民地人民反殖民运动的大本营。会议决定成立常设的"非洲人民组织"(All-African People's Organization),目的是"推动将非洲从帝国主义和殖民主义中解放出来",为"非洲合众国"或自由非洲国家共同体的出现创造

1　Hakim Adi, *Pan-Africanism: A History*, London: Bloomsbury Academic, 2018, p.158.

2　Paul D. Williams, "From Non-Intervention to Non-Indifference: The Origins and Development of the African Union's Security Culture," *African Affairs*, 106/423, 2007, p.267.

条件[1]。

除了在舆论上为"非洲统一"造势外，恩克鲁玛还实际推动了加纳与其他独立非洲国家的"政治联合"试验。1959 年 5 月，加纳与几内亚宣布建立加纳 – 几内亚联盟（Ghana-Guinea Union），后者在同年 11 月改为"非洲国家联盟"（Union of African States）。两国宣布成立了"部长交换体系"，即每个国家的部长同时成为两国内阁的成员。1961 年 7 月，马里宣布加入"非洲国家联盟"。至少从目标理念上，"非洲国家联盟"具有了较为明显的"超国家性质"。例如，《非洲国家联盟宪章》第三条规定了联盟的目标，包括：从政治、外交、经济和文化方面强化和发展成员国之间的友谊和兄弟般的合作；将成员国的资源汇集起来，以巩固各自国家的独立，保护各自的领土完整；共同推动在非洲完全终结帝国主义、殖民主义和新殖民主义，推动非洲统一；协调成员国的内政和外交政策，以使得它们的行为能够更有效地维护世界和平。第四条规定了联盟的主要职能领域，涵盖国内政策、外交政策、国防政策、经济政策和文化政策领域的整合措施。《宪章》还规定，联盟成员国首脑会议是联盟的最高决策机构，每个季度开一次会。首脑会议确定的事项将交由三国的政府官员去具体落实[2]。

但是，恩克鲁玛关于"非洲统一"的设想引发的分歧远要大于它为非洲国家带来的"统一"。早在 1959 年加纳与几内亚宣布建立"非洲国家联盟"时，就引起了利比里亚总统塔布曼（William Tubman）的警惕——因为加纳与几内亚发表的宣言中使用了"联盟"（union）一词而不是地区联邦或是联合体。于是，1959 年 7 月，塔布曼邀请恩克鲁玛和几内亚总统杜尔到利比里亚开会，三国领导人随后发表了著名的《萨尼科莱宣言》（The Sanniquellie Declaration）。宣言提出三国致力于建立的是"独立非洲国家共同体"（The Community of Independent African States）而不是"联盟"（union）。宣言提出建立"独立非洲国家共同体"的六条原则，其中最为重要的是第三条：共同

1　Hakim Adi, *Pan-Africanism: A History*, London: Bloomsbury Academic, 2018, p. 160.

2　Kwame Nkrumah, *Africa Must Unite*, New York: International Publishers, 1963, p. 165.

体的每一个国家将保持其自身的国家认同和宪政结构，组建共同体的目的是实现独立非洲国家之间的联合，但它并不试图妨碍各个国家当下或将来的国际政策、相互关系和义务"[1]。共同体的成员资格向所有独立的非洲国家开放，那些没有独立的非洲殖民地在独立之后也可以加入进来。

《萨尼科莱宣言》实际上已经反映出不同非洲国家在如何处理国家主权与超国家组织间关系上的分歧，这从其发出的口号"独立并且统一"（Independence and Unity）中就可以看出来。"独立"与"统一"原本是两个相互冲突的目标，但三国却将它们并列起来作为目标，这显然是相互妥协的结果。此外，"Unity"这个词具有多重含义，既可以被理解为"统一"（oneness），也可理解为"联合"（union），还可以被理解为"团结"（solidarity）。因此，它的多重涵义以及模糊性有利于不同非洲国家领导人作出不同的解读。事实上，他们也正是这么做的。例如，1960年12月，加纳与埃塞俄比亚发表的《联合公报》中又使用了"非洲国家联盟"的说法，并将其作为一个应当被积极追求的目标，而恩克鲁玛本人并不认为这与《萨尼科莱宣言》的"独立非洲国家共同体"目标有任何冲突之处。[2]

不同非洲国家在非洲统一问题上的分歧终于在"独立非洲国家第二次大会"上全面爆发。1960年6月，"独立非洲国家第二次大会"在亚的斯亚贝巴举行。在会议上，加纳代表提出要尽快推动非洲国家的政治联合，但是遭到了尼日利亚和利比里亚等国的反对。尼日利亚虽然赞同非洲统一的理念，但是主张通过循序渐进、自下而上的方式来推进，而不是加纳所主张的自上而下的"立即联合"。利比里亚总统塔布曼则坚持，"非洲统一"只是"独立非洲国家之间的联合"，而不是非洲国家将其主权让渡给一个共同的权威。会议上，加纳代表与尼日利亚代表发生了激烈争吵。尼日利亚代表苏尔（Yussuf Maitima Sule）还不指名地批评了恩克鲁玛："如果有任何人觉得自己是救世主，认为自己承担着领导非洲的重任——如果有人犯这种错误的话，那么，

1　INkrumah, Kwame, *Africa Must Unite*, New York: International Publishers, 1963, p.163.

2　Ibid, p.169.

我担心泛非主义的所有目标将会被击个粉碎。"[1]

此后,"非洲统一"的目标随着布拉柴维尔集团的成立而变得更加遥不可及。1960 年 10 月,11 个前法属殖民地以及喀麦隆(当时还是联合国的托管地)在阿比让开会,标志着"布拉柴维尔集团"(The Brazzaville Group)的成立。尽管会议的主要议题是讨论阿尔及利亚战争和刚果危机,但是,与会国家的两个立场却直接针对恩克鲁玛的"非洲统一"设想。第一,"布拉柴维尔集团"国家一致反对在独立非洲国家之间建立政治性联盟。尽管它们都支持非洲国家在一系列领域的密切合作,但是它们都认同科特迪瓦总统博瓦尼(Félix Hoovere-Boigny)的观点,即在独立非洲国家之上设立共同的政治制度的做法"既没必要又浪费"[2];第二,"布拉柴维尔集团"国家一致坚持要保持与法国的密切联系——而这种联系被恩克鲁玛和杜尔视为"新殖民主义的表现",是"非洲统一"目标的最大敌人[3]。布拉柴维尔集团的成立使得独立非洲国家在一系列问题上的分歧公开化。它第一次只邀请部分(而不是全部)独立非洲国家参会,并且第一次提出要建立一个只有部分非洲国家参与的组织,而不是大陆性的区域组织。

为了应对布拉柴维尔集团,1961 年 1 月摩洛哥、加纳、几内亚、马里、阿拉伯联合共和国、利比亚以及阿尔及利亚民族解放阵线在卡萨布兰卡开会,尼日利亚、突尼斯、利比里亚、苏丹、索马里和多哥虽然收到邀请,但决定不参会,而布拉柴维尔集团国家则没有被邀请。会议就刚果问题、阿尔及利亚解放战争、南非、法国在非洲大陆的核试验以及不结盟等问题达成一致意见。但卡萨布兰卡会议最为深远的影响体现在对于"非洲统一"问题的设想

1　Colin Legum, *Pan-Africanism: A Short Political Guide,* New York: Praeger, 1965, p. 47.

2　Hella Pick, "The Brazzaville Twelve," https://disa.ukzn.ac.za/sites/default/files/pdf_files/asapr61.10.pdf.

3　例如,恩克鲁玛认为,一些非洲国家加入了欧洲共同市场,但改变不了它们与欧洲宗主国经济联系的性质(剥削性)。它们无法靠这种关系发展起来,因为这种经济关系最终都是有利于工业国家而不利于原材料出口国。这就是欧洲共同市场的新殖民主义本质,它造成了非洲国家之间的分裂。见 Nkrumah, Kwame, *Africa Must Unite*, New York: International Publishers, 1963, p. 183.

上。会议发布了《卡萨布兰卡非洲宪章》(African Charter of Casablanca)，决定要成立常设性的非洲协商委员会（African Consultative Assembly）和三个常设的功能性委员会：第一个委员会是政治方面的，由成员国国家元首组成；第二个委员会是经济方面的，由各国经济事务部长组成；第三个委员会是文化方面的，由各国教育部长组成。此外，宪章还提出要建立非洲联合高级指挥部，由成员国的参谋长组成。在会议闭幕式上，恩克鲁玛再次发出"非洲统一"的呼吁。他说："只有非洲国家联合起来、实现统一，才能避免继续成为殖民主义和新殖民主义的剥削对象，非洲才能实现救赎。"[1]

　　1961 年 5 月，"布拉柴维尔集团"的 12 个成员以及利比里亚、尼日利亚、索马里、塞拉利昂、多哥、埃塞俄比亚和利比亚在蒙罗维亚开会，组成了所谓的"蒙罗维亚集团"(the Monrovia Group)。会议不仅聚焦非洲统一的问题，而且还讨论了哪些国家应当在其中发挥领导作用。与会各国谴责"邻国的颠覆行为"，认可相互间合作的必要性，但"不接受任何的领导"。会议批评了某些国家（指的是加纳和几内亚）支持其他国家的异议人士和针对其他国家的"颠覆行为"。在非洲统一问题上，蒙罗维亚集团明确指出，他们想要的"非洲统一"并不是主权非洲国家的政治整合，而是从非洲社会团结和政治认同视角出发的"愿望和行动"的统一[2]。会议通过的"蒙罗维亚原则"体现了蒙罗维亚集团国家对于任何可能的"非洲政治统一"计划的反对立场：非洲国家无论大小和人口规模都享有平等的主权地位；非洲国家享有自决权和独立存在权；任何非洲国家有权同意或拒绝与另一非洲国家组成联邦或邦联；不干涉非洲国家的内政和外交事务；非洲国家领土完整的不可违背性[3]。

　　恩克鲁玛对于蒙罗维亚会议提出了尖锐的批评。在他看来，如果新生非洲国家没能超越殖民主义强加的边界和人为设置的障碍的话，那么，泛非主

1　Adi, Hakim, *Pan-Africanism: A History*, London: Bloomsbury Academic, 2018, p. 165.

2　Ibid.

3　Nnamdi Azikiwe, "The Future of Pan Africanism," https://www.blackpast.org/global-african-history/speeches-global-african-history/1962-nnamdi-azikiwe-future-pan-africanism/.

义将没有任何意义。但是，即便是在加纳、几内亚与马里之间，国家边界依然存在，它们也未能实现单一货币和共同议会的目标。事实上，在"非洲统一"问题上，恩克鲁玛的建议即便在卡萨布兰卡集团内部也未能得到积极回应。《卡萨布兰卡宪章》并没有提到非洲国家要"放弃主权"或是要"组成政治联盟"，尽管它提出"要确定我们的意愿，以强化非洲国家在经济、社会和文化方面的有效合作方式"[1]，但它并未明确说明它所说的"有效合作方式"究竟是什么。甚至已与加纳结成"非洲国家联盟"的几内亚和马里两国，也在"政治联盟"的方式和内容上避实就虚、含糊其辞。此外，即便一些非洲国家领导人承认"统一的大陆层面的政府"是一个值得追求的目标，但他们并不认可恩克鲁玛追求这一目标的方式。例如，坦桑尼亚总理尼雷尔就提出，非洲的政治统一是一个长远的目标，需要采取循序渐进的方式。考虑到大陆层面政治统一的现实困难，他尤其主张次区域的政治统一（比如他提倡的"东非联邦"）应当先行。恩克鲁玛提出了反对尼雷尔渐进主义路线的三个理由：第一，渐进统一的方式为新殖民主义者及其代理人提供了更多的时间来破坏非洲统一的进程；第二，地区主义会导致碎片化、冲突和敌对的地区集团的出现，而非洲无力承受这样的结果；第三，地区主义会夺走非洲大陆层面政治整合的动力[2]。

1963 年，在埃塞塞拉西（Haile Selassie）皇帝的协调下，卡萨布兰卡派和蒙罗维亚派国家暂时搁置了其分歧，这为非洲统一组织（Organization of African Unity）的最终成立铺平了道路。非统组织的成立标志着恩克鲁玛"非洲立即统一"的政治联合主张被完全抛弃，代表了蒙罗维亚派的胜利。一方面，非统组织确立的几条重要原则，包括成员国主权平等原则、不干涉成员国内部事务原则以及尊重成员国主权和领土完整原则，都体现了蒙罗维亚派的主张。另一方面，非统组织致力于实现一些功能性目标而非真正的政治联

1　Colin Legum, *Pan-Africanism: A Short Political Guide,* New York: Praeger, 1965, p.57.

2　Thierno Thiam and Gilbert Rochon, *Sustainability, Emerging Technologies, and Pan-Africanism*, London: Palgrave Macmillan, 2020, p. 29.

盟，这也体现了蒙罗维亚派的"功能主义"设想。非统组织宪章第七条规定了非统组织的四个机构，包括国家与政府首脑会议、部长理事会、秘书处以及"调解、缓和与仲裁委员会"。但这些机构均无任何超国家权力。例如，国家元首与政府首脑会议是非统组织最高权力机关，其决议需要成员国三分之二同意方可通过，但是，其决议却没有任何执行机制和约束力，执行与否完全取决于成员国自愿。同样，只有在争议一方、争议各方、部长理事会或国家与政府首脑会议提出请求时，"调解、缓和和仲裁委员会"才可以介入成员国之间的争端；如果争端一方将争议诉诸"调解、缓和与仲裁委员会"的行为遭到其他争端方的反对的话，需要部长理事会讨论决定"调解、缓和和仲裁委员会"是否有干预的权力[1]。与此同时，该委员会的调解结果能否得到执行也完全取决于争端成员国的自愿。此外，非统组织还设立了非洲解放协调委员会、经济与社会委员会、教育科学文化和健康委员会与国防委员会等专门性机构。

因此，从一开始，非统组织本就不是一个以推动"非洲统一"为目标的组织。在其存在的将近40年时间内，非统组织在推动非洲大陆民族解放运动以及调解成员国边界争端方面发挥了积极作用。相比之下，它在推动"非洲统一"方面的记录却乏善可陈：政治上，非统组织秉承不干预成员国内政原则，对于非洲各国的政变和政府侵犯人权现象无动于衷，被讥笑为独裁者的"清谈馆"；经济上，非统组织长时间没有出台可行的非洲经济一体化方案。直到1980年4月，非统组织才与联合国的非洲经济委员会（The Economic Commission for Africa）共同发起了《拉各斯行动计划》，设想以次区域为基础推动非洲的经济一体化，但相关次区域经济一体化安排并未能取得太多实际效果；外交上，非统组织难以确保非洲国家外交政策上的协调。在非统组织历史上，它只有一次成功确保所有成员国采取了共同的外交政策，即非洲国家在1973年与以色列断交，因为后者侵犯了埃及的领土完整；安全上，非

1　The General Secretariat of the Organization of African Unity, "Charter of the Organization of African Unity," 1965, p. 18. https://archives.au.int/handle/123456789/2616.

统组织对于成员国内部的冲突束手无策。非统组织唯一一次维和行动是1981年对乍得的军事干预，结果因成员国不配合以及组织混乱等原因以失败而告终。面对两次苏丹内战、厄立特里亚分离主义战争、利比里亚内战、塞拉利昂内战、索马里内战以及卢旺达种族屠杀等安全危机，非统组织更多的时候是束手无策。

因此，尽管被冠以"统一"之名，但非统组织并非一个致力于推动非洲统一的组织。也正是在这样的背景下，非统组织逐渐退出了历史舞台。正如穆里提所言，"非统组织被非盟所取代，只不过是正式宣告了非统组织的无效和过时"[1]。

（二）非洲联盟与非洲统一梦想

早在1991年6月，非洲国家就签署了《阿布贾条约》，决定要实质性推动非洲统一的理想，致力于建立非洲经济共同体、非洲联盟和非洲议会。1999年7月，在利比亚苏尔特举行的非统组织特别峰会上，非洲国家元首和政府首脑会议批准了《阿布贾条约》，决定成立一个新的大陆层面的区域组织，作为对非统组织的替代。2002年，在德班峰会上，非洲联盟正式宣告成立。非盟的成立被誉为"泛非主义制度化的第三阶段"——前两阶段分别为"泛非大会"时期和"非统组织"时期。《非盟宪章》在引言部分即指出，非盟的成立受到了"数代泛非主义者决心提升非洲人民和非洲国家之间的统一、团结、凝聚力与合作"的鼓舞。《非盟宪章》明确规定，非盟的目标包括"实现非洲国家和非洲人民之间更大的统一和团结"（第三条第一款）和"加快非洲大陆的政治与经济社会一体化"（第三条第三款）。

与非统组织相比，非盟在理论上拥有了更多的超国家职能。非盟尽管宣称尊重成员国主权和领土完整，但是与非统组织不同，它允许在"严重情境下"（即发生战争罪、种族灭绝罪和危害人类罪的情形下）对成员国进行集

1　Tim Murithi, "From Pan-Africanism to the Union of Africa," Pambazuka, June 20, 2007. https://archive.globalpolicy.org/nations/sovereign/integrate/2007/0620panafricanism.htm.

体干预。为了增强非盟的干预能力，非盟在 2004 年正式成立了"和平与安全理事会"（The Peace and Security Council），后者设立了五个旅的非洲常备武装力量，以应对非洲大陆可能发生的安全威胁；在经济一体化方面，非盟鼓励八个次区域经济共同体推动次区域层面的经济合作，并以此作为大陆层面经济一体化的基础；在推动非洲各国公民的参与方面，非盟成立了泛非议会，以增强非盟组织的包容性与合法性。此外，非盟还成立了非洲人权与人民权利法庭（African Court on Human and Peoples' Rights）与非洲国家相互审查机制（African Peer Review），以纠正非洲各国政府侵犯人权、腐败、治理不善等问题。

但是，在现实中，非盟在履行上述超国家职能方面仍旧面临着诸多困难。比如，非盟在维持非洲大陆安全方面缺乏必要的资源和能力，因此，它不得不依赖西方的资金支持来开展它的前两次维和行动（2003—2004，布隆迪；2004- 今，苏丹）；非盟议会原本是要为非洲各国公民和非政府组织提供参与非盟事务的平台，但在实践中，它却变成了各国议员代表的"清谈馆"；非洲国家相互审查机制并没有任何执行机制，完全取决于当事国的自愿，而非洲人权与人民权利法庭的判决经常得不到非洲各国政府的尊重和执行。此外，《非盟宪章》中提到的"非洲中央银行""非洲投资银行"和"非洲货币基金"等机构也迟迟未能落地。

事实证明，非盟的"非洲统一"梦想与非洲主权国家的现实之间存在难以逾越的鸿沟。这尤其体现在非盟 2005 年推动非洲联盟政府（African Union Government）的尝试上。2005 年 11 月，非盟国家元首与政府首脑会议举行了主题为"非洲联盟政府的必要性"会议，与会各国领导人一致认为，"非洲联盟政府有着毋庸置疑的必要性"。后来，非盟大会委托奥巴桑乔（Oluṣẹgun Ọbasanjọ）成立一个委员会，专门就"实现统一的非洲联盟政府的目标所需要采取的步骤、过程和时间框架"等问题提出建议。2006 年 7 月，奥巴桑乔在非盟大会第七次常规会议上，提交了题为《关于非洲联盟政府的研究：迈向非洲合众国》的报告。该报告论述了组建非洲联盟政府的必要性，并提出了一些具体建议，比如将非盟委员会作为非盟政府的政策执行机构，通过在成员国征收间接税的方式来筹集非盟政府的资金等。该报告提出了迈向非盟政府的三个阶段，每个阶段持续三年：第一阶段是 2007—2010 年，主要任务是非洲联盟政府的落地与各种准备工作；第二阶段为 2010—2013 年，主要任务是确保非洲联盟政府各个组成部分的正常运转，为非洲合众国的最终出现奠定宪法基础；第三阶段为 2013—2016 年，主要目标是推动非洲合众国的成立[1]。毫不意外的是，这份报告最终成为一纸空文。

非统组织和非盟在推动非洲统一方面的乏力，反映出新独立非洲国家面临着国家主权与"非洲统一"理想之间的张力。在这种张力面前，绝大多数非洲国家都选择了以国家主权优先。这正是在后殖民时期非洲统一进程举步维艰的根源所在。对此，恩克鲁玛有着深切的体会。他说："非洲国家太过于珍视自己的独立，甚至看不到捍卫它们独立的最好方式就是推动非洲的统一。一些国家坚决不将一些职能让渡给中央联盟性的政治权威，尽管所有国家都在这个权威中拥有平等的表达权。另一方面，不赋予中央权威以有效权力的邦联式的联盟或是更为松散的联盟——即不给中央权威有效权力，而是将这些权力留给主权国家——则有可能导致弱小非洲国家被强大非洲国家所主导的局面"[2]。现实看来，在非洲各国尚未完全成长为稳定而有效的民族国家之前，"非洲统一"的梦想仍将遥遥无期。

六、结语

从某种意义上，泛非主义代表了全世界非洲人对于资本主义世界体系全球扩张的一种反抗。伴随着近代以来的奴隶贸易以及西方国家的殖民主义，非洲人被迫卷入了资本主义世界体系并成为资本主义世界体系中最受歧视和

1　"Study on An African Union Government towards the United States of Africa," https://archives.au.int/handle/123456789/2656.

2　Kwame Nkrumah, *Africa Must Unite*, New York: International Publishers, 1963, p. 149.

压迫的一环。泛非主义正是对这种歧视和压迫的一种反抗。泛非主义最初诞生于海外非洲人反抗种族歧视和奴隶制的斗争之中，并最终成为全世界非洲人联合起来争取平等权利与民族独立的强大力量。因而，从一开始，泛非主义就既是一种思潮，也是一种运动。

泛非主义的这种"反抗性"决定了其在资本主义世界体系中的发展必定充满曲折。在泛非主义的早期，泛非主义者不得不借助教会等宗教组织的力量来寻求为海外黑人争取平等权利的空间，无论是"终结奴隶制"还是"重返非洲运动"都有基督教会的广泛推动，"黑人教会"因而成为早期泛非主义的中心。迫于现实政治的压力，早期泛非主义者只能从基督教会那里寻求有限的生存空间。进入 20 世纪之后，随着泛非会议和泛非大会的陆续召开，泛非主义真正成为全世界黑人的思潮和运动。但是，在欧洲国家的压制下，泛非主义分裂为以贾维为代表的"大众派"和以杜波依斯为代表的"精英派"。最终结果是"大众派"遭到了欧洲国家的警惕和压制，而"精英派"只能在欧洲各国当局允许的范围内为全世界黑人的平等权利进行"呼吁"。这也是为何历次泛非大会的斗争目标和方式都充满了保守性——尽管这种情况在 1945 年第五次泛非大会上有所改观。在非洲大规模去殖民化运动之后，随着"非洲解放"目标的初步实现，泛非主义运动进入了"争取非洲统一"的新时期。然而，殖民统治为非洲大陆留下了极为碎片化的政治格局，这使得非洲人"争取非洲统一"的道路举步维艰。与此同时，新生非洲国家在资本主义世界体系中的边缘地位意味着，它们不得不将"国家构建"的任务置于"非洲统一"的任务之前，由此导致非洲各国国家构建的需要与"非洲统一"的理想之间存在着难以避免的张力。这也是为何非统组织和非洲联盟均没能在"非洲统一"方面取得实质性进展的重要原因。

泛非主义在终结非洲大陆的殖民统治以及为海外非洲人争取平等权利方面发挥了历史性作用，但它却难以实质性地推动"非洲统一目标"的实现。这或许与泛非主义的"反抗性"特质有关。如前所述，泛非主义肇始于海外非洲人反抗奴隶制和种族歧视的斗争之中，"反抗性"是其最为本质的特征。

也正是由于这种"反抗性"特征，泛非主义才能够成为动员全世界黑人反抗殖民统治和种族歧视的强大力量。与此同时，这种"反抗性"特征也意味着，泛非主义很难成为一种"建制性力量"：它的存在价值恰恰在于它所要反抗的东西，而当非洲解放的目标大体实现之后，泛非主义也就逐渐失去了其动力，因为全世界非洲人联合起来所要反抗的那个对象已经式微（如种族歧视）或是不复存在了（如殖民统治）。新生非洲国家围绕非统组织成立而产生的深刻分裂、第六次和第七次泛非大会上发生的严重分歧以及"非洲统一"目标的举步维艰都充分说明了这一点。

从这个意义上讲，在非洲大陆的殖民统治终结之后，泛非主义面临着一个历史性的转型任务，即从聚焦非洲与外部世界的关系转向聚焦于非洲内部的关系。换言之，在"争取非洲统一目标"的新时期，泛非主义需要成为某种超越单个非洲国家利益分歧的引领性力量。恩克鲁玛是最早认识到泛非主义历史转型必要性的非洲政治家。他将泛非主义的这种历史转型诉诸社会主义。恩克鲁玛认为，泛非主义、民族主义和社会主义看作是非洲大陆自由的三个必要前提，缺一不可。在他看来，泛非主义、民族主义和社会主义的原则与目标是一致的，那就是非洲的解放。因此，在恩克鲁玛眼中，非洲的泛非主义者、民族主义者和社会主义者是同一个人。恩克鲁玛思想背后有三个假定：第一，真正的泛非主义者必然是一个民族主义者；第二，真正的泛非主义者必要寻求激进的社会变化，以铲除帝国主义在非洲的根基；第三，社会主义是泛非主义者实现激进社会变化的唯一途径[1]。

但是，恩克鲁玛在"非洲统一"问题上的孤立，表明泛非主义的历史性转型将是一项长期的艰巨任务。这与非洲大陆的历史与政治现实密切联系在一起：在前殖民时期，非洲大陆从未出现过大陆层面的统一政治体，这使得非洲国家在推动"非洲统一"问题上缺乏可以倚靠的"历史叙事"；前殖民时期缺乏大规模集权政治体的现实，也使得非洲大陆成为世界上文化和族群

---

1 Micah S. Tsomondo, "From Pan-Africanism to Socialism: The Modernization of an African Liberation Ideology," *Ufahamu: A Journal of African Studies,* No. 1, 1975, p. 97.

多样性最多的地方，而殖民统治更是无意中加剧了族群之间的文化界限[1]。因而，非洲国家在独立时都面临着国家整合的艰巨任务。事实上，非洲国家独立后前十年所发生的两次最大规模内战（刚果危机与比夫拉战争）恰好发生在非洲族群多样性最为突出的两个国家（刚果金和尼日利亚）；新生非洲国家继承的不同的殖民遗产客观上也增大了彼此之间的差异。正如克劳福德.杨（Crawford Young）指出的那样，"在大多数情形下，非洲的殖民国家仅仅持续了不到一个世纪的时间，但是它却完全重塑了非洲的政治空间、社会等级与社会分裂以及经济生产的方式。"[2]不同的殖民宗主国为非洲国家留下来差异极大的"殖民遗产"，这客观上增大了后殖民时期"非洲统一目标"的实现难度。例如，大多数前法国殖民地（除了几内亚之外）在独立后选择加入法共体，继续保持与法国在经济、外交和安全方面的密切联系，这与恩克鲁玛所提倡的"非洲国家政治联盟"无疑是格格不入。这也成为布拉柴维尔集团与卡萨布兰卡集团国家分歧的焦点问题之一。甚至在一国内部，不同的"殖民遗产"也会为国家整合造成极大障碍。比如，索马里和喀麦隆均是将原先不同的殖民地合并而成的独立国家，它们分别由意属索马里和英属索马里以及法属喀麦隆与英属喀麦隆组成。但是，在独立后，这两国均面临着不同殖民遗产导致的分离主义问题：在索马里是索马里兰（原英属索马里）的分离主义运动，在喀麦隆是南喀麦隆（原英属喀麦隆）的分离主义要求。

对于泛非主义的历史性转型而言，最大的挑战或许来自非洲各国国家构建的重任。尼雷尔1966年在赞比亚发表了题为《泛非主义者的两难困境》的

1　这种文化界限的产生部分是由于殖民统治带来的非本意结果。维持殖民统治的一个基本前提是向非洲社会征税，而征税的第一步就是划定不同地区的行政边界，以确定征税权限（谁有权征税）和纳税人的范围（谁有义务纳税）。在这个过程中，殖民当局需要依靠原有的本土权威（直接统治模式）或是任命新的权威（直接统治模式）。行政边界的固定化以及本土权威权力地位的提升，客观上都强化了不同族群之间的差异性。另外，西方教会在翻译《圣经》以及为非洲社群提供教育方面会倾向于使用特定族群（一般为规模较大族群）的语言，这也会强化不同族群之间的文化界限。

2　Crawford Young, *The African Colonial State in Comparative Perspective,* New Haven: Yale University Press, 1994, p.10.

演讲。在演讲中，尼雷尔指出，"为了避免内部冲突，每个非洲国家被迫提升自己的民族意识，但是，每个国家越是提升自己的民族意识，则非洲国家之间的差别和障碍就会越是固化，非洲统一的理想就会越发困难。"[1]尼雷尔敏锐地看到了非洲各国国家构建的需要与"非洲统一"的理想之间存在着难以避免的张力。换言之，在单个非洲国家尚未成为稳定的民族国家之前，任何有关大陆层面的政治整合设想都难以取得实质性的进展。这也是为何非盟越来越试图在成员国国家构建目标与"非洲统一"目标之间保持某种平衡。例如，2015 年 1 月 31 日，非盟大会第 24 次常会通过了《2063 议程》（*Agenda 2063*），为非洲在国家、地区和大陆层面的不断进步设置了目标[2]。《2063 议程》提出了七项目标，其中四项为国家层面的目标（繁荣、善治、安全、以人为本的发展），其余三项为大陆层面的目标（政治统一、共同文化认同以及成为一个统一而强大的国际行为体）。非盟将《2063 议程》视为在泛非主义和"非洲复兴"（African Renaissance）愿景下非洲人追求统一、自决权、自由、进步和共同繁荣的过程[3]。然而，在这一历史进程中，非盟能否为"非洲统一目标"注入新的动力、进而实现泛非主义的历史性转型，仍旧是一个开放的话题。

参考文献

科林·利吉姆：《泛非主义、黑人精神和非洲民族主义》，葛公尚译，载《民族译丛》1983 年第 3 期。

唐大盾：《试论恩克鲁玛的政治思想》，载《西亚非洲》1983 年第 4 期。

陆庭恩：《非洲与帝国主义》，北京大学出版社 1987 年版。

---

[1] Julius Nyerere, "The Dilemma of the Pan-Africanist," https://www.blackpast.org/global–african–history/1966–julius–kambarage–nyerere–dilemma–pan–africanist/. 访问时间：2021 年 9 月 22 日。

[2] "2063" 这个时间节点正好是非统组织正式成立 100 周年。

[3] "Agenda 2063: The Africa We Want," https://au.int/en/agenda2063/overview. 访问时间：2021 年 9 月 26 日。

唐大盾编：《泛非主义与非洲统一组织文选（1900—1990）》，华东师范大学出版社1995年。

张宏明：《泛非主义思潮和运动兴起的历史背景》，载杨光主编：《中东非洲发展报告 No. 5》，社会科学文献出版社2002年，第7页。

张宏明：《爱德华·布莱登关于种族的论述》，载《西亚非洲》2006年第7期。

张宏明：《爱德华·布莱登的宗教思想透视》，《西亚非洲》2007年第5期。

罗建波：《泛非主义与非洲一体化》，载《哈尔滨市委党校学报》2007年第7期。

舒运国：《试析早期泛非主义的特点》，载《西亚非洲》2007年第1期。

张宏明：《近代非洲思想经纬：18、19世纪非洲知识分子思想研究》，社科文献出版社2008年版。

郑龙发：《爱德华·布莱登泛非主义思想研究》，上海师范大学博士学位论文，2009年。

舒运国：《泛非主义史（1900–2002）》，商务印书馆2013年。

闫健：《非洲统一组织的理想与现实》，载《中国投资》2021年第19/20期合刊。

Adi, Hakim & Sherwood, Marika, *Pan-African History: Political Figures from Africa and the Diaspora since 1787*, Routledge, 2003.

Adi, Hakim, "The Comintern and Black Workers in Britain and France: 1919–37," *Immigrants & Minorities: Historical Studies in Ethnicity, Migration and Diaspora*, 2010, No. 2–3.

Adi, Hakim, *Pan-Africanism and Communism: The Communist International, Africa and the Diaspora, 1919-1939*, Trenton: Africa World Press, 2013.

Adi, Hakim, *Pan-Africanism: A History*, London: Bloomsbury Academic, 2018.

African Union, *AU Echo*, Issue 5, 27 January 2013.

Colin Legum, *Pan-Africanism: A Short Political Guide*, Revised Edition, New York: Praeger, 1965.

Emerson, Rupert, "Pan-Africanism", *International Organization*, 16, 2 (1962).

Geiss, Imanuel, *The Pan-African Movement: A History of Pan-Africanism in America, Europe, and Africa,* New York: African Publishing Co., 1974.

Imanuel Geiss, *The Pan-African Movement: A History of Pan-Africanism in America, Europe, and Africa,* New York: African Publishing Co., 1974.

Malisa, Mark and Nhengeze, Phillippa, "Pan-Africanism: A Quest for Liberation and the Pursuit of a United Africa," *Genealogy*, No. 2, 2018.

Murithi, Tim and A-Nuvumba, Angela Nding , "From the OAU to the AU: Building an African Union for the 21st Century," Center for Conflict Resolution, 2005.

Murithi, Tim, "From Pan-Africanism to the Union of Africa," Pambazuka, June 20, 2007.

https://archive.globalpolicy.org/nations/sovereign/integrate/2007/0620panafricanism.htm.

Nkrumah, Kwame, *Africa Must Unite*, New York: International Publishers, 1963.

Nkrumah, Kwame, *Revolutionary Path*, New York: International Publishers., 1973.

Nyerere, Julius, "The Dilemma of the Pan-Africanist," 1966.https://www.blackpast.org/global-african-history/1966-julius-kambarage-nyerere-dilemma-pan-africanist.

Okhonmina, Stephen, "The African Union: Pan-Africanist Aspirations and the Challenge of African Unity," *The Journal of Pan African Studies*, Vol. 3, No. 4 (2009).

Parker, John & Reid, Richard ed., *The Oxford Handbook of Modern African History*, London: Oxford University Press, 2016.

Padmore, George ed., *History of Pan-African Congress*, Second Edition, London: The Hammersmith Bookshop LTD, 1963.

Rabaka, Reiland ed., *Routledge Handbook of Pan-Africanism*, London: Routledge, 2020.

Thiam, Thierno and Rochon, Gilbert, *Sustainability, Emerging Technologies, and Pan-Africanism*, London: Palgrave Macmillan, 2020.

Ture, Kwame, *Stokely Speaks: From Black Power to Pan-Africanism*, New York: Lawrence Hill Books, 2007.

Young, Crawford, *The African Colonial State in Comparative Perspective,* New Haven: Yale University Press, 1994.

威权主义

／潘莹莹＊／

威权主义（Authoritarinism），指的是一种推崇权威、国家在社会政治生活中发挥首要作用，把秩序置于社会政治运行首位的政治理念和政治实践。威权主义没有系统化的完整理论，但有着广泛的实践和深厚的社会心理基础；威权主义没有统一的制度形态，但有着相似的国家权力运用方式。起初这一政体类型被看作是介于极权主义政体与民主政体之间的一种过渡性的政治体制，从结构主义视角出发的研究认为随着现代经济、社会和文化的发展，威权政体便会彻底为民主体制所取代，并如福山（Fukuyama）所说的一般，到达"历史的终结"。但现实的政治发展打破了这一简单的幻想，威权主义不仅没有随着历史的发展逐渐衰弱或消失，反而是在一些民主国家社会中呼声也越来越强，一些已经进行了民主转型的国家甚至出现了威权主义的回潮，现存的一些威权主义国家则通过采用制度和技术的手段逐渐变得越来越稳定。从已

＊　潘莹莹，清华大学社会科学学院政治系博士研究生。

经被学术界广泛接受的"稳定的威权主义"（durable authoritarinism）这一概念便可看出威权主义已经逐渐被看作是政治世界中一种常态化的、长期存在并有着重要影响的政治形态，对威权国家的研究也已经成为政治学研究的重要组成部分。

接下来，笔者将从威权主义的相关概念、社会心理和政治理念、国家治理运行、相关研究变化，以及威权主义在政治实践中的新发展这五个角度入手对"威权主义"这一概念展开论述，并在最后进行简单的总结和讨论。

一、威权主义的概念辨析

明确界定威权主义这一概念最初是为了对那些处于极权和民主之间的现代的非民主政权形式进行描述和概括，这些类型的国家被看作是以政治民主化、经济社会现代化为目标的过渡性政权。20 世纪 60 年代前后关于威权主义的研究也总是带着一种进步主义的色彩，探寻着促使威权国家实现向民主国家转化的条件。但随着国际形势的变化，威权主义这一概念逐渐成为一种意识形态的话语工具。由于威权主义的稳定化、过渡性色彩的消失，威权主义被认为是现代民主政治的巨大威胁，这一概念也逐渐趋于负面。由于在日常使用和学术研究中对于威权主义及其相邻概念有时还处于一种相互混用状态，所以在这部分笔者将对威权主义的概念进行一定的辨析。

（一）威权主义

"Authoritarianism"最初在中文中的译法既有"威权主义"，也有"权威主义"，不过在经过一段时间的研究和讨论之后，国内学界逐渐接受将"威权主义"作为固定译法。从词源上来看，这一名词来自权威（authority），拉丁文原型是"auctoritas"，意为创造者、授权。权威在近代欧洲被"确认为由主权者来掌握的最高权威，并且依存于当地的政治信仰”[1]。对权威的理解主要有两种，第一种指的是“合法的权力系统或社会控制”形式，另一种则是用来“界定统治者和被统治者之间某种可能的新型关系的性质”[2]。权威的存在既区别于武力强制，又不同于言语说服，威权主义政治形式下话语／命令的发出者本身就是合法性的来源。

　　但是作为一种政治形态，威权主义是用来对现代的非民主国家进行概括。威权主义一词，最早是沃格林（Voegelin）用来描述 19 世纪下半叶到第二次世界大战前奥地利的政治结构，由于他认为威权主义这样的政治符号只能放在具体情景之下才能理解，所以并没有为这一概念进行明确的界定[3]。起初，法西斯主义、纳粹主义以及极权主义这些不同的政府形式都被看作是威权主义政府形式的一种，但自林茨（Linz）对威权主义政体做出清晰的界定之后，这一概念逐渐仅用来特指除极权主义以外的现代非民主形式。他认为威权主义是一种介于民主与极权政体之间的政体，如极权政体一般，威权政府对社会的统治仍然是强加在社会之上的，不同的是政府对社会经济的控制是有限的。在威权主义政体下，政治权威是依靠自上而下的官僚控制体系，以武力为后盾以实现对整个社会的控制。为了维持政治统治，威权主义统治者更强调整个社会的秩序，致力于将社会变成自上而下由政治权力控制的一个等级组织。

　　威权政体的一般特征主要表现为：（1）政治权力由一个人或少数人掌握，可能是君主、独裁者、军队或者政党，统治者的权力通常不受或难以被制约；（2）有限的政治多元化，没有或限制立法机构、政党和社会团体进行活动；（3）不像极权政府试图全方位控制整个社会，威权政府在经济和社会领域倡导多元化，积极促进私营经济发展；（4）没有完整的精心设计的意识形态，

　　1　[英]戴维·米勒、韦农·波格丹诺编：《布莱克维尔政治学百科全书》，邓正来译，中国政法大学出版社 2002 年，第 46 页。

　　2　同上书，第 46–47 页。

　　3　E. Voegelin, *The Authoritarian State: An Essay on the Problem of the Austrian State*, University of Missouri Press, 1999.

政权的合法性建立在情感呼吁和国家需求之上[1]。

其中强人政治是威权统治的典型特征，这是由政治权力的少数所有决定的。与之相对应的威权政体需要一种对把握政治权力权威盲目服从，下属和人民无条件地服从政治领袖的命令、遵守现有规则和传统的社会心理作为支撑，所以这一心理学或社会学现象同样也被称为威权主义。奥特迈耶（Altemeyer）认为这种威权主义可以概念化为一种社会态度，或者说是一种通过与家人、同伴、学校和媒体中学习而来的集体态度，并且在与持有或传统或非传统信仰和生活方式的人的交往中得到体验[2]。而正是这样的社会心理为威权主义的产生提供了基本的需求和条件，所以在许多世界价值观调查中，对个体威权倾向的测量都是重要的组成部分，对理解威权主义作为一种政治理念和政治实践为什么能够存在有重要意义。

（二）极权主义、法西斯主义与威权主义之关系

极权主义（totalitarianism）、法西斯主义（fascism）与威权主义在研究和日常话语表述中经常一同出现，这三个概念都产生于对具体政体类型的抽象概括，彼此之间既有联系也有不同。依据不同的分类标准来衡量同一政治制度，那么这一政治制度完全可能因为标准不同而划分为不同的类型，比如希特勒时期的德国即可以同时被描述为：法西斯主义国家，极权主义国家，一党制国家和个人独裁国家，而这背后体现的是对政体进行分类的所依据的不同标准。为了进一步厘清威权主义这一概念，在这一部分笔者将对极权主义和法西斯主义与威权主义进行一些简单的辨析。

1. 极权主义与威权主义

阿伦特（Arendt）在《极权主义的起源》一书中将极权主义描述为一种

1　J. Juan, "An Authoritarian Regime: Spain", Erik Allardt, Stein Rokkan(eds), *Mass Politics: Studies in Political Sociology,* Free Press，1970.

2　Bob Altemeyer, *Enemies of freedom: Understanding right-wing authoritarianism,* Jossey-Bass, 1988.

新的和极端的独裁形式，在这样的政体中，意识形态扮演着十分重要的角色，并为政权提供了改造个体的理由。在这样的国家中秘密警察和权威领导人扮演着十分重要的作用，并意图获得对社会中每一个体的统治。极权主义和威权主义之间的本质区别在于政治对社会、对个人的控制程度，极权主义的本质在于始终存在对个人的完全控制[1]。比如，奥威尔（Orwell）在《1984》中运用想象描述了一个极端情形下的极权政府，在这样的环境中每个公民可以被 24 小时监视，为了让民众完全服从于国家意志，除了政府的官方宣传，个体没有其他获得信息的渠道更不允许有自己的独立思想。弗里德里希（Friedrich）和布热津斯基（Brzezinski）从对现实政治的观察中归纳了极权主义相互联系，相互支撑的六个特征[2]：（1）有一个明确的意识形态；（2）通常由一个人领导的单一政党；（3）恐怖主义的警察；（4）通信垄断；（5）武器垄断；（6）中央指导经济。

从官方意识形态来看，极权主义是一种意识形态驱动的独裁形式，所以极权主义需要依赖非常有效的宣传和灌输系统以及恐怖氛围以营造极权主义的社会氛围，这些渠道包括广播、电视和报纸，同时也包括政党发言人和群众之间直接交流。但随着历史的发展，极权主义逐渐被用作政治话语工具，滥用现象十分严重，所以逐渐出现了第二代极权理论家，其中夏皮罗（Schapiro）认为持续动员是极权主义的显著特征，通过动员来让人民支持官方规范和目标，激活人民对政权的支持[3]。相比较而言，威权主义政权则往往没有一个完整统一的官方意识形态。

从政治领导方式来看，个人独裁是威权主义和极权主义的共同特征，但是二者之间有着重要的差别。首先在领导人特征上，极权主义者是以一种有魅力的"神秘感"和大众的支持为基础的，极权主义中的独裁者和追随者是

1　Hannah Arendt, *The Origins of Totalitarianism*，Vol. 244. Houghton Mifflin Harcourt, 1973.

2　Carl J. Friedrich and Zbigniew Brzezinski, "The general characteristics of totalitarian dictatorship", *Comparative Government*, Palgrave, London, 1969. pp. 187–199.

3　Leonard Schapiro, *Totalitarianism*, Praeger, 1972.

一种相互依赖的紧密关系，领导的合法性极高；其次在威权主义中领导者本身就是统治的目的，政治的目的在于控制和维持现状，而在极权主义领导方式中独裁者更多的是实现伟大愿景所必不可少的"功能"，承担着引领作用；因此，在威权主义中国家的公共权力更容易为个人的私人利益所用，而由于缺乏意识形态的约束力，威权主义者为了实现稳定的统治同盟需要通过恐惧和奖励的方式达成。

在政治目标的实现上，为了实现伟大的目标，极权主义要求加强政治一体化，将个人的行为高度政治化，并试图减少个人对教会、行会、地区或家庭的忠诚，实现整个国家范围内紧紧围绕领袖的政治和谐，这也是为什么极权主义国家往往会致力于将政治权力蔓延到社会的每一个角落，而其中极权主义领袖的个人魅力扮演了核心的推动作用，被看作是"流动的灵魂"[1]。由独裁者和大众之间共同形成的政治统一体实现了对整个社会的重组，对虚幻的意识形态的奉献取代了纯粹的物质关注，极权主义的目标是公共的，而不是私人的。但在威权主义中，政权并不会对社会进行全面动员和重新组合，极权主义对大众的服从需要个体为政权目标而奉献，但威权主义中服从指的是民众对没有明显的抵抗，对政权的顺从。对极权主义领导的忠诚更多的是由宏伟目标所实现的在心理上的情感目标，而在威权政权中是强制和腐败将统治联盟联合在一起。不过桑德拉（Sondrol）也指出，极权主义与威权主义之间并不是不可跨越的，二者之间更多的是一种程度的关系[2]。

1　Hannah Arendt, *The Origins of Totalitarianism*, Vol. 244. Houghton Mifflin Harcourt, 1973.

2　Paul C. Sondrol, "Totalitarian and authoritarian dictators: A comparison of Fidel Castro and Alfredo Stroessner", *Journal of Latin American Studies*, Vol.23, No.3, 1991, pp.599–620.

表 4.1　极权主义与威权主义比较

	极权主义	威权主义
个人魅力	高	低
角色认知		
领导作为个体	否	是
领导作为功能	是	否
权力延伸		
公共	是	否
私人	否	是
腐败	低	高
官方意识形态	是	否
有限多元主义	否	是
合法性	相对较高	相对较低

来源：桑德拉（2009）[1]。

2. 法西斯主义与威权主义

从词源学上来看，"fascism"是由拉丁文"fasces"一词派生而来的，在拉丁文中"fasces"指的是由红带捆绑起来的一束木头棍杖，在古罗马被看作是统一和权力的象征。作为一种思想体系，法西斯主义诞生于 20 世纪的欧洲，是"有组织的民主主义和反马克思主义的社会主义的合成体，是一场以否定自由主义、民主主义和马克思主义为基础的革命运动"[2]。而作为一种政治形态，则专指在 20 世纪两次世界大战中出现的以意大利为首的法西斯主义国家。

法西斯主义的意识形态根源可以追溯到 19 世纪 80 年代，受到了来自社会达尔文主义、民族主义以及君主主义等多种思想来源的影响。正如其词源所表

1　Sondrol, Paul C., "Totalitarian and authoritarian dictators: A comparison of Fidel Castro and Alfredo Stroessner", *Journal of Latin American Studies*, Vol.23, No.3, 1991, pp.599–620.

2　[英]戴维·米勒、韦农·波格丹诺编：《布莱克维尔政治学百科全书》，邓正来译，中国政法大学出版社 2002 年，第 266–268 页。

现出来的，自诞生伊始法西斯主义就信奉"团结就是力量"，认为整个国家应该形成有机的一元化民族共同体。在传统的意识形态光谱中，法西斯被认为是一种极右翼、专制的极端民族主义，整个意识形态理论构成了一个庞大的政治神话，而民粹主义极端的民族语言是这一政治神话的核心[1]。作为接受度比较高的一个定义，佩恩（Payne）认为法西斯主义是由一系列消极的、高度组织化的特征、领导教条主义和基本的结构目标所构成，集中在法西斯主义的否定性，法西斯主义的目标和法西斯主义的组织风格三个方面（具体见表4.2）。

表 4.2　法西斯主义定义的三个方面

A 法西斯主义的否定性
反对自由主义 反对共产主义 反对保守主义（但是法西斯主义团体也经常很乐意与右派团体结成政治同盟）
B 意识形态和目标
建立一种不仅仅依靠传统原则和模型的新专制民族主义国家 是一种受严格规制的，多阶层，将经济结构融为一体的组织，无论是被称为民族社团主义、民族社会主义还是民族辛迪加 目标是实现国家在国家关系中与其他权力核心的关系 试图通过对理想主义、唯意志主义的拥护实现一种新的现代的、自我决定的、世俗的文化
C 风格和组织
强调会议的美学对称性、象征性和政治排列，强调浪漫和神秘的方面 试图用政治军事化的手段和风格进行政治动员，以建立群众性的军事政党为目标 以一种积极的方式评价暴力及运用暴力 极端强调男性主义原则和男性统治，对社会持一种有机整体观 在影响政治转变方面，认为青年阶段高于生命中其他阶段，强调不同代际之间的冲突 不论领导人最初是否是选举产生的，领导人都有一种权威化、魅力化和个人风格化的趋势

资料来源：佩恩（1983）[2]。

1　Roger Griffin, *The Nature of Fascism*. Routledge, 2013.

2　Stanley G. Payne, *Fascism: Comparison and Definition*, University of Wisconsin Press, 1983.

可以看到与威权主义不同，法西斯主义有着一套完整的意识形态纲领和目标，表现出来的是一种极右翼、专制的极端民族主义，在政治统治形态上表现出的是一种极权主义统治，致力于实现国家对整个社会和全体社会成员的控制，以达到整个国家的有机结合。而威权主义并没有一整套完整的官方意识形态，在寻求合法性上虽然威权主义也会诉诸民族主义，但远远没有达到法西斯主义的这种程度。而在政治统治上，尽管威权主义也是一种专制的政治统治，但并不会试图对社会和个人进行全方位的控制以实现整个国家的一体化，而是在经济和社会领域实行一种有限的多元主义。在道德评价上，法西斯主义基本已成为"邪恶"的代名词，虽然现在世界上还存在一些新形式的法西斯主义团体和运动，但几乎不会有政党会公开宣称自己是法西斯主义政党，而威权主义这一概念虽然也带有一定的贬义色彩，但对其批判大多集中在政治统治的强制性、非民主性，一些威权政权在提升现代国家能力，促进经济社会现代化方面所表现出来的成就也已经得到了肯定。

接下来，本文的介绍将大致按照威权主义的产生及运行基础、其作为一种国家治理的形式、作为一种研究潮流，和其发展现状与研究评述几个部分展开。

二、作为社会心理和政治理念的威权主义

"巴黎公社遭到灭亡，就是由于缺乏集中和权威"，"为了进行斗争，我们必须把我们的一切力量拧成一股绳，并使这些力量集中在同一个攻击点上"，而那些认为"权威和集中在任何情况下都是两种应该加以诅咒的东西"的人，"要末不知道什么是革命，要末只不过是口头革命派"[1]。正如恩格斯（Engels）所言，政治目标的实现离不开权威的集中，越是艰巨的目标越需要强有力的权威领导。事实上，对权威的需求不仅来自于现实需要，更是深深地内嵌于

1　[德]恩格斯:《论权威》，人民出版社 1973 年，第 6 页。

人类的社会心理之中。

（一）社会心理基础

一个人的行为是环境和其个性共同作用的产物，威权主义的产生及表现同样是环境和个体性格相互作用的产物。一直以来都有一种假设，越是当人们面对不确定的生活环境，面临的危险越多，就越是会促使威权主义的产生。弗罗姆（Fromm）认为，不安是使得威权主义发展的最重要因素。当人们面对十分不确定的世界，感到迷茫不知何去何从之时，人们便会选择"逃离自由"（escape from freedom）进而拥抱权威的领导[1]。

有关于领导风格与群体动力和表现之间关系的最早是由卢因（Lewin）和利皮特（Lipittt）做的一系列研究，将群体的社会心理与领导类型相联系起来[2]。霍兰德（Hollander）通过对关于"领导者 – 追随者"关系研究的总结发现，这一类型研究大都使用了心理动力学方法来解释追随者为什么以及如何拥护他们的领导者[3]。研究表明和领导者之间保持一种依恋的亲密关系本身就是人类的本能之一，弗罗姆认为人的天性中就有着对权威的渴望，人们并不像卢梭（Rousseau）所说的一般生来就热爱自由，反而是恐惧自由，希望将决定和制定规则的权力交给一个更为英明的"主人"，以此来避免对自己的行为和决定承担责任，寄希望于能干和强大的领袖来保全自身的利益。

从传统的进化论理论视角出发，威权主义的存在是人类社会得以在危险的环境下保存并发展的重要保障，为个人和群体提供了进化优势[4]。尤其是在原始社会之中，威权主义的领导方式可以在群体中形成一整套一致的价值体

1　Erich Fromm, *Escape from Freedom*, Macmillan, 1994.

2　Kurt Lewin and Ronald Lippitt. "An experimental approach to the study of autocracy and democracy: A preliminary note", *Sociometry*, Vol.1, No.3/4, 1938, pp.292–300.

3　Edwin P. Hollander, "Leadership, followership, self, and others", *The Leadership Quarterly*, Vol.3, No.1, 1992, pp.43–54.

4　Rufus A. Johnstone and Andrea Manica, "Evolution of personality differences in leadershi", *Proceedings of the National Academy of Sciences*, Vol.108, No.20, 2011, pp.8373–8378.

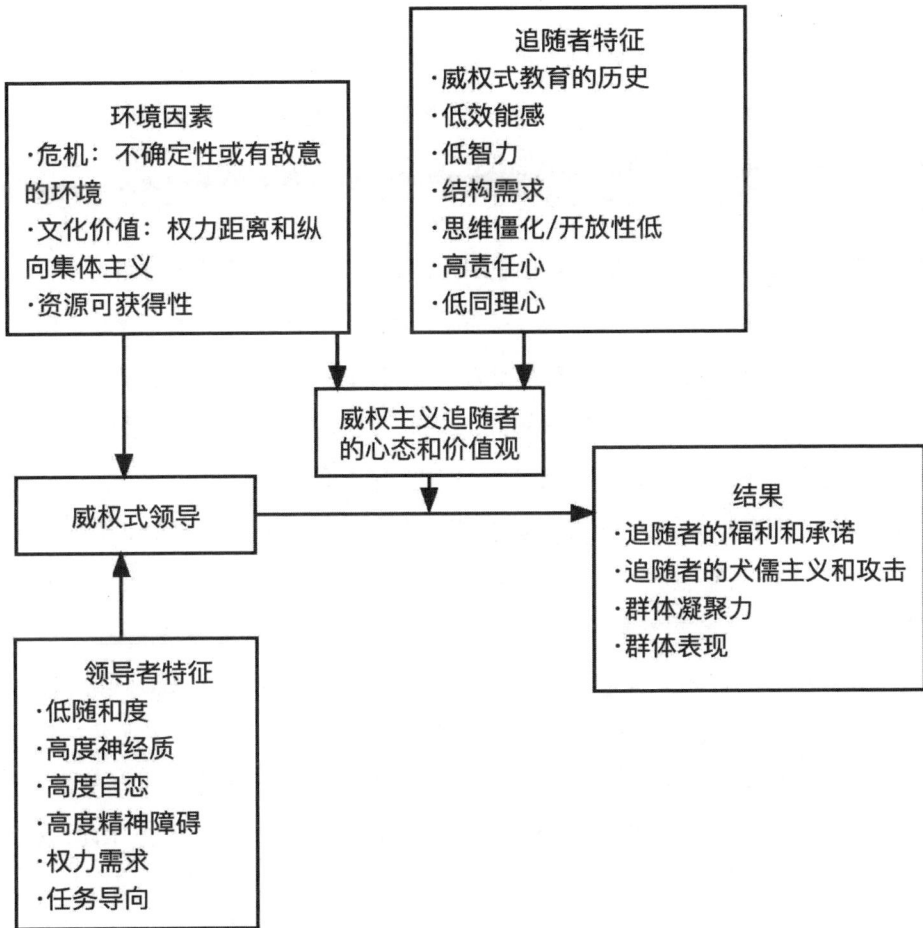

图 4.1 威权领导和追随者的理论模型

来源：哈姆斯等（Harms Peter D., et al.）[1]。

---

1 Peter D. Harms, et al., "Autocratic leaders and authoritarian followers revisited: A review and agenda for the future", *The Leadership Quarterly*, Vol.29, No.1, 2018, pp. 105–122.

系、统一的群体规范来增强群体的凝聚力、协调性，增加团体面对危机之时的生存机会，所以从这个角度而言威权主义作为人类社会中普遍存在的一种现象是十分必要的。

采用发展方法的研究者一般将威权领导和其追随者之间的关系看作是另一类的父母和孩子之间的关系[1]。一些学者认为，特定的抚养孩子的方式是威权主义信仰和价值观在未成年中形成的主要动力[2]，而孩子在"领导—追随"关系中所表现出来的行为方式，在很大程度上是以他们的父母为榜样的，一些研究也表明威权主义态度和父母使用独裁式的教育方式有着高度相关性[3]。

从文化的角度来看，独裁领导在高权力距离文化中更为有效，且高权力距离的文化价值观与威权主义密切相关[4]。并且在高度垂直的集体主义文化中既容易产生威权的服从者和独裁领导人，也更有可能带来十分严重的破坏性后果。因为权力追随者更有可能对领导人的指令不加思考的执行，并且认为这种专制的垂直权力是合法合理的[5]。不过事无绝对，被认为文化氛围最不容易产生独裁统治的欧洲，在20世纪30年代兴起了法西斯独裁主义，给世界带来了深重的灾难。

随着政治学行为主义的兴起，为了进一步深化对威权主义心理的研究，从20世纪50年代开始，研究者就开始使用量表的方式着手进行威权主义倾向的测量工作。以下是在不同年代的三个对威权主义倾向进行测量的量表。其中F量表主要针对的是对一个人是否容易受到法西斯宣传影响，而形成专

1　Sigmund Freud, *Moses and monotheism*, Leonardo Paolo Lovari, 2016, p. 174.

2　Theodor Adorno, et al., *The authoritarian personality*, Verso Books, 2019.

3　Susan Elaine Murphy and Stefanie K. Johnson, "The benefits of a long-lens approach to leader development: Understanding the seeds of leadership", *The Leadership Quarterly*, Vol.22, No.3, 2011, pp. 459–470.

4　Paul L. Koopman, Deanne N. Den Hartog and Edvard Konrad, "National culture and leadership profiles in Europe: Some results from the GLOBE study", *European Journal of Work and Organizational Psychology*, Vol.8, No.4, 1999, pp. 503–520.

5　Art Padilla, Robert Hogan and Robert B. Kaiser, "The toxic triangle: Destructive leaders, susceptible followers, and conducive environments", *The Leadership Quarterly*, Vol.18, No.3, 2007, pp. 176–194.

制、反民主的人格特征进行测量；威权态度量表主要是对个体对权威、制度以及管制的态度；ACT 量表则是将威权主义倾向分为，威权屈服倾向、传统主义倾向和威权侵略倾向三个方面进行测量。虽然三个量表在丰富程度，通俗程度等方面有着显著的差异，但在对个体的威权主义倾向进行测量时，个体的传统主义倾向，对权威、制度的服从性都是重要的测量目标，其中的一些问题也经常出现在价值观调查问卷中。

表 4.3　威权主义倾向测量量表

量表
1. F 量表[1]
传统主义：坚持传统价值观。 威权式服从：倾向于团体内的权威人物。 专制侵略：针对那些违反传统价值观的人。 反对主观臆断：反对仅仅凭借主观进行评判。 迷信与刻板印象：个人命运信念在刻板的范畴中思考。 权力与韧性：与服从和统治有关；力量的断言。 破坏性和玩世不恭：对人性的敌意。 投射性：认为世界是危险的；倾向于投射无意识冲动的倾向。 性：过分现代化的性行为。
2. 威权态度量表[2]
对领导的看法：将领导看作是指导者而不是民主决定的执行者。 对权威制度的评价：对行使权力的机构和做法的认可（典型代表：军队）。 保守主义：更倾向管制而非自由。

1　Theodor Adorno, et al., *The authoritarian personality*. Verso Books, 2019.

2　John J Ray, "An 'attitude to authority' scale", *Australian Psychologist*, Vol.6, No.1, 1971, pp. 31-50.

（续表）

3. ACT 量表[1]

威权屈服倾向（保守主义）

现在的许多年轻人准备好反抗权威是很好的。

我们国家需要的是纪律，每个人都应该服从自己团体中的领导。

高中和大学中的学生必须被鼓励挑战、批评和直面权威。

遵守和尊敬权威是儿童应该学习的重要美德。如果我们尊敬权威，服从领导，那么我们的国家就会变得十分伟大。

传统主义

任何人都不应该墨守成规。相反，人们应该放松下来，尝试许多不同的想法和经历。

传统的方式"和"传统的价值观"仍然显示了最好的生活方式。

上帝关于堕胎、色情和婚姻的律法必须在为时已晚之前严格遵守（不包括在传统主义的原始版本中）。

裸体主义者营地绝对没有错。

如果年轻人停止吸毒，酒精，性，多关注家庭价值观，这个国家就会繁荣昌盛。

婚前性行为没有任何问题。

威权侵略倾向（权威主义）

强大而强硬的政府会伤害而非帮助我们的国家。

善待游手好闲的人或罪犯只会鼓励他们利用你的弱点，所以在与他们打交道时，最好使用强硬的手段。

我们的社会不需要更强硬的政府和更严格的法律。

为了保护法律和秩序，对违反公共秩序者必须进行严厉打击。

监狱的存在是令人羞耻的，罪犯是需要照顾的不幸者，而不是施加过多的惩罚。

按照这个国家的发展趋势，它将需要大量的"猛药"让麻烦制造者、罪犯和变态者改邪归正。

来源：作者自制。

1　John Duckitt, et al., "A tripartite approach to right-wing authoritarianism: The authoritarianism-conservatism-traditionalism model", *Political Psychology*, Vol.31, No.5, 2010, pp.685-715.

（二）权威的重要性

威权主义本身并没有属于自身完整的一套理论体系，不过一般被认为与保守主义理论有着极为亲密的关系。作为一种领导方式，威权主义强调对权威、规则的服从，在政治实践中表现出的则是政权对社会的强制统治，所以那些强调对传统价值理念、政治秩序遵守的思想，比如说博丹（Bodin）对国家主权的强调，柏克（Burk）的一些政治理论；论证国家在道德上高于社会的理论，比如法国道德学家梅斯特（Maistre）对权威的辩护以及黑格尔有关于国家的理论[1]，都在一定程度上契合了威权主义领导方式和政治统治的需求，或者说是现实政治对权威的需求为这些政治理论出现提供了土壤。

博丹强调国家主权。面对 16 世纪法国在政治、经济和社会上的混乱，他认为需要在社会中建立一个最高的权力中心，来为社会建立统一、有序的制度，而这个权力中心便是国家主权。博丹认为作为国家最高权力的主权是属于整个国家共同体的绝对且永久的权力，是国家同其他组织群体相区分的标志。而作为最高权力，主权不受法律制约，不受人民制约，作为主权所辖一分子个体必须要服从拥有主权的人，而主权拥有者，即最高权力拥有者不需要服从其他任何人的命令，并且拥有着为国家中的所有臣民制定法律的权力[2]。

柏克也十分重视对社会规则和国家秩序的维护。虽然柏克十分肯定人的自由权利，但面对法国大革命带来的严重后果，他认为这种自由的获得是以社会秩序和国家权威为前提的。他支持以社会礼仪支撑美德，并认为宗教机构对国家道德稳定和利益实现有着重要意义。此外柏克对民主政治始终保持着怀疑态度，政府的运作需要政府工作人员具备一定程度的智力和拥有广泛的知识，但是大部分普通人并不具有这样的能力。在个人与社会关系上，柏

1　[英] 戴维·米勒、韦农·波格丹诺编：《布莱克维尔政治学百科全书》，邓正来译，中国政法大学出版社 2002 年，第 45 页。

2　Jean Bodin, *On sovereignty: four chapters from the six books of the commonwealth*, Cambridge University Press, 1992.

克认为虽然社会是由个人组成的，但个体并不具备高于社会的优先性，人的本性决定人是依赖于社会而存在，是受制于社会的；在个人与国家上，他强调人对于国家的责任和义务，普通民众的参政能力、对政治理解和决策的能力都是值得怀疑的，所以需要强化国家和政治的权威以及支持由社会政治精英进行政府工作，通过权威和自由之间的平衡来稳定社会秩序。尤其是在法国大革命后，他格外强调对秩序的尊重和维护。而要防止法国革命悲剧的重演，必须维护在国家、政府和人民之间的统治和被统治秩序，这种政治秩序是符合自然形成的社会秩序，是自然法的支配下统治者和被统治者关系的应然形式[1]。

黑格尔的国家理论经常被看作为国家对社会的专制性统治的辩护理由。他认为，"国家是立于世上的精神"[2]，"国家"的理念才是永恒的。黑格尔在《法哲学原理》中的"国家"章中曾写道，"国家是伦理理念的现实性——是作为显示出来的、自知的实体性意志的伦理精神，这种伦理精神思考自身和知道自身，并完成一切它所知道的，而且只完成它所知道的。"[3]"国家直接存在于习俗中，而间接存在于单个人的自我意识及其他知识和活动中，就像单个人的自我意识（durchdie Gesinnung）在国家中，作为它的活动的本质、目的和作品，具有它的实体性自由。"[4]他直接指出"单个人的最高义务就是成为国家的成员"，"个体本身只有当他是国家的一个环节时，才具有客观性、真实性和伦理性"[5]。国家并不仅仅是个人意志的结合，而是一种有机的统一，家庭和市民社会的利益必须集中于国家。而在社会关系上，黑格尔认为，政治国家是市民社会发展的目的和结果，市民社会的形成也必须要以外在国家的

1　[英]埃德蒙·柏克：《反思法国大革命》，张雅楠译，上海社会科学院出版社 2014 年。

2　[德]弗里德里希·黑格尔：《黑格尔著作集》第七卷，邓安庆译，人民出版社 2015 年，第 388 页。

3　[德]弗里德里希·黑格尔：《法哲学原理》，范扬、张企泰译，商务印书馆 2011 年版，第 288 页。

4　[德]弗里德里希·黑格尔：《黑格尔著作集》第七卷，邓安庆译，人民出版社 2015 年版，第 382 页。

5　同上书，第 383 页。

存在为前提，因为市民社会自身有不可克服的基本矛盾，只有政治国家才能保护市民社会已经获得的个人权力和自由。政治国家是人自由意识运动的最高阶段，是具体自由的实现。

梅斯特对政治权威超自然的解释为专制权力提供了超验的辩护理由。他主张，宪法并不是人类理性的产物而是来自于上帝，国家和政府的合法性应该来自宗教，来自基于令人信服的非理性理由。唯有如此政治权力的权威性才能够不受质疑，政治秩序的稳定性才能够得到保证。而由政治权威的不可置疑性所推论而来的便是，权威的实际的使用者，即专制统治者所制定规则，所采取的行动应得到被统治者的遵守和顺从[1]。

(三) 代表性理念

在具体实践中，由于国家的现实起点和历史传统资源不同，领导人在观念和抱负上的形成了不同的政治实践理论，但这些威权国家政治家的实践理念大都表现出了一种理想性与现实性相结合的特征。在众多威权国家的政治实践中，韩国朴正熙所倡导的社会重建理论、新加坡李光耀的精英政治理念和阿根廷的庇隆主义在为本国的政治社会发展带来了深刻变化的同时，在世界范围内也产生了重要的影响。

1. 朴正熙的社会重建理论

朴正熙是韩国实行宪政以来执政时间最长的国家元首。因不满第二共和国的无能，1961 年他发动"五一六军事政变"推翻了第二共和国，在担任军政府领袖两年后，他通过选举的方式成为韩国的合法总统，建立第三共和国。为了将韩国从一个贫穷落后的国家带入到现代国家的行列，他通过设立经济规划委员会的方式，推行了一系列由国家主导的经济社会发展政策并发布五年计划，为整个国家带来了快速的经济增长和产业升级，被称为"江汉奇迹"。在他执政期间，韩国实现了从贫穷的农业国向中等发达国家的巨大

1　comte de Maistre, Joseph Marie, *Essay on the generative principle of political constitutions*, Little and Brown, 1847.

跨越，据统计，在 1962 年到 1979 年间，韩国年均国民生产总值增速达到了 9.2%。

朴正熙是一个坚定的民族主义者，他所有的出发点都是为了实现国家和民族的复兴，之所以发动政变也是为了解决韩国当时的危机。此外，他还是一个坚定的民主主义者，但面对韩国长久的专制历史和殖民统治的历史文化包袱，以及一穷二白的历史现状，在政治上他认为韩国的民主制度需要从自身的特点出发，在人民能够选举自己的代表之前，先用强大的国家"训练人民"，以改变其懒散、自私、无知的特性，"向人民灌输自主精神"。由于在韩国乃至整个亚洲从来都没有民主的基础，所以为了先实现生活条件的改善，"采用非民主的手段也可能是必要的"[1]。而首先要做的就是在国家重建的过程中建立新的经济和社会秩序。朴正熙所渴望实现的是一个"能够让人们过上一种负责任的、独立的生活，而且应当能够保障人民的自由"的国家，但是为了实现这样的政治目标"保持一个强有力的统治机器是绝对必要的，甚至是不可避免的"[2]。

2. 李光耀的精英政治理念

作为新加坡的开国元勋，李光耀在 1959 年到 1990 年担任总理期间带领新加坡在经济社会等各个方面都达到了世界一流水平。在英国留学期间，他树立了反对英国殖民统治实现新加坡独立的政治理想，并于 1947 年以法学一等荣誉学位毕业于剑桥大学菲茨威廉学院。作为一个不折不扣的社会精英，他在政治实践理念中精英主义倾向也十分明显。

在李光耀执政初期，新加坡作为一个力量薄弱的小国，来自各个方面的威胁使得整个新加坡都笼罩在不安之中，所以需要将新加坡建成为一个独立而团结的城市国家，而其中国家有高于社会和个人的优先性[3]。他认为保持国

1　[韩] 朴正熙：《我们国家的道路》，陈琦伟等译，华夏出版社 1992 年，第 2–3 页。

2　同上书，第 171–172 页。

3　Gordon Paul Means, "Soft authoritarianism in Malaysia and Singapore", *Journal of Democracy*, Vol.7, No.4, 1996, pp.103–117.

家的独立需要将新加坡的各个方面都打造得十分出色和引人注目并任用足够优秀的人才来从事国家管理工作，所以精英统治是李光耀十分重要的一个执政原则，他认为总理的工作类似于指挥家，需要对整个国家管理的各个方面都了然于心，人民行动党治理权的合法性源于其治理功绩，所以与自上而下政府层级相匹配的政府官员的素质和能力也应该是由高到低进行排列的，最优秀的人应该承担最为核心和重要的工作，否则带来的便是治理绩效的下降，人民行动党的淘汰[1]。而在经济社会发展上，他支持制定长期的经济社会发展规划，倡导通过吸引跨国公司投资的方式来促进新加坡的经济增长，并致力于将新加坡建成国际金融中心，与之相配套的为国家打造了一张"花园城市"的名片。此外，在这种治理理念下，新加坡也一直保持着高水准的社会公共服务供给，为公民提供公平教育机会，促进公共医疗和住房提供，新加坡的治理方式也被称为"软威权主义"（soft authoritarianism）。

3. 阿根廷庇隆主义

庇隆主义（Peronism）运动是阿根廷 20 世纪乃至今天都有重要影响力的一场政治运动，主要是基于阿根廷统治者胡安·庇隆（Juan Perón）的政治思想。1943 年庇隆参加军事政变获得了阿根廷劳工部长的职位，并在三年后的1946 年成功当选为阿根廷总统，开始大刀阔斧地实践着自己的政治理想。虽然他的统治曾一度被推翻，但基于他的政治理念和实践的庇隆主义运动却一直得以延续并产生巨大影响。

庇隆主义不同于传统的意识形态，某种程度上可以被看作是一种既不"右"也不"左"的第三种意识形态，它既拒绝资本主义也反对共产主义，对社团主义的支持，对秩序等级纪律的强调虽然和法西斯主义有一定相似，但与法西斯主义有着本质区别。庇隆主义的意识形态是社会基督教主义、民粹主义、民族主义和社团主义的混合。在具体政治实践上，不同于其他威权政权通过魅力型领导与选举的方式进行统治，而是通过利用其意识形态中的民

1　[新] 李光耀：《李光耀谈治国、管理和人生》，陆彩霞译，上海译文出版社 2018 年。

粹主义部分与工人阶级联盟进行政治统治[1]。庇隆主义在实践中通过将大公司国有化，工会公司化，实现了整个国家的社团化，让国家承担利益冲突的谈判者角色，以此种方式让最普通工人的权利得到保护；重视国家和民族的整体利益，奉行阿根廷第一的价值观；提出了社会市场的概念，试图把压迫和剥削普通工人的资本用于为经济和民众的福利进行服务。

从以上对政治权威进行强调的政治理论和威权主义实践思想的叙述可以看到，这些思想大都产生于政治秩序混乱，国家落后的情形下，过度重视个人私欲只会让国家和社会停滞不前甚至是陷入绝境，所以才会出现国家高于社会，社会高于个人这样的信念，实际上表达的是希望通过国家实现政治秩序稳定，经济社会发展的急迫需求，较之自由民主，国家能够拥有巨大能量对社会进行全面改造的威权主义统治形式无疑是更优解。

三、作为一种国家治理形式的威权主义

威权主义统治是制度化了的一种国家治理形式。维持政权的稳定和延续是所有类型国家的相同目标，所以就像民主政权是由一系列特定制度和程序来维护政治运转一般，威权主义政权在运行中也会通过相应的具体制度安排和实践来维护政权稳定，以达到维持现有统治的目的，而也正是如此造就了威权主义国家所呈现出的独特治理形式和特征。

（一）威权主义政治的产生

作为一种国家治理形式的威权主义出现在 20 世纪 50 至 60 年代。第二次世界大战结束后，浩浩荡荡的民族解放运动让昔日的殖民帝国分崩离析，一大批民族国家纷纷建立，民主也成了不可动摇的政治价值。但无论是民主政治还是专制政治都有其所存在的社会基础，二战后新建立国家的社会基础

1　James P. Brennan (ed), *Peronism and Argentina*, Rowman & Littlefield, 1998.

还是前工业化的、农业为主的经济形态，奉行以家庭和部落为主的社会观念，教育和收入水平也很低，与民主政体所需要的强大的公民社会和独立自主的市场经济相距甚远。但作为新建立的国家，如何实现快速发展，维持国家独立，是摆在领导人面前的首要难题。作为后发外源型国家，这些新成立的民族国家没有时间像西方早发内源型现代化国家一样有足够的时间一步步发展，需要由强有力的政治权威对政治经济进行控制，以实现整个国家从传统到现代的跨越式发展。

而在政治文化上，这些新兴民族国家大都有着极长时间的专制统治历史，作为外源型现代化国家，整个国家社会的现代化动力都来自于外部西方发达国家的影响，其本身的政治文化没有实现由专制到现代的转变，没有自发性地产生民主、法治、权力分立与制衡等现代政治观念，政治启蒙不足，不论是对这些国家的领导人而言，还是对民众而言，其政治观念仍然深深地受以往传统专制文化的影响。所以从薄弱的社会经济基础、未达成政治启蒙这一基础条件出发，这些国家想要实现经济社会的快速发展，实现由传统到现代的飞速跨越，以政治权威为推动力，实行一种威权主义的方式对这些国家来说无疑是一个上等的选项。

虽然一些威权国家在经济发展和社会治理上取得了巨大的成功，但在价值评价中，威权主义统治仍然被看作是不道德的。这是因为从本质上来看，威权政权是一种强制的、未经同意的统治，所有威权主义政权对待社会的态度都是一致的，即不希望与社会分享政治权力，且不希望社会来制约统治者的权力。这是因为威权政权的统治基础是建立在少数精英之上的，一旦政权向社会开放，他们将失去政权赖以存在的根基。也正是由此，所有的威权主义政权一般都会采取一方面排斥社会的政治参与，另一方面通过实施一系列措施来维持自身的统治。与民主政体之间的根本性不同在于，在威权政体下没有一个独立的机构来保证政治行动者之间的协议能够执行，所以在威权政权里最终往往只有暴力可以成为最终的仲裁者，也即永远存在暴力的可能性[1]。

（二）威权主义类型

对不同政体进行类型学的划分，是自古希腊亚里士多德（Aristotle）以来政治学的重要传统。在民主国家中，根据不同政权的政治权力安排及机构设置的不同可以分为议会制、总统制、半总统半议会制国家，也可以分为两党制或多党制国家。最初的分类体系中所有非民主的现代政权都被划分到了威权主义国家行列，但事实上不同威权政体之间的异质性十分之高，在政治领导、政治制度、政治形态等方面有着很大的差异，所以在对威权国家进行研究时许多学者都对威权政体进行了类型学上的划分，而正是这些类型学上的划分奠定了威权主义实证研究的重要基础。

奥唐奈（O'donnell）最早进行了威权主义国家的分类研究，他在南美洲实证研究的基础上，基于对林茨关于极权主义与威权主义二分，根据威权政权的现代化程度由低到高区分了传统威权主义、民粹威权主义和官僚－威权主义（bureaucratic-authoritarianism）。其中他尤其关注官僚－威权主义这一为现代国家发展提供强大动力的类型，他概括了官僚威权主义的四个典型特征：第一，将政府部门的职位让具有技术专长的文人来担任；第二，在政治上排斥民众的参与；第三，抑制或完全取消政治活动；第四，积极谋求与国际经济机构（如世界银行和国际货币基金组织）以及欧美的银行和跨国公司改善关系，以振兴国民经济，提高自己的合法性地位[2]，朴正熙时期的韩国被认为是官僚－威权主义的典型。

一党体制、军人政权和个人独裁，是亨廷顿（Huntington）总结概括的第三波民主化中的三种威权主义政权。在一党制中，除了一个政党外，其他所有政党都被禁止参加选举，接触和掌握权力的途径是接触和加入统治党之中，

1　Milan W. Svolik, *The Politics of Authoritarian Rule*, Cambridge University Press, 2012.

2　Guillermo O'donnell, "Modernization and Bureaucratic–Authoritarianism: Studies in South American Politics", Berkeley: *Institute of International Studies*, 1973.

普遍来看一党制威权国家往往通过意识形态实现统治合法化，在政治制度化上表现要更好一些；军人政权大多由取代民主或文官政府的政变产生的，在这一政权下高级将领是主要的政治行动者，他们通过使用武力获得在政权中的政治地位，并直接或间接地控制民选官员；个人独裁的根本特征是政治领袖个人"是权威和权力的来源"，其他人的权力则取决于和政治领袖的关系[1]。

基于威权政体的现实发展，戴蒙德（Diamond）使用了混合政体（hybrid regime）这一概念来对那些采用了民主形式但仍保持威权统治的国家进行概括。也就是具有多党选举竞争的非民主政权，也可以叫作"选举威权"（electoral authoritarian）或"虚假民主"（pseudo-democratic），虽然举行选举，但选举并不是公平、开放、有竞争性的，这类政体在政治权力上仍然是封闭的。而根据竞争性程度高低不同，还进一步区分了竞争性威权主义（competitive authoritarian）和霸权性选举威权主义（hegemonic electoral authoritarian）[2]。

格迪斯（Geddes）在对威权政权存续时间进行研究时将威权国家分为个人主义（personalist regime）、军人（military regime）和一党制（single-party）这三种类型，顾名思义这一分类方式是以政权掌握者为分类维度。基于二战后的数据他发现，在这三种政权类型中军人政权是最为脆弱且预期寿命最为短的政权，个人政权相对来说存续时间相对长一些，一党制威权政权是其中存续时间最长的[3]。但是这种分类不能将竞争性和选举性威权纳入分类框架之中，没有区分一党制和主导党制（dominant- party）的威权主义，所以马格罗尼（Magaloni）和克里切利（Kricheli）在进行分类时对一党制和主导党制进行了区分，并将威权政体的专制化程度由低到高分为主导党制，一党制，军

1　[美] 塞缪尔·亨廷顿：《第三波：20 世纪后期民主新浪潮》，刘军宁译，上海三联出版社 1998 年。

2　Larry Diamond, "Elections without democracy: Thinking about hybrid regimes", *Journal of Democracy*, Vol.13, No.2, 2002, pp.21–35.

3　Barbara Geddes, "What do we know about democratization after twenty years?", *Annual Review of Political Science*, Vol.2, No.1, 1999, pp.115–144.

人政权和君主制（monarchy）[1]，表 4.4 是对这几种分类的总结。

表 4.4　威权主义分类

划分标准	类型
现代化程度	传统威权主义；民粹威权主义；官僚威权主义（奥唐奈，1973）
政治权力掌握者	一党制；军人政权；个人独裁（亨廷顿，1998）
竞争性程度	竞争性威权主义；霸权性威权主义（戴蒙德，2002）
专制性程度	个人主义；军人；一党制（格迪斯，1999） 主导党制；一党制；军人政权；君主制（马格罗尼与克里切利，2010）

来源：作者自制。

（三）威权主义下的经济奇迹

在现实的政治实践中，一大批国家在威权主义治理方式之下实现了经济腾飞，"东亚奇迹"一词便是对亚洲威权主义国家所实现的经济社会迅速发展的称赞。在高度集权政府的带领下，日本经济在战后实现了快速腾飞，韩国发展欣欣向荣，东南亚也实现了稳定而持续的增长，其中新加坡所取得的经济社会发展成绩更是举世瞩目。这种威权主义方式的成功，这种促进经济腾飞和发展而表现出的超高效率也被称为"威权优势"（authoritarian advantage），威权主义也被认为比民主制度更能推动新兴国家实现经济的快速发展。

20 世纪 60 年代前后东亚的众多政治体都采用了由政府主导的出口导向模式来促进本国经济的发展。具体表现在，政府通过制定产业发展、关税等战略和政策来促进和保护本土工业体系的形成和发展，通过国家的力量为贫瘠和脆弱的本土产业提供一个适宜的国内市场环境。在韩国，朴正熙执政时期政府通过制定宏观政策，自由化汇率等手段促进了韩国工业发展，保障了

1　Beatriz Magaloni, and Ruth Kricheli, "Political order and one-party rule", *Annual Review of Political Science*, Vol.13, 2010, pp.123–143.

出口导向工业化战略的实施和完成；在日本温和威权主义[1]之下的政府，尤其是通产省在这一时期所制定的产业政策，被看作是日本经济腾飞的重要动力；而新加坡在威权主义治理方式下的成功经验更是被看作"新加坡模式"。这是因为在经济发展的早期阶段国内产业基础薄弱的情况下，威权主义可以凭借权力高度集中的优势，制定相应的一系列产业政策，集中资源发展特定产业。而政府在进行决策时也可以更多地从整个国家和民族的长远利益出发来进行政策制定，与受各种利益集团影响的民主政权相比更有能力做出理性、一致和负责任的决策，在民主政权下特殊利益集团阻止、拖延和阻碍有利于整个社会经济增长的问题也不容易出现[2]。

而在同时期的民主国家中，由于民众对财富再分配和对建立福利国家的要求使得许多国家的公共政府部门面临严重的财政赤字危机，一定程度上阻碍了国家的进一步快速发展，甚至因为工会、福利等制度而面临经济困境。所以能够免于利益集团压力进行决策的威权政治领导在国际市场竞争中拥有了更多优势。不过从 20 世纪 90 年代中期开始，许多经济发展到一定水平的威权国家出现的权力寻租等腐败问题开始引起广泛关注，一些威权国家经济发展也开始逐渐放缓甚至面临困境，"威权优势"论也受到了一定质疑，而这正是威权主义政治本质所决定的运行方式带来的不可避免的问题。

（四）威权主义政治的运行

任何政权都需要获得社会群体对政权的服从，这种服从主要表现为对国家政策的顺从而不是质疑和挑战。但由于威权主义是一种自上而下的政治统治方式，这样的政权性质决定了威权主义政权在获得社会群体的服从时，在处理国家与社会关系时表现出来所有现象的本质就是强制。在威权主义国家，

1　莽景石：《温和的威权主义、收入分配平等与国家治理——日本的案例分析》，《日本学刊》，2014 年第 6 期。

2　Samuel P. Huntington, *Political Order in Changing Societies*, New Haven, Yale University Press, 2006.

统治者无法容忍民众的异议态度和抵抗行为，因为政权本来就不是"同意的政治"，所以威权主义政权在获得民众的政治服从的时候，一般都采取强制的方式，用武力为公开或隐蔽的手段，以国家的法律为制裁武器，强制底层民众的无条件服从。为了获得有效的政治服从，威权主义国家大多采取以下对策：绝对的控制军队，建立庞大的警察机构；垄断着国家所有重要的物质资源；颁布严酷的刑法；同时制定各种严厉的处罚规定。在军人政权和一党制政权中，威权主义合法性的获得通常以民族主义为诉求，这是因为这些政权一般是在民族革命后发展起来的，它们以这种政治形式和制度将革命者的热情合法化和永久化。类似于个人独裁政权，这些国家通过建立政治与社会的一体化机制、促进大众的直接参与来获得合法性，以降低民众抵制国家的可能性。

暴力机器是威权主义统治的核心工具。大多数专制政权是由警察和专门的内部安全部门处理反对分子的，军队是最后的镇压力量。对威权政权来说，大部分威胁来自内部的政治精英或由意识形态异见者相互联结而成的网络，所以在利用军队进行统治维护的同时，统治者会通过创造平行武装力量，多重安全机构或者用宗教和种族的忠诚来避免军队脱离政权的控制，成为一支独立的力量。这种特征在中东的威权国家上表现得尤为明显[1]。而为了进一步控制社会，对精英和对政权有潜在威胁社会群体的收买和回应也是威权主义得以维持的重要手段，为了减少精英对抗政权的机会和可能性，威权主义政权经常实行政治收买。针对精英群体，威权国家大多选择用金钱和官职，将社会精英转化为政府官僚，这种做法既可以为统治者提供技术帮助，提高官僚政治的效率，还可以降低精英因参与的无效而反抗政权的可能性。

在进行政策制定时，威权主义政府也会用选择性回应的方式来满足精英分享权力。威权政权下的政策制定一直以来被看作是一个政治黑箱，但威权政权的政策制定并不是完全由独裁者进行掌握，而是像民主国家一样，是一

1　James T. Quinlivan, "Coup-proofing: Its practice and consequences in the Middle East", *International Security*, Vol.24, No.2, 1999, pp. 131–165.

个充满了利益之间相互博弈，反复协商的过程[1]。威权国家中的统治者并不能排他性地完全掌握政治权力，而是需要与政治精英分享权力建立政治同盟，所以除统治者之外的政治精英同样拥有对政策的影响力，此外，统治者也需要将许多政策的控制权下放给政治系统中的其他参与者，因为像所有政体中的领导人一样，威权国家的统治者也面临着时间、精力、资源上的困境[2]。

在具体政策利益的分配上威权政府也会利用再分配政策维护威权政权的统治。由于城市对政治稳定的威胁是直接的，所以旨在维护政治统治的威权政府在制定再分配政策时往往会向城市居民倾斜，来减少城市居民的不满和他们抗议的可能性。不过这种城市保护主义的政策并不是长久之计。因为在城市优先的政策下，农村居民会选择用脚投票，越来越多的农村居民会选择迁徙到城市并使得城市人口大量聚集，但这种聚集带来的更多是城市集中而非城市化，城市人口加上城乡之间的差距会使得城市资源无法满足人口的需求，并造成住房、教育和医疗资源等方面的紧张局面，而这些新的矛盾则会对威权政权的稳定提出新的挑战，并对政权的稳定性造成损害[3]。

而在全球化的背景下，威权国家在制定海外政策时既不像传统理论中一般对公民的国际流动进行限制，也不仅仅是只局限于对本国国籍公民的管控，而是选择主动适应全球化下的海外人口的特定资产和不安全感，并制定政策，将海外人口纳入或排除为反抗对象或不法分子、爱国者或卖国贼以及客户。也就是说独裁统治已经不应该仅仅被看作是一个有领土限制的政权类型，而应被视为一种通过一套截然不同的实践来治理人民的模式。具体表现为威权国家逐渐允许公民在国外旅行，移民到国外并自由返回，在一些威权国家甚

1　Scott Williamson, and Beatriz Magaloni, "Legislatures and policy making in authoritarian regimes", *Comparative Political Studies*, Vol.53, No.9, 2020, pp.1525–1543.

2　Ben Noble, "Authoritarian amendments: legislative institutions as intraexecutive constraints in post–Soviet Russia", *Comparative Political Studies*, Vol.53, No.9, 2020, pp.1417–1454.

3　Jeremy Wallace, "Cities, redistribution, and authoritarian regime survival", *The Journal of Politics*, Vol.75, No.3, 2013, pp.632-645.

至积极鼓励年轻人去国外学习，也就是说威权国家可以通过制定不同的政策将海外的民众或纳入到现有的统治关系之中，或排除于统治关系之外，来维持威权政权的可持续性[1]。

（五）威权主义困境

1. 合法性困境

从道德上来看，威权政体面临的最为致命问题是无法通过政治制度运作获得合法性。建立在人民同意之上的民主政体是政治的最佳形式已经在全世界形成了广泛的共识，"民主是个好东西"也已经深入人心。现代民主政治通过竞争性选举的方式，从程序上完成了对国家统治权的合法授予，让政治权力在一个"祛魅"的时代获得了十分宝贵的合法性。政府合法性的高低直接影响着政治统治的成本和统治政策的实施成本和效率，由于威权政体的本质是建立在强制的基础之上，是一种"未经同意"的政治，所以为了对自己的统治进行辩护，在现实政治实践中哪怕是实行专制统治的威权国家也会宣称自己是民主国家，并强调自己的政治形式才是"真正"的民主。事实上许多威权国家已经选择建立形式上的民主制度和程序作为民主的象征来为自身的合法性进行辩护。但由于这些形式民主制度和程序在实际运作中是以维护现有统治为目的的，无法真正地做到充分竞争和公平正义，甚至会出现胁迫、弄虚作假等现象，反而成为被批判和质疑的对象。

而由权力的合法性危机导致的便是，当政权用威权镇压的方式来面对那些政权的异议者和批判者之时，也会造成道德危机，甚至是统治危机。例如20世纪80年代韩国发生的光州事件虽然以全斗焕政府的成功镇压作为结束，但此次镇压造成的社会不满情绪在之后韩国民主化转型的过程中发挥了重要的作用。

2. 制度困境

威权统治的强制性导致了在威权政治中有两个根本性冲突的问题：权力

1　Marlies Glasius, "Extraterritorial authoritarian practices: A framework", *Globalizations*, Vol.15, No.2, 2018, pp.179–197.

控制与权力分享。权力控制，即谁统治谁被统治的问题。所有的独裁者都面对着被排除在权力之外民众推翻的可能性，有效控制这些群体对政权的威胁是威权统治必须要解决的问题。但是统治者一般很少能够单独靠自己的力量避免这些威胁，所以统治同盟是必不可少的，这些同盟可能是传统精英，显要的政党成员或者是掌握镇压资源的普通人，但都需要统治者将自己的权力分享给他们作为自己的同盟，来帮助自己维护政治统治，这也就是第二个问题，如何解决权力分享者之间的冲突，即解决威权权力分享的问题，如果不能在领导精英之间形成稳定的同盟就会导致统治集团内部的叛变进而造成政治不稳定，导致无法为整个社会提供一个可预期的稳定秩序。

这样的问题背后所隐藏的是威权主义政治的两个无法克服的制度困境。首先，无法形成可信承诺。威权主义国家的政治统治是强制的，是强加在整个社会之上的，天然地缺乏一个独立的权威机构在关键政治行动者之间强制执行协议，尤其是在专制统治者、统治者的盟友和他们的压制型代理人之间，无法让政治行动者形成对自己行为结果的稳定预期。其次，存在政治仲裁暴力化的风险。威权政权下总是弥漫着暴力的阴影，因为没有独立的权威机构作为一个仲裁者，所以往往导致只能是军事暴力成为政治发生冲突之后的最终仲裁者。正是这两个内在的本源问题独特地塑造了独裁政权的政治行为，它们限制了政治机构在解决权力的分享和政治控制问题时本可以发挥的作用，同时也解释着为什么威权国家统治者的更替总是伴随着政变和武力冲突，可以说专制政治本身就是与背叛和暴力相伴随而产生的。而"稳定的威权主义"之所以能够出现，实现威权统治的持久化便是在一定程度上解决了这两个问题。

3. 绩效困境

从决策的科学性上来说，由于威权主义的统治方式集政治排斥与政治集权为一体，所以在进行决策时呈现出的是一种少数人决策，这就决定了以此种方式所作出的决策很难兼顾不同群体的利益诉求，甚至可能为统治者的私人利益所用，增加了决策的盲目性和不科学性。这种寡头决策模式降低了国家应对危机的能力，提高了决策成本，延误了国家处理危机的时机与能力。

在威权国家中由于政治权力高度集中，社会和经济的发展很大程度上都离不开政府的行政管理。但在独裁政府中统治者的权力又不受或受到很少的限制，人民不具备对领导人的惩罚能力，政府不需要对人民负责，在政府自上而下强大的执行惯性之下，错误的决定和政策一旦做出，领导人本身都很难挽回。在主要由国家行政计划进行生产安排的威权主义国家中，由于收入不能够完全发挥对生产的指挥作用，国家的行政计划便成为生产的"指挥棒"，很容易造成在生产上的过剩或者不足。而威权主义经常用来对自身进行合法性辩护的经济快速增长这一点，也有研究指出这种独裁统治下的经济增长更多是建立在劳动密集型或者说是劳动剥削之上的，相比于民主制度国家下的工人，在威权统治下的工人平均产量和收入都要更少，也没有脱离雇主和国家相互连接进行罢工的自由和权利，并进而压制了新的经济增长模式的出现。

四、作为一种研究潮流的威权主义

从威权主义这一概念诞生伊始，威权政体就被看作是极权政体和民主政体之间的一种过渡形态，所以威权政权的民主化转向一度被认为是威权政权的必然归宿。起初针对威权主义的研究，学者们大都以第一波民主化国家为样本，基于稳定的民主国家发展经验，来研究在怎样的条件下可以帮助这些作为过渡形式的威权政体的实现民主化，所以在早期的现代化理论看来，只要实现了经济社会现代化，政治民主化便会自然而然地发生。

（一）威权主义的民主化研究

1. 现代化理论

由于威权主义国家的产生很大程度上是出于新兴民族国家对经济社会快速发展的需要，所以现代化理论者认为随着经济发展可以使得社会结构和意识形态产生变化，威权政权的民主化也便会自然而然地发生。作为最早系统阐述现代化理论的学者，李普赛特（Lipset）通过将不同国家按照民主程度进行分类，并与其在财富、工业化程度和教育等方面的发展水平相联系，得出了经济现代化是支撑民主的必要条件的结论[1]。但是有学者进一步指出，如果经济发展带来收入不平等的严重化不能得到解决，经济发展水平的提高不仅不能促进威权政府的政治民主化，反而会使得保守派更加倾向于维持现存政权[2]，这是因为如果收入比较平等，国家民主化之后社会上层的利益损失相对而言较小，所以不会强烈抵制民主化[3]。而在此之后，阿西莫格鲁（Acemoglu）等学者运用博弈论的方法并结合英国、阿根廷、新加坡、南非这几个国家的案例指出，收入差距与威权政权的民主化之间是一个倒"U"的关系，而非一个简单的线性关系。在收入非常平等的情况下，精英不需要为民主化付出过多的代价，而在收入非常不平等的情况下，民众不满造成的示威、骚乱甚至是革命也会促使政权的民主化转向[4]。

2. 精英选择

20世纪60至70年代像苏联这样经济发展但没有带来民主转化的现实，成为现代化理论的质疑基础，且在一些国家伴随经济发展出现了专制的回潮。所以一些研究者认为，威权政权是否会发生变化，发生转变后是走向民主还是以另一种威权政府的形式出现更多的是取决于精英选择而非外在的社会经济结构。也就是说，需要将精英做出的选择看作是政治过程的核心因素。罗斯托（Rustow）强调"人民不能做出决定，直到有人决定谁是人民"，并将整个政治转变过程分为民族统一基础上的"准备阶段"、政治精英做出决定的"决定阶段"和政治行动者逐渐接受内化于具体行为中的"适应阶段"[5]，而统

1　Seymour Martin Lipset, "Some social requisites of democracy: Economic development and political legitimacy", *American Political Science Review*, Vol.53, No.1, 1959, pp.69–105.

2　Edward N. Muller, "Economic determinants of democracy", *American Sociological Review*, 1995, pp.966–982.

3　Carles Boix, *Democracy and Redistribution*, Cambridge University Press, 2003.

4　Daron Acemoglu, and James A. Robinson. *Economic Origins of Dictatorship and democracy*, Cambridge University Press, 2006.

5　Dankwart A. Rustow, "Transitions to Democracy: Toward a Dynamic Model", *Comparative Politics*, Vol.2, No.3, 1970, pp.337–363.

治集团内部的强硬派和温和派之间的裂痕比经济发展更有可能带来威权统治的民主化转型[1]。林茨等则通过对南欧、南美等15个国家进行的案例研究指出，在民主转型和巩固中社会中的精英人士和体制内重要角色所发挥的作用要比经济发展趋势更重要[2]。

3. 政治制度

随着新制度主义的兴起，研究者意识到精英其实是在特定的政治制度结构中做出政治选择的，威权国家自身的制度类型同样是影响民主化转型的重要因素。从政体类型的分类来看，威权政权自一开始就被看作是极权国家向民主国家发展过程中的一个过渡形态，但一个威权政权的崩溃并不一定意味着民主转型的开始，结果往往可能仅仅是另一个威权政权的建立。相关研究统计，从1972年到2003年，在发生政治转变的威权政权中77%的结果是导致了另一个威权政权的产生，只有23%的国家进入了民主政权行列。导致这样的结果则是因为威权政权本身就是一个包含复杂类型的概念，其本身的异质化程度很高，不同类型的威权政权发生政治转变之后的结果有着显著的差异，其中君主制倾向于从纯粹的君主威权转变为高度限制的选举君主威权；纯粹一党制的威权国家则有相同的概率过渡到主导的多党制、非主导多党制和军事政权；军事政权最常向有限多党制过渡，其中"军事－一党制"政权最常向纯粹的军事政权过渡，而"军事－多党制"则更有可能向民主过渡；有限多党威权主义的过渡则更有可能导向民主政权[3]。

（二）威权主义研究的困境与调整：稳定的威权主义

从以上对有关威权政权的民主化研究的梳理可以看到，虽然不同的研究

1　Guillermo O'donnell, Philippe C. Schmitter, and Laurence Whitehead, *Transitions from authoritarian rule: Tentative Conclusions about Uncertain Democracies*, JHU Press, 2013.

2　Juan J. Linz, and Alfred Stepan, *Problems of Democratic Transition and Consolidation: Southern Europe, South America, and Post-communist Europe*, jhu Press, 1996.

3　Axel Hadenius, and Jan Teorell, "Pathways from authoritarianism", *Journal of Democracy*, Vol.18, No.1, 2007, pp.143-157.

者分别从经济社会、精英选择等各个方面试图寻找促进威权主义向民主转型的条件，但可以发现，没有一个充分条件能够保证这一政治转型的发生。而现实中的政治情形却是越来越多的威权政权变得越来越稳定，越来越具有韧性，而这也逐渐成为威权主义研究新的知识增长点。"历史的终结"没有发生，反而是一些威权国家逐渐在政治实践中，通过制度设计达成了一种平衡实现了稳定的威权主义，所以在此之后对威权主义的研究都集中在威权主义为什么能够实现稳定统治，其政体韧性是如何而来。进入 21 世纪以来"形容词 + 威权主义"开始成为威权研究的潮流，越来越多学者们开始着重关注威权政体的韧性和持久性，从不同的理论视角出发对威权主义的持久化做出解释，并迅速积累了大量的研究文献。

1. 资源禀赋论

前文已经有提到，很多威权国家没有按照民主转型的现代化理论一样随着经济发展实现政体转型从专制走向民主，反而是进一步稳固了威权统治，事实证明经济增长与威权国家民主转型之间是一个十分复杂的关系 [1]。而掌握大量自然资源这样得天独厚的自然禀赋也有可能成为"资源诅咒"，成为禁锢威权国家民主化转型的枷锁 [2]。

在前人研究的基础上罗斯（Ross）通过对中东石油国家的研究，指出作为一种宝贵的自然资源，丰富石油储藏对威权政权的巩固发挥了重要作用。石油资源之所以发挥了这种作用的基础是因为这些北非和中东的威权国家是一种"食利国家"（rentier state），在这样的国家中政府的收入大部分来自于出售石油带来的外汇。亨廷顿也认为，在这样高度依赖石油出口的中东国家，官僚政府拥有更多的力量实现对社会的控制，并进一步巩固威权统治 [3]。

1　Adam Przeworski, et al., *Democracy and Development: Political Institutions and Well-being in the World, 1950–1990*, Cambridge University Press, 2000.

2　Michael L. Ross, "Does oil hinder democracy?", *World Politics*, Vol.53, No.3, 2001, pp.325–361.

3　[美] 塞缪尔·亨廷顿：《第三波：20 世纪后期民主化浪潮》，刘军宁译，上海三联出版社 1998 年。

有三种解释机制可以用来解释二者之间的关系。一是"食利者"效应，政府可以将出口石油带来的外汇用来减轻社会不满。这是因为当政府从石油出口中获得了足够的财政收入之后就会减少或者不对国内民众征税，反过来民众也不会要求政府要对社会负责；与此同时，政府也拥有了足够丰富的资源用来收买政治联盟，来降低潜在的民主化压力；此外，拥有足够石油出口收入的政府也被认为拥有足够资源来阻止独立的社会群体产生，既无法产生中产阶级，也无法形成足够的社会资本，打破了民主化发生的重要条件[1]。

二是镇压效应。充足的政府收入，同样使得威权统治者拥有了足够的资源来培养足够庞大和专业的军事武装力量来维持自己的统治，一来作为镇压国内反动力量的武器，避免来自国家内部的威胁，二来可以有效地在面对区域内由于资源或者种族产生冲突之时对政权稳定带来的威胁。

三是现代化影响。因为国家的经济主要依赖简单的石油出口，尤其是在那些比较贫穷的威权国家，大大抑制了现代工业的发展，社会无法形成高度专业化的职业分工，不利于现代高等教育在整个社会中的发展和扩张，而更多的人在传统工业和服务业中工作，一般来说他们很难推动国家的民主化。同时，通过跨国的比较政治分析，罗斯的实证结果表明，丰富的石油资源对中东威权国家民主化的这种阻碍效应在世界上其他资源丰富国家同样显著[2]。

2. 制度主义视角

（1）"民主化"的威权主义

以熊彼特（Schumpeter）为代表的学者认为通过选举产生议会成员或行政长官是区分民主与非民主政体的重要标志。但随着现实政治的发展，很多威权主义国家实现了在进行政治选举的同时，保持了自身的威权主义统治，形成了一种"民主化"的威权主义。之所以给"民主化"三个字加上引号是

1　Hootan Shambayati, "The rentier state, interest groups, and the paradox of autonomy: state and business in Turkey and Iran", *Comparative Politics*, 1994, pp. 307–331.

2　Michael L Ross, "Does oil hinder democracy?", *World Politics*, Vol. 53, No. 3, 2001, pp. 325–361.

因为这里所指的民主化并不是实质意义上威权政权的民主化，而是指的威权国家在形式上像民主国家一样成立立法机构，进行选举，但又不是真正公开、自由和竞争的选举，所以学者也将之成为虚假民主、选举威权主义。威权国家用这种名义上的民主制度用以达到维持威权统治的目的。而采用一系列名义上的民主制度实现这样效果主要是通过传递信号、获取信息、利益分配、提供可信赖承诺和"监督"这五种机制实现的[1]。

威权国家采取一些民主制度可以以独裁者的压倒性胜利来"恐吓"异议分子，让政权的反对者看到现有政权的强大和反对的徒劳，从而实现维持威权政权稳定的目标。这是因为，为了保证胜利，威权政府需要在选举中用收买、恐吓、威胁或胁迫的方式让选民支持自己，而这样的组织和动员能力可以向反对者展示自身的强大，而事实上平均来看那些操纵选举的政党和领导人确实执政时间更长[2]，定期选举的威权国家比那些不进行选举的威权国家能够持续更长时间。例如在墨西哥，革命党通过在全国范围内形成复杂的组织网络在选举年动员选民，以实现维持自身执政地位的目的。

开设议会和进行多党选举，可以对社会不满进行识别和管理。因为选举行为和议会政治所带来的必然结果就是选民和议员会向政府提出或这样或那样的要求，威权统治者便可以利用这些信息，通过回应社会需求的方式来稳定政权。比如在墨西哥，革命制度当对增加那些有可能投票给反对党地区的公共财政支持以获得这一地区选民的支持，从而增加自身执政的稳定性。在一些研究者看来，立法机构同样是威权国家向公民做出妥协的最佳场域，立法机构可以将社会的不满通过制度化的方式表达出来，避免了公众将自己的不满以一种公开地抵抗行动表达出来[3]，也就是说威权国家下的立法机构成为避免社会不满情绪爆发的"减压阀"，事实上拥有立法机构的威权国家确实也

1　Dawn Brancati, "Democratic authoritarianism: Origins and effects", *Annual Review of Political Science*, Vol.17, No.1, 2014, pp.313–326.

2　Alberto Simpser, *Why Governments and Parties Manipulate Elections: Theory, Practice, and Implications*, Cambridge University Press, 2013.

3　Jennifer Gandhi, *Political Institutions under Dictatorship*, New York University, 2004.

表现出了更好的政策制定能力[1]。

威权政权通过名义上的选举，使得政权与政治精英和公民之间形成了一种庇护关系。威权国家中的执政党通过为党员提供工作、关系和其他方面的机会，可以使成员和党派之间成为一种利益共同体，来增加其对现有政权的支持度。比如在约旦，因为国家在财政资源和军事力量上的垄断性地位，立法选举便成为了威权政权与政治精英和公民之间形成庇护关系的公开渠道，在选举中选民投票时考虑更多的也是候选人的私人关系而非其政治主张[2]。而且得到"利益分配"的政治精英对当下政权的忠诚度也会因为担心失去既得利益而大大提高[3]，增加了威权政权的稳定性。此外通过设立表面上的民主制度，威权政府向国内的政治和经济精英提供了一种可信的承诺，有利于维护政权。同时因为立法机构限制了独裁者征收国内投资的能力，向潜在的投资者传递了积极的信号，从而促进了经济增长和投资，进一步增强了威权国家的国家能力[4]。

"监督"对威权政权的稳定有重要意义，这里的"监督"（monitor）不同于民主制度之下的监督（supervise），更多强调的是在形式民主之下通过独裁领导和高层政治精英之间的互动，二者之间实现的类监督效果。具体而言通过形式民主制度，上层政治精英对独裁者的行为进行一定制约，避免独裁者做出破坏政权稳定性的行动；而独裁者也可以通过这些民主机构所带来的表面透明化减少政治精英的越轨行为，增强其对政权的忠诚，并增加政治统治在普通民众中的合法性。此外在立法机构政策制定的过程中，政治精英也可以依托他们所获得的正式政治角色相互制约，实现互相监督的效果，从而提

1　Scott Williamson, and Beatriz Magaloni, "Legislatures and policy making in authoritarian regimes", *Comparative Political Studies*, Vol.53, No.9, 2020, pp. 1525–1543.

2　Ellen Lust-Okar, "Competitive clientelism in Jordanian elections", *Political participation in the Middle East*, 2008, pp. 75–94.

3　Lisa Blaydes, *Elections and Distributive Politics in Mubarak's Egypt*, Cambridge University Press, 2010.

4　Joseph Wright, "Do authoritarian institutions constrain? How legislatures affect economic growth and investment", *American Journal of Political Science*, Vol.52, No.2, 2008, pp. 322–343.

高政策效果[1]。

（2）政权类型

从制度主义的视角来看，一党主导的威权政权对威权主义的稳定性有着重要影响。格迪斯在对个人专政、军事专政和一党主导的分析中曾指出，一党专政比其他威权政权类型更不可能被瓦解和民主化[2]，相比于其他类型的威权国家，一党主导的威权政权面对严重的经济危机和来自社会民众的反对更能维持原有的稳定。相关实证报告也指出，一党独大的威权领导人比其他类型的威权领导人的在位时间要更长[3]。所以这种一党主导的政治体制逐渐被认为对威权政权的韧性有着重要意义，可以大大提高威权统治的稳定性。

什沃利克（Svolik）认为一党主导威权政权的稳定性是来自威权主义政党的三个组织特征：对政治服务和利益进行等级分配、通过任命的政治控制进行选择性的任用招聘和利用个体的职业追求，尽可能地建立一个和政权存亡息息相关的持久利益以及在意识形态上受欢迎的人群[4]。而凭借这样的组织方式，威权政府实现了两大政治效果：一是基于直接的政党控制，二是以政党为基础的政治合作。

直接的政党控制指的是对政党成员政治服务成果的直接控制。威权主义政党凭借对党员的直接控制可以实现收集情报、维持社会稳定、监测政党政权的政治纪律、选举动员、恐吓、欺诈等种种有利于威权统治维持手段的实施，而这些在帮助威权主义政权生存之外还通过党员实现了对国家机构、党外成员的控制，形成了整个政党内部的政治合作利益共同体。凭借对国家权力的垄断性掌控，威权国家的执政党可以利用现有的党员或未来党员的职业

1　Paul Schuler, "Position taking or position ducking? A theory of public debate in single-party legislatures", *Comparative Political Studies*, Vol.53, No.9, 2020, pp.1493–1524.

2　Barbara Geddes, "Authoritarian breakdown: Empirical test of a game theoretic argument", *annual meeting of the American Political Science Association, Atlanta*. Vol.2. 1999.

3　Jennifer Gandhi, and Adam Przeworski, "Authoritarian institutions and the survival of autocrats", *Comparative Political Studies*, Vol.40, No.11, 2007, pp.1279–1301.

4　Milan W. Svolik, *The Politics of Authoritarian Rule*, Cambridge University Press, 2012.

抱负建立紧密的利益关系，并以此实现政权的长久化，所以对于主导政党，需要尽可能多地掌握国家资源，通过与精英进行合作而非镇压的方式实现政权的延续。在这样的制度安排下占据主导地位的政党更鼓励精英投资现有的政权而不是选择颠覆政权，从而实现了精英和政权之间的联盟，使政党成员用政治忠诚来换取在现有政权延续中继续享有既得利益[1]。

可以看到，一党主导的威权主义与个人和军事专政的威权统治之间有着一个根本性的不同，那就是在一党制的威权国家下，政治权力并不是排他性的垄断在特定个人之中，而是掌握在具有相当开放性的政党之中，社会精英可以通过加入主导党从而接近和获得权力，并享受政治统治的利益。而这样的利益共同体反过来又可以进一步增强主导党在全国范围内的控制能力，获得更多的资源来吸引社会精英的加入继续维护现有的威权统治。

3. 政权起源论

用形式民主制度和威权主义的类型来对威权主义的稳定性进行解释，是一种制度主义的视角。有学者指出，强大的执政党只是稳定威权主义的表现，而非其稳定的来源，威权国家所表现出的稳定性应该从其政权产生的基础来寻找根源，研究发现具有这样韧性的威权国家大都是建立在社会革命的基础之上的，也就是说在那些稳定的威权国家，强有力的政党制度是在其产生阶段社会革命发展本身的产物，而不是统治阶段能够度过危机的原因，同时这也就引出了一个新的概念，革命型威权主义或革命型独裁（revolutionary autocracy）。

基于对 1900 年到 2015 年的威权国家分析，拉切佩尔（Lachapelle）等学者指出，对威权主义的韧性应该从政体的内生性因素、政权建立的基础出发来进行解释。那些建立在社会革命之上的政体格外持久[2]，这里的社会革命沿用的斯考切波的定义，指的是自下而上地通过群众动员的方式引发现有国家

1　Beatriz Magaloni, "Credible power–sharing and the longevity of authoritarian rule", *Comparative Political Studies*, Vol.41, No.4–5, 2008, pp.715–741.

2　Jean Lachapelle, et al., "Social revolution and authoritarian durability", *World Politics*, Vol.72, No.4, 2020, pp.557–600.

垮台，从而导致了激烈的国家和社会秩序崩溃的革命。所以从这样的残酷的环境中诞生的革命型威权主义在面对外部危机、糟糕的经济表现和大规模的政策失败的同时，仍然可以维持政权统治。至于稳定的威权政权所表现出来的强大的执政党是这样社会革命发展本身的产物，而不是使得威权政权度过危机的原因。

革命型威权主义的产生是以革命精英的政治和军事斗争为基础的。革命精英在努力从根本上改变现存的社会和政治秩序时必然会面对强大的来自国内和国外的政治抵抗，与之相伴随的是国内战争或国外战争。成功存活下来的威权政权都是在激烈的政治军事斗争中获胜的一方，这样的革命经历就为之后的威权统治留存下来四个方面的重要遗产：

一是具有高凝聚力的统治精英。反革命冲突的残酷性和激烈性催生了具有高度凝聚力的精英阶层，在往往是持续十几年的社会革命中，由于面对着来自国内和国际的强大敌人，整个革命精英群体中会产生一种被包围的心态，而这种心理氛围是对团体凝聚力的强有力激励。这是因为在这样的情形之下，精英的叛逃会被认为是叛国，背叛的代价很高，所以哪怕是在政权建立之后，在面对政权的生存威胁时，政治精英仍然会凝聚在一起共同一致对外。

二是形成了一支忠诚的军队。在革命期间原有国家机构的瘫痪和崩溃以及政治斗争的需求，迫使大多数领导人选择从零开始建立新的强制性机构。所以在革命型威权国家，军队常常与执政党是融合在一起的，由参与解放斗争的干部负责指挥和命令军队、警察和情报部门的工作，军事官员、政府官员和政党领袖三者之间的重合性十分之高，典型的国家便是古巴。这种政治和军队融合的方式大大提高了军队对现有政权的忠诚度，避免了很多威权国家出现的军事政变。

三是形成了一整套和政治精英紧紧联系在一起的强有力的强制组织，大大提高了政权的镇压能力。建立在革命基础上的威权政府本身就是通过进行广泛社会动员的方式得以建立，所以在政权建立之后，革命型威权国家格外重视通过建立强制组织用监视、骚扰和常规拘留的方法在整个社会形成一种十分系统的、低强度的胁迫，从而抑制潜在集体的反政府动员联结的形成，将社会中可能形成的反政府行为和活动扼杀在萌芽状态。

四是在革命过程中新的政权摧毁了社会中潜在的可能性敌对组织和权力中心并代之以国家和政党控制的大众组织，用削弱潜在的对抗中心的方法增强了威权政体的韧性[1]。现代国家自主性的实现最为重要的就是实现对社会权力中心的替代，而政治军事冲突则为革命精英提供了摧毁敌对政治组织的正当理由和手段，所以建立在这种基础上的威权政府在拥有极高专制性权力的同时也拥有着极高的基础性能力，更容易实现自己的政治目标。

精英叛逃、军事接管和大规模抗议的影响被认为是威权主义崩溃的三大根源，而建立在革命基础上的威权主义凭借政权建立过程中形成的具有凝聚力的精英群体、高度忠诚的武装力量和强大的社会镇压能力有效维护现有的威权统治。

4. 意识形态创新论

镇压和收买被看作是威权主义政府维持统治的重要手段，但是仅仅依靠镇压和收买统治精英的代价十分高昂，且始终有被背叛的可能性。所以通过寻求政权的合法化这种"廉价"的手段对保持威权主义的弹性十分重要。政权的合法化过程是一个"获得支持"的过程，寻求那些被排除在权力之外人群的主动同意、遵守规则、被动的服从或仅仅是容忍。"政权和公民交换政治支持以减少镇压"[2]，这种交换政权不容易受到阴谋、军事政变和暴力叛乱的影响，并减少对公民的压迫。寻求政权合法化有六种话语：神话，意识形态，程序，绩效，和国际参与带来的规范义务感，通过教科书、电影、连续剧和日常生活，将威权主义政党的政治话语、意识形态和行动神圣化。而其中意识形态扮演了十分重要的作用，虽然在传统的威权理论中，意识形态领域的

1　James Mahoney, "Path-dependent explanations of regime change: Central America in comparative perspective", *Studies in Comparative International Development*, Vol.36, No.1, 2001, pp.111–141.

2　Ihsan Yilmaz, and Omer F. Erturk, "Populism, violence and authoritarian stability: necropolitics in Turkey", *Third World Quarterly*, Vol.42, No.7, 2021, pp.1524–1543.

薄弱被看作是威权主义政府的一个典型特征。但是随着威权主义国家的稳定和常态化，研究者开始意识到一些威权国家政权韧性的提高正是因为实现了意识形态领域的创新。

基于波兰的案例，埃涅迪（Enyedi）认为威权国家在意识形态领域的创新对威权国家的韧性提升的重要意义包括：通过意识形态实现专制主义者的连续性培养和激发革命者采取冒险和侵略性的行为[1]。20世纪90年代，威权主义的领导通常表现为未完成的政权更迭和民族主义的国家创建项目的结合，威权主义行动者的话语和意识形态出现了许多创新。这些新的变化主要表现在：（1）培养受害者心态，运用后殖民框架，将民族自信和对西方的怨恨相结合，实现自信与自卑的奇妙结合。通过对外国侵略者的强调，来塑造一种"烈士国家"的形象；（2）将仇恨邻国的民族主义转变为文明主义的反移民情绪；（3）公民社会的合法性和对强大国家的信仰；（4）阴谋论的适应性；（5）民族主义建制派；（6）基督教政治身份的复活。

而意识形态中民粹主义话语，尤其是死亡政治（necropolitic）的兴起则大大促进了东欧威权主义的兴起和稳定。这种政治话语中崇尚的是公民为国家而死，并致力于将死亡去政治化和积极化。这一含义也进一步扩展到一系列照顾死者的实践，通过对死者的积极叙事、埋葬和哀悼仪式用作构建共同体的重要手段。当权者可以通过控制着围绕死亡新闻的叙事，以维持对有关于死亡的话语霸权，将死亡去政治化，以消除发生致死事件后来自反对者的风险，将死亡常态化，并内化为某些职业、社会经济地位和性别地位公民的固有特征，并使用宗教/民族主义的理由来为军事伤亡辩护。这一特征在土耳其表现得尤为明显，通过此种方式土耳其实现了国家镇压，合法化和社会精英群体的能力的增强，进一步增强了威权政治的稳定性。无论是世俗的还是宗教的殉道故事都是殉道的重要范例，都是"政治行动的最有力工具和政治斗争中使用的有力武器"之一，目的是"为民族主义和宗教斗争创造和维

1　Zsolt Enyedi, "Right-wing authoritarian innovations in Central and Eastern Europe", *East European Politics*, Vol.36, No.3, 2020, pp.363–377.

持民众的支持",殉道者扮演着双重角色,一方面使外部的敌人失去合法性,另一方面巩固了殉教者群体在社会中的地位。各国政府之所以将烈士墓地或烈士纪念碑强加于公民的日常生活中,是因为他们的日常生活和通勤都要经过这些地方,这些纪念碑和空间就形成了一个"墓地政治空间",而通过这个过程,统治者公开的"杀戮权"就变成了隐蔽的"鼓励死亡"[1]。威权主义当权者通过利用这种民粹主义话语方式,实现了对威权统治的进一步维护。

(三)民主"凝视"下的威权主义研究

从以上关于威权主义研究的转向可以看到,随着威权主义表现出的强大韧性和稳定性,威权主义已经不再被看作是一种政权的过渡形态,威权和民主二者之间也成为一种非此即彼的对比关系,威权政权的"进",便是民主的"退"。所以在致力于实现推进民主制度的世界范围的民主化研究者和倡导者看来威权主义已经是当下民主制度的主要威胁,威权主义不仅仅是世界进一步民主化的障碍,甚至会带来专制主义在世界范围内的回潮。比如作为以促进自由民主在为己任的著名非政府组织自由之家,其2021年的报告标题为《扩张中的威权主义》(*Authoritarians on Offense*)[2],而在20年前,自由之家的报告还对世界民主的进展充满信心[3]。

从《民主杂志》[4](*Journal of Democracy*)上发表的研究也可以观察到这一现象。从1990年创刊至今《民主杂志》已经刊出130期[5],其刊出的关于威权主义的研究总体上呈现出了两大特点。一是对威权主义民主化的未来,即威

1　Ihsan Yilmaz and Omer F. Erturk, "Populism, violence and authoritarian stability: necropolitics in Turkey" *Third World Quarterly*, Vol.42, No7, 2021, pp. 1524–1543.

2　Sarah Repucci and Amy Slipowitz, "Authoritarians on Offense", *Journal of Democracy*, Vol.33, No.2, 2022, pp. 45–59.

3　Aili Piano and Arch Puddington, "Gains offset losses", *Journal of Democracy*, Vol.12, No.1, 2001, pp. 87–92.

4　创刊于1990年的学术季刊,是美国国家民基金会国际民主研究论坛的官方出版物,其内容涵盖了对世界各地民主、民主政权和运动的研究,致力于民主在全球范围的扩散。

5　统计截至2022年5月。

权主义是否最终会过渡到民主政体的倾向经历了一个由乐观到悲观的过程，越来越多的研究者不再认为民主是威权主义的必然归宿；二是从数量上来看，威权主义的相关研究呈现出了明显的增长趋势，从图4.2的笔者整理的在《民主杂志》上发表的有关威权主义相关研究的数量变化趋势可以很清晰地看出，虽然不同年份之间波动很大，但关于威权主义的研究在2000年之后明显增加，尤其是在2008年之后相关研究数量迅速上升。作为政治立场十分鲜明的期刊，从《民主杂志》上关于威权主义研究这种变化趋势可以看到，在"民主"凝视之下的威权主义研究，无论其研究问题、研究对象为何，本质上始终隐含着民主与威权不可调和，民主政体优于威权政体的价值判断，而作为民主的"竞争对手"，受到的关注也越来越多，再加上现实中威权主义的一些新变体和新发展也正在不断刷新对威权主义的现有认知。

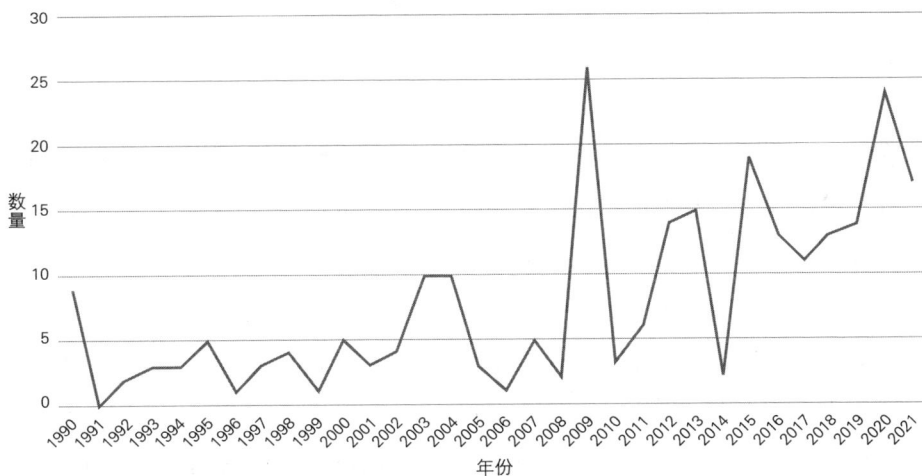

来源：作者自制。

图4.2　《民主杂志》威权主义相关研究数量变化（1990—2021）

五、威权主义的新发展与研究评述

（一）威权主义的新发展

随着政治实践和现代科技的发展咨询式威权主义（consultative authoritarianism）和协商式威权主义（deliberative authoritarianism）的出现挑战了关于威权统治是一种非民主治理的理念。传统的威权主义属于命令式的，在此种情形下公民处于一个被动的服从角色，在咨询式的威权主义中公民的意见和诉求能够在一定程度上被政策制定者所吸纳，在协商式的威权主义下公民的投入在甚至一定程度可以决定最终的政策结果。公民影响力和参与程度从命令式威权主义（command authoritarianism）、咨询式威权主义和协商式威权主义依次增高。而数字威权主义（digital authoritarianism）则是在信息技术时代的威权主义进一步发展的产物。

咨询式威权主义和协商式威权主义之间有一定类似之处，都指的是在传统威权主义中增加了与公众交流沟通，产生了类似于民主政体的回应性，而在后者中公民在沟通中拥有比前者中更多的主动性。具体来看，咨询式的威权统治是通过引入一系列限制性的参与渠道来避免更广泛的政治变革，事实上这也确实一定程度上突破了传统威权统治关系下存在的一些困境。首先，通过直接征求政策制定对象的意见可以更有效地收集该社会群体的利益诉求，有利于政治制定的科学化和理性化；其次，这样的沟通方式可以显著地提高那些对政府预期较低公民对政府的评价。但是这种方式同样会不断增加公民对政府的其他需求，公民会越来越不满足于这种有限的参与[1]。

协商式威权主义这一概念最早由何包钢提出[2]，在这种协商式的威权主义

---

1 Rory Truex, "Consultative authoritarianism and its limits", *Comparative Political Studies*, Vol.50, No.3, 2017, pp.329–361.

2 He Baogang, "Western theories of deliberative democracy and the Chinese practice of complex deliberative governance", *The Search for Deliberative Democracy in China*. Palgrave Macmillan, New York, 2006. 133–148.

之下公民在政策制定过程中的参与度和影响力相比于咨询式威权主义都得到了大大的提高，并且可以有效地增强政权在公民中的认同感，顺应了当下世界范围内的公共事务社会化参与的潮流，某种意义上走在了更高程度民主化实践的前沿。在协商式威权主义之下，公民参与渠道被设计出来增进政策制定和提高政体回应性的感知，通过这种形式可以让权力拥有者用沟通的方式来收集政策目标对象偏好进入决策制定的过程 [1]。这一概念不仅仅是对西方民主理论的挑战，而且也进一步为现如今的民主理论、比较政治研究等领域的研究提供了一个新的讨论空间。但同时也有批评指出，这种协商式威权主义仅仅是一种政治表演，其本质仍然与民主相去甚远，是一种"没有民主的参与" [2]。但事实上，作为一种新型治理形式，哪怕是在一些西方民主国家协商也会流于形式，成为装点门面的工具 [3]。

监控性是现代国家的一个重要方面，尤其是伴随着信息技术的发展，现代国家与信息技术的联结已经成为重要特征。互联网刚刚出现之时一度被看作是促进威权国家进行民主转型的重要推动力，这是因为通过互联网公众能够获得更多信息，并借由网络平台实现相互联结，甚至动员反抗行动。但随着实证研究的进一步开展，研究表明互联网本身不能决定政治变革的方向，其在民主化过程中所扮演的角色是国家和社会行动者共同政治行动的结果，当社会行动者在学着利用互联网争取民主自由之时，威权政府也在学着利用现代互联网技术来维持政权的稳定性。

在新技术的助力下，国家表现出了前所未有的监控能力，而这种监控能

1　He Baogang and Mark E. Warren, "Authoritarian deliberation: The deliberative turn in Chinese political development", *Perspectives on Politics*, Vol.9, No.2, 2011, pp.269–289.

2　Garry Rodan, *Participation without Democracy: Containing Conflict in Southeast Asia*, Cornell University Press, 2018.

3　Giulia C. Romano, "A critical reappraisal of resident participation in China and France: 'authoritarian deliberation' goes global?", *Japanese Journal of Political Science*, Vol.19, No.4, 2018, pp.709–722.

力已经在很大程度上重新塑造现代政治机会结构[1]。而对威权国家来说，信息技术对国家监控能力的提高意义重大，数字威权主义便是在这样背景下出现的一个概念。信息技术大大提高了威权国家监控能力的上限，并利用现代科技的发展进步克服了在传统威权主义中无法突破的一些困境。

首先就政治体制内部而言，信息技术可以帮助统治者增强对政治代理人的控制。在传统的威权理论中，威权主义这种统治关系下的"委托－代理"监管难题和统治联盟之内的腐败问题被看作是在缺乏民主监督的情况下难以克服的难题。但在现代信息技术的帮助下威权国家领导人可以利用这些技术增强对权力分享者和代理人的控制，以尽可能减少政治权力为私人所滥用。在政策执行中也可以通过数字技术手段的监控和检查，进一步减少扭曲和偏离现象的出现，并在实践中进一步激励威权主义统治者和支持者沿着这一路径继续前进[2]。此外，通过将社交媒体作为补充的信息源还可以帮助中央政府监督地方政府，并根据社会情绪平衡报道的数量。

其次是对社会舆论和活动监控的增强。互联网社交媒体上的讨论对公众的政治行为可以产生重要的影响，社交媒体上的推荐算法，以及关于特定问题的搜索结果排序可以显著地影响公众获取的政治信息，并进而影响了公众的实际行动。在这样的情形下，政府通过社交媒体对社会的监控，可以缓解中央政府的信息匮乏，并根据舆情调整自己的行为，同时可以发现可能出现的集体行动，并将其遏制在萌芽状态。政府可以通过设置跨境安全网关的方式来对互联网上的内容进行过滤筛选，并通过信息操纵的方式来促进社会稳定，比如在乌干达，政府会通过采用"社交媒体税"来增加普通人获得社交媒体信息的成本[3]。此外在实践中，监控型统治还以进一步通过舆论引导的方

1　Amory Starr, et al., "The impacts of state surveillance on political assembly and association: A socio-legal analysis", *Qualitative Sociology*, Vol.31, No.3, 2008, pp.251–270.

2　Justin Sherman, "Digital Authoritarianism and Implications for US National Security", *The Cyber Defense Review*, Vol.6, No.1, 2021, pp.107–118.

3　Levi Boxell and Zachary Steinert-Threlkeld, "Taxing dissent: The impact of a social media tax in Uganda", *World Development*, Vol.158, 2022, pp.105950.

式对民众的政治理念进行引导。正是凭借信息技术带来的内部和外部监控能力提升，数字威权主义这种统治形式获得更多的稳定性。

（二）研究评述

对威权主义理论及相关研究的介绍与总结可以看到，绝大多数情况下对威权主义的道德评价都是负面的。这是因为站在现代民主政体所建立的逻辑上来看威权政权的统治是一种未经同意的统治，在政权合法性上天然地弱于民主政体，威权领导人也更容易凭借自己的专制性权力做出损害公众利益的行为。但事实上政治领导方式和政治绩效之间的关系并不是固定的。在一些任务简单和缺乏资源的情境下威权领导反而更有利于任务的有效完成和目标的顺利实现。正如亨廷顿所指出的，对经济发展来说最重要的是政治稳定而不是特定的政治体制，奥尔森（Olson）的研究同样表明，政治稳定对经济发展有着重要影响，太过于剧烈的政治变化会给经济带来高昂的成本，战争和政变会给政治带来极大的不稳定[1]。而对于那些在第二次世界大战后成立的新兴民族国家来说，政治权力也许是进行现代化建设能利用的最主要资源，实施威权统治对他们来说既是必要的，甚至也是唯一可能的路径。

并且正如社会心理研究表明的，威权主义心理是根植于人类本性的一部分，作为由一套独特实践构成的领导方式，它只是会随着环境的变化或增加或减少，但并不会消失。当人们感觉自己处于危险之下，感到脆弱时，本能地就会倾向于表达威权主义特征，导致人们去寻求威权主义领导和政治系统的保护。作为一种管理方式或领导方式，它会出现在一些家长和孩子之间，会出现在企业的老板和员工之间，威权国家只是这种领导关系的政权化体现。但在现有的评价体系下威权国家这种政治形式本身已经成为不可饶恕的"原罪"，但事实上，哪怕是在一些成熟的民主国家也已经出现了威权民粹主义的潮流，其中最为典型的便是美国的特朗普（Trump）担任总统和英国脱欧

1　Mancur Olson, "Dictatorship, democracy, and development", *American Political Science Review*, Vol.87, No.3, 1993, pp.567–576.

（Brexit），威权民粹主义政党甚至在许多国家已经获得了许多选票和议会席位，进入了一些国家的政府[1]，所以逐渐有学者主张，将威权主义看作是一系列特定的实践制度安排而非特定国家，只不过这种权力关系会随着环境条件和人们心理的变化而附着在不同组织之上。

正如戴蒙德指出的现如今很多威权政体实质上是一种混合政体，对这样的国家而言不应该也不能直接将威权与专制画上等号。研究也表明，采用了一定民主制度的国家在维护了现有威权统治之外，在一些政策领域和民主国家一样具有对社会的回应性。最重要的是，政权本身的组织形式不是目的，让政治权力更好地为公共利益服务，让政治权力致力于促进公民福利的提高，让政治权力更好地保障个人的权利，让政治权力为社会公平正义服务，才是政治的目的。正如亚里士多德在对政体进行分类时，正宗政体和变态政体之间的区分不在于统治者人数的多少，而在于占据公共职位的统治者是为了促进公共的利益还是利用手中的公共权力来为自己牟取私利，高治理水平的威权国家新加坡在保障公民权益上无疑是绝对优于低治理水平的民主国家阿富汗。当然民主仍然是评价一个国家政治的重要标准，但绝不是唯一评价指标，更何况在一些紧急和危急情形下威权领导方式对人类社会来说确实是必需的。

但是现有关于威权主义的研究，无论是早先关于威权政体如何向民主政体转向的研究还是对威权政体为什么能够表现出强大"韧性"的研究，都隐含了一种否定性的价值预设。虽然也有一部分研究对一些威权国家所表现出的政治绩效予以了充分的肯定，但主流的结论仍然认为威权政治在制度上的不可克服性缺陷使这种领导方式所取得的成就是有限的，并最终会陷入绩效困境之中。但如果抛开政权组织方式而言，威权领导方式在国家治理实践中的特定领域所能发挥的作用还没有得到充分的挖掘，特定领域或事务采用威权主义的领导方式与民主国家的建构完全可以并行不悖。

1　Ronald Inglehart and Pippa Norris. "Trump, Brexit, and the Rise of Populism: Economic Have-Nots and Cultural Backlash", *HKS Faculty Research Working Paper Series RWP16-026*, August 2016.

此外，信息技术的发展为威权政治所带来的新变化还远没有到达终点，由强大信息技术所包裹的现代威权主义会走向何处仍是一个未知数。威权国家是否能够凭借新兴技术克服传统威权主义无法摆脱的困境，从逻辑上和实践中驳回以往对于威权主义的攻讦，甚至是否会对这一政治统治形式产生本质性的改变也未可知。现如今已经有一些研究者开始致力于技术要素对威权主义国家影响的研究，但毫无疑问的是，赛博时代下威权国家的任何变化以及发展仍将是未来威权主义研究的重要知识增长点。

参考文献

［德］恩格斯：《论权威》，人民出版社 1973 年版。

［德］弗里德里希·黑格尔：《法哲学原理》，范扬、张企泰译，商务印书馆 2011 年版。

［德］弗里德里希·黑格尔：《黑格尔著作集》第七卷，邓安庆译，人民出版社 2015 年版。

［法］埃德蒙·柏克：《反思法国大革命》，张雅楠译，上海社会科学院出版社 2014 年版。

［韩］朴正熙：《我们国家的道路》，陈琦伟等译，华夏出版社 1992 年版。

［美］塞缪尔·亨廷顿：《第三波》，刘军宁译，上海三联出版社 1998 年版。

［新］李光耀：《李光耀谈治国、管理和人生》，上海译文出版社 2018 年版。

［英］戴维·米勒、韦农·波格丹诺编：《布来克维尔政治学百科全书》，邓正来译，中国政法大学出版社 2002 年版。

莽景石：《温和的威权主义、收入分配平等与国家治理——日本的案例分析》，《日本学刊》，2014 年第 6 期。

Acemoglu, Daron, and James A. Robinson. *Economic Origins of Dictatorship and Democracy*, Cambridge University Press, 2006.

Adorno, Theodor, et al., *The Authoritarian Personality*, Verso Books, 2019.

Altemeyer, Bob, *Enemies of Freedom: Understanding Right-wing Authoritarianism*, Jossey-Bass, 1988.

Arendt, Hannah, *The Origins of Totalitarianism*, Vol. 244. Houghton Mifflin Harcourt, 1973.

Blaydes, Lisa, *Elections and distributive politics in Mubarak's Egypt*, Cambridge University Press, 2010.

Bodin, Jean, *On sovereignty: four chapters from the six books of the commonwealth*, Cambridge University Press, 1992.

Boix, Carles, *Democracy and redistribution*, Cambridge University Press, 2003.

Boxell, Levi, and Zachary Steinert-Threlkeld, "Taxing dissent: The impact of a social media tax in Uganda", *World Development*, Vol.158, 2022.

Brancati, Dawn, "Democratic authoritarianism: Origins and effects", *Annual Review of Political Science*, Vol.17, No.1, 2014, pp. 313–326.

Brennan, James P. (ed), *Peronism and Argentina*, Rowman & Littlefield, 1998.

comte de Maistre, Joseph Marie, *Essay on the generative principle of political constitutions*, Little and Brown, 1847.

Diamond, Larry, "Elections without democracy: Thinking about hybrid regimes", J*ournal of democracy*, Vol.13, No.2, 2002, pp. 21–35.

Duckitt, John, et al., "A tripartite approach to right-wing authoritarianism: The authoritarianism-conservatism-traditionalism model", *Political Psychology*, Vol.31, No.5, 2010, pp. 685–715.

Enyedi, Zsolt, "Right-wing authoritarian innovations in Central and Eastern Europe", *East European Politics* , Vol.36, No.3, 2020, pp. 363–377.

Freud, Sigmund, *Moses and monotheism*, Leonardo Paolo Lovari, 2016.

Friedrich, Carl J., and Zbigniew Brzezinski, "*The general characteristics of totalitarian dictatorship*", *Comparative Government*, Palgrave, London, 1969. pp. 187–199.

Fromm, Erich, *Escape from freedom*, Macmillan, 1994.

Gandhi, Jennifer, and Adam Przeworski, "*Authoritarian institutions and the survival of autocrats*", Comparative political studies, Vol.40, No.11, 2007, pp. 1279–1301.

Gandhi, Jennifer, *Political institutions under dictatorship*, New York University, 2004.

Geddes, Barbara, "Authoritarian breakdown: Empirical test of a game theoretic argument", *annual meeting of the American Political Science Association*, Atlanta. Vol. 2. 1999.

Geddes, Barbara, "What do we know about democratization after twenty years?", *Annual review of political science*, Vol.2, No. 1, 1999, pp. 115–144.

Glasius, Marlies, "Extraterritorial authoritarian practices: A framework", *Globalizations*, Vol.15, No.2, 2018, pp.179–197.

Griffin, Roger, *The nature of fascism*. Routledge, 2013.

Hadenius, Axel, and Jan Teorell, "Pathways from authoritarianism", *Journal of democracy* , Vol.18, No.1, 2007, pp. 143–157.

Harms, Peter D., et al., "Autocratic leaders and authoritarian followers revisited: A review and agenda for the future", *The Leadership Quarterly*, Vol.29, No.1, 2018, pp.105–122.

He, Baogang, "Western theories of deliberative democracy and the Chinese practice of complex deliberative governance", *The search for deliberative democracy in China*. Palgrave Macmillan, New York, 2006. pp. 133–148.

He, Baogang, and Mark E. Warren, "Authoritarian deliberation: The deliberative turn in Chinese political development", *Perspectives on politics*, Vol.9, No.2, 2011, pp. 269–289.

Hollander, Edwin P., "Leadership, followership, self, and others", *The Leadership Quarterly*, Vol.3, No.1, 1992, pp. 43–54.

Huntington, Samuel P., *Political order in changing societies*, Yale university press, 2006.

Inglehart, Ronald, and Pippa Norris. "Trump, Brexit, and the Rise of Populism: Economic Have-Nots and Cultural Backlash", *HKS Faculty Research Working Paper Series RWP16-026*, August 2016.

Johnstone, Rufus A., and Andrea Manica, "Evolution of personality differences in leadershi", *Proceedings of the National Academy of Sciences*, Vol.108, No.20, 2011, pp. 8373–8378.

Juan J. Linz, and Alfred Stepan, *Problems of democratic transition and consolidation: Southern Europe, South America, and post-communist Europe*, jhu Press, 1996.

Juan, J., "An Authoritarian Regime: Spain", Erik Allardt, Stein Rokkan(eds), *Mass Politics: Studies in Political Sociology*, Free Press, 1970.

Koopman, Paul L., Deanne N. Den Hartog, and Edvard Konrad, "National culture and leadership profiles in Europe: Some results from the GLOBE study", *European journal of work and organizational psychology*, Vol.8, No.4, 1999, pp. 503–520.

Lachapelle, Jean, et al., "Social revolution and authoritarian durability", *World Politics*, Vol.72, No.4, 2020, pp. 557–600.

Lewin, Kurt, and Ronald Lippitt. "An experimental approach to the study of autocracy anddemocracy: A preliminary note", *Sociometry*, Vol.1, No.3/4, 1938, pp. 292–300.

Lipset, Seymour Martin, "Some social requisites of democracy: Economic development and political legitimacy", *American political science review*, Vol.53, No.1, 1959, pp. 69–105.

Lust-Okar, Ellen, "Competitive clientelism in Jordanian elections", *Political participation in the Middle East*, 2008, pp. 75–94.

Magaloni, Beatriz, "Credible power-sharing and the longevity of authoritarian rule", *Comparative political studies*, Vol.41, No.4–5, 2008, pp. 715–741.

Magaloni, Beatriz, and Ruth Kricheli, "Political order and one-party rule", *Annual review of political science* , Vol.13, 2010, pp. 123–143.

Mahoney, James, "Path-dependent explanations of regime change: Central America in comparative perspective", *Studies in comparative international development*, Vol.36, No.1,

2001, pp. 111–141.

Means, Gordon Paul, "Soft authoritarianism in Malaysia and Singapore", *Journal of Democracy*, Vol.7, No.4, 1996, pp. 103–117.

Muller, Edward N., "Economic determinants of democracy", *American Sociological Review*, 1995, pp. 966–982.

Murphy, Susan Elaine, and Stefanie K. Johnson, "The benefits of a long-lens approach to leader development: Understanding the seeds of leadership", *The Leadership Quarterly*, Vol.22, No.3, 2011, pp. 459–470.

Noble, Ben, "Authoritarian amendments: legislative institutions as intraexecutive constraints in post-Soviet Russia", *Comparative Political Studies* , Vol.53, No.9, 2020, pp. 1417–1454.

O'donnell, Guillermo, "*Modernization and bureaucratic-authoritarianism: Studies in South American politics*", Berkeley: Institute of International Studies, 1973.

Olson, Mancur, "Dictatorship, democracy, and development", *American political science review*, Vol.87, No.3, 1993, pp. 567–576.

O'donnell, Guillermo, Philippe C. *Schmitter, and Laurence Whitehead, Transitions from authoritarian rule: Tentative conclusions about uncertain democracies*, JHU Press, 2013.

Padilla, Art, Robert Hogan, and Robert B. Kaiser, "The toxic triangle: Destructive leaders, susceptible followers, and conducive environments", *The leadership quarterly*, Vol.18, No.3, 2007, pp.176–194.

Payne, Stanley G., *Fascism: Comparison and definition*, University of Wisconsin Press, 1983.

Piano, Aili, and Arch Puddington, "Gains offset losses", *Journal of Democracy*, Vol.12, No.1, 2001, pp. 87–92.

Przeworski, Adam, et al., *Democracy and development: Political institutions and well-being in the world, 1950-1990*, Cambridge University Press, 2000.

Quinlivan, James T., "Coup-proofing: Its practice and consequences in the Middle East", *International Security*, Vol.24, No.2 , 1999, pp. 131–165.

Ray, John J., "An 'attitude to authority' scale", *Australian Psychologist*, Vol.6, No.1, 1971, pp. 31–50.

Repucci, Sarah, and Amy Slipowitz, "Authoritarians on Offense", *Journal of Democracy*, Vol.33, No.2, 2022, pp. 45–59.

Rodan, Garry, *Participation without democracy: Containing conflict in Southeast Asia*, Cornell University Press, 2018.

Romano, Giulia C., "A critical reappraisal of resident participation in China and France:

'authoritarian deliberation' goes global?", *Japanese Journal of Political Science* , Vol.19, No.4, 2018, pp. 709–722.

Ross, Michael L, "Does oil hinder democracy?", *World politics*, Vol.53, No.3, 2001, pp. 325–361.

Rustow, Dankwart A., "Transitions to Democracy: Toward a Dynamic Model", *Comparative Politics*, Vol.2, No.3, 1970, pp. 337–363.

Schapiro, Leonard, *Totalitarianism*, Praeger, 1972.

Schuler, Paul, "Position taking or position ducking? A theory of public debate in single-party legislatures", *Comparative Political Studies*, Vol.53, No.9, 2020, pp. 1493–1524.

Shambayati, Hootan, "The rentier state, interest groups, and the paradox of autonomy: state and business in Turkey and Iran", *Comparative Politics*, 1994, pp. 307–331.

Sherman, Justin, "Digital Authoritarianism and Implications for US National Security", *The Cyber Defense Review*, Vol.6, No.1, 2021, pp. 107–118.

Simpser, Alberto, *Why governments and parties manipulate elections: theory, practice, and implications*, Cambridge University Press, 2013.

Sondrol, Paul C., "Totalitarian and authoritarian dictators: A comparison of Fidel Castro and Alfredo Stroessner", *Journal of Latin American Studies*, Vol.23, No.3, 1991, pp. 599–620.

Starr, Amory, et al., "The impacts of state surveillance on political assembly and association: A socio-legal analysis", *Qualitative Sociology*, Vol.31, No.3, 2008, pp. 251–270.

Svolik, Milan W., The politics of authoritarian rule, Cambridge University Press, 2012.

Truex, Rory, "Consultative authoritarianism and its limits", *Comparative political studies*, Vol.50, No.3, 2017, pp. 329–361.

Voegelin E., *The Authoritarian State: An Essay on the Problem of the Austrian State*, University of Missouri Press, 1999.

Wallace, Jeremy, "Cities, redistribution, and authoritarian regime survival", *The Journal of Politics* , Vol.75, No.3, 2013, pp. 632–645.

Williamson, Scott, and Beatriz Magaloni, "Legislatures and policy making in authoritarian regimes", *Comparative Political Studies*, Vol.53, No.9, 2020, pp. 1525–1543.

Wright, Joseph, "Do authoritarian institutions constrain? How legislatures affect economic growth and investment", *American Journal of Political Science* , Vol.52, No.2 , 2008, pp. 322–343.

Yilmaz, Ihsan, and Omer F. Erturk, "Populism, violence and authoritarian stability: necropolitics in Turkey", *Third World Quarterly*, Vol.42, No.7, 2021, pp. 1524–1543.

第五部分

政治制度

酋邦

/ 何增科 * /

酋邦理论是人类学新进化论代表性学者埃尔曼·塞维斯（Elman R. Service）提出的重要理论，随后又得到其他新进化论学者的丰富和发展。这一理论对于理解前国家政治系统从平等的、无首领的部落社会向不平等的、官僚制国家社会的进化何以会发生，具有极为重要的意义。酋邦理论有关酋邦类型学和多向进化的研究，关于酋邦向国家进化的条件、动力和机制的研究，关于酋邦的长时段轮回的研究等，对于理解人类早期政治发展及其规律都具有重要的意义。

一、酋邦的概念和特征

"酋邦"这个术语的英文原名是"Chiefdom"。克莱森（Henri J. M. Claseen）根据卡内罗（Robert L. Carneiro）的研究指出，卡勒沃·奥伯格（K. Oberg）1950 年"提出了以政治结构的比较研究为中心的文化

---

* 何增科，北京大学中国政治学研究中心教授。

形态类型学"，率先将作为这些文化形态之一的酋邦概念引入到人类学和考古学之中[1]。而据我国人类学者童恩正的考察，奥伯格是在 1955 年才正式采用了"（政治上组织起来的）酋邦"（Political organized Chiefdom）这一术语。他进而指出，1958 年，马歇尔·萨林斯（Marshall Sahlins）在研究波利尼西亚（Polynesia）社会时，根据社会分化程度的不同而将之分成四个类型，其中一个类型就属于酋邦社会。1962 年，埃尔曼·塞维斯在其著作《原始社会组织：一种进化的视角》（*Primitive Social Organization:An Evolutionary Perspective*）中，将原始社会组织的演进区分为游群（band）—部落（tribe）—酋邦（chefdom）—国家（state）四个阶段和四种类型并较为系统地阐述了自己的酋邦理论，此后酋邦概念在人类学和考古学界得以广泛流传开来[2]。"Chiefdom"被日本学者翻译为"酋长制社会"，我国学者有"酋长领地""酋长国"等不同译法，美国哈佛大学张光直教授 1983 年在出版的中文著作《中国青铜时代》一书中将其翻译为"酋邦"，并将塞维斯的酋邦理论系统地介绍给中国读者[3]，此后"酋邦"概念就成为约定俗成的译法在国内学术界传播开来[4]。

有不少人类学新进化论学者围绕酋邦概念的定义、特征及其与国家的区别和联系进行了探讨。

奥伯格认为酋邦是由一位最高酋长和众多低级酋长进行统治的多村落结构，其中区和村落由低级酋长进行统治，最高酋长通过低级酋长控制众多区和村落[5]。塞维斯在其 1962 年出版的《原始社会组织：一种进化的视角》著作

---

1 参阅［荷］亨利·J. M. 克莱森，《从临时首领到最高酋长：社会政治组织的演化》，郭子林译，《历史研究》2012 年第 5 期。

2 童恩正：《中国西南地区古代的酋邦制度—云南滇文化中所见的实例》，《中华文化论坛》1994 年第 1 期。

3 该书自 1982 年出版后多次再版和重印。此处介绍内容参见该书 2013 年版第五次印刷内容。参阅［美］张光直：《中国青铜时代》，生活·读书·新知三联书店 2013 年，第 94-99 页。

4 陈淳就酋邦理论做了全面而系统地评述。有兴趣的读者可参阅陈淳：《酋邦与中国早期国家探源》，《中国学术》第十四辑，刘东主编，商务印书馆 2003 年，第 214-233 页。

5 参阅［荷］亨利·J. M. 克莱森：《从临时首领到最高酋长：社会—政治组织的演化》，郭子林译，《历史研究》2012 年第 5 期。

中指出，"酋邦是一个拥有持久的中央协调机构的再分配社会"[1]。他在 1972 年出版的另一部著作《文明与国家的起源：文化演进的过程》中进而指出，"酋邦具有一种贵族统治性质的集权趋势和世袭的等级地位排序，但没有武力压迫的正式法定机构。它似乎普遍是神权型的结构，而且对权威的服从形式与宗教信众服从祭司—酋长形式如出一辙。如果这种非暴力组织被赋予一种进化阶段的地位，那么国家的起源就能被大大简化，并将使用武力作为制度化约束来看待"[2]。概括起来说，塞维斯认为酋邦具有四个特征：集中的管理；世袭等级制；神权权威；非暴力的组织或者说没有正式的、合法的暴力镇压工具。这四个特征将酋邦与在它之前的游群和部落社会及在它之后的国家区别开来[3]。张光直在总结塞维斯的酋邦理论以及最早运用这套概念从考古材料上研究中美洲古代文明的桑德斯（William T. Sanders）和普瑞斯（Barbara J. Price）的成果基础上概括了酋邦的两个特征：认为酋邦具有一个协调经济、社会和宗教活动的中心，该中心里有酋长，有行政助理和服役人员等；酋邦社会的政治分级和亲属制度相结合，酋长占据中心位置，其他人依据与酋长的关系决定阶等地位[4]。

1972 年，弗兰纳利（K. V. Flannery）论述了酋邦与国家的特点和区别，陈淳对他的观点作了很好的概括。弗兰纳利指出，酋邦标志着世袭不平等的出现，在酋邦社会中人的血统是有等级的，高贵和贫贱由出身血统决定。酋长既有着高贵的出身，同时又是神的化身。他们与神祇的特殊关系使其权力合法化。酋长通过举办和主持祭祀活动来接受贡品和获得民众的支持。他进而指出，国家则是拥有高度集中的政府和专门的统治阶层的强大政体。国家

1　Elman R. Service, 1971, *Primitive Social Organization: An Evolutionary Perspective (Second Edition),* New York: Random House, p.134.

2　[美] 埃尔曼·塞维斯：《国家与文明的起源：文化演进的过程》，龚辛、郭璐莎、陈力子译，上海古籍出版社 2019 年，第 15 页。

3　易建平对塞维斯的酋邦的特征进行了很好的概括。有兴趣的读者可参阅易建平：《部落联盟与酋邦：民主·专制·国家：起源问题比较研究》，社会科学文献出版社 2004 年，第 197 页。

4　[美] 张光直：《中国青铜时代》，生活·读书·新知三联书店 2013 年，第 96–97 页。

可以发动战争、征募士兵以及征收税赋和强索贡品。国家是高度等级制的。经济大部分为上层人物所控制，后者往往还担任着高官[1]。

进入 20 世纪 80 年代后，卡内罗和厄尔（Timothy Earle）先后详尽讨论了酋邦的概念。陈淳介绍了卡内罗的相关研究。卡内罗给酋邦下的定义是："由一个最高酋长永久控制下的多聚落和多社会群体组成的自治政治单位"。他认为这种超聚落的社会结构的下限标志着聚落或村落自治的结束，上限标志着向国家进化的开始。卡内罗指出，酋长地位很高但权力有限，酋邦不存在政府来实施有约束力的决定。酋邦一般只有两层等级制，而国家至少有三层等级制[2]。厄尔在一篇综述考古学和民族学理论新发展的文献中对酋邦的定义和特征进行了新的概括。厄尔指出，酋邦是跨村落的政治系统，是在一个特定区域中将成千上万人口组织起来的政治实体，其政治结构是由已与其他人口分离的首领集中等级制所组成[3]。换言之，"酋邦宜定义为依靠地缘关系组织起来的社会，它拥有一个集中化的等级决策系统来协调若干村落共同体的活动。"[4]他同时指出酋邦是无首领社会向官僚国家演化的桥梁，是一种过渡状态的社会。[5]他还从统合的规模、决策的集中化和阶层分化三个维度概括了酋邦的特点。就统合的规模而言，酋邦乃是一个在高于地方层面的区域性范围里组织起来的社会，其政体规模更大也更复杂，人数从 1000 人到数万人不等，出现了围绕中心聚落的众多聚落的集中布局。就决策的集中而言，酋长等级作为特殊的领导者已经分化出来，但是其内部功能并没有分化，酋邦是高度一般化的领导系统，不同层次的功能相近，各级权威潜在地都是完整的，

1　参阅陈淳：《酋邦与中国早期国家探源》，《中国学术》第十四辑，刘东主编，商务印书馆 2003 年，第 221 页。

2　同上书，第 221-222 页。

3　[美] 蒂莫西·厄尔：《考古学与民族学视野中的酋邦》，沈辛成译，《南方文物》2009 第 3 期。

4　参阅刘恒武、刘莉：《论西方新进化论之酋邦概念及其理论困境》，《社会科学战线》2010 年第 7 期。

5　参阅陈淳：《酋邦与中国早期国家探源》，《中国学术》第十四辑，刘东主编，商务印书馆 2003 年，第 135 页。

因而存在着独立的潜力。就阶层分化而言，作为再分配中心的酋长就是原始的贵族，在财富和生活方式上都具有优势，更不用说其在政治上具有更高的等级和地位[1]。厄尔在另外一篇文章中阐明酋邦是一种拥有集中组织、世袭社会等级和经济分层的政体，概括了 20 世纪 80 年代国际学术界对酋邦拥有集中决策的组织、世袭的社会等级和经济分层三个特点的共识。厄尔从人类早期政治发展的视角来概括酋邦的特点，富有启发性。

克莱森在继承酋邦理论基础上提出了早期国家理论，他根据自己的研究对酋长和酋邦重新进行了定义，并从酋邦向早期国家进化的角度概括了酋邦的特点。克莱森指出，酋长是对一定数量的人口进行管理的社会政治领导者。酋长是世袭领导者，享有世袭地位，这种"政治职位"酋长是可以在家族内传承的，而非被选举或任命的获得性职位。酋长的第二个特征是，他被认为是神圣的，人们相信他继承了神、精灵或神秘祖先的血统，因而拥有某些特殊能力特别是保证丰产的能力。这为酋长的领导权赋予了合法性。酋长还有权收集和分发食品和物品，组织修建防御工事等大型土木工程[2]。克赖森据此对酋长下了一个定义："酋长是拥有政治职位的世袭社会 – 政治领导者，他拥有所谓的增产能力，可以积聚物品，收集食物，用以维持以自己为中心的等级制度，建造大型的土木工程，并掌握着发动战争的最终权力，防御，或者征服。"[3] 在对酋长进行定义后，克莱森进而对酋邦进行了界定。他指出，"酋邦是双重管理层的社会政治组织，它拥有数量不等的地方公社（村落、小村落、家族），每个地方公社都有自己的领导者，他们附属于居于政治中心的领

1　[美] 蒂莫西·厄尔：《考古学与民族学视野中的酋邦》，沈辛成译，《南方文物》2009 第 3 期，第 139–140 页。笔者对照刘恒武和刘莉的译介，对部分术语改用了后者的译法。有兴趣的读者可参阅刘恒武、刘莉：《论西方新进化论之酋邦概念及其理论困境》，《社会科学战线》2010 年第 7 期，第 74 页。

2　[荷] 亨利·J. M. 克莱森：《从临时首领到最高酋长：社会政治组织的演化》，郭子林译，《历史研究》2012 年第 5 期。

3　同上。

导者。"[1]克莱森的定义简明扼要，同时也吸收了厄尔定义的精华。

从上述酋邦理论代表性人物的论述中，我们可以简要地对酋邦的定义、特征及其与部落社会和国家社会的联系和区别加以总结。酋邦是一种就其政治进化程度来说介于部落和国家之间的社会政治组织类型，它拥有一个政治中心和领导层以协调经济、宗教和军事活动，其中心聚落和其他聚落之间形成一种等级从属关系，出现了一个地位世袭的领导阶层和阶层分化。酋邦的特征包括：酋长通过建立与祖先或神灵的特殊关系而宣称自己拥有特殊的能力从而获得合法性，因而拥有一种表现为神权的意识形态性权力；酋长及其亲属通过将亲属关系分等与政治上的分级服从制度结合起来，而建立起一种世袭的等级地位体制；酋长将通过收集和发放物品和食物而获得了一种具有再分配性质的经济性权力；酋长在调动和组织人力实施防御和建设防御工事过程中逐步获得了军事性权力。酋邦与部落和国家相比，在政体规模和复杂性上高于前者，又低于后者。酋邦所拥有的人口数量和所控制的地域范围多于部落社会，通常又少于国家层次上的社会。酋邦的政权发育程度高于部落社会，但又低于国家社会，它已拥有常设的首领职位并实现了首领职位传承的制度化（通常是家族范围内世袭），但行政管理尚未出现职能分化和机构专业化。它已拥有武装力量，但尚未实现专职化和转变为常备军。它有自愿奉献和收集物品、食物以供养统治阶层的制度但尚未变为具有强制性的税赋义务。它已拥有法律的雏形，但日常生活主要靠社会礼俗来调节，法律的法典化和第三方强制性实施机制尚未发展起来。酋邦社会不同于平等的氏族部落社会，它已出现政治分级和亲属制度相结合的阶等划分，也因获取基本生存资源权利的不平等而逐步出现了阶层分化，但尚未出现维护分层秩序的合法暴力机关，尚未进化到国家阶段。

有的学者不满意于酋邦理论中酋邦这个术语，他们分别提出了"中阶段社会"（middle-range society，又译为"中程社会"）、"不平等聚落社会"、"史

---

1 ［荷］亨利·J. M. 克莱森：《从临时首领到最高酋长：社会政治组织的演化》，郭子林译，《历史研究》2012 年第 5 期。

前等级制社会"、"族邦"、"类似国家的政治组织"等概念[1]。提出这些概念的学者也都不否认酋邦理论所阐明的氏族部落社会向国家社会进化过程中这个酋邦阶段和酋邦类型的存在，同时这些替代性术语也都没有像酋邦概念一样得到学术界的普遍接受。

二、前国家政治系统进化中的酋邦：新进化论的贡献

1859 年达尔文《物种起源》一书出版，他的"物竞天择，适者生存"进化论思想不仅对当时的自然科学而且对社会科学也产生了巨大的影响。19 世纪两位人类学家爱德华·泰勒（E. B. Tylor）和路易斯·摩尔根（L. H. Morgan）成为文化进化论的主要倡导者，他们所创立的文化进化论后来被称为传统进化论或古典进化论，以区别于 20 世纪 60 年代以来塞维斯和弗里德（Morton H. Fried）所创立的新进化论。陈淳对文化人类学进化论的演变做了很好的总结。泰勒认为，人类社会的发展都要经历从蒙昧、野蛮到文明的发展过程。摩尔根在《古代社会》一书中从技术和工具的发明角度，将社会区分为蒙昧、野蛮到文明三个递进的发展阶段。他还将一切政治形态归纳为两

1　据刘恒武和刘莉介绍，费曼（Gary Feinman）和内泽尔（Jill Neitzel）提出了替代性术语"中阶段社会"（Middle-range society，又译为"中程社会"），来指代处于采集狩猎社会和官僚国家之间这两个演进阶段的过渡状态的社会，并从社会首领的职能、社会分化的实质和程度以及政治等级构成等方面进行了深入的探讨。有兴趣的读者可参阅刘恒武、刘莉：《论西方新进化论之酋邦概念及其理论困境》，《社会科学战线》2010 年第 7 期，第 74 页。王震中根据区域聚落考古学研究，结合自己作为历史学者的思考，创造性地提出了聚落三形态演进学说并用"（含有初步不平等和社会分化的）中心聚落形态"来取代"酋邦"概念。有兴趣的读者可参阅王震中：《邦国、王国与帝国：先秦国家形态的演进》，《河南大学学报》2003 年第 4 期；《中国古代国家起源、发展与王权形成论纲》，《中原文化研究》2013 年第 6 期。我国一些历史学者结合中国远古实际提出了"族邦"的概念。"史前等级制社会"是塞维斯后期对自己的酋邦理论修正后提出的新概念，但这个新概念也没有被学术界普遍接受。王震中对这两个概念进行了评析，有兴趣的读者可参阅王震中：《改革开放四十余年中国文明和国家起源研究》，《史学月刊》2020 年第 9 期。格里宁在自己的一篇文章中提到了"类似国家的政治组织"的概念，有兴趣的读者可参阅［俄］利奥尼德·艾维莫维奇·格里宁：《早期国家与古代民主政治》，载于袁林主编《早期国家政治制度研究》（"早期国家政治制度国际学术研讨会"论文集），科学出版社 2015 年。

种基本方式，即社会和国家，前者以人身和纯人身关系为基础，其基本单位是氏族，氏族、胞族、部落和部落联盟构成顺序相承的古代民族发展的几个阶段；后者以地域和财产为基础我们称之为国家，它通过地域关系来处理财产和个人的问题，人民按地域分区逐层组织起来。他进而探讨了各自的政治结构以及从前者向后者的转变问题。摩尔根在《古代社会》一书中多次提到氏族社会是自由、平等和民主的，并在全书最后结束语中指出，"政治上的民主、社会中的博爱、权利的平等和普及的教育，……将揭开下一个更高的社会阶段。这将是古代氏族的自由、平等和博爱的复活，但却是在更高级形式上的复活。"[1] 而他们两人构建了经典的直线文化进化论[2]。

塞维斯在其著作《人类学百年争论：1860—1960年》中概述了摩尔根以来百年间人类学的新发展，对摩尔根《古代社会》一书客观的评述，从而为新进化论的提出奠定了基础。他指出，摩尔根《古代社会》一书"是民族学发展历史上最具影响力的一部著作——即使仅只是就它的推进作用而言"[3]。同时他指出随着新的事实的不断发现，人类学者随后围绕着摩尔根的亲属称谓、社会结构或"政府观念的产生"、财产和文明社会的起源、进化的一般性理论等问题展开了广泛的争论，他对这些精彩的讨论和争论进行了回顾和总结。他特别指出，一百年来人类学所观察到的大量个案表明，等级、特权、不平等，在前国家社会的许多实例中都大量地存在着。在摩尔根所谓"自由、平等和民主"的氏族部落社会和出现阶级分层和政治等级制的国家之间存在着明显的断裂，很难解释这个鸿沟是如何跨越的。这促使他去思考在平等的氏族部落社会和不平等的国家社会之间是否存在一个处于过渡状态的不平等的氏族部落社会阶段和类型问题，并最终概括出了酋邦理论和新的社会政治组

1　有兴趣的读者可参阅 [美] 路易斯·摩尔根：《古代社会》，杨东莼、马雍、马巨译，商务印书馆2012年，第6-7页、第637页。

2　参阅陈淳：《酋邦概念与国家探源——埃尔曼·塞维斯〈国家与文明的起源〉导读》，《东南文化》2018年第5期。

3　[美] 埃尔曼·R.瑟维斯：《人类学百年争论：1860—1960》，贺志雄等译，昆明：云南大学出版社1997年，第70-71页。

织进化模式 [1]。与他同时代的弗里德则从阶层分化的角度提出了自己的社会政治组织进化图式。他们两个人成为 20 世纪 60 年代后新进化论的代表性人物。

塞维斯在《原始社会组织：一种进化的视角》和《国家和文明的起源：文化演进的过程》著作中提出了游群—部落—酋邦—（原始）国家的前国家政治系统进化模式，并做出了系统的论述。虽然他后来又提出了平等社会—等级制社会—早期文明或古典帝国的进化模式，但其影响力远不如前一种进化模式大，其酋邦理论在人类学和考古学领域均产生了广泛而深远的影响。我们依据其著作《原始社会组织：一种进化的视角》重点介绍其前一种进化模式特别是其酋邦理论。

（1）游群（band，又译为游团、群队等）。游群是在一定地域范围内游动的狩猎采集觅食者群体，人数从三十人到上百人不等。他们以血缘关系为纽带，夫妻和未婚子女组成的家庭是其基本单位，一个游群由若干个家庭组成的松散的联合体。塞维斯将游群区分为父系游群、复合游群、不规则游群等不同类型，其中父系游群数量更多更为适应不同的自然环境。父系游群最重要的规则是互惠的群外婚制度和相应的从夫居制度，前者使互相通婚的两个群体之间建立起稳定的关系，后者使丈夫—父亲、妻子—母亲、后代子女组成的家庭成为游群社会中最为基本的单位。一个正常的游群中有 6 到 18 个男性，总成员数大约 25 人左右。他们的居住地为经常变换的营地。游群中还有联谊性团体。原始社会人均预期寿命约为 22 岁。所有重要的经济活动和其他许多活动都是由家庭完成的，游群可以说是家庭水平上的团体。塞维斯指出，游群水平上的社会文化整合功能由几个相关的游群承担，而游群由若干个核心家庭组成。除了家庭首领（通常为丈夫和父亲）和短暂的、临时的领导人

---

[1]　塞维斯全面总结了 1860 年以来人类学对不平等氏族制度的发现成果。对人类学百年争论有兴趣的读者可参阅塞维斯的著作《人类学百年争论》。对塞维斯新进化论感兴趣的读者可参阅 Elman R. Service, 1971, *Primitive Social Organization: An Evolutionary Perspective(Second Edition,* New York: Random House；[美] 埃尔曼·塞维斯：《国家与文明的起源：文化演进的过程》，龚辛、郭璐莎、陈力子译，上海古籍出版社 2019 年。

之外没有政府和法律系统，也没有独立的宗教组织[1]。

（2）部落（Tribe）。塞维斯指出，新石器革命以植物和动物的驯养为基础，允许人们以比觅食更有效的方式控制自然环境，部落社会由此取代了觅食游群。一个部落是由更大数量亲属组成的团体，包括了若干个游群，其联系纽带也更加多样化。动植物家庭驯养提高了生产率，使更多的人聚集生活成为可能，外婚制强化了不同群体之间的联系，进攻和防御的需要促进了联合。不同社会之间的竞争似乎是整合泛部落联谊团体的重要因素。塞维斯认为，部落社会如同从中成长起来的游群社会一样是平等的，其内部仅有家庭中长幼、男女地位的不平等。领导者属于具有超凡魅力的个人，仅服务于特殊的和临时的目的。首领像是顾问，仅可提出建议。部落间的冲突和竞争促使部落内部的团结。泛部落的联谊团体如氏族等发挥了跨家庭和游群的整合作用。共同的祖先把氏族世系团结起来，促使其进行劳动协作和分享食物。当一个世系团体成长繁衍为多个分节团体后，其内部成员仍认为自己是一个亲属团体，拥有虚构的或真实的共同祖先。一个部落有上千人，彼此间因家系世系而彼此关联起来，相邻居住团体因血亲姻亲世系亲情而更容易联合起来对付外来者。建立起分节世系血统的部落相比缺乏分节世系血统的部落在对外扩张或防御方面具有明显的优势。部落社会的结构比起游群社会在复杂性上更进一步。塞维斯总结的游群和部落的共同之处在于，它们均为家庭式的、平等的社会，都没有发展出独立的政治控制、经济专业化和宗教职业化的机构。游群和部落均为"分段组织"（segmental organizations），这些基本的居住单位彼此相似，都属于经济上高度自足和享有极大自主权的居住单位。但部落比游群规模更大更分散，因此需要建立更多的泛部落联谊团体来发挥整合作用，其社会团结程度还处在机械团结的水平上[2]。

（3）酋邦（Chiefdom）。塞维斯指出，酋邦代表着一个比部落更高的文化

---

[1] Elman R. Service, 1971, *Primitive Social Organization: An Evolutionary Perspective,* New York: Random House, pp. 46–98.

[2] Ibid, pp. 99-132.

进化阶段。与部落相比，酋邦拥有更高的人口密度，或许还有更高的生产率。更重要的是酋邦社会更为复杂，更为组织化，并出现了一个协调经济、社会和宗教活动的中心。"酋邦"一词比其他几个替代性术语更好地反映了这一社会政治发明。酋邦社会出现了一个持久的集中协调机构，从而可以促进生产的专业化并进行再分配，因此其社会整合水平高于部落社会。塞维斯指出，大多数酋邦都起源于地区专业化和地区间贸易的兴盛，专业化和集中指导在增加生产方面有着明显的优势。首领或酋长所拥有的计划、组织和利用公共劳动力的能力也赋予酋邦明显的优势。酋长地位只有被严格的世袭继承规则稳定化并得到神话、习俗和传统价值等认可才会变得强有力和具有连续性。不管集中化的领导起源于经济、宗教或战争中哪个领域，都会不断向其他领域延伸，因为其优势太过明显。酋邦相对于部落，其地域和人口规模都会大幅度增长，因其更有竞争优势。塞维斯进而指出，当酋长变成一个常设职位，社会结构中的不平等就会成为这个社会的特征。酋长职位的设立造就了酋邦，造就了以酋长为首的显贵家族或贵族，酋邦因此出现了社会阶等的区分。部落间激烈的竞争和频繁的战争是酋邦兴起的重要条件。在其他条件相等的情况下，拥有计划和协调能力的酋邦在战争中更容易战胜部落组织。酋邦是一个等级化的组织，新加入的组织也很快成为其中次要的微型酋邦，一个金字塔形的组织结构就此建立起来。

　　塞维斯指出，酋邦与部落和游群最大的不同之处是社会中个人和团体间无处不在的不平等。酋长在再分配系统中的作用赋予了他高阶等的社会地位。与他关系密切的人的地位随之升高。酋长职位的创立和常设，消费限制规则或禁忌以及酋长及各阶等的继承规则的确立使酋长神圣化与合法化，并创造出了一个独立的高阶等群体。塞维斯特别强调原始酋邦的阶等不是经济意义上的阶级或阶层，其社会阶等将人们按照家庭系谱从上到下进行连续的分级，人人都处在一定的阶等上。人为地创立一个与他人相对分离的高阶等人群来作为一种社会整合的手段，具有重要的政治功能，即建立起一种按阶等划分的等级服从秩序。酋邦就依靠这种阶等距离来建立起权威和服从关系，并使身处阶等社会秩序中的人们自愿认同和服从这种秩序。酋邦拥有集中化的权威和从属的分支，有领土，有成员身份标准。酋邦中也有很多的领域如战争、手工艺等可以凭成就获得较高的社会地位。在社会阶等的决定性因素中，职位开放与职位封闭之争，世袭标准和成就标准之争对于酋邦走向民主与否具有重要的影响。在酋邦中，随着祖先崇拜和保护神的出现，神职人员在社会中占据了一个永久性的职位。酋长职位和祭司职位同时出现，成为权威的双胞胎，祭司通常在一个家族中传承。祭司和首领有时由同一个人担任，有时分别由不同的人担任。塞维斯最后特别强调，酋邦政体仍很原始，仍属一种亲属关系社会，尽管是一种不平等的亲属关系，其权威仍是一种调停权。塞维斯总结道，酋邦是家庭式的但不平等，没有政府但有权威和集中指导或中央协调机构，没有私有财产但有对产品不平等的控制，有阶等的差别但没有清晰的社会经济阶级或政治阶级，有流向中心的贡品但也会有回赠的礼品，尽管后者更具有象征性[1]。

（4）国家（State）。塞维斯指出，人类社会随着规模和复杂性的增加，需要不断发展出新的整合手段。亲属关系和婚姻维系的家庭纽带，只能整合小而简单的游群社会。泛部落的联谊性团体如氏族等只能将几个游群整合为一个部落社会。专业化、再分配和权威的集中化可以整合更加复杂的酋邦社会。国家则发展出了合法的暴力的官僚机构而实现了更大规模和更大范围的整合。塞维斯还区分了原始国家（Primitive State）与现代工业国家（Modern Industrial State）两个在整合机制进化上分属不同阶段的国家。现代工业国家不仅利用国家机关进行整合，还依靠一个专业化的、相互依赖的职业网络进行整合。他指出，即使原始国家也已不同于酋邦，它拥有以合法使用暴力为后盾的特殊形式的控制，对暴力的垄断使用使国家相对于酋邦拥有实力的优势，并因此使政府以外个人使用武力变为非法。国家相对于酋邦出现了政治上的阶级分化。原始国家的贵族是文官、军事领导人和上层祭司。其次是艺

1　Elman R. Service, 1971, *Primitive Social Organization: An Evolutionary Perspective,* New York: Random House, pp. 133-169.

术和工艺品的专业制作人员。最后才是一般民众。国家不同于酋邦，它由合法的暴力这种特殊的机制来整合。国家通过依法干预个人之间或法团之间的争端而规定了它自己使用暴力的方式和条件并禁止其他人使用暴力来解决争端，国家由此而合法地垄断了暴力的使用。尽管古代文明在规模、密度和复杂性上差异极大，但都具有同样的整合机制即通过合法的暴力进行官僚治理。原始国家既包括古典中国这样高度发达的前工业国家，也包括许多规模更小、更为短命的国家。现代工业民族国家在整合手段上则进化到了一个新的阶段，工业化创造了空前复杂的职业网络作为整合手段[1]。

　　塞维斯从整合论的角度论述前国家政治系统的进化，提出了自己的酋邦理论。弗里德则被公认为是新进化论冲突论的代表性人物，他从冲突论角度阐释自己的政治社会进化四阶段图式，即平等社会—阶等社会—分层社会—国家，提出了阶等社会和分层社会理论。我们用表格来简要概述其理论。

1　Elman R. Service, 1971, *Primitive Social Organization: An Evolutionary Perspective,* New York: Random House, pp. 161–174. 陈淳结合其他相关学者的论述，对塞维斯的四阶段进化模式进行了精到的介绍。有兴趣的读者可参阅陈淳：《文明与早期国家探源：中外理论、方法与研究之比较》，上海书店出版社 2007 年，第 88–101 页。

表 5.1　弗里德的平等社会—阶等社会—分层社会—国家进化图式

类型 / 特征	平等社会	阶等社会	分层社会	国家
一般性质	平等社会按年龄和性别区分不同成员。年龄长幼决定了地位高低。社会重要地位可以由任何胜任的人来担任。经济上奉行平均主义原则，各取所需和平等互惠相结合。平等社会几乎全为狩猎采集群，其规模小，人口分散。这种社会的组织形式为单个的家庭和几个家庭组成的游群。	该社会中有价值的地位数量有限，并非全部有才能的人都可占据这样的地位。阶等社会人口数量增多，规模变大，一般为定居的村落。血亲的等级制安排建立在与特定祖先的亲密程度或远近距离上。高阶等的人更少参与生产，更多地从事再分配等管理工作。	分层社会是性别相同年龄相近的成员获得生存所需基本资源的权利不同的社会。每一个"原生国家"都经历了分层化而无国家的阶段。分层化一旦开始，国家很快就开始形成。因为维持分层化的秩序需要有超出亲属体系资源的制裁性命令权力。	国家是一系列正式和非正式的专业机构的集合体，通过这些机构社会政权在超越血缘关系的基础上被组织起来。血亲网络无力处理日益增多的人口产生的问题，由此发展出正式的、专业化的暴力工具以对内对外维持社会秩序。这是国家的首要功能。国家的次生功能包括：控制人口，处置争端，防卫领土和主权。国家建立税赋制度来维持自身运转。
冲突的来源	游群内部冲突多由于有人违背互惠的规则而产生，但并不频繁。群队间暴力和性关系上的冲突有关。	阶等社会中有更多的消费者财产。围绕财产归属的争执会起冲突。定居的生活方式也会因空间问题而起冲突。村落需要足够多的人口来应付劫掠。	获取基本资源权利的分化可归因为：人口扩张，土地紧张，出现控制土地拥有和用益权的规则；早先的居民和后来的居民在占有土地肥沃程度等方面形成差别；管理的专门化促进了生产者和管理者的分层。阶层分化是引起战争和强化军事地位的原因。同时战争也能使社会分层更趋制度化。	在新的分层秩序中人们获取基本资源的权利不同。战争会导致征服并在先前已出现分层化的基础上出现超级分层化。国家产生后就更为追求领土、人口、物质和意识形态权力的扩张。先行完成国家构建任务的社会通常会蹂躏其邻近的社会，将它们并入本国，使之成为下等阶层。对内对外维护分层秩序促成了专门的武装力量的建立。

（续表）

类型/特征	平等社会	阶等社会	分层社会	国家
领导权	游群的领导有权威而缺乏权力，有事商量寻求共识而非单独决定。在不同场所由不同的有能力的人来担任领导。领导是间歇性的和仅限于特定方面的，其决定只是劝告而没有约束力。	在阶等社会中领导者可以领导但却缺乏有效的制裁来迫使他人遵从。首领在宗教仪式中担任主持角色，在生产活动中担任指挥和再分配者的角色。村落头人等首领依靠声望和权威而非武力来领导。战争越频繁，军事领导人相比于和平时期领导人的作用就越重要。	古代可能出现过一场"管理革命"。管理的专业化促进了分层化的发展。管理者利用自己所掌握的基本资源如水或高产的土地等可以要求生产者为其工作，或缴纳贡品。战争使得分层社会的首领能够做出将资源和劳力转向军事行动的决定，因此有更好的基础来建立专门的武装力量。	国家的集中化建立在四个基本的组织原则之上：等级制；获取基本资源程度的差异；服从官员；地域防卫。国家必须确立和维护主权，后者是对一个地域及其人口的最高权威的认同和垄断。主权同合法性相关联，而不仅仅依靠赤裸裸的权力。维护国家主权不仅需要军事力量，还需要经济实力，意识形态或合法性，以及对于信息和通讯的控制。
法律	出现争端有调停人，有调停或仲裁方案，但没有强制实施机制。有习俗，尚未出现法律。	没有正式的司法机关。社会控制手段包括血亲的协商、调解。违反规则者受公众的嘲笑和排斥，随后是巫术和复仇。	为保障基本资源占有的权利和用益权，出现了对相关规则的需求。争端裁决机制也在发展，并构成了管理专门化的一部分。	在处置麻烦和争端过程中，法律和司法机构逐步成长起来。制定了民法和刑法，确立了司法程序，任命了法官，建立了法庭。

（续表）

类型/特征	平等社会	阶等社会	分层社会	国家
外部关系	游群和部落的领地和边界是相对灵活的，对友邻开放而拒斥敌人。战争的频率和密度不高，伤亡不大。简单社会在军事事务中缺乏领导。外部关系中更多的是和平时期。	村落是一个独立自治的社会系统。定居村落间的合作与互惠的交往更加频繁，同时暴力频率也增加了。出现了指挥官和哨兵等角色，有了军事功能的专门化。	分层社会为获得战俘做奴隶或祭品而发生劫掠性战争。	原生国家的出现触发了国家形成的巨大浪潮。原生国家周边的政体若不想被征服、被蹂躏，就要被迫仿照原生国家的榜样建立起次生国家。
向更高类型社会的过渡	从灵长目动物社会向游群平等社会的过渡有赖于分享和劳动分工，婚姻规则的发明，语言等沟通符号的发明，以及工具和火的使用等重要发明。	从平等社会向阶等社会的过渡中，生态人口因素和再分配的出现是最重要的两个因素。维持父母聚落与分散开来的子女聚落的关系，维护不同共同体之间的贸易关系，组织劳动力建设灌溉系统，建立跨聚落联盟等都推动着阶等划分和权威服从体制的出现。阶等社会的出现为人们提供了一种经济上互补和再分配的网络。	人口规模和密度的增长，社会经济阶级的出现，阶层差异的扩大，使得分层社会内部面临着冲突和争端的压力。单靠血缘组织已无法实现整合。分层社会要么在巨大压力下崩溃，返回简单平等社会；要么为维持自身生存而进化出一种政治控制的权力机构，从而足以维持一个阶等分化的系统。分层社会是孕育国家的摇篮。	原生国家是在没有外部榜样和外部影响情况下形成的。它与周边社会通过竞争、贸易、战争等方式发生互动。这种互动有助于分层社会向国家的发展。因为它提出了对更多的政治专业化，更多的职业化组织和更紧密的内部控制的需要。只有建立起一种正式的、专门的强制性机构才能应对这些挑战。而次生国家是在邻近的原生国家的征服威胁和其组织榜样的影响下被迫形成的。

资料来源：笔者根据弗里德《政治社会的进化》一书内容制作。[1]

1　有兴趣的读者可参阅：Morton H. Fried, 1967, *The Evolution of Political Society: An Essay in Political Anthropology*, New York: Random House。

约翰逊（Allen W. Johnson）和厄尔在 1987 年出版的《人类社会的演进：从游团到农业国家》一书，依据规模标准，把人类社会的发展过程划分为三个大的进化阶段：家庭层次上的团体（the Family-Level Group）—地方性团体（The Local Group）—地区性团体（the Regional Group，包括了酋邦和国家）。他们还从人口密度、环境、技术发展水平、战争等方面列表总结了这三类政治实体的特征。易建平将该表翻译成中文介绍给国内读者，我们摘录如下：

表 5.2　约翰逊和厄尔论三类政治实体的特征

特征	家庭层次上的社会	地方性的团体	地区性的政治实体
人口密度	每平方英里少于 1 人	每平方英里多于 1 人	每平方英里多于 10 人
环境	资源分散、贫瘠且不稳定	季节性资源和 / 或可以转化的资源	集中并且可以控制的资源和 / 或贸易机会
技术	单独劳动与个人所有的工具，野生食物	资本改善，驯养和 / 储备的食物	较大的资本技术
居住方式	营地 / 小村落	拥有舞蹈广场的村落 / 小村落群	等级制居住方式
社会组织	家庭和双边网络	共同的防卫性团体	社会分层和地区性的制度
领土	习惯性使用	防卫起来的地方性领土，团体所有	精英和 / 或机构所有权，受国家保护的私有权
战争	有控制的侵犯活动，冲动性的杀人	团体性的侵犯 / 防御活动，人民凶猛好斗，有了议事规则	征服战争，军事专家，内部和平
仪式	家庭仪式，因人因事而别的仪节	团体仪式，团体和团体间的仪式	目的在于使制度合法化的仪式
领导权	因人因事的领导，习惯性的谦虚	大人之间相互竞争与炫耀，不同形式的成功	世袭精英，制度化的领导权，身份地位竞争
决定性的可变因素	风险	对于农民来说是战争；对于狩猎和采集者以及牧民来说是风险、技术和 / 或贸易	技术和 / 或贸易

资料来源：笔者摘录自易建平翻译的约翰逊和厄尔的表格[1]。

1　有兴趣的读者可参阅易建平：《部落联盟与酋邦：民主·专制·国家：起源问题比较研究》，社会科学文献出版社 2004 年，第 267 页。

　　诚如易建平所言，约翰逊和厄尔的人类社会进化学说虽然并未对塞维斯和弗里德的社会政治进化理论有什么根本性的突破，但是他们还是结合国际人类学界的大量田野调查和文化比较研究成果对塞维斯和弗里德的理论做了一些重要的修订，从而有助于深化对人类社会进化理论的研究[1]。

　　以塞维斯和弗里德为代表的新进化论是对 19 世纪以摩尔根为代表的传统进化论的发展。20 世纪 70 年代以来新进化论提出的游群、部落、酋邦向国家直线演进的一般性法则受到国际学术界的批评。陈淳总结了对新进化论的五点批评：（1）新进化论所定义的各阶段特征不易从实证上来衡量，这些具有连续性的特点无法用存在和缺失这一标准来截然区分；（2）酋邦与国家之间的区别较难分辨；（3）酋邦社会复杂化程度差别很大；（4）缺乏系统论导向的分类，以某些特征的存在或缺失为根据并不一定反映了各部分与整体之间的关系；（5）社会进化存在社会结构不同方面的突进或滞后，因此认为社会各种特征会随整个社会的发展而变化的基本原则是不对的[2]。新进化论和传统进化论一样也被人诟病具有"单线论"或"直线论"以及定向进化的缺陷。正如刘恒武和刘莉所说，在塞维斯的社会进化图式中，酋邦被界定为一个以生存物资的再分配为核心特征并且已经出现了阶层分化现象的社会发展阶段。20 世纪 70 年代晚期随着考古学和民族学个案研究成果的积累，学者们发现食物的再分配并非酋长的恒常性职责，塞维斯的社会进化假说中酋邦与国家之间缺乏明确的界限，不同酋邦之间在发展水平和规模尺度上存在极大的差异。尽管如此，厄尔和华翰维等人类学家和考古学家仍认为塞维斯的进化类型归纳工作对于跨文化的社会进化比较研究具有无可否认的意义[3]。一些坚持新进化论的学者在吸收前述批评基础上开始了酋邦类型学和多向或多线进化的研究，还有些学者从文化形态和阶段研究转向进化的过程和机制的研究，并产生了不少有价值的成果。

　　1　易建平：《约翰逊和厄尔的人类社会演进学说》，《世界历史》2003 年第 2 期。

　　2　陈淳：《文明与早期国家探源：中外理论、方法与研究之比较》，上海书店出版社 2007 年，第 102–104 页。

　　3　刘恒武、刘莉：《论西方新进化论之酋邦概念及其理论困境》，《社会科学战线》2010 年第 7 期。

三、酋邦的类型学研究与多向进化

约翰逊和厄尔意识到酋邦的复杂性，他们在前述三阶段划分的基础上，将第三阶段地区性团体层次又细分为简单酋邦（the simple chiefdom）、复杂酋邦（the complex chiefdom）和早期国家（the archaic state or the early state）三种。厄尔还列了一个表，将他自己以及他与约翰逊的模式同其他一些比较有名的社会演进模式做了一一对应。易建平将该表翻译成中文，我们转录在此：

表 5.3　厄尔的社会进化模式与其他社会进化模式的对照

柴尔德（1936）	塞维斯（1962） 约翰逊和厄尔（1987）	萨林斯 1963） 厄尔（1978）	弗里德（1967）
狩猎者－采集者	游团 （家庭层次）	头人	平等社会
农民	部落 （地方性的团体）	大人	阶等社会
文明	酋邦	简单酋邦	
		复杂酋邦	分层社会
	国家	国家	国家

资料来源：笔者录自易建平翻译的厄尔的表格[1]。

从上表中可以看出，厄尔对塞维斯的酋邦理论进行了修订，将酋邦分为简单酋邦和复杂酋邦，并在复杂酋邦阶段吸收了弗里德的理论从简单酋邦时期的阶等社会发展到了分层社会，从而使复杂酋邦向原始国家的进化有了更为坚实的基础。他们还根据人口规模将政治实体划分为营地（camp）、小村落（hamlet）、地方性团体（local group）、大人聚合体（big man colletivity、

---

[1] 参阅易建平：《部落联盟与酋邦：民主·专制·国家：起源问题比较研究》，社会科学文献出版社 2004 年，第 263 页。

酋邦（chiefdom）和国家（state）5种类型[1]。厄尔等人主要从发展规模上来区分简单酋邦和复杂酋邦。简单酋邦的政体规模只有数千人，已有一个政治决策等级层次凌驾于当地社群之上，等级系统是渐变的。而复杂酋邦政体规模达数万人，有两个政治决策等级层次凌驾于当地社群之上，并且出现了社会分层[2]。易建平指出，约翰逊和厄尔过于强调某些复杂酋邦中酋长的最终决定权的特例而忽略了那些权力结构更为"民主"的酋邦如设立议事会的酋邦的特征[3]，应当说这一批评是中肯的。

厄尔还介绍了其他几种酋邦类型的划分。就财政基础而言，酋邦可以区分为生计财政型酋邦和财富财政型酋邦。生计财政（staple finance，又译为产品经济）经常没有广泛的交换，而只是用食物和技术产品的收集和支付作为对服务的回报，其常见的形式包括提供宴饮等。在生计财政中，内部资源是酋长等统治者获得资源的主要基础。财富财政（wealth finance，又译为财富经济）是通过长途交换或资助手工业生产，购置具有象征价值的物品，并用它们馈赠支持者。精英们渴望拥有这些贵重物品，它们象征了个人的社会地位和经济特权。外部贸易和关税收入是精英们获得奢侈品等资源的主要来源[4]。从结构上看，酋邦可以区分为集体型酋邦和个体型酋邦。集体型酋邦通过组织集体劳动力在公共工程建设上的投入来获得集体的认同感。个体型酋邦则强调贵族个体的突出地位，通过奢侈品的装饰、特殊的住宅和豪华墓葬的纪念性建筑来彰显其与众不同的地位[5]。

厄尔还介绍了其他一些酋邦的类型划分。如酋邦可分为神权型酋邦、军事型酋邦和热带雨林型酋邦；复合型酋邦和单独酋邦；阶层酋邦和等级酋邦；

1　易建平：《部落联盟与酋邦：民主·专制·国家：起源问题比较研究》，社会科学文献出版社2004年，第266页。

2　［美］蒂莫西·厄尔：《酋邦的演化》，陈洪波、陈虹译，《南方文物》2007年第4期。

3　易建平：《部落联盟与酋邦：民主·专制·国家：起源问题比较研究》，社会科学文献出版社2004年，第271–272页。

4　［美］蒂莫西·厄尔：《酋邦的演化》，陈洪波、陈虹译，《南方文物》2007年第4期。

5　同上。

至高无上型、等级型的和无等级型酋长等[1]。从酋邦进化而来的原始国家或早期国家的形态是多种多样的，而不同类型的酋邦导致进化出来的国家类型存在差异，从而呈现出进化的多线性或多向性。但正如厄尔所指出的那样，酋邦类别分得过细也会造成认识上的混乱[2]。

正如克莱森所总结的那样，单线还是多线，是进化论中一个传统的两难问题。不论 19 世纪还是 20 世纪中期绝大多数进化论者为单线定向进化论者。泰勒和摩尔根不能被视为单线进化论者。斯图尔德在 1930 年代就提出，进化是沿着不同方向进行的，是多线的。克莱森在此基础上提出了"多向进化"的概念，用于概括不同的独立进化潮流和由此导致的政治实体结构类型的多样性。但他同时也指出，在不同的潮流和不同的时间点中出现的社会政治结构在多样性中也体现出一致性这一事实。各种早期国家政治组织的结构和功能显示出高度的一致性，如都具备官僚制度、政治精英、国教、常备军和集中化的经济等特征[3]。

克里斯廷森（Kristian Kristiansen）在多向进化方面做了可贵的探索，提出了人类社会政治组织进化的两条道路。他认为，人类社会组织最为基本的区别在于部落社会与国家社会，酋邦只是部落社会的一种变体。处于酋邦和充分发展的国家之间的是弗里德所概括的分层社会。分层社会是国家组织的一种原始形式或早期形式（an archaic form of state）。克里斯廷森还把分层社会划分为两大类，即权力分散的分层社会（the decentralized stratified society）或权力分散的原始国家（the decentralized archaic state）和权力集中的分层社会（the centralized stratified society）或权力分散的原始国家（the centralized archaic state）。易建平对克里斯廷森的研究作了很好的概括。克里斯廷森的权力分散的分层社会的特点是：生计生产（subsistence production）是分散的，

1　[美] 蒂莫西·厄尔：《考古学与民族学视野中的酋邦》，沈辛成译，《南方文物》2009 年第 3 期。

2　同上。

3　[荷] 亨利·J. M. 克莱森：《进化论的发展》，刘冰译，《社会科学》2006 年第 2 期。

村落散落在各个地方。酋长们与国王们通过武士侍从进行统治。地区性和地方性的臣属酋长们行使着政府职责，并在战时提供武士和船只。武士酋长们控制着农村公社，没有土地的农民阶级也发展起来了。贸易主要控制在中心政府手中。从事贸易和手工业的村落逐渐发展为小的市镇。对长途贸易的控制和征税，对权力分散的原始国家的发展起着重要的作用。榨取贡纳税赋和劳役所获得的收入可用于领土征服活动，以创建更大的王国政体。在权力分散的原始国家的进化过程中，限制了权力集中的政治制度的形成，封建国家的基本特征也逐渐形成了。欧洲、非洲、亚洲的一些次生国家走的多为这条道路。而权力集中的原始国家把圆锥形或金字塔形的不平等的部落结构形式化了，统治者通过控制宗教仪式使自己的地位合法化。权力集中的原始国家拥有集中的经济，拥有支撑国家机器与已经仪式化了统治阶级谱系结构。原始的官僚集团在管理生产、贸易与宗教活动国家的过程中具备了建立发达的官僚制度的基本构件。克里斯廷森还吸收了集体型酋邦和个体型酋邦、生计财政酋邦和财富财政酋邦的研究，提出了酋邦进化为国家的两条路径，可以图示如下：

表 5.4 克里斯廷森的酋邦进化为国家的两条路径

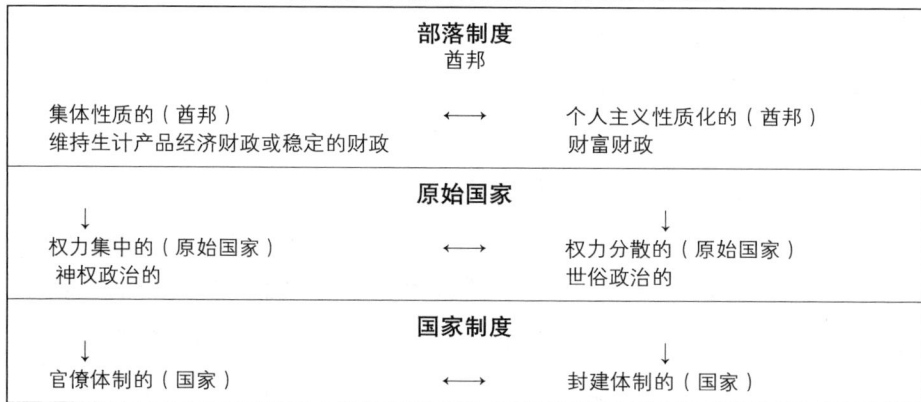

部落制度 酋邦		
集体性质的（酋邦） 维持生计产品经济财政或稳定的财政	⟷	个人主义性质化的（酋邦） 财富财政
原始国家		
↓ 权力集中的（原始国家） 神权政治的	⟷	↓ 权力分散的（原始国家） 世俗政治的
国家制度		
↓ 官僚体制的（国家）	⟷	↓ 封建体制的（国家）

资料来源：笔者根据易建平的翻译制作[1]。

---

[1] 有兴趣的读者可参阅易建平：《部落联盟与酋邦：民主·专制·国家：起源问题比较研究》，社会科学文献出版社 2004 年，第 303–304 页。陈淳对克里斯廷森（他译为克里斯蒂安森）的观点也做了介绍并绘制了图表，有兴趣的读者亦可参阅陈淳：《文明与早期国家探源：中外理论、方法与研究之比较》，上海书店出版社 2007 年，第 151–152 页。

厄尔同样也指出了酋邦进化为国家权力的路径的多样性。他结合酋邦类型、土地产权、资源基础、精英策略等社会、政治和经济诸要素的相互交织和不同组合的动态过程，阐明了通向权力路径的不同和相应的权力结构形态的差异。在生计财政中，当统治者组织劳力修建灌溉设施发展强化农业的时候，生产者为其缴纳的产品或实物更像是一种"地租"。统治者也因掌握了灌溉设施等关键资源而集中了更多的经济性权力。在这种情况下，劳动者应征从事水利等公共工程建设，从统治者那里获得有灌溉系统的土地，作为回报，他们为首领及相关专业人士劳作，提供剩余品供养他们。这种强化农业和对内部资源的依赖支持着经典的合作结构。但当统治者进一步垄断了基本必需品如土地的生产和分配的地方，可以预期将出现一个排他性的政治经济体。首领或国王可以利用武装力量通过劫掠或征服来获得和保持对基本必需品的控制。由此会形成集中的权力结构或王权政体。财富财政通常通过控制交通要道、贸易枢纽或设立关卡等关键资源而获得收入。当精英拥有土地产权，依靠外部贸易关系网络和外部资源获得奢侈品的时候，会采取排斥平民的策略，形成贵族政体。其意识形态也是以贵族的自我服务为中心。当平民拥有土地产权，统治者主要依靠内部资源基础且不掌握关键资源的时候，更有可能对平民采取合作的策略。统治者和平民间也会形成一个合作互惠的意识形态来。当高端商品流向市场并像普通商品一样课税的地方，国家并不掌握关键资源这个瓶颈，这样将会出现一个合作性的政治经济体。在合作型政体里，武装力量的任务是保护平民而非剥夺平民的财产以维护统治者的利益。在合作策略中，权力在社会不同集团中分享以阻止排斥性策略。而在网络策略中，出类拔萃依靠的是发展出一种与本地团体之外地方的交换关系网络。在土地肥力不足剩余品有限的情况下，首领会转向利用武士向外扩张以获取土地，高阶武士获得封地，低阶武士管理土地以共同榨取剩余产品。在这种情况下，排斥性或榨取性策略更为常见。领土征服使政府财政收入依赖外部收入，统治者也会因此将征服获得的土地视为自己的私产。权力结构也会因此趋于集中和排他。原生国家是在一个区域内最先和独立出现的国家，他们率先发展出来的生计财政和合作策略。地方性农业为主的城市国家本来有潜力发展出合作型的集体行动结构，而帝国征服则抑制了这一趋势。当原生国家发展军事力量扩大权力并最大程度榨取剩余产品的时候，又会形成集中化的权力结构和扩张性帝国[1]。

四、酋邦向国家的进化：动力、机制和模式

克莱森在提倡重新思考进化等基本概念的时候指出，进化论者长期以来曾用复杂性的增加[2]和单线的发展来定义进化。复杂性的增加或复杂化的进程最终体现在社会结构的变化上。因此克莱森指出，进化的本质是结构的变化或重组，一个方面结构的变化会逐渐影响到其他的方面从而导致社会整体的变迁，因此进化是一个过程。结构的重组涉及结构的调整和优化，与制度创新和新制度供给有着密切的关系。酋邦向国家的进化是前国家政治系统结构的变化或重组以适应规模和复杂性增加的情势。如前所述，按照克莱森的定义，酋邦是拥有双重管理层的社会政治组织，它拥有一定数量的地方共同体如村落等，每个地方共同体都有自己的领导者，他们附属于居于政治中心的领导者。而早期国家则是一种拥有三个层级的跨区域的权力集中的社会政治组织，其中的统治者拥有政治支配权力，被统治者履行纳税义务，以互惠原

1　Tim Earle, "Pathways to Power: Corporate and Network Strategies, Staple and Wealth Finance, and Primary and Secondary States", in *Alternative Pathways to Complexity: A Collection of Essays on Architecture, Economics, Power, and Cross-Culture Analysis* edited by Lane F. Fargher and Verenice Y. Heredia Espinoza, University Press of Colorado, pp. 292–308.

2　复杂性的增加又可称为"复杂化"（complexity），它是指社会系统各个子系统日趋分化和特化并以更加紧密的方式结合成一个整体。"不平等"和"异质性"是衡量复杂化的两个重要概念，前者指社会纵向的差别，包括等级区分和获取社会资源的差异，后者是指横向组织结构上的多样性和人口分布的多样性。复杂化的过程是一个分异和集中相结合的过程，前者指社会成员之间的分工和专门化程度，后者是指各子系统和最高控制中心之间的关联程度。陈淳对社会文化复杂化理论进行过很好的归纳，有兴趣的读者可参阅陈淳：《文明与早期国家探源：中外理论、方法与研究之比较》，上海书店出版社 2007 年，第 161–166 页。

则为基础的共享意识形态使得统治者和被统治者的关系具有了正当性[1]。从酋邦到国家这些结构的变化和重组为什么会发生，又是如何发生的呢？

酋邦向国家进化的起点。正如塞维斯所指出的那样，"在人类历史百分之九十九以上的时间里，人们都是生活在小的、简单的、平等（相互分开）的群体或部落之内。亲历了制度化和集中指导的政府体制产生的这个重大的历史分水岭，显然只是出现在五、六千年前。"[2]克莱森概括出了酋邦发展为国家的必要条件，这些条件包括：（1）必须有足够数量的人口（数以千计）以形成一种复杂分层的社会；（2）社会必须控制特定的领土；（3）生产制度必须可以生产出一定数量的剩余产品以供养不从事生产劳动的专业人士和官员群体；（4）必须存在一种意识形态以解释等级管理组织和社会－政治不平等的合法性[3]。我们还可以加上第五条，在特定地域范围内存在着众多酋邦或部落社会，他们作为同等的政体彼此之间存在着共生和竞争的互动关系。

酋邦向国家进化的动因。塞维斯在《人类学百年争论》中把19世纪60年代到20世纪60年代围绕政府起源的各种理论争论概括为整合论和冲突论，哈斯（Jonathan Hass）在《史前国家的演进》中同样把相关理论概括为整合论（该书译者翻译为"融合论"）和冲突论。尽管他们两个人一个赞成整合论，一个赞成冲突论并主张在此框架内吸收整合论的部分观点。整合论与冲突论在概括酋邦向国家进化的动因方面非常传神。国家作为一种强制性的管理机构或基于权力关系的整合机制，实际上是整合需求驱动和控制内部冲突赢得外部冲突的需求合力驱动的制度创新。一方面整合需求驱动着政治领导职位的常设化和制度化、中央协调机构、层级管理体制、职能部门分设、职

1　[荷] 亨利·J. M. 克莱森：《从临时首领到最高酋长：社会政治组织的演化》，郭子林译，《历史研究》2012年第5期。

2　[美] 埃尔曼·R. 瑟维斯：《人类学百年争论：1860—1960》，贺志雄等译，云南大学出版社1997年，第223页。

3　[荷] 亨利·J. M. 克莱森：《从临时首领到最高酋长：社会政治组织的演化》，郭子林译，《历史研究》2012年第5期。

业官员制度等新制度的供给。另一方面应对内部冲突和外部冲突的需求推动着强制性制裁、强制性和固定化的纳税、职业常备军等新制度的供给。

整合论揭示了整合需求驱动政治领导和行政管理制度化建设的动力。霍卡特认为，礼仪组织先于政府而产生，当社会的复杂性增加、专门化增多需要一种中央协调机构和中枢神经系统的时候，礼仪组织会逐渐把这项任务接过来。在祭拜仪式中的领头人或祭司逐渐转变为日常生活中的领导者。这是神权政治和祭司－首领从履行宗教职能逐步发展为履行经济、司法等职能的国家形成路径[1]。魏特夫的水源论（或灌溉论）、拉斯耶的贸易论、塞维斯的再分配论则分别从发展强化农业的治水需求、维持贸易共生关系的需求、中心储藏和再分配的风险管理需求等经济技术专门化发展需求的角度，探讨驱动集中领导权的制度化和中央协调机构、相关职能部门和职业官员制度的供给是如何产生的[2]。斯宾塞、奥本海默等战争论和征服论者则从军事保护需求的角度阐述国家的起源。斯宾塞认为，频繁的、组织化的战争导致临时军事领导集团变成了职位世袭的永久性军事组织，这个机构后来在平时的非军事活动中也演变成为管理中枢。社会有机体内部的分化和专业化促成了统治集团内部的专业化分工。冈普洛维茨和奥本海默等征服论派都把在被征服地区强加统治作为国家的开端，同时主张在最初的军事强制后，为维护统治，征服者也开始为被征服者提供军事保护和获取财富的机会，以换取后者的服从[3]。总之，经济社会复杂化进程对社会政治组织产生了强烈的整合需求，推动着政治结构的调整和优化。

冲突论则揭示了应对内外部冲突的压力驱动着权力关系构建的动力。塞维斯区分了两种冲突，一种是社会之间的冲突，一种是社会内部的冲突。战争论和征服论是典型的社会之间冲突论者。塞维斯指出，斯宾塞是 19 世纪

1　[美] 埃尔曼·R. 瑟维斯：《人类学百年争论：1860—1960》，贺志雄等译，云南大学出版社 1997 年，第 247–251 页。

2　更多的细节可参阅陈淳：《文明与早期国家探源：中外理论、方法与研究之比较》，上海书店出版社 2007 年，第 121–124、132–134、88–102 页。

3　[美] 乔纳斯·哈斯：《史前国家的演进》，罗林平等译，求实出版社 1988 年，第 43–72 页。

后半叶最杰出的社会间冲突理论家。斯宾塞的同时代人沃尔特·巴杰特认为早期社会之间好战的竞争会有利于那些有最好的领导和最听话的民众的社会（"最温顺者最强大"）。斯宾塞认为，战争的成功进行使社会成员相互合作并学会"服从强制性命令"。军事部门会依靠战争中的成功优势来增大它的权力，频繁的战争容易导致"首脑职位的长期固定"。斯宾塞明确指出："临时首领由暂时的战争产生；长期的战争行动则产生固定首领。战争通常需要各部门迅速联合行动，因而必须服从。没有多少服从的社会消失了，而让有大量服从的社会巍然屹立，于是就有一些延续下来的社会，在这些社会当中，由战争所养成并在和平时期存留下来的习惯，便造成对于政府的长期服从。"[1]

征服论者强调通过征服，征服者和被征服者形成了统治阶级和被统治阶级的征服和臣服关系，国家的出现就是为了维护这种统治和服从的秩序。恩格斯、弗里德等致力于分析社会内部冲突产生的原因和后果，他们认为经济上的阶级分化或阶层分化（分层化）是产生社会内部冲突的重要原因，国家的产生是为了控制社会内部冲突维护分层社会的秩序[2]。哈斯在冲突论基础上吸收整合论的要素，根据统治者对民众实施权力的情况分析了国家的形成过程。哈斯指出，在分层社会里首领的权力不断扩张从而其权力基础不断扩大和巩固。首领们在履行经济管理职能的过程中控制了基本生活资料的生产和谋取方式，从而发展出了一个新的经济权力基础并获得了行使权力的强制性经济手段。这个基础也使他们有能力去发展和利用附属的武装权力基础和意识形态权力基础。武装权力基础可用作独立的强制性行政手段，也可用来保护首领的经济权力基础不受外来威胁。意识形态权力基础可以把首领的经济权力和武装权力合法化，也可以成为操纵民众思想和行为的手段。它也可以被经营经济的领导集团用来获得民众的支持，以对抗武装力量的潜在威胁。哈斯认为可以按照权力关系的变化和新的经济权力的发展来概括各种已有的国家起源理

1　[美] 埃尔曼·R. 瑟维斯：《人类学百年争论：1860—1960》，贺志雄等译，云南大学出版社 1997 年，第 227–231 页。

2　同上书，第 227–239 页。

论："在战争论中，军事长官靠着控制从战争中掠夺来的财物、土地和奴隶的分配而获得了统治民众的权力；在贸易论中，管理集团由于控制了地区间和地区内的基本生活资料的交换而获得了对民众的统治权；在灌溉论中，管理集团由于控制了基本生活资料的生产渠道，因而获得了对民众的统治权。在每一种情况下，社会的首领都掌握了基本生活资料的生产和谋取方式，所有的社会成员不再有平等的权力获得这些资料。正是这种权力的不同，造成了分层社会中首领们的新经济权力基础与未分层社会中首领们权力基础的不同。这个关节点，在于国家首领能够把剥夺基本生活资料作为强迫民众服从的有力工具。"[1]首领还会把自己的权力基础从经济领域向其他领域延伸，哈斯指出："一个新兴国家的首领，只要在一种经济系统中取得权力基础，随着社会规模的扩大和复杂程度的提高，他们就会在其他系统中扩大中央集权。"[2]

我们可以用一个简图表示整合需求和应对冲突需求推动制度创新的理论（见图 5.1）。

正如厄尔所说，"酋邦演化的两种唯物论视野强调了不同的驱动力——管理论（也即前述整合论，笔者注）强调了酋长的系统服务功能；控制论（也即前述冲突论）强调了酋长的剥削能力。近期一项融合两种观点的研究显示出生存问题如何产生了对领导权的需求，同时也为控制创造了机会。"[3]酋邦向国家进化的两种动力共同驱动着国家的形成并塑造了国家的二重属性，即管理性与强制性，公共性与权威性。

1　[美] 埃尔曼·R. 瑟维斯：《人类学百年争论：1860—1960》，贺志雄等译，云南大学出版社 1997 年，第 157 页。

2　同上书，第 158 页。

3　[美] 蒂莫西·厄尔：《考古学与民族学视野中的酋邦》，沈辛成译，《南方文物》2009 年第 3 期。

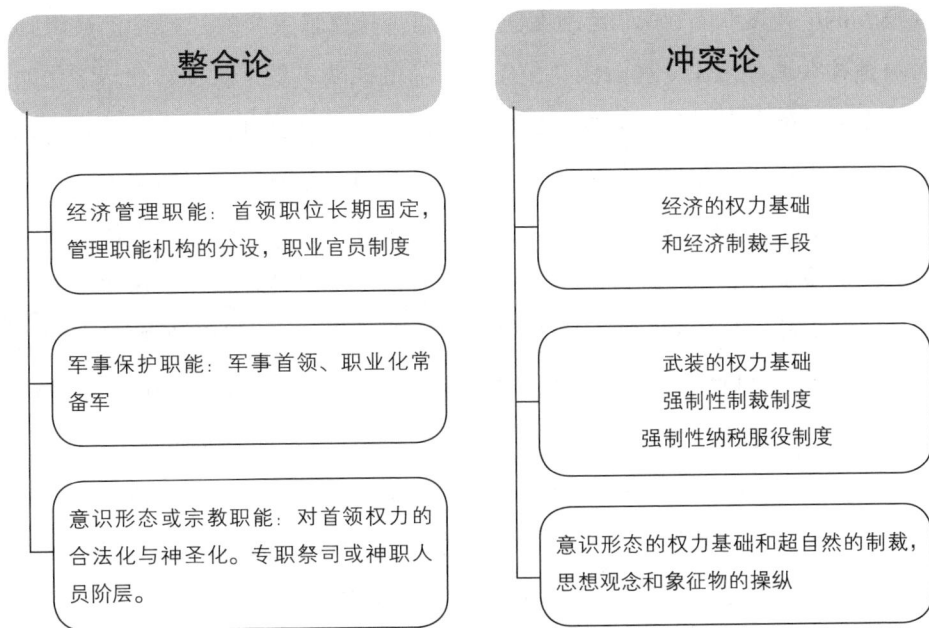

图 5.1　整合需求与应对冲突需求双轮驱动的政治制度创新

资料来源：笔者根据上述理论总结制作。

酋邦向国家进化的机制。社会科学中的进化论者继承了达尔文的"物竞天择，适者生存"的进化法则，因此又被称为社会达尔文主义者。但社会政治进化中的选择淘汰机制既包括自然环境的选择淘汰机制，同时也包括了社会的选择淘汰机制。特纳（Jonathan H. Turner）和阿布鲁丁（Seth Abrutyn）对这方面的研究进行了很好的总结。达尔文的物种进化理论，较好地解释了自然环境选择在促进类人猿向现代智人转变中所成功发生的进化。杜克海姆（涂尔干）的选择理论关注的是组织淘汰机制，他指出随着组织内部劳动分工，处于特定资源生态位中的组织的形态在进化，人口的增长和密度增加导致组织之间为争夺资源而展开激烈的竞争，出现了优胜劣汰，但竞争和选择都是在一个制度框架内进行的。斯宾塞关注的是制度选择机制，他指出改革或革命、战争、政府都是一种选择淘汰机制。战争中战胜方淘汰战败方的组织和制度，改革或革命中成功方淘汰落后的组织和制度，征服中战胜方对战败方的"改造",这些都是制度淘汰机制。马克思主义的选择理论被概括为一种冲突选择理论,在阶级斗争中,革命的成功实现了对社会政治结构的破旧立新,革命在制度系统的改变中发挥了至关重要的作用[1]。马库斯(Joyce Marcus)也指出,相邻政体或敌对政体间的竞争、地方精英间的竞争是国家形成和发展的引擎。竞争驱动着多个敌对政体的成长,直到有一方作为战胜者胜出。战胜方领导人需要建立一个新的政治机构去管理和控制这样一大片区域。邻近政治体之间的竞争可以导致君主制这样的机构和额外的行政层级的出现。[2] 由此可见,人口增长和资源短缺所导致的同一地域范围内同等政体间的生存竞争优胜劣汰机制是酋邦向国家进化中的重要选择机制。

内部需求和外部竞争压力都只是组织和制度创新的诱因,新制度的供给需要有为的酋邦首领的主动作为。酋邦理论的研究者们围绕"首领们如何获得和扩张权力"进行了探讨,厄尔总结了十项潜在的政治策略,具体包括:(1)施予(放债),宴饮,动员;(2)改善维生产业的基础结构;(3)鼓励限制;(4)对内全力使用武力;(5)缔结外部联系;(6)扩大依附人口的规模;(7)强化对现有的合法性原则的控制(超自然的和自然的);(8)创造或采取新的合法性原则;(9)强化对内部财富的生产和分配的控制;(10)强化对外部财富购买的控制。首领们采用策略(1)和(2)通过控制基本生活资料的生产和分配来掌握经济权力,酋长对长途贸易的垄断也提供了对生产技术和口粮的控制。策略(3)到(6)是对内进行控制,对外征服和结盟,防卫和战争策略有助于掌握军事性权力。策略(7)到(10)则依赖源自意识形态的权力,以强化首领的合法地位。酋邦的政治进程与其权力和控制各种可行的选择密切相关。对维生经济的控制,利用征集的剩余产品发展经济基础并供养保卫和征服土地的武士阶级,举行维护统治者合法性的礼仪,利用战争

1　Jonathan H. Turner and Seth Abrutyn, Returning the "Social" to Evolutionary Sociology, *Sociological Perspective,* Vol.60, No. 3, JUNE 2017, pp.529–556.

2　Joyce Marcus, Competitive versus Peaceful Interaction (Chapter Title), in *Interregional Interaction in Ancient Mesoamerica* edited by Joshua D. Englehardt and Michael D. Carrasco, University Press of Colorado, 2019, pp.341–364.

增强内部凝聚力和社会限制等，酋邦首领对这些策略成功的综合运用和控制权力的能力增强推动着复杂政治制度的发展[1]。这表明在酋邦向国家的进化中，那些杰出的酋邦首领在复杂政治制度的创新中所发挥的能动作用。

酋邦向国家进化的模式。 弗里德率先将原生国家与次生国家的进化区分开来，并指出原生国家是在没有外来影响和外部榜样的情况下独立完成进化的。他从内部动力的角度区分了原生国家进化的四个不同阶段，即平等社会、阶等社会、分层社会和国家，并指出维护分层社会的秩序、保护统治者自身是原生国家的首要职能[2]。柴尔德等学者认为国家的形成是一种自然的累进过程：农业会产生剩余产品，然后出现贫富不均，随后出现阶级，最后富有阶级建立国家维护自身地位和财富，国家的进化是一种自发的过程。而坚持系统论的学者如弗兰纳利等则认为，国家的起源是人口、生态和技术等多种因素互动和反馈的结果[3]。克莱森则从相似挑战导致相似反应的角度来总结酋邦向国家进化模式的一致性。他指出不同酋邦所面临的挑战的相似，如都面临人口增长、资源短缺、社会复杂性的增加和邻近同等政体的竞争等压力，并且都需要解决诸如交流、征税、控制、保护等问题。酋邦向国家的成功进化产生了相似的反应。因此早期国家的政治组织就其结构和功能而言都显示出高度的一致性[4]。正如乔纳森·哈斯所说，（早期）国家都具有"诸如官僚制度、统治精英、国教、常备军、集中化的经济等基本特征。这些特征居于国家组织格局的中心，代表一种对类似人口压力、资源短缺、社会复杂性增加等相

1　[美] 蒂莫西·厄尔：《酋邦的演化》，陈洪波、陈虹译，《南方文物》2007年第4期。笔者根据英文原文对某些策略的表述进行了改译。对英文原文感兴趣的读者可参阅：Timothy Earle, The Evolution of Chiefdoms, *Current Anthropology,* Vol.30, No.1(Feb.,1989), pp.84–88.

2　Morton H. Fried, 1967, *The Evolution of Political Society: An Essay in Political Anthropology,* New York: Random House, Introduction X, p.235

3　陈淳对不同进化模式的观点进行了很好的总结。有兴趣的读者可参阅陈淳：《文明与早期国家探源：中外理论、方法与研究之比较》，上海书店出版社2007年，第116–162页。

4　[荷] 亨利·J. M. 克莱森：《进化论的发展》，刘冰译，《社会科学》2006年第2期。

似力量的跨文化反应"[1]。

酋邦向国家进化的模式既有一致性或相似性的一面，同时也因进化路径的差异而表现出很大的差异性和多样性。通过水利灌溉、中心储藏、控制内部冲突维护分层秩序、防御等路径兴起的农业型国家，统治者主要依靠内部资源基础而获得和巩固权力，从事社会公共管理。而那些通过掠夺性战争、征服和外部贸易兴起的商贸型国家、军事型国家和征服型国家（以游牧民族国家居多），则主要依靠外部资源及其收益进行统治。费曼（Gary M. Feinman）和尼古拉斯（Linda M. Nicholas）分析了内外部不同资源基础与人类治理体制中个人统治与缺少个人崇拜强调权力分享两种基本治理体制的分野。他们指出，统治者如何积聚他们的资源影响着社会契约和领导的性质，权力结构和行使方式差异同权力的基础或收入来源有着强有力的关系。他们绘制了一张表格展示财政模型与领导权的变异，具体见下表：

表 5.5　财政模式和领导层的变异

独裁的（领导）	集体的（领导）	参考
财政为基础的大人	生产为基础的大人	斯特拉森（1969）
个人化的酋邦	团体取向的酋邦	伦福儒（1974）
财富财政	生计财政	德阿尔特洛伊和厄尔（1985）
掠夺性统治	半自愿的遵从	莱维（1988）
排他性/网络型	合作型	布兰顿（1996）
攫取性（制度）	包容性（制度）	阿西莫格鲁和罗宾逊（2012）

资料来源：Gary M. Feinman and Linda M. Nicholas, Framing the Rise and Variability of Past Complex Societies（Chapter Title）, in *Alternative Pathways to Complexity: A Collection of Essays on Architecture, Economics, Power, and Cross-Cultural Analysis* edited by Lane F. Fargher and Verenice Y. Heredia Espinaza, University Press of Colorado, p. 283.

---

[1]　陈淳：《文明与早期国家探源：中外理论、方法与研究之比较》，上海书店出版社 2007 年，第 153 页。

费曼等人对该表中的内容进行了分析。他们指出，布兰顿等人区分了内部资源基础和外部资源基础，强调如果统治者依赖内部资源基础，就需要提供更多的公共品作为交换，需要更多的官僚化组织来从事经济管理，因而其统治权就会受到更多的制约。而在依赖外部资源基础的国家中，统治者则更容易采取排他性和网络型的治理策略，更多地以自我服务为主。大多数第一代国家依赖的是内部资源基础，因此需要更多地赢得民众的合作。而当国家通过扩张、掠夺、外部贸易减少对内部资源依赖的时候，其治理策略又会发生变化，从而影响到政权组织性质的变化。他们提醒读者关注进化路径的多样性和既往的复杂社会的差异性[1]。

五、酋邦的若干区域性案例研究

酋邦理论认为在平等和分散的部落社会和集中的国家社会之间存在着酋邦这样一个过渡的桥梁，后者是一种区域性等级社会并拥有集中决策的能力。酋邦社会既存在着向国家进化的可能性，又可能陷入兴起、扩张和分裂的长时段"轮回"。民族学、考古学、人类学对酋邦进行了不少实例研究。我们从中选择了三个案例，第一个案例是龙山文化，它是成功进化为国家的典型案例；第二个案例是从酋邦进化而来的近代原始国家祖鲁；第三个案例是玛雅文明，它是崩溃理论重点研究的案例。

（一）龙山文化：从酋邦到早期国家

刘莉在《中国新石器时代：迈向早期国家之路》一书中对龙山文化从酋

---

1 Gary M. Feinman and Linda M. Nicholas, Framing the Rise and Variability of Past Complex Societies（Chapter Title），in *Alternative Pathways to Complexity: A Collection of Essays on Architecture, Economics, Power, and Cross-Cultural Analysis* edited by Lane F. Fargher and Verenice Y. Heredia Espinaza, University Press of Colorado, pp. 271–289.

邦进化为早期国家[1]的过程进行了详尽分析[2]。她主要根据聚落形态和墓葬资料来确定龙山文化如何从酋邦走向早期国家。刘莉指出,二里头文化主要从河南中部龙山文化经过新砦期发展而来。二里头位于伊洛河冲积平原的中心地区,是中国最早的城市中心。二里头的城市化始于第二期,在随后的第三期达到高峰,她估算高峰期其人口可达 1.8 万到 3 万人。从二里头遗址的宫殿区、铸铜作坊、出土青铜礼器等可以发现,该地区是当时的政治、经济和礼仪中心。刘莉接着指出,二里头国家的形成伴随着对周边地区的殖民和领土扩张活动,其驱动力是获取这些地区的战略资源(如铜和盐)。二里头国家中心和边远地区之间的关系,显示出集权的政治和经济控制以及政治、军事的扩张。

刘莉认为,从龙山文化发展为二里头文化的过程中,聚落形态和物质文化发生了重大变化,政治结构从多个竞争政体的并存发展为在一个广大地区内由一个大型中心支配众多小中心和村落的单一政体。她认为,二里头文化分布区以集权的社会政治体制为特征,它似乎是从众多的酋邦中脱颖而出,并且和众多的酋邦共存过一段时间。她推测,历史上爆发的洪灾可能为某些有能力的个人成为领袖人物,引导前国家政体确立凌驾于其他政体之上的地位提供了机会,大禹通过治水获得政权很可能是真实的历史[3]。

刘莉还在此基础上探讨了社会政治进化的一般过程、特殊动力和多样性等社会进化的理论问题。她指出,行政管理等级和社会复杂化程度之间成正比。她将当时的聚落系统分为封闭地理中的单中心聚落模式、封闭地理环境中的线性多中心聚落模式、开放型地理环境中的分散性多中心聚落模式和二

---

1 刘莉特意说明,她这里用的酋邦概念和厄尔的酋邦概念相同,即一个在政治经济上存在某种程度的等级分化的政治组织,控制有数千人口的地域,拥有一个集权的决策中心,但尚不存在行政专业分工。而早期国家政治系统已经至少具有专职管理阶层和平民阶层两大社会阶层,其集权决策中心在空间上和内部组织上都拥有管辖分工。参阅 [澳] 刘莉:《中国新石器时代:迈向早期国家之路》,陈星灿等译,文物出版社 2007 年,第 12-13 页。

2 同上书,第 1-203 页。

3 同上书,第 205-219 页。

里头聚落体系中的贡赋模式。她的研究发现，中国最早期的国家是从豫中地区相对简单的酋邦系统发展而来。二里头贵族通过在资源所在地附近设立地区性中心或据点从而有效地控制战略性资源的长途运输，反映了从酋邦到早期国家内部行政分工的发展。刘莉指出，龙山文化案例证明早期国家是从众多酋邦的激烈竞争中创造出来的，一个酋邦通过竞争甚至战争把周边诸酋邦纳入自己新建立的更大的政治实体之中，从而实现从酋邦走向早期国家的进化。此外，刘莉还将山东龙山文化和河南龙山文化进行了对比。她指出，山东龙山文化缺乏财富财政和贵族物品经济，战争是该地区社会政治体系的主要动力。河南龙山文化作为一种集体取向的酋邦类型，把公众利益置于贵族个人利益之上，通过投资公共建设工程保护整个社区免于天灾人祸。这种集体取向的社会系统能够借助自身资源并通过频繁的军事行动最终实现早期国家的进化[1]。刘莉对龙山文化迈向二里头文化的案例研究，丰富了我们关于酋邦向早期国家进化的一般规律和特殊动力以及酋邦和早期国家形态多样性的认识。

（二）祖鲁王国：从酋邦进化为"完整国家"

塞维斯在《国家与文明的起源》一书中介绍了祖鲁王国的演化史。他的研究主要借鉴了格鲁克曼（Max Gluckman）对祖鲁王国的研究成果。[2]他指出，早期祖鲁政体的发展可以划分为三个阶段。第一阶段（1775 年之前的 300 年）为恩古尼酋邦时代。班图人中一批讲恩古尼（Nguni）语的分支居住在祖鲁兰地区并形成多个小型酋邦。第二阶段（1775 年至 19 世纪初），当地形成了几个大的军事酋邦，他们中的大多数因战败而在 1798—1828 年间被融入一个军事政权之下。19 世纪初，祖鲁人经历了沙卡等人恐怖的军事统治。第三个阶段祖鲁在姆潘迪（Mpande）国王统治下，从 1840—1872 年经历了一个较为

1　[澳] 刘莉:《中国新石器时代: 迈向早期国家之路》，陈星灿等译，文物出版社 2007 年，第 220-232 页。

2　有兴趣的读者可参阅 [南非] 马克斯·格鲁克曼:《南非的祖鲁王国》，载于 [英] M. 福蒂斯和 E.E. 埃文思 - 普里查德编《非洲的政治制度》，刘真译，商务印书馆 2018 年，第 43-78 页。

和平和稳定的政权巩固时期[1]。

在第一个阶段，祖鲁的酋邦规模很小，每个酋长只有一支50名的武士卫队。酋邦内部没有严格和明确的继承规则，群体间频繁分裂，内部纷争不断，难以实现整合。祖鲁的社会等级结构包括家庭、克拉尔[2]和氏族。其中最大的永久性政治单位是氏族，较大的氏族联盟被非洲学者称为"部落"。酋长是"开山族长"在长子继承制下的直系后裔。祖鲁的酋邦此时仍是平等的分节社会。尽管如此，由于酋邦数量众多且存在等级制的组织模式，这些条件具有在战争的刺激下形成更大政体的潜力[3]。

塞维斯将第二阶段概括为军事扩张时代。在该阶段，部落间由于人口增长的压力和部落间力量强弱不等而频繁发动战争，较强的部落能够聚合起更多的武士并能对这些武士进行有效的组织和惩戒。塞维斯介绍了两个典型人物：丁基斯瓦约（Dingiswayo）和沙卡（Shaka）。前者是姆特迪瓦（Mthethwa）部落的首领，他将武士按年龄分组进行统领，此举增强了军队的组织性并提高了士气。他以人道的方式对待战败的酋邦并对后者实行间接统治，逐步扩大了姆特迪瓦部落统治的范围。丁基斯瓦约还确立了自己裁决争端的权威，树立了以利益而非强制进行统治的榜样。沙卡在1828年成为全祖鲁兰和纳塔尔地区的统治者，并将包括被征服部落在内的整个地区改造成一个超级酋邦。他的成功不仅源于他继承了丁基斯瓦约的政治发明，也在于他对包括戳刺短剑等新式武器以及近身围歼等新式战术的使用。此外，沙卡还在全国各地建立起培训职业士兵的军营，并通过册封或罢黜酋长等手段确保后者的忠诚。尽管如此，为了维持统治，沙卡很快就采取了血腥的统治手段。他最终被他的兄弟丁加尼（Dingane）暗杀。但丁加尼在上台后最终也滑向了

1　[美]埃尔曼·塞维斯：《国家与文明的起源：文化演进的过程》，龚辛等译，上海古籍出版社2019年，第103–104页。

2　塞维斯解释克拉尔（Kraal）是以父系延伸家庭构成的基本的栖居单位，参见：[美]埃尔曼·塞维斯著：《国家与文明的起源：文化演进的过程》，龚辛等译，上海古籍出版社2019年，第105页。

3　同上书，第103–106页。

残暴的统治。民众转而拥戴丁加尼的弟弟姆潘迪。一场内战之后，姆潘迪成功上位[1]。

塞维斯将第三个阶段概括为姆潘迪的祖鲁国家阶段。他指出，姆潘迪统治的 32 年（1840—1872 年）是独立的祖鲁国家进化的第三个时期。姆潘迪告别了前任单纯凭借武力的统治方式，转而依靠权威和法规进行统治。姆潘迪时代，面对外部一些强大国家的包围，祖鲁不同部落之间变得更加团结。与欧洲人贸易的增加及其导致的再分配增长强化了地区对中央机构的依赖。在氏族和部落随着时间的推移而不断变化的同时，行政区域变得越来越非血缘化，地区首领不再兼任当地氏族或其他血缘群的首领。此外，一些始于丁基斯瓦约和沙卡的重要发明得到发展完善。常备军继续按年龄单位分组并住在远离家乡的军营里。国王法庭对死罪和最高上诉进行裁决的功能也保留了下来，而大多数普通犯罪则由各地区自行处置。基于祖先崇拜的祖鲁宗教和国王作为国家象征等意识形态元素在国王统治中发挥着重要作用。姆潘迪还将几个儿子安置在各个重要的管理职位上，将女儿嫁给国内的要人，利用姻亲关系控制当地氏族和部落。塞维斯指出，沙卡所建立的祖鲁国家主要是一个地域性军事政体，直到姆潘迪时期祖鲁才成为一个"完整国家"。祖鲁王国内部的官僚体制和公共权力也经历了一个从军事的权力基础率先形成到经济性权力基础的形成，再到宗教仪式等意识形态权力的基础的形成和巩固，从单纯依靠暴力统治到依靠权威和法律进行统治的重要和缓慢的变迁过程。在此过程中，丁基斯瓦约、沙卡、姆潘迪等政治军事领袖发挥了关键的作用[2]。塞维斯对祖鲁王国这个近代原始国家起源的案例研究具有很高的学术价值。

（三）玛雅：史前文明崩溃的典型个案

贾雷德·戴蒙德（Jared Diamond）在《崩溃：社会如何选择成败兴亡》

1　[美]埃尔曼·塞维斯：《国家与文明的起源：文化演进的过程》，龚辛等译，上海古籍出版社 2019 年，第 106–110 页。

2　同上书，第 110–115 页。

一书中描述了古玛雅文明的崩溃。他指出，玛雅曾经拥有 1 300 万左右的人口，但在公元 800 年后，玛雅 90% 至 99% 的人口消失了。西班牙人到达时玛雅人口只剩下了 3 万人。随玛雅文明一起消失的还有玛雅的国王、长纪年历以及复杂的政治和文化制度。玛雅文明的崩溃令人震撼，留下了千年失落的古城之谜[1]。

玛雅文明史大致可以分为三个阶段：前古典期（公元前 1500 年—公元 317 年）、古典期（公元 317 年—公元 900 年）和后古典期（公元 9 世纪后）。玛雅文明一般指古典期的发展，主要集中在佩腾盆地的中心区域[2]。众多考古发现表明，玛雅文明在从酋邦向国家的进化中，劫掠、杀戮和人牲献祭是当时社会的一个重要特点。公元 600 年—公元 900 年古典期晚段是玛雅文明的全盛期。在该阶段，玛雅人口增长迅速且文化繁荣，甚至还出现了诸如蒂卡尔、卡拉克姆、科潘等众多城邦国家。然而，古典期晚段之后，玛雅文明开始衰落[3]。

戈登·威利（G. R. Willey）指出，玛雅文明的兴盛是一个社会政治复杂化的进程。他从生态、生存方式和人口、战争、贸易和意识形态等角度总结了该过程，陈淳对其研究进行了简要介绍。在他看来，玛雅低地肥沃的土壤为人口增长提供了有利条件。人口增长造成土地资源短缺，后者促发了社会群体间竞争和对土地资源的不平等分配，进而导致社会分层。威利将玛雅低地的聚落形态分为以家庭为对象的庭院聚落和拥有金字塔、神庙等建筑物的政治宗教中心。玛雅低地有 4 个大型地域性首都，它们各有至少 3 层较小的附属中心。在前古典期晚段，土地短缺促使玛雅居民以冲突和战争的方式缓解人口压力，战争又进一步刺激了社会政治结构的发展和早期国家的形成。此外，玛雅文明以神权统治为特点，大部分的公共建筑都是宗教建筑。玛雅

1　[美] 贾雷德·戴蒙德：《崩溃：社会如何选择成败兴亡》，江滢、叶臻译，上海译文出版社 2011 年，第 164、167 页。

2　同上书，第 381–383 页。

3　同上书，第 390–392 页。

低地形成的国家中既有蒂卡尔等早期形成的原生国家，也有如科潘这样随后形成的次生国家。玛雅考古的新发现表明，玛雅并非"和平的神权政治"，战争在玛雅国家建立和崩溃过程中发挥了重要作用。在整个古典期，玛雅集权或强化或减弱，地方自治或增强或减弱[1]。

泰恩特（Joseph A. Tainter）指出，社会政治复杂化既是玛雅文明兴盛的原因，又是玛雅文明崩溃的原因。他指出，竞争和战争、供养统治者上层、投资纪念碑建筑、修建水利工程、地方治理范围的扩大等因素密切相关。支持上述耗费不菲的系统的代价完全落到了以农业为基础的百姓身上。上述社会政治复杂化投资的边际收益随时间的推移不断下降，百姓的负担不断加重，人均营养状况不断恶化。到8世纪后半叶，百姓阶层十分羸弱，获取更大面积的疆土只是意味着负担更多的贫穷人口，发展成大国的边际收益很小。崩溃成为玛雅低地一种无法摆脱困境的预见性的调整，从而造就了一场大规模的政治灾难和人口灾难[2]。

贾雷德·戴蒙德从五个方面解释了古典时期玛雅的崩溃。首先，人口增长超过了资源可以承载的程度，太多的农民在太多的地方种植了太多的庄稼。其次，滥伐森林、耕种梯田和台田引发了人为干旱、山坡侵蚀、土壤养分流失等环境问题。玛雅的干旱周期约为208年。公元800年前后的"大干旱"共有四次，公元760年的旱灾持续了两年，公元810年的旱灾持续了十年，公元860年的旱灾持续了两年，公元910年的旱灾持续了六年。考古学研究表明，古典玛雅不同地方崩溃的时间点与后三场旱灾的发生时间高度吻合。第三个因素是人们为了争夺日益稀缺的资源而发动的旷日持久和不断升级的战争。第四个因素是气候变化，在前几次旱灾时人们可以迁移，而在古典时期崩溃发生时所有可以移居的地方都已人满为患，几个水源稳定的地方已经无法容纳所有人口。第五个因素是国王和贵族们的注意力只在于谋取短

1　陈淳：《文明与早期国家探源：中外理论、方法与研究之比较》，上海书店出版社2007年，第392-412页。

2　[美]约瑟夫·泰恩特：《复杂社会的崩溃》，邵旭东译，海南出版社2010年，第232-240页。

期利益，而并不关心长远问题。人口与资源的失调，环境的恶化，在灾害来临时应对不当等因素最终导致玛雅社会走向崩溃[1]。应当说，戴蒙德从生态环境危机与人类应对失误的角度分析玛雅文明崩溃的原因，具有相当的解释力。

威利和希姆金（Demitri B. Shimkin）基于考古学证据和多因素分析解释了玛雅崩溃的动力因素和崩溃进程。陈淳在玛雅文明崩溃的个案中介绍了他们的研究成果。这两位学者提出的玛雅崩溃的动力因素包括：（1）贵族群体的寿命更长，繁衍的后代更多，这个阶层的膨胀加重了对社会的剥削；（2）不断膨胀的贵族阶层和各种官僚和中层阶级的消耗加剧了贵族和平民的矛盾，古典期晚段各个政体之间经常相互劫掠平民以补充劳动力；（3）刀耕火种的农业破坏了森林植被并导致陆生动物锐减，土地休耕期缩短，杂草滋生和病虫害影响了农业产量；（4）古典期晚期人口增长导致包括食品短缺在内的资源短缺，城市人口的集中导致传染病流行。这些因素致使当时的玛雅人面临着营养不良、寿命缩短、死亡率上升等问题；（5）玛雅社会对盐、石料和贵族奢侈品的需求导致其过度依赖长途贸易，在一些重要资源的供应方面处于被动地位[2]。

威利和希姆金根据以上动力因素重建了玛雅文明的崩溃过程：（1）古典期的玛雅贵族以建设祭祀中心、竞争性的炫耀仪式、强化农业和长途贸易来促进经济发展；（2）从古典期晚段开始，不同政体的玛雅贵族相互认同、相互协作以控制战争和推动地域性扩张，贵族阶层因而与平民进一步分离；（3）在整个古典期晚段，人口增长、资源短缺、城市化的压力加剧了不同政体彼此之间的竞争。贵族阶层通过增加祭祀建筑和宗教仪式的投入来应对人口和资源压力，导致问题更为严重，平民更加贫困；（4）人口和资源失调造成平民营养不良和疾病流行，进一步削弱了劳动力，对社会生存产生更大的压力；

1　[美]贾雷德·戴蒙德：《崩溃：社会如何选择成败兴亡》，江滢、叶臻译，上海译文出版社 2011 年，第 168–170、164–167 页。

2　陈淳：《文明与早期国家探源：中外理论、方法与研究之比较》，上海书店出版社 2007 年，第 553–556 页。

（5）面对这些内外压力，玛雅贵族仍然坚持采取前述传统方法应对，以致崩溃不可避免；（6）玛雅对长途贸易的依赖使得整个地区形势的变化影响到贵族和平民的生活；（7）在这些内外压力共同作用下，古典玛雅政体和它多达1 300万人口的社会不可避免地走向了崩溃[1]。

陈淳在已有研究基础上提出了自己的系统论解释框架。他指出，可以将复杂社会的运转看作一种社会结构、管理方式、农业经济、对外贸易、人口规模、技术层次、宗教文化与生存环境互动的复杂系统。这个系统的运转取决于上述复杂因素的共同作用，它们相互依存又彼此制约。在社会发展的上升阶段，人口较少，气候宜人，农业经济获得了较大发展，富有阶层出现，文化和艺术繁荣，政治结构也日趋复杂化，玛雅地区出现了许多大型的城市国家。随着人口的进一步增长，资源日益短缺，社会分化加剧，财富和劳动力分配失衡，意识形态僵化，社会应对矛盾和压力的能力逐渐减弱。当人口和土地的载能达到极限时，玛雅低地的神权国家却将希望寄托在祈求神灵的庇护上，甚至在宗教祭祀活动的投入上出现盲目攀比的现象，后者只会进一步加剧阶级矛盾，让社会陷入恶性循环之中，最终导致复杂社会系统的解体。陈淳还绘制了一幅玛雅文明运转和崩溃的流程图。该图有助于增进人们从系统论的高度理解玛雅文明的崩溃，因此我们转录如下：

1　陈淳：《文明与早期国家探源：中外理论、方法与研究之比较》，上海书店出版社2007年，第556—557页。

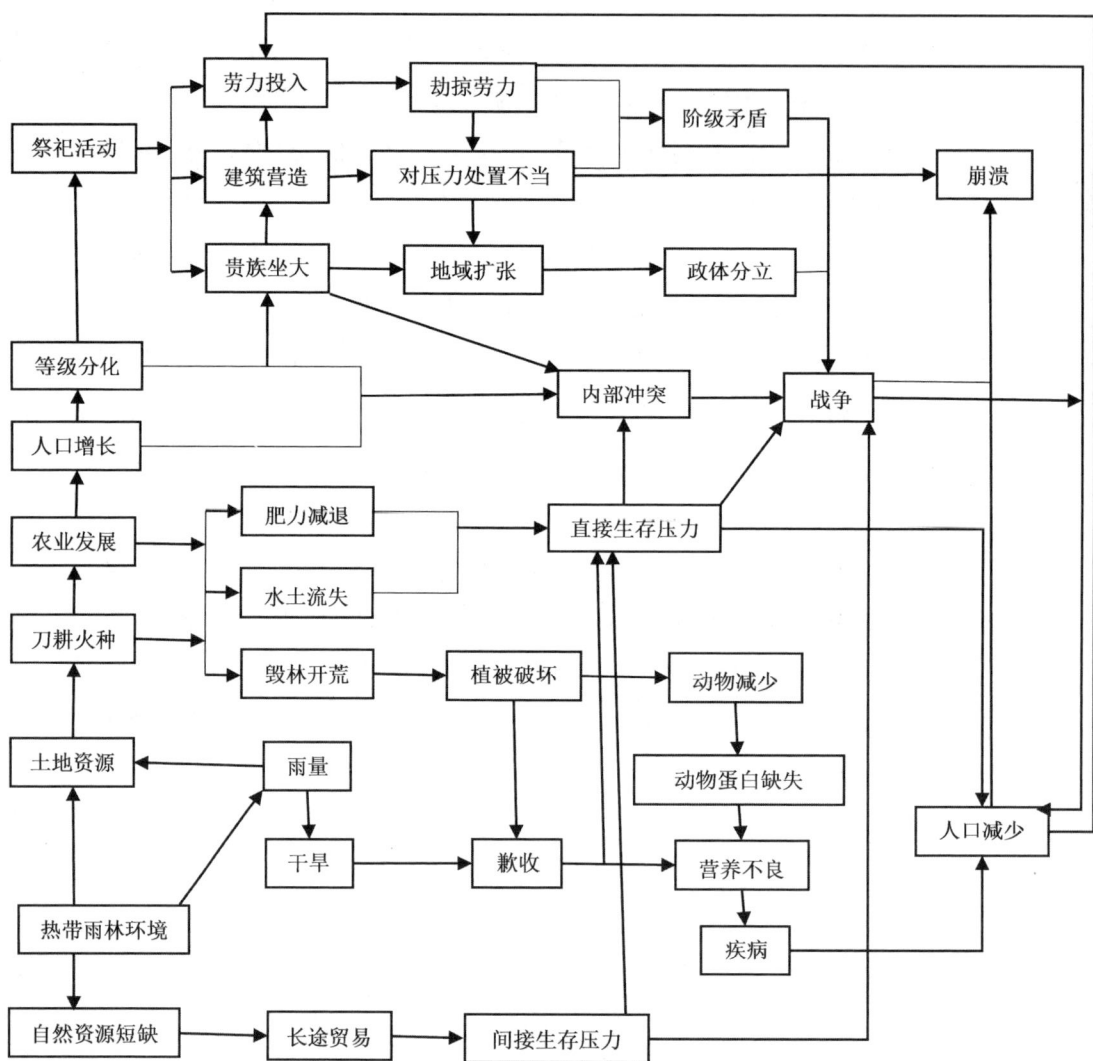

图 5.2　陈淳绘玛雅文明社会运转和崩溃因素的系统论分析

资料来源：陈淳：《文明与早期国家探源：中外理论、方法与研究之比较》，上海书店出版社 2007 年，第 563 页。

结论：酋邦的停滞、衰落与崩溃

　　1954 年埃德蒙·利奇（Edmund R. Leach）在研究缅甸高地的政治制度的时候发现，克钦族人的社会有平等世系群（egalitarian lineage）和等级世系群（hierarchical lineage）两种类型，这两种世系群彼此之间可以相互转变和摇摆，他称之为"钟摆模式"，并在此基础上提出了"动态平衡"理论[1]。1984 年，赖特（H. Wright）提出了酋邦发展的"轮回"（cycling）概念，用来描述酋邦在区域性简单酋邦群中兴起、扩张和分裂的周期性波动。弗兰纳利进而指出，虽然酋邦具有早期国家赖以形成的世袭不平等和等级结构，但只有极少数的酋邦才能演进到国家。世界上最早的国家就形成于酋邦"轮回"的动力环境之中，孤立的酋邦不可能转变为国家[2]。社会的崩溃不同于停滞和缓慢的衰落，按照戴蒙德的说法，社会的崩溃是指"在相当大的地域范围内，历经一段时期，人口数量和 / 或政治 / 经济 / 社会复杂性的遽减与衰败"[3]。泰恩特也持类似的看法，他指出，"一个社会在社会政治复杂化的既定层次上出现快速的、实质性的衰败，它就已经衰败"[4]。

　　酋邦和早期国家研究的学者们努力结合酋邦及其进化的特点来研究酋邦的崩溃问题。

　　学术界对酋邦轮回原因的探讨主要围绕整合和控制冲突两种动力来探讨。有的学者认为，保持整合的能力要求酋邦领导层必须在服从与抗拒的代价之间保持平衡，一旦失衡，就会从整合走向崩溃。还有的学者认为，酋邦高级职位数量有限，难免会出现争权夺利，从而形成两种对立的力量，一种是集中的趋势，另一种是分裂的趋势，地方首领竭力摆脱上面的统治，建立自己

　　1　易建平：《部落联盟与酋邦：民主·专制·国家：起源问题比较研究》，社会科学文献出版社 2004 年，第 143–144 页。

　　2　陈淳：《酋邦与中国早期国家探源》，《中国学术》2003 年第 2 期。

　　3　[美] 贾雷德·戴蒙德：《崩溃：社会如何选择成败兴亡》，江滢、叶臻译，上海译文出版社 2011 年，第 3 页。

　　4　[美] 约瑟夫·泰恩特：《复杂社会的崩溃》，邵旭东译，海南出版社 2010 年，第 6 页。

的独立政权。酋邦领导层加强集权消灭叛乱的努力并不总是取得成功。还有的学者主张从外部关系寻找酋邦进化和崩溃的动力，如政治竞争、长途贸易、国际意识形态等[1]。这其实是告诉我们面临整合需求和应对内外部冲突需求以及同等政体竞争的压力，通过结构调整和优化取得成功的酋邦会进化为国家，反之则出现停滞、衰落和崩溃。

布利茨（John H. Blitz）从酋邦面临外部战争威胁和内部资源枯竭压力和威胁解除与新资源发现后酋邦合作的收益与自治的收益会发生变化的角度，来解释酋邦的分裂与融合。他指出，当一些弱小的酋邦面临外部战争威胁或内部资源严重不足的压力时，会觉得合作的收益大于自治的收益，因此愿意选择联合、联盟甚至加入其他酋邦，这样就会出现超级酋邦或酋邦联合体。尽管这对一些弱小的酋邦来说意味着处于从属地位和需要进贡，但他们可以获得生存的机会和安全的保障。而当外部威胁解除，发现了新的资源，纳贡负担越来越重的时候，自治的收益就会大于合作的收益，酋邦联合体或超级酋邦就会出现分离和分散化的趋势，因为处于从属地位的酋邦更有动力去追求平等贸易关系而非进贡，追求平等自治而非依附从属[2]。这无疑提供了一个新的有益的分析视角。

陈淳从农业酋邦的神权贵族政体特点分析了其崩溃的原因。他指出，作为一种神权型政体，酋长的权力是神授予的。为体现这种权力、威望和地位，酋邦常常会投入大量劳动力来营造大型祭祀建筑和陵墓。贵族与众不同的地位也需要用奢侈品的象征性来加以凸显。相邻的酋邦也会在奢侈品的投入方面相互竞争。陈淳强调，对能量的奢侈浪费最能够从象征性上表达和象征神权。当整个社会为维持神权体制而透支能量与耗竭资源，无法再从物质上来维持统治阶层的神圣象征地位与权力基础时，这个社会的解体就不可避免。

---

1 ［美］蒂莫西·厄尔：《酋邦的演化》，陈洪波、陈虹译，《南方文物》2007 年第 4 期。
2 John. H. Blitz, Mississippian Chiefdom and the Fission-Fusion Process, *American Antiquity,* Oct.,1999, Vol.64, No.4(Oct.,1999), pp.577–592.

神权体制过于僵化也是其崩溃的重要原因 [1]。应当说陈淳在借鉴特里格显赫或奢侈消费理论基础上结合酋邦政体特点和内在缺陷来分析其崩溃的原因是比较深刻的。

人类学的酋邦理论深化了学术界对人类早期政治发展及其规律的认识。酋邦理论告诉我们，在从小型的、简单的原始平等社会向大型的、阶级分化的国家水平社会转变过程中，经历了一个首领职位常设、政治分级与亲属制度相结合的阶等社会或酋邦社会阶段，并勾画出了酋邦社会的基本特征。酋邦类型学研究有助于我们认识国家形态类型多样性的由来和前国家政治社会到国家的多向多线进化。酋邦研究还揭示了酋邦向国家进化的动力机制和基本路径。酋邦研究对酋邦崩溃的许多案例从考古学、古环境学、气候变迁等诸多方面进行了深入的研究，揭示了大多数酋邦没有进化到国家还陷入兴起、扩张、崩溃的轮回的基本原因，从而丰富了我们对人类早期政治衰退及其规律的认识。

参考文献

Elman R. Service, *Primitive Social Organization: An Evolutionary Perspective* (Second Edition), New York: Random House, 1971.

Morton H. Fried, *The Evolution of Political Society: An Essay in Political Anthropology*, New York: Random House, 1967.

［美］埃尔曼·R. 瑟维斯：《人类学百年争论：1860—1960》，贺志雄等译，昆明：云南大学出版社 1997 年。

［美］埃尔曼·塞维斯：《国家与文明的起源：文化演进的过程》，龚辛等译，上海古籍出版社 2019 年。

［美］乔纳森·哈斯：《史前国家的演进》，罗林平等译，求实出版社 1988 年。

［美］贾雷德·戴蒙德：《崩溃：社会如何选择成败兴亡》，江滢、叶臻译，上海译

1　陈淳：《资源、神权与文明的兴衰》，《东南文化》2000 年第 5 期。陈淳对国内外讨论早期国家和文明的崩溃的已有研究进行了系统的梳理和介绍，有兴趣的读者可参阅陈淳：《文明与早期国家探源：中外理论、方法与研究之比较》，上海书店出版社 2007 年，第 529–553 页。

文出版社 2011 年。

[美]约瑟夫·泰恩特:《复杂社会的崩溃》,邵旭东译,海南出版社 2010 年。

[英]M.福蒂斯,E.E.埃文思—普里查德编:《非洲政治制度》,刘真译,商务印书馆 2018 年。

陈淳:《文明与早期国家探源:中外理论、方法与研究之比较》,上海书店出版社 2007 年。

易建平:《部落联盟与酋邦:民主·专制·国家:起源问题比较研究》,社会科学文献出版社 2004 年。

引言："一国两制"与和平统一

一国两制
／田飞龙＊／

"一国两制"，英文通常译为"One Country Two Systems"，是"一个国家，两种制度"的简称，是中国创造性提出的和平解决港澳台问题并实现国家现代化发展的一种宪制构想和政治制度模式。它还是中国共产党十九届四中全会（2019）确定的中国特色社会主义制度的重要组成部分，并被写入中共十九届六中全会的历史决议（2021）之中。中共二十大报告确认"一国两制"必须长期坚持。"一国两制"是中国和平主义外交政策与发展主义国家理性相结合的产物，根源于中国传统文化的治理智慧与中国共产党治国理政的现代性哲学[1]。作为一种应用于具体政治事务的哲学

＊　田飞龙，中央民族大学法学院副院长、副教授，全国港澳研究会理事，法学博士。

1　邓小平以政治家的朴实而睿智的语言表达过这一哲学智慧的深刻内涵，参见邓小平："一个国家，两种制度"，《邓小平文选》（第三卷），人民出版社 1993 年，第 58–61 页。

智慧,"一国两制"是伟大而鲜活的,是道德丰沛且辩证有机的,而不是僵化教条的。陈端洪教授从哲学层面追问:"什么是'一国两制'的智慧呢?智慧就在'一与二'、'国与制'关系的思维方式上。"[1]由此可见,"一国两制"并非简单的"定于一",也不是松散的多元化,而是具有中国古典智慧和辩证法色彩的治理哲学。"一国两制"具有生生不息的法理本质和制度生机。习近平在香港回归20周年大会讲话中指出:"作为一项前无古人的开创性事业,'一国两制'需要在实践中不断探索。"[2]也因此,"一国两制"的"五十年不变"就不是僵化的一成不变,而是原则不变与机制变化的有机结合。

"一国两制"作为一种大规模共同体协调整合内部多元力量和不同治理体系的宪制技艺,有其古典历史和思想渊源。传统帝国架构中已然存在从中心到边缘的差异治理思想和制度技术,在东方的中华帝国与西方的罗马帝国甚至近代语境下的大英帝国均有这种二元宪制现象。比如,在大英帝国的殖民宪制秩序下,英国本土与殖民地就实行不同的治理制度,但帝国又具有主权地位和能力协调处理帝国与殖民地以及不同殖民地之间的权力和利益关系[3]。这些或可称为"一国多制"现象,是古典帝国治理框架中的常见现象。实际上,"一国两制"的"两制"只是泛指,作为一种治理技术,这一架构可以灵活套用到一国之内的不同地区,比如中国可以在港澳台三地实行"一国两制",但港澳台三地的具体制度并不相同。

那么,中国共产党提出和实践的"一国两制"的新颖之处何在呢?邓小平的"一国两制"开创性何在呢?与之前的古典帝国的"一国两制"相比,新中国的"一国两制"需要处理和应对世界体系问题[4],需要在社会主义和资

1　陈端洪:《"一国两制"的智慧》,《中国法律评论》2015年第3期。

2　习近平:"在庆祝香港回归祖国二十周年大会暨香港特别行政区第五届政府就职典礼上的讲话",载国务院港澳事务办公室港澳研究所编:《党的十八大以来中央领导同志关于"一国两制"和港澳工作的讲话》,2019年6月。

3　关于大英帝国的精细治理体系,参见〔英〕约翰·达尔文:《未终结的帝国》,冯宇等译,中信出版社2015年。

4　强世功的研究对"一国两制"的帝国法理背景与世界体系逻辑有所探讨,参见强世功:《中国香港:政治与文化的视野》,生活·读书·新知三联书店2014年。

本主义的二元世界体系中寻求和平发展之道，这是史无前例的，其法理内涵与制度张力远超既往的帝国内部事务范畴和成例。无论按照主权国家的法理逻辑，还是按照社会主义的严格斗争逻辑，"一国两制"都是难以想象和接受的。政治思维突破的关键点在于中国共产党对"和平"价值的深刻认同与追求，以及对世界体系中"发展"逻辑的理性把握[1]。"一国两制"作为新中国的国家战略是从第一代领导集体时期即酝酿发展的，至邓小平领导的改革开放初期结出具体的政策和制度果实，经港澳问题之解决和具体法律化而呈现为一种法律事实，再经过港澳回归后的危机应对经验而不断调整充实，并在台湾问题的压力下追求新的论述和方案。"一国两制"有着和平统一、经济现代化、制度现代化和终结冷战体系的多重功能，是一种有机、鲜活且不断调整发展的独特治理体系，甚至是一种独特的治理科学和方法论，丰富了法学和政治学[2]关于国家治理和全球治理的思想方案与制度方案，引起世界各国高度关注。作为"一国两制"的主要设计师和立法者，邓小平对这一制度模式有着极高的历史性期待，在1990年香港基本法通过前夕曾高度评价该法具有"历史意义和国际意义"[3]。

港澳回归均确立了"五十年不变"的制度实验周期，这是具有宪制智慧的，因"一国两制"是当下世界体系范畴的新事物，也是中国现代国家建构的新事物，既需要宏观的战略、政策和制度架构予以框范与引导，也需要结合具体治理实践和国家发展需求加以动态调整。宪法是永久时间，而"一国两制"与基本法设定了实验时间，这也进一步凸显了宪法高于基本法并支配调控基本法的宪制逻辑。中共十八大以来，中央因应香港非法占中和修例风波的颠覆性挑战，引入了香港国安法和新选举法，高扬"爱国者治港"旗帜，

1　这体现在20世纪50年代毛泽东、周恩来等确定的和平共处五项基本原则以及邓小平在20世纪80年代关于和平与发展是当代世界两大主题的基本战略判断，"一国两制"由此获得了"非冷战化"的价值奠基。

2　刘兆佳教授对"一国两制"的研究属于典型的政治学研究，参见刘兆佳：《一国两制在香港的实践》，商务印书馆（香港）2015年。

3　邓小平：《邓小平文选》（第三卷），人民出版社1993年，第352页。

并以粤港澳大湾区战略具体引导香港融入国家发展大局，推动香港"一国两制"走向 2.0 版。澳门制度因应自身需求、国家战略调整以及香港经验也有协同性检讨和发展。港澳"一国两制"体系化发展，展现了"一国两制"的完整法理和制度形貌，是合乎宪法与实践目的的良性演变。但基于美西方的抵制和污名化，以及"港独"/"台独"的分离主义冲击，港澳经验示范台湾的预期路线出现较大波折，"一国两制"对台影响力和理解认同程度面临挑战。

"一国两制"，就其完整内涵而言，始终是国家战略、政策、法律、文化（全球化）的综合体，是富有创意和创造力的宪制概念，是中国国家制度的重要组成部分。"一国两制"从酝酿、定名到制度化，以及在新时代的调整发展，与新中国的国家建构和现代化建设始终相伴。"一国两制"在未来仍有其在促成国家完全统一和全面现代化过程中的独特价值和贡献，并对人类政治文明新形态的探索有所助益。

一、"一国两制"的历史背景与概念形成

"一国两制"的概念化经历了一个复杂的演变过程，有着中国文明与中国共产党治理智慧的深刻背景及新中国成立以来因应港澳台问题和世界体系挑战的战略智慧。"一国两制"是在问题导向和实践过程中逐步沉淀和成熟为一个较为合理化且内涵清晰之社会科学概念的。

从历史文化的角度而言，中国古典文化与中华帝国的治理经验，为"一国两制"的战略构想提供了必要的背景和启发。赵汀阳提出，中国古典帝国治理的"一国多制"包含"一国两制"的思维要素，是中国政治观和天下观的具体应用，而这个"内含天下的中国"属于一个政治神学存在[1]。儒家学者曾亦认为，"一国两制"构想与春秋公羊学的"存二王后"之"一国三制"的

1　参见赵汀阳：《中国作为一个政治神学概念》，《江海学刊》2015 年第 5 期。

古典宪制存在渊源关系¹。"一国两制"的制度包容性根源于中国文化的包容性及内在自信。习近平在纪念香港回归 20 周年大会上的讲话中提出"一国两制"与中国智慧之间的深刻关联性，即"凝结了海纳百川、有容乃大的中国智慧"。

从政策前史的角度来看，中共第一代领导集体为"一国两制"的战略构想和政策定型做了积极的探索和准备，为改革开放之初邓小平创造性运用"一国两制"解决港澳问题及推进台湾问题路径探索提供了必要的前提和基础²。

从文本意义上看，首次提出"一国两制"概念的是邓小平。具体而言是1982 年 1 月 11 日邓小平在接见美国华人协会主席李耀滋时，将叶剑英之前提出的对台方针"叶九条"明确概括为"一个国家，两种制度"³。1982 年 9 月24 日，邓小平在会见英国首相撒切尔夫人时谈及香港问题的基本立场，其中提出"香港现行的政治、经济制度，甚至大部分法律都可以保留，当然，有些要加以改革。香港仍将实行资本主义，现行的许多适合的制度要保持。"⁴这对"一国两制"在港澳的优先适用给出了积极的政策空间和更为具体的制度构想。1982 年 12 月 4 日，第五届全国人民代表大会第五次会议通过的《中华人民共和国宪法》（简称"八二宪法"），其第三十一条明确规定："国家在必要时得设立特别行政区，在特别行政区内实行的制度按照具体情况由全国人民代表大会以法律规定。"从立法者的草案说明来看，八二宪法第三十一条就是为"一国两制"的法律化提供宪法依据。1983 年 4 月，中央内部通过了有关香港问题的十二条基本方针，标志着"一国两制"的具体政策化⁵。1983

1　参见曾亦："周武王为何创建'一国三制'：从公羊学来看"，载儒家网 https://www.rujiazg.com/article/6039。

2　参见赵赟恒：《"一国两制"对"一纲四目"的继承与创新》，《广州社会主义学院学报》2021 年第 1 期。

3　参见孙亚夫、李鹏等：《两岸关系 40 年历程（1979—2019）》，九州出版社 2020 年，第 27 页。

4　邓小平：《邓小平文选》（第三卷），人民出版社 1993 年，第 13 页。

5　参见国务院新闻办公室：《"一国两制"下香港的民主发展》，人民出版社 2021 年，第 9 页。

年6月26日，邓小平在会见美国华裔教授杨力宇时提出了有关两岸和平统一的"邓六点"[1]，推进了有关"一国两制"台湾方案的具体思考。1984年6月22–23日邓小平在会见香港工商界访京团和香港知名人士钟士元等人时就"一国两制"展开了更为清晰和完整的论述，并首次提出了"爱国者治港"的原则、标准与界限问题[2]。1984年12月19日，《中英联合声明》签署，关于"一国两制"的十二条方针写入了该声明的第三条，属于中国政府的单方面声明，正式载入了标志性的国际法律文件。1990年4月4日，全国人民代表大会制定通过了《中华人民共和国香港特别行政区基本法》（简称香港基本法），"一国两制"的主要政策方针完成了法律化。与此同时，1987年《中葡联合声明》及1993年《中华人民共和国澳门特别行政区基本法》（简称澳门基本法）相应落地[3]，在与香港模式分享共同点的同时也逐步形成了澳门特色。1992年，两岸"九二共识"成形并作为两岸和平统一的"定海神针"[4]。内地学界、港澳社会、台湾社会及国际社会逐步稳定地使用"一国两制"概念来研究和解释中央对港澳台的有关政策和制度安排，甚至出现了海外对"一国两制"模式研究与借鉴的积极现象（比如韩国学界对"一国两制"作为统一模式的研究和关注；英国脱欧谈判中有关"北爱尔兰地位"参照香港"一国两制"的提议与争议，等等）。"一国两制"影响力外溢的现象，印证和回应了邓小平有关这一制度模式之"国际意义"的战略判断和功能期待。这意味着，"一国两制"作为一个具有中国特色的社会科学概念已经基本成熟。

"一国两制"，从最直观的形式来看，是一种现代国家结构形式的创新，

1　邓小平："中国大陆和台湾和平统一的设想"，《邓小平文选》（第三卷），人民出版社1993年，第30–31页。

2　邓小平："一个国家，两种制度"，《邓小平文选》（第三卷），人民出版社1993年，第58–61页。

3　关于中葡谈判的过程与细节，参见［葡］卡门·曼德思：《中葡澳门谈判（1986—1999)》，臧小华译，社会科学文献出版社2018年。

4　刘相平：《"九二共识"与大陆对台政策之关系述论——兼论中国共产党对"九二共识"的坚持与实践》，《台湾研究集刊》2015年第1期。

也是一种特例[1]：其一，"一国两制"是单一制下的特别行政区高度自治，不是联邦制下的地方分权自治，前者依赖国家通过法律直接授权，后者由宪法直接确定地方权力；其二，"一国两制"下的高度自治不同于中华人民共和国宪法确立的民族区域自治，后者属于内地的单一制的变通安排，但达不到"高度自治"，也不具有世界体系沟通背景，而前者自治程度远超过民族区域自治；其三，特别行政区制度不同于中国古代的边陲羁縻制度，要比后者与国家之间的法权联系更紧密，且具有更强的外部联系（全球化因素）和国家发展战略的相关性，特别行政区制度的特殊性根源于中国和西方的体系性互动，而羁縻制度的特殊性仅仅根源于地方自身的特殊存在。"一国两制"所建构的央地关系与特别行政区制度从属于单一制又是特例，不同于联邦制，不同于内地范畴的民族区域自治，也不同于中国古代的边陲羁縻制度，而是一种涵盖多重规范要素与制度性功能的新型制度模式。

理解"一国两制"，至少需要从战略、政策、法律和文化（全球化）四个基本层面加以分析与整合：其一，战略层面，即"一国两制"是国家和平统一与现代化建设的长期战略；其二，政策层面，即战略确定之后，需要具体政策予以落实，而且政策需要因地制宜且有效支撑战略目标；其三，法律层面，即"一国两制"面向的是具有法治认同和国际开放性的发达区域，其治理逻辑上需要体现法治原则，故"一国两制"的有关战略方针和具体政策条目需要落实为清晰的法律制度；其四，文化（全球化）层面，即"一国两制"在历史文化渊源上与中国古典治理经验及天下秩序思考有关，是"内含天下的中国"之大一统秩序的一个具体环节，同时又因对接当代世界体系的社会主义与资本主义而具有现代化和全球化的关键面向，而在民族复兴与人类命运共同体的新时代，"一国两制"的文化与全球化维度得以凸显和焦点化。

"一国两制"基于上述相关层面和要素的关联及整合，已基本定型为中国国家治理现代化与世界体系沟通方式的科学概念和严谨制度体系。这是对传

---

[1] 对这一结构形式的深入剖析，参见王振民：《中央与特别行政区关系：一种法治结构的解析》，清华大学出版社 2002 年。

统国家主权理论的大胆突破，是对世界冷战体系的文化抗衡和制度竞争，是对中国特色社会主义理论与实践的积极探索和丰富发展，也是对人类政治文明新形态的要素性贡献。而新时代"一国两制"则逐步完成了从世界体系意义上的"单向融入"逻辑向"主体性"逻辑的结构转型，主权、安全与发展利益成为"一国"的具体化和制度化的存在因素，并对"两制"构成法理与规范体系上的结构整合，推动"一国两制"与新时代之时代精神和世界体系变迁相适应。拒绝单调定义，根据其历史来源、实践过程和规范性要素进行分层界定与整合理解，才能真正把握"一国两制"的科学内涵和理性功能。

"一国两制"内含一种坚实而具有活力的国家理性逻辑，即国家对地方的高度自治授权与地方对国家的持续有利性的理性结合[1]。必须始终从国家与地方的名分之别及共通之利的整体框架理解，才能全面准确把握和运用"一国两制"的文化奥秘和制度智慧。而从完整的制度功能来看，"一国两制"是和平统一、经济现代化、制度现代化与非冷战化的递进体系，负载中国民族复兴与人类命运共同体的深远理想，并将在"一国两制"实验的新阶段更显体系性、综合性、开创性和制度突破性[2]。

二、"一国两制"的港澳实践与台湾方案

"一国两制"的战略和政策内涵，其最为确定和最具共识的部分转化为具体法律形式，即香港基本法和澳门基本法，涉台的法律转化则因为完全统一尚未完成造成的治权障碍而难以呈现完整的法律面貌，只在相关的宪制原则

1　对这一国家理性的探讨，参见田飞龙：《后占中治港：法理与政治》，香港城市大学出版社2018 年，第 277–280 页。

2　实际上，2021 年 12 月 20 日发布的香港民主白皮书对"一国两制"新阶段及其发展愿景有较为权威和完整的论述，参见国务院新闻办公室：《"一国两制"下香港的民主发展》，人民出版社 2021 年，第 47–57 页。

层面有一定的法律化，如《反分裂国家法》[1]，而"一国两制"台湾方案的倡议和框架属于未来台湾基本法的决断基础和制度雏形。当然，也有学者提出需以更明确的涉台立法促进完全统一之完成[2]。

"一国两制"的法律化是国家法治进步要求和港澳台法治现实的合意条件，是"一国两制"制度体系建构的理性选择。在这一法律化过程中，香港基本法具有始发性、原创性和典范性。从制度上完整理解"一国两制"，必须对邓小平以来关于"一国两制"的主要论述及其政策内涵加以脉络掌握，对香港基本法的典范性有正确的法理认知和规范性认同，必须对宪法与基本法共同构成的特区宪制秩序[3]有完整的体系性理解，同时对"一国两制"澳门经验与谋划中的台湾方案加以比较考察和分析。

（一）"小平论述"的权威性与原意地位

"一国两制"在毛泽东时代即有战略构思和政策设想，对香港的"长期打算，充分利用"方针已包含"一国两制"的国家理性要素，以及在涉台问题上提出的"一纲四目"更具有政策具体化的取向。但毛泽东时代的冷战条件约束及国内政治状况，导致"一国两制"无法真正落地。邓小平领导的改革开放为"一国两制"的具体落地提供了国内政治空间和国际政治条件。

在统筹思考港澳台问题的过程中，邓小平关于"一国两制"的具体政策架构和制度原则逐步成形，集中体现在《邓小平文选》第三卷中。第三卷收录的是邓小平在 1982 年 9 月至 1992 年 2 月的重要谈话和文件，其中与"一国两制"及香港基本法起草有关的内容占据了重要比例。我们梳理第三卷中

1　两岸关系的制度调控，除了宪法和《反分裂国家法》之外，主要依靠大陆对台政策以及按照"两会"（海协会与海基会）模式制定之 20 余项行政协议予以支撑，参见黄清贤：《两岸协议的规范建构》，《台湾研究》2014 年第 3 期；周叶中、段磊：《论两岸协议的法理定位》，《江汉论坛》2014 年第 8 期。

2　如章念驰主张制定《统一法》促进两岸统一，参见章念驰：《中国的历史使命与台湾问题》，《中国评论》（香港）2022 年 1 月号。

3　参见胡锦光、刘海林：《论特别行政区宪制基础的变迁及其意义》，《武汉大学学报》（哲学社会科学版）2020 年第 4 期；陈弘毅：《宪法与基本法的内在关联》，《人民论坛》2019 年第 10 期。

有关"一国两制"的"小平论述",认为是理解香港基本法原意和开展香港"一国两制"正确实践的重要政策依据和解释依据,主要意涵如下:

第一,"一国两制"的政策与制度必须在和平国际环境与现代化建设任务中理解。邓小平提出"一国两制",是放在和平与发展作为两大世界主题的战略大判断之下的,中国抓住这个机遇,用"一国两制"同时促成国家和平统一和经济现代化发展。这是中国对世界和平发展事业与去冷战化进程的重大贡献。

第二,"一国两制"始终是在涵盖港澳台的整体国家战略与统一事业中考量的。"一国两制"因台湾问题而设计,优先适用于港澳,尽管条件有别,但从国家立场而言有战略共通性和国家利益一致性。邓小平在论述"一国两制"时明确提及香港模式对台湾的示范意义,也提及台湾方案可更宽松考量。

第三,香港繁荣稳定是"一国两制"的主要目标之一。邓小平在论述中特别凸显保持香港繁荣稳定的重要性,并从多种政策和战略的角度思考如何实现这一目标。香港繁荣稳定,既是立法者的庄重承诺,也是执政治理能力的重要考验。这一目标贯穿基本法立法与实施的始终。

第四,中央介入与香港自治相结合的法权构想。邓小平在"一国两制"论述中强调香港人管理自己的事务,强调信任香港,但始终保持立法者的政治清醒,明确指出在香港无法自治条件下中央必须介入,并要在基本法中体现如何介入,其中驻军权与国家安全被特别提出[1]。

第五,爱国者治港的管治权边界意识。"一国两制"不是完全自治,更不允许香港成为颠覆国家的基地,而是必须实现以爱国者为主体的港人治港,同时爱国者也有具体的判断标志与资格条件,即尊重自己的民族,拥护回归及不危害香港利益。当然,邓小平也指出香港管治团队构成需要各方面人才兼顾,需要有"中间派"参与。新时代条件下香港选举制度改革时,中央延

---

1 这是富有远见的,"一国两制"近些年的制度改革特别是国安立法,在基本灵感和思路上仍然受益于"小平论述",参见饶戈平:《香港特别行政区维护国家安全法:学习与解读》,《港澳研究》2020年第3期。

续邓小平论述，提出香港民主政治不搞"清一色"。

第六，坚决反对外部干预的主权与安全意识。邓小平在主张香港维持开放政策的条件下，指出必须反对外部干预，必须维护国家的主权和安全。邓小平对"一国两制"范畴的主权与安全重要性高度重视，并直接影响到基本法的最终制定和具体内容。

第七，香港基本法的历史地位和国际地位。邓小平亲自指导和推进香港基本法的立法，对基本法的最终框架高度肯定，认为具有历史意义和国际意义，不仅可以解决中国自身问题，也可以为世界其他国家和地区所借鉴。

第八，"一国两制"作为中国特色社会主义的创新元素。邓小平在谈及"一国两制"时多次提出，中国建设社会主义要有自己的特色，马克思主义中国化要有中国的创新元素，而"一国两制"就是显著的创新点。

邓小平关于"一国两制"的政策和法理论述及其战略意义，并不限于上述要点，但上述方面构成了有着权威文件依据和法理立足点的基本法原意结构，是理解、解释和适用基本法的必要背景和基础[1]。同时，我们从香港回归以来基本法实施面临的巨大挑战以及应对挑战而采取的主要政策和制度措施来看，"小平论述"提供的政治智慧和原意内涵仍然是最关键和最主要的指导思想的源泉。

在邓小平的亲自指导和关心下，《香港基本法》于 1990 年 4 月 4 日通过，1997 年 7 月 1 日开始实施。《香港基本法》是"一国两制"的第一个典范性法律，是对"小平论述"核心法理内涵与政策要点的法律化，对 1993 年通过的《澳门基本法》有着直接的示范意义，对两岸之间"九二共识"的达成以及有关台湾方案的战略思考也有着积极的引导和支撑意义。香港回归之后，围绕香港基本法的全面准确实施及其挑战回应，成为观察评判香港"一国两制"的主要线索。

---

1 参见郝铁川：《邓小平"一国两制"理论与〈香港基本法〉的制定》，《江汉大学学报》（社会科学版）2017 年第 1 期。

（二）香港回归以来中央主要领导人对"一国两制"的论述与发展

如果我们检索从"小平论述"到江泽民、胡锦涛及习近平有关"一国两制"重要论述，会发现其中存在的高度的法理融贯性、政策一致性以及与时俱进的发展特征。

江泽民关于"一国两制"的系列论述从 1989 年以来贯穿了香港回归过渡期的后半段以及香港回归后的初步发展阶段，主要论述内容显示出对"一国两制"政策方针与香港基本法的正确、权威的理解、坚持与发展。1989 年 7 月 11 日，江泽民在北京会见香港基本法咨询委员会和起草委员会代表人士时提出了著名的"井水不犯河水论"，即大陆搞社会主义，香港搞资本主义，"一国两制"下两不相犯。江泽民同时指出，"一国两制"不是简单的外交需要，而是从香港和整个国家的根本利益出发的。对这些论断的理解需注意：其一，当时香港社会存在对"一国两制"的信心动摇和疑问，江泽民的有关论断有助于稳定人心和保障香港平稳回归；其二，"井水不犯河水"只是形象的说法，承认和保障香港高度自治，不等于香港可以与国家平起平坐或完全自治。1991 年 6 月 10 日，江泽民在会见香港总商会访京团时指出，"一国两制"是长期方针，而一个继续坚持社会主义制度的中国大陆有助于香港的繁荣稳定。这就进一步阐释清楚了"一国"和"两制"的辩证统一关系。1991 年 7 月 1 日，江泽民在中国共产党建党 70 周年大会讲话中指出，"一国两制"实现了港澳问题的和平解决，并对台湾与祖国统一有重要推动作用。1995 年 1 月 30 日，江泽民发表了《为促进祖国统一大业的完成而继续奋斗》的重要讲话，进一步阐述了邓小平关于"和平统一，一国两制"的思想精髓，就发展两岸关系、推进和平统一进程的若干重要问题提出了八项主张，成为具体指导对台工作的纲领性文件，史称"江八点"。1997 年 6 月 30 日，江泽民率中国政府代表团抵达香港，出席香港政权交接仪式并庄严宣告：中国政府对香港恢复行使主权。2002 年 7 月 1 日，江泽民在第二届香港特区政府就职典礼上发表讲话指出："五年来我们所获得的经验和体会，归结起来，就是在任何情况下都必须全面正确地贯彻'一国两制'的方针和香港基本法"。2006 年 8 月，《江泽民文选》第一、二、三卷正式发行，其中收入了有关"一国两制"的系列论述，标志着香港回归过渡期及香港回归后初期中央对"一国两制"政策方针的坚持和贯彻。

胡锦涛关于"一国两制"的有关论述集中于2002—2012年期间，主要涉及对台政策方针的凝练表达和港澳"一国两制"的实践发展。2005年3月4日，胡锦涛在参加全国政协十届三次会议民革、台盟、全国台联联组会时，就新形势下发展两岸关系提出四点意见，丰富了对台工作指导原则的内涵，是新形势下对台工作的重要指导方针，简称"胡四点"：其一，坚持一个中国原则绝不动摇；其二，争取和平统一的努力决不放弃；其三，贯彻寄希望于台湾人民的方针决不改变；其四，反对"台独"分裂活动决不妥协。2005年两会期间通过的《反分裂国家法》，从法律上将中央对台"一国两制"方针以及"胡四点"主要内容予以制度化。2008年12月31日，胡锦涛在纪念《告台湾同胞书》发表30周年座谈会上发表《携手推动两岸关系和平发展，同心实现中华民族伟大复兴》的重要讲话，就进一步发展两岸关系提出六点意见，简称"胡六点"：其一，恪守一个中国，增进政治互信；其二，推进经济合作，促进共同发展；其三，弘扬中华文化，加强精神纽带；其四，加强人员往来，扩大各界交流；其五，维护国家主权，协商涉外事务；其六，结束敌对状态，达成和平协议。在港澳"一国两制"实践发展范畴，2007年7月1日在庆祝香港回归祖国10周年大会暨香港特别行政区第三届政府就职典礼上，胡锦涛指出：其一，香港回归10年的"一国两制"实践是前无古人的开创性事业；其二，10年实践凝结成四点经验，即坚持全面准确地理解和贯彻执行"一国两制"方针，坚持严格按照基本法办事，坚持集中精力发展经济、改善民生，坚持维护社会和谐稳定。2012年7月1日，胡锦涛在庆祝香港回归祖国15周年大会暨香港特别行政区第四届政府就职典礼上发表重要讲话，指出"一国两制"是历史遗留的香港问题的最佳解决方案，也是香港回归后保持长期繁荣稳定的最佳制度安排。"两个最佳论"是对香港"一国两制"实践的最佳概括。2016年9月，《胡锦涛文选》第一至三卷正式发行，其中收入了有关"一国两制"的系列论述。胡锦涛关于"一国两制"的系列论述是在两岸关系深化发展与港澳"一国两制"制度实施的新阶段提出的有关政策理解与实践方针，体现了政策连续性和因地制宜的发展特征。

习近平关于"一国两制"的重要论述是习近平新时代中国特色社会主义思想的重要组成部分，主要体现于 2012 年中共十八大以来因应港澳"一国两制"实践发展与两岸关系挑战回应而形成的有关讲话和文献之中。新时代"一国两制"重要论述主要围绕中央对港澳全面管治权、港澳与内地融合发展、"一国两制"台湾方案、中共在新时代对台工作基本方略等方面展开，推动"一国两制"适应民族复兴整体进程及人类命运共同体建构的理想框架，赋予"一国两制"以系统完整的内涵与使命。2017 年 7 月 1 日，习近平在庆祝香港回归祖国二十周年大会暨香港特别行政区第五届政府就职典礼上发表讲话，指出"中央贯彻'一国两制'方针坚持两点，一是坚定不移，不会变、不动摇；二是全面准确，确保'一国两制'在香港的实践不走样、不变形，始终沿着正确方向前进。"这里的"坚定不移"显示了对"一国两制"基本立场的坚守和维护，而"全面准确"则包含着法理自信和制度调整的实践指向，确保"一国两制"的制度完整性、政策适应性和实践创新活力。2017 年 10 月 18 日，习近平在中共十九大报告中指出："必须把维护中央对香港、澳门特别行政区全面管治权和保障特别行政区高度自治权有机结合起来，确保'一国两制'方针不会变、不动摇，确保'一国两制'实践不变形、不走样。必须坚持一个中国原则，坚持'九二共识'，推动两岸关系和平发展，深化两岸经济合作和文化往来，推动两岸同胞共同反对一切分裂国家的活动，共同为实现中华民族伟大复兴而奋斗。"中共十九大报告明确了"两权结合论"（全面管治权与高度自治权）的治港新思路，提出了两岸关系发展的和平命题和斗争命题，并将之与民族复兴挂钩。2019 年 1 月 2 日，习近平在《告台湾同胞书》发表 40 周年纪念大会上发表重要讲话，正式提出了"一国两制"台湾方案及其制度化协商与实现的基本方法和路径，是"一国两制"理论与实践的重要里程碑。2019 年 12 月 19 日，习近平出席澳门特别行政区政府欢迎晚宴时指出："澳门特别行政区政府和社会各界人士坚持把"一国两制"原则要求同澳门实际相结合，勇于探索和创新，使澳门'一国两制'实践呈现出许多亮点：爱国爱澳成为全社会的核心价值，宪法和基本法权威牢固树立，行政主导体制顺畅运行，融入国家发展大局积极主动，包容和谐增强社会凝聚力。"2020年10月14日，习近平在深圳经济特区建立40周年庆祝大会上的讲话指出："深圳要建设好中国特色社会主义先行示范区，创建社会主义现代化强国的城市范例，提高贯彻落实新发展理念能力和水平，形成全面深化改革、全面扩大开放新格局，推进粤港澳大湾区建设，丰富'一国两制'事业发展新实践，率先实现社会主义现代化。"2021年1月27日，习近平在北京以视频连线方式听取了香港特别行政区行政长官林郑月娥2020年度的述职报告，指出："香港由乱及治的重大转折，再次昭示了一个深刻道理，那就是要确保'一国两制'实践行稳致远，必须始终坚持'爱国者治港'。这是事关国家主权、安全、发展利益，事关香港长期繁荣稳定的根本原则。只有做到'爱国者治港'，中央对特别行政区的全面管治权才能得到有效落实，宪法和基本法确立的宪制秩序才能得到有效维护，各种深层次问题才能得到有效解决，香港才能实现长治久安，并为实现中华民族伟大复兴作出应有的贡献。"2021年11月11日，《中共中央关于党的百年奋斗重大成就和历史经验的决议》正式发布，史称中共第三个历史决议，在第四部分"开创中国特色社会主义新时代"的整体论述中，专辟章节论述"一国两制"，将习近平关于"一国两制"的一系列重要论述、观点和指示予以吸纳整合，对港澳"一国两制"制度体系的建立健全、港澳融入国家发展大局以及"一国两制"台湾方案与新时代党解决台湾问题的总体方略给出了最新和最权威的阐述和指导。2022年7月1日和2022年10月16日，习近平分别在香港回归25周年大会讲话与中共二十大报告中对"一国两制"继续深化论述。习近平关于"一国两制"的重要论述较为完整地收录在《习近平谈治国理政》系列文集之中，成为习近平新时代中国特色社会主义思想体系的重要元素。习近平新时代"一国两制"重要论述的体系化和规范化，是中央坚持和发展"一国两制"

理论与实践事业的决心、信心和智慧的集中体现。

（三）法治的奠基：香港基本法的规范体系

作为承载"一国两制"规范使命、建构香港特别行政区宪制秩序的一部宪制性法律，香港基本法有着独特的规范体系，需要我们从法理和法律规范结构的角度加以准确认知。香港基本法的规范体系分为三个层次：其一，中央权力规范；其二，自治权力规范；其三，自由权利的保障规范。同时，香港基本法的规范体系得到了《中华人民共和国香港特别行政区维护国家安全法》（简称香港国安法）的有效补充和扩展。

第一，中央权力规范。香港基本法是"一国两制"的法律化，因此必须同时规定中央权力和自治权力。在中央权力部分，又区分为为三种权能：其一，中央的直接管治权，包括国防、外交、国家安全等事项；其二，中央的授权权力及调整权，即香港自治权来自于中央授权，自治权范围调整也由中央决定，不存在香港的"剩余权力"[1]或"次主权"[2]；其三，中央对香港所有自治权的监督权，即对于所有授予出去的自治权，中央均可设立机构、建章立制进行法律上的规范性监督[3]。中央权力规范，在法理上取决于中央的主权地位，在治权意义上落实于中央的"全面管治权"。香港基本法在序言、总则、中央与特区关系、政治体制以及附件部分规定了中央权力的具体规范。2014年治港白皮书提出"全面管治权"[4]概念，系统激活了中央权力的制度化进程，而

1　这是基本法法理学初期的重要争议，参见李元起、黄若谷：《论特别行政区制度下的"剩余权力"问题》，《北方法学》2008年第2期；黄志勇、柯婧凤：《论基本法框架下中央与特别行政区的权力关系——以"剩余权力说"不成立为视角》，《岭南学刊》2011年第4期。

2　"次主权"争议来自菲律宾的"香港人质危机"，有关理论争议与澄清，参见沈旭晖：《解构香港次主权——从曾荫权致电菲律宾总统谈起》，载《明报》（香港）2010年8月27日；刘兆佳：《"一国两制"下的香港政治地位："授权"还是"次主权"》，载《信报》（香港）2010年9月8日。

3　参见夏正林、王胜坤：《中央对香港特别行政区监督权若干问题研究》，《国家行政学院学报》2017年第3期。

4　2014年治港白皮书澄清了中央权力的"全面管治权"性质，对"一国两制"基础法理争议起到结论性作用，参见国务院新闻办公室：《"一国两制"在香港特别行政区的实践》，人民出版社2014年，第8–14页。

2019 年中共十九届四中全会提出建立健全"一国两制"制度体系则实质性展开了中央权力的制度化进程,香港国安法与新选举法就是典型的中央权力行使实践。从中央权力的行使过程来看,既往较为偏重人大释法权和人大决定权,近些年开始向人大立法权转向,治港的"法治组合拳"出现了多样化、精准化和体系化转型。

第二,自治权力规范。"一国两制"下的香港实行高度自治的制度,香港特区依据基本法授权享有行政管理权、立法权、独立的司法权和终审权,以及享有与香港国际地位相称的对外缔约与交往权力[1]。香港基本法在政治体制部分集中规定了香港的自治权力规范,建构了以行政长官为核心的行政主导体制。香港立法会是香港特区的立法机关,依法具有制定本地法律和监督特区政府的宪制性功能。香港法院依法独立行使司法权,保留普通法传统,在香港自治架构中具有较为凸显的宪制性地位。行政长官具有双重代表性[2],既是香港特区的代表,也是香港特区政府的代表,并同时对香港负责和对中央负责,是香港自治权力体系的关键枢纽,但其宪制性功能在香港本地政治生态中长期遭受压制和削弱,一定程度上导致香港"一国两制"的观念疏离、自治低效和政治激进化。

第三,自由权利的保障规范。作为宪制性文件,权利规范及其保障体系是重点。香港基本法上的权利规范集中于第三章"居民的基本权利和义务",其中详细列举了香港居民享有的各种自由权利,而义务规范则相对薄弱和稀少[3]。在香港司法实践中,基本法的权利规范还受到《香港人权法案条例》[4]的有力补充,并得到普通法适用地区甚至欧洲人权法院有关人权判例及其法理的

---

1 参见姚魏:《特别行政区对外交往权研究》,华东政法大学博士学位论文 2015 年。

2 参见张龑、叶一舟:《从"executive"一词看香港行政长官的法律地位》,《港澳研究》2016 第 2 期。

3 有关香港基本法上居民权利与义务的分析,参见国务院发展研究中心港澳研究所:《香港基本法读本》,商务印书馆 2009 年,第 80-92 页。

4 参见李昌道:《香港"人权法"评析》,《政治与法律》1995 年第 4 期;陈弘毅:《公法与国际人权法的互动:香港特别行政区的个案》,《中外法学》2011 年第 1 期。

影响乃至于支配[1]。香港基本法规定及保障的高度自治和自由的权利，体现了该法在基本人权与法治价值上的进步性，但也在一定程度上导致香港社会的本土主义、民粹主义的激进化发展以及外部干预势力的强势介入和破坏，从而造成与国家主权、安全、发展利益的规范失衡甚至直接冲突。香港司法在裁判取向上出现了对权利本位与抗争者身份的过度依赖和保护，存在对司法复核权（违宪审查权）[2]的僭越和滥用，从而造成对国家安全与公共秩序的忽视和扭曲。而基本法规定的过多权利和过少义务[3]，也不利于塑造香港居民的国家认同[4]和健康的公民伦理。这些法治价值和具体司法的偏差在香港国安法引入后已有逐步、定向、可持续的检讨和改进[5]。

香港基本法建立的是一种基于中央授权的高度自治宪制模式，中央的全面管治权和特区高度自治权各有其规范地位和角色，而中央始终是"一国两制"的基础立法者和最终责任人。香港回归以来，基本法确立的上述规范体系在实际运行中有所偏差和扭曲，甚至在非法占中和修例风波中遭受底线挑战。但随着中央在"全面管治权"法理上的正本清源以及在"一国两制"制度体系上引入香港国安法和新选举法，不仅"一国两制"范畴中国家的主权、安全与发展利益得到了强有力的制度保护，香港自身的繁荣稳定以及香港民主法治的价值平衡与制度协调性也都得到了结构性的改良。香港基本法与香港相关优势层次和要素继续保持相适应的基本规范状态，并将在"一国两制"新阶段有进一步的动态互动和扩展。

---

1 烈显伦大法官对此持批评立场，参见烈显伦：《是时候紧急改革了》，《明报》（香港）2020年9月3日。

2 关于香港司法复核权的讨论，参见邵善波：《成文宪法对香港司法体制的规制及香港司法改革问题》，《港澳研究》2020年第4期；王书成：《司法谦抑主义与香港违宪审查权——以"一国两制"为中心》，《政治与法律》2011年第5期。

3 比如参军义务的缺失，参见邹平学、冯泽华：《新时代港澳青年服兵役的统战价值研究》，《统一战线学研究》2018年第2期。

4 参见夏瑛：《港澳青年的国家认同：趋势、现状和成因》，《当代港澳研究》2019年第2期。

5 参见强世功：《"想象"与"现实"——在"一国两制"和基本法的完整世界中理解香港特区国安立法》，《港澳研究》2020年第4期。

（四）"一国两制"的挑战回应：香港国安法与新选举法

中华人民共和国宪法与香港基本法共同构成香港特别行政区的宪制基础和宪制秩序，但国家制度与内外环境不断发展变化，特别是来自香港内部及外国势力的颠覆性威胁，必然推动这一宪制秩序的防卫性修补和规范发展。香港回归以来，民主运动的民粹化和颜色革命的威胁，是香港"一国两制"制度演变的重要动因。2014年非法占中对香港制度根基已有触动，并留下安全隐患。香港"一国两制"近些年的制度巨变则是对2019年反修例运动及其引发的宪制危机的应急回应和制度填补，是对香港法治的体系性修复和巩固。以香港国安法和新选举法[1]的制度进场为标志，以"爱国者治港"[2]的全覆盖式改革为趋势，香港"一国两制"在国家意志、时代精神与世界体系的共同作用下正在重塑其真正完整系统的法理体系和制度体系。

1. 本土阴霾与反修例运动的极端挑战

1997年香港回归，在民族主义的宏大庆典与喜气氛围[3]下，香港社会却内蕴着一种警惕和默契的"自治边疆"意识，即试图将回归后的香港理解和建构为与中国大陆分别开来的高度自治甚至完全自治的体系。甚至赞同回归的所谓"民主回归论"[4]也是附条件和有保留的，以普选民主和接近完全自治的制度实现为边界。香港社会的这种潜意识来自于三个方面：其一，对"两制"之别的意识形态理解和制度认同上的巨大鸿沟，客观上造成无法沟通的心理分别，香港社会有显著的文明和现代化意义上的优越感，习惯于背靠西方"俯视"历史的"神州"；其二，港英政府通过长期殖民驯化尤其是"麦

1　参见刘兆佳：《完善选举制度　确保"爱国者治港"》，《港澳研究》2021年第2期。

2　这是新时代"一国两制"的主轴线索，详细的权威性讨论参见万琪：《完善'一国两制'制度体系，落实'爱国者治港'根本原则"专题研讨会综述》，《港澳研究》2021年第1期。

3　与此对照的是英国对帝国衰落的慨叹，参见《"这是帝国的末日"——香港回归时查尔斯日记原文曝光》，《晚霞》2007年第2期。

4　参见香港民主党：《站在历史巨人肩上——民主党对香港与中国关系的回顾及展望》，2017年6月11日。

理浩十年"的怀柔治理[1]，在香港社会人心与英国价值观认同之间打下了"殖民史观"的较强大社会基础与历史记忆；其三，香港历经"六七暴动"和麦理浩治理，逐步由"难民社会"转型为"本土化社会"，"土生土长香港人""我爱香港""香港是家园"等本土性观念及其文学、社会记忆和互助认同的本地传统开始沉淀落实，构成香港回归后走向"本土主义"的价值来源和历史社会基础[2]。

理解香港社会潜伏的"自治边疆"意识及其"完全自治"冲动，就能明白许多已经发生的冲突事件、精神脉络及其挑战性质：

其一，1999年的"居港权案"[3]与司法的激进化。香港终审法院试图以单方面的"违宪审查权"的自我主张和无节制扩展，为香港营构一种抗拒"人大释法"等在内的中央管治权的司法防线。象征意义上，这是香港司法精英对"一国"与"两制"模糊性权力边界的一次主动的且带有极大冒犯性的"火力侦察"。

其二，2003年反对"23条立法"[4]的政治大游行。这是香港本土反对派的一次政治"会操"，演练的就是香港"公民社会"如何整齐一致反对具有"国家权力"意味的任何管制性立法，而且在价值观上公然宣扬"国家安全"不被理解和认同，香港人的自由不能承受中国"国家安全"的义务和负担，不为国家利益让一分。

其三，2010年前后，香港本土主义思潮兴起。由"香港本土论述组"相关跨界知识精英推出的本土主义年刊广泛研究香港社会如何自我组织化及形

1　刘兆佳教授称之为"怀柔殖民管治模式"，参见刘兆佳：《香港的独特民主路》，商务印书馆（香港）2014年，第1页；也可参考邝健铭：《港英时代：英国殖民管治术》，天窗出版社（香港）2015年。

2　系统的梳理和剖析，参见周永新：《香港人的身份认同和价值观》，中华书局（香港）2015年。

3　参见徐静琳：《从"居港权"争讼案看香港基本法的司法解释》，《法治论丛》2003年第1期；夏引业：《一国两制下香港终审法院的角色与立场——以"吴嘉玲案"终审判决为中心的分析》，《法制与社会发展》2015年第4期。

4　参见叶海波：《香港特区基本法第23条的法理分析》，《时代法学》2012年第4期。

成强固的反国家精神基础。而陈云的"香港城邦论"[1]确确实实代表了香港社会很多精英人士的内心想法，即香港要做一个严格西方化的"自由城邦"，未必直接宣布独立，但"自由城邦"代表文明高峰，野蛮的国家权力不能有任何染指。"香港民族论"[2]则是进一步的"港独"主义理论准备。

其四，2012年反国教运动[3]。这一事件中，不仅"国民教育教材"被封杀，有关参与者受惩戒，更有黄之锋之类的"无知少年"在政治上快速冒起，引领香港青年本土主义的激进发展。而反对国民教育的深层次含义在于，香港人拒绝成为中国"国民"，而必须坚持做"世界公民"[4]，但后者不过是"殖民地臣民"在回归语境下的转义表述而已。不要"祖国"，继续"流浪"，被等价于"自由"。

其五，2018年香港反对"一地两检"[5]，暴露出香港"自治边疆"意识的根深蒂固。"一地两检"是国家高铁时代香港融入发展甚至参与"一带一路"网络的基础条件，也是重要的民生工程，但香港反对派包括法律界竟然全力反对，百般阻挠。他们以香港基本法上无依据为由加以抵制，真实理由是惧怕香港"自治边疆"被打破，"自治空间"被国家权力强行"插入"，对代表国家执法权形象的"西九龙派出所"及其相关边检执法机构既惊恐又仇视。该议题冲突最终借助全国人大常委会专项决定的最高权威性而得到解决[6]。

其六，2014非法占中和2019修例风波的叠加，是"公民抗命"滥用和异化的结果。香港的优良治理世界闻名，法治是其规范和秩序的基石。"公民

1　对这一思潮的批评，参见黄月细：《"香港城邦论""香港民族论"及其负面影响》，《新视野》2016年第1期；王理万：《"港独"思潮的演化趋势和法理应对》，《港澳研究》2017年第1期。

2　有关批判性分析参见王禹：《有关"香港民族论"的法律思考》，《港澳研究》2015年第1期。

3　参见江雪松：《香港大学生的国民意识考察——"国教风波"引发的思考》，《中国青年研究》2013年第5期。

4　参见李庆伟、萧婉玲：《谁是"世界公民"？——香港中学生对世界议题的认知、态度和行为调查》，《青年探索》2011年第4期。

5　参见周晋、曹伊清：《浅析香港"一地两检"司法复核案》，《深圳职业信息技术学院学报》2019年第2期。

6　参见张宝山：《全国人大常委会批准"一地两检"合作安排》，《中国人大》2018年第2期。

抗命"被轻率地引入香港的普选运动,从根基处破坏了香港法治的基础性信仰和青年群体的守法伦理。并且,"公民抗命"在香港出现了严重的滥用和异化:一方面是转义成了"违法达义",本来违法是迫不得已且和平、轻微的非常手段,在香港演变成大规模违法甚至犯罪的无节制"核弹",且其神圣性被不成比例地放大;另一方面,香港之"公民抗命"缺乏这一范式内置的非暴力严格条件和认罪成义的美德条件,沦落为机会主义之徒进行超限社会动员、青年群体煽动甚至鼓吹暴力恐怖主义的"灵符"。"港独"的极限理想诱惑,以及"时代革命"的青年广场激情,终于在修例风波中引爆了香港全面"颜色革命"与颠覆暴乱的"政治惊雷"[1]。物极必反,香港不得不转型。

2019 年的反修例运动既不是传统泛民主派"合法示威"路线的再现,也不是 2014 年"占中运动"的简单升级,尽管与这两者都存在组织网络、精神要素与政治取向上的高度重叠。它是一次综合性、颠覆性甚至存在某种"创新性"(比如"无大台"式的全网络动员模式、社运信息战模式等)的全新的社会运动。反修例运动不是通常意义上的公民抗命,在两个要点上区别于占中运动所代表的公民抗命传统:其一,占中基本遵循非暴力的和平原则,反修例突破该原则实践勇武暴力;其二,占中形式上以"求仁得仁"式的认罪伦理追求更高正义目标,反修例则要求全体脱罪,回避法律责任。这就决定了尽管此次运动更为激烈,但在道德正当性上反而逊色于占中运动,成为日益恐怖主义化的极端非理性的社会运动。

当然,无论是占中运动,还是反修例运动,它们共享着反法治的违法性本质,是对作为香港核心价值的法治秩序的伦理性与结构性破坏。香港法治根基的松动不是从反修例开始的,而是从占中开始的。戴耀廷等人在治理总体良好、无须公民抗命的香港引入公民抗命概念,高悬超越基本法秩序的"真普选"目标,却让香港付出了法治信仰与价值被破坏的严重代价,至今无法完全修复。止暴制乱的法治要求一直未能充分实现,与占中运动开启的

---

1 细致的批判分析,参见任意(兔主席):《撕裂之城:香港运动的谜与思》,中华书局(香港)2020 年。

"违法达义"破坏性后果直接相关。

反修例运动乃是一场高度网络化、青年化、民粹化和极端暴力化的社会运动。运动过程呈现出显著的反法治、勇武化和挑战"一国两制"底线的特征。中央因应反修例运动的极端宪制挑战而引入香港国安法和新选举法，高扬"爱国者治港"根本原则，推动香港"一国两制"制度体系的结构性重塑，是应急立法，更是理性必然。

2. 香港国安法：安全领域的基本法续造

香港《基本法》第二十三条规定特区政府"自行立法"规制危害国家安全的七种犯罪行为。然而，香港回归20余年来，香港本土极端势力不断以分离乃至于"港独"方式从事颠覆宪制秩序的非法活动，外部干预势力如入无人之境地在香港进行持续性渗透和破坏，策划实施"港版颜色革命"。这些极端危害宪制秩序的行为在香港无法获得严密的法律规制和惩戒，国家安全法律漏洞不断扩大，终于在2019年的反修例运动中达到巅峰。

香港国安立法，由中央直接承担及具体化，正是在上述宪制秩序的结构性弥补意义上切入的。香港国安法的立法处境与逻辑因此呈现为：第一，国安立法是宪法与基本法规定的宪制性义务，国家安全必须获得法律保护；第二，香港基本法规定了特区"自行立法"的特殊机制，但特区没有能力完成这一立法；第三，中华人民共和国宪法以及中央管治权的最终守护人角色决定了中央是"一国两制"的基础立法者，必须承担起自上而下直接立法的兜底保护责任。中央直接立法，从实定法的宪制秩序角度而言，是有权、有责和有力的；从法哲学正当性来看，符合"necessity is law"的主权立法正当性原理，中央是"一国两制"框架下唯一的主权代表与主权权威所在，对香港特区的立法授权不能阻断主权者在"必然性"（necessity）处境下的宪制决断与行动。香港国安法的立法模式，典型体现了中华人民共和国宪法的"政治宪法"特征，体现了政治决断机制在立法与宪制性义务实施过程中的前提性和基础性作用。不过，无论是在立法论还是在解释论上，立法者都高度重视契合"一国两制"的常识理解及基本法的既有制度，中央立法不是收回23条既定授权，不取代香港本地继续完成国安立法的宪制性责任，并始终强调国家安全是中央事权，中央有权有责立法。

从立法的具体制度选择来看，立法者做到了积极符合"一国两制"原理及尊重香港的普通法机制：其一，从立法的程序和路径选择来看，采取了"两步走"（人大决定＋具体立法）模式，以全国人大的授权决定为立法正当性的渊源和起点，这就赋予了香港国安法在中华人民共和国宪法与香港基本法所构成的特区宪制秩序中以独特而重要的制度地位[1]，不仅可以避免香港本地司法复核的所谓合宪性困扰，还有助于对香港特区宪制秩序进行必要的丰富发展；其二，从国安执法机构与管辖权来看，中央在本属自身事权的范围内仍然主动礼让和做出新授权，设立了驻港国安公署与香港本地执法机构，授权香港本地对绝大部分国安案件行使完全的管辖权，中央驻港机构仅仅在法定的特殊情形下实施直接管辖；其三，从立法的罪名、罪状描述、刑罚及程序规范来看，香港国安法注重吸收香港既有的法治和人权标准，在必须做出变通规定时亦提供了相应的救济和平衡机制，确保国家安全与自由权利的制度性平衡；其四，香港国安法规定的特区国安委机制及特首的法定角色，包括担任国安委主席以及指定本地国安法官，是对基本法已有的行政主导体制的宪制性加强与巩固，有助于维护"一国两制"框架内的宪制平衡，调整和修复被立法会"拉布"、法院司法复核、公务员保守抵制以及社会运动激进施压所严重扭曲了的行政主导元素；其五，香港国安法授权香港本地机构就第 43 条警察调查权系列权限与程序订立执行细则，以补充和细化国安执法中最为关键的初始调查权力的细节，并信任特区对这一调查权与本地法律的衔接处理；其六，香港国安法明确规定了一系列在成文法与普通法上共通的刑事法治原则，诸如无罪推定、罪刑法定、正当辩护权、不追溯既往等，体现

1　这种地位还可以从香港国安法的"根本性条款"角度理解，参见韩大元：《论〈香港国安法〉第 2 条"根本性条款"的规范内涵》，《法学论坛》2021 年第 4 期。

了"一国两制"在共同法治标准上的进步性与协调性[1]。

香港国安法在高度尊重和吸纳香港既有法律原则和机制的同时，亦具有国家整体宪制秩序上的创意性和制度理性，是"一国两制"制度体系建设的重要一环，也是全面依法治国与国家治理现代化的有机组成部分。香港国安法明确了国家安全属于中央事权，这是中央直接立法的最关键的法理基础。香港国安法建立了第四个中央驻港机构，实现了中央管治权在执行权意义上的落地执法，从而为中央管治权与高度自治权有机结合探索出了可行路径。香港国安法采取了典型规制与二元化管辖机制的创新制度模式，是"一国两制"制度建设的特色篇章。

总之，香港国安法已落地生效，成为"一国两制"制度体系建设的关键节点，也是中央管治权与高度自治权有机结合的先行尝试，其严密、权威而典范性的法治构造是对香港"一国两制"极端化挑战的最好回应。

3. 新选举法：爱国者治港与民主新秩序

2019 年修例风波及其直接的政治后果之一"黑暴区议会"的产生，对"一国两制"制度安全造成前所未有的冲击。

2020 年香港国安法是制度回应的标志性立法，并由此探索成熟了一种自上而下行使全面管治权的制度模式[2]。香港国安法保障了整体制度安全的底线[3]，基本清除了危害国家安全的显性威胁，但香港的民主政治生态依然纷乱，戴耀廷的"真揽炒十步"[4]仍在紧锣密鼓地推进，严重威胁到香港民主的宪制基

1　详见王振民、黄风、毕雁英等：《香港特别行政区维护国家安全法读本》，三联书店（香港）2021 年，第 65—81 页。

2　参见田飞龙：《香港国安法：全面管治权的一种制度模式》，《紫荆》（香港）2020 年 6 月号。

3　对该法更完整的解读，参见饶戈平：《香港特别行政区维护国家安全法：学习与解读》，《港澳研究》2020 年第 3 期。

4　即"港版颜色革命"的深化攻坚阶段，以选举操纵夺得立法会控制权并进而通过极端的捆绑否决方式制造特区宪制危机，引入外国制裁，追求不可管治的无政府状态，最终逼迫中央让步，实现香港的所谓"完全自治"。这一计划指导了 2020 年 7 月中旬香港的"非法初选"，并涉嫌触犯香港国安法，所谓的"初选 47 人案"与此有关，并成为香港国安法实施以来最重大的案件之一。关于戴耀廷的具体计划，参见戴耀廷：《真揽炒十步，这是香港宿命》，《苹果日报》2020 年 4 月 28 日。

础和有序运行。

2021 年 3 月 11 日，全国人民代表大会作出正式决定，给出了香港选举制度修改的基本原则、框架和要点，并授权全国人民代表大会常务委员会启动对香港基本法附件一和附件二的具体修订工作。2021 年 3 月 30 日，全国人民代表大会常务委员会依法完成有关修订工作，作出关于基本法附件一和附件二的修订决定，完成国家层面"决定＋修法"的选举制度改革程序。香港特别行政区据此启动本地修例程序，落实转化上述决定和修订方案，于 2021 年 5 月 31 日刊宪生效《2021 年完善选举制度（综合修订）条例》，从而最终完成香港选举制度改革的全部环节，为后续香港的若干场重大选举提供完备的制度框架。

"爱国者治港"在这一系列选举修法过程中起到了最为关键和权威的指导作用，并具体落实到选举制度的每一个环节。通过"爱国者治港"原则在香港选举制度中的全面准确落实，香港民主得以摆脱本土"黑暴"和外部干预，而决定性回归"一国两制"初衷初心及国家宪法秩序，成为建设性和理性的制度力量。而选举安全的制度保障，也构成了香港国家安全法治体系的重要一环。

选举修法将重塑香港政治风气和政治秩序，保障香港民主政制发展的正确方向。从新选举法的法治意义和规范功能来看，具有如下方面的积极影响：

其一，此次选举修法是在选举制度环节全面落实"爱国者治港"根本原则的制度举措，回应了邓小平关于"爱国者治港"的初衷和制度构想以及习近平总书记关于"爱国者治港"根本原则的重要论述，是"一国两制"制度体系丰富发展的重要篇章。

其二，选举制度改革有助于保障特别行政区选举安全，防止特区立法权与行政权因选举制度漏洞原因落入反中乱港势力之手，避免香港发生"颜色革命"与完全自治甚至演变为颠覆性基地的宪制危机。

其三，选举制度改革体现中央对香港民主政制发展的主导权和决定权，是中央立足于宪法、基本法及香港社会实际情况进行的主动性制度创制，表明中央始终是"一国两制"的基础立法者和最终责任人。

其四，在选举环节通过新制度落实"爱国者治港"，有助于清理和重塑香港政治风气与政治秩序，催生一种爱香港与爱国家相结合的新型政治文化和政治伦理规范，从而为香港管治体系的调整优化及能力塑造提供基础性的制度共识与政治人格取向。

其五，新选举法的建章立制，有助于挤压和排除极端本土势力及外部干预势力操纵选举、渗透权力架构及从事危害宪制秩序与国家安全的空间，使香港成为中国主权秩序的有机而紧密的一部分，不掉队，不偏离，也不可能再发生任何分离或独立的新事态。

其六，新选举法以中央主导和理性的制度建设方式，帮助香港走出"过度政治化"陷阱，恢复社会互信团结，倒逼香港在有关教育、文化、管治及社会精神上重新适应国家权威和政治标准，并产生对国家知识与国家政治体制的新认识和新认同，真正解决香港"人心回归"与爱国主义精神落地扎根的重大治理难题，重塑"一国两制"优良健康的精神秩序与制度风貌。

总之，香港选举修法因应选举安全风险及引导香港民主良性运转，已确立新的制度框架和游戏规则，并始终以"爱国者治港"根本原则为遵循和指南，追求香港"一国两制"新阶段的良政善治。

（五）澳门特色"一国两制"：港澳比较与粤澳深度合作

港澳作为"一国两制"的主要试验田，在改革开放40年中实现了自身与国家的"双赢发展"。2018年11月12日，习近平在京会见港澳各界庆祝改革开放40周年访问团，对港澳在国家改革开放中的独特贡献及其可持续性给予了高度肯定及具有战略性的未来规划[1]。2019年2月18日，《粤港澳大湾区发展规划纲要》正式发布，标志着"一国两制"进入大湾区时代。这就为

1　参见"习近平会见香港澳门各界庆祝国家改革开放40周年访问团时的讲话"（2018年11月12日），《人民日报》2018年11月13日。

对澳门"一国两制"经验的总结及未来发展探索提供了最为关键的国家战略框架。

"一国两制"在某种程度上是中国改革开放的"第一杠杆",这一杠杆作用如何推陈出新,继往开来,持续做出贡献,与习近平新时代之主题产生新的互动与共赢,是对中央管治与澳门自治的持续性提问和考验。

1. "一国两制"澳门经验:港澳比较的视角

澳门"一国两制"有着自身的内涵与发展经验,恰可与香港经验构成对比,二者之间亦存在经验互鉴的必要性及空间[1]。

一国两制澳门经验相对成功及经济社会更加稳定的主要原因在于:第一,宗主国葡萄牙在澳门殖民管治[2]深度不够,对澳门精英缺乏吸引力,回归后亦基本没有施加干预,使得澳门回归[3]及治理较为顺利;第二,爱国爱澳力量在澳门相对更强,为回归后治理打下扎实政治基础;第三,澳门社会经济结构、市民构成及国际影响力相对单调及可控,中央管治较为得心应手;第四,澳门基本法制定晚于香港,部分修正和调整了不利于中央管治的有关条款,比如更加凸显行政主导以及未明确列入普选条款;其五,澳门爱国主义教育及其实施体系[4]更为健全有效,厚植"爱国者治澳"的社会认同基础。这些历史及政治因素在港澳之间差别较大,因此港澳治理不能简单地横向对比,需要

1　相关的学术性比较,参见邹平学:《澳门"一国两制"成功经验和深层规律——基于港澳比较的研究视角》,《人民论坛·学术前沿》2018 年第 21 期;骆伟建:《特别行政区基本法的理论与实践研究——以澳门"一国两制"实施为视角》,《人民论坛·学术前沿》2018 年第 21 期。

2　有关澳葡当局的管治历史和特色,参见曾金莲:《19 世纪中叶大陆法系在中国的移植——以葡萄牙对澳门华人司法管治为个案》,《华南师范大学学报（社会科学版）》2017 年第 1 期;周伟:《法律殖民与文明秩序的转换——以十九世纪中期澳门法律文化的变迁为例》,《比较法研究》2011 年第 2 期;何志辉:《近代澳门司法:制度与实践》,中国民主法制出版社 2012 年。

3　葡萄牙在澳门回归问题上缺乏对抗意志和干预实力,与英国形成鲜明对比,凸显二者在西方殖民体系内的地位与角色差异,有关谈判历程及比较,参见张春生、许煜:《图南解密港澳回归:中英及中葡谈判台前幕后》,新华出版社 2013 年;陈佐洱:《交接香港:亲历中英谈判最后 1208 天》,湖南文艺出版社 2012 年。

4　参见常乐:《教育政策与青年国家认同:"一国两制"的澳门范例及经验》,《深圳大学学报（人文社会科学版）》2020 年第 1 期。

分别评估、诊断及治理。

澳门经验有香港值得借鉴的地方：其一，在国家安全立法上承担对国家的责任和义务，是"一国两制"行稳致远的重要宪制保障，澳门先于香港完成且注意动态巩固；其二，缓行普选，聚焦经济民生及从制度上保障行政主导[1]，促进居民权利保障和全面发展[2]，这些是澳门特区良好管治的基本经验；其三，融入式发展思维，对"一带一路"战略及粤港澳大湾区规划[3]持有积极参与和发挥独特优势的立场及实际作为，带动港澳社会融入国家发展大局[4]，为青年人带来新的身份体验、认同和归属性成就[5]。

当然，香港经验中也有澳门需要学习的地方，比如更加优良权威的法治[6]、自治而富有活力的公民社会[7]、更高的国际化水平与对外交往能力以及在金融、专业服务方面对国家更大的发展支持作用。澳门回归二十余年，各方面表现良好，但潜在的经济社会问题也逐步凸显，"社团社会"[8]转型出现一定矛盾和问题，博彩业"一业独大"带来的社会经济结构、教育体系与价值导向

1　关于澳门行政主导制的相对优势分析，参见陈辕：《澳门特别行政区行政主导体制理论与实践刍议》，澳门学者同盟 2019 年，第 168–178 页。

2　参见冷铁勋：《澳门居民的权利保障与全面发展》，《港澳研究》2018 年第 2 期。

3　澳门的制度性融入及创新有自身的特色及空间，参见张淑钿：《粤港澳大湾区法律事务合作中的澳门贡献及未来发展》，《港澳研究》2020 年第 3 期。

4　参见盛力：《"一带一路"是澳门与祖国的共同发展之路》，《人民论坛》2019 年第 10 期。

5　参见洪伟：《回归以来澳门青年国家认同研究：进展、问题与前瞻》，《广州社会主义学院学报》2021 年第 3 期。

6　关于香港法治的基本面向，参见陈弘毅：《一国两制下香港的法治探索》，中华书局（香港）2010 年。

7　公民社会是香港现代化的重要标志，尽管存在异化和对抗性的困扰，但在香港优良秩序的维系方面仍有其基本价值，参见李明堃：《英治时期之香港公民社会》，《港澳研究》2016 年第 4 期；贾西津：《海峡两岸暨香港公民社会指数比较》，《行政论坛》2007 年第 6 期；马岳：《港式法团主义：功能界别 25 年》，香港城市大学出版社 2013 年。

8　参见娄胜华：《澳门社团法律制度分析：以政府与社团关系为中心》，《国家行政学院学报》2006 年第 6 期；刘晓玲：《澳葡政府时期"社团治理社会"的成因分析》，《广东省社会主义学院学报》2016 年第 4 期；林伟：《澳门社团政治功能研究》，《岭南学刊》2012 年第 4 期。

的迷失日趋严重[1]，甚至反对派政治和青年运动[2]也在抬头。澳门需要适当增强法治权威性及公民社会活力，经济更加多元化，社会竞争力及公民竞争意识需要进一步激发。这些面向仅仅在澳门本地是难以展开的，需要更大的空间与战略思维加以突破，幸好粤港澳大湾区提供了澳门经验转型发展的巨大历史机遇和空间，也为澳门法治和制度创新发展提供了前所未有的契机[3]。

2. 粤澳深度合作：融合发展的澳门制度模式

2021 年 9 月，中央相继推出作为大湾区整体规划之子方案的"横琴方案"和"前海方案"，深度推进大湾区多引擎良性竞争秩序的形成，助力国家高质量发展和更高水平改革开放。

比较而言，"前海方案"聚焦高端现代服务业的做大做强以及相应的制度创新和国际竞争力塑造。而以横琴为载体的粤澳深度合作区总体方案在"一国两制"的制度性增长、共同治理架构以及特色产业发展层面着墨颇重，用意深远，是澳门特色"一国两制"融入发展的前所未有之战略机遇和政策空间，也是国家推进大湾区战略突破和制度创新的关键承载之一[4]。粤澳深度合作区催生了制度、政策、产业与社会文化的整体协同的改革"深度"，开辟了"一国两制"融合发展的新境界。

横琴粤澳深度合作区的最大特色是有"深度"，触及澳门与内地融合发展的深层次制度创新及相互产业的深水区合作，对澳门率先参与粤港澳大湾区战略发展及带动澳门经济有效、多元转型具有重大推动意义。在疫情打击和全球性经济低迷的条件下，这一方案是澳门经济社会的一剂强心针，也正式启动了澳门融入国家发展大局的全新制度化进程，是对粤港澳大湾区战略的

1　参见陈章喜：《澳门经济结构演化特征与适度多元发展》，《统一战线学研究》2020 年第 5 期；殷存毅、施养正：《经济结构与制度演进"一国两制"在澳门发展中的演进》，《公共管理评论》2009 年第 1 期。

2　参见林伟、肖莉：《澳门青年政治参与的变化及对策研究》，《中国青年研究》2017 年第 7 期。

3　参见董皞、张强：《推进粤港澳大湾区建设的法律制度供给》，《法学评论》2021 年第 5 期。

4　这是在澳门与内地制度融合探索基础上的进一步发展，有关法治融合的思路分析，参见陈欣新：《大湾区框架内澳门与珠海法律衔接与协同立法》，《港澳研究》2020 年第 1 期；《粤港澳大湾区与"一国两制"新探索》，《人民论坛》2019 年第 10 期。

具体推进和示范性探索。

从"一国两制"的融合发展来看，横琴方案将带来"一国两制"的制度性增长，即中央全面管治权、澳门高度自治权与内地地方自主权之间将根据《总体方案》做出一系列制度和政策改革与配套，深度合作区将逐步形成一种基于"一国"、介乎"两制"的创新型优良治理体系，澳门制度元素与内地制度元素将出现良性融合与创新发展的新秩序。这一制度性增长是此次改革对"一国两制"法理和制度活力的有效验证，对于思考其他地方的"一国两制"创新发展具有先导意义。

"横琴方案"在合作区治理新架构的战略设计与推进上是深谋远虑、富有智慧的。该方案提出"健全粤澳共商共建共管共享的新体制"，这里的"共商共建共管"本质上是"共同治理"的范畴，与"共享"这一改革成果的分配方式构成一个有机的整体。我们可以将"横琴"治理模式在理论上简要概括为"共治共享"新秩序。

这一治理新秩序的亮点主要体现在：其一，中央授权监督体现"一国"元素，粤澳共同建设、管理与受益体现"两制"元素，澳门法律和管理制度一定程度上将合法合规适用于合作区治理，"一国两制"在合作区架构中产生了更加有机的融合发展；其二，管理委员会与执行委员会的决策/执行架构由双方共同组成及运作，其中管理委员会实行粤澳首长的双主任制，而执行委员会主要负责人由澳门特委派，广东省和珠海市派人参加，一定程度上就具体管理权限向澳门倾斜，双方可根据需要组建开发投资公司；其三，政治治理职能实行升格的属地管理，即合作区上升为广东省管理，由中共广东省委和广东省政府派出机构承担党的建设、国家安全、刑事司法、社会治安等政治治理职能，与双方共同建立的管理委员会和执行委员会相互配合，共同服务合作区的优良治理和发展保障；其四，建立合作的收益共享机制，由粤澳双方探索确立具体分配方案，实行前期投资收益的合作区保留机制，中央财政进行一定补助支持。

粤澳合作的深度化及其制度成果，将有效提升澳门制度、产业与文化在民族复兴与全球化发展中的地位与角色，澳门建成大湾区乃至于亚太区域国际大都市的前景更加开阔，且综合竞争力与吸引外资及先进技术的能力也将进一步增强。而澳门国际竞争力每进一步，都是"一国两制"制度活力及国家高水平改革开放有效性的实践证明。

（六）"一国两制"台湾方案：要素、困境与回应

从战略谋划来看，"一国两制"台湾方案先于港澳。从实践顺序来看，港澳经验先于台湾方案落地及制度化，并对台湾方案的思考和定型起到直接的示范和启发作用。从制度稳定性及融合发展的可引导性来看，澳门模式最平稳。从制度演变的挑战和建章立制的复杂性来看，香港最为凸显。从谈判难度和制度不确定性来看，作为新命题的台湾方案[1]是最高的，开放性和创新性也可能最大。这就是"一国两制"的独特魅力，可以在类似的宪制方法论下形成适用于不同地方的不同制度体系。

2021年7月1日，习近平在庆祝中国共产党成立100周年大会上的重要讲话中再提两岸完全统一是党的历史任务以及推进"和平统一进程"并惩治"台独"势力，预示着下一阶段涉台政策将更为聚焦及更加有力。2021年11月11日，中共十九届六中全会的"历史决议"明确宣称"祖国完全统一的时和势始终在我们这边。"

从法政治学角度而言，两岸政治互动基础从2016年民进党执政并否认"九二共识"[2]以来不断恶化，倒逼大陆以"主场统一"的政治决断和系统论述维持两岸关系可控秩序并稳定指向和平统一的最佳前景。中共十九大报告涉台论述[3]已有重要的主场化转向。2019年1月2日，习近平在纪念《告台湾同胞书》40周年大会上明确提出"一国两制"台湾方案作为两岸开展政治协商

1　参见李义虎：《作为新命题的"一国两制"台湾模式》，《国际政治研究》2014年第4期。

2　参见刘佳雁：《蔡英文主政下的两岸关系现状与发展趋势》，《统一战线学研究》2018年第4期；王英津：《两岸一个中国政策的演变及比较分析》，《台湾研究》2018年第4期。

3　参见齐鹏飞、王芳：《试论中共十九大报告涉台论述的历史积淀和现实意义》，《台湾研究》2018年第1期。

与和平统一的、有原则的开放性框架，引起政学两界颇多关注，两岸和平统一进入实践性的方案协商阶段[1]。

立足民族复兴与人类命运共同体的新时代框架[2]，"一国两制"台湾方案或可正视与克服两岸关系制度困境并有效完成两岸统一的心理建设。我们需要对这些紧密相关的涉台基本法理和制度议题展开探讨，以贡献于"一国两制"台湾方案的深度化和具体化思考与实践。

1. "一国两制"台湾方案的典型特征与要素

"一国两制"是和平统一方案，其本质是统一，其方法是和平，其整体展现了中国对地区同胞的和平善意以及对冷战模式的根本道德批判与超越意志。

与"九二共识"[3]相比，"一国两制"台湾方案具有显著的历史紧迫感、战略推进感和制度清晰感。这一方案的典型特征和要素包括：

其一，牢固确立"一国"及其法理内涵，即国家的主权、安全与发展利益是固定的前提和制度优先保护的对象，"两制"的任何谈判与设计不得损害这一前提，这是"一国两制"的固有内涵，也是香港经验的特别启示。

其二，充分开放"两制"协商空间和谈判余地，即在"一国"获得政治确认与制度保护的前提下，"两制"所覆盖的台湾自治权及其灵活的制度安排，可以充分展开政治协商和民主谈判，由两岸中国人进行创意沟通和设计，以兼顾国家利益和台胞实际利益。

其三，两岸和平统一要坚持以两岸中国人为主体范畴，反对外部势力干

1　参见李义虎：《"一国两制"台湾方案：两种对比分析的角度》，《台湾研究》2020 年第 3 期。

2　"两岸命运共同体"是一个可共识的宪制范畴，参见范宏云：《新时代构建两岸命运共同体的路径思考——以"大一统"思想为视角》，《台湾研究》2018 年第 5 期；严泉：《融合式统一：两岸命运共同体制度建设的目标与路径》，《统一战线学研究》2021 年第 1 期；周志怀：《"台湾命运共同体"和两岸命运共同体的对立与对接》，《闽台关系研究》2021 年第 2 期。

3　这一共识仍是两岸关系的基石，台湾方案也以此为前提，参见刘结一：《坚持"九二共识"推进两岸关系和平发展和祖国统一——贺海峡两岸关系协会成立 30 周年》，《两岸关系》2021 年第 12 期。

预，反对将台胞问题国际化[1]。

其四，为"一国两制"台湾方案的顺利展开，大陆会主动创造和提供两岸和平协商与民主谈判的各种社会条件与制度条件，也会严厉打击破坏两岸和平统一的"台独"势力[2]及外部势力。

其五，"主场统一"的制度逻辑与政策行动更加凸显，即国家将通过制度检讨[3]和政策行动，逐步推动台湾居民享有中国宪法上更加完整的公民平等权利，将"同等待遇"[4]宪法化和实质化，因为"人民"就是江山，两岸中国人的统一合意才是最强大的统一基础和动力，而一切对台工作必须服务于这一政治合意的塑造、形成和巩固。

2. "一国两制"台湾方案面临的宏观制度困境与回应

两岸关系进入第二个百年目标（2049）的新阶段，一方面是习近平在纪念中国共产党成立100周年大会上的重要讲话再次确认两岸完全统一是民族复兴必然目标，另一方面是民进党"台独"势力掌控政局并与美日等外部势力强化勾结，两岸正常来往被破坏，和平统一前景仍不明朗，"一国两制"台湾方案面临悬空搁置的风险。两岸关系由此进入更加严峻的制度困境及心理困境。大陆主导性思路是维持"和平统一，一国两制"传统论述和"两制"台湾方案立场，侧重促融合与反"台独"，兼顾民族复兴最大利益与两岸统一历史任务。这是完全可以理解的，但也必须与时俱进，根据已经变化的中美关系与两岸关系而寻求周全的破局思路和策略。

（1）两岸关系宏观制度困境深化的若干表现

两岸关系的制度困境近年来不断深化，不仅严重抵消了两岸数十年来积

1　有关国际法理辨析，参见陈欣新：《台湾法律地位的国际法理据》，《国际法研究》2017年第3期。

2　参见吴坚：《"台独"势力缘起与嬗变溯源》，《重庆社会主义学院学报》2010年第2期；更详细完整的"台独"历史梳理，参见陈佳宏：《台湾独立运动史》，台湾玉山社2006年。

3　比如对反分裂国家法的更新，参见周叶中：《论反分裂国家法律机制的问题意识与完善方向》，《法学评论》2018年第1期。

4　参见郑清贤：《台湾同胞"同等待遇"研究》，《海峡法学》2021年第1期。

累的基本共识与默契，而且朝着"台独"和新冷战方向无节制后退，造成两岸关系的严重冲突风险，并可能进一步被美国的新冷战布局所深度套牢和利用。这些制度困境包括但不限于：

第一，两岸治权对立与军事对立的客观现实。从严格法理而言，两岸仍处于内战延续状态，并未签署和平协议及两岸统一有关宪制安排。台湾仍有少量邦交国并在国际存在上得到美国的法案与行动支持。对岛内治理体系，大陆的实际影响力和控制力极其有限。这一对立状态的长期延续及代际更替，只会加剧两岸分离的政治风险和人心隔离。

第二，"九二共识"遭受民进党长期政治封杀，重新获得确认的岛内政治动力严重不足。"九二共识"是两岸和平统一的压舱石和制度互动的逻辑起点，但民进党的持续封杀，导致两岸和平来往的制度基础遭受根本性破坏，而且修复希望渺茫。在此条件下，两岸来往不断降低规格，其层次、效果、可持续性及指向和平统一的制度预期都在下降。

第三，美日地缘政治战略加紧利用"台湾牌"，台湾出现"准殖民地化"的趋势。一方面是中美新冷战的深化及日本的介入导致台海局势不断恶化，另一方面是两岸实力对比越倾向大陆就越导致台湾当局过度依赖美日，造成台湾让渡更多实际治权权能，成为"准殖民地"，从而恶化两岸政治协商的基础条件，造成两岸问题上美日"代理权"的实际上升。

第四，岛内选举民主与青年世代政治认同发生不利于两岸和平统一的变化和趋势。民进党建构的本土意识形态与"台独"政策体系裹挟民众，毒害青年，并借助执政的法制工具打击统派，寄希望于岛内选举翻盘及重回"九二共识"架构已经不现实。洪秀柱与韩国瑜的政治失败就是例证。缺乏岛内主流民意的强大且稳定的支持，两岸和平统一的政治协商就缺乏启动的基本条件及政治代表性与权威性。

第五，香港"一国两制"示范作用的下降。以香港示范台湾，是中央"一国两制"战略的重要内容，也是两岸和平统一的重要方法。因此，民进党历来重视和强势介入香港治理走向，采取污名化和对冲策略。经过 2019 修例风波、2020 香港国安法及 2021 新选举法，"一国两制"香港模式已理性升级至 2.0 版，凸显全面管治权、国家安全、选举安全与爱国者治港，高度自治的法理与权力受到结构性的重塑。美国对香港的负面评价和制裁也会对台湾民意产生不良引导效应。港台关系本身也发生恶化，如"港独"分子逃亡台湾、港台互设代表处的撤销等。这些制度变化对香港尚且是一次脑筋急转弯，对台湾更是重大冲击。"一国两制"台湾方案如何与香港实践变化之间做内在自洽的解释，成为重要的理论与宣传挑战。

第六，新冠疫情长期化带来的两岸隔离、交流困境及疫情合作中的"冷遇"。新冠疫情没有成为两岸一家亲和命运共同体的真正试金石与黏合剂，反而成为民进党当局抹黑中国抗疫、阻断大陆援助台湾疫苗以及隔离两岸和平交流交往的政治机会。从疫苗入台的千难万阻来看，两岸之间的基础性信任和危机中的互助传统及其背后的文化与历史情分，进一步被磨灭。少数台胞来大陆打疫苗无法改变两岸抗疫合作中的"冷遇"和对抗。在台陆配、陆生等在抗疫保障与疫苗分配上的不公平待遇，也进一步加重两岸民意对立和撕裂。

（2）克服困境，为"一国两制"台湾方案创造条件

上述制度困境日积月累，非一日而成，也非一日可解。因应上述制度困境，我们可以考虑如下的应对策略，从而为"一国两制"台湾方案创造最有利基础和条件：

第一，两岸关系的战略与制度清晰化[1]不可避免，需要我们掌握法理与政策的主动权和主导权。两岸关系的清晰化，首先是美国涉台立法与"重新殖民化"台湾的结果，美国的"一中政策"已经出现空心化趋势，成为遮羞布和障眼法，其次是日本投机性地缘政策带来的对台湾事务越来越直接的介入，如其防卫白皮书的立场。在美日的蛊惑与民进党自身理念的诱导下，"台独"的岛内条件不断成形，其投机性和冒险性不可低估。大陆必须做好和平方式和非和平方式两手准备，而且只有两手方案准备得越充分，和平的可能性才

---

[1] 李义虎：《"九二共识"，一中原表——辩证论析战略清晰与战略模糊问题》，《中国评论》（香港）2021 年 5 月号。

会越有保障，且应对任何突发事变的控局能力才会越强，对美日与"台独"势力的战略遏阻效应才会更加凸显。

第二，立足法律体系思维完善反独促统立法，运用法律武器展开斗争并促进统一进程。目前来看，反独促统的法律武器库并不完备：一方面，《反分裂国家法》缺乏与时俱进的解释和修订，其精准适用性已不充分[1]；另一方面，立足新时代两岸统一需要的国家统一法尚付阙如，两岸统一的原则、标准、程序、路径及执法权力等不甚清晰。从可用的法律工具来看，反分裂国家法、香港国安法、反外国制裁法等有一定的规制作用，但就国家统一所需的法律支撑而言显属不足。我们需要严谨规划，既包括反分裂国家法的解释与修订，也包括国家统一法的谋划布局，更应有香港国安法、反外国制裁法有关涉台条款的精准适用，多层次展现依法统一和治台的国家意志和法律行动能力。

第三，全面准确解释和说明香港"一国两制"的法理[2]与制度体系，为"一国两制"台湾方案进行积极的心理建设和规范原理的引导。香港实践证明，单纯放权让利式的"两制"方案不是理想和健全的方案，必须在制度配置之初对国家权威及其制度化有清晰的法理自觉和有效的制度安排。"一国两制"的原理说明要侧重三个层面展开：其一，国家主权及其制度化的基本面向，包括国家安全与发展利益的制度保障；其二，"一国两制"的全球化面向，即台湾需根据其全球化地位和角色而灵活配置权利及利益空间，新的全球化概念不是单纯依赖和参与西方，而是立足"一带一路"和人类命运共同体；其三，在国民教育和文化领导权上，国家必须具有监督和规划的权责，"爱国者治理"也应成为"两制"台湾方案的基石；其四，台湾的永久和平与长期发展前途只有统一的单一选项，这一点必须清晰明了。

1　游志强：《〈反分裂国家法〉第八条、第九条实施研究——非和平方式及其他必要措施的法理释义》，《现代台湾研究》2020 年第 4 期。

2　陈端洪：《理解香港政治》，《中外法学》2016 年第 5 期；《论港澳基本法的宪法性质》，《中外法学》2020 年第 1 期。

第四，促进两岸融合发展方面需进行政策检讨及政策升级。大陆既往出台了诸多惠台政策，但缺乏国家标准与地方标准的合理区分及执行上的规范清晰性，在政策范畴上还显得有所保守，其融合发展的力度和可持续性仍有不足。可行的路径包括：其一，对惠台政策进行清理和检讨，梳理出国家标准作为各地执行的最低标准，在此基础上鼓励各地因地制宜推出地方标准，形成共同但合理差异的惠台政策体系，也给台胞以清晰可见的指引；其二，落实台胞"同等待遇"不是比照外国人的国民待遇，而是比照大陆公民的平等待遇，需考虑从经济民生层面适度、有序向公务行政层面拓展，这一点港澳同胞的"同等待遇"已有突破，事业单位和公务员招考有合理比例，对台政策应相应升级；其三，在涉及台生及常住大陆台胞国情研修班的各层次培训与教学中，应明确纳入与中国共产党有关的课程内容，建立清晰完整的国家历史、政治与体制常识，有助于后续的制度设计和治理展开；其四，注重从台生及台胞中培养新一代的青年知识领袖、政治领袖和产业领袖，"以青年对青年"的统战和竞争思路打破民进党的污名化和对抗，从青年前途和发展的实际优势上引导台湾青年积极西进并加入两岸统一的历史任务之中，培育他们关于"两岸统一我们有份、治理台湾我们有责、台湾前途我们做主"的新政治理念，迭代原来被动的、应付式、等待式、偏重利益引导的传统和统理念。2023 年 9 月 12 日，中共中央、国务院发布《关于支持福建探索海峡两岸融合发展新路，建设两岸融合发展示范区的意见》，对上述关切有了积极的政策回应。

总之，台湾问题的解决是民族复兴的必然目标，不仅于中华民族是重大利益，于台湾也是根本的和平出路与发展机遇。美日的冷战战车，与祖国的复兴之路，摆在台湾面前，是其历史前途的根本性选择。在这样一个复杂的世界体系与地缘政治斗争中，两岸中国人的文化血脉、历史共同命运、民族复兴共同利益以及通过完全统一而对人类和平与发展的长期支撑，是一条光明的历史正道，而"台独"、新冷战、重新准殖民化以及机会主义的对抗策略，必然误尽苍生而自食苦果。满足于现状的和平不是真和平，跨越对立藩篱和政治私利鸿沟的民族利益觉醒和政治决断所带来的才是永久和平和真正的在地希望。

三、"一国两制"的学术研究与理论进展

在 2014 年 6 月的治港白皮书中，"一国两制"有这样的定位："作为一项新生事物，需要在实践中不断探索、开拓进取。"自从 1982 年 1 月 11 日邓小平正式提出"一个国家，两种制度"概念以来，围绕"一国两制"的学术研究和理论进展就成为中国社会科学谱系的一个持续性的热点，也成为海外研究中国制度和中国改革开放政策的重要议题。

国内外学界对"一国两制"的研究呈现出多学科、问题导向、政策导向和法律导向等不同面向。"一国两制"研究有总论性质的国家政策和国家法律研究，也有分论性质的港澳台专题研究，特别是针对港澳台不同制度进程和挑战的策略研究和问题研究。

"一国两制"研究总体上从 20 世纪 80 年代初这一概念形成时起步，有两条可追溯的主线：其一，以港澳问题为主线的、基于两个联合声明和两部基本法的政策与制度研究，这一领域的具体研究产生了大量学术成果，对"一国两制"的政策体系、法律规范、社会文化互动以及涉外关系等方面进行了深入研究和分析，深化了学界对"一国两制"的具体理解和规律性认识，并对涉台问题的思考产生一定的借鉴和启发；其二，以台湾问题为主线，以 1979 年《告台湾同胞书》及相关政策基准、九二共识、两岸和平发展与"一国两制"台湾方案等为研究对象，产生了大量学术成果，对科学认知两岸关系复杂性和挑战性以及积累"一国两制"台湾方案的理论资源和政策资源起到重要的支撑作用。

我们拟对"一国两制"范畴主要的研究成果和代表性学术观点进行梳理和评述，以呈现这一研究主题的学术和理论进展情况。我们将按照四个方面展开研究评述：其一，"一国两制"的历史与社会认同研究；其二，"一国两制"

的法律与司法研究；其三，"一国两制"的政治体制研究；其四，"一国两制"的融合发展与国际角色研究。"一国两制"属于区域研究和政策研究相结合的领域，没有完全学科化，我们的研究综述侧重于政治学与法学层面，并不代表对"一国两制"的所有方面研究情况的评述。

（一）"一国两制"的历史和社会认同研究

"一国两制"从战略政策构想到具体制度体系，是一个历史过程，也是一个认同塑造的过程。历史与社会认同研究是一项基础性研究工作，也是"一国两制"话语权建构的重要环节。以香港为例，"一国两制"范畴大体上存在三种相互竞争的史观：殖民史观、本土史观、爱国爱港史观。这些史观交织在关于"一国两制"的历史和社会认同研究之中，并呈现出相互斗争与复杂互动的关系。

谈判史与回归史是"一国两制"历史研究的重要领域。香港回归谈判是形成"一国两制"政策体系与具体制度成果的最重要的谈判，关于这一谈判过程最为权威的历史记录和评述有两本代表性著作：其一，《周南解密港澳回归：中英及中葡谈判台前幕后》[1]，作者周南时任新华社香港分社社长，是有关谈判的亲历者和贡献者；其二，《交接香港：亲历中英谈判最后 1208 天》[2]，作者陈佐洱曾任国务院港澳办常务副主任及全国港澳研究会创始会长，该书详细记录了作者参与香港回归前一系列制度议题之谈判和解决的全过程。这些谈判过程的细节披露显示，香港回归过渡期仍有大量的谈判议题和斗争课题，而中央坚持"一国两制"方针最终取得成功。从香港本地精英层面对回归史的记录和评价，最有代表性的是钟士元先生的回忆录[3]。从英国视角展开的香港回归谈判史及其评价，韦尔什的《香港史》[4]是最好的教科书，该书可

1　张春生、许煜：《周南解密港澳回归：中英及中葡谈判台前幕后》，新华出版社 2013 年。

2　陈佐洱：《交接香港：亲历中英谈判最后 1208 天》，中国文史出版社 2019 年。

3　钟士元：《香港回归历程：钟士元回忆录》，香港中文大学出版社 2001 年。

4　［英］韦尔什：《香港史》，王皖强、黄亚红译，中央编译出版社 2007 年。

谓外国人视角的香港通史著作，凸显回归谈判史，对香港近代以来完整的政治社会史也有系统的论述和评断，并使用了大量的英国、美国与中国的原始档案材料，具有很高的历史研究水准与参考价值。中国学者方面，香港史包括回归谈判史的主要研究成果是刘智鹏、刘蜀勇编著的《香港史：从远古到九七》[1]，这是中国学者在香港史研究领域确立学术地位和影响力的重要代表性著作，是爱国爱港史观和"一国两制"历史研究的力作。同时，"香港地方志"的正式编撰及其初步成果也是爱国爱港史观学术建构和话语权确立的重要标志，目前已编辑出版了两卷《总述·大事记》和《香港参与国家改革开放志》，剩余各卷将陆续编撰完成，从而为"一国两制"和"爱国者治港"提供强大的历史观支撑。对澳门回归谈判过程之学术研究，最有代表性的著作是葡籍学者卡门·曼德思的《中葡澳门谈判（1986—1999）》[2]，该书将澳门回归谈判放置于葡萄牙帝国衰退、英国解决香港问题经验、欧共体政治及澳门社会政治变迁的宏观背景下予以深度探讨，是澳门回归史的力作。与台湾当局就两岸关系的谈判及斗争，郑剑研究员进行了较为完整的整理，出版有《潮起潮落：海协会海基会交流交往纪实》[3]，对九二共识及两岸诸多"行政协议"的达成进行了历史回顾与分析。对两岸关系史更为完整、系统的研究是由孙亚夫等人在改革开放40周年之际完成的大型课题之成果，即《两岸关系40年历程（1979—2019）》[4]，该书的最大优势是将两岸关系40年的发展与中央对台政策变迁、国际体系演变有机融合，显示了大陆涉台学界研究两岸关系与"一国两制"的基本学术水准。

　　在制度史与社会认同史层面，"一国两制"的相关研究也有着重要的学术进展。"一国两制"由中央政策到联合声明条款再到具体的法律架构，是一个由中国政府主导的国家理性"法制化"的过程，故对港澳基本法的立法

1　刘智鹏、刘蜀勇编：《香港史：从远古到九七》，香港城市大学出版社2019年。

2　［葡］卡门·曼德思：《中葡澳门谈判（1986—1999)》，臧小华译，社会科学文献出版社2018年。

3　郑剑：《潮起潮落：海协会海基会交流交往纪实》，九州出版社2013年。

4　孙亚夫、李鹏等：《两岸关系40年历程（1979—2019)》，九州出版社2020年。

过程之资料整理与专题研究就构成制度史研究的重要主题。李浩然博士对香港基本法起草过程进行了详尽的资料收集和线索整理，为我们回顾这部典型立法的来龙去脉与制度理性细节提供了权威参考[1]。对澳门基本法起草过程及其制度实施过程的学术梳理，骆伟建教授和王禹教授主编的文集[2]是权威可靠的学术参考，其侧重点在于从澳门基本法的起草过程、法律地位、政治体制及其特点以及事关基本法理解的有关法律条文、法理难题等众多方面对澳门基本法进行了深入的学术评述，是澳门"一国两制"制度史研究的典型代表。两岸关系范畴的"一国两制"研究及其制度化进展，以"两岸协议"为关键线索，武汉大学研究团队进行了一定范围内的学术整理和分析[3]。从社会认同史研究来看，香港人的身份认同研究是"一国两制"研究的重要篇章，历史观斗争与"人心回归"难题一直深度困扰中央治港决策。典型代表香港泛民主派之"民主回归论"路线与政治社会认同的文献是2017年香港回归20周年之际香港民主党的立场文件《站在历史巨人肩上：民主党对香港与中国关系的回顾及展望》，这一立场受到香港较多文化社会精英的认可，对殖民史观予以承认和延续，对本土史观予以有条件接纳，对爱国爱港史观持批评观点，但并不直接主张"港独"。香港中间派立场对"一国两制"的认识与研究的重要代表作是陆恭蕙与高礼文合著的《香港在中国：重新思考香港与内地关系》[4]，该书主张一种承认中国主权与管治合法性的香港本位视角。但香港回归以来逐步产生了一种脱离"一国两制"轨道的本土激进主义，其思潮与学术谱系从陈云的"香港城邦论"到香港大学学生会"学苑"编辑部的"香港民族论"、从戴耀廷的"公民抗命论"[5]到周保松的"罗尔斯主义抗争论"[6]，谱

1　李浩然主编：《香港基本法起草过程概览》（全三册），三联书店（香港）2012年。

2　骆伟建、王禹：《澳门人文社会科学研究文选：基本法卷》，社会科学文献出版社2009年。

3　武汉大学两岸及港澳法制研究中心编：《海峡两岸协议蓝皮书（2008—2014)》，九州出版社2014年。

4　陆恭蕙、高礼文：《香港在中国：重新思考香港与内地关系》，魏磊杰译，香港城市大学出版社2021年。

5　戴耀廷：《公民抗命的最大杀伤力武器》，《信报》2013年1月16日。

6　周保松：《罗尔斯与中国自由主义》，《二十一世纪》（香港）2021年6月号。

系杂糅，思想学术与政治运动互为表里，是香港近十年来国家认同撕裂和社会运动激进化的重要来源和推动力。认同冲突的重要事件是 2012 年的"国民教育风波"，因一本有关中国模式的国民教育课本而引发香港青年反对"国民教育"的激进社会运动，并由此揭开了香港青年走上抗争一线并夺取社会运动主导权的序幕 [1]。此外，周永新教授从社会变迁史角度对"一国两制"下香港认同困境进行了系统研究 [2]，是理解香港身份政治冲突的重要学术线索。澳门杨允中教授主编的"一国两制"大辞典则是对"一国两制"历史与制度细节的"百科全书"式的编撰和记录，它不仅是澳门历史上第一部而且也是全中国第一部关于"一国两制"的综合性百科类型工具书，是"一国两制"历史书写的一种独特形式 [3]。当然，这一辞典需要进行词条更新与增补，以反映"一国两制"最近十年来的重要变迁。台湾社会认同变迁，可参考彭维学的《"台独"的社会基础》[4]。

（二）"一国两制"的法律与司法研究

港澳台均属于法治社会，"一国两制"在港澳转化为具体的两部基本法，在两岸关系范畴也有着包括"两岸协议"在内的一系列制度安排。法治是海峡两岸及香港、澳门共同认可的核心价值与治理模式，也是"一国两制"制度化和程序化的主要载体和表现方式。"一国两制"的法治研究，具体而言是法律与司法研究，成为"一国两制"研究的重要制度面向。

在"一国两制"港澳范畴，法律与司法研究首先遇到的问题是两个联合声明尤其是《中英联合声明》的法律效力以及是否作为特区宪制基础的问题。在前述香港民主党的《站在历史巨人肩上》的立场文件中，《中英联合声明》成为香港宪制秩序的基础，这也是英美干预香港事务的宪法理由，更是李柱

1　对此个案的代表性分析，参见沈本秋：《观念挑战与制度短缺：港人的国家认同建构之困——以香港国民教育问题为例》，《科学社会主义》2016 年第 5 期。

2　周永新：《香港人的身份认同和价值观》，中华书局（香港）2015 年。

3　杨允中主编：《"一国两制"百科大辞典》，澳门理工学院一国两制研究中心 2011 年。

4　彭维学：《"台独"的社会基础》，九州出版社 2008 年。

铭之类的反对派政治领袖所秉持的长期立场。但这一立场是不符合"一国两制"基本法理的。《中英联合声明》是中英两国政府通过谈判达成的解决香港回归问题的政府间协议，是有效的国际法律文件，但从未规定这一文件作为香港特区宪制基础，更未授予英国在香港回归后可以行使任何治权。对《中英联合声明》的法理争议和法律效力辨析，屠凯副教授从"条约立宪主义"[1]视角进行了检讨和分析，伍俐斌副教授从法律效力层面[2]进行了理论澄清，是法学界具有代表性的回应。

在围绕香港基本法的宏观法理研究和制度分析层面，法学界的学术成果最为集中。首先是内地基本法主要起草参与者的权威学术论述，主要包括王叔文《香港特别行政区基本法导论》、肖蔚云《论香港基本法》和《论澳门基本法》、许崇德《港澳基本法教程》等，他们的学术论述侧重从港澳基本法的立法过程、主要制度原则与制度条文内涵出发，提供了一种接近"原意论"性质的理论解释，当然彼此之际对某些制度问题的看法并不完全一致。其次是香港本地学者的香港基本法研究，较有代表性的是香港大学法律学院佳日思教授的《香港新宪制秩序》[3]、陈弘毅等《香港法概论》、陈弘毅《一国两制下香港的法治探索》等，其中佳日思教授提出了香港回归后进入"新宪制秩序"以及香港基本法的"自足性"，对香港本地的基本法法理学发展影响深远，但也存在误解基本法原意的倾向，而陈弘毅教授的有关基本法研究较为贴近基本法原意以及较能获得内地和香港社会的共同认可。对香港基本法实施状况与制度规范分析的综合性研究著作，邹平学教授主持的课题成果具有重要的代表性，所持学术立场和法治分析方法得到较多认可[4]。2020年，陈弘毅等学者对香港基本法制定30周年进行了学术回顾，其中的基本学术观

1　屠凯：《柴进的铁券：条约立宪主义学说及其挫折》，《华东政法大学学报》2015年第5期。

2　伍俐斌：《试论〈中英联合声明〉的法律效力》，《中外法学》2021年第6期。

3　YashGhai, *Hong Kong's New Constitutional Order-The Resumption of Chinese Sovereignty and The Basic Law*, 2nd edition, Hong Kong University Press, 1997.

4　邹平学等：《香港基本法实践问题研究》，社会科学文献出版社2014年。

点和制度判断值得参考[1]。从内地学界编写的香港基本法教科书来看，2009 年由国务院发展研究中心港澳研究所推出的《香港基本法读本》[2]仍有其重要的学术参考价值，而梁美芬的个人专著[3]则有着香港学者的法律视角和案例法面向，可与内地学者的学术研究做一参照。关于澳门基本法的研究，较有学术代表性的著作为杨允中教授的《"一国两制"与澳门成功实践》、骆伟建教授的《"一国两制"与澳门特别行政区基本法的实施》以及蒋朝阳教授的《澳门基本法与澳门特别行政区法治研究》。在两岸关系的法治宏观研究领域，早期研究有常征的《海峡两岸关系中的法律问题》[4]，现任中央台办法规局局长的张万明所著《涉台法律问题总论》[5]更具权威性和指导性，周叶中教授[6]和朱松岭教授[7]对两岸关系法学建构的进一步思考也值得关注。

　　"一国两制"范畴的司法研究，在港澳"一国两制"具体实施中是法治化的重点议题。香港是承袭英国普通法的高度自治的司法体系，对香港基本法进行了普通法转化。这一转化过程一方面有助于香港基本法所承载的"一国两制"法理要素融入普通法范畴之中，成为具体规制香港社会的判例规范，另一方面也存在香港司法偏离基本法原意与扭曲特区宪制秩序的可能性。对香港基本法的司法转化，陈弘毅教授的研究较为深入和连续，对香港回归以来的主要司法判例有客观公正的法理解释与评析[8]。从普通法立宪主义角度对香港回归以来基本法司法适用的系统论述和建构，罗沛然大律师的博士论文[9]

　　1　陈弘毅、谭惠珠、梁美芬、罗沛然：《香港基本法的立法、实践与未来发展——纪念〈中华人民共和国香港特别行政区基本法〉颁布 30 周年笔谈》，《港澳研究》2020 年第 2 期。

　　2　国务院发展研究中心港澳研究所：《香港基本法读本》，商务印书馆 2009 年。

　　3　梁美芬：《香港基本法：从理论到实践》，法律出版社 2015 年。

　　4　常征：《海峡两岸关系中的法律问题》，鹭江出版社 1993 年。

　　5　张万明：《涉台法律问题总论》（第二版），法律出版社 2009 年。

　　6　周叶中：《两岸关系的法学思考》，九州出版社 2014 年。

　　7　朱松岭：《国家统一宪法学问题研究》，香港社会科学出版社 2011 年。

　　8　有代表性的成果参见陈弘毅等：《香港终审法院关于〈基本法〉的司法判例评析》，《中国法律评论》2015 年第 3 期。

　　9　Lo Pui Yin, *The Judicial Construction of Hong Kong's Basic Law: Courts, Politics, and Society after 1997*, Hong Kong University Press, 2014.

可谓代表之作，他也是陈弘毅教授指导的博士生，并且在香港大律师公会担任过人权委员会主席。香港终审法院在香港基本法解释与人权保护方面承担着关键角色，曹旭东副教授对其长时段的司法哲学进行了案例分析和要点归纳[1]，而沈太霞副教授对香港回归以来法院人权保护的司法史研究[2]则更具细节化和知识线索化意义。当然，上述研究较为倾向从香港司法的内部视角评析香港基本法实施及其司法化，也有从国家法立场进行的针对性批评和分析，较有代表性的包括强世功关于中国香港的系列批判，其中有关于司法权的犀利分析[3]，田飞龙副教授在对人大第五次释法的研究中批评了香港司法的"去国家化"倾向及人大释法的国家法驯化功能[4]，陈端洪教授则从国家哲学层面对"一国两制"与香港基本法的性质和效力进行反思和检讨[5]。也有香港本地大法官从普通法内部进行的司法批评，典型如烈显伦大法官[6]。他认为香港普通法及其司法运作偏离了普通法应有的简明和节制的理性品质，在挑战国家权力、肆意引入欧盟人权法及诉诸烦琐司法论证方面走得太远，对香港司法的理性角色与平衡功能造成损害，需要加以改革。在香港国安法背景下，香港司法在"一国两制"范畴继续发生着国家法与普通法的竞争甚至对抗的故事，显示出香港多元法律传统之互动融合的张力特征与复杂性，黎智英保释案[7]的一波三折就是典型。从香港司法走向而言，一方面司法独立与普通法传统是根基和优势所在，不可动摇，其指向的基本权利法理学与判例法体系也是司法导向，另一方面在香港基本法与香港国安法以及全国人大释法等相应

1　曹旭东：《香港特区终审法院基本法审查的司法哲学（1997—2017）》，《法学评论》2020年第3期。

2　沈太霞：《守卫人权：香港特别行政区法院二十年（1997—2017）》，三联书店（香港）2020年。

3　强世功：《中国香港：政治与文化的视野》，三联书店2014年。

4　田飞龙：《一国两制、人大释法与香港新法治的生成》，《政治与法律》2017年第5期。

5　陈端洪：《理解香港政治》，《中外法学》2006年第5期；《论港澳基本法的宪法性质》，《中外法学》2020年第1期。

6　烈显伦：《香港司法的未来》，田飞龙译，商务印书馆（香港）2022年。

7　深入的案例评析，参见江照信：《国家安全判例法与宪法国家主义：香港特区诉黎智英案之意义分析》，《紫荆论坛》（香港）2021年3–4月号。

的国家法框架和规训机制下也在逐步形成对国家安全与公共秩序的司法重估与司法再平衡，一种真正平衡化的香港司法才是切合"一国两制"的优良司法形态，也是烈显伦大法官之司法改革论追求的理想形态。

（三）"一国两制"的政治体制研究

"一国两制"是一种独特的宪制模式，不仅仅表现为司法独立和普通法模式，还表现为一种具有创意性的中央与地方关系模式及自治范畴的行政主导模式。"一国两制"下的政治体制，根据基本法原意和通常的学术阐释，被界定为行政主导的代议民主制。对"一国两制"政治体制的研究，通常从两个层面切入：其一，中央与地方关系层面，这属于国家结构形式范畴，是一种既不同于单一制也不同于联邦制的地方自治制度；其二，自治宪制层面，是一种以行政长官为核心的行政主导制。作为一种高度自治的地方治理制度，"一国两制"下的香港与内地有别，但作为自治范畴的行政主导制，香港则又与内地行政制度有所相通。

从中央与地方关系层面来看，"一国两制"是一个逐渐被澄清和理论认知的过程。在"一国两制"范畴素有研究和影响的王振民教授，其博士论文即为研究中央与特别行政区的关系[1]，从法治视角探讨了"一国两制"下中国处理中央与特别行政区关系的基本理论、基本法方法与制度安排。不过，对于宪法与基本法关系以及中央与特区关系，在具体权力和互动规则上则一直存在诸多争议，比如香港本地学者认为香港基本法具有"自足性"，是"小宪法"，而中央权力限制于国防和外交，不及于治权的一般层面，甚至认为香港本身有类似联邦制下的"剩余权力"，也有提出香港具有"次主权"的，而中央的官方立场和内地学者的一般立场是否定上述理解的，认为特区权力由中央授予，没有"剩余权力"，而宪法与基本法共同构成特区宪制秩序，基本法并不具有"自足性"，也不是"小宪法"。就类型论而言，侧重香港本位的论

1　王振民：《中央与特别行政区关系：一种法治结构的解析》，清华大学出版社 2002 年。

述接近一种排斥中央权力的"完全自治论",李柱铭对此有过清晰而露骨的阐述[1],而侧重"一国两制"立法者立场的论述则最终发展为2014年治港白皮书中的"全面管治权"。2014年之后,"全面管治权"的法理概念及其解释模式成为"一国两制"范畴中央与特区关系的主导性理论范式,从而基本终结了有关香港"完全自治"或其变种的理论争议,但香港反对派话语体系及其社会运动发展仍然沿着宽泛的"完全自治论"路线展开,甚至突破底线而诉诸本土分离和"港独"。对香港与中国内地的关系,英美世界的认知是大相径庭的。在2020年香港国安法通过之后,美国制定了《香港自治法案》,美国国务卿于2020、2021两次认证香港不再具备美国法上的自治地位,并取消香港的相关贸易待遇,这是对"一国两制"范畴香港法律地位的错误认知,也是一种非法的长臂管辖。关于西方视角对香港地位的认知和判断,尤其是香港与国家关系的法权模式,较有代表性的是美国NDI关于香港民主化的2020智库报告,将香港作为分离于中国的单独政治实体予以定位和评价,并否定中国对香港的"全面管治权",鼓励香港以"违法达义"方式走向"完全自治"[2]。澳门回归以来,"爱国者治澳"得到较好的社会认可与制度实现,基本没有出现关于澳门和国家关系的重大理论争议和学术激辩。在两岸关系政治定位与法律建构领域,大陆学者和台湾学者存在一些重要的认知和法理分歧。大陆学者层面较有代表性的著作包括王英津《两岸政治关系定位研究》[3],该书的最大优点在于对大陆"一中"基础上的两岸关系论述模式进行了理论深描和法律建构,同时对比分析了台湾岛内统派、独派对两岸关系的不同建构模型,包括"宪法各表""一中三宪""一国两区"以及民进党版本的各式本土主义与"台独"主义论述。台湾统派学者中,张亚中教授的"统合论"[4]也有

1 对此立场的学理批判,参见田飞龙:《香港民主派的政治迷失:"李柱铭现象"解析》,《中国评论》(香港)2020年8月号。

2 Michael C.Davis, Thomas E.Kellogg, *The Promise of Democratization in Hong Kong: Discontent and Rule of Law Challenges*, NDI &Georgetown Law Center, 2020.

3 王英津:《两岸政治关系定位研究》,九州出版社2016年。

4 张亚中:《统合论》,中国评论学术出版社2014年。

一定的政治和学术影响。

在自治权范畴的行政主导制层面，"一国两制"学界曾有较多的讨论和争论。香港基本法建立的特区政治体制，整体看有行政主导制的要素和特征，特别是行政长官制度的具体设计，但也有立法会的民主制衡机制，更有第 45/68 条关于"双普选"的规定。中央对香港特区政治体制的阐述，基本延续"行政主导"模式，强调行政长官的"双重负责制"（香港《基本法》第四十三条），强调行政权在特区管治中的主动性和积极性，强调行政立法关系既相互配合又相互制约[1]。从学者层面看，对香港行政主导制的研究多从立法者原意和基本法条文规定出发，凸显行政长官的负责制和行政权的相对优越性，较有代表性的成果包括：其一，傅思明《香港特别行政区行政主导政治体制》，该书比较遵从立法者原意和条文规定；其二，朱国斌编著《香港特区政治体制研究》，该书立场和观点较为多元，特别是吸纳了部分香港本地学者的观点。从香港泛民主派学者观点以及香港法院观点来看，特别是从普通法视角而言，香港政治体制被诠释为一种"三权分立"模式，但这种诠释背离立法者原意且得不到基本法的支持，只是一种学术观点和偏颇司法观点，并且一再受到中央和建制派学者的批评。罗沛然、陈弘毅等人从判例法角度研究香港政治体制中的"权力分置"原则[2]，试图弥合二者之间的分歧与张力。事实上，香港的行政主导制在回归以来不断加大的法理争议和权力斗争中遭到严重削弱，面临所谓的"制度围困"的四座大山，即立法会的恶意拉布、过于能动的司法复核、公务员体系的保守抵制和社会运动的激进施压，造成特区管治的内外失灵与效能不彰。田飞龙等学者认为香港国安法与新选举法的引入有助于香港行政主导制的制度完善与重构，并提升管治效能与贤能治理水准[3]。从中央层面来看，对香港政治体制经由"爱国者治港"完成自我革

1　张晓明：《坚持和完善"一国两制"制度体系》，《人民日报》2019 年 12 月 11 日。

2　罗沛然、陈弘毅：《香港特别行政区判例法中的权力分置原则》，《浙江社会科学》2020 年第 10 期。

3　田飞龙、薛皓元：《香港国安法与"一国两制"的法治巩固》，《青年探索》2020 年第 5 期；田飞龙：《香港新秩序：国安与民主的双重变奏》，香港橙新闻出版社 2021 年。

命并塑造为贤能政治体系，有着内在的理解和追求[1]。随着香港国安法和新选举法的落实，行政主导体制的治理能力建设与制度保障体系将成为研究的焦点。与香港相比，澳门行政主导体制运行总体较为顺畅，这根源于"爱国者治澳"社会政治基础比香港深厚和巩固，这方面的研究成果包括骆伟建《澳门特别行政区基本法新论》、刘倩《澳门行政主导体制研究》等。两岸关系范畴，因两岸尚未完成统一、"一国两制"台湾方案具体架构未定，台湾未来的特区政治体制的具体模式尚不确定。

（四）"一国两制"的融合发展与国际角色研究

"一国两制"在实践中的发展存在从相对区隔走向互动融合的过程，这是中国现代化与国际化进程的必然转折，也是香港适应国家战略与体制发展的转型命题。融合发展需要具体的战略依托和制度引导，需要两个基本条件的成就：其一，"一国两制"范畴，中央的制度自信和文化自信达到相当程度，能够对"一国两制"向何处去做出国家级战略规划和引导；其二，中国本身发展出"全球化"哲学和愿景，有具体战略架构对香港进行吸纳和承载。这样看来，全面管治权的制度自信、粤港澳大湾区与"一带一路"的全球化路线以及中国与西方关系的"平视伦理"的确立，正是香港融合发展并探索"一国两制"新路径的前提和基础。香港融合发展命题的提出，对澳门发展与台湾回归都具有直接的示范和借鉴意义。同时，港澳台与内地（大陆）的融合发展又同时构成港澳台国际角色的更新与全球化地位的拓展。

融合发展命题是"一国两制"内含的，但就其清晰化和实践化而言又是晚近和新颖的。这方面的成熟研究成果相对较少，有关战略与实践还在推进之中。在香港融入国家发展范畴，西九龙高铁的"一地两检"曾引起香港各界的争议和学术辩论，对"一国两制"的观念与制度更新有推进意义。关于"一地两检"的法学与政

1　夏宝龙：《全面落实"爱国者治港"原则，推进"一国两制"实践行稳致远》，《紫荆》（香港）2021 年 3 月号。

治学研究成果，孙煜华博士和梁美芬副教授曾有关专门的法律论证和辨析[1]，寻求过不同的法律解决方案，最终是通过"人大决定"形式予以处理。"人大决定"常被用于解决不宜通过"人大释法"予以处理的"一国两制"法律发展难题，是"一国两制"的一种特殊的造法机制。在"人大决定"的宪制效力保障下，香港法律界发起的司法复核挑战被挫败，融合发展的法律障碍被扫除。"居住证"制度的引入也是融合发展的重要制度进步，确保港澳台居民在内地（大陆）享有法律上的平等权利和身份认同，尽管具体权能仍有待扩展。田飞龙副教授认为居住证改革体现了"一国两制"的国家理性[2]。当然，最集中体现港澳融入国家发展大局的战略规划文件是 2019 年发布的《粤港澳大湾区发展规划纲要》，以此为基准和框架展开的所有关于"粤港澳大湾区"的经济、民生、制度与文化合作均可纳入"一国两制"融合发展的范畴。当然，这一战略框架的形成经历了长时段的论证和酝酿，代表性成果有国世平主编《粤港澳大湾区：规划和国际定位》、马化腾等《粤港澳大湾区：数字革命开启中国湾区时代》等。法学与政治学方面的研究成果，有代表性的包括《粤港澳大湾区的法律体系构建》[3]。澳门融合发展的重点在横琴深度合作区，其规划架构包含了制度创新和产业创新，郭丽莎、徐世长认为这一合作区结构承载着澳门"一国两制"的改革与法治使命[4]。两岸融合发展同样进入了国家战略框架和快车道，中央和地方均有出台一系列的惠台政策与融合发展保障措施，较有代表性的研究成果包括《平潭综合实验区两岸合作共建模式研究》[5]，但两岸更紧密互动受到 2016 年民进党上台以来一系列"台独"主义措施的对抗和破坏。

1　孙煜华：《"一地两检"问题宜透过香港〈基本法〉附件三处理》，《政治与法律》2017 年第 7 期；梁美芬：《从法律角度看香港与内地"一地两检"的安排》（英文），*China Legal Science*，2017 年第 4 期。

2　田飞龙：《居住证改革彰显"一国两制"国家理性》，《中国法律》2018 年第 4 期。

3　深圳律师协会、深圳前海管理局编：《粤港澳大湾区的法律体系构建》，法律出版社 2019 年。

4　郭丽莎、徐世长：《横琴粤澳深度合作区的改革承诺及法治保障研究》，《澳门法学》2021 年第 3 期。

5　宋焱、王秉安、罗海成主编：《平潭综合实验区两岸合作共建模式研究》，社会科学文献出版社 2011 年。

关于"一国两制"国际角色的研究，一方面是国际社会对"一国两制"的认识、研究甚至借鉴的可能性，另一方面是港澳台本身之国际地位与全球化角色的保有和增强。"一国两制"是国家和平统一与长期现代化的战略决策，因而任何关于"一国两制"的制度改革不应削弱港澳台的国际地位与角色。对香港"一国两制"国际地位与角色的最好说明，有两份关键性文件：2021年香港特区政府发布的《香港营商环境报告》和全国人大通过的"十四五规划"中的香港专节。对香港国际地位的要素化及其政策引导研究，香港本地智库有很多成果，较有代表性的包括《"十四五"规划与香港前景》[1]。澳门智库对澳门国际地位与葡语国家的联系方面有专门的研究和政策建议，较有代表性的是澳门多家机构 2022 年联合发布的《"一带一路"背景下澳门在中国与葡语国家商贸合作关系中的平台作用研究》。当然，港澳国际地位尤其是香港地位还会受到美国和西方非法制裁和干预的打压，需要国家和港澳共同采取制度建设和法律行动加以正当反制。胡婷认为美国的香港政策走向了一种"主体捆绑"和"立体干涉"的新阶段[2]。沈本秋博士曾在博士论文中考察过长时段的美国香港政策的演变规律[3]，值得参考。2021 年 6 月 10 日，全国人大常委会制定《反外国制裁法》，曾拟议列入基本法附件三，后经多方评估及立法技术原因暂时搁置，"一国两制"范畴反干预、反制裁立法与执法的"涉外法治"制度建设课题远未完成。2023 年，全国人大常委会制定通过《中华人民共和国对外关系法》与《中华人民共和国外国国家豁免法》，为"一国两制"范畴和涉外法治体系完善提供了新的国家法律资源和思路。

四、"一国两制"的新篇章：回溯初心与制度前瞻

"一国两制"在港澳台三地有着不同的历史背景和制度进程，又共享着

1　何建宗编著：《"十四五规划"与香港前景》，香港超媒体出版有限公司 2021 年。

2　胡婷：《美国"全政府"对华战略中的香港政策：变化与特征》，《统一战线学研究》2020 年第 2 期。

3　沈本秋：《美国的香港政策：决策的视角（1989—2007）》，复旦大学，博士学位论文 2008 年。

相同的国家理性。香港"一国两制"经历 2019—2021 年间最激烈的社会运动及最强有力的国家立法补强，其制度体系已大有扩展，其完整回溯和呈现了"一国两制"的政治初心和制度全貌，并对澳门制度改革及台湾方案型构给出了更为直接和关键的法理启发和制度引导。2022 年是香港回归 25 周年，恰逢"五十年不变"之制度实验周期的中期时刻以及"一国两制"新篇章的启幕时刻。作为一场国家制度实验，我们需要追溯其初心，展望其愿景，将其准确且妥当地整合至民族复兴体系之中，并推动其为中国参与和引导的"新全球化"进程做出要素性贡献。

（一）世界体系的智慧连接

"一国两制"是宪制问题，也是文化问题，更是世界体系问题。对中共第一代领导人而言，国家统一问题始终是与世界体系问题结合思考的。1949 年新中国成立，近代各国列强强加之不平等条约及在华特权悉数归零。但中央果断决策不过深圳河，维持香港现状，作为新中国与西方进行外交和外贸的沟通窗口与平台。

这是具有世界体系思维的战略决策。落后就要挨打，但闭关锁国只能加速落后。新中国百废待兴，美西方对中国的封锁又在不断升级，中国迫切需要在西方体系上打开一个缺口，维持对外开放的最低限度通道。香港是绝佳的选项。1949 年的世界体系，联合国框架初定但难以承担世界和平发展的重任，甚至常常被某些列强控制和把持，而美苏体系性冷战愈演愈烈，全球性的"非殖民化"运动蓬勃发展。中国作为新生的社会主义国家，需要在社会主义、民族主义与世界市场之间寻求最佳利益和最佳平衡。"长期打算，充分利用"因此成为港澳政策主轴，在毛泽东时代大体维持了港澳现状及其对新中国外交和外贸的战略用途。第一代领导人还始终关注台湾问题的解决，其解决方案也逐步从武力解放转向和平统一。"一纲四目"的基本政策思路和战略构想成为"一国两制"的前身。

1978 年祖国大陆实行改革开放，邓小平同样是在世界体系范畴内从国家最佳利益出发具体构想"一国两制"并加以实践的。改革开放时段的世界体系及其主题已有重要变迁：其一，中苏交恶，社会主义阵营矛盾丛生，"一边倒"政策早已更正，独立自主路线更加确定；其二，中美和解与建交，中国在美苏之间完成了外交路线与国家发展战略的结构定型；其三，"以经济建设为中心"，实现国家政治主题从阶级斗争向经济建设的转移；其四，战略上判断世界体系的主题为和平与发展，中国需要长期利用这一有利契机。改革开放的核心逻辑就是两句话：稳定压倒一切，发展才是硬道理。在这样的时代背景下，由第一代领导人确定的有关港澳台问题的基本方针得以延续和强化，并结出了"一国两制"的具体果实。如果没有中国共产党一以贯之的世界体系思维和国家发展思维，"一国两制"便无从孕育和诞生。

（二）高度自治的国家理性

"一国两制"是民族主义、社会主义和发展主义有机结合的思想成果：民族主义要求完成国家统一，港澳台必须实质性回归；社会主义要求国家主体性的政治社会制度不能变，不能产生颠覆性风险；发展主义则要求港澳台的制度安排要有利于国家的整体发展和现代化目标。在这一复合逻辑下，"一国两制"催生出了坚硬的国家理性内核：国家对地方的高度自治授权与地方对国家的持续有用性的理性结合。中央给授权，出政策，地方维持现状之利，促发展，最终推动整体国家的现代化。港澳如此，台湾亦然。这一制度过程既保障了港澳台回归后的繁荣稳定及国际地位稳固，又促进了国家的整体现代化，因而是一种符合国家主权秩序与发展理性的最佳方案。

高度自治被设定为这一特别宪制安排的突出特点：其一，回归后的高度自治与回归前的低度自治或民主乱象形成鲜明对比，凸显新制度的民主进步性和理性；其二，高度自治的首要功能是维持原有制度安排基本不变，以确保地方繁荣稳定和有利于国家整体发展；其三，高度自治不能用于对抗国家和从事颠覆性活动，不能追求完全自治，更不能危害国家安全；其四，高度自治在治理本质上需要体现"爱国者治理"，而不是完全无前提或无条件的放任治理。

"一国两制"是一个完整的制度系统，对高度自治不能孤立起来进行任意解释和想象，而必须放置于中共第一代领导人的战略构想、邓小平的具体论述和制度实现以及后续一系列的重要发展的完整脉络中予以定位。高度自治是有限度、前提和条件的，港澳的高度自治以及未来台湾地区的自治，都必须在"一个中国"的主权秩序之下展开，也都必须在制度上保障国家主权、安全与发展利益。这一点贯穿于新中国建立以来几代领导人的战略思维与国家理性之中。其中，"爱国者治理"是高度自治的宪制前提和边界，是"一国两制"制度演变的最重要宪制原则。

(三)融合发展的初心回归

"一国两制"是以世界体系眼光看待中国与世界的互动关系，以长期发展眼光看待中国内部多元秩序的整合进程。中国既要统一，又要现代化，更要融入全球化。但中国对世界体系的融入，绝不是简单地放弃自我和被动地适应，而是一个丰富的学习、参与和贡献的过程。中国的传统基础性文明博大精深，对世界文明做出过并将持续做出重要贡献，而中国也客观认识到西方文明及其全球化体系在生产力和制度要素上的进步性，以理性学习的立场确定与西方的交往规则。"一国两制"体现了这样的学习性质、过程和成效。

香港特区政府在2021年施政报告中首次以超出特区范畴的思维规划香港未来，提出了香港"一国两制"历史上具有重要里程碑意义的"北部都会区"战略。这不是简单的经济地理规划或技术性的民生保障规划，而是融合发展的战略规划，是与粤港澳大湾区战略的相向而行。这表明，香港社会精神与人心取向正在经历从本土迷思向融合发展的积极转变。

融合发展在"一国两制"初心规范中具有关键性地位。邓小平讲过，香港"一国两制"五十年不变，五十年之后也不用变。但是怎么实现五十年之后不用变呢？就是融合发展：一方面，国家在经济和制度上充分现代化；另一方面，香港与内地充分融合发展。这些发展运动的最终结果将呈现为香港与国家的紧密结合以及深度信任。五十年之后的国家早已不同于香港回归之初，而是建成社会主义现代化强国，实现了民族复兴基本目标，并成长为世界和平与发展事业的最大贡献力量。到那时，"两制"的制度和价值观差异将控制在越来越小的范围之内，中国体制和生活方式将具有"准世界性"标准地位，中国将与其他国家和文明一起打造一个真正多边主义与和谐共生的"人类命运共同体"，一个没有霸权、贫困、歧视和不平等的新世界。可以设想，那时的"一国两制"将更加有机统一并对人类文明做出独到贡献，实现邓小平在1990年香港基本法制定时所宣称的"历史意义"和"国际意义"。

融合发展，既是香港"人心回归"的决定性历史进程，也是国家整体现代化的战略杠杆，更是"一国两制"新阶段丰富发展的生机所在。我们期待"一国两制"在港澳与未来台湾地区的良政善治与创新发展过程中继续释放其作为科学构想和国家理性的强大规范性功能，为民族复兴与人类命运共同体的建构交出令人耳目一新的时代答卷。

（四）良政善治的未来愿景

就治理体系的完备性和影响力而言，香港在"一国两制"范畴是最重要的制度实验田，承诺至2047年的"五十年不变"的制度实验内涵丰富，意义深远，当然其中的过程曲折、张力巨大及斗争异常激烈，也是在所难免[1]。"一国两制"的繁荣稳定承诺、高度自治授权、民主法治地位及国际大都市示范性，取决于香港能够在下半场转型成功，开出新局。关于"一国两制"新阶段的香港经验和愿景，我们认为将呈现如下五个基本方面：

自治民主的黄金时代。新阶段应当是新选制下香港民主秩序新貌的展现和焕发的新周期。香港民主不会向黑暴屈服，不会向外部干预势力屈服，而是必然依法展开，牢固锚定于"爱国者治港"之上，在中西民主大辩论与激

1　有香港学者对此进行过初步的推演，参见阎小骏：《香港治与乱：2047的政治想象》，人民出版社2016年。

烈竞争中走出一条香港特色的民主道路。新阶段的这条民主道路，是过往激烈斗争和痛苦反思的结果，应当为香港社会各方所理解和守护。

完备权威的国安法网。新阶段也是香港法治巩固和权威重建的重要历史阶段。香港国安法最能体现"一国两制"的全面管治权法理，是中央行使宪法上"一国两制"制度创制权的结果，是对基本法秩序的有效扩展。当然，香港国安法仍需得到本地立法的补充和协同，香港将需要在"爱国者治港"的有利条件下迅速完成 23 条立法，建立维护国家安全的严密法网。香港国安法的解释与适用可推动香港法治在"一国两制"框架下的平衡发展。

发展主义的民生前景。新阶段还是"北部都会区"创新发展及民生保障的实质展开期。这是香港特区政府首次以超出香港范畴规划香港未来，其指导思想中已有更为明确的主动融合之意愿和构想。这是香港管治思维之变，也是社会心理之变，更是国家实力和国家吸引力之变。将民生保障寓于发展规划之中，以发展主义而不是福利主义思维解决香港人住房保障与社会正义问题，这符合香港作为资本主义社会的核心价值观，也符合中央对香港的理解和期待。善于在融合发展中解决香港民生问题，也打开了一条香港民众理解、接近和认同国家的新道路。

贤能政治的理性建构。新阶段还将探索"贤能政治"的可能性和现实性。在国家发展与全球化挑战的新时期，在香港民生与发展的双重压力期，循规蹈矩的官员并不中用，两面派更是公共利益之敌，而新选制下的"贤能政治"才是正道。无论是立法会议员，还是特首及各级政府官员，都不能仅仅按照旧式港英公务员的官僚制规范塑造和限制自身，而是要以"为香港人民服务"以及贡献国家的"一国两制"完整责任伦理重新检讨和更新自身。

爱国市民社会的结构转型。新阶段香港的社会结构与文化也在重要转型之中，逐步从深度西方化的"市民社会"转向纳入爱国者规范的"爱国者社会"。这是香港的新市民社会，不再与国家为敌，不再唯西方是从，而是具有了"爱国"的灵魂和信仰，在身份重建与国家认同层面出现结构性回转，并在社会组织化、公共治理以及文化空间重塑过程中展现忠诚品质和专业素养。

下半场的香港将见证新市民社会的再生，其本质是爱国与民主在香港社会空间的文化结合。

总之，香港"一国两制"的巨变三年（2019—2021）已经过去，"一国两制"制度体系迎来优良的制度基础和开阔的发展前景。经过这番拨乱反正和制度变革，中央更加自信和精准地运用"一国两制"法理完善香港治理体系和制度规范，而香港特区政府与香港社会也在积极理解和适应新制度，寻求香港融入国家发展大局并提升香港国际地位。"爱国者治港"是香港精神调理和社会团结的道德基础和伦理共识，而香港新选制、国安法、北部都会区、贤能治理与公民社会转型，都是在"爱国者治港"大逻辑下的具体变法、改制和发展，"一国两制"新篇章在香港已获得清晰的制度基础和历史方向感。随着香港经验的丰富发展和体系化，澳门制度会更有对标和改良空间，台湾方案也将日益充实而掷地有声。"一国两制"始于中央决策，落脚于港澳台三地，成熟于民族复兴和新全球化过程，最终将定型为中国特色社会主义制度体系和人类政治文明新形态的有机组成部分。

参考文献

《邓小平文选》（第三卷），人民出版社 1993 年。

国务院新闻办公室：《"一国两制"下香港的民主发展》，人民出版社 2021 年。

王振民：《中央与特别行政区关系：一种法治结构的解析》，清华大学出版社 2002 年。

孙亚夫、李鹏等：《两岸关系 40 年历程（1979—2019）》，九州出版社 2020 年。

王叔文：《香港特别行政区基本法导论》，中共中央党校出版社 1997 年。

刘兆佳：《一国两制在香港的实践》，商务印书馆（香港）2015 年。

骆伟建、王禹：《澳门人文社会科学研究文选：基本法卷》，社会科学文献出版社 2009 年。

陈弘毅：《一国两制下香港的法治探索》，中华书局（香港）2010 年。

田飞龙：《香港新秩序：国安与民主的双重变奏》，香港橙新闻出版社 2021 年。

陈端洪：《理解香港政治》，《中外法学》2016 年第 5 期。